Siemens S7 300 Programming 완전정복

B.C.Info

김 학 철 저

Prologue

코로나 시대에 교육이라는 것이 온전히 이루어지지 못하는 것이 못내 아쉬워 그간 쉬었던 원고작업을 시작하게 되었다. 이전에도 원고를 작성해서 출판사를 찾는 것이 마음 속 저 구석 어디에 흔적처럼 남아 있었지만 일상 생활이 바쁘다는 이유를 대면서 시간이 흘러왔지만 결국에는 일을 시작하게 되었다.

많은 경험은 하지 못한 지멘스 PLC이지만 나름 미련과 아쉬움이 많이 남는 나만의 복잡한 사유로 인해 알고 있는 내용도 다시 한 번 더 확인해 가며 원고의 내용에 오류가 없도록 신경을 썼다고 생각되어진다.

원고를 준비하고 있다고 언뜻 말을 꺼내 놓고 돌아온 말이 왜 요즘 많이 사용하는 최신 기종의 PLC를 대상으로 하지 않았느냐는 것이었다. 지멘스 S7 300은 그간 필요에 의해서 찾아본 시중 교재가 몇 종 되지 않고 관련된 자료도 전문교육기관에서 사용하는 파일이 전부로 내용으로 보아도 교육기관의 교육을 진행하기 위해 만들어진 것이기 때문에 지멘스 PLC에 대해 알고 싶으나 교육비의 과중한 부담감으로 교육에 대한 열정을 잠시 덮어두어야 하는 교육생들이 많다는 사실을 알고 있어서였다.

물론 근간 들리는 말이 S7 300기종이 단종이 확정되었다는 뉴스도 있었지만 아직도 현장에서 제어기의 맏형격인 자리에 있어 아직까지는 S7 300에 대한 내용을 전달하기 위해서는 필요한 일이라고 더욱 확신이 생기는 점도 있다고 덧붙이고 싶다.

이제 교육이라는 것이 예전과는 다르게 집합교육의 형태가 아닌 인터넷을 통해 전달되는 교육이 어느 정도 자리를 잡는 시대가 되었다. 물론 기술교육이라는 것이 실습이라는 과정이 반드시 필요한 것은 다른 인문 관련 분야와는 구별이 되겠지만 실시간으로 빠르게 진화하는 기술에 최적화된 형태라고 필자도 생각하고 인정하는 바이다.

아직은 완성되어 가는 과정에 있지만 언젠가는 교육에 대한 접근성, 시간, 공간적인 제약을 극복할 수 있는 형태임에는 분명하다. 그러나 교육 내용을 다시 복습하고 접근하는 방법으로 아직은 인쇄매체가 필요하다고 생각한다. 컴퓨터나 태블릿의 전원을 올리고 로그인, 검색 등을 하는 과정이 아직은 귀찮은 과정인 것은 누구나 인정하는 불편함이다.

지식이라는 무형의 정보가 인쇄되어 종이 위에 정리해 놓은 내용이 필요하지 않은 시기가 도래하겠지만 그때까지 무단히 지식 전달을 위해 컴퓨터의 자판을 두드리는 것이 필자와 동일한 생각을 하고 있는 “책을 만드는 엔지니어”가 더욱 많아졌으면 하는 생각이 든다.

2022년 1월 코로나 시대의 매서운 겨울 바람을 이겨내며....

CONTENTS

CHAPTER 1. 지멘스 PLC의 기본 / 1

CHAPTER 2. 프로젝트 생성하기 / 40

CHAPTER 3. 업로드 & 다운로드 / 56

CHAPTER 4. 프로그래밍 / 63

CHAPTER 11. Operating Mode / 249

CHAPTER 12. 시스템 진단(Diagnostics) / 265

CHAPTER 13. PLC SIM(Simulator) / 310

CHAPTER 14. 터치패널과 접속 / 322

CHAPTER 15. TIA Portal을 사용한 S7 300 프로그램 작성하기 / 345

APPLICATION

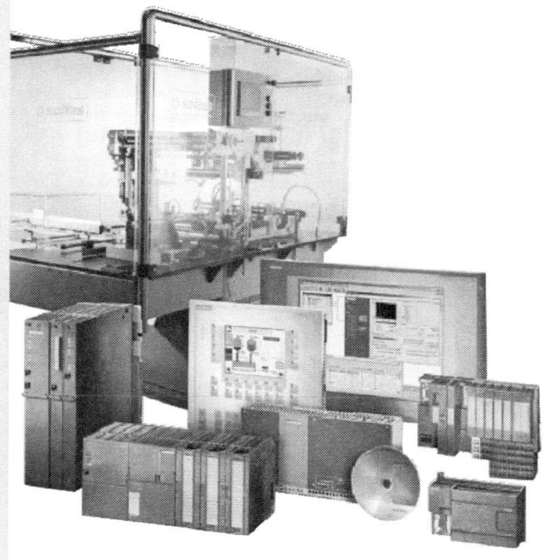

지멘스 PLC의 기본

CHAPTER 01

SIMATIC S7-300은 제조 기술, 특히 자동차 업계, 일반적인 기계 엔지니어링 및 특히 특수 시계 제작과 기계의 연속 생산(OEM), 플라스틱 공정, 포장 업계, 식음료 업계 및 공정 엔지니어링의 시스템 제어에 사용된다.

다음과 같은 PLC의 특징이 있어 지멘스 PLC는 다른 메이커의 PLC와는 조금 다른 개념으로 접근해야 한다.

- PLC의 하드웨어 구성이 필요하다.
- 메모리의 사용법이 다르다.
- 메모리의 크기에 따라 데이터 타입이 달라진다.
- 메모리 사용법에 따라 프로그램 작성법이 다양하다.
- 객체지향 프로그래밍 방식을 사용한다.

객체지향 프로그래밍(Object Oriented Programming) 방식

> 객체란 구체적인 사물, 혹은 사람 또는 추상적인 개념이 될 수도 있는 무언가를 의미하며 객체지향 프로그래밍 방식은 프로그램을 다수의 객체로 만들고, 이들끼리 서로 상호작용 하도록 만드는 프로그래밍 기법이다. 예를 들면 컴퓨터의 모든 부품을 적절히 연결하고 조립해서 컴퓨터가 제대로 작동하도록 프로그램을 만드는 것이라고 볼 수 있다.

객체지향 프로그래밍 방식은 재사용성, 생산성 증가, 객체는 세상에 존재하는 모든 것으로 프로그래밍 방식 자체가 우리가 사는 세상을 닮았기 때문에 개발자가 생각하는 대로 자연스럽게 구현할 수 있다는 장점이 있다.

처리속도가 절차지향보다 느리고 설계에 많은 시간이 소요된다는 단점이 있다.

▌절차지향 프로그래밍(Procedural Programming) 방식

> 개체를 순차적으로 처리하여 프로그램 전체가 유기적으로 연결되는 기법이다. 자동차 제조를 예로 들자면, 자동차는 엔진, 차체, 핸들, 의자, 바퀴 순으로 차례대로 만들어져야 한다. 서로 분리되어도 안 되고, 순서가 틀려도 안 된다. 유지보수의 어려움, 엄격하게 순서가 정해져 있어 비효율적, 디버깅이 어렵다는 단점이 있다.

여기에서는 기본적으로 알아야 할 사항 몇 가지 항목에 대해 알아보도록 한다.
PLC 프로그래밍을 하기 위해서 다음 그림과 같은 구성이 필요하다.

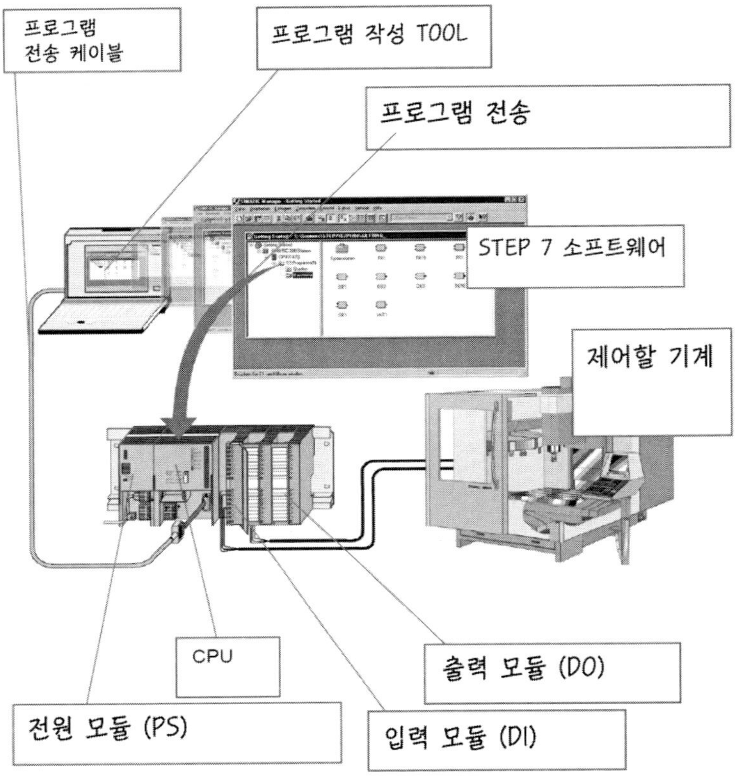

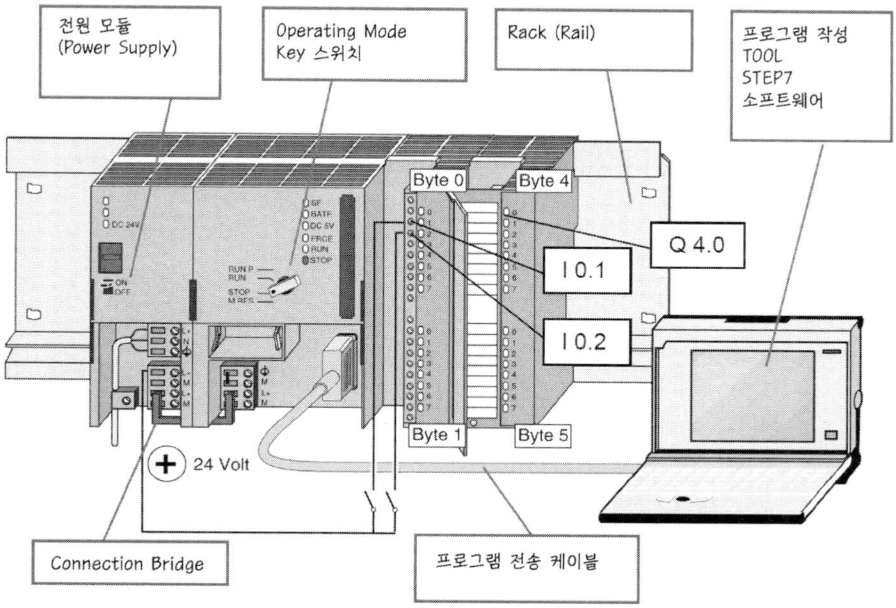

1 하드웨어 (모듈의 종류)

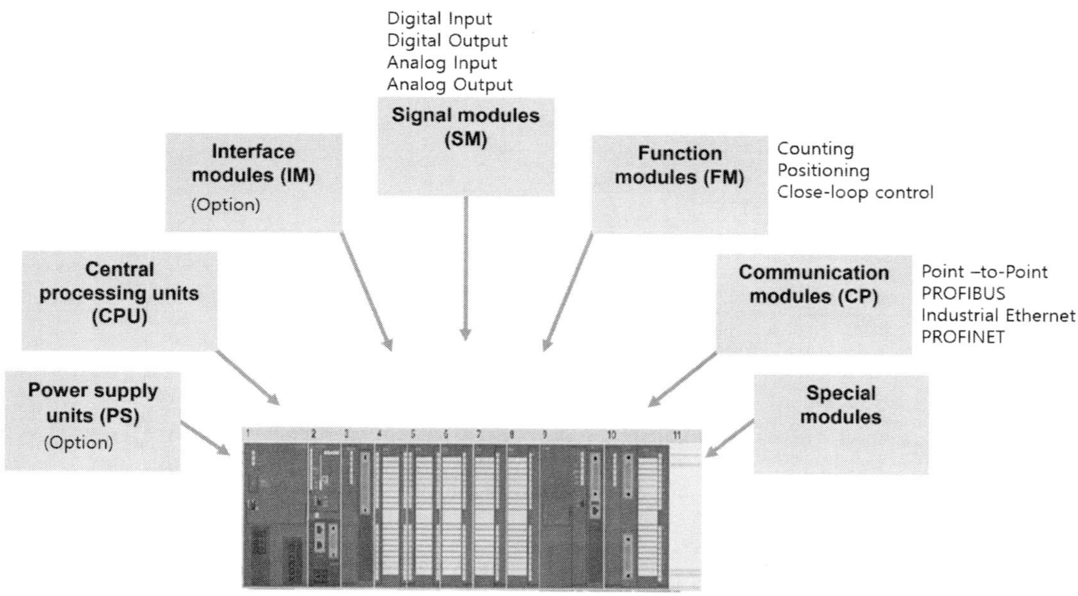

레일(Rail)이라는 부품에 각종 모듈을 조합하여 시스템을 구성한다.

모듈은 기능별로 구분하여 다음 표와 같이 나누어진다.

구분	명칭	기능	기타
파워서플라이	PS Power Supply		PS307
중앙처리 장치	CPU Central Processing Unit		CPU312 ~ CPU319
인터페이스 모듈	IM Interface Module	Rack 확장을 확장하는 기능	■ IM361(Receive 증설된 Rack에 설치) ■ IM365(Send, Receive 및 IM Cable이 통합된 모듈)
시그널 모듈	SM Signal Module	Digital 또는 Analog 입출력 Module(DI, DO, AI, AO)	■ SM321(Digital Input), SM322(Digital Output) ■ SM331(Analog Input), SM332(Analog Output)
펑션 모듈	FM Function Module	특수 기능 모듈 복잡하거나 시간이 중요한 프로세스를 CPU와는 독립적으로 수행하는 모듈	■ FM350(고속카운트) ■ FM351, FM353, FM354(Positioning) ■ FM355 (Close Loop Control)
통신 프로세서	CP Communication Processor	통신 Service를 제공하는 모듈	■ CP340, CP341(RS232, RS422/485, TTY) ■ CP342-5 (PROFIBUS) ■ CP343-1(Ethernet)

S7-300 PLC의 Slot 번호 별 장착가능 모듈은 다음과 같다.

슬롯 번호	장착가능 모듈	비고
Slot 1	전원 모듈(PS307)	(고정으로 지정)
Slot 2	CPU	(고정으로 지정)
Slot 3	IM	(고정으로 지정)
Slot 4~11	SM, FM, CP	

SM 모듈은 Slot 4번~Slot 11번까지 8개 장착이 가능하고, 만약 8개 이상의 SM 모듈을 장착하고자 한다면 IM 모듈을 설치하여 Rack을 확장해야 한다.

인터페이스 모듈을 사용하여 중앙 랙과 확장 랙의 통신 버스를 루프한다. (IM361). 인터페이스 IMS는 전송기 및 IMR 수신기를 의미한다. 인터페이스 모듈은 지정된 슬롯에서 사용해야 한다.

확장 랙에는 별로 전원 공급 모듈을 장착해야 한다.

확장 랙이 하나인 경우 인터페이스 모듈 IM365를 사용하는 것이 경제적이다. 가격도 저렴하고 추가로 전원을 공급할 필요가 없다.

▌IM 모듈 사용 시

IM 모듈을 사용하는 경우에는 IM 모듈은 항상 Slot 3번에 장착되어야 한다.(다른 Slot에는 장착 불가) 즉 3번 Slot은 IM 모듈 전용이다.

▌IM 모듈 미 사용 시

IM 모듈을 사용하지 않는 경우에는 CPU가 장착된 다음 Slot부터 SM, FM, CP 모듈 등을 장착하면 된다. 하지만 이 경우에는 CPU 다음 Slot은 Slot 4번이 된다.

2 모듈 간의 접속

각 모듈간의 접속은 그림과 같이 "Bus Connector"라는 부품을 이용하여 접속한다.

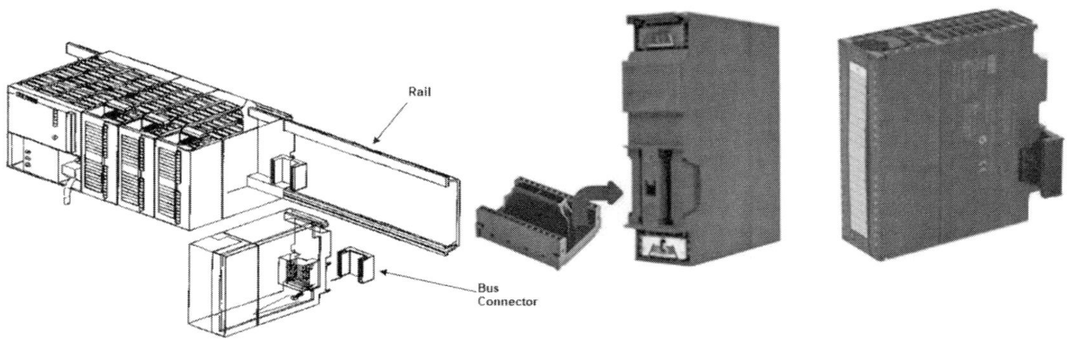

3 전원 모듈(PS307) / PS : Power Supply

외부에서 AC 전원을 공급 받아서 DC24V 전원을 발생시킨 후 이 전원을 CPU 또는 IM Module 등에 공급하면 PS의 DC24V를 공급 받은 해당 Module은 내부에서 다시 DC5V를 생성하여 사용한다.

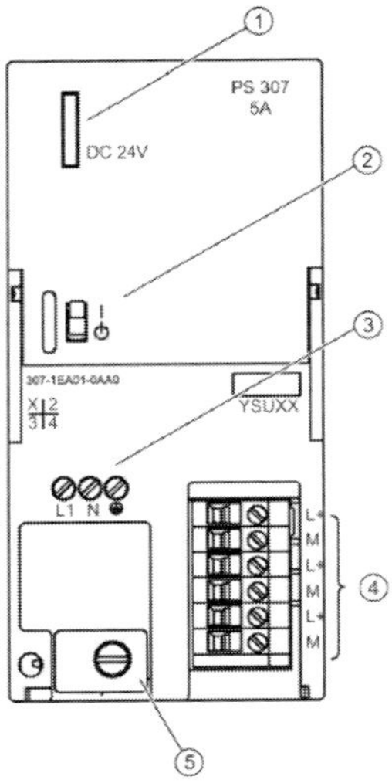

① Display for "Output voltage DC 24 V present"
② 24 V DC On/Off switch
③ Mains and protective conductor terminals
④ Terminals for 24 V DC output voltage
⑤ Strain-relief

Power Supply는 PS305 Type과 PS307 Type으로 구분되는데, PS305는 DC입력(DC24~110[V] 입력 가능)형이고 PS307은 AC입력(AC 120/230[V])형이다.

사양	PS307 2A	PS307 5A	PS307 10A
입력전압	AC120V / 230V (93~132V / 187~264V)		
전원주파수	50HZ / 60HZ (47~63HZ)		
소비전류(120/230V)	0.5A / 0.8A	1A / 2A	1.7A / 3.5A
출력전압	DC 24V		
출력전류	2A	5A	10A
모듈 폭(Width)	40mm	80mm	200mm

4 중앙처리장치 CPU

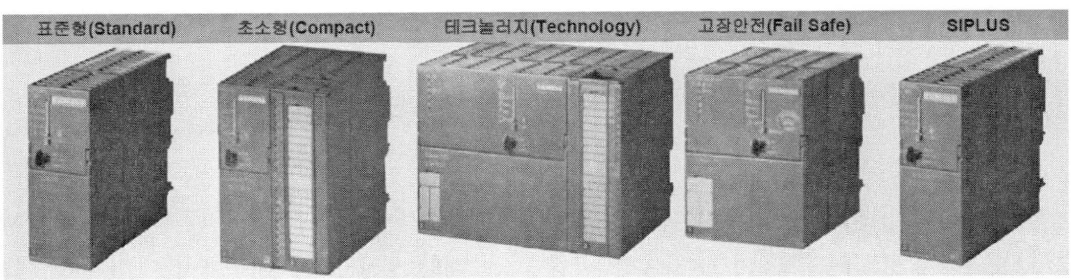

종류	내용
표준형 (Standard)	표준형 CPU는 일반적인 생산자동화에 광범위하게 사용되며, CPU312~CPU319 3PN/DP까지 다양한 제품이 있고, 일부 CPU는 CPU자체에 다양한 통신 Port가 통합되어 있다. ex. CPU312, CPU314, CPU315-2DP, CPU317-2, CPU319-3PN/DP
초소형 (Compact)	CPU 명칭이 3XXC로 구성되며 CPU자체에 디지털 I/O, 아날로그 I/O 가 통합되어 있고 또 이 초소형 CPU는 CPU 카운팅, 측정, 위치결정 등의 함수를 통합하고 있다. 또한 표준형 CPU처럼 CPU자체에 다양한 통신 Port가 통합된 제품도 있다. ex. CPU312C, CPU313C, CPU313C-2PtP, CPU313C-2DP, CPU314C-2PtP, CPU314C-2DP
테크놀러지 (Technology)	CPU명칭이 3XXT로 구성되며 CPU자체에 개방형 루프제어, 간단한 모션제어 함수를 통합하고 있고, 이 테크놀러지 CPU의 파라미터설정작업은 Step7에서 이루어지며 이때 Technology Package가 별도로 필요하다. ex. CPU315T-2DP, CPU317T-2DP
고장안전 (Fail-Safe)	CPU명칭이 3XXF로 구성되며 안전요구사항이 높은 생산공장에서 사용하고 관련 PROFIBUS 및 PROFINET 인터페이스는 PROFISafe 버스 프로필을 이용해 안전관련 분산 I/O를 구성할 수 있다. ex. CPU315F-2DP, CPU315F-2PN/DP
SIPLUS	SIPLUS 제품군은 가혹 환경에서도 사용할 수 있는 S7-300 기반의 CPU와 모듈 제품군이다. 이 SIPLUS 제품군의 특징은 확장된 온도 범위, 수분으로부터 보호, 염소/아황산가스로부터 보호, 제품 물리적 강도 증강 등의 특징이 있다.

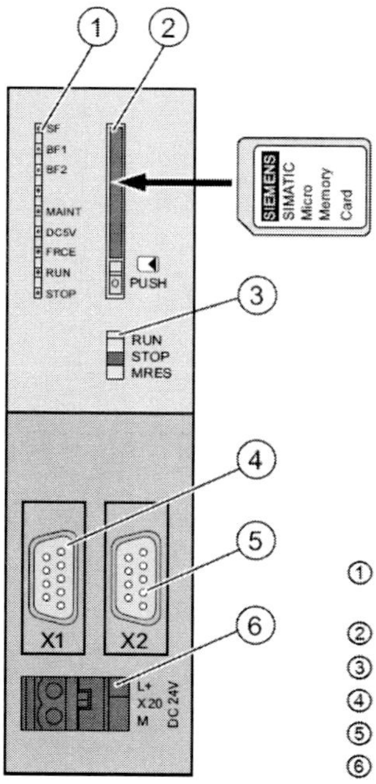

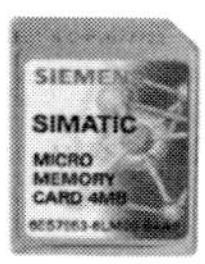

MMC Memory Card

MMC는 다음과 같은 Data를 저장한다.

- 모든 User Block(FC, FB, DB)
- System Configuration Data
- Archives and Recipes
- PLC CPU O/S Update 또는 Backup
- MMC Card 수명은 10년 이고
  Delete/Write 횟수는 최대 100,000번 이다

①	Status and error indicators:	CPU 315-2 DP has only one bus fault LED: CPU 317-2 DP has two bus fault LEDs:	BF BF1 and BF 2
②	Slot for the SIMATIC Micro Memory Card incl. the ejector		
③	Mode selector		
④	1. Interface X1 (MPI for CPU 315-2 DP, MPI/DP for CPU 317-2 DP)		
⑤	2. interface X2 (DP)		
⑥	Power supply connection		

①	상태표시 LED	■ SF (적색, System Fault) ■ BF (황색, Bus Fault) ■ DC5V (녹색, 내부 DC5V 상태) ■ FRCE(황색, 강제 입출력 Active) ■ RUN (녹색, Program Run 상태) ■ STOP(황색, Program Stop 상태)
②	MMC Memory 슬롯	MMC(Micro Memory Card)를 장착하는 Slot이고, PLC CPU에 MMC 카드가 장착되어야 User Program을 CPU에 Down Load 할 수 있다.
③	Mode Select 스위치	■ RUN (Program Run) ■ STOP(Program Stop) ■ MRES(Memory Reset)
④	MPI Interface Port	CPU를 MPI Interface Network에 접속하기 위한 포트이고, 이 MPI Interface 포트를 통하여 PG/PC 및 OP 기기와 Interface를 할 수 있다.(CPU317-2 또는 CPU318-2는 하드웨어 설정에 의하여 MPI Interface를 PROFIBUS-DP Interface로도 사용할 수 있다.
⑤	PROFIBUS-DP Port	PROFIBUS-DP Interface Network에 접속하기 위한 포트이고, 이 PROFIBUS-DP포트를 통하여 각종 리모트 I/O 기기 또는 각종 OP 기기와 Interface 할 수 있다.
⑥	DC24V 입력전원단자	외부에서 DC24V 전원을 공급하기 위한 단자이고, 여기에서 공급받은 전원을 DC5V 로 변환하여 CPU 및 기타 모듈에서 사용한다.

1) CPU의 상태 및 에러 표시

디스플레이	설명	설명
SF (빨강)	그룹 오류	진단 기능이 있는 모듈이 여기에 그룹 오류를 표시
BF (빨강)	버스 오류 (해당하는 경우)	PROFIBUS DP 상에 오류를 표시
BAF (빨강)	배터리 오류	백업 배터리가 충분한 전압을 공급하지 못하거나 배터리 잔량이 없는 경우를 표시
DC 5V (녹색)	CPU 및 백플레인 버스에 DC 5V 공급	CPU가 5V를 신뢰 가능한 수준에서 내부적으로 공급하는 경우를 표시
FRCE (노랑)	강제	테스트 함수에 의해 입력 및 출력이 지속적으로 강제되는 CPU 상태를 표시
RUN (녹색)	작동 모드 RUN	CPU가 스타트업되면 깜빡거림/CPU가 실행 모드일 때는 점등된 상태
STOP (노랑)	작동 모드 STOP	일반 리셋이 요청되면 깜박거림/CPU가 정지 모드일 때는 점등된 상태

2) 일반 리셋 CPU

다음과 같은 작동 모드 스위치로도 CPU의 일반 리셋을 수행할 수 있다.

단계	실행	결과
1	작동 모드 스위치를 STOP 위치로 설정한다.	STOP 표시등이 켜진다.
2	작동 모드 스위치를 MRES위치로 설정하고 표시등이 다시 켜질 때까지 스위치를 현 위치에 그대로 유지한다.(약 3초)	STOP 표시등이 꺼졌다가 약 3초 후 다시 켜집니다. 신형 CPU인 경우 STOP 표시등이 다시 켜질 때까지 기다린다. 주의: 2단계와 3단계 사이에 만료 시까지 최대 약 3초가 허용된다.
3	작동 모드 스위치를 STOP 위치로 되돌린 후 2초 내에 다시 MRES 위치로 전환한다.	STOP 표시등이 약 3초간 깜빡거린 후 다시 점등된다. 모든 상태가 정상이면 CPU의 일반 리셋이 수행된다.

3) S7-300 CPU 메모리 구성

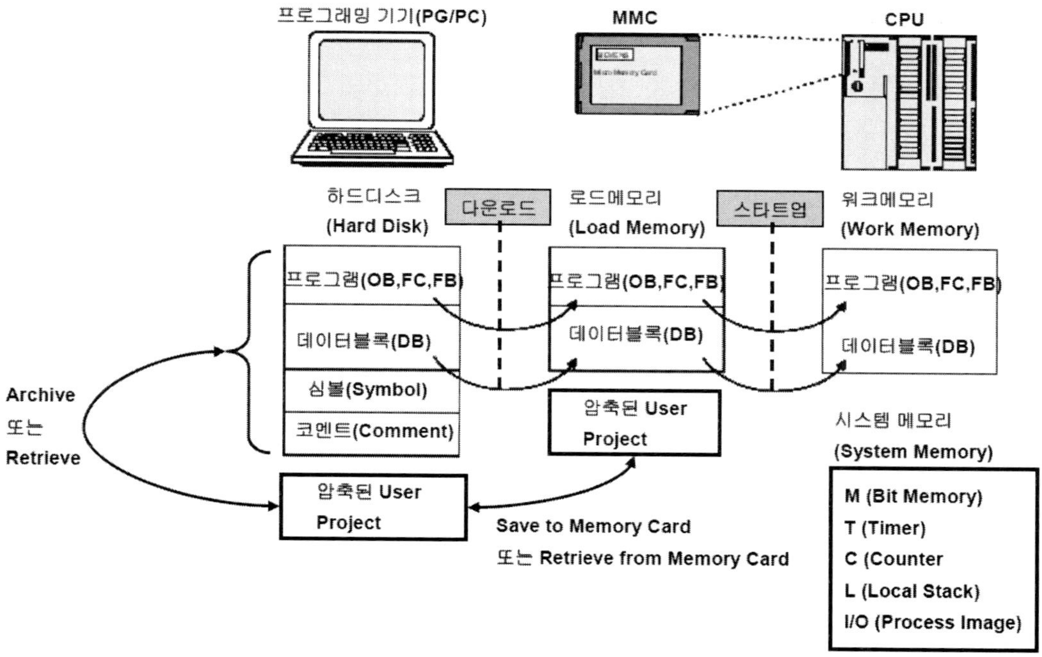

MMC 메모리는 항상 정전 유지가 된다.

구형 CPU는 Backup Battery에 의하여 로드메모리의 Data를 유지하고 있다.(구형 CPU의 로드메모리는 CPU에 통합된 RAM이다.)

로드메모리	로드메모리는 MMC 메모리 카드에 위치하며, 로드메모리의 용량은 MMC (Load Memory) 메모리 카드 용량을 의미한다. 로드메모리에 저장되는 Data는 ■ 유저 프로그램(OB, FC, FB) ■ 데이터 블록(Data Block) ■ 시스템데이터(System Data) 시스템 데이터는 하드웨어 파라미터를 의미한다.(CPU 파라메터, 모듈 파라메터) ■ 압축된 유저 프로젝트(User Project) MMC 메모리 카드에 프로그래밍 장치에 저장된 유저 프로젝트를 압축하여 저장할 수 있고 반대로 MMC 메모리 카드에 압축 저장된 유저 프로젝트를 프로그래밍 장치로 로드할 수 있다.
워크메모리	워크메모리는 CPU 내부에 RAM 영역이며 사용자가 임의로 확장할 수 없고 (Work Memory) CPU 스타트업(Startup) 시 로드메모리에 저장된 유저 프로그램을 워크메모리로 읽어와 유저프로그램을 처리한다.(CPU가 RUN 상태에서는 워크메모리에 저장된 유저 프로그램을 처리한다.)
시스템메모리	시스템메모리는 CPU 내부 RAM 영역이며 사용자가 임의로 확장할 수 없다 (System Memory) 시스템메모리는 M(Bit Memory), T(Timer), C(Counter), L(Local Stack), I/O(Process Image) 를 위한 메모리 영역이다.

4) 프로세스 이미지

입력 (I) 및 출력 (O) 주소 영역이 사용자 프로그램에서 주소 지정되면 디지털 신호 모듈의 신호 상태는 반영되지 않습니다. 대신 CPU의 메모리 영역 즉, 시스템 메모리에 액세스하는데 이 메모리 영역이 프로세스 이미지이다. 프로세스 이미지에는 입력의 프로세스 이미지와 출력의 프로세스 이미지의 두 종류가 있다.

입력 / 출력 모듈에 대한 직접 액세스와 비교하여 프로세스 이미지에 대한 액세스는 주기적 프로그램 처리 중에 CPU에서 일관된 프로세스 신호 이미지를 사용할 수 있다는 이점이 있다. 프로그램 실행 중에 입력 모듈의 신호 상태가 변경되면 다음 사이클에서 프로세스 이미지가 업데이트될 때까지 프로세스 이미지의 신호 상태가 유지된다. 또한 프로세스 이미지가 CPU의 시스템 메모리에 저장되기 때문에 프로세스 이미지에 대한 액세스가 신호 모듈에 대한 직접 액세스보다 훨씬 빠르다는 장점이 있다.

운영 체제는 주기적으로 프로세스 이미지를 업데이트한다. 아래 그림은 사이클 내에서 이 작업의 순서를 보여준다.

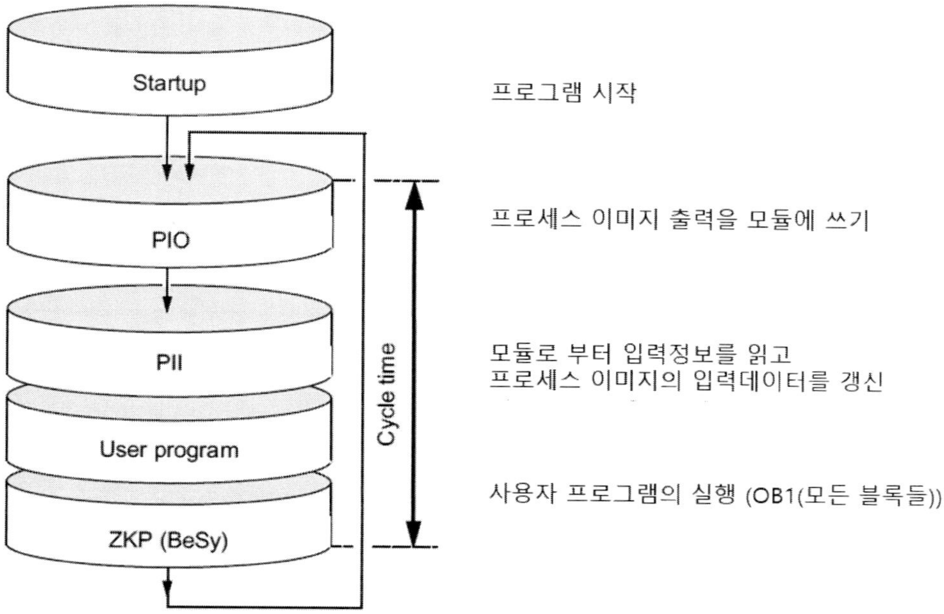

메모리 기능은 전체 사용자 프로그램 또는 특정 블록을 생성, 수정 또는 삭제하는 데 사용된다. 또한 프로젝트 데이터를 보관하여 보존할 수 있다.

새 사용자 프로그램을 만든 경우 PG / PC를 사용하여 전체 프로그램을 SIMATIC Micro 메모리 카드에 다운로드 한다.

SIMATIC Micro 메모리 카드에 저장할 수 있는 데이터는 다음과 같다.

- ■사용자 프로그램, 즉 모든 블록 (OB, FC, FC, DB) 및 시스템 데이터
- ■아카이브 및 레시피
- ■구성 데이터 (STEP 7 프로젝트)
- ■운영 체제 업데이트 및 백업을 위한 데이터

전체 사용자 프로그램은 SIMATIC Micro Memory Card를 통해 PG / PC를 통해 CPU로 다운로드 된다. 마이크로 메모리 카드의 이전 내용은 이 과정에서 삭제된다.

블록은 "일반 블록 속성"에서 "로드 메모리 요구 사항"에 지정된 로드 메모리 영역을 사용한다.

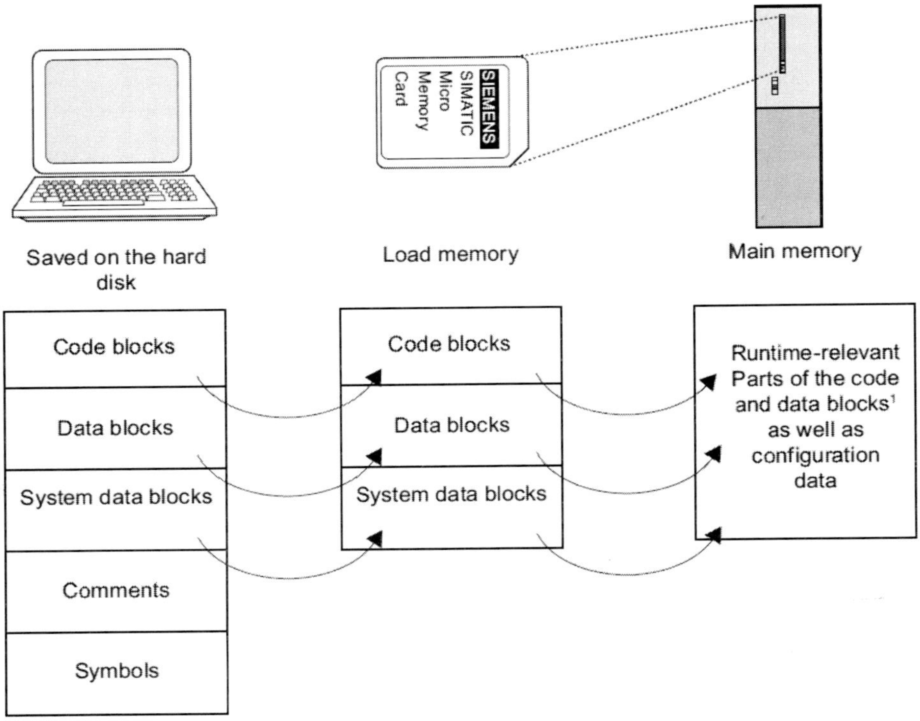

이 기능은 CPU가 STOP 모드일 때만 허용된다. 정전 또는 허용되지 않는 블록으로 인해 로드 작업을 완료할 수 없는 경우 로드 메모리는 비어 있다.

5) PLC에서 프로그램을 실행하는 방법

PLC에서 프로그램은 주기적으로 실행되며 실행 순서는 다음과 같다.

① PLC 전원이 켜진 다음 PLC의 CPU는 개별 입력을 스캔하여 전압을 전달하는 입력을 찾아낸다. 찾아낸 입력 상태는 프로세스 입력 이미지(PII)에 저장된다. 전압을 전달하는 입력의 경우 1 또는 'HIGH'라는 정보가 저장된다. 전압을 전달하지 않는 입력의 경우 0 또는 'LOW'라는 정보가 저장된다.

② CPU는 프로그램 메모리에 저장된 사용자가 작성한 프로그램을 정리한다.
사용자 프로그램(User Program)에는 하나씩 차례로 수행된 논리 연산 및 명령 목록이 들어 있다. CPU는 미리 입력된 PII를 사용하여 입력에 필요한 정보를 가져와서 논리연산의 결과를 프로세스 출력 이미지(PIQ)라는 곳에 기록한다. 필요한 경우 프로그램이 수행되는 동안 프로세서는 카운터, 타이머, 클록 메모리 등 다른 메모리 영역에도 액세스한다.

③ 세 번째 단계에서는 사용자 프로그램이 실행되면 상태가 POI에서 출력으로 전송된다. 그런 다음 출력 전원이 켜지거나 꺼진다. 그 후 이 절차는 1번부터 계속 반복된다.

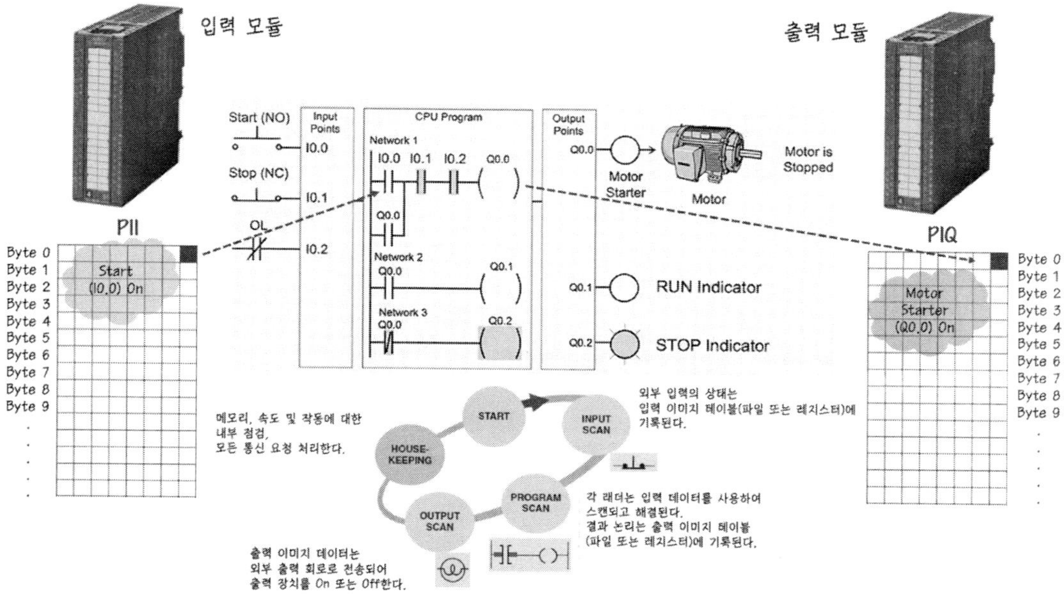

6) 사이클 타임

사이클 타임은 운영 체제가 프로그램을 실행하는 데 필요한 시간, 즉 모든 프로그램 섹션 및 시스템 활동을 포함하는 OB1이 실행되는 시간을 의미한다.

사이클 프로그램 처리 중에 CPU는 프로세스 신호의 연속된 이미지를 필요로 하는데 이를 보장하기 위해 프로그램 실행 전에 프로세스 신호를 읽고 / 쓴다.

결과적으로 프로그램 처리 중에 CPU는 입력(I) 및 출력(O) 주소 영역을 지정할 때 신호 모듈에 직접 액세스하지 않고 I/O 프로세스 이미지를 포함하는 CPU의 시스템 메모리 영역에 액세스한다.

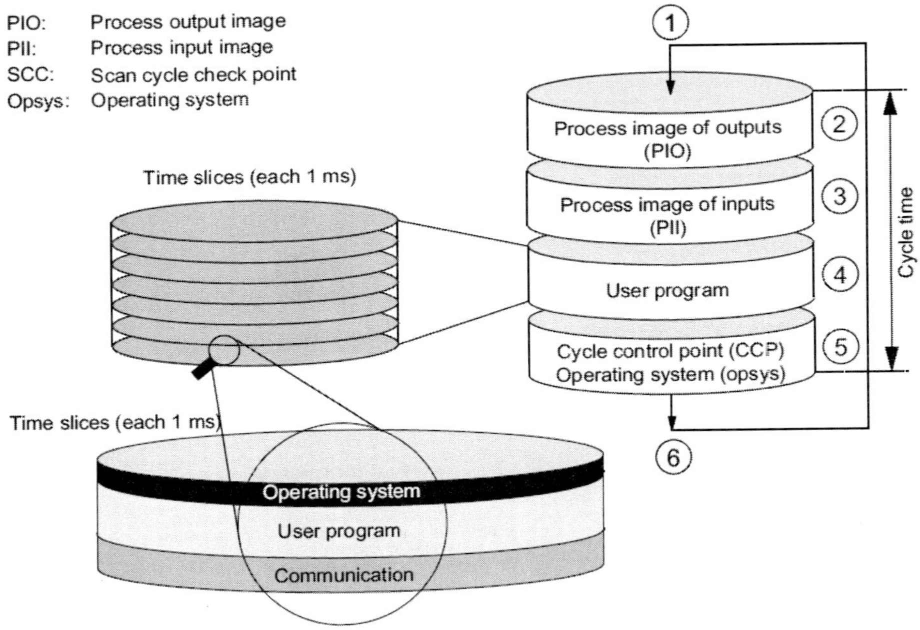

①	운영 체제는 사이클 타임 모니터링을 시작한다.
②	CPU는 프로세스 출력 이미지의 값을 출력 모듈로 복사한다.
③	CPU는 입력 모듈에서 입력 상태를 읽고 프로세스 입력 이미지를 업데이트한다.
④	CPU는 사용자 프로그램을 타임 슬라이스로 처리하고 프로그램에 지정된 명령을 실행한다.
⑤	사이클이 끝나면 운영 체제는 보류중인 작업을 실행한다. 예) 블록로드 및 삭제.
⑥	CPU는 사이클의 시작으로 돌아가서 사이클 타임 모니터링을 다시 시작한다.

7) 프로그램 처리

① 프로그램 메모리

프로그램은 두 가지 방식으로 처리할 수 있다. 처리 방식은 제어 장치와 프로그래밍에 따라 달라진다.

개별 명령을 처리하려면 일정 시간이 필요하다. (마이크로초 범위). 모든 명령을 1회 처리하는 데 걸리는 시간을 사이클 타임이라고 한다. 프로그램을 1회 실행하는 데 걸리는 시간은 프로그램 사이클이라고 부른다.

② 선형 프로그램 처리

선형 프로그래밍인 경우 중앙 장치는 명령을 프로그램 메모리에 저장된 순서대로 처리한다. 프로그램 종단(BE)에 도달하면 프로그램은 처음부터 다시 처리된다.

이 과정을 사이클 처리라고 한다. 장치가 모든 명령을 1회 처리하는 데 필요한 시간을 사이클 타임이라고 부른다. 선형 프로그래밍은 일반적으로 광범위하지 않은 단순 제어에 사용되며 단일 OB로 구현할 수 있다.

③ 구조화된 프로그램 처리

제어 작업이 광범위한 경우 프로그램을 작은 프로그램 블록으로 나눈 후 기능별로 정렬할 수 있다. 프로그램 세분화의 장점은 프로그램 일부를 개별적으로 디버깅할 수 있고 함수인 경우 하나의 전체 함수로 통합할 수 있다는 점이다.
프로그램 블록은 블록 명령어(Call xx / UC xx / CC xx)를 사용하여 호출해야 한다. 블록 종료가 인식된 경우 프로그램은 호출 후 호출 블록에서 계속 처리된다.

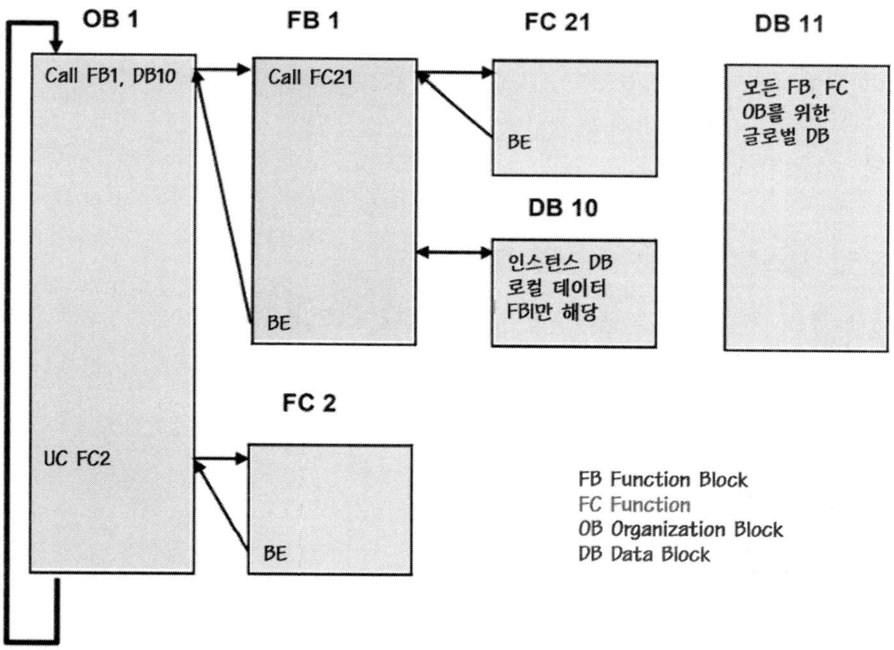

8) 사용자 블록

구조화 프로그래밍을 위해 STEP 7은 다음 사용자 블록을 제공한다.

① OB(조직 블록: Organization Block):

운영체제가 OB를 주기적으로 호출한다. 따라서 OB는 사용자 프로그램과 운영체제 간의 인터페이스가 된다. 이 OB에서 블록 명령어를 사용하여 어떤 프로그램 블록을 처리해야 할지 PLC의 프로세서에 알려준다.

② FB(함수 블록: Function Block):

FB는 FB 자체에 지정된 메모리 영역이 있다. FB가 호출되면 FB에 데이터 블록(DB)을 지정할 수 있다. 이 인스턴스 DB 내의 데이터는 FB에서 호출을 통해 액세스할 수 있다. 여러 개 DB에 1개 FB를 지정할 수 있다. 블록 호출 명령어를 사용하여 함수 블록에 추가 FB 및 FC를 호출할 수 있다.

③ FC(함수: Function):

FC는 FC 자체에 지정된 메모리 영역이 없다. 따라서 함수가 처리되면 함수의 로컬 데이터는 소멸된다. 블록 호출 명령어를 사용하여 함수에 추가 FB 및 FC를 호출할 수 있다.

④ DB(데이터 블록: Data Block):

DB는 데이터 변수를 메모리에서 사용 가능하도록 만드는데 사용된다.
데이터 블록에는 두 가지 유형이 있다. 첫 번째는 글로벌 DB이다. OB, FB, FC는 저장된 데이터를 읽을 수 있고 DB에 데이터를 직접 쓸 수도 있다. 두 번째는 특정 FB에 지정되는 인스턴스 DB이다.

9) 표준 및 시스템 함수용 시스템 블록

시스템 블록은 CPU에 저장되어 즉시 사용 가능한 함수이다. 사용자는 이 블록을 호출하여 프로그램에서 사용할 수 있다.
STEP 7은 다음과 같은 시스템 블록을 제공한다.

① SFB(시스템 FB):

CPU의 운영체제에 저장되어 있으며 사용자가 호출할 수 있는 라이브러리 FB

② SFC(시스템 FC):

CPU의 운영체제에 저장되어 있으며 사용자가 호출할 수 있는 라이브러리 FC

③ SDB(시스템 DB):

자동화 시스템의 데이터 저장을 위해 각종 STEP 7 도구를 사용하여 생성되는 프로그램의 메모리 영역 (예:HWConfig, NetPro 등)

5 SM 디지털 I/O (Input/Output)

1) 프론트 커넥터(Front Connector)

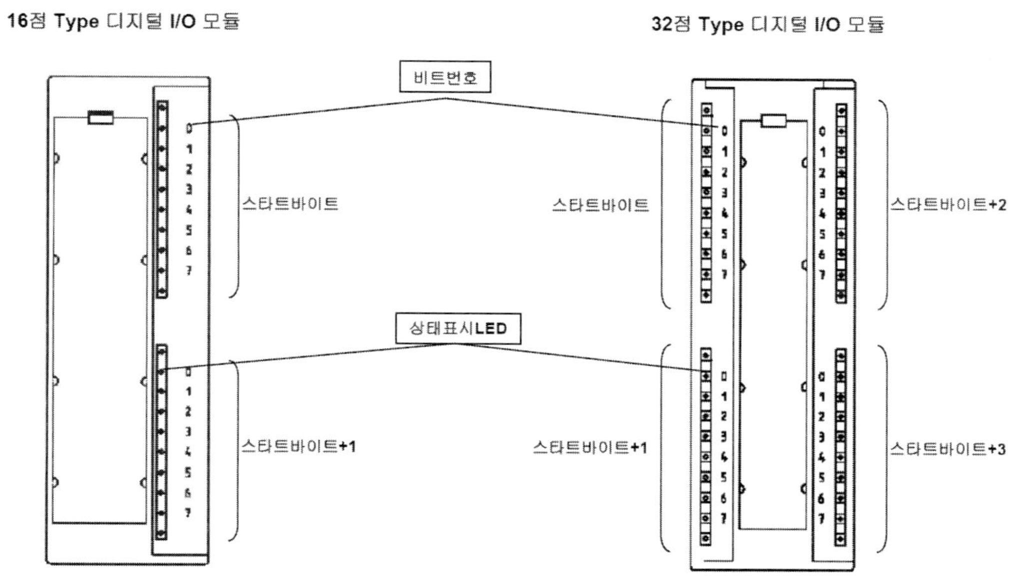

프론트 커넥터(Front Connector)는 I/O Module과 외부 센서 또는 액추레이터와 연결하는 단자대 역할을 하고 와이어링(Wiring)이 끝난 후 I/O 모듈에 장착된다. 프론트 커넥터는 I/O 모듈에 미포함 되어 있고, I/O 모듈과는 별도로 구입해야 한다.

프론트 커넥터 종류는 20핀 형식과, 40핀 형식의 두 가지 버전이 있으며 각각 스크류 방식과 스프링터미널 방식이 있다.

I/O 모듈의 종류에 따라 20핀 또는 40핀 형식의 프론트 커넥터를 사용해야 하며 일반적으로 32점 형식의 I/O 모듈은 40핀 형식이 필요하고 16점 이하 형식의 I/O 모듈은 20핀 형식의 프론트 커넥터를 사용한다.

프론트 커넥터에 와이어링 순서는 프론트 커넥터 터미널 번호 20번 또는 와이어링 순서 40번(20핀 형식은 20번, 40핀 형식은 20번 또는 40번)부터 시작하여 위쪽 방향으로 와이어링 작업을 진행하여 마지막 1번 또는 21번 터미널에서 와이어링 작업을 완료한다.

2) Digital input module SM 321; DI 16 x DC 24 V

▌모듈의 외형과 배선 방법

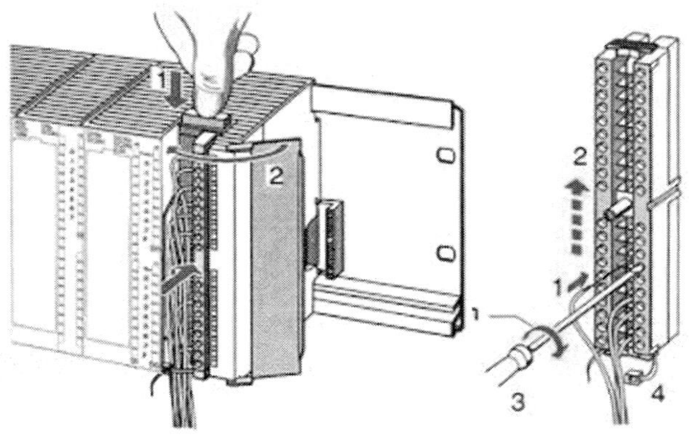

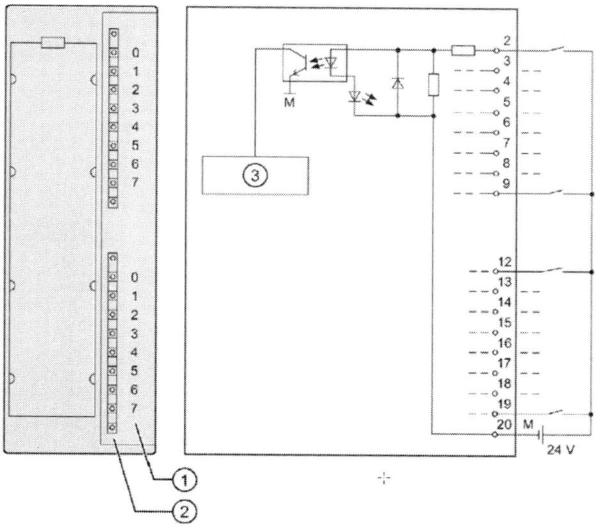

- 정격 입력 전압 24 V DC
- 스위치 및 2/3/4 선 근접 스위치 (BERO)에 적합
- 16 개 입력, 16 개 그룹으로 전기적으로 절연

① Channel number
② Status display - green
③ Backplane bus interface

입력 모듈의 COM단자 (Pin no.20)에는 외부전원의 0V가 연결되고 스위치나 센서를 통해서 +24V가 입력되도록 배선을 한다.

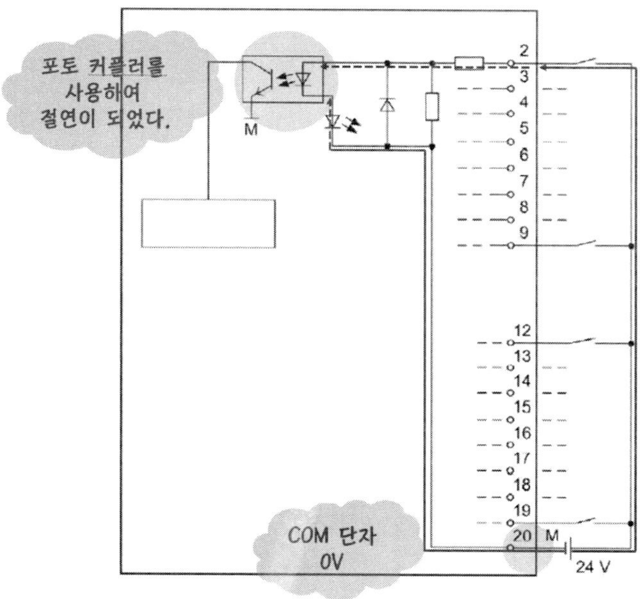

스위치를 통해 입력단자에 +24V가 공급되도록 배선을 한다.
센서를 연결할 경우 PNP형을 사용하도록 한다.

3) Digital output module SM 322; DO 16 x DC 24 V/ 0.5 A;

▌모듈의 외형과 배선 방법

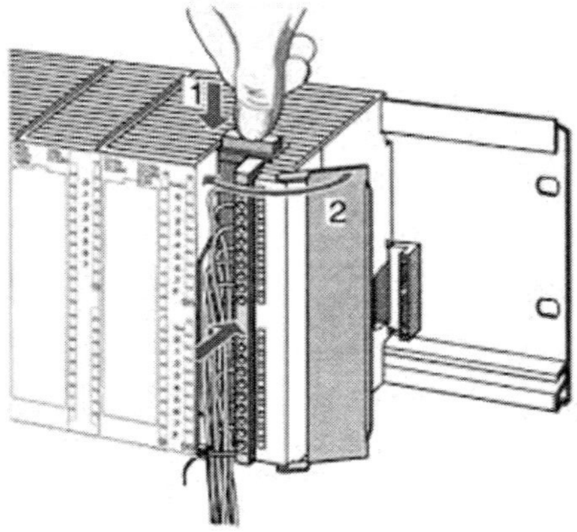

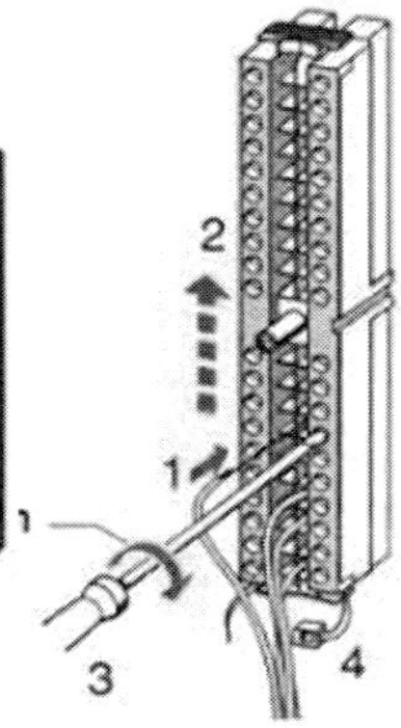

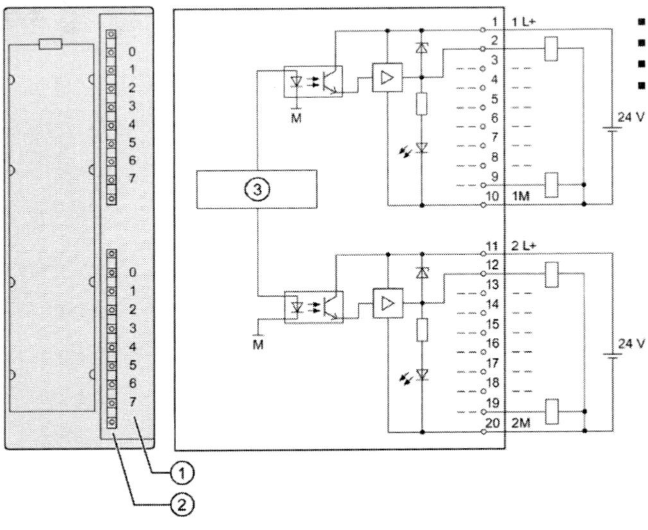

- 16 개 출력, 8 개 그룹으로 전기적으로 절연
- 출력 전류 0.5A
- 정격 부하 전압 24V DC
- 솔레노이드 밸브, DC 접촉기 및 신호 램프에 적합

① Channel number
② Status display - green
③ Backplane bus interface

출력 모듈의 COM단자 (Pin no.1,11)에는 외부전원의 +24V가 연결되고 램프나 부저 등의 부하에는 0V가 입력되도록 배선을 한다. 그리고 (Pin no.10,20)에 0V전원을 공급한다.

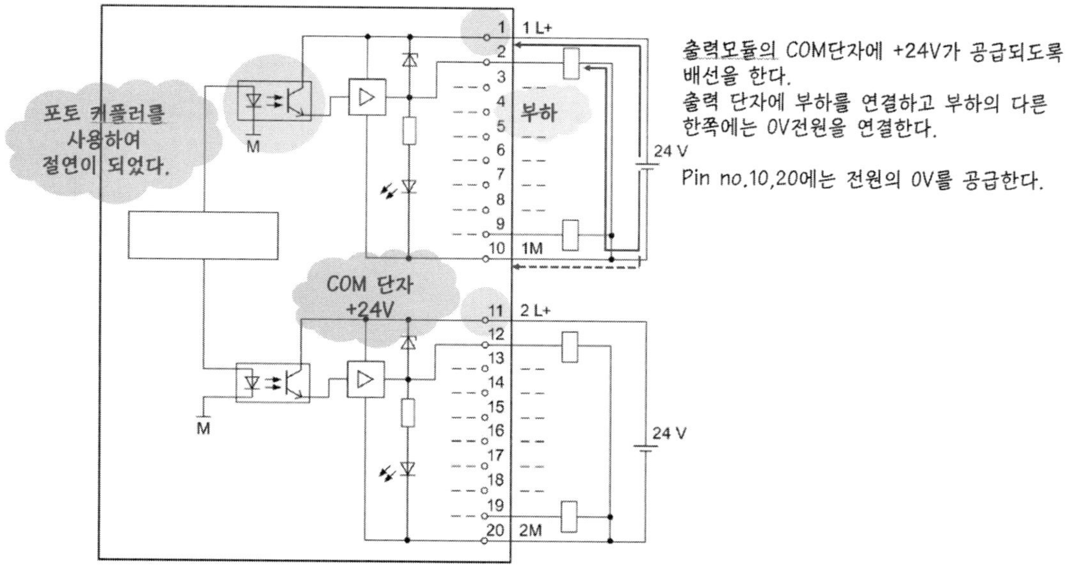

6 제어의 신호 유형

입력과 출력에 사용되는 전기 신호는 기본적으로 다음 두 개 그룹으로 나눌 수 있다.

- 연속적인 변화
- 연속적으로 변화하는 값
- 연속적인 양(Continuous Quantity)
- 온도,전류,전압,압력,무게

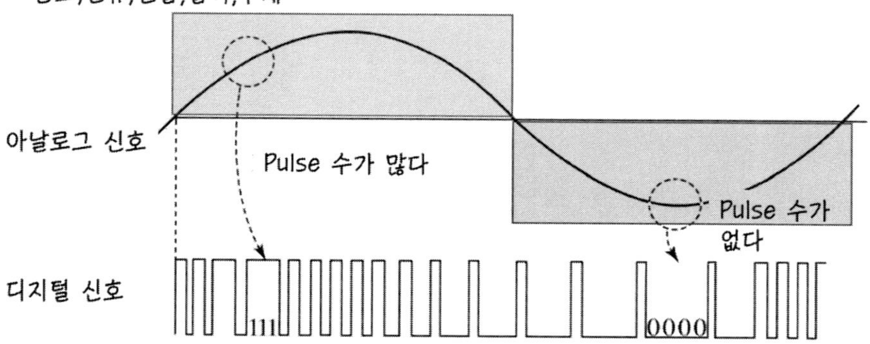

- 스위칭(On/Off)작용
- 일정 간격으로 끊어서 숫자형태로 표현한 값
- 이산적인 양(Discrete Quantity)
- 신호의 On/Off

① 이진 신호

이진 신호는 단 2개 신호 상태만 있다.

신호 상태 '1' = 전압 허용 = 예 : 스위치 ON 신호 상태 '0' = 전압 없음 = 예 : 스위치 OFF

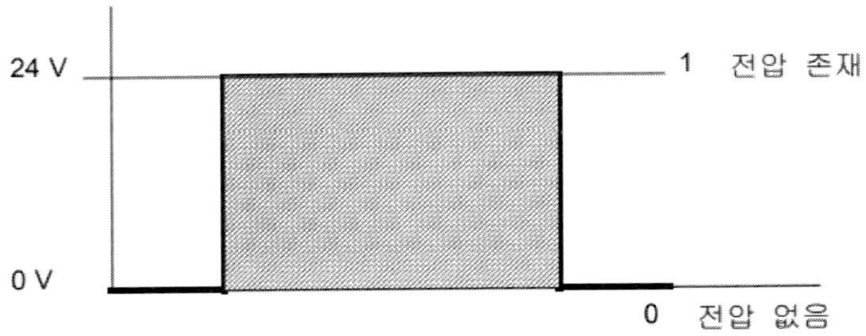

제어에는 많은 경우 24V 직류가 '제어 전압'으로 사용된다. 입력 터미널의 전압이 24V 이상인 경우 이 입력의 신호 상태는 '1'이란 의미이다.

반대로 0V는 신호 상태 '0'을 의미한다. 이러한 스위칭 기능을 '활성 0(active 0)' 또는 '하위 활성(active low)'이라고 한다. a접점(Normally Open Contact, 메이크 접점)은 '활성 1(active 1)' 또는 '상위 활성(active high)'이다. 즉, 활성화되었을 때 신호 '1'을 전송한다.

이진수:

이진 신호도 단 2개 값(신호 상태), '0' 또는 '1'만 있다. 이 이진 신호를 이진수라고 하며 기술 용어로 '비트'라고 부른다. 특정 지정(코드)에 따라 여러 개의 이진 신호가 조합되면 디지털 신호가 된다. 이진 신호 1개는 도어 열기/도어 폐쇄와 같은 2개 값 변수만 기록할 수 있는 반면 이진 신호를 결합하면 번호 또는 숫자를 디지털 정보로 생성할 수 있다.

n-이진수를 조합하여 2^n의 다른 조합으로 표시할 수 있다.

예를 들어 2개 이진수 2 x 2로 서로 다른 정보 내용을 4개 표기할 수 있다.

0 0 정보 1 (예를 들어 두 스위치 모두 개방)

0 1 정보 2 (스위치 1 폐쇄/스위치 2 개방)

1 0 정보 3 (스위치 1 개방/스위치 2 폐쇄)

1 1 정보 4 (두 스위치 모두 폐쇄)

② 아날로그 신호

이진 신호는 단 2개 신호 상태, 즉 전압 존재 '24V 이상 전압 존재'와 '0V로 전압 없음'만 가질 수 있는 반면 아날로그 신호는 특정 범위 내에서 어떤 값이든 가질 수 있다. 아날로그 인코더의 전형적인 예로 전위차계를 들 수 있다.

로터리 스위치의 위치에 따라 최대값까지 모든 저항이 설치 가능하다.

제어 엔지니어링에 다음 아날로그 변수가 사용된다.

- 온도 -50 … +150 ℃
- 유속 0 … 200 l/min
- 속도 500 … 1500 r/min
- 기타

트랜스듀서를 사용하여 이 변수들을 전압, 전류 또는 저항으로 변경할 수 있다.

예를 들어 속도를 기록하는 경우 500~1500 r/min 속도 범위를 트랜스듀서를 통해 0~+10V 전압 범위로 바꿀 수 있다. 측정된 속도가 865 r/min인 경우 트랜스듀서가 판독하는 전압은 +3.65V이 된다.

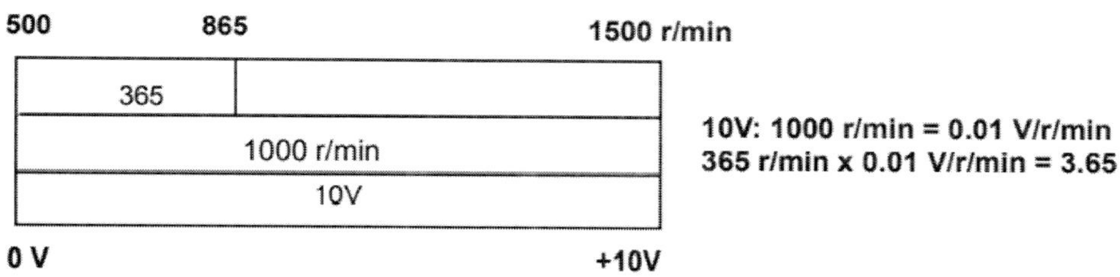

PLC로 아날로그 값을 처리하려면 입력된 전압값, 전류값 또는 저항값을 디지털 정보로 변경해야 한다. 이러한 변환을 아날로그-디지털 변환(A/D 변환)이라고 한다.

예를 들어 전압값 3.65V는 일련의 이진수 형식의 정보로 저장된다. 디지털 디스플레이에 사용되는 이진수의 수가 많을수록 해상도는 더 정밀해진다.

예를 들어 0~+10V의 전압 범위에서 1비트만 사용할 수 있는 경우 측정된 전압이 0~+5V 또는 +5V~+10V 범위 안에 있는지 여부만 확인할 수 있다.

2비트를 사용하면 전압 범위를

0~2.5V, 2.5~5V, 5~7.5V, 7.5~10V,

이렇게 4개의 범위로 나눌 수 있다. 제어에서 일반적인 A/D 변환기는 8비트 또는 11비트를 사용하여 변환한다.

이 경우 8비트는 총 256개 개별 범위를 가진 해상도를, 11비트는 총 2048 개개별 범위를 가진 해상도를 얻을 수 있다.

③ 숫자 체계

PLC로 메모리 셀의 주소, 입력, 출력, 타이머, 플래그 등을 처리하기 위해 10진수 체계 대신 이진수 체계를 사용한다.

• 10진수 체계

이진수 체계를 이해하려면 먼저 10진수 체계를 살펴볼 필요가 있다. 10진수 체계에서는 숫자 215를 개별 구성 부분으로 세분화할 수 있다.

즉, 2 는 100 자리, 1은 10 자리, 5는 1자리를 나타낸다. 실제로 215 는 200+10+5과 같은 형식으로 사용하여야 한다. 10의 거듭제곱을 사용하여 아래와 같이 200+10+5 형식으로 표현하면 각 자릿수마다 10의 거듭제곱이 지정된다는 것을 알 수 있다.

$$2 \quad 1 \quad 5$$

$$200 + 10 + 5$$

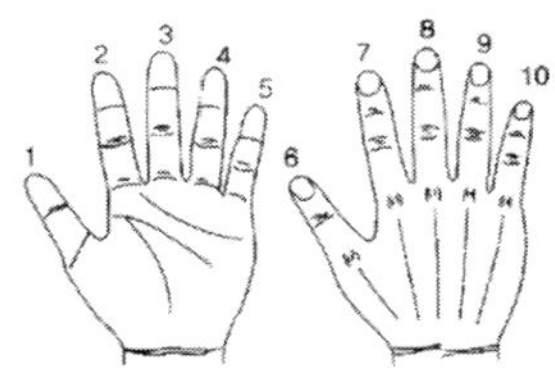

10진법은 인간의 손가락이 10개라는 단순한 이유에서부터 시작됐다

$$2 \times 100 + 1 \times 10 + 5 \times 1$$ 자릿값

$$2 \times 10^2 + 1 \times 10^1 + 5 \times 10^0$$ 10의 거듭제곱

10진수의 각 자릿수마다 10의 거듭제곱이 지정된다.

• 이진수 체계

이진수 체계는 숫자 0과 1만 인식한다. 0과 1은 데이터 처리 기술에서는 간단하게 표현하고 계산할 수 있는 숫자 체계이다. 즉, 2개 숫자만 사용하기 때문에 이진수 체계라고 한다. 아래와 같이 각 자릿수마다 2의 거듭제곱이 지정된다.

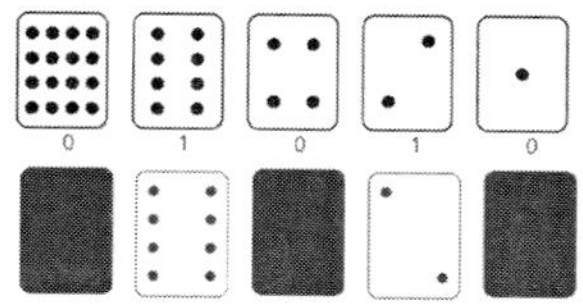

$$1 \quad 1 \quad 0 \quad 1$$

$$1 \times 2^3 + 1 \times 2^2 + 0 \times 2^1 + 1 \times 2^0$$ 2의 거듭제곱

$$1 \times 8 + 1 \times 4 + 0 \times 2 + 1 \times 1$$

$$8 + 4 + 0 + 1 = 13$$

이진수의 각 자릿수마다 2의 거듭제곱이 지정된다.

- BCD 코드 (8–4–2–1–코드)

큰 숫자 값을 명확히 정렬하기 위해 BCD 코드(이진화 10진수)가 많이 사용된다.

BCD 코드는 이진수 체계를 사용하여 10진수를 표시하는 것이다. 이 경우 10진수가 가질 수 있는 최대값은 9이다. 숫자 9를 표시하려면 2의 거듭제곱이 최대 23까지 필요하다. 즉, 숫자 9는 총 4자리로 표시된다.

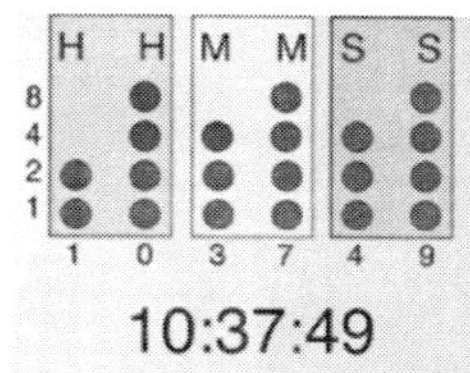

10진수로 표현된 수

2진수로 각 자리의 수를 표현

가장 큰 10진수인 숫자 9를 2진수로 표시하는데 4개 자리가 필요하기 때문에 니블(nibble)이라 불리는 4자리 단위가 각 10진수에 제공된다. 따라서 BCD 코드는 4비트 코드가 된다. 10진수의 각 자릿수는 개별적으로 4비트 코드로 변경된다.

예를 들어 숫자 285인 경우 3자리 10진수로 구성된다. BCD 코드에서 10진수의 각 자릿수에 해당하는 수는 4자리 단위(니블)로 표시된다.

2	8	5
0010	1000	0101

10진수의 각 자릿수는 BCD 코드로 표시된다.

• 16진수 체계

16진수 체계도 숫자 표시 비중 체계에 해당한다. 각 자리마다 숫자 값으로 16의 거듭제곱이 사용된다. 즉, 16진수 체계란 각 자릿수에 해당하는 16의 거듭제곱으로 수를 표시하는 체계이다. 16진수의 각 자리에 16의 거듭제곱이 지정된다. 따라서 0을 포함한 16개의 숫자가 필요하다. 숫자 0에서 9까지는 10진수 체계를 사용하고 숫자 10에서 15까지는 글자 A, B, C, D, E, F를 사용한다.

16진수의 각 숫자에 16의 거듭제곱이 지정된다.

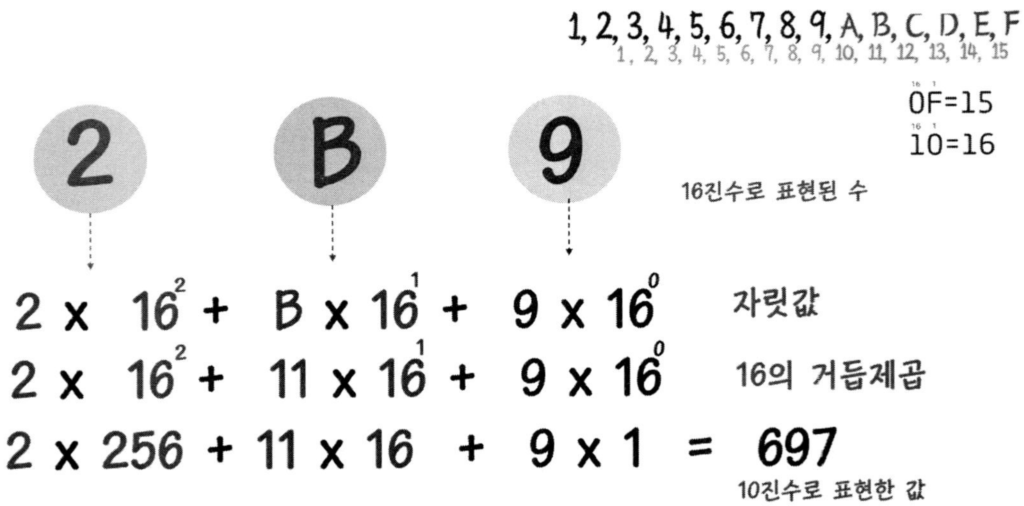

여기에서 PLC에서 다루는 데이터의 크기에 대해 잠깐 살펴보도록 하자.

PLC(컴퓨터)는 디지털 형식의 전기 신호를 사용하기 때문에 모든 정보를 '0'과 '1'로만 표현한다. 하나의 '0' 또는 '1'에 해당하는 데이터가 바로 '비트(bit)'이다. 이진 숫자라는 뜻을 가진 'binary digit'의 줄임말이다. 비트는 컴퓨터가 처리하는 정보의 최소 단위인데, 한 개만으로는 많은 양의 데이터를 나타내기에 턱없이 부족하기 때문에 정보를 표현하는 기본단위로는 8개의 비트를 묶은 바이트(Byte)를 사용한다. 여기서 1바이트는 256 종류의 정보를 나타내는데 이는 하나의 바이트가 여덟 개의 비트로 이뤄져 있고 비트 하나는 0과 1로 표현될 수 있기 때문에 2의 8승으로 계산되는 것이다.

1바이트로는 한 개의 문자를 나타낼 수 있는데 이는 영어권 문자에 해당하고, 한글과 같은 동양권 문자를 표기하기 위해서는 한 문자당 2바이트가 필요하다.

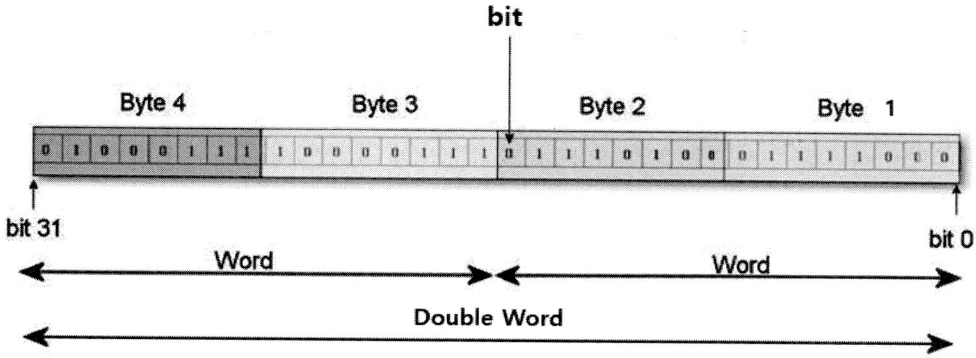

▌Bit(Binary Digit)

1비트는 컴퓨터(PLC)가 값을 저장할 수 있는 최소 단위로서 0 혹은 1을 저장할 수 있다.

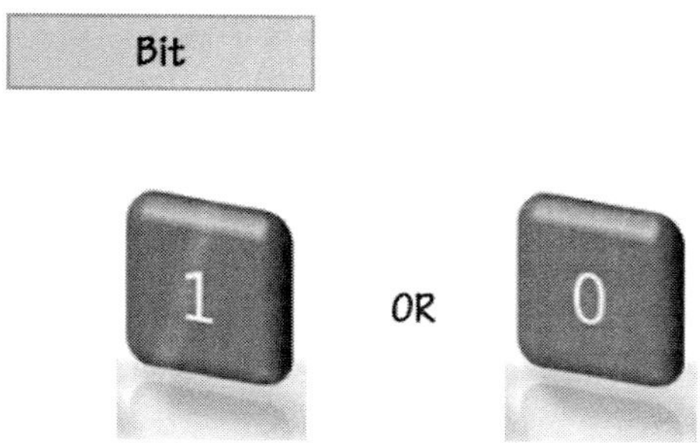

▌Nibble

1비트 4개를 묶어 Nibble이라는 단위로 사용한다.

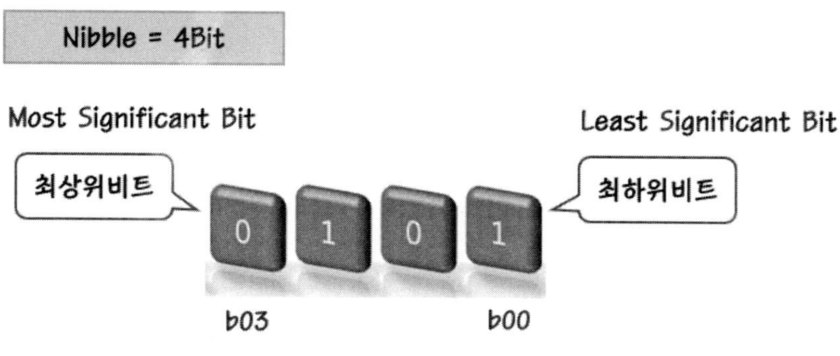

Byte

1비트는 정보를 저장하기엔 너무 작기 때문에 1비트 8개를 묶어 Byte라는 단위를 만든 후 정보의 기본 단위로 사용한다.

한 개의 비트로는 0 또는 1의 두 가지 표현 밖에 할 수 없으므로 더 많은 정보를 나타내려면 더 많은 비트가 있어야 한다. 따라서 여러 개의 비트를 묶어 정보를 표시하게 되는데 이렇게 일정한 단위로 묶은 비트의 모임을 바이트(byte)라고 하는 것이다.

0~255 범위의 256가지의 수를 표현할 수 있다. 단, 0~255의 표현은 부호가 없는 0을 포함하는 양의 정수일 때의 영역이고 부호를 포함하여 정수(음의 정수와 양의 정수 포함)를 표현하고 싶은 경우 -128~127까지의 표현이 가능하다.

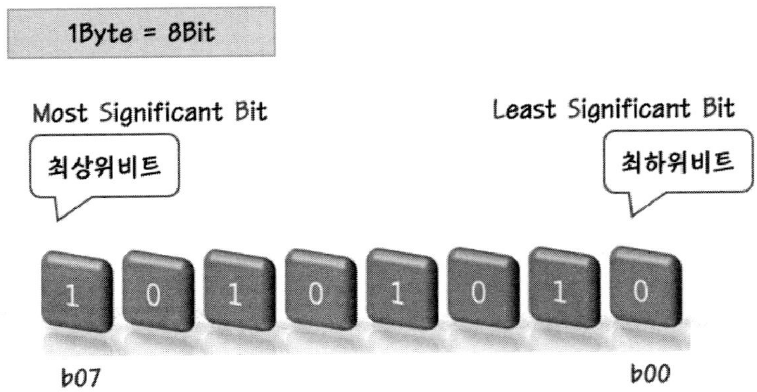

Word

1비트 16개를 묶어 Word라는 단위를 만든 후 정보의 단위로 사용한다.

워드는 하나의 기계어 명령어나 연산을 통해 저장된 장치로부터 컴퓨터(PLC) 프로세서로 옮겨 놓을 수 있는 데이터의 단위이다. 보통 워드의 길이는 컴퓨터의 데이터 버스 크기와 같다.

한 번의 작업으로 저장장치에서 프로세서 레지스터로 데이터를 이동시키기 위해서이다.

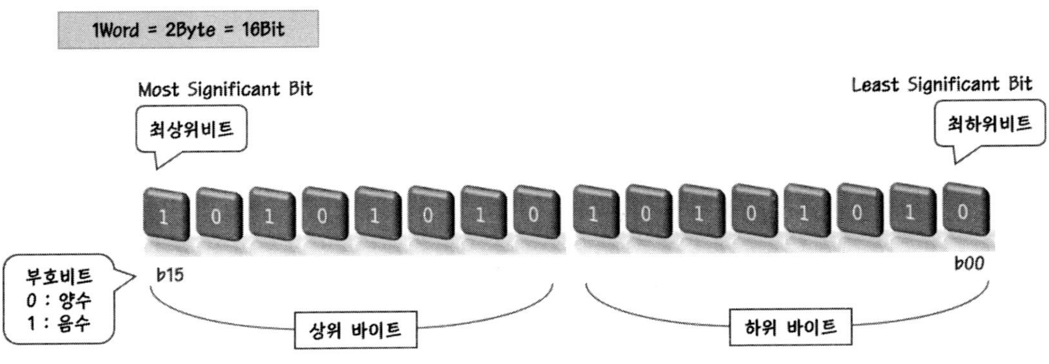

▌Double Word

1비트 32개를 묶어 Double Word라는 단위를 만든 후 정보의 단위로 사용한다. 저장할 수 있는 숫자의 범위가 커지므로 데이터의 크기가 큰 명령어의 수행에 사용한다.

Double Word = 2Word = 4Byte = 32Bit

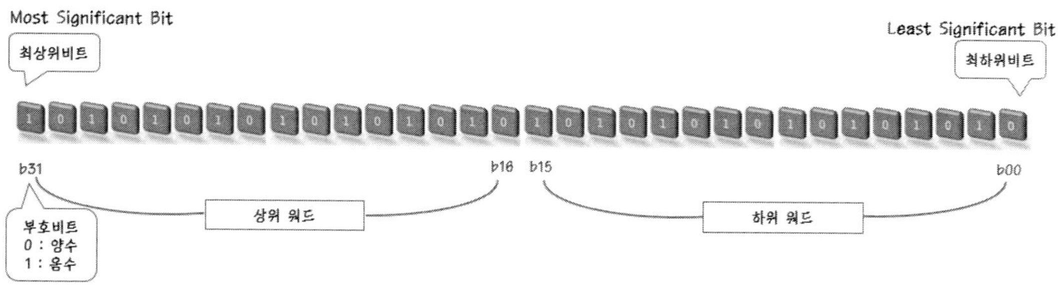

• 비트 주소

개별 비트에 주소를 지정하기 위해 1 바이트 내의 개별 비트 각각에 번호, 즉 비트 주소를 지정한다. 각 바이트에서 오른쪽 끝에 있는 비트가 비트 주소 0 을, 왼쪽 끝에 있는 비트는 비트 주소 7을 갖게 된다.

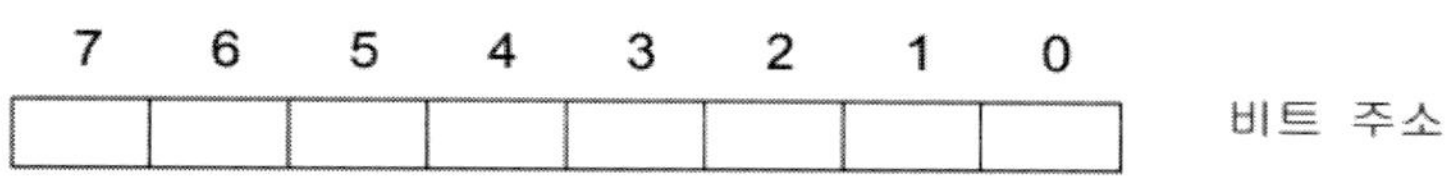

• 바이트 주소

개별 바이트에도 번호, 즉 바이트 주소를 지정한다. 또한 각 바이트에 피연산자도 표시할 수 있다. 예를 들어 IB2는 입력 바이트 2를, QB4는 출력 바이트 4를 의미한다.

비트와 바이트 주소를 조합하여 각 비트에 고유한 주소를 지정한다. 비트 주소와 바이트 주소는 마침표로 각각 구별한다. 마침표 오른쪽에 비트 주소가 위치하고 마침표 왼쪽에 바이트 주소가 위치한다.

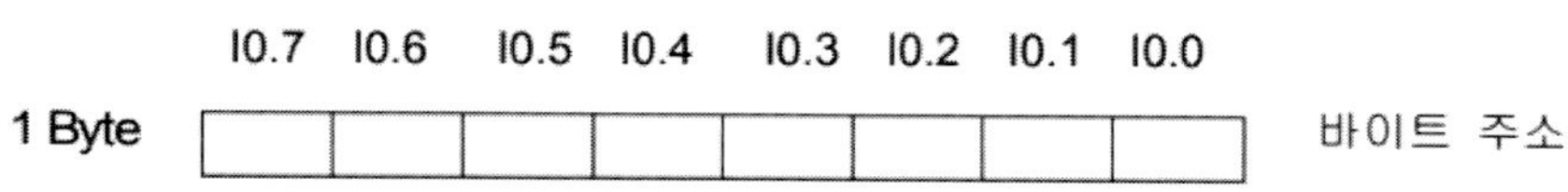

- **워드 주소**

워드에 번호를 붙여 워드 주소를 지정한다.

참고 : 입력 워드(IW), 출력 워드(QW), 마커 워드(MW) 등 워드를 사용하는 경우 항상 관련된 두 바이트 중 더 낮은 주소가 워드 주소가 된다.
예를 들어 IB2와 IB3로 구성된 워드인 경우 워드 주소는 IW2가 된다.

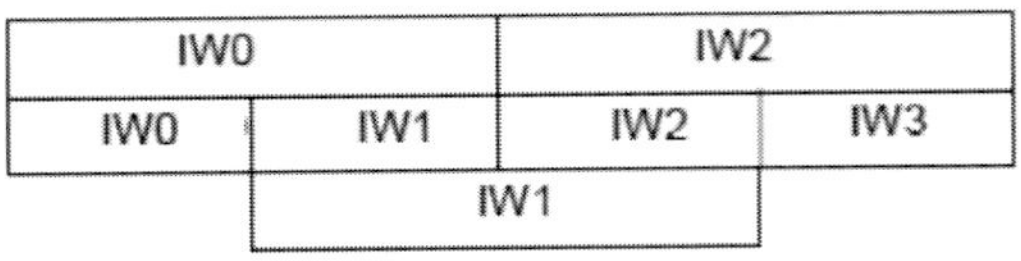

워드 주소

워드를 처리할 때 예를 들어 입력 워드 0과 입력 워드 1이 1개 바이트에 중복된다는 점을 주의해야 한다. 또한 비트를 카운트할 때 오른쪽부터 카운트를 시작한다. 예를 들어 IW1의 비트 0은 I2.0, 비트 1은 I2.1, 이런 식으로 하여 비트 7은 I2.7로 카운트한다. 그런 다음 비트 8부터는 I1.0으로 카운트를 시작하여 비트 15는 I1.7로 카운트한다.

즉, 비트 7과 비트 8사이에 '점프'가 존재한다.

- **더블워드 주소**

더블 워드에 번호를 지정하면 더블 워드 주소가 된다.

참고 : ID, QD, MD 등 더블 워드를 사용할 때 더블 워드 주소는 항상 관련된 두 워드의 워드 주소 중 더 낮은 주소가 더블 워드 주소가 된다.

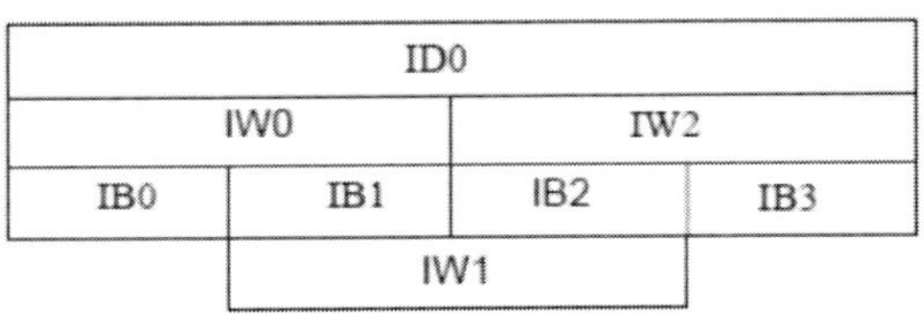

더블워드 주소

7 PLC의 기본적인 작동 원리

① 중앙 처리 장치(CPU)

신호 인코더에서 나오는 전압이 배선을 통해 입력 모듈의 터미널 블록에 전달된다. CPU(중앙 처리 장치)에서 프로세서가 메모리에 위치한 프로그램을 처리하고 장치의 개별 입력에 전압 운반 여부를 확인한다. 입력의 전압 상태와 메모리 내에 위치한 프로그램에 따라 프로세서는 터미널 블록의 해당 연결부에 전압을 공급하도록 출력 모듈에 지시한다. 출력 모듈 연결부의 전압 상태에 따라 연결된 액추에이터 또는 표시등이 켜지거나 꺼진다.

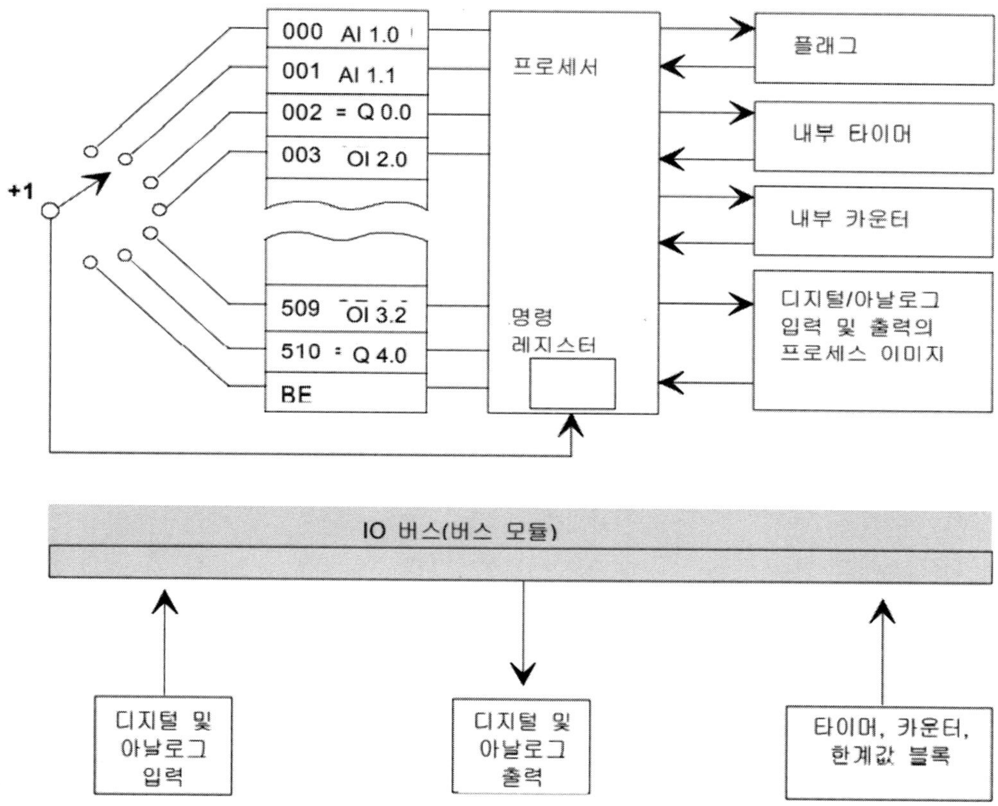

주소 카운터는 프로그램 메모리를 명령별(직렬)로 확인하고 프로그램 종속 정보를 프로그램 메모리에서 명령 레지스터로 전송하도록 한다. 프로세서 내 모든 메모리를 보통 레지스터라고 부른다.

프로세서는 명령 레지스터에서 명령을 받는다. 프로세서가 현재 명령을 처리하는 동안 주소 카운터는 다음 명령을 명령 레지스터로 옮긴다. 입력의 상태가 입력 프로세스 이미지(PII)로 전송된다. 이어서 논리 연산이 실행되고 타이머, 카운터, ACCU를 포함한 후 논리 연산 결과(RLO)를 출력의 프로세스 이미지(PIQ)로 전송한다. 사용자 프로그램이 처리된 후 블록 종료(BE)가 인식되면 해당 상태가 PIQ 에서 출력으로 전송된다.

주변장치 버스는 CPU 와 주변장치 간의 데이터 교환을 처리한다. 주변장치는 디지털 입력 및 출력 모듈, 아날로그 입력 및 출력 모듈, 타이머 모듈, 카운터 모듈 등을 포함한다.

② 버스(Bus) 시스템

버스 시스템은 신호 전송을 위한 버스 케이블이다. 버스 시스템을 통해 자동화 장치의 프로세서와 입출력 모듈 간에 신호가 교환된다.

버스는 3개 병렬 신호 라인으로 구성된다.

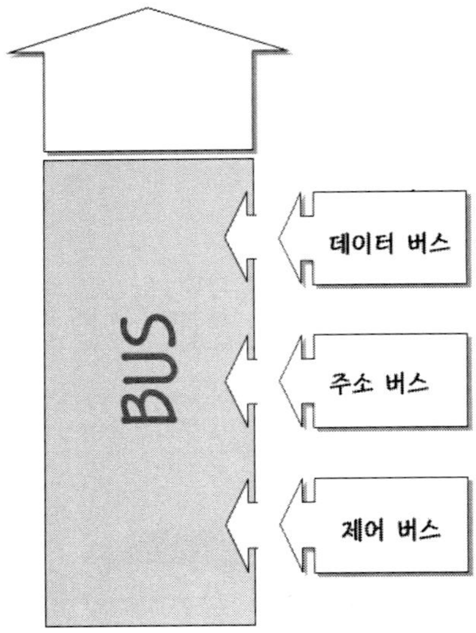

- 주소 버스를 사용하여 개별 주소에 주소를 지정한다.
- 데이터 버스를 사용하여 예를 들어 입력 및 출력 모듈의 데이터를 전송한다.
- 제어 버스에는 자동화 장치 내의 기능 순서 제어와 모니터링 데이터가 전송된다.

③ 프로그램 메모리

메모리 요소는 이진 신호 형식으로 정보를 저장할 수 있는 블록 요소이다.

주로 반도체 메모리가 프로그램 메모리로 사용된다. 메모리는 512, 1024, 2048 등이 메모리 위치로 구성된다. 일반적으로 프로그램 메모리의 성능은 1K (K는 1024를 의미)의 배수로 표시한다.

프로그래밍 장치를 사용하여 각 메모리 위치에 1개 내장 명령어를 쓰거나 프로그래밍할 수 있다. 메모리 위치의 각 이진 요소는 신호 상태 '1' 또는 '0'을 가질 수 있다.

④ RAM

RAM은 반도체 기술로 구현된 쓰기/읽기 메모리를 말한다. 개별 메모리 단위는 주소로 식별됩니다. 이 주소를 통해 메모리 위치에 자유롭게 액세스할 수 있다.

원하는 만큼 얼마든지 자주 메모리 위치에 정보를 쓸 수 있다. 또한 정보내용을 손실하지 않고 정보를 읽어올 수도 있다.

하지만 RAM은 휘발성 메모리로 전원이 차단되면 정보 내용이 없어지는 메모리이다. RAM에 저장된 데이터는 전기적으로 삭제된다.

SIMATIC S7-300의 내부 프로그램 메모리는 물론 작업 메모리도 RAM 유형이다. PLC에 설치 가능한 백업 배터리를 사용하여 이 메모리의 정보를 보존할 수 있다. 단, 최신 소형 CPU는 예외입니다. 최신 소형 CPU의 경우 이전에 RAM에 저장되었던 프로그램은 삽입 가능한 MMC 카드에 저장된다.

참조) 작업 메모리 전체가 MMC에 저장되기 때문에 배터리는 필요 없다.

⑤ 마이크로 메모리 카드(MMC)

최신 소형 CPU의 경우 이전에 RAM에 저장되었던 프로그램은 MMC카드에 저장된다. 로드 메모리 전체를 MMC 카드에 저장할 수 있다.

MMC를 다양한 크기의 메모리에 사용할 수 있다. MMC는 코드, 데이터 블록, 시스템 데이터(구성, 연결, 모듈 파라미터 등)를 저장하는데 사용된다. 프로젝트의 구성 데이터 전체를 MMC에 저장할 수도 있다.

또한 작업 메모리 전체가 여기서 버퍼된다. 백업 배터리는 필요하지 않다. MMC를 CPU에 삽입한 후 프로그래머 또는 STEP 7을 사용하여 MMC에 데이터를 기록할 수 있다.

CPU에 MMC를 삽입하지 않으면 CPU가 실행되지 않는다.(로드 메모리 없음). MMC를 삽입해야만 일반 리셋 작업이 가능하다.

⑥ 메모리 카드 및 마이크로 메모리 카드(MMC)의 제거 및 삽입방법

메모리 카드가 제거 또는 삽입되면 CPU는 작동 모드에 관계없이 이를 인식한다.

▌메모리 카드 제거 순서:

1) CPU를 STOP으로 전환한다.

2) 활성 상태인 쓰기 PG 함수(예: 블록 로드)가 없어야 한다.

3) 메모리 카드가 제거된 후 CPU가 일반 리셋을 한다.

▌메모리 카드 삽입 순서:

관련 사용자 프로그램을 사용하여 메모리 카드를 삽입하려면 다음 단계를 수행해야 한다.

1) 메모리 카드를 삽입한다.
2) CPU가 일반 리셋을 한다.
3) 일반 리셋을 확인한다.
4) CPU를 시작한다.

⑦ 디지털 입력/ 출력의 어드레스 입력 방법

프로그램 내에서 특정 입력 또는 출력을 지정하는 것을 주소 지정이라고 한다. PLC의 입력 및 출력을 함께(주로 8개가 한 그룹) 배치하면 디지털 입력 또는 디지털 출력 모듈을 구성할 수 있는데 여기서 8개의 그룹을 바이트라고 하며, 각 그룹에는 바이트 주소라는 숫자가 주어진다.

바이트 내의 개별 입력 또는 출력으로 전송하기 위해 신호를 활성화하면 각 바이트는 다시 각각의 비트로 나누어진다. 여기에는 비트 0부터 비트 7까지 숫자가 지정되며, 이 숫자가 바로 비트 주소이다.

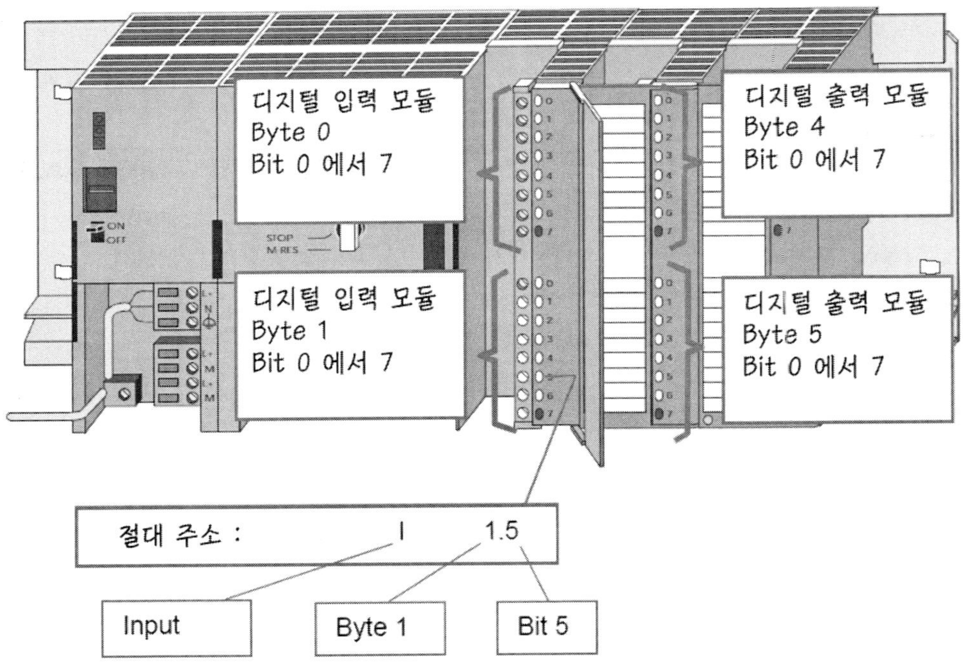

디지털 입력

I 0.3

입력 어드레스 식별자 | 바이트 어드레스 0부터 시작 | 비트 어드레스 0 ~ 7

디지털 출력

Q 4.7

출력 어드레스 식별자 | 바이트 어드레스 0부터 시작 | 비트 어드레스 0 ~ 7

항목	내용
디지털 I/O 모듈	S7-300의 디지털 I/O 어드레스는 슬롯당 4배수의 스타트 바이트 어드레스가 할당 어드레스 할당된다 그 결과는 위의 그림과 같이 어드레스가 결정된다.(디지털 I/O 모듈의 실제 사용 점수와 관계없이 항상 4바이트 즉 32점이 할당된다.)
어드레스 식별자	장착된 모듈이 디지털 입력이면 어드레스 식별자 "I"를 사용하고 디지털 출력이면 어드레스 식별자 "Q"를 사용한다
할당된 I/O 어드레스	CPU에 PROFIBUS-DP 통신 포트가 내장된 CPU는 디지털 또는 아날로그 I/O의 변경 어드레스를 사용자가 자유롭게 변경할 수 있다. (사용자가 해당 모듈의 스타트 바이트 번호를 변경하여 I/O 어드레스를 변경한다.)

⑧ 내부 메모리 구조

Simatic S7 PLC의 내부 메모리 구조

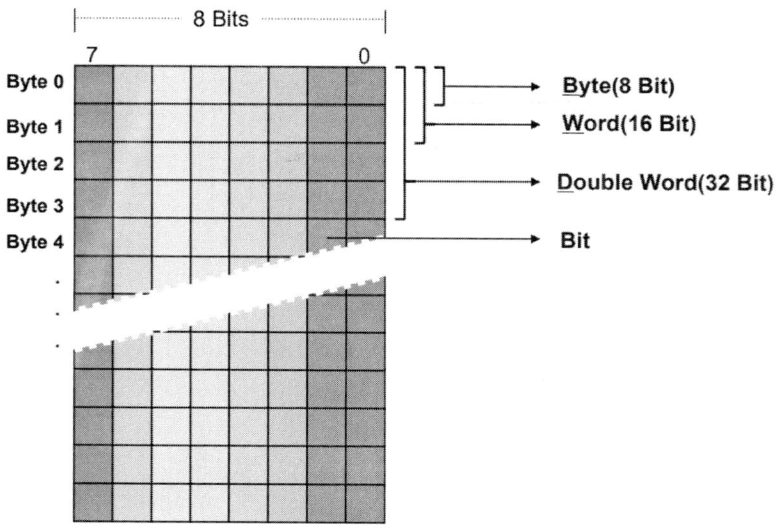

S7 PLC의 모든 내부 메모리(Memory)구조는 Byte 단위로 이루어 지며, 메모리의 길이를 구분하는 단위는 "Bit", "Byte", "Word", "Double Word"가 있다

앞에서 PLC의 메모리 종류에 대한 내용에서 “시스템 메모리”를 언급했었다. 종류로는 입력, 출력, 비트메모리, 타이머, 카운터 등이 있는데 이것을 가지고 프로그램을 작성하게 된다. 정리를 해보면 다음과 같다.

종류	기능
입력(I)	“I” (또는 “E”)라는 어드레스 식별자를 사용하고, 디지털 입력 신호에 해당하며, Process Image Input 이라고도 표현한다.
출력(Q)	“Q” (또는 “A”)라는 어드레스 식별자를 사용하고, 디지털 출력 신호에 해당하며, Process Image Output 이라고도 표현한다.
퍼리퍼럴 (Peripheral)	특수 모듈과 PLC CPU간 인터페이스를 위한 영역이고, I 또는 Q와 같은 프로세스 이미지 영역은 매 PLC 스캔마다 CPU O/S에 의해서 업데이트 되지만, 퍼리퍼럴 영역은 사용자의 PLC 프로그램에 의해서 업데이트 된다. 퍼리퍼럴 영역은 PLC 프로그램 상에서 직접 비트(bit)단위로는 액세스(Access)할 수 없고 최소 바이트(byte)단위부터 액세스(Access) 가능하다.
비트메모리 (Bit Memory)	어드레스 식별자는 “M”을 사용하고, PLC 내부 메모리에 해당한다. 또한 Hardware Configuration에서 정전유지영역의 길이를 설정하여 정전유지기능을 사용할 수 있다. 비트메모리의 표준 정전유지 영역은 M0.0~M15.7까지 16바이트(Byte)이다.
데이터블록 (Data Block)	사용자 선언에 의하여 생성되는 메모리 영역이다.
로컬스택 (Local Stack)	임시변수를 처리하기 위한 PLC 내부 메모리 영역이며, 어드레스 식별자는 “L”을 사용한다. 각각 OB Cycle에 256바이트가 할당된다.
카운터 (C), 타이머 (T)	카운터 및 타이머의 번호는 십진수 단위로 할당된다.

⑨ Simatic S7 PLC 어드레싱(Addressing) 방법

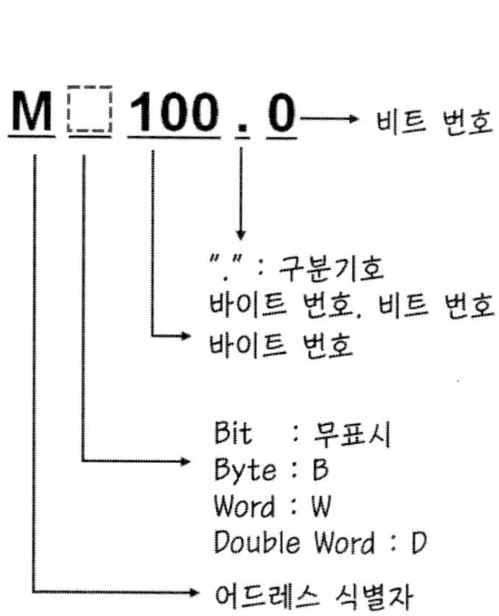

	bit	byte	word	D-word
I	I0.0	IB0	IW0	ID0
Q	Q0.0	QB0	QW0	QD0
M	M0.0	MB0	MW0	MD0
L	L0.0	LB0	LW0	LD0
PI	불가	PIB256	PIW256	PID256
PQ	불가	PQB256	PQW256	PQD256

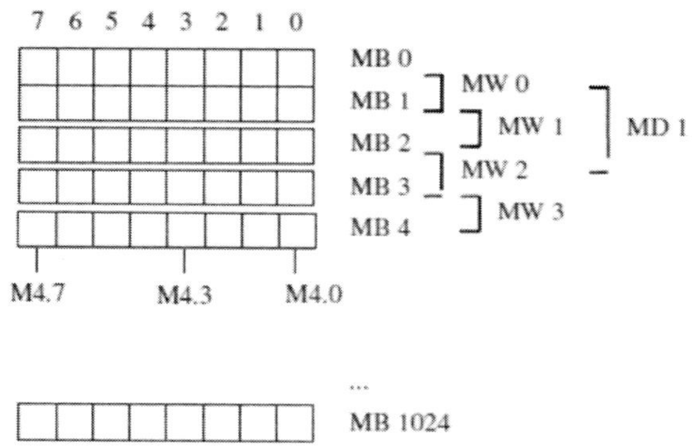

종류	기능
비트 단위 어드레싱	비트(Bit) 단위로 어드레스싱(Addressing)할 경우에는 어드레스 길이를 표시하는 문자는 생략하고, 어드레스 식별자 이후에 바이트 n번호 + "." + 비트 번호를 부여하여 어드레싱을 한다.
바이트 단위 어드레싱	이상 바이트 단위 이상으로 어드레싱하는 경우에는 먼저 어드레스 식별자 이후에 어드레스의 길이를 나타내는 문자를 붙이고 이후에 어드레싱 하고자 하는 대상 어드레스의 시작되는 바이트 번호를 부여한다. 이때 비트 번호는 부여하지 않는다.
잘못된 어드레싱 예	1) Q0.8 : 8번 비트는 존재하지 않는다. (비트 번호는 0~7까지 존재함) 2) MB200.0 : 표현상에 의미는 옳지만 바이트 단위 이상의 어드레싱이므로 ".0" 즉 비트 번호를 생략해야 옳은 표현이 된다. 3) PI256.0 : 퍼리퍼럴 입력 영역은 비트 단위로 어드레싱 할 수 없다.

메모리 비트(M)를 비트, 바이트 워드 단위로 표시해 보면 다음과 같다.

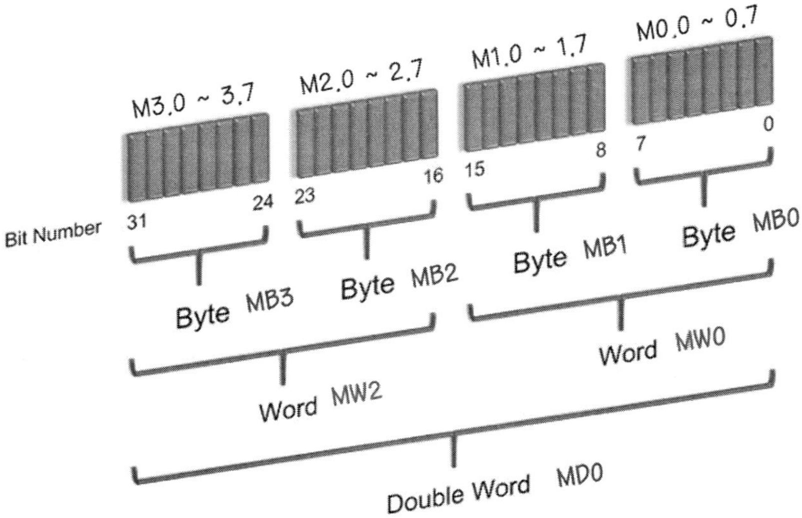

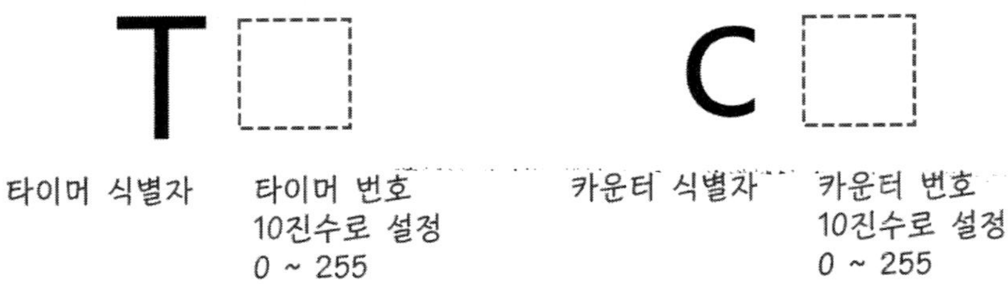

항목	내용
타이머, 카운터	타이머 또는 카운터의 번호의 단위는 십진수이며, CPU 315-2DP인 경우 타이머 및 카운터 모두 256개 사용 가능하다. (T0～T255, C0～C255) 또한 SFB(System Function Block)을 이용하면, IEC-Timer, IEC-Counter도 사용 가능하다.

▌데이터블록(Data Block)의 어드레싱(Addressing)방법

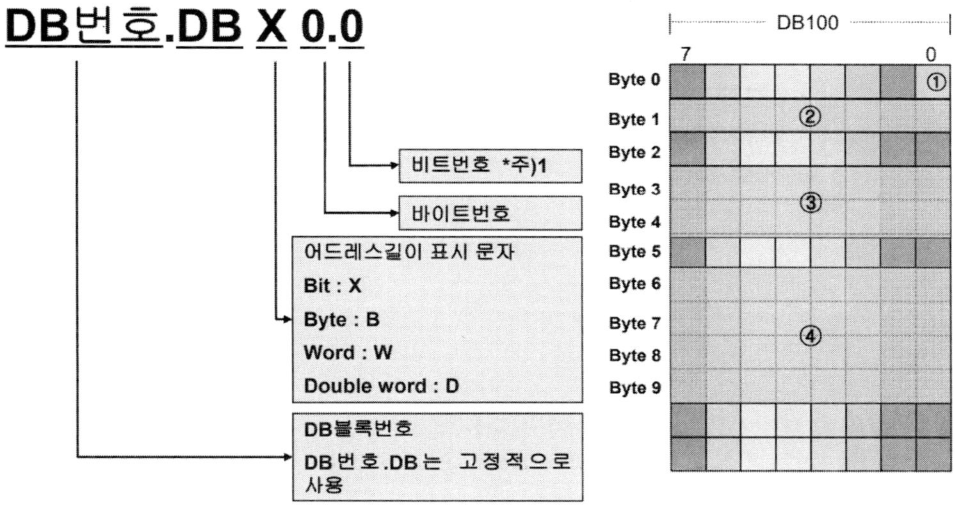

주) 1 비트단위 이상의 어드레스를 지정하는 경우, 비트번호는 생략한다.

항목	내용
DB의 어드레싱 (Address)	I, Q, M의 어드레싱(Addressing)방법과 상당 부분 유사하지만, 항상 "DB블록번호.DB"를 먼저 표현하는 것이 다른 점이다. 하지만, Open DB 명령을 사용하는 경우에는 "DB블록번호"를 생략할 수 있다.
DB의 어드레싱 예제	상단 우측의 DB 내부 Memory 구조를 나타낸 그림이 DB100번이라고 가정하고 ①~④까지의 어드레스를 표현하면 다음과 같다. ① : DB100.DBX0.0 ② : DB100.DBB1 (DB100.DBX1.0 ~ DBX1.7) ③ : DB100.DBW3 (DB100.DBX3.0 ~ DBX4.7) ④ : DB100.DBD6 (DB100.DBX6.0 ~ DBX8.7) 만약 Open DB 명령을 이용하여 DB100을 Open한 상태라면 "DB100."을 생략할 수 있다. (ex. DBX0.0, DBB1, DBW3, DBD6)

프로젝트 생성하기

CHAPTER 02

1 위저드를 사용하여 시작하기

STEP7 위저드 시작화면이다. 프로젝트를 새로 만들기 위해 위저드 기능을 사용해도 되지만 일반적인 방법은 아니다.

다음은 위저드 기능을 사용해서 프로젝트를 시작하는 방법을 간단히 소개하도록 하겠다.

프로젝트에 사용할 CPU명칭과 프로그램의 업로드/ 다운로드에 사용할 통신 포트인 MPI 어드레스에 대한 설정한다. 보통 MPI통신 포트의 어드레스는 2로 설정되어 있다. (디폴트) [NEXT] 버튼을 클릭하여 다음 단계로 넘어간다.

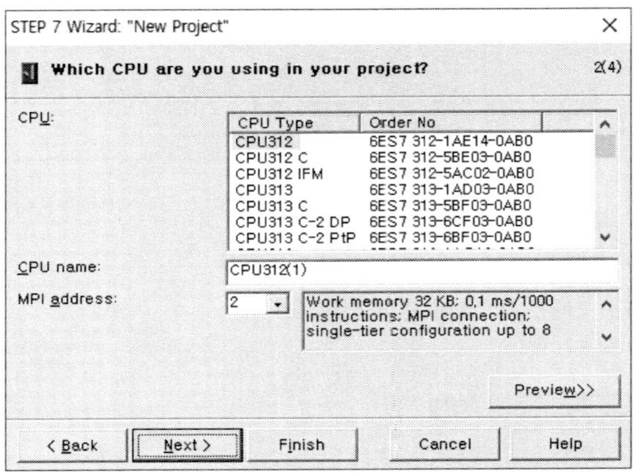

프로젝트에서 사용할 블록을 생성하는 단계이다. 최소 OB1은 생성이 되어야 하므로 선택을 하고 여기에 프로그램을 작성할 때 사용할 프로그램 언어의 종류를 선택한다. 일반적을 래더(LAD)방식으로 프로그램을 작성하므로 LAD를 선택한다.

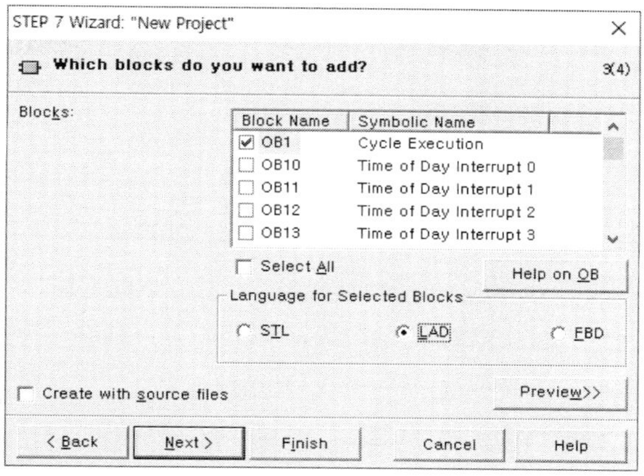

프로젝트의 명칭을 입력한다.
기존에 작성했던 프로젝트 명칭도 확인할 수 있다.
[Finish] 버튼을 클릭하여 위저드 기능을 종료한다.

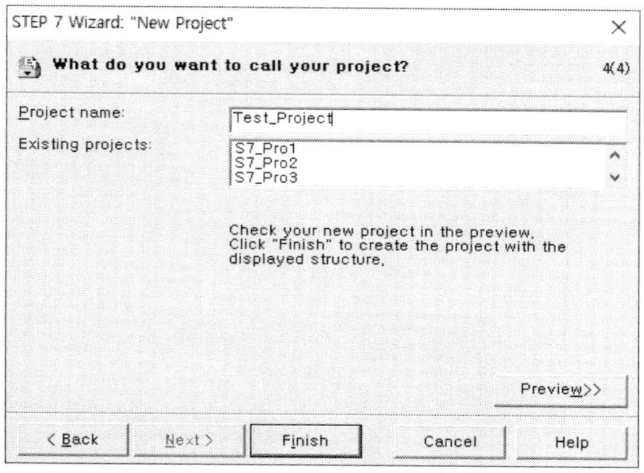

제목줄에 SMATIC Manager라고 표시되어 있고 그 옆에 프로젝트 명칭으로 입력했던 "Test_Project"를 확인할 수 있다.

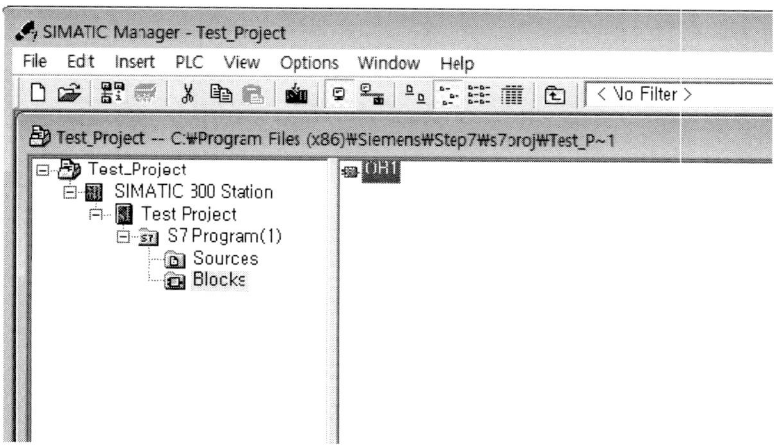

Tree 형태로 표시된 프로젝트에서 SIMATIC 300 Station의 PLC 시리즈 명칭과 프로젝트명 아래로 "Source"와 "Block"을 확인할 수 있다.

여기에서 "Block"이라고 표시되어 있는 항목에 사용자가 블록을 등록하여 프로그램을 작성하면 된다. 블록은 OB로 표시되는 "Ogarnization Block"과 FC로 표시하는 펑션 "Function" FB로 표시하는 펑션블록 "Function Block" 그리고 데이터 블록 "DB", 변수테이블 "Variable Table" 등을 등록해서 사용할 수 있다. 이러한 내용은 뒤에서 다루도록 한다.

특히 자동으로 생성되는 "OB1"은 PLC가 기동되어 동작을 시작할 때 PLC OS(Operating System)에서 호출하여 반복실행 된다.

다른 PLC 예를 들어 멜섹 PLC에서는 MAIN이라고 표시되어 있는 부분과 동일하다.

다음 단계는 PLC의 모듈 구성을 설정하는 것으로 "Hardware Configuration"이라고 한다. 이 부분이 정확히 설정되어야만 CPU에서 발생되는 각종 에러에서 자유로워질 수 있다. CPU로 다운로드 자체가 안될 수 있다.

"SIMATIC 300 Station"을 마우스로 클릭하면 우측 창에 "Hardware"와 "Test Project"항목을 볼 수 있다. "Hardware" 아이콘을 더블 클릭하여 PLC의 모듈 구성을 시작한다.

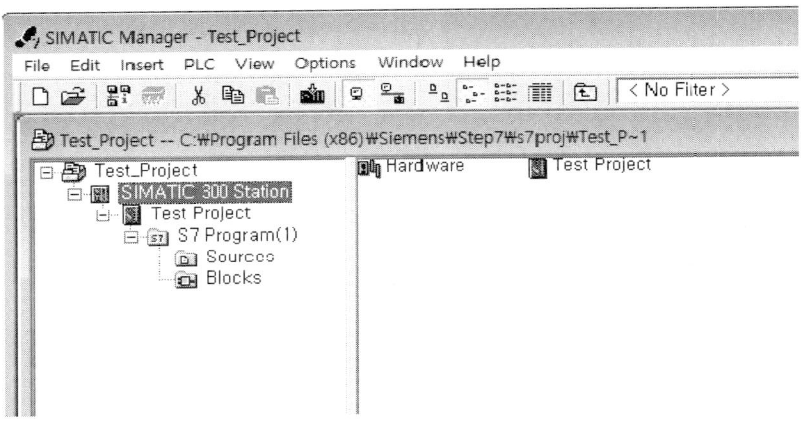

2 새로운 프로젝트를 등록하여 시작하기

두 번째로 프로젝트를 생성하는 방법이다.
Menu에서 "New Project"를 클릭한다.

프로젝트 "Name"에 사용할 프로젝트 명을 입력한다. (생성되는 파일명은 알파벳 7자로 표시된다.)

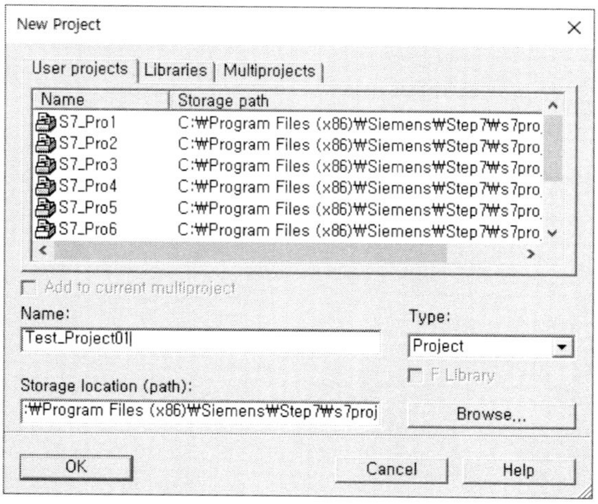

생성된 프로젝트을 마우스로 클릭하고 오른쪽 버튼을 클릭하여 “Insert New Project” → “SIMATIC 300 STATION“ 선택한다.

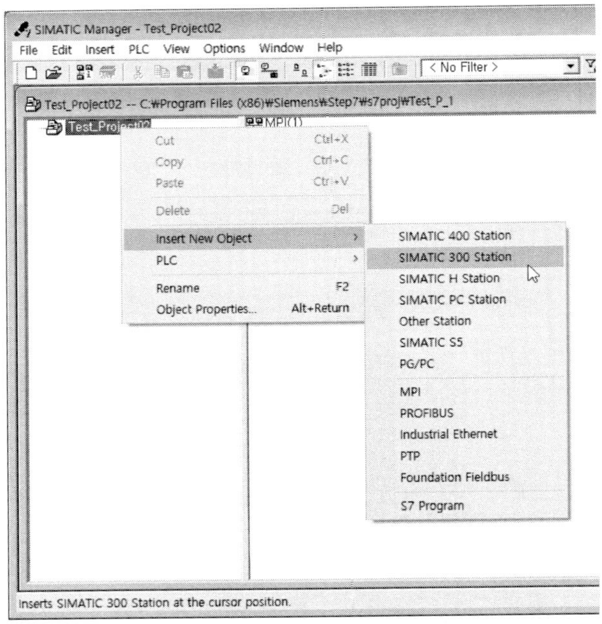

”Test_project02“ 아래 SIMATIC 300(1)을 클릭하면 “Hardware”아이콘이 표시되는데 이것을 더블 클릭하여 PLC의 모듈 구성을 한다.

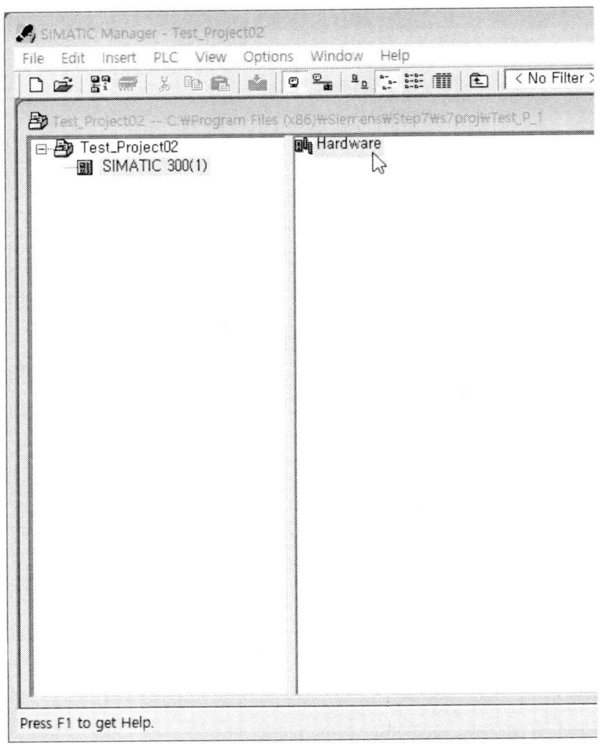

새로운 윈도우가 생성된다. “HW Config” 라는 이름의 PLC의 모듈구성을 할 수 있는 윈도우이다.

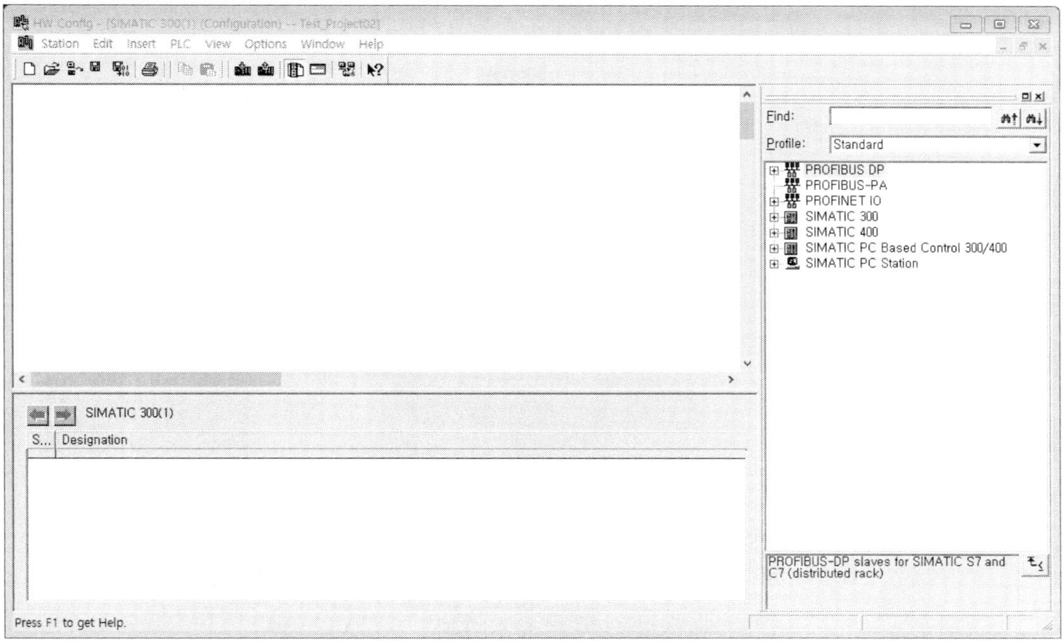

좌측 빈 공간에 우측의 카탈로그 창에서 PLC모듈을 선택하여 드래그하여 배치한다.
실습에서 사용할 하드웨어 구성은 다음과 같다고 가정하자.

Slot No.	1	2	3	4	5	6	7
Model	PS307 2A	CPU315-2DP	IM	DI16*DC24V	DI16*DC24V	DO16*DC24/0.5A	DO16*DC24/0.5A
Order No.	307-1BA01-0AA0	315-2AH14-0AB0		321-1BH02-0AA0	321-1BH02-0AA0	322-1BH01-0AA0	322-1BH01-0AA0

하드웨어를 구성하기 위해서는 알아야 할 사항이 있다.

각 모듈의 모델명과 주문번호이다. 주문번호는 모델명이 동일해도 사양상 차이가 나는 모듈에서 구분을 위해 모듈의 하단에 표시되어 있다.

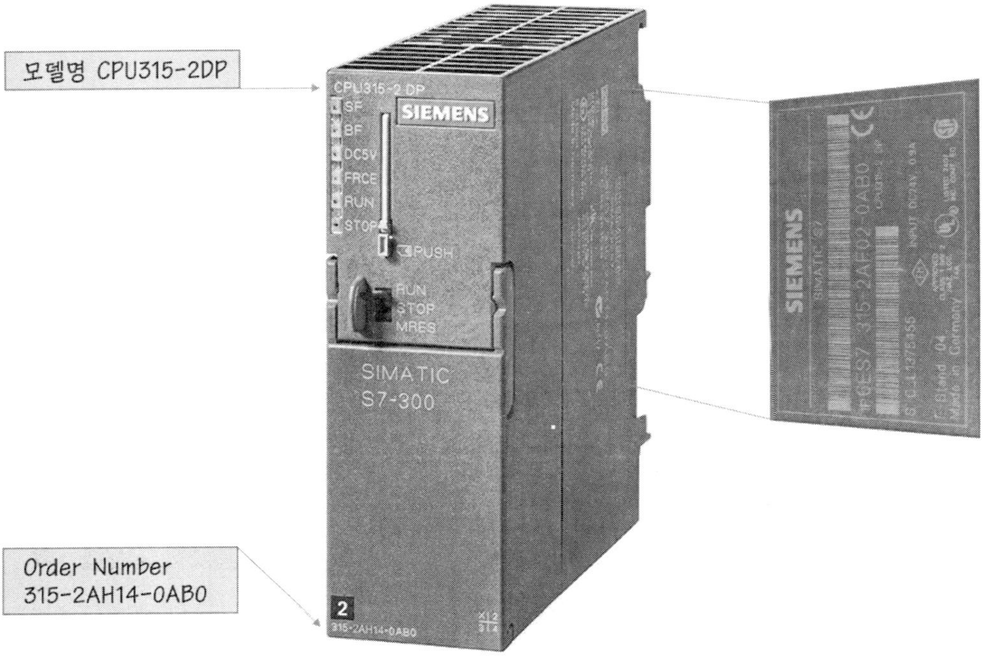

Order Number의 각 부분별 의미는 다음과 같다.
모델명과 주문번호를 참조하여 다음과 같이 하드웨어 구성을 한다.

SIEMENS 제품 Order No 구성

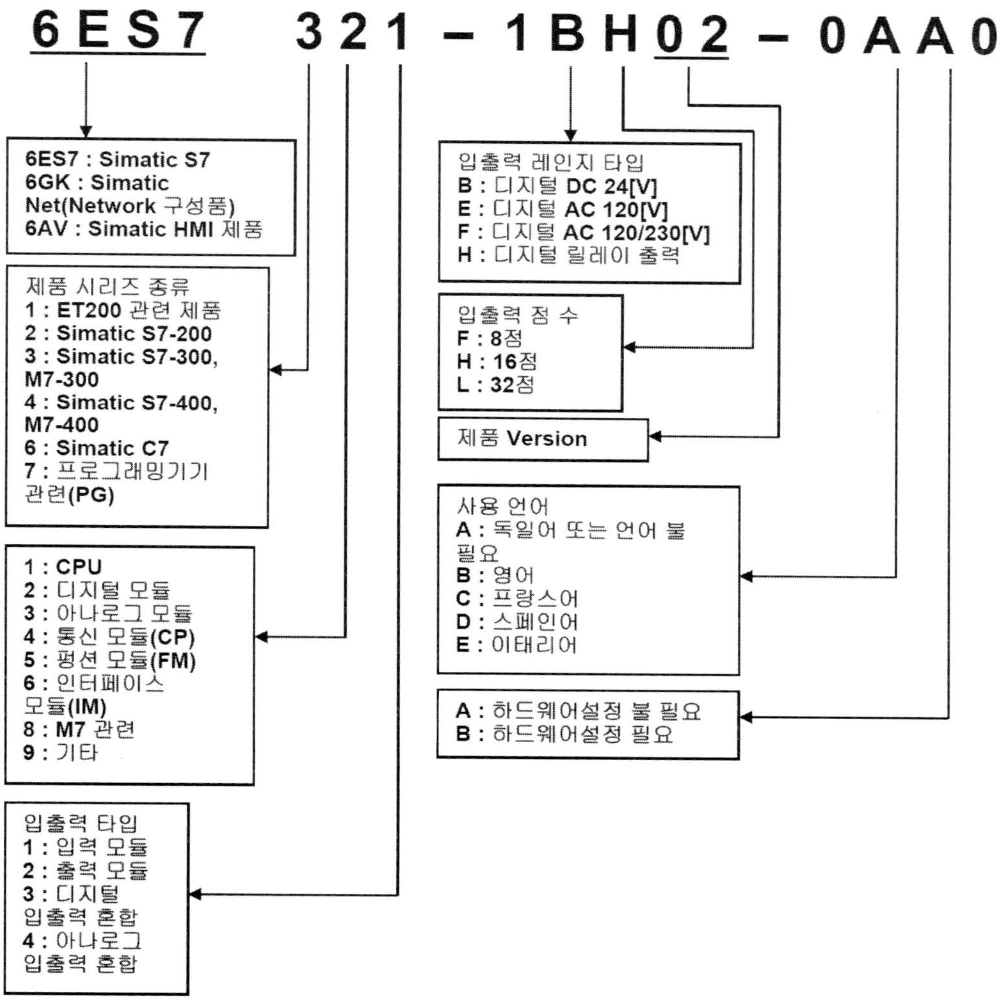

오른쪽 카탈로그 창에서 구성할 모듈을 찾아 "드래그 앤 드롭" 한다. 제일 먼저 배치할 부품은 랙(Rack) 또는 레일(Rail)이라고 하는 부품이다.

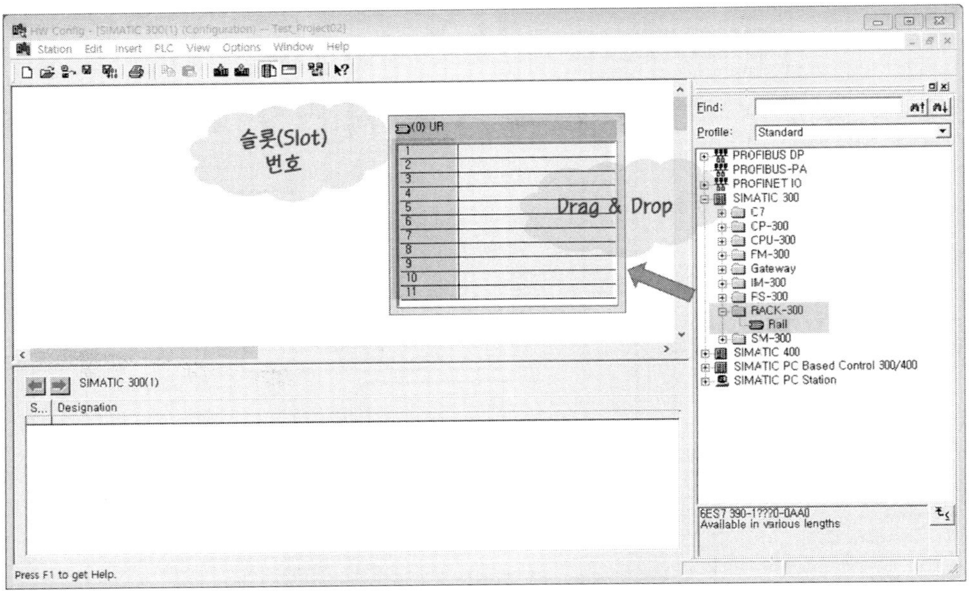

실제 랙(Rack) 또는 레일(Rail)의 모습은 다음과 같다.
여기에 구성할 모듈들을 장착한다.

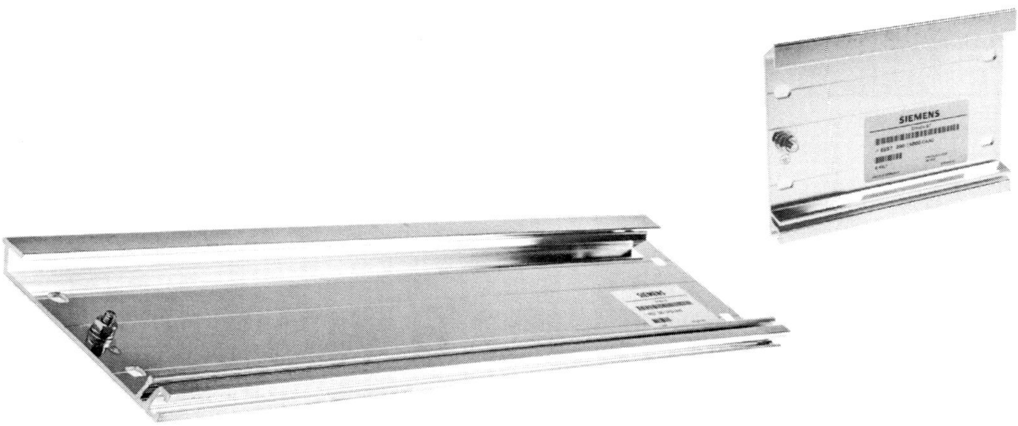

1번 슬롯(Slot)에는 파워 서플라이(PS) 모듈을 장착한다. 고정된 슬롯이다.
실습에 사용할 파워 서플라이의 모델명은 [PS 307 2A]로 동일한 제품이 2개가 카탈로그에 보이지만 하단의 주문번호에서 구분하여 설정한다.

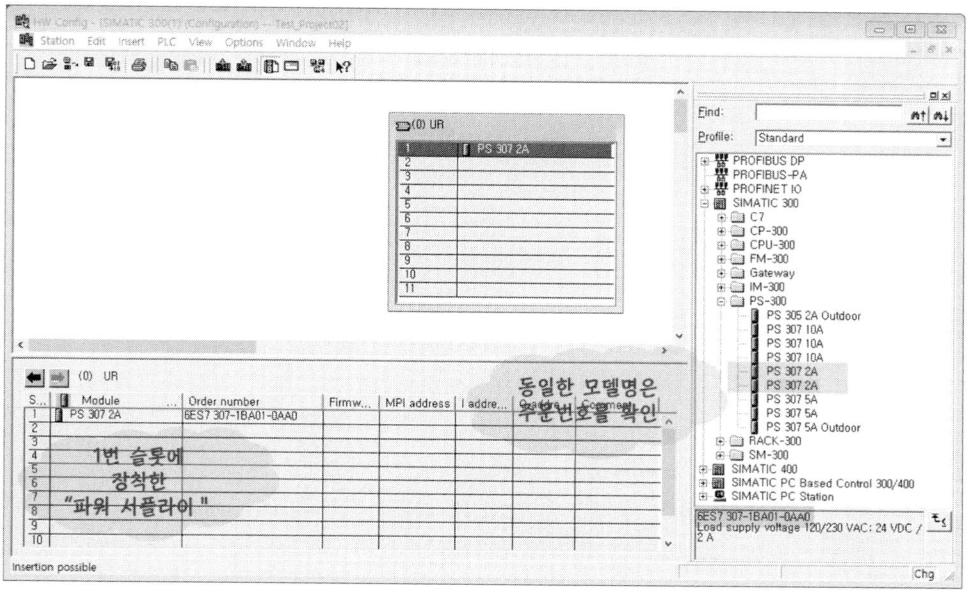

2번 슬롯(Slot)에는 CPU 모듈을 장착한다. 고정된 슬롯이다.
CPU모듈은 펌웨어가 설치되어 있어 설치된 펌웨어 버전을 확인 후 설정한다.

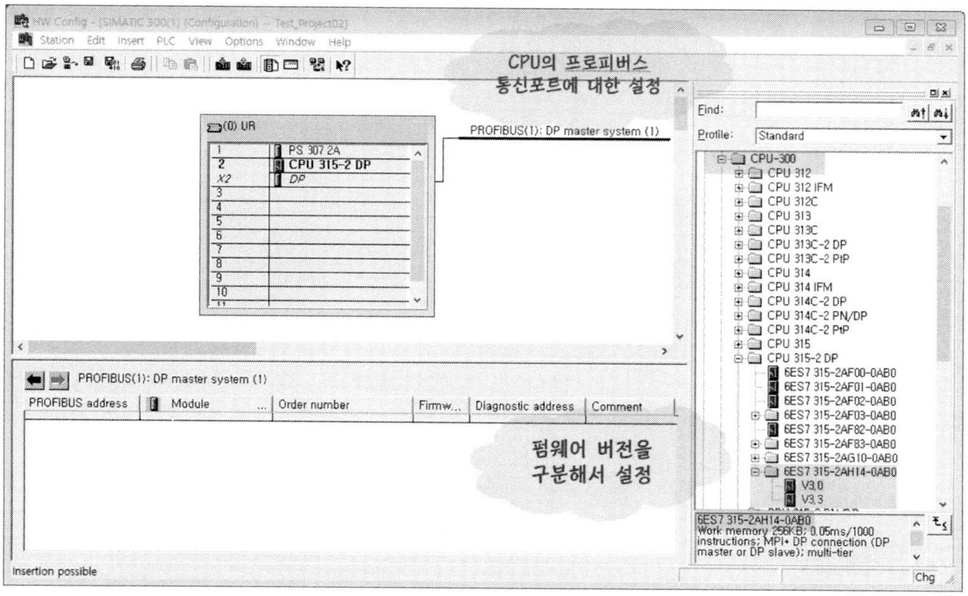

참고로 CPU의 통신 포트에 대한 설정을 간단하게 살펴보도록 하자.

실습에 사용하는 CPU 315 2DP의 경우 MPI통신포트와 프로피 버스 디피(Profibus-DP)포트가 각가 1개씩 있다. 여기에서 MPI통신 포트는 주로 컴퓨터에서 작성한 프로그램을 전송하는 전용으로 사용하고 프로피 버스 디피는 일종의 RS 485통신 기능으로 동일한 기능을 지원하는 다른 통신 개체와 쉽게 통신을 할 수 있도록 제공된다.

프로피버스 통신 설정 순서는 다음과 같다.

① New 버튼을 클릭하여 새로운 프로피버스 네트워크를 생성한다.
② New subnet PROFIBUS 화면에서 Network Setting 탭을 선택한다.
③ 새롭게 생성될 PROFIBUS 네트워크의 통신속도 및 프로토콜을 선택한다.(CPU에 장착된 PROFIBUS 통신 포트는 DP만 지원하므로 프로토콜은 DP만 선택할 수 있다.)
④ 통신 속도 및 프로토콜 선택이 완료되면 OK 버튼을 클릭한다.
⑤ 새롭게 생성된 PROFIBUS(1) 네트워크를 선택한다.
⑥ 만약 CPU의 PROFIBUS 통신포트의 어드레스를 "2" 이외의 다른 어드레스를 선택하고자 한다면 "Address" 항목을 원하는 어드레스 번호로 수정한다.
⑦ OK 버튼을 클릭한다.

프로피버스 통신 속도는 9600bps~12Mbps까지 지원하며, 각 통신속도 별 최대 네트워크 길이는 다음과 같다.

3~12Mbps 최대 100m
1.5Mbps 최대 200m
500Kbps 최대 400m

통신 설정은 다음과 같다.

① MPI통신 포트의 설정

2번 슬롯에 장착한 CPU의 "CPU 315-2DP" 표시 부분을 더블 클릭하면 다음과 같은 설정 창이 표시된다. "Properties.." 버튼을 클릭하고 속성 창에서 통신속도를 설정한다.

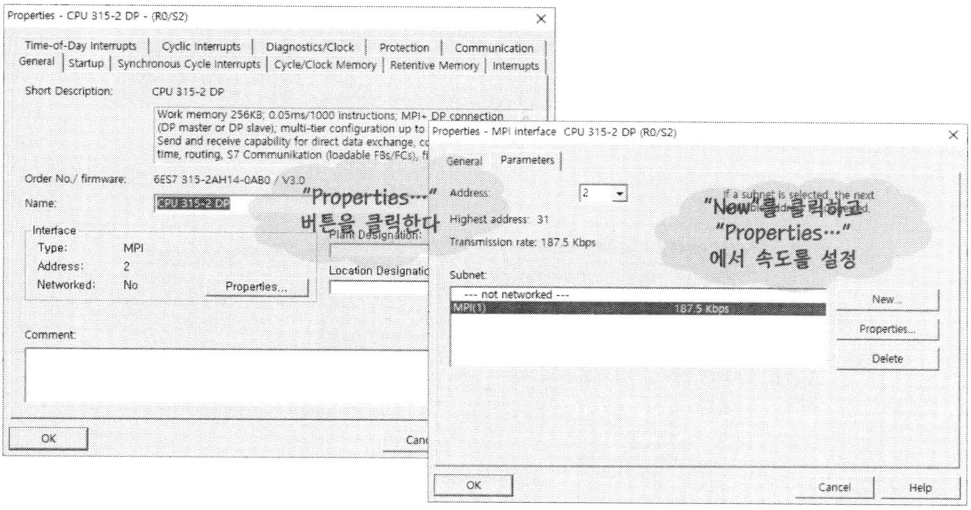

② 프로피 버스 디피 통신 포트의 설정

2번 슬롯에 장착한 CPU의 "DP" 표시 부분을 더블 클릭하면 다음과 같은 설정 창이 표시된다.

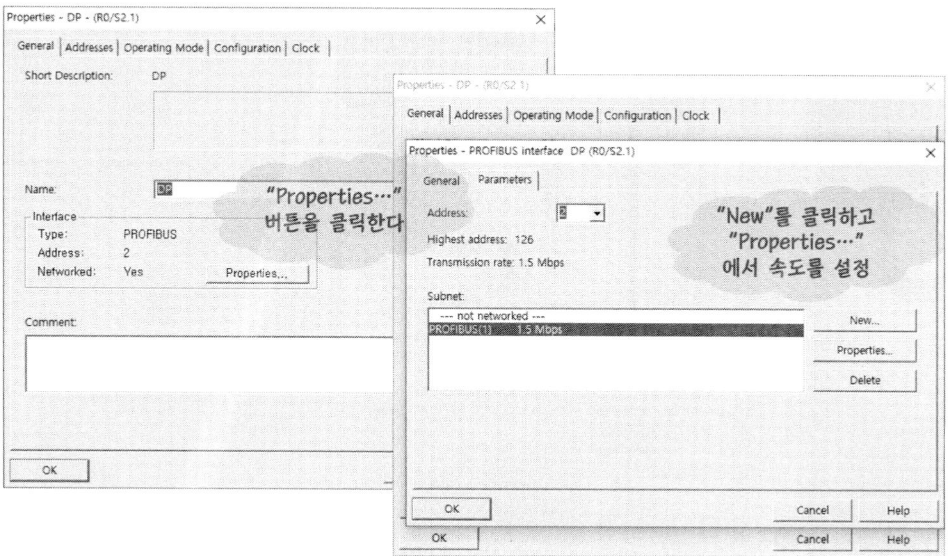

3번 슬롯은 증설을 위한 확장모듈(IM365모듈)용이므로 증설을 하지 않더라도 다른 모듈을 설치하지 않고 비워놓는다.(물리적으로는 CPU 다음에 다른 모듈을 장착해서 사용하지만 소프트웨어적으로 즉, 하드웨어 컨피그레이션을 할 때 3번 슬롯은 사용하지 않는다.)

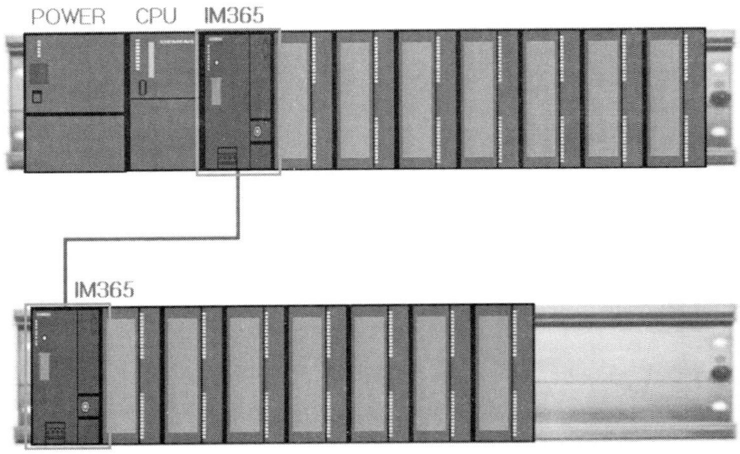

IM(Interface Module)은 PLC모듈의 증설에 사용한다. 단일 Base의 I/O 모듈의 수가 8개를 초과할 때 사용하며 대표적인 모듈로 IM365, IM360, IM361이 있으며 최대 3개 Base를 추가로 증설이 가능하다.

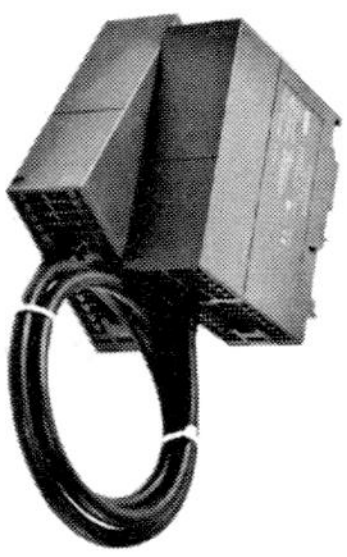

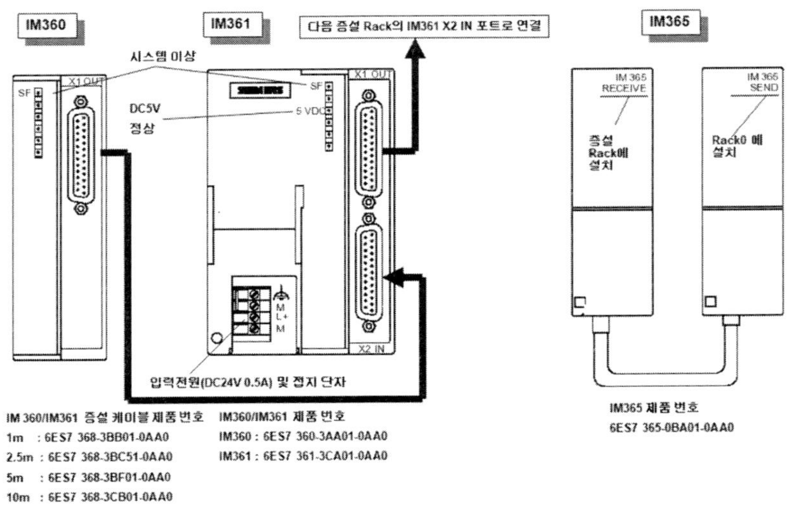

순차적으로 디지털 입력 모듈과 출력 모듈에 대한 설정을 하도록 한다.

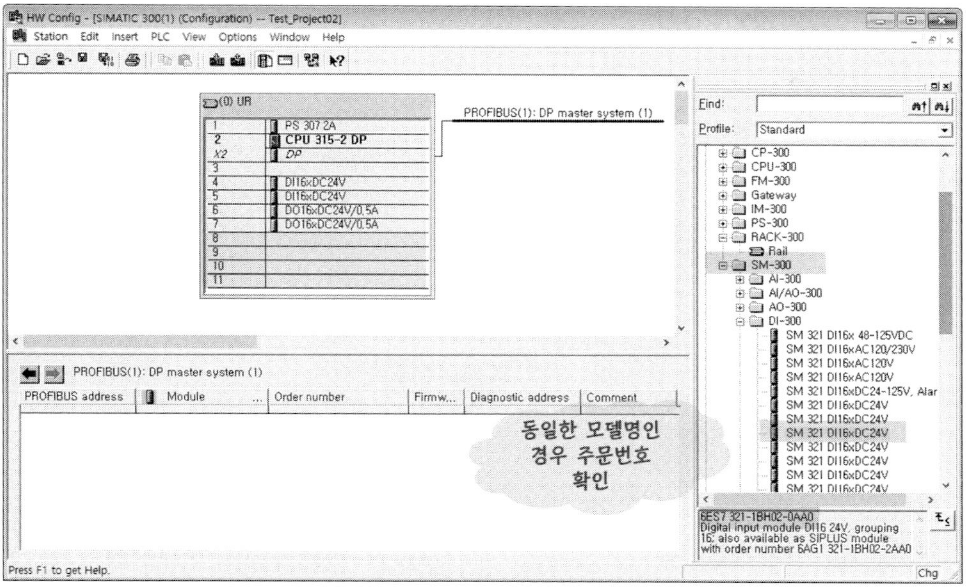

디지털 입력(Digital Input)과 디지털 출력(Digital Output)모듈은 SM(Signal Module) 폴더에서 찾아보면 된다.

다음은 입력, 출력모듈의 어드레스를 확인하는 방법이다. 연속된 번호가 아닌 경우 프로그램 작성시 불편할 수도 있으므로 수정하는 방법을 살펴보자.

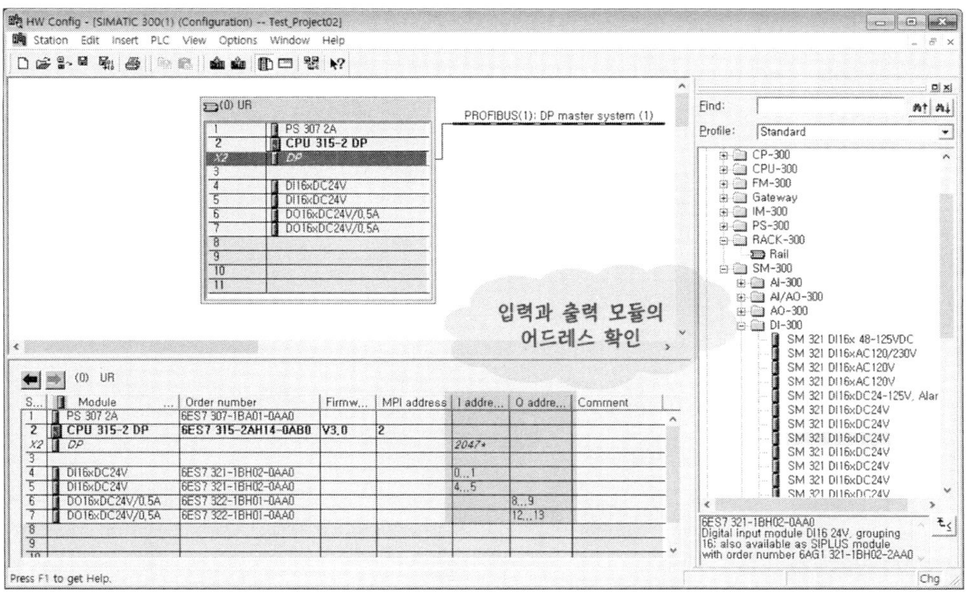

수정할 모듈의 어드레스 항목을 더블 클릭하고 표시되는 윈도우의 “Address” 탭을 클릭한다. “System Default”의 체크된 부분을 해제하고 “Start” 입력 부분에 새로운 어드레스 번호를 입력한다. 이후 하단의 [OK]버튼을 클릭하면 새로운 어드레스 번호가 적용된다.

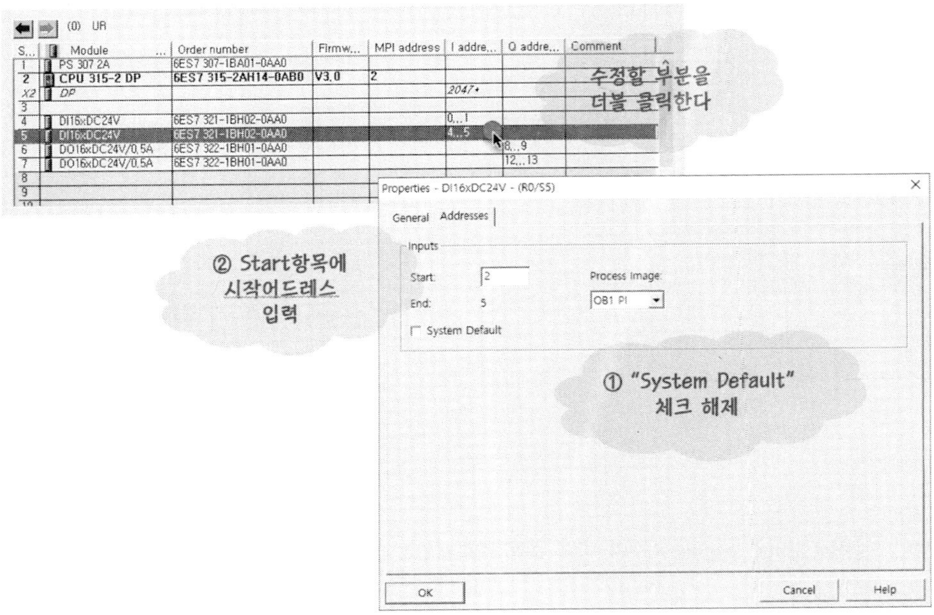

필요하면 출력모듈도 동일한 방법으로 어드레스를 수정한다.

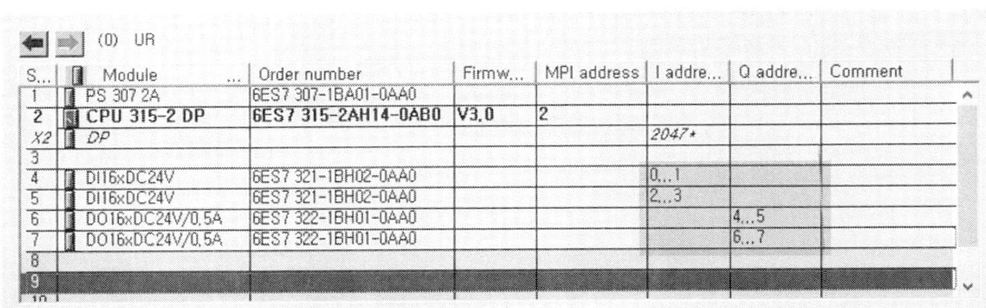

위와 같은 방법을 진행하여 “Hardware Configuration”을 마무리하면 된다.

이후 이 설정을 저장하기 위해 "Save & Compile" 버튼을 클릭한다.

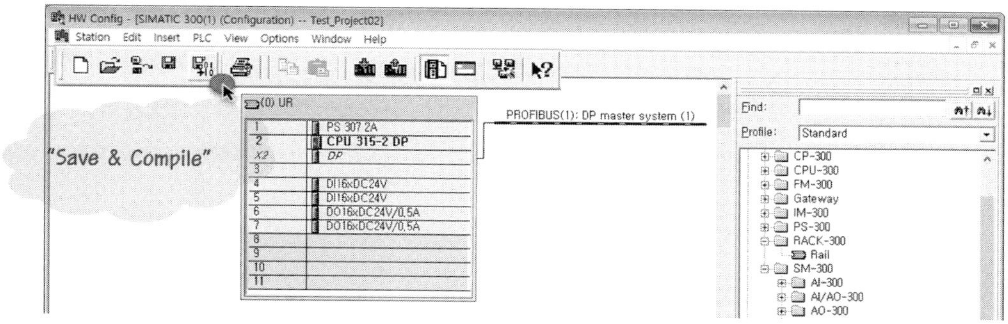

Save & Compile은 하드웨어(Hardware Configuration)를 현재 프로젝트의 스테이션 오브젝트(Object)에 저장하고, 블록폴더에 시스템데이터(System Data)를 생성한다.
(하드웨어 설정이 컴파일 되기 위해서는 현재 하드웨어 설정에 오류가 없어야 한다.)

저장 및 컴파일(Save & Compile) 시 하드웨어 설정에 오류가 있는 경우에는 컴파일을 완료할 수 없으며 오류메시지가 디스플레이 된다. 이때 "Detail" 버튼을 클릭하면 해당 오류에 대한 상세 내용이 디스플레이 되어 오류의 원인을 추적할 수 있다.

업로드 & 다운로드

03 CHAPTER

생성한 프로젝트 파일을 PLC로 전송하는 것을 "**업로드(Upload)**"한다고 하고 반대로 PLC CPU에 있는 프로젝트 파일을 컴퓨터로 전송하는 것을 "**다운로드(Download)**"한다고 말한다.

1 프로젝트 파일의 다운로드

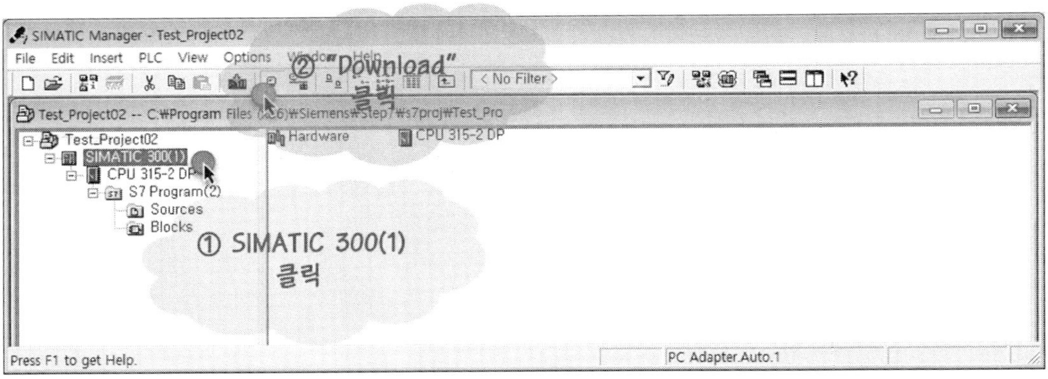

다운로드를 하기 위해서는 PLC의 모드 스위치가 RUN-P 또는 STOP 위치에 있어야 한다. 좌측의 "SIMATIC 300(1)"을 클릭한 다음 다운로드 아이콘을 클릭한다.

이것은 전체 프로젝트 파일을 전송하는 방법이다. 좌측의 Tree 형태의 구조를 보면 크게 "Hardware"와 "CPU 315-2DP"로 구분되는데 선택적으로 다운로드가 가능하다.

"CPU 315-2DP"를 선택하면 "Blocks"에 주로 프로그램과 관련된 FC, FB, DB 등의 블록들을 생성하고 저장한다. 때문에 최초 하드웨어 구성관련 내용을 전송한 뒤로 프로그램에 관련된 블록만 수정이 이루어지므로 이 "Blocks"만 선택해서 다운로드 해도 된다.

System data는 컴파일(Compile)된 하드웨어 설정 데이터이다 즉 CPU와 관련된 각종 설정사항(예. MPI 어드레스 등등) 및 각종 모듈의 설정데이터 와 각종 통신관련 설정 사항을 모두 포함한다.

또한 "Hardware Configuration" 윈도우에도 다운로드 아이콘이 별도로 있으므로 수정사항이 생기면 선택적으로 전송하는 것도 가능하다.

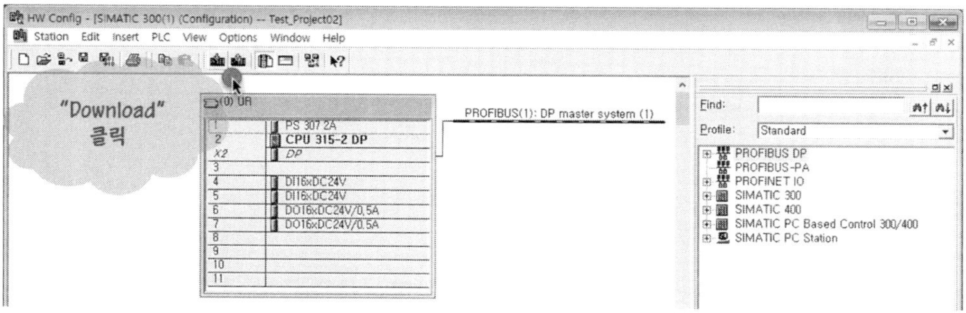

다운로드 하기 전에 반드시 각 윈도우에서 저장기능을 실행한다

다운로드가 실행되지 않는 경우 대부분이 이전 프로젝트와 변경된 부분이 발생된 것이 원인이 되므로 열려있는 윈도우의 저장버튼을 클릭해 저장한 뒤 다운로드 한다.

2 프로젝트 파일의 업로드

프로젝트를 업로드 하기 위해서는 먼저 새로운 프로젝트를 생성해 놓아야 한다. 여기에서는 300 Station을 사용하므로 그림과 같이 "SIMATIC 300 Station"을 생성한다. 하드웨어 구성은 하지 않고 비어있는 프로젝트를 생성하는 개념이다.

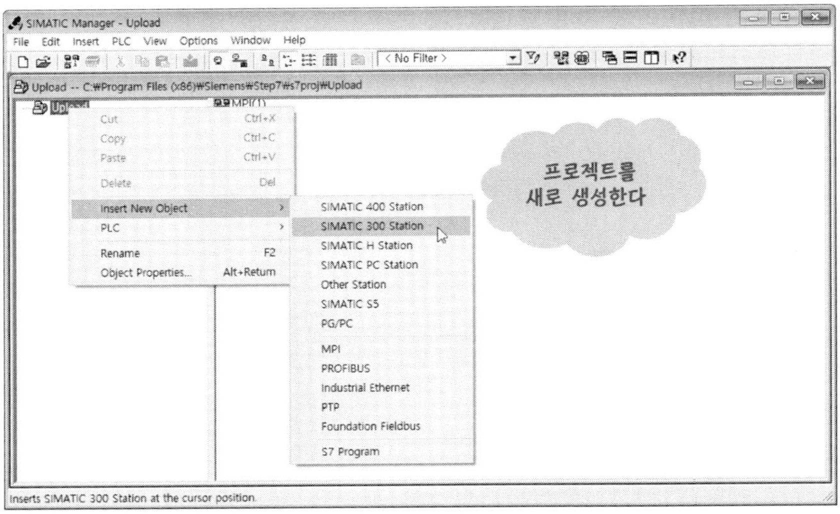

생성된 프로젝트의 “SIMATIC 300(1)”을 선택하고 PLC → Upload Station to PG...를 클릭한다.

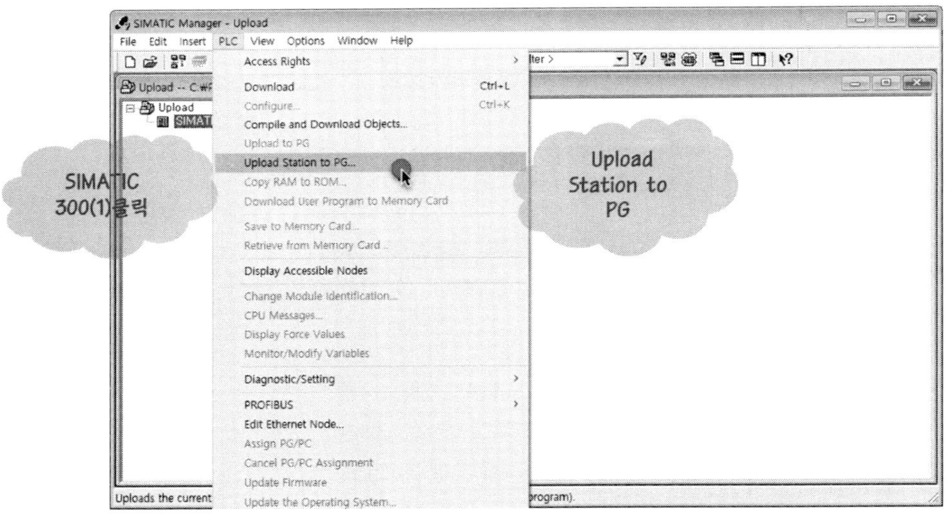

프로젝트를 업로드, 다운로드하기 위한 일반적인 사항에 대해 설명하도록 한다.
사용하는 CPU에는 MPI통신 포트가 있는데 이 포트를 통해 기본적으로 프로젝트를 업로드/다운로드 한다.

3 PC Adapter

컴퓨터와 PLC를 연결하기 위한 다음과 같은 장치가 필요하다.

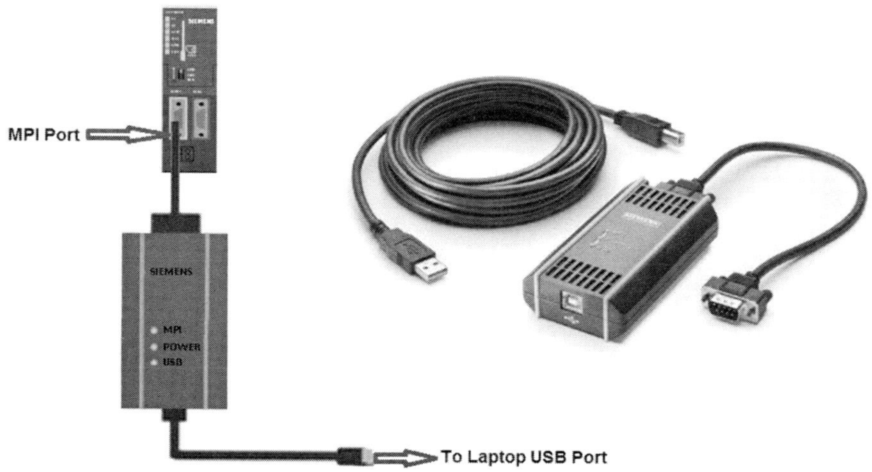

PC adapter USB (6ES7 972-0CB20-0XA0)
MPI CABLE 5M (6ES7 901-0BF00-0AA0)

컴퓨터의 USB 포트를 통해 CPU의 9핀 컨넥터에 연결하기 위해 중간에 신호변환 장치인 어댑터를 사용한다. S7 기본 접속 어댑터로 USB 또는 RS-232C 두 종류가 있다. PC adapter USB 드라이브 프로그램을 설치해야만 사용 가능하다. MPI/DP 포트에 전원이 사용되므로 CPU에 있는 MPI 또는 DP 포트에서만 사용 가능하다.

MPI(Multi Point Interface) 네트워크는 담당 범위가 좁은 필드 수준과 셀 수준의 네트워크이며, SIMATIC S7/M7/C7 시스템의 프로그래밍 장치를 위해서 설계되었으며, 크기가 작은 데이터의 교환에 사용되는 소수 CPU의 네트워킹에 사용된다.

MPI 네트워크의 전송매체는 2코어 구리케이블 및 광섬유 케이블을 사용할 수 있고, 2코어 구리케이블(RS 485 계열) 사용 시 최대 네트워크 길이는 50m(리피터 사용 시 확장가능)이다. 하나의 MPI 네트워크에서 사용 가능한 최대 스테이션 수는 32개이다.

접속되어 있는 PLC에서 프로젝트를 업로드(다운로드)하기 위해서 사용한 PC adapter의 설정은 Option → Set PG/PC Interface를 클릭하고 "PC adapter(AUTO)" 또는 "PC adapter(MPI)"를 선택하면 된다.

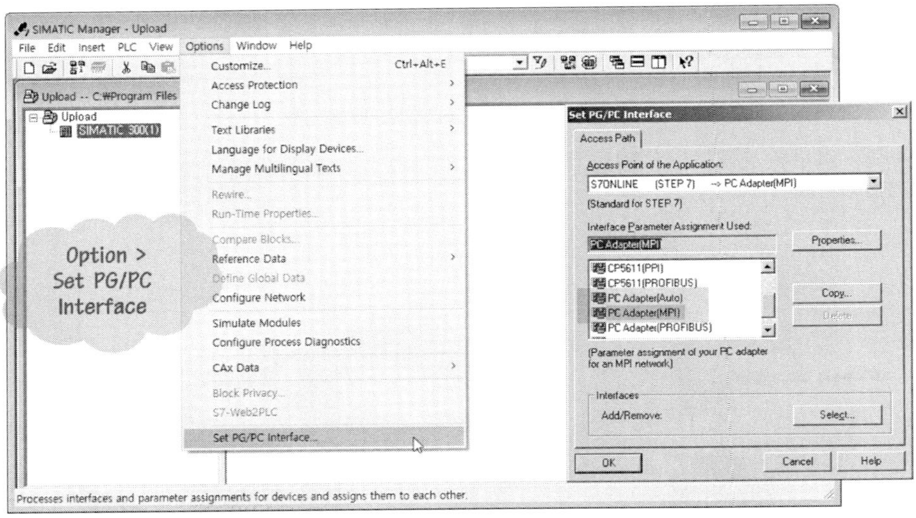

항목	내용
Set PG/PC Interface	Set PG/PC Interface 설정은 Simatic Manager 또는 기타 Siemens 관련 소프트웨어에서 PLC 또는 기타 장치와의 통신 파라미터를 설정하는 곳이다.
Set PG/PC Interface 실행방법	Set PG/PC Interface 의 실행 방법은 1) "Windows 시작 → 제어판 → Set PG/PC Interface" 2) Simatic Manager에서 Option 메뉴 → Set PG/PC Interface 메뉴 위의 두 가지 방법이 있다.
인터페이스모듈의 선택 및 프로토콜	"CP5512(MPI)" 이것은 CP5512 인터페이스 모듈을 사용하여 MPI 네트워크에 접속하고자 하는 경우이다. 즉 인터페이스모듈(프로토콜 종류) 형태로 구성된다. 만약 PC Adapter USB를 이용하여 PROFIBUS에 접속하고자 한다면 PC Adapter USB(PROFIBUS)를 선택해야 한다.
기타 속성 설정	인터페이스모듈과 프로토콜 선택이 완료되면, "Properties" 버튼을 눌러 통신의 기타 속성을 선택해야 한다.
Address	MPI 또는 PROFIBUS 또는 PPI 등 통신에 참여하는 모든 기기는 자신의 고유 Address가 필요하다. 즉 이 항목은 우리가 사용하는 PG/PC의 고유 Address를 설정하는 곳이고, 대부분 "0"으로 설정한다.
Transmission Rate	통신 속도를 설정하는 곳이며, 통신속도는 19200Bps~12Mbps 까지 선택이 가능하다.
Highest Station Node Address	현재 접속하고자 하는 네트워크 노드 중 가장 높은 노드 어드레스를 선택한다. 선택 가능한 노드 어드레스는 15, 31, 63, 126 이다.
CP5512	CP5512의 Driver는 Step7 패키지에 포함되어 있으므로 별도로 Driver를 설치하지 아니하고, 최초 PC에 CP5512를 연결할 때 자동으로 Driver가 설치된다.

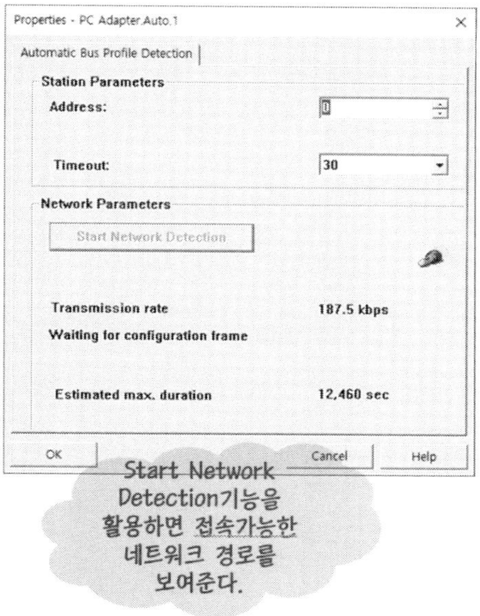

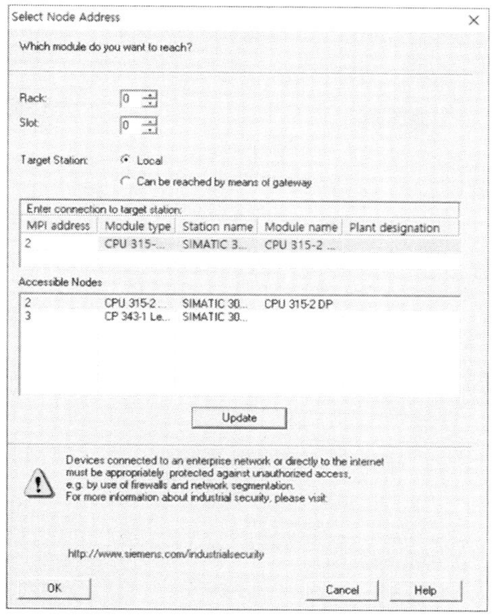

PC Adapter Driver 설치

최초 PC Adapter USB를 PC에 설치할 때에는 PC Adapter USB를 PC에 연결하기 이전에 먼저 PC Adapter USB용 Driver를 설치하여야 하며, 이 Driver는 PC Adapter USB 제품에 동봉된 CD에 포함되어 있으며 또한 SIEMENS 인터넷사이트에서도 다운 받을 수 있다.

PC Adapter USB의 Driver가 설치된 이후 PC Adapter USB를 PC에 연결하고 Driver자동검색 옵션을 선택하여, Driver를 설치한다.

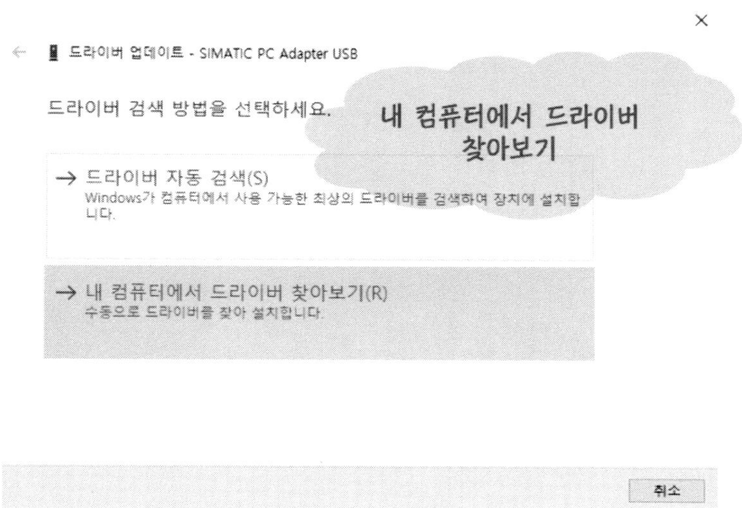

어댑터의 드라이버 설치 후 다음과 같은 경로에서 찾아보면 된다.
(C:₩Program Files₩Common Files₩Siemens₩Automation₩Simatic OAM₩Drivers)

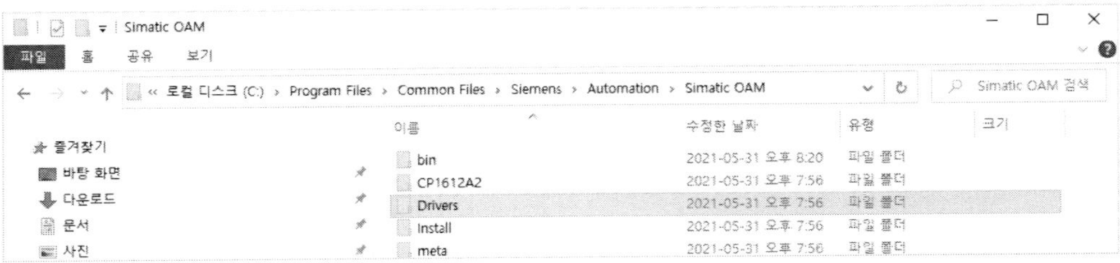

드라이버 설치가 완료되면 다음과 같이 "장치관리자"에서 설치상태를 확인할 수 있다.

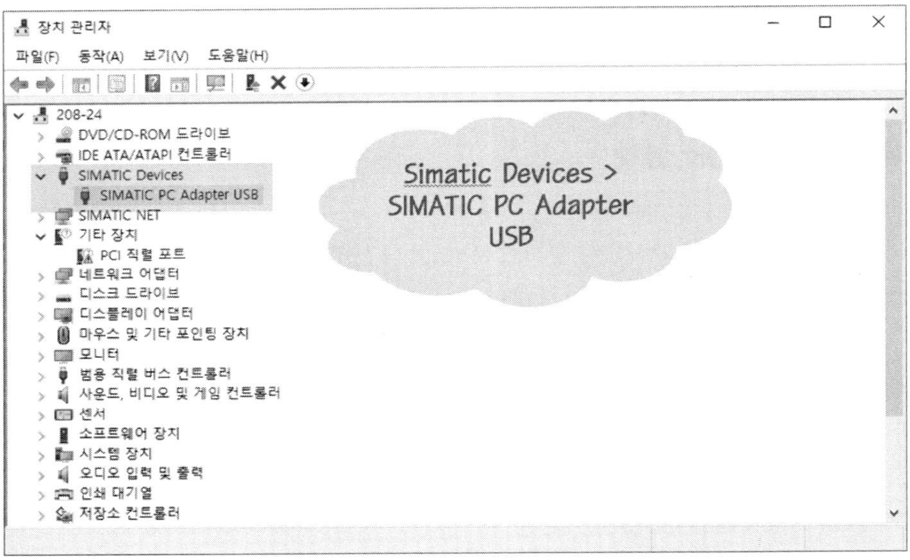

PC Adapter USB Driver V2.0 버전을 설치할 경우 반드시 Driver를 설치하고자 하는 PC의 언어를 영어로 변경하고 설치하여야 한다.

04 CHAPTER
프로그래밍

앞에서 프로젝트의 생성 방법에 대해 살펴보았다.
생성된 프로젝트의 계층적인 구조는 다음 그림과 같다.

SIMATIC Manager, 프로젝트의 계층적 구조

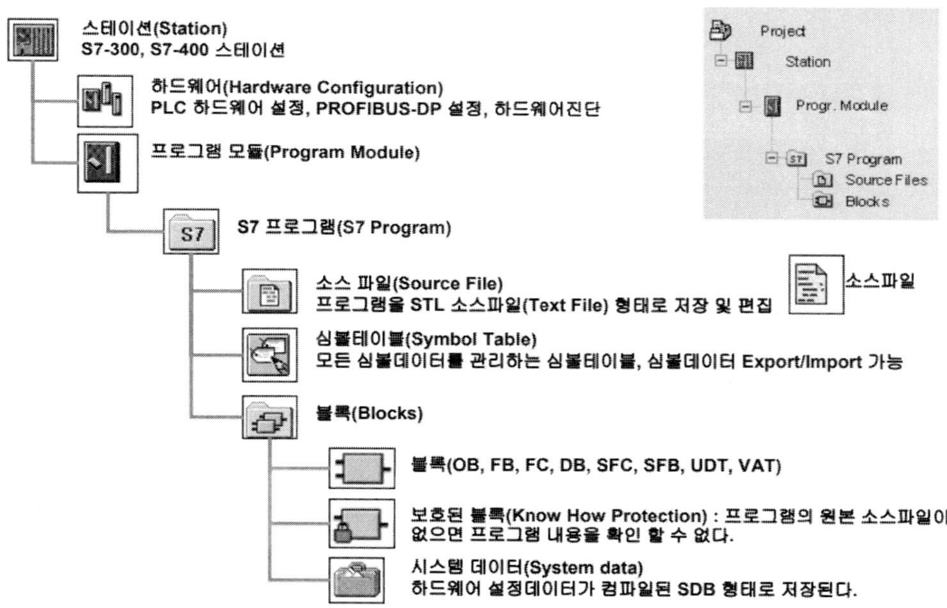

이제 프로그램을 시작할 단계로 Station 〉 S7 Program 〉 Blocks에 자동 생성된 OB1에 프로그램을 작성하거나 필요에 따라서 FC, FB, DB, VAT 등을 새로이 생성 등록하여 프로그램을 작성한다.

1 프로그램 작성 따라하기

자기유지회로를 만들어 보면서 프로그램 작성하는 방법을 살펴보도록 하자.

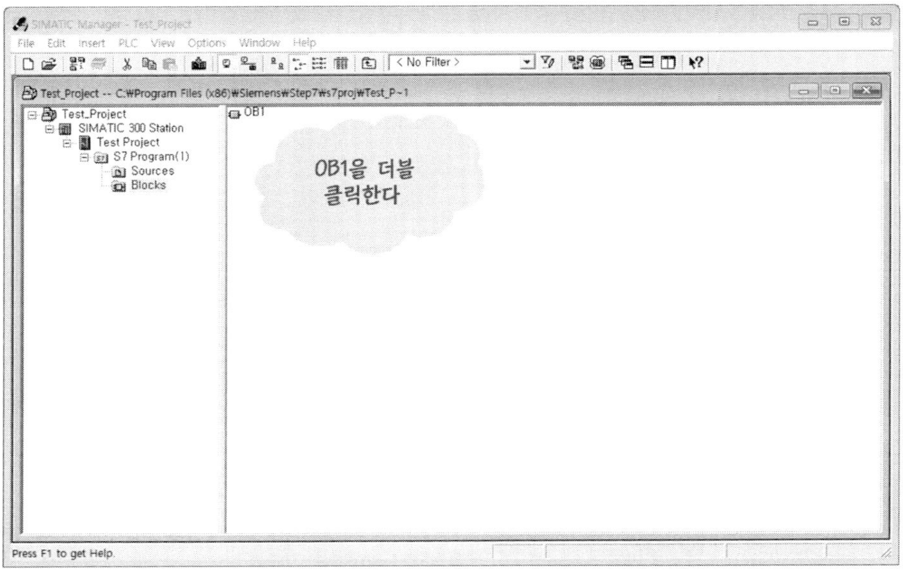

OB1을 더블 클릭하여 프로그램 편집창으로 이동한다.

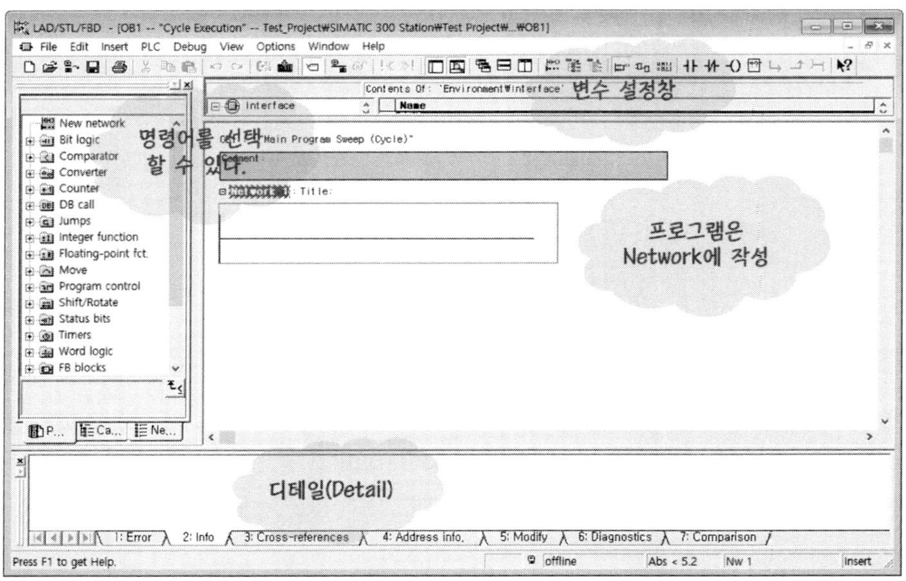

좌측 윈도우에서는 각종 특수 명령 또는 현재의 프로젝트 내 FB, FB, SFC, SFB 또는 Multiple Instance 블록을 프로그램에 삽입할 때 사용하며, 이 Overview 창은 현재 선택된 프로그램 언어에 따라 그 형태와 명령어가 변화하며, 또한 현재 프로젝트의 프로그램 호출구조(Program Structure)를 볼 수 있다.

변수선언 창은 현재 블록에서 사용할 임시변수(TEMP) 또는 정적변수(STAT)를 선언 및 편집할 수 있는 창이다.

Detail창은 여러 가지 기능을 복합적으로 수행하는 창이며, 이 창은 프로그램 컴파일에러, 프로그램 크로스 리퍼런스, 변수값의 모니터링, 변수값의 수정, CPU진단, 프로그램 블록의 비교 기능을 수행할 수 있다.

하나의 네트워크에 비트명령 입력 개수는 최대 64개까지이며 하나의 프로그램 블록 내에서 최대 999개의 네트워크를 만들 수 있다.

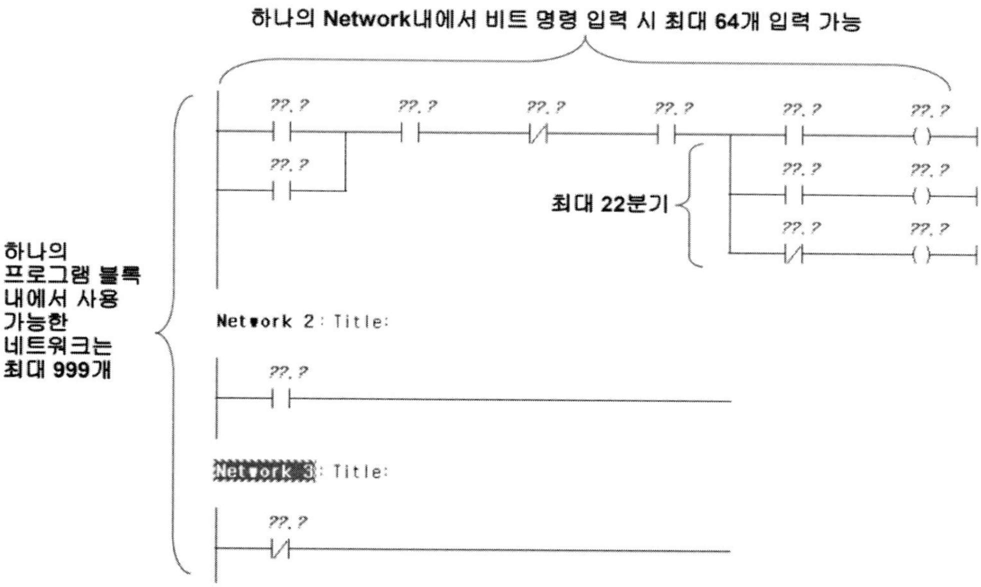

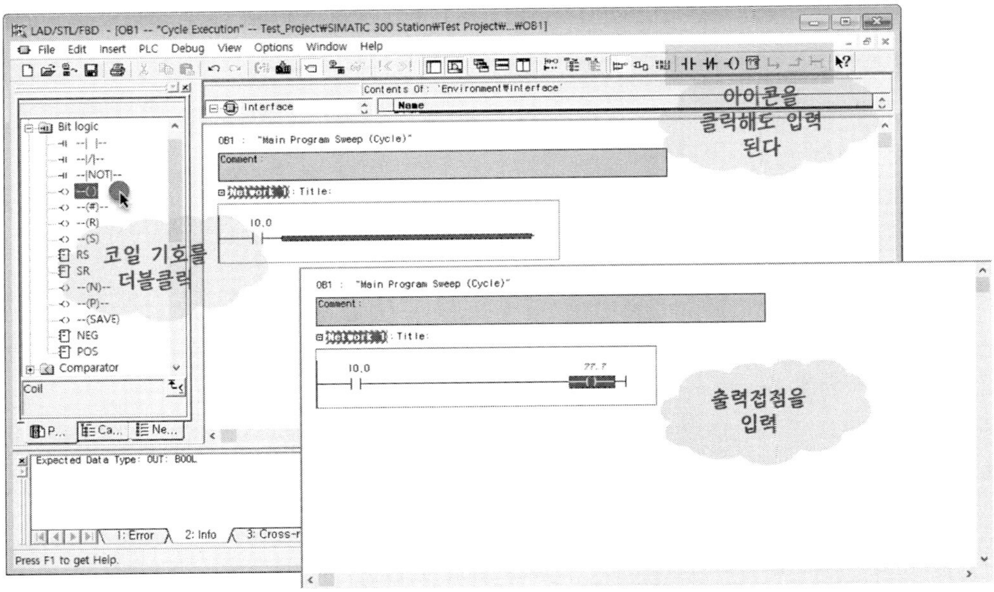

좌측 명령어 목록에서 "Bit Logic"을 클릭하고 필요한 기호를 이용해서 입력하거나 우측 상단의 아이콘을 이용하여 프로그램을 작성한다. 기호를 입력하면 상단에 ??.? 붉은색 표시가 되는데 입력이 필요한 항목이라는 의미이다. 출력으로 설정한 Q4.0을 입력한다.

다음과 같은 순서로 자기유지회로를 만들어 보자.

먼저 만들어 놓은 프로그램의 좌측 모선을 마우스로 클릭한 뒤 우측 아이콘 중에서 "Open Branch"을 클릭한다.

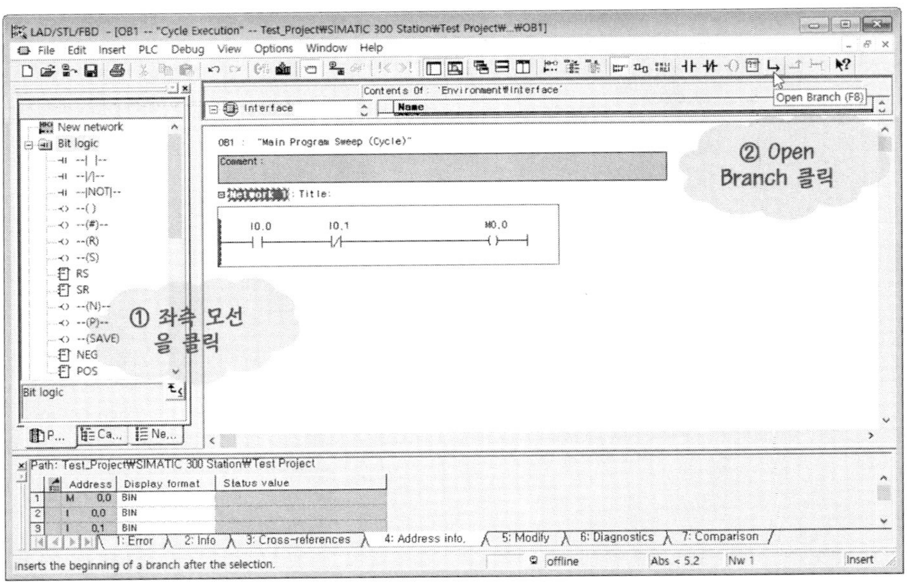

좌측모선을 보면 브랜치가 생성되었다. a접점을 입력하기 위해서 우측 아이콘에서 "Normally Open Contact"을 클릭한다.

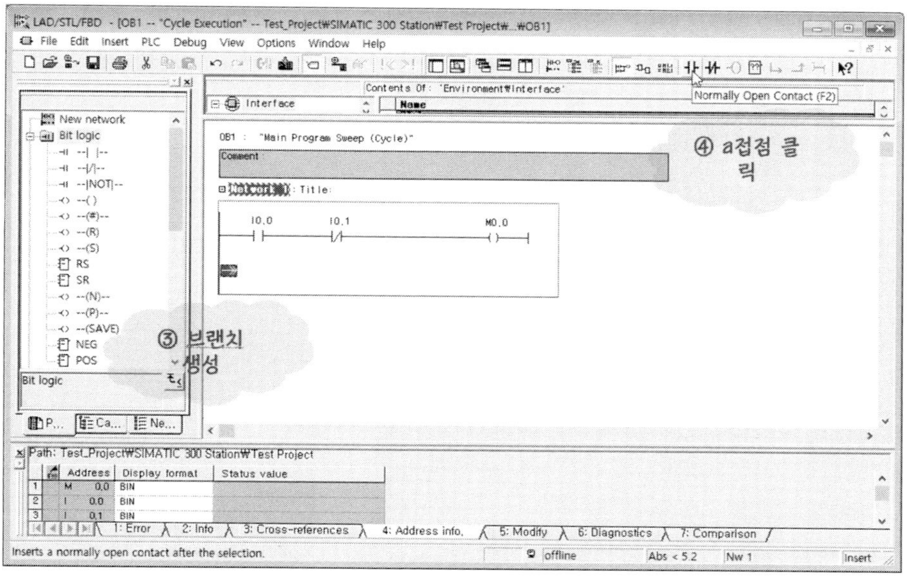

a접점 기호를 입력하고 우측 아이콘 중에서 "Close Branch"를 클릭한다.

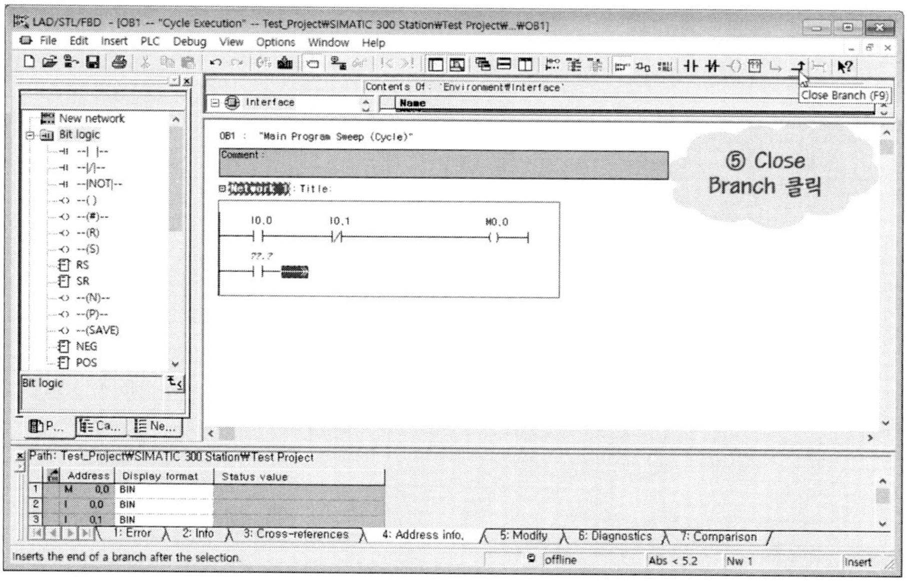

접점명을 입력하면 I0.0과 Or관계인 M0.0접점을 생성하였다.

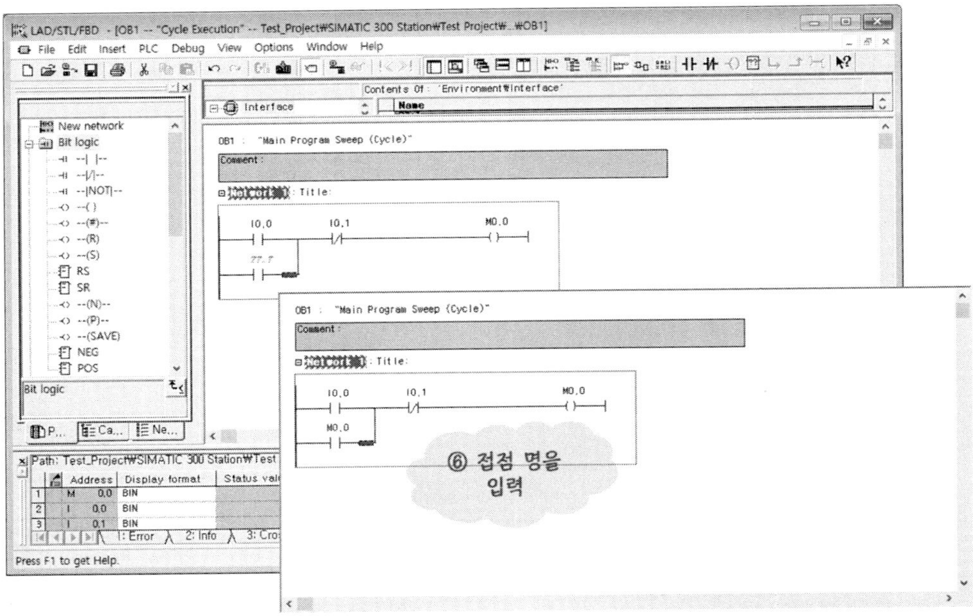

새로운 "Network"를 만드는 방법은 다음과 같다.
좌측 모선을 선택한 뒤 마우스 우측버튼을 클릭하고 "Insert Network"을 클릭한다.

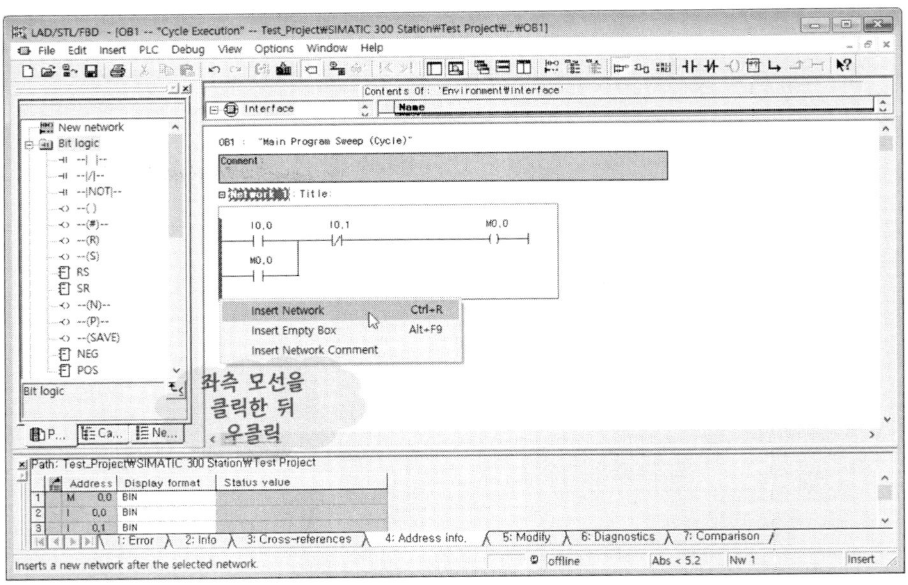

새로 생성된 네트워크에 출력과 연결되게 Q4.0을 입력한다.

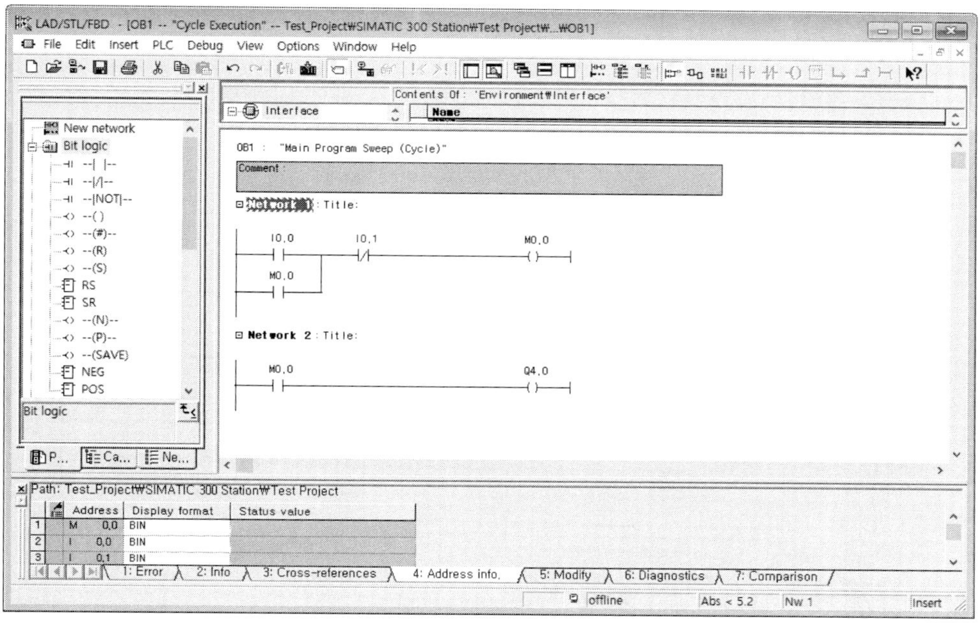

자기유지 회로를 완성하였다.

각 네트워크에 출력에 해당하는 코일을 하나씩 배치되도록 프로그램을 작성하도록 하자. 이것은 정해진 규칙은 아니지만 Step7 Simatic Manager를 이용하여 프로그램을 작성하는 데 묵시적인 약속이다.

2 Set, Reset

다음은 자기유지 기능과 유사한 몇 개의 명령어에 대해서 알아보도록 하자.

첫 번째 Set, Reset 명령어이다.

위의 자기유지를 동작시키는데 입력으로 I0.0과 I0.1을 사용하였다. 여기에서도 동일하게 사용하여 프로그램을 만들어 보자.

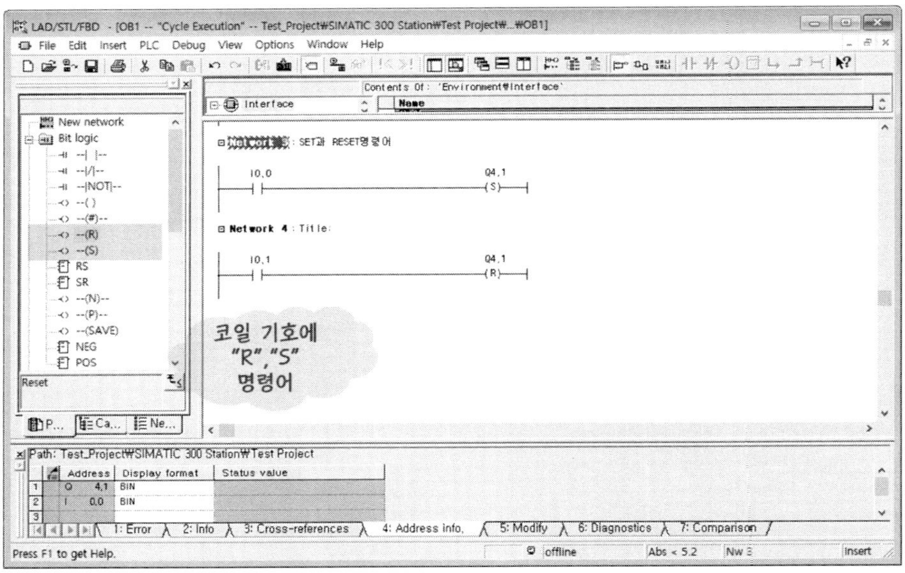

3 RS 플립플롭, SR 플립플롭

두 번째로 RS플립플롭, SR플립플롭 명령어이다.

자기유지 프로그램에는 기동우선과 정지우선의 두 가지 형태로 기능을 구분할 수 있는데 RS플립플롭 명령어가 기동우선 그리고 SR플립플롭 명령어가 정지우선 자기유지회로에 해당한다.

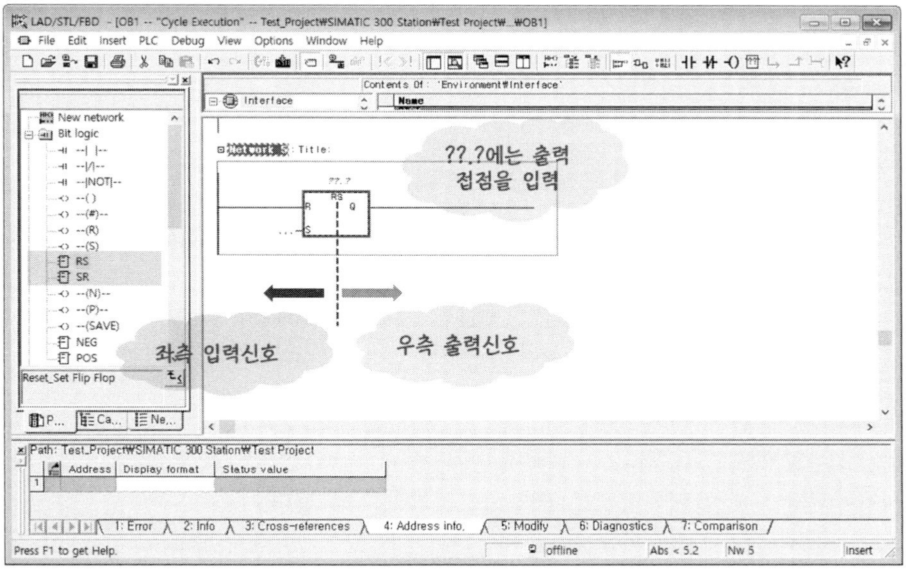

새로이 네트워크를 생성하고 Bit Logic → RS(또는 SR)을 더블클릭하거나 네트워크에 드래그 & 드롭을 하면 명령어를 입력할 수 있다.

명령어가 Box형태이다. 이러한 명령어는 중심을 기준으로 좌측에 해당하는 입력부위(파라미터라고 부른다.)에는 입력신호를 우측에는 출력신호를 연결한다. 그리고 박스 상단의 "??.?"에는 Set, Reset의 대상이 되는 출력 접점을 입력하도록 한다.

좌측 파라미터로 "R"과 "S"가 있다. "R"에는 Reset입력신호를 "S"에는 Set입력신호를 연결한다. 그리고 Box 명령어의 우측의 Q에 연결된 "Q4.2"는 출력에 해당하는 비트 신호이다. 두 개의 입력이 동시에 On되면 출력은 Set된다.

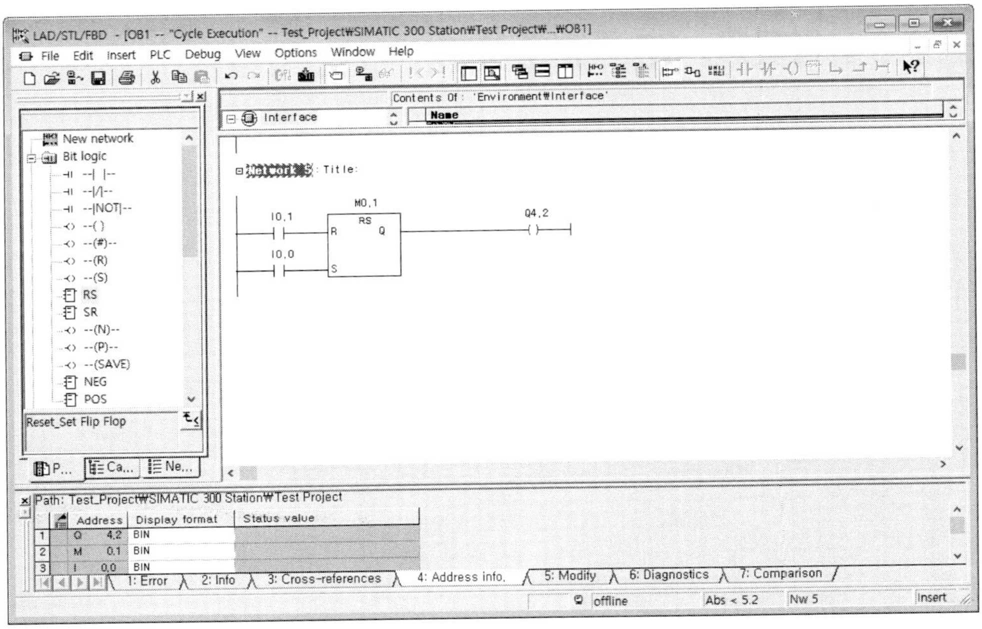

좀 더 자세한 사용법을 알고 싶다면 박스형태의 명령어를 클릭한 후 "F1"키를 누르면 다음과 같이 명령어의 설명서가 표시된다.

다음과 같이 표시된 항목 중 설명에 해당하는 내용을 살펴보면 RS(Reset-Set Flip Flop)는 신호 상태가 R 입력에서 "1"이고 S 입력에서 "0"이면 Reset 된다. 그렇지 않고 신호 상태가 R 입력에서 "0"이고 S 입력에서 "1"이면 플립플롭이 Set 된다.

RLO가 두 입력 모두에서 "1"이면 순서가 가장 중요하다. RS 플립플롭은 먼저 리셋 명령을 실행한 다음 지정된 〈주소〉에서 설정 명령을 실행하므로 이 주소는 나머지 프로그램 스캔 동안 설정된 상태로 유지된다.

S(Set) 및 R(Reset) 명령은 RLO가 "1"인 경우에만 실행된다. RLO "0"은 이러한 명령어에 영향을 미치지 않으며 명령어에 지정된 주소는 변경되지 않는다.

RLO는 논리 연산의 결과를 저장한다. status word의 첫 번째 비트를 RLO(Result of Logic Operation)라고 하며 이 비트는 비트 논리 명령 또는 비교 명령을 실행한 결과를 저장하는 데 사용된다. RLO 상태는 "1"로 래더에 신호가 있음을 나타내며 계산 지점 "0"에서는 이 지점까지 신호가 없음을 의미한다.

STEP 7 Help Viewer

File Edit Options Help

Contents | Index | Print | << | >> | Help on STEP 7

Glossary

RS Reset-Set Flip Flop

Symbol

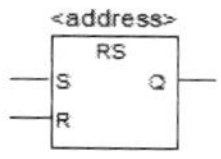

Parameter	Data Type	Memory Area	Description
<address>	BOOL	I, Q, M, L, D	Set or reset bit
S	BOOL	I, Q, M, L, D	Enabled reset instruction
R	BOOL	I, Q, M, L, D	Enabled reset instruction
Q	BOOL	I, Q, M, L, D	Signal state of <address>

Description

RS (Reset-Set Flip Flop) is reset if the signal state is "1" at the R input, and "0" at the S input. Otherwise, if the signal state is "0" at the R input and "1" at the S input, the flip flop is set. If the RLO is "1" at both inputs, the order is of primary importance. The RS flip flop executes first the reset instruction then the set instruction at the specified **<address>**, so that this address remains set for the remainder of program scanning.

The S (Set) and R (Reset) instructions are executed only when the RLO is "1". RLO "0" has no effect on these instructions and the address specified in the instruction remains unchanged.

C:₩Program Files (x86)₩Siemens₩Step7₩S7BIN₩s7rkop_B.hlp MAP ID = 125

Status word

	BR	CC 1	CC 0	OV	OS	OR	STA	RLO	/FC
writes:	-	-	-	-	-	x	x	x	1

Example

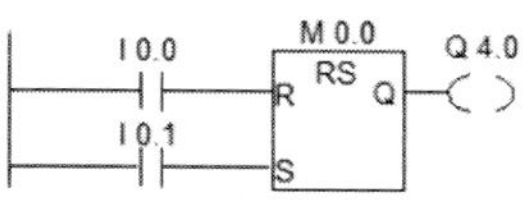

If the signal state is "1" at input I0.0 and "0" at I0.1, memory bit M0.0 is set and output Q4.0 is "0". Otherwise, if the signal state at input I0.0 is "0" and at I0.1 is "1", memory bit M0.0 is reset and output Q4.0 is "1". If both signal states are "0", nothing is changed. If both signal states are "1", the set instruction dominates because of the order; M0.0 is set and Q4.0 is "1".

If the example is within an activated MCR zone:

When MCR is on, Q4.0 is reset or set as described above.

When MCR is off, Q4.0 is left unchanged regardless of input states.

신호 상태가 입력 I0.0에서 "1"이고 I0.1에서 "0"이면 메모리 비트 M0.0이 Set 되고 출력 Q4.0은 "0"이다. 반대로 입력 I0.0의 신호 상태가 "0"이고 I0.1에서 "1"이면 메모리 비트 M0.0이 Reset 되고 출력 Q4.0은 "1"이 된다. 두 신호 상태가 모두 "0"이면 아무것도 변경되지 않는다. 두 신호 상태가 모두 "1"이면 순서 때문에 Set 된 명령이 우선한다. M0.0이 Set 되고 Q4.0이 "1"이다.

동일한 방법으로 SR플립 플롭 명령어를 사용하면 다음과 같다.

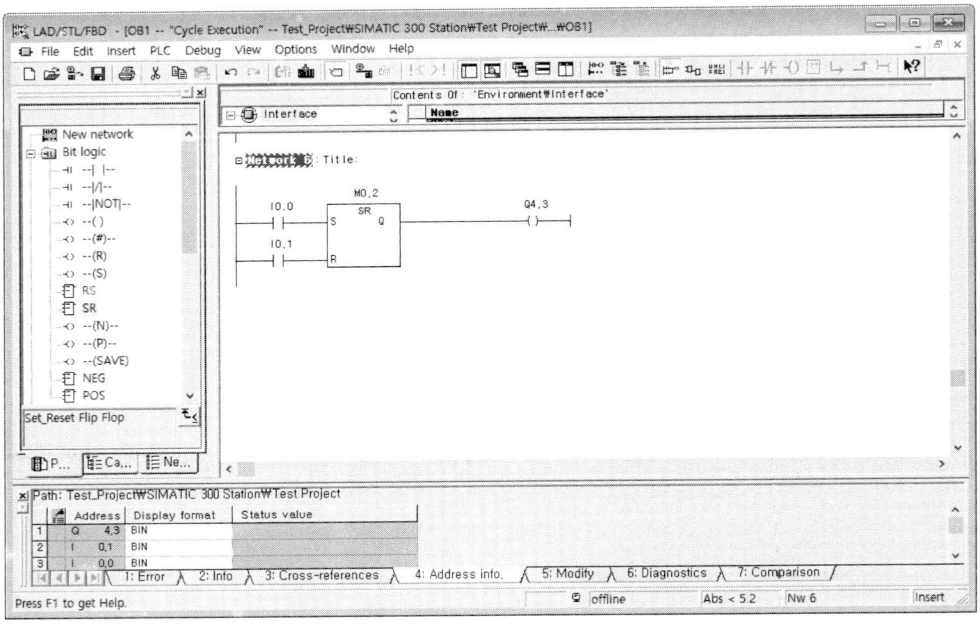

SR(Set-Reset Flip Flop)은 신호 상태가 S 입력에서 "1"이고 R 입력에서 "0"이면 Set 된다. 그렇지 않고 신호 상태가 S 입력에서 "0"이고 R 입력에서 "1"이면 플립플롭이 Reset 된다. RLO가 두 입력 모두에서 "1"이면 순서가 가장 중요하다. SR 플립플롭은 지정된 〈address〉에서 먼저 설정된 명령어를 실행한 다음 재설정 명령어를 실행하므로 이 주소는 나머지 프로그램 스캔 동안 재설정된 상태로 유지된다.

S(Set) 및 R(Reset) 명령은 RLO가 "1"인 경우에만 실행된다. RLO "0"은 이러한 명령어에 영향을 미치지 않으며 명령어에 지정된 주소는 변경되지 않는다.

4 상승엣지(Rising Edge)와 하강엣지(Falling Edge)

다음은 입력신호의 순간적인 시점의 신호만 사용하기 위해서 사용하는 명령어로 상승엣지(Rising Edge)와 하강엣지(Falling Edge)에 관한 설명이다.

만약에 스위치를 누르는 시점에서 어떤 동작을 하거나 스위치에서 손을 떼는 순간에 어떤 동작이 이루어져야 하는 것을 프로그램에서 사용하려면 어떻게 해야 할까? 이와 같이 어떤 신호의 시점에 대한 순간을 구분해서 사용할 때 사용하면 적합한 명령어이다.

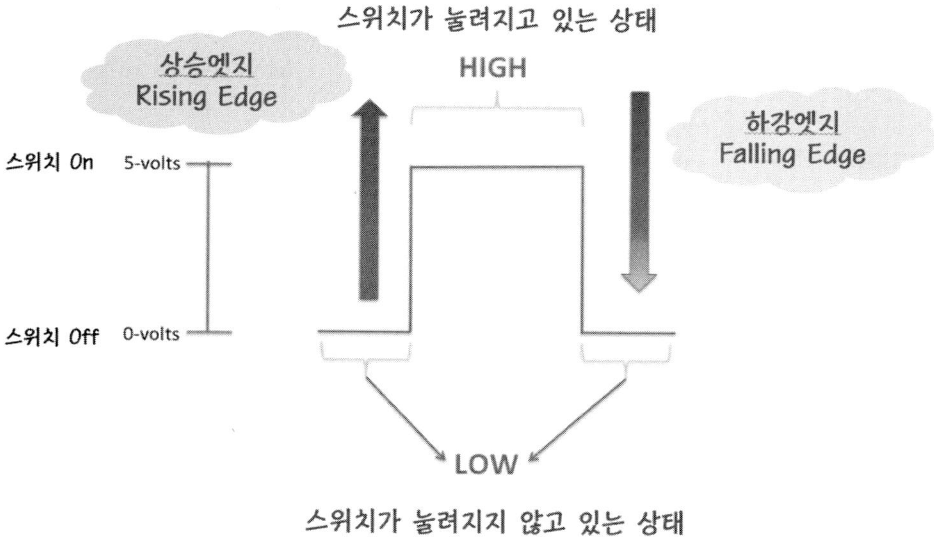

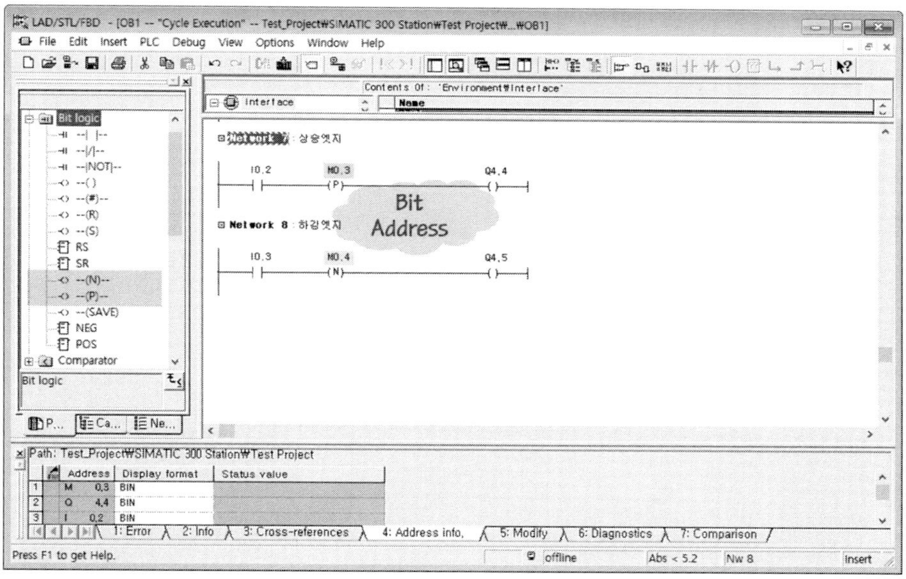

- -(P)- : 포지티브 엣지 (상승 Pulse 명령)
- -(N)- : 네거티브 엣지 (하강 Pulse 명령)
- (P) 또는 (N) 명령에 사용되는 Bit Address(RLO의 이전 신호 상태를 저장하는 엣지 메모리 비트)는 항상 해당 명령에서만 사용해야 한다.

(Positive RLO Edge Detection)은 주소에서 "0"에서 "1"로의 신호 변경을 감지하고 명령 후 RLO = "1"로 표시한다. RLO의 현재 신호 상태는 주소의 신호 상태인 에지 메모리 비트와 비교된다. 주소의 신호 상태가 "0"이고 명령 이전에 RLO가 "1"이면 RLO는 이 명령 뒤에 "1"(펄스)이 되고 다른 모든 경우에는 "0"이 된다. 명령어 이전의 RLO는 주소에 저장된다.

(네거티브 RLO 에지 감지)는 "1"에서 "0"으로의 주소에서 신호 변경을 감지하고 명령 후 RLO = "1"로 표시한다. RLO의 현재 신호 상태는 주소의 신호 상태인 에지 메모리 비트와 비교된다. 주소의 신호 상태가 "1"이고 명령 전에 RLO가 "0"이면 RLO는 이 명령 다음에 "1"(펄스)이 되고 다른 모든 경우에는 "0"이 된다. 명령어 이전의 RLO는 주소에 저장된다.

이 명령어를 사용한 예제는 엘리베이터에서 목적 층을 선택하는 버튼을 예로 들 수 있다. 하나의 스위치로 선택된 상태를 유지하거나 해제하는 기능을 만들어 보자.

목적 층의 버튼을 누르면 선택된 상태가 유지되고 다시 한번 누르면 선택이 취소되는 기능이 있다.

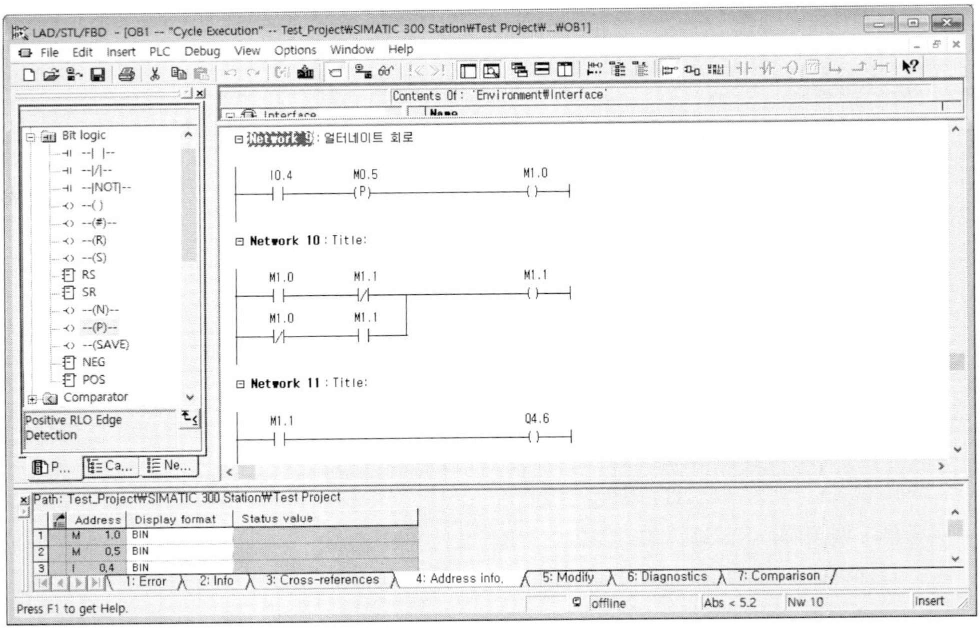

교번(Alternate, Toggle)회로로 입력 1개로 출력을 ON/OFF시키는 회로이다. 처음 입력을 눌렀을 때 출력이 ON이 되면 그 다음 입력을 눌렀을 때 출력이 OFF되는 회로이다.
앞에서 설명한 상승엣지, 하강엣지와 비슷한 기능으로

- POS : 포지티브 엣지 (상승 Pulse 명령)
- NEG : 네거티브 엣지 (하강 Pulse 명령) 명령어가 있다. 사용법은 다음과 같다.

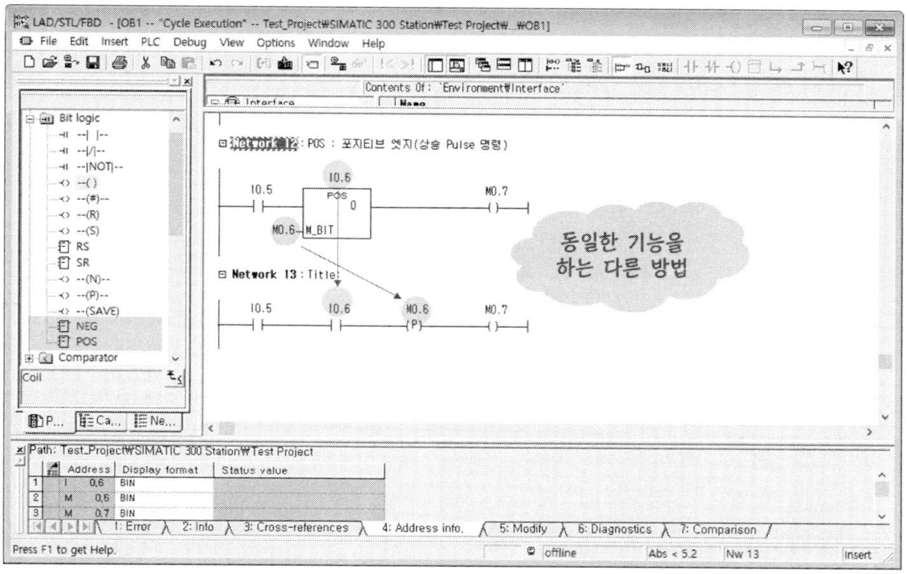

POS(Address Positive Edge Detection)는 〈address1〉의 신호 상태를 〈address2〉에 저장된 이전 스캔의 신호 상태와 비교한다. 현재 RLO 상태가 "1"이고 이전 상태가 "0"(상승 엣지 감지)인 경우 이 명령 이후 RLO 비트는 "1"이 된다.

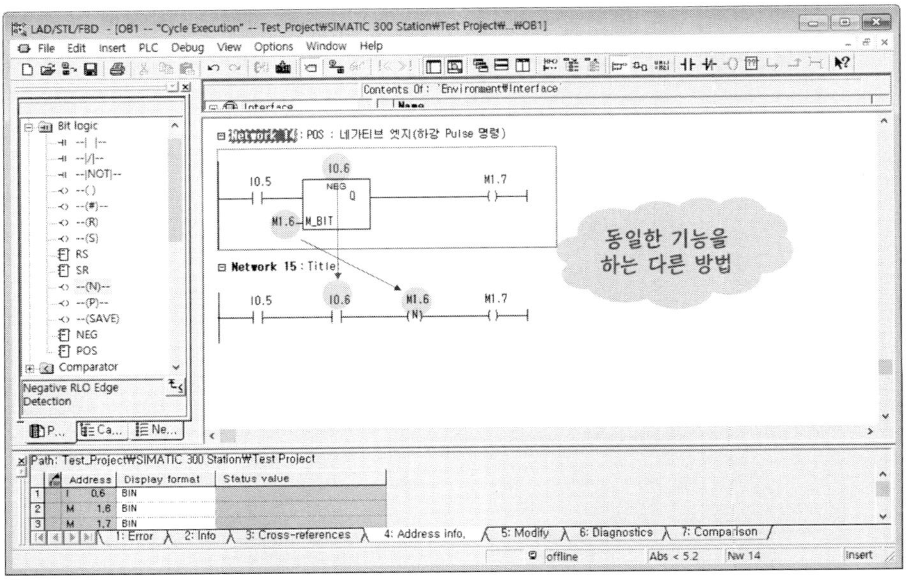

NEG(Address Negative Edge Detection)는 〈address1〉의 신호 상태를 〈address2〉에 저장된 이전 스캔의 신호 상태와 비교한다. 현재 RLO 상태가 "0"이고 이전 상태가 "1"(음의 엣지 감지)인 경우 이 명령 이후 RLO 비트는 "1"이 된다.

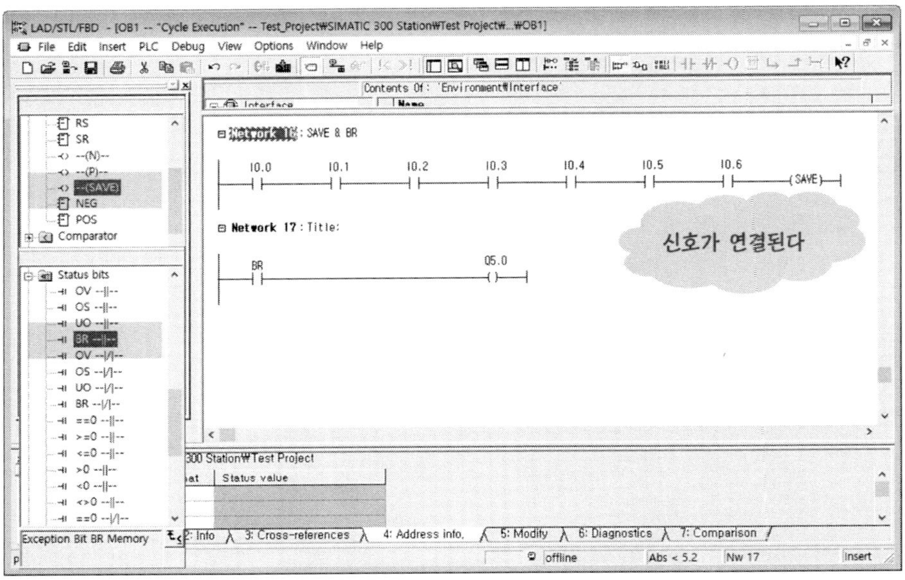

5 SAVE와 BR

SAVE 명령은 레지스터에 RLO를 "BR"로 저장한다(상태 워드).
BR 명령어 "BR"은 저장된 RLO를 다시 검사하는 데 사용한다.

(SAVE) (RLO를 BR 메모리에 저장)은 RLO를 Status Word의 BR 비트에 저장한다. 첫 번째 확인 비트 / FC는 재설정되지 않는다. 이러한 이유로 BR 비트의 상태는 다음 네트워크의 AND 논리 연산에 포함된다.

SAVE를 사용한 다음 동일한 블록 또는 하위 블록에서 BR 비트를 확인하는 것은 권장하지 않는다. BR 비트는 그 사이에 발생하는 많은 명령에 의해 수정될 수 있기 때문이다. 블록을 종료하기 전에 SAVE 명령어를 사용하는 것이 좋다. ENO 출력 (= BR 비트)이 RLO 비트 값으로 설정되고 블록에서 오류를 확인할 수 있기 때문이다.

BR --- | | --- 또는 BR --- | / | --- 접점 기호는 상태 워드에서 BR 비트의 논리 상태를 테스트하는 데 사용된다. 직렬로 사용하면 스캔 결과가 AND에 의해 RLO에 연결되고 병렬로 사용되며 OR에 의해 RLO에 연결된다. BR 비트는 워드에서 비트 처리로의 전환에 사용된다.

보통은 그림에서와 같이 연속적인 AND처리로 줄이 바뀌는 경우와 같이 접속되는 접점의 수가 많은 경우에 모니터링이 않되는 부분이 생긴다. 이러한 경우 이 명령어를 사용하면 좋다.

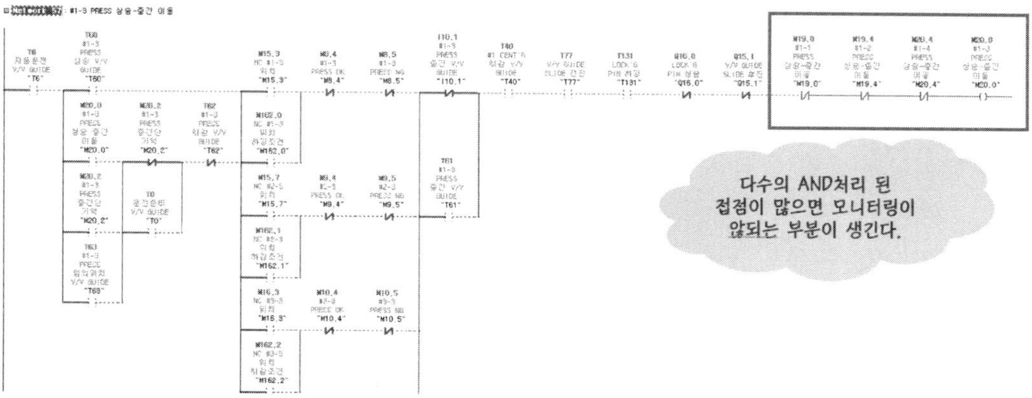

6 커넥터 (#)

▌커넥터 (#) (또는 미드라인)

커넥터는 현재 RLO를 지정된 어드레스에 저장하는 중간 할당 요소이다.

미드라인 출력은 LAD(래더 다이어그램)이나 FBD(펑션 블록 다이어그램)에 있는 중간 이진 버퍼이다. 미드라인 출력에서 유효한 RLO는 미드라인 출력 위의 피연산자에 저장된다. 이 피연산자는 프로그램의 다른 지점에서 다시 스캔되기 때문에 미드라인 출력에서 유효한 RLO를 프로그램의 다른 지점에서 후처리할 수도 있다.

다른 요소와 연속해서 연결될 때 "Connector" 명령은 접점과 같은 방식으로 삽입된다. --- (#) --- (중간 출력)은 RLO 비트 신호 흐름 상태를 지정된 〈주소〉에 저장하는 중간 할당 요소이다. 중간 선 출력 요소는 이전 분기 요소의 논리적 결과를 저장한다. 다른 접점과 직렬로 --- (#) ---가 접점처럼 삽입된다.

부정된 --- (#) ---은 --- | NOT | --- 요소를 사용하여 만들 수 있다.

커넥터는

- 파워 레일에 연결되면 안된다.
- 분기 바로 다음에 오면 안된다.
- 분기 끝에 사용하면 안된다.

▌LAD의 커넥터 출력

Rung 내에 있는 단일 코일이 커넥터 출력이 된다. Rung의 이 지점에 전류가 흐르면, 즉 이 지점에서 유효한 RLO는 커넥터 출력 위의 이진 피연산자에 저장된다. 커넥터 출력 자체는 전력 흐름에 전혀 영향을 주지 않는다.

프로그램 내의 다른 지점에서 NO 및 NC 접점으로 커넥터 출력 위의 이진 피연산자를 스캔할 수 있다. 1개의 Rung에 여러 개의 커넥터 출력을 프로그래밍할 수 있다.

커넥터 출력을 왼쪽 파워 레일에서 시작되는 분기 안에 위치시킬 수 있다. 하지만 파워 레일에 직접 연결시킬 수는 없다. 커넥터 출력은 T분기를 따라갈 수는 있지만 Rung을 종결시키지 않을 수 있다. 이 용도로는 단일 코드를 사용한다.

다음 그림은 중간 결과가 커넥터 출력에 어떻게 저장되는지 보여 준다. Contact1, Contact2, Contact4 및 Contact5로 구성된 회로에서 나온 RLO는 커넥터 출력 Midl_out1에 저장된다. 논리 연산의 조건이 충족되어 커넥터 출력에 전력이 흐르는 경우와 Contact3이 폐쇄된 경우 Coil16이 작동된다. 저장된 RLO는 다음 네트워크에서 두 가지 방식으로 사용된다.

첫째, 논리 연산의 조건이 충족되어 비트 로직 조합이 Contact6으로 만들어졌는지 확인하기 위한 검사를 수행한다.

둘째, 논리 연산의 조건이 충족되지 않아 비트로직 조합이 Contact7로 만들어졌는지 확인하기 위한 검사를 수행한다.

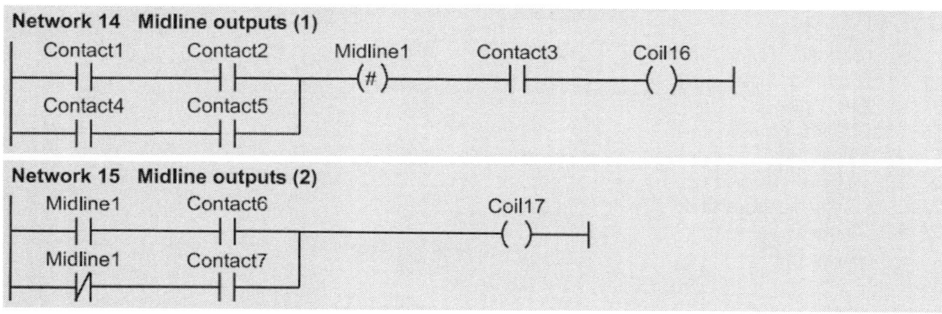

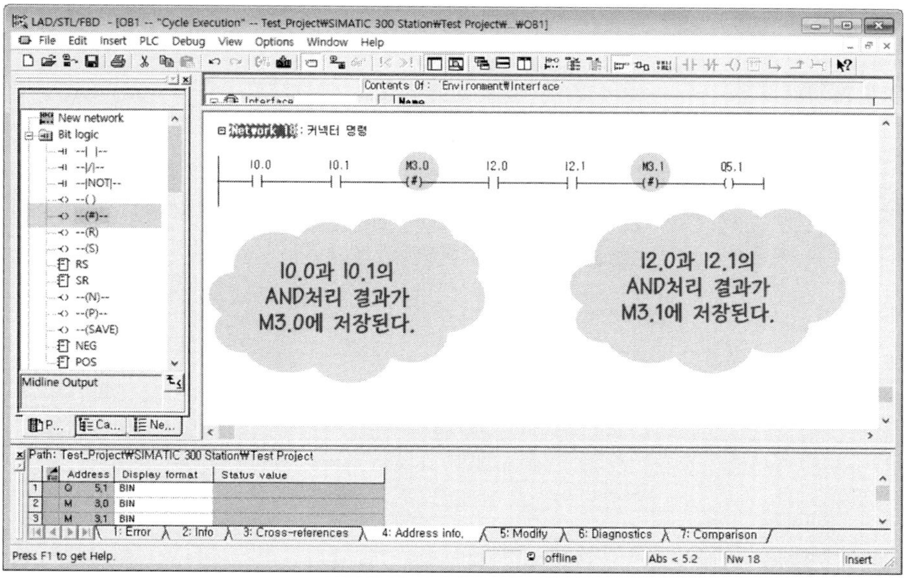

7 시스템 카운터 명령 (S_CUD, S_CU, S_CD, SC, CU, CD)

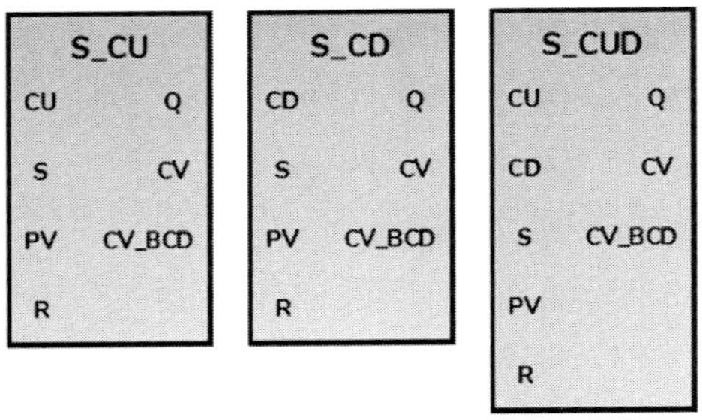

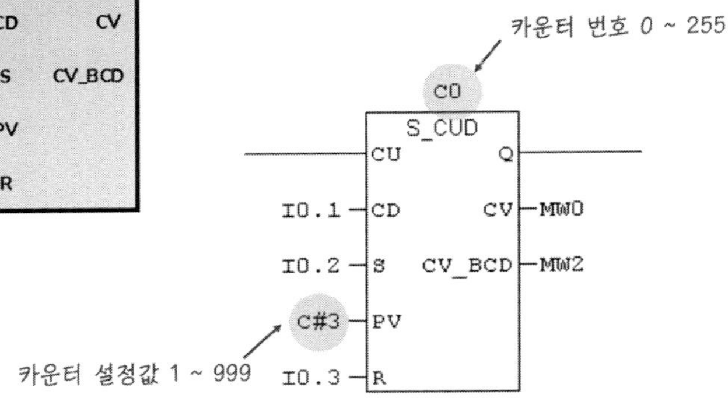

S_CU Counter Type
CU Counter Input
S Set Value
PV Preset Value
R Reset Input
Q Counter Output
CV Counter Value (INT)
CV_BCD Counter Value (BCD)

모든 카운터 명령은 Box 형태의 명령이 있고, 비트 형태의 명령이 있다. 두 가지 형태 중 사용은 유저의 선택에 따라서, Box 또는 비트형태의 명령을 사용한다.

Simatic S7-300, S7-400 PLC에서 사용 가능한 카운터 명령은 시스템 카운터와 IEC 카운터 두 가지가 있다.

CPU315-2DP 기준으로 시스템 카운터는 C0~C255(총 256개) 사용이 가능하다.

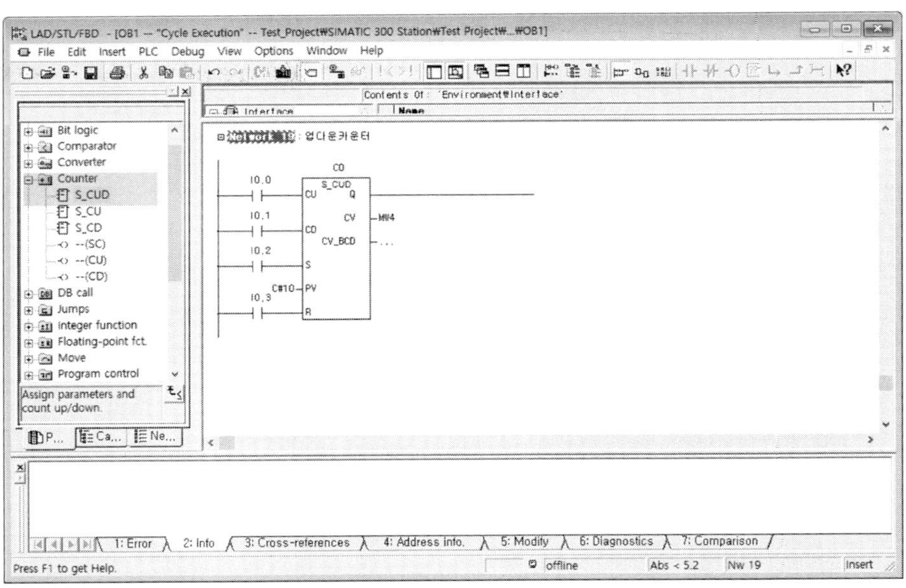

업다운 카운터 명령 중 "S_CUD" 명령에서 사용되는 파라미터는 아래와 같다.

- CU(입력) : 카운터 업(Up) 동작신호 입력
- CD(입력) : 카운터 다운(Down) 동작신호 입력
- S(입력) : 카운터 현재 값 설정 입력 신호, S에 입력되는 RLO가 1이 되면 카운터 현재 값이 PV에 입력되는 값으로 변경된다.
- PV(입력) : 카운터 현재 값 입력 입력상수 형식은 카운터 값 형태이다.
  0~999 범위의 카운터 값을 C # 〈값〉으로 입력한다. (카운터 값 상수 예. C#20, C#999)
- R(입력) : 카운터 리셋 동작신호 입력
- Q(출력) : 카운터 RLO 출력 (On 또는 Off)이고, 카운터 현재 값이 "0" 이외의 값일 때 RLO가 On 된다.
- CV(출력) : 카운터 현재 값이 바이너리 형태로 출력된다.
- CV_BCD(출력) : 카운터 현재 값이 BCD 형태로 출력된다.

프로그램의 예에서 보면 PV 파라미터에 10을 설정하였다. S(입력)을 On하면 카운터 현재 값이 저장되는 CV에 MW4를 지정하였고 이 어드레스를 모니터링 하면 10이 설정되는 것을 확인할 수 있다. 이 값에서 CU (입력)신호를 On하면 11, 12, 13, … 값이 올라가며 CD(입력)신호를 On하면 9, 8, 7, …으로 값이 1씩 감소되는 것을 알 수 있다.

즉 특정한 값을 지정하면 여기에서부터 1씩 증가나 감소할 수 있는 기능의 카운터이다. 위의 Box형태의 카운터를 비트 형태의 코일출력 명령으로 구현해 보면 다음과 같다.

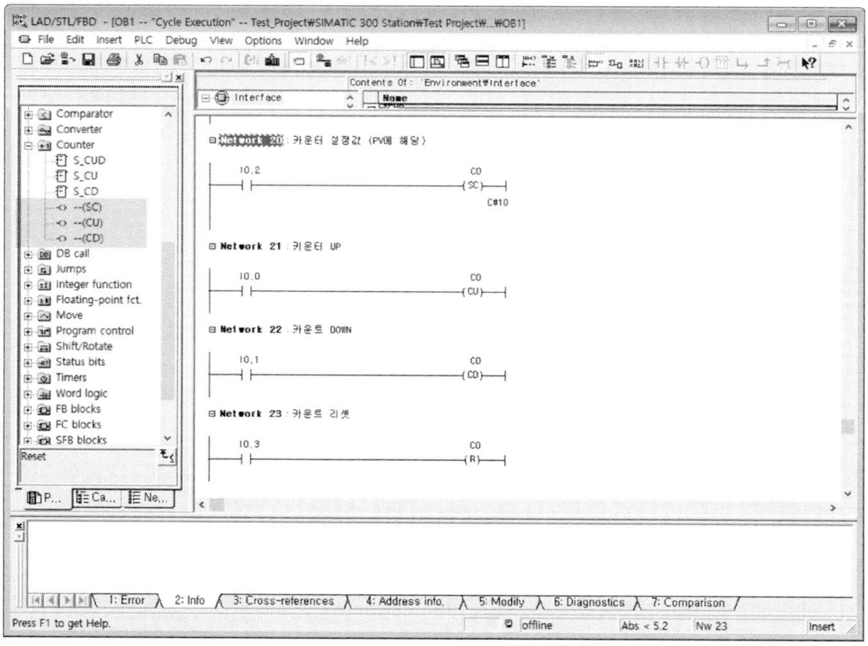

- -(CU)- : 카운트 업(Up)　　Up Counter Coil
- -(CD)- : 카운트 다운(Down)　　Down Counter Coil
- -(SC)- : 카운트 현재 값 설정　　Set Counter Value

UP카운터, DOWN카운터의 사용법은 UP/DOWN카운터와 동일하다.

S_CU(Up Counter)는 입력 S에 양의 엣지가 있는 경우 입력 PV의 값으로 사전 설정된다. 입력 R에 "1"이 있으면 카운터가 재설정되고 카운트 값이 0으로 설정된다.

입력 CU의 신호 상태가 "0"에서 "1"로 변경되고 카운터 값이 "999" 미만이면 카운터가 1씩 증가한다.

카운터가 설정되고 입력 CU에서 RLO = 1이면 카운터는 양의 에지에서 음의 에지로 또는 그 반대의 변화가 없더라도 다음 스캔주기에서 한 번 카운트된다.

출력 Q의 신호 상태는 카운트가 0보다 크면 "1"이고 카운트가 0과 같으면 "0"이다.

S_CD(Down Counter)는 입력 S에 양의 엣지가 있는 경우 입력 PV의 값으로 설정된다. 입력 R에 1이 있고 카운트 값이 0으로 설정되면 카운터가 재설정된다.

입력 CD의 신호 상태가 "0"에서 "1"로 변경되고 카운터 값이 0보다 크면 카운터가 1씩 감소한다.

카운터가 설정되고 입력 CD에서 RLO = 1이면 카운터는 양의 에지에서 음의 에지로 또는 그 반대의 변화가 없더라도 다음 스캔 주기에서 한 번 카운트된다.

출력 Q의 신호 상태는 카운트가 0보다 크면 "1"이고 카운트가 0과 같으면 "0"이다.

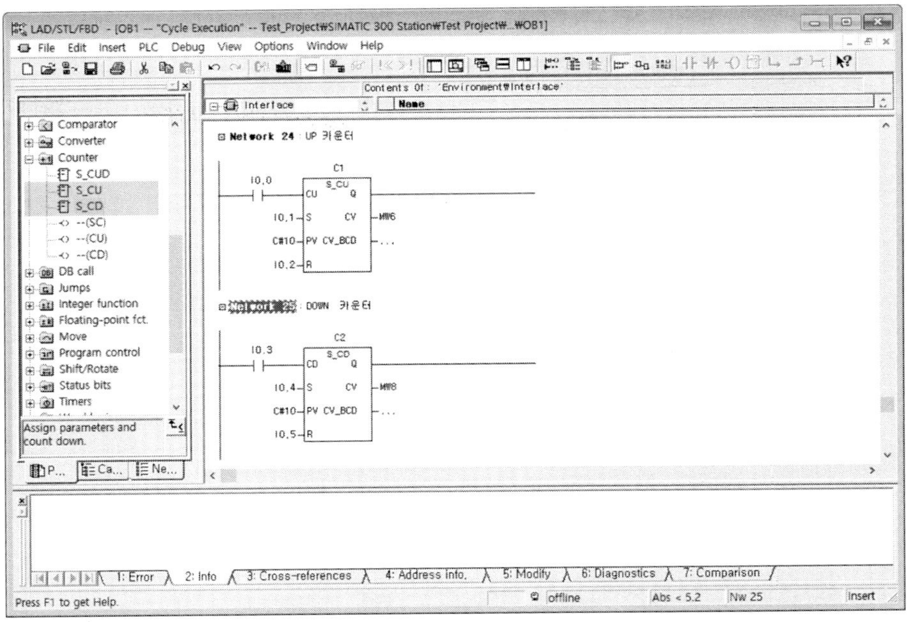

위의 카운터 동작설명에서 보듯이 설정한 PV값에 입력한 값은 다른 메이커의 PLC에서 제공하는 카운터와 다르게 카운팅의 시작 숫자의 의미이므로 카운터를 사용하는 목적인 어느 숫자 값에 도달하면 출력되는 기능이 아니다. 따라서 다음에서 설명하는 비교연산 명령과 함께 사용하여야 한다.

8 비교연산 명령

다음 숫자 값을 비교하기 위해 비교 명령을 사용할 수 있다.

- I 정수 비교(16 비트 고정 소수점 수 기준)
- D 정수 비교(32 비트 고정 소수점 수 기준)
- R 부동 소수점 수 비교(32 비트 실수 기준 = IEEE 부동 소수점 수)

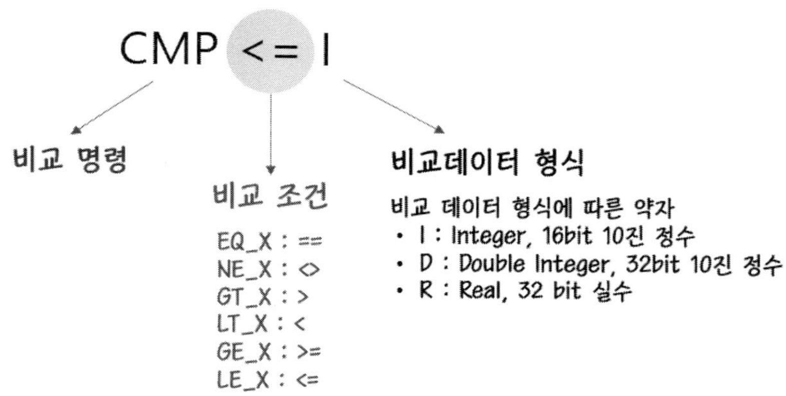

비교의 결과가 “참”이면 연산의 RLO가 “1”이고 그렇지 않으면 “0”이다.
입력 IN1 및 IN2의 값은 지정된 조건과의 일치를 위해 비교한다.

- ==　IN1는 IN2와 같다.
- 〈〉　IN1는 IN2와 같지 않다.
- 〉　IN1는 IN2보다 크다.
- 〈　IN1는 IN2보다 작다.
- 〉=　IN1는 IN2와 같거나 크다.
- 〈=　IN1는 IN2와 같거나 작다.

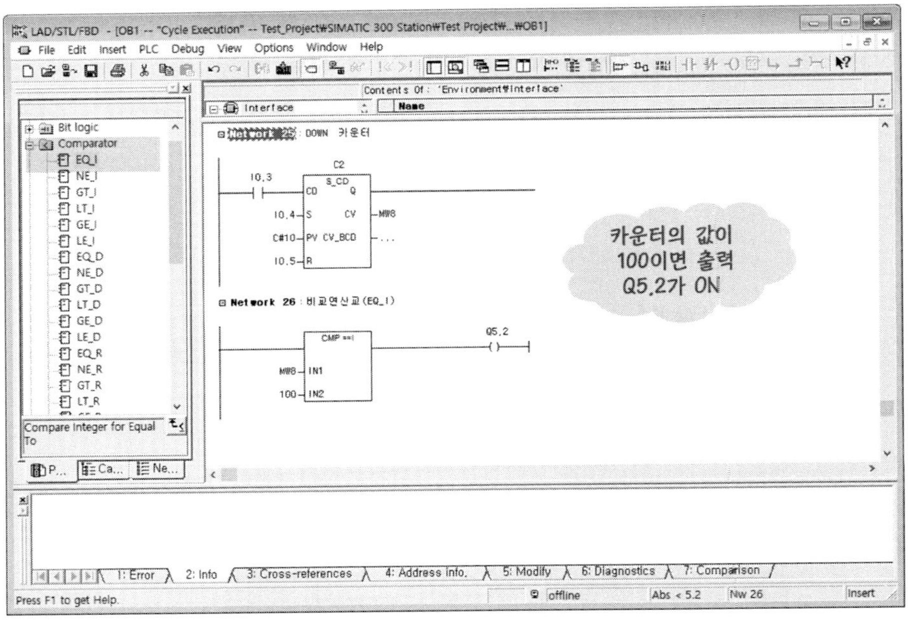

비교연산 명령어 연습을 위해 다음과 같은 범위를 표시할 수 있도록 프로그램을 작성해 보자. 카운터 입력신호를 표시된 범위에서 출력을 만들어 주도록 한다.

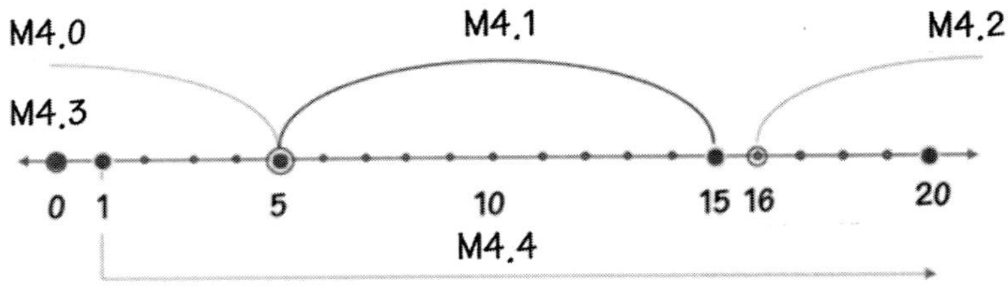

우선 20까지 카운트가 되도록 프로그램을 작성하면 다음과 같다.

S(입력)을 On하여 PV에 설정된 10을 MW10에 저장하고 시작하여도 되고 또는 R(입력)을 On하여 MW10의 값을 0으로 초기화 하고 CU(입력) 또는 CD(입력)으로 MW10에 저장된 값을 변경하도록 한다.

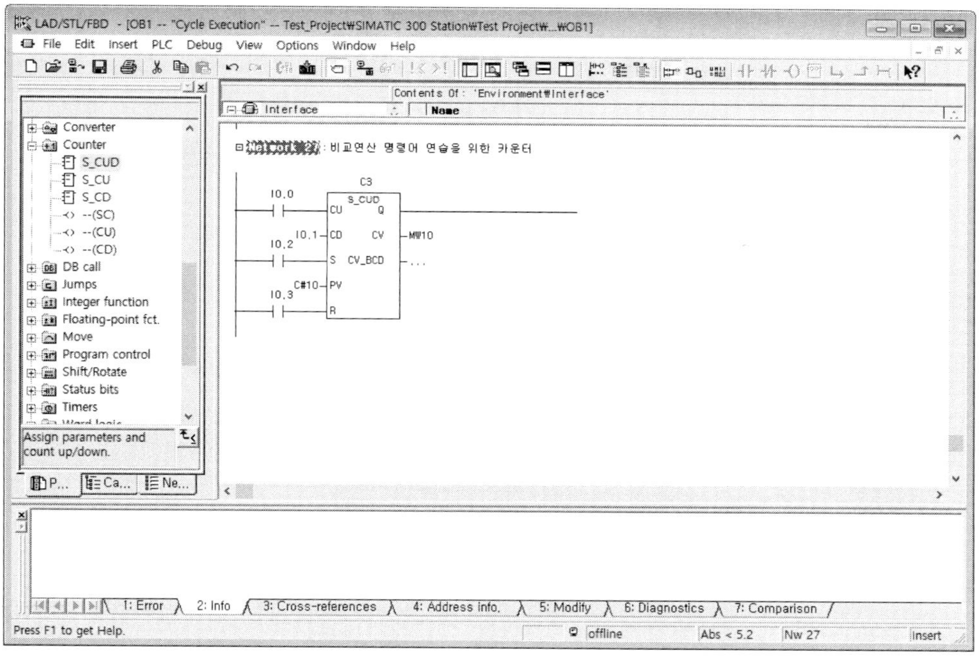

첫 번째 M4.0이 On되는 조건을 만들어 보면 MW10 <= 5인 상태이다. LE_I를 사용하면 된다.

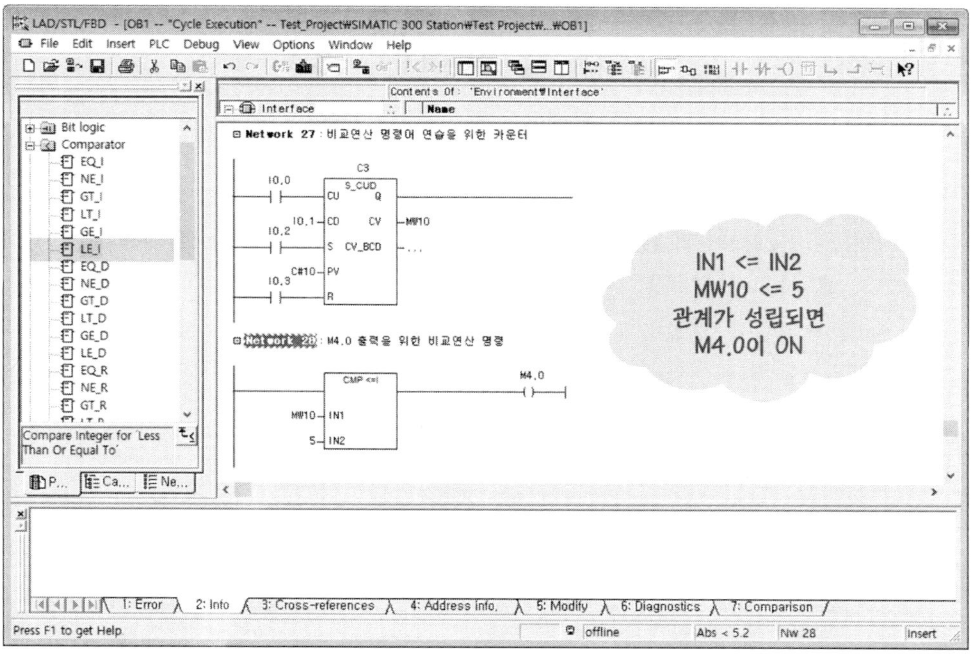

두 번째 M4.1이 On되는 조건을 만들어 보면 5 <= MW10과 MW10 <= 15인의 결과가 AND논리로 On되는 상태이다. GE_I와 LE_I를 사용하면 된다.

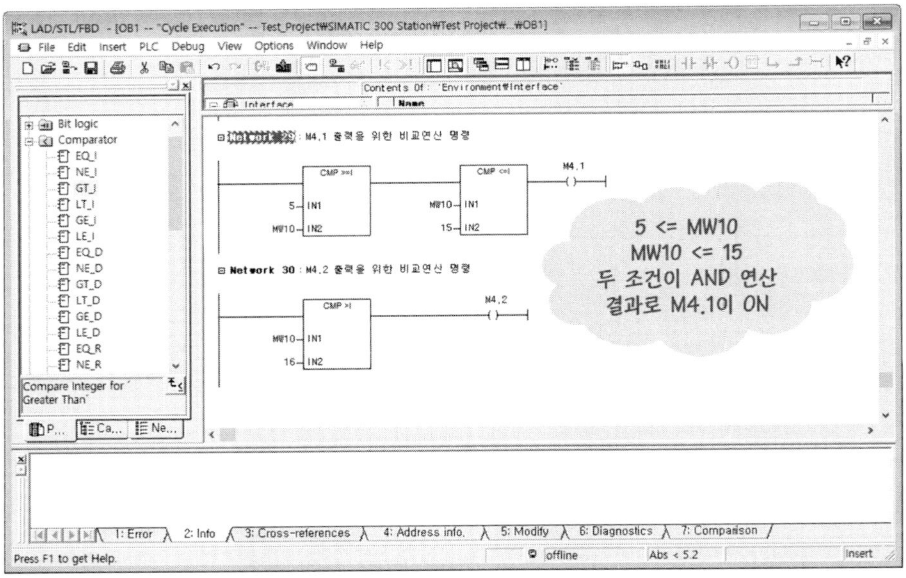

9 타이머(S_ODT, SD, S_OFFDT, SF)

1) 시스템 타이머 온 딜레이 (S_ODT, SD)

타이머 명령은 S_ODT처럼 Box 형태의 명령이 있고, SD처럼 비트 형태의 명령이 있다, 두 가지 형태 중 사용은 유저의 선택에 따라서, Box 또는 비트 형태의 명령을 사용한다. 박스 형태 타이머와 코일 형태 타이머의 가장 큰 차이점은 박스 형태는 타이머의 동작시간을 정수타입 또는 BCD타입으로 모니터링이 가능하고, 코일 타입의 타이머는 타이머의 동작 시간을 모니터링 할 수 없다는 것이다.

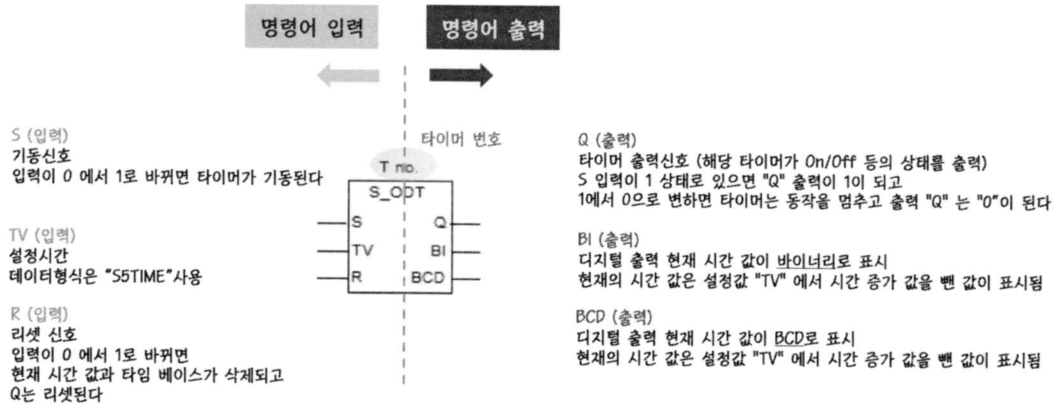

- Simatic S7-300, S7-400 PLC에서 사용 가능한 타이머 명령은 시스템 타이머와 IEC 타이머 두 가지가 있다.
- CPU315-2DP 기준으로 시스템 타이머는 T0~T255(총 256개) 사용이 가능하다.
- 시스템 타이머 1개로 설정 가능한 타이머 설정시간은 최대 2시간 46분 30초이다. (S5T#2H46M30S)

온 딜레이 타이머 명령 중 "S_ODT" 명령에서 사용되는 파라미터는 아래와 같다.

- S(입력) : 타이머 동작신호 입력
- TV(입력) : 타이머 설정시간 입력, 데이터형식은 "S5TIME"
- R(입력) : 타이머 리셋신호 입력
- Q(출력) : 타이머 출력신호(해당 타이머가 On/Off 등의 상태를 출력)
- BI(출력) : 타이머의 현재 시간 값이 바이너리 형태로 출력된다.
- BCD(출력) : 타이머의 현재 시간 값이 BCD 형태로 출력된다.

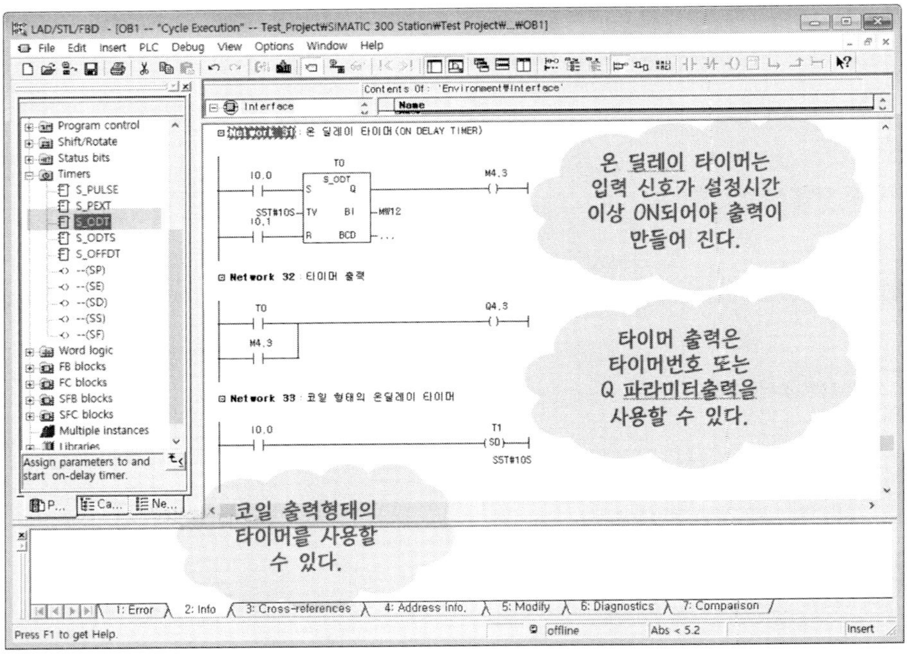

2) 시스템 타이머 오프 딜레이 (S_OFFDT, SF)

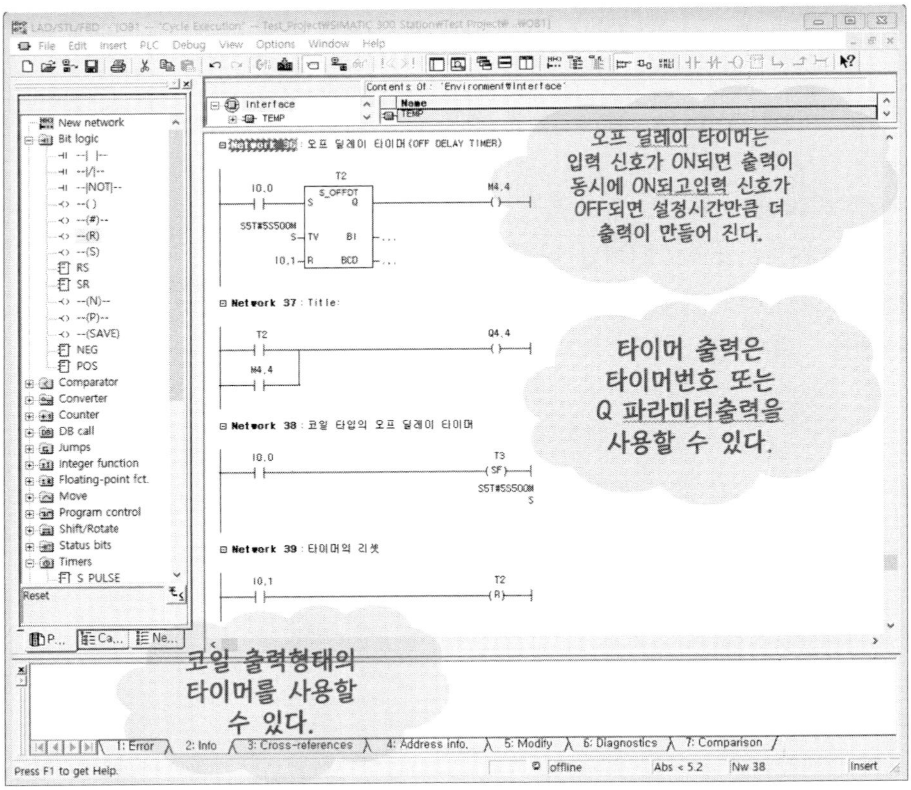

여기에서 타이머의 TV(입력), 타이머 설정시간 입력의 데이터형식에 대해서 알아보도록 하자.

▌타이머의 동작시간 설정 방법

타이머의 동작시간을 설정하는 방법으로 다음의 2가지 데이터 형식을 사용한다.

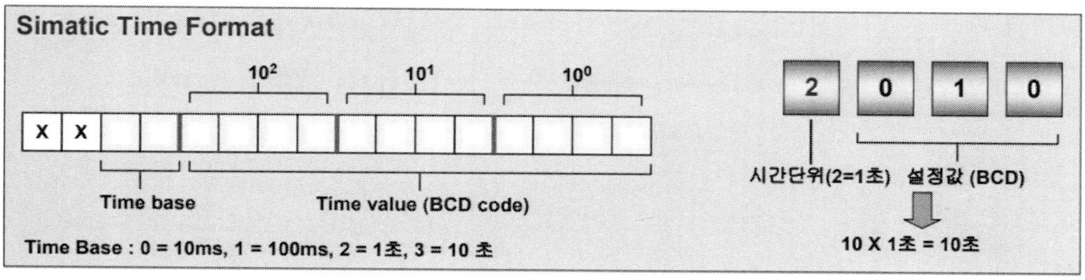

W#16#wxyz

워드 타입의 데이터 16진수를 이용하여 타이머의 동작시간을 설정하는 방법으로 각 설정항목의 내용은 다음과 같다.

w : 타임기수(Time Base)

xyz : Time value 시간설정을 위한 3자리의 BCD 코드(000~999)

예) W#16#1100 : 타임기수 1 = 100ms, 시간 설정 100

타임 기수	시간 단위	시간설정 범위
00	0.01 Second	10MS ~ 9S_990MS
01	0.1Second	1000MS ~ 1M_39S_900MS
10	1Second	1S~16M_39S
11	10Second	10S~2H_26M_30S

타임기수 설정법을 사용한 타이머 사용예는 다음과 같다.

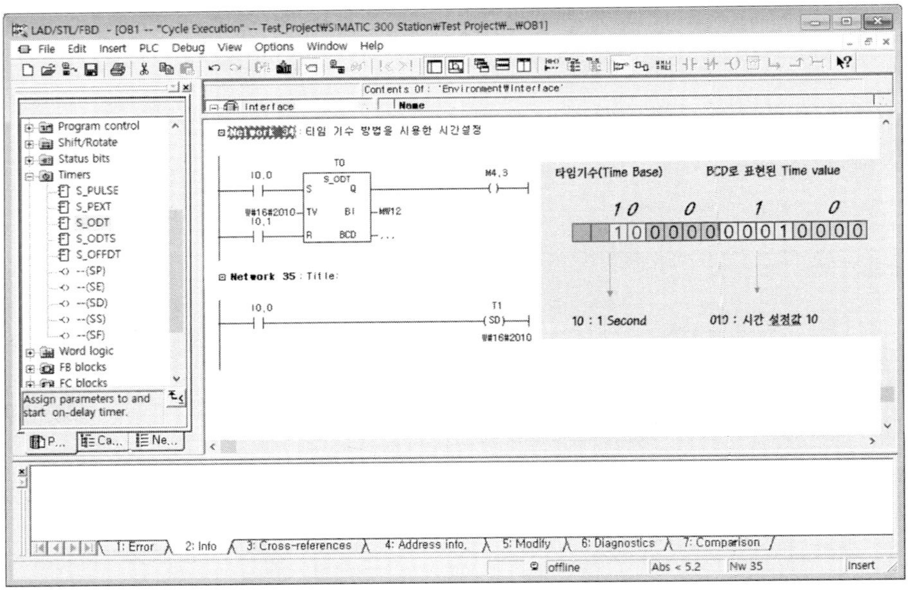

S7-300 PLC에서 사용하는 타이머의 시간 설정은 000~999까지이다.

위에 타임 기수 설정에 따른 시간 단위 및 시간설정 범위(0.01초, 0.1초, 1초, 10초)표에 나타낸 것처럼 타이머 기수 설정에 따라 설정할 수 있는 최대 시간은 999까지이다. 예를 들어 타임 기수 설정이 "11"인 경우에 시간 간격이 10초인 타이머의 최대 설정시간은 2시간 26분 30초이다.

이 시간을 초로 환산하면 9900초이고 9900초를 기수 설정 시간인 10초로 나누면 999가 된다는 것을 알 수 있다.

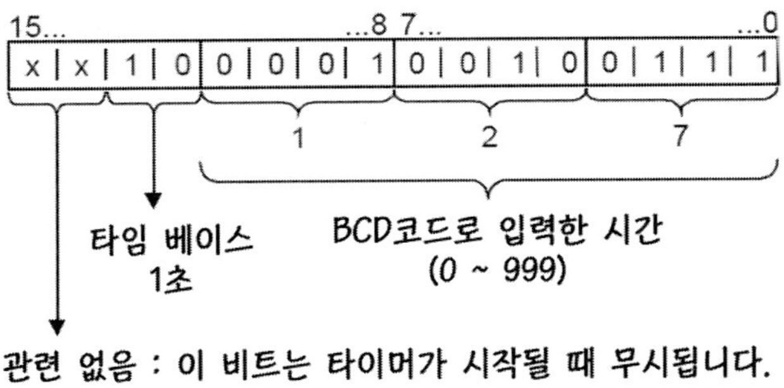

참고로 BCD는 다음과 같은 숫자 체계이다.

타이머의 동작을 위한 시간 설정은 3자리의 BCD(Binary-Code Decimal code : 2진화 10진 코드)를 사용한다.

BCD란 2진수 4자리를 이용해 10진수 1자리를 표현하는 방법을 의미한다.
BCD 코드는 10진수 1자리를 표현하는데 2진수 4자리를 사용한다.
2진수 4자리로 표현 가능한 숫자 0000~1111 중에 0000~1001까지만 사용한다.

▮ "S5TIME"형식의 타이머 동작 시간 설정법(타임 상수로 지정된 고정 타임 값)

S5T#aH_bM_cS_dMS

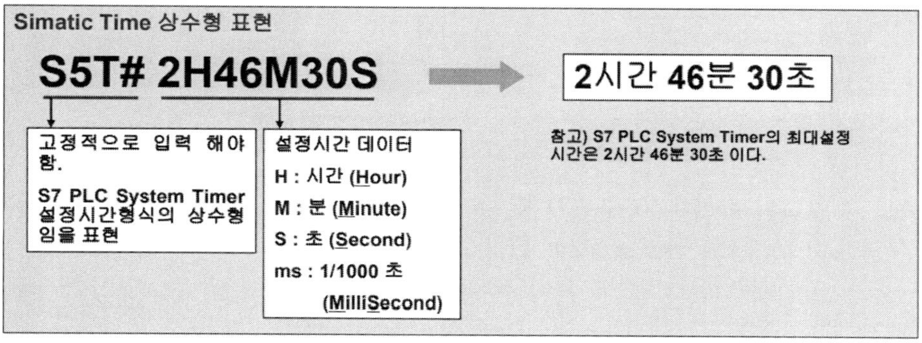

가장 많이 사용하는 "S5TIME" 형식의 타이머 동작시간을 설정하는 방법으로 각 설정항목의 내용은 다음과 같다.

H : hour
M : minute
S : second
MS : millisecond

예) S5TIME#4S = 4초
S5T#2H_15M = 2시간 15분
S5T#1H_12M_18S = 1시간 12분 18초

3) S_PULSE : Pulse timer

타이머의 입력 S가 ON되면 설정한 시간동안 ON신호를 출력하는 타이머이다.
타이머의 입력 S의 ON시간이 타이머 설정 시간보다 작으면 입력 S의 ON시간 동안만 출력이 ON된다.

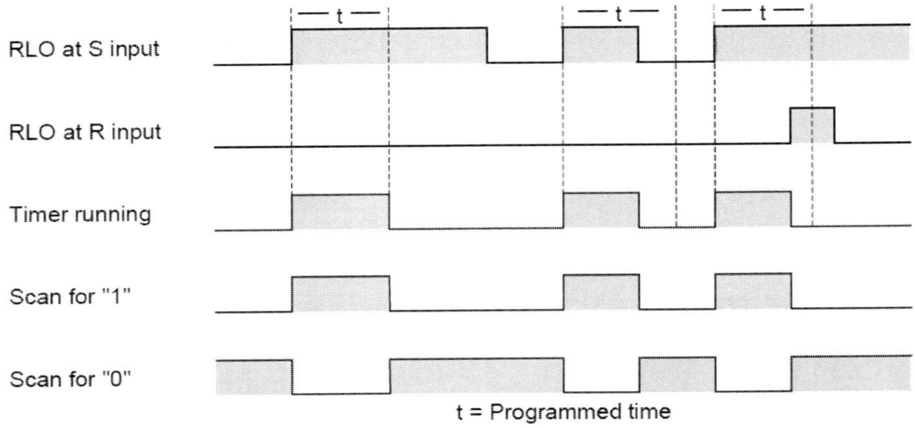

타이머는 “S” 입력의 RLO가 “0”에서 “1”로 변경될 때 시작된다. 출력 “Q”도 “1”로 설정된다. 출력 “Q”는 다음과 같은 경우에 리셋 된다.

- 타이머가 끝난 경우
- Start 시그널이 “1”에서 “0”으로 변경된 경우
- Reset 입력 “R”이 시그널 상태 “1”을 갖는 경우

4) S_PEXT : Extended Pulse Timer

앞에서 배운 S_PULSE 타이머의 기능을 확장한 타이머로 타이머의 입력 S의 ON되는 시간에 관계없이 ON만 되면 설정한 시간동안 ON신호를 출력하는 타이머이다.

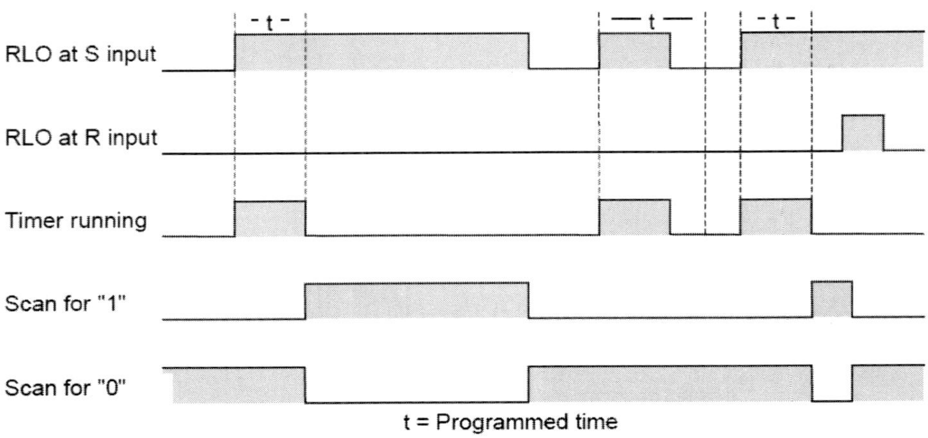

타이머는 "S"입력의 RLO가 "0"에서 "1"로 변경될 때 시작된다. 출력 "Q"도 "1"로 설정된다. "S" 입력의 시그널이 "0"으로 변경되더라도 출력 "Q"의 시그널 상태는 "1"로 남아있다.

타이머가 실행되는 동안 Start 입력의 시그널이 "0"에서 "1"로 변경되면 타이머가 다시 시작된다.

출력 "Q"는 다음과 같은 경우에 리셋 된다.

- 타이머가 끝난 경우
- Reset 입력 "R"이 시그널 상태 "1"을 갖는 경우

5) S_ODT : ON_Delay Timer

기존에 널리 사용되는 ON_Delay 타이머이다.

입력 S가 ON되면 설정된 시간이 지연된 후에 출력이 ON되고 입력 S가 OFF되면 출력도 함께 OFF된다. 단 타이머의 입력 S의 ON시간이 타이머의 동작 설정 시간보다 작으면 출력이 ON되지 않는다.

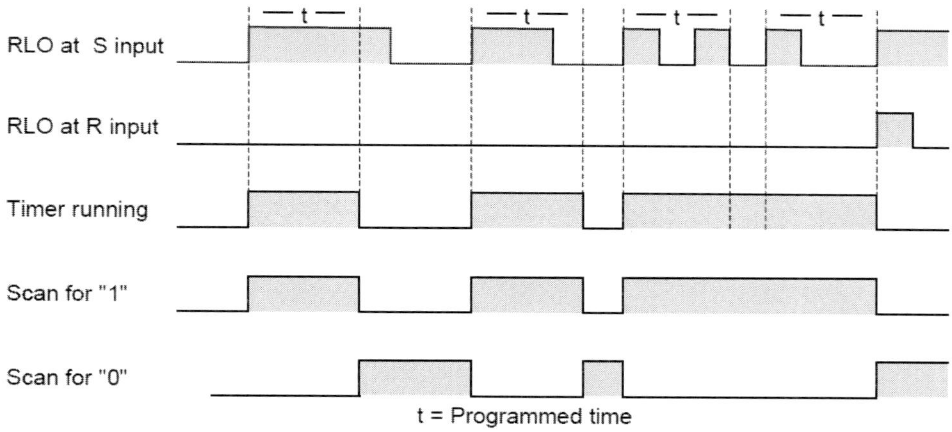

타이머는 "S"입력에 있는 RLO가 "0"에서 "1"로 변경될 때 시작된다. 이때 타이머는 입력 S의 시그널 상태가 1인 동안 TV 입력에 지정된 타임 값으로 시작하여 실행된다.

리셋 입력 "R"의 RLO가 "1"이면 현재 타임 값 및 타임 기수는 삭제되고 출력 Q가 리셋 된다.

6) S_ODTS : Retentive ON_Delay Timer

기존의 ON_Delay 타이머인 S_ODT 타이머와 달리 입력 S의 ON시간이 타이머의 동작 설정 시간보다 짧아도 출력이 ON되는 타이머이다.

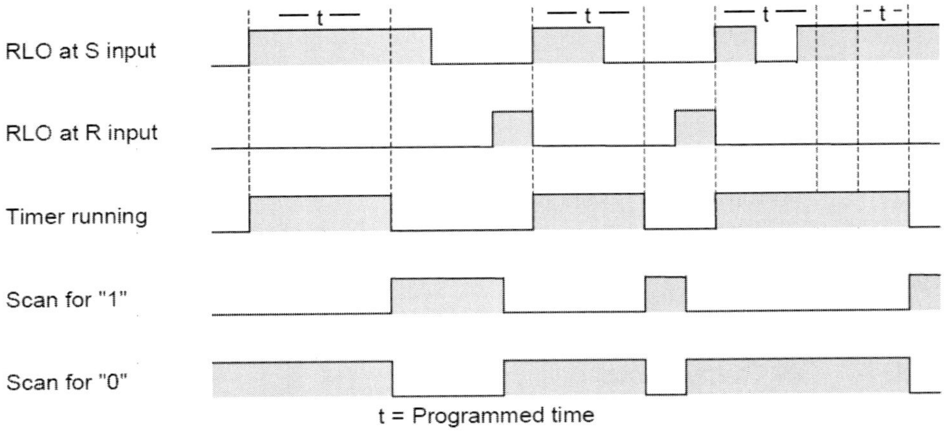

타이머는 "S" 입력의 RLO가 "0"에서 "1"로 변경될 때 시작된다. 이때 타이머는 입력 TV에 지정된 타임 값으로 작동을 시작하며 이 시간 동안 입력 "S"의 시그널이 "0"으로 변경되더라도 실행을 계속한다.

타이머가 여전히 실행되는 동안 Start 입력의 시그널이 "0"에서 "1"로 다시 변경되면 타이머는 처음부터 다시 시작한다.

7) S_OFFDT : OFF_Delay Timer

입력 S가 ON되면 출력도 함께 ON되고 입력 S가 OFF된 직후부터 타이머 동작 설정 시간만큼 지연된 후 출력이 OFF되는 타이머이다.

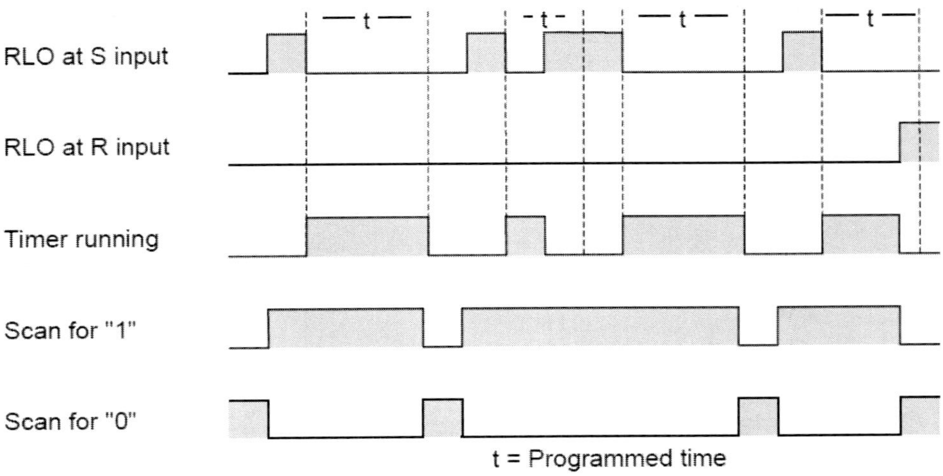

타이머는 “S” 입력의 RLO가 “1”에서 “0”으로 변경될 때 시작된다. 타이머가 끝나면 출력 Q의 시그널 상태가 “0”으로 변경된다.

타이머가 실행되는 동안 “S” 입력의 시그널 상태가 “0”에서 “1”로 변경되면 타이머가 중단되고 다음에 시그널 상태가 “1”에서 “0”으로 변경되면 처음부터 다시 시작한다.

리셋 입력 “R”이 “1”일 때 현재 타임 값 및 타임 기수가 삭제되고 출력 Q가 리셋된다. 두 입력(S 및 R)이 모두 시그널 상태 “1”을 가지면 출력 “Q”는 주요 리셋이 비활성화될 때까지 설정되지 않는다.

8) 코일 형태 타이머

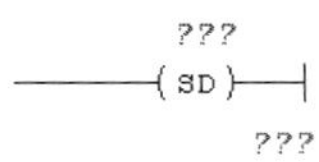

On Delay Timer Coil

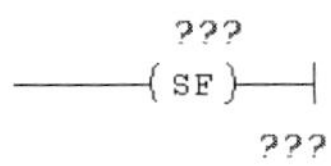

Off Delay Timer Coil

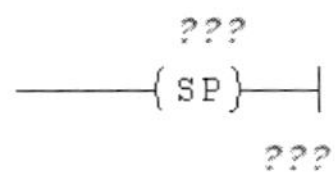

Pulse Timer Coil

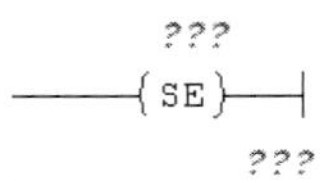

Extended Pulse Coil

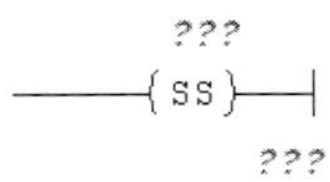

Retentive ON Delay Timer Coil

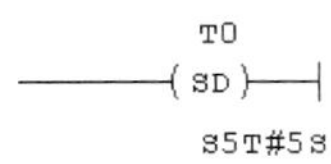

ON Delay Timer Coil Type with Specification

코일 명령어 상단의 ???부분이 타이머 번호 아래쪽의 ???에는 타이머 설정값을 입력하면 된다.

- (SP) : Pulse Timer Coil

  박스 형태 타이머 S_PEXT와 동일한 동작을 하는 타이머이다.

- (SE) : Extended Pulse Timer Coil

  박스 형태 타이머 S_PEXT와 동일한 동작을 하는 타이머이다.
  타이머의 명칭만 ---(SE)로 변경하면 된다.

- (SD) : ON_Delay Timer Coil

  박스 형태 타이머 S_ODT와 동일한 동작을 하는 타이머이다.
  타이머의 명칭만 ---(SD)로 변경하면 된다.

• (SS) : Retentive ON_Delay Timer Coil

박스 형태 타이머 S_ODTS와 동일한 동작을 하는 타이머이다.
타이머의 명칭만 ---(SS)로 변경하면 된다.

• (SF) : OFF_Delay Timer Coil

박스 형태 타이머 S_OFFDT와 동일한 동작을 하는 타이머이다.
타이머의 명칭만 ---(SF)로 변경하면 된다.

위와 같이 시스템 타이머로 5가지의 타이머가 제공되고 있다.

이중 온 딜레이 타이머(S_ODT)와 오프 딜레이 타이머(S_OFFDT)가 일반적으로 많이 사용된다. 각각 동작 이해를 위해 다음과 같은 예를 들 수 있겠다.

온 딜레이 타이머의 경우 그림과 같이 근접센서형 자동 세면기의 수전의 동작을 생각해 보면 타이머 동작을 쉽게 이해할 수 있다. 수전의 센서부위에 손을 감지시키고 일정시간이 경과되면 수전에서 물이 흘러나온다. 여기에서 일정 시간에 해당하는 것이 타이머의 설정값에 해당된다. 이 시간이 경과되어야만 출력 Q가 On되므로 수전에서 물이 흘러나온다.

이와 비슷한 것으로 소변기의 센서동작을 생각해 볼 수 있다.

온 딜레이 타이머 적용 예

오프 딜레이 타이머의 경우 현관등의 동작을 생각해 볼 수 있겠다. 센서등의 감지원리는 적외선의 움직임을 포착하는 방식을 기본원리로 하는데 적외선은 전자스펙트럼에서 가시광선보다 더 긴 파장을 가지고 있으며 육안으로는 확인이 불가능하다.

가시광선에 이어지는 파장범위가 0.75마이크로미터에서 1미리미터 정도인 전자기파를 적외선이라고 하며, 빛의 스펙트럼에서 적색부분의 바깥쪽에 해당됨으로써 적외선이란 이름이 붙여졌다.

움직임이 있는 물체는 열을 발생하고 또한 적외선을 방출한다. 동물과 인간의 몸체에서 나오는 적외선은 9.4μm의 파장에서 제일 강하여 센서등에 내장되는 센서는 인체에서 방사되는 적외선을 전압의 형태로 변환시켜 광검출이 가능하도록 하는 초전센서(PIR센서)를 이용한 것이다.

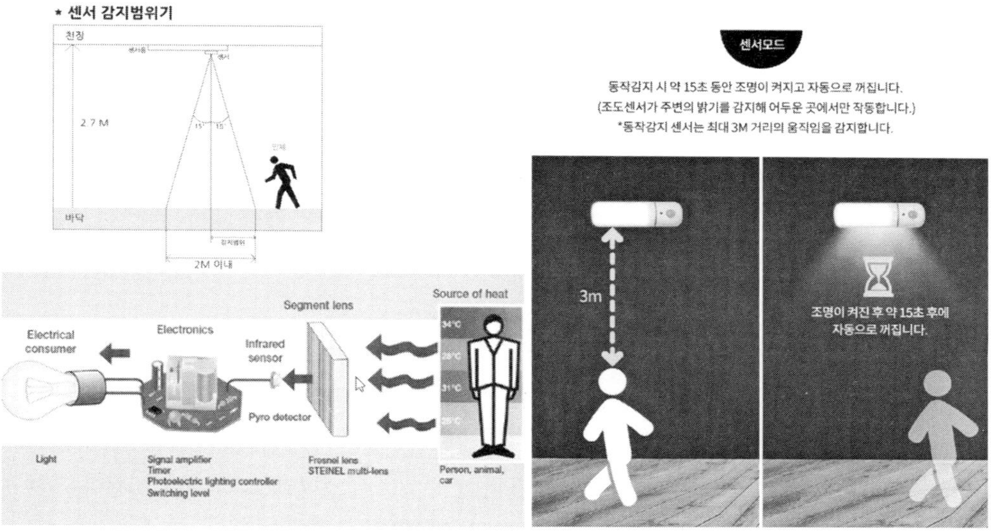

오프 딜레이 타이머 적용 예

온 딜레이 타이머를 이용한 대표적인 회로가 점멸회로 즉 Flicker회로이다.
프로그램은 다음과 같다.

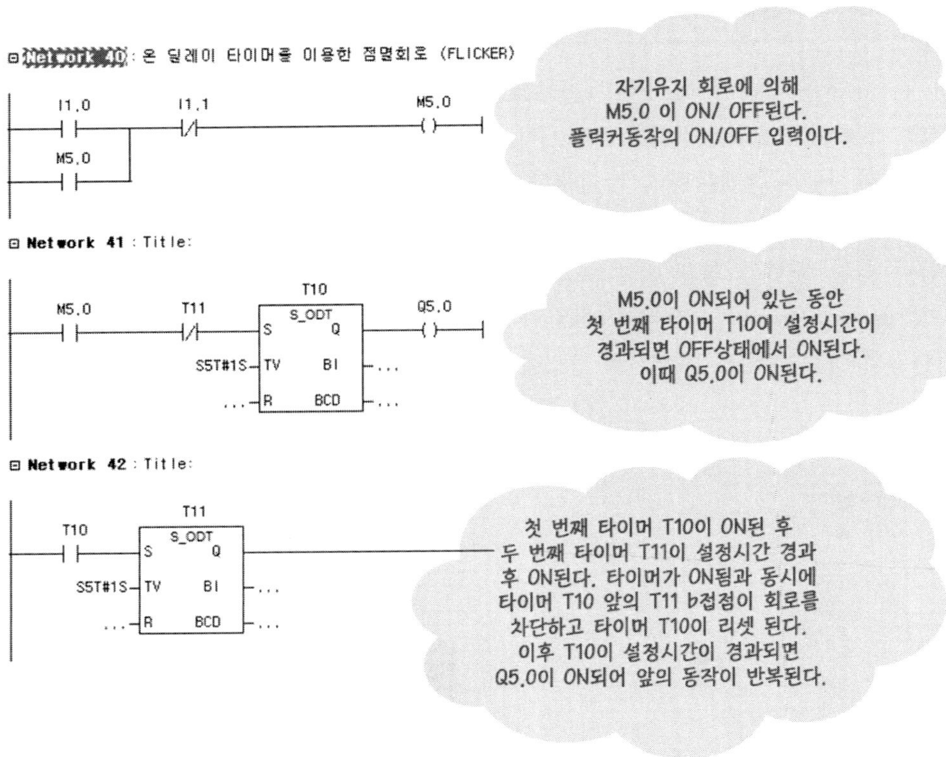

자기유지 회로에 의해 M5.0이 ON/ OFF된다. 플릭커 동작의 ON/OFF 입력이다. M5.0이 ON되어 있는 동안 첫 번째 타이머 T10이 설정시간이 경과되면 OFF상태에서 ON된다. 이때 Q5.0이 ON된다.

첫 번째 타이머 T10이 ON된 후 두 번째 타이머 T11이 설정시간 경과 후 ON된다. 타이머가 ON됨과 동시에 타이머 T10 앞의 T11 b접점이 회로를 차단하고 타이머 T10이 리셋된다. 이후 T10이 설정시간이 경과 되면 Q5.0이 ON되어 앞의 동작이 반복된다.

출력 Q5.0에 램프가 연결되어 있다면 최초 1초는 Off 상태이고 이후 1초는 On상태가 되는 동작이 계속 반복된다.

다음은 타이밍 작업에 적합한 타이머를 선택하는 데 도움이 될 것이라는 생각에 타임차트를 비교해 보았다.

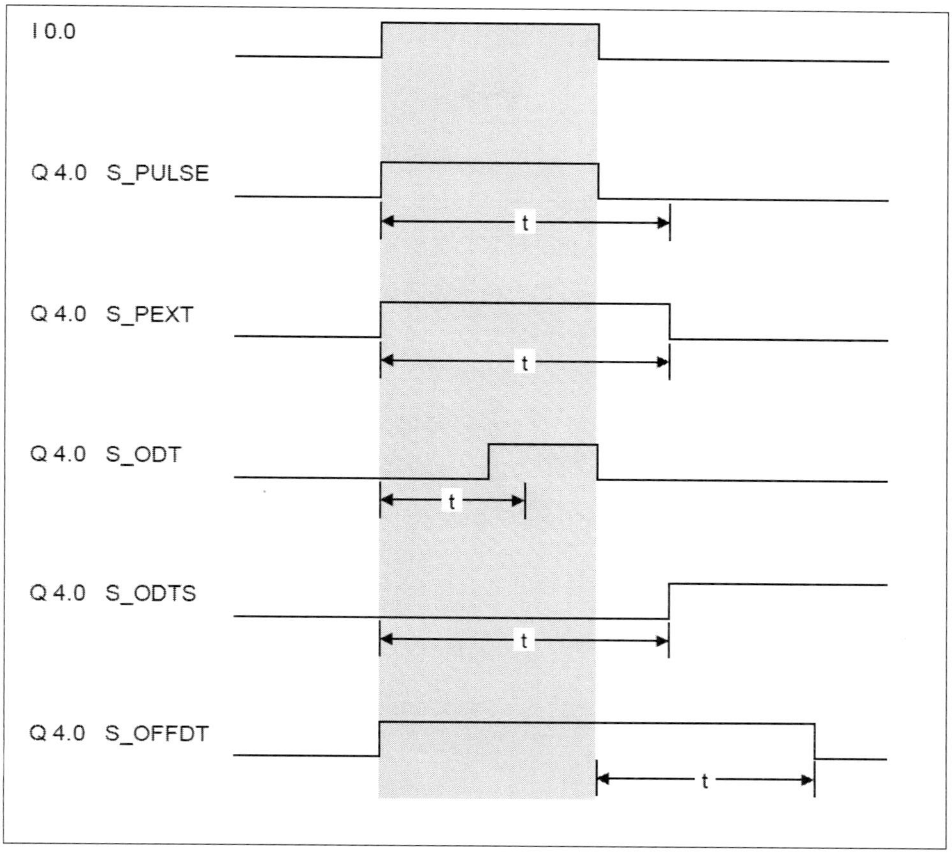

타이머	설명
S_PULSE Pulse timer	출력 신호가 1로 유지되는 최대 시간은 프로그래밍 된 시간 값 t와 동일하다. 입력 신호가 0으로 변경되면 출력 신호는 더 짧은 기간 동안 1로 유지된다.
S_PEXT Extended pulse timer	출력 신호는 입력 신호가 1로 유지되는 시간에 관계없이 프로그래밍 된 시간 동안 1로 유지된다.
S_ODT On-delay timer	프로그래밍 된 시간이 경과하고 입력 신호가 여전히 1 인 경우에만 출력 신호가 1로 변경된다.
S_ODTS Retentive on-delay timer	출력 신호는 입력 신호가 1로 유지되는 시간에 관계없이 프로그래밍 된 시간이 경과 한 경우에만 0에서 1로 변경된다.
S_OFFDT Off-delay timer	입력 신호가 1로 변경되거나 타이머가 실행되는 동안 출력 신호가 1로 변경된다. 입력 신호가 1에서 0으로 변경되면 시간이 시작된다.

10 IEC 타이머/카운터

IEC타이머는 국제전기표준회의(IEC : International Electrotechnical Commission)에서 국제 표준으로 발표한 IEC61131에 의해 만들어진 타이머 명령이다. ICE타이머는 CPU 운영체제의 시스템 함수 블록(System Function Blocks)에 포함되어 있다.

S5타이머와 IEC타이머의 가장 큰 차이점은 S5타이머는 지멘스 PLC의 명령어에 해당되고 IEC타이머는 PLC의 명령어를 조합해서 만든 FB에 해당되기 때문에 IEC타이머는 **별도의 인스턴스DB를 필요로 한다**는 것이다.

SMATIC 타이머와 카운터은 사용할 수 있는 수량이 정해져 있다.(315-2DP CPU의 경우 각 256개 사용 가능) 따라서 추가적인 타이머와 카운터를 사용하기 위해서 IEC 포맷의 타이머와 카운터를 사용하여야 한다. 사용법은 다음과 같다.

1) IEC 타이머

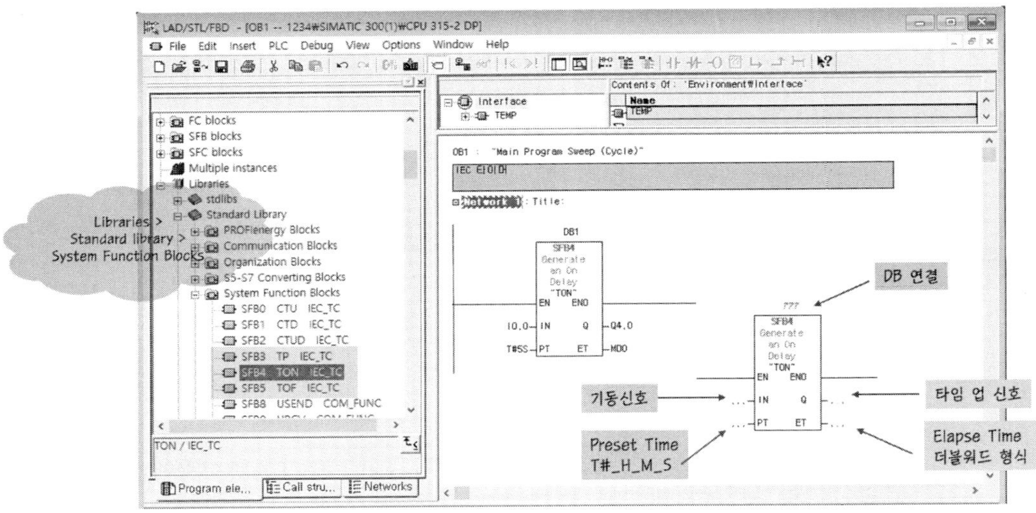

명령어 Tree에서 Libraries 〉 Standard library 〉 System Function Blocks에서 찾아볼 수 있다. FB형식의 명령어이므로 연결할 DB를 생성하여야 한다.

제공되는 타이머는 TP(펄스 타이머), TON(온 딜레이 타이머), TOF(오프 딜레이 타이머)의 3가지이다.

• PT(Preset Time) 파라미터는 T#_H_M_S_MS 형식으로 지정한다. (예, T#2S, T#2M30S50MS 등)
• Q 카운터 업 파라미터는 ET >= PT인 상태가 되면 On된다.
• ET(Elapse Time) 파라미터는 Time형식으로 더블워드를 지정한다.

사용법(명령어 파라미터)은 F1 Key를 눌러 확인할 수 있다.

Generating an On Delay with SFB 4 "TON"

Description

SFB 4 "TON" delays a rising signal edge by the time PT. The timer runs only in the STARTUP and RUN modes.

A rising edge at the IN input causes a rising edge at output Q after the time PT has expired. Q then remains set until the IN input changes to 0 again. If the IN input changes to 0 before the time PT has expired, output Q remains set to 0.

The ET output provides the time that has passed since the last rising edge at the IN input. Its maximum value is the value of the PT input. ET is reset when the IN input changes to 0.

SFB 4 "TON" complies with the IEC 1131-3 standard.

The operating system resets the instances of SFB 4 "TON" during a cold restart. If you want instances of this SFB to be initialized following a warm restart, you must call SFB 4 with PT = 0 ms in OB100. If instances of this SFB are located within another block, you can reset these instances, for example, by initializing the higher-level block.

Timing Diagram

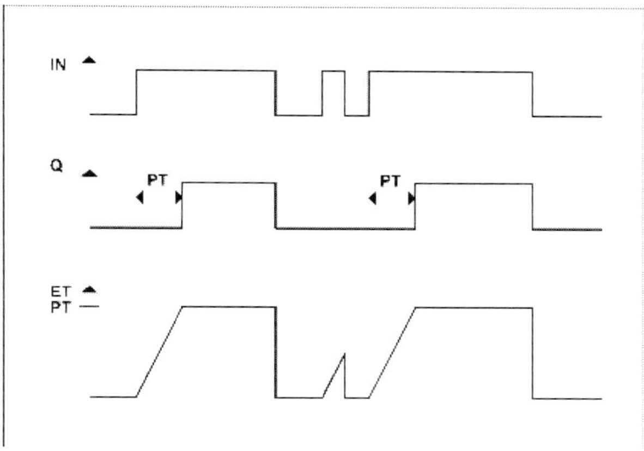

Parameter	Declaration	Data Type	Memory Area	Description
IN	INPUT	BOOL	I, Q, M, D, L, constant	Start input
PT	INPUT	TIME	I, Q, M, D, L, constant	Time by which the rising edge at the IN input is delayed. PT must be positive. (Note: the range of values is fixed by the TIME data type)
Q	OUTPUT	BOOL	I, Q, M, D, L	Status of the time
ET	OUTPUT	TIME	I, Q, M, D, L	Expired time

변수 테이블을 생성하여 더블워드 형식으로 모니터링을 한다. 디스플레이 포맷은 시간(TIME)형식을 설정한다.

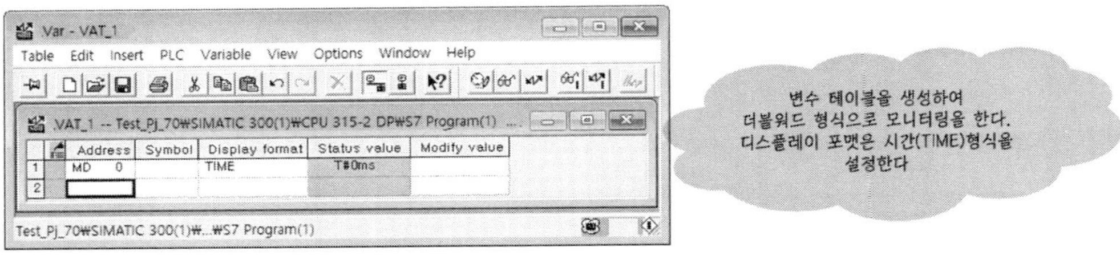

2) IEC 카운터

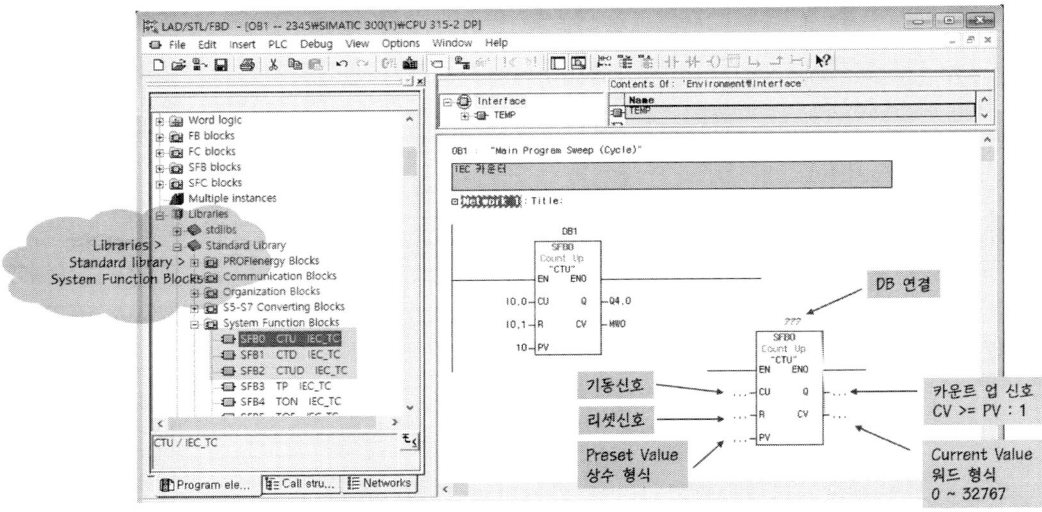

명령어 Tree에서 Libraries 〉 Standard library 〉 System Function Blocks에서 찾아 볼 수 있다. FB형식의 명령어이므로 연결할 DB를 생성하여야 한다.

제공되는 카운터는 CTU(업 카운터), CTD(다운 카운터), CTUD(업다운 카운터)의 3가지이다. 사용법(명령어 파라미터)은 F1 Key를 눌러 확인할 수 있다.

- PV(Preset value) 파라미터는 상수 형식으로 지정한다. (예, 10, 20, 99 등)
- Q 카운터 업 파라미터는 CV 〉= PV 인 상태가 되면 On된다.
- CV(Current Value) 파라미터는 0~32767 범위의 값이 출력된다.

Counting Up with SFB 0 "CTU"

Description

You can count up with SFB 0 "CTU." The counter is incremented by 1 by a rising edge at the CU input (compared with the last SFB call). If the counted value reaches the upper limit of 32767, it is no longer incremented. Each subsequent rising edge at the CU input no longer has an effect.

Signal level 1 at the R input resets the counter to the value 0 regardless of the value currently at the CU input.

The Q output indicates whether the current counted value is greater or equal to the preset value PV.

SFB 0 "CTU" complies with the IEC 1131-3 standard.

The operating system resets the instances of SFB 0 "CTU" during a cold restart. If you want instances of this SFB to be initialized following a warm restart, you must call SFB 0 with R = 1 in OB100. If instances of this SFB are located within another block, you can reset these instances, for example, by initializing the higher-level block.

Parameter	Declaration	Data Type	Memory Area	Description
CU	INPUT	BOOL	I, Q, M, D, L, constant	Counter input
R	INPUT	BOOL	I, Q, M, D, L, constant	Reset input R is dominant over CU.
PV	INPUT	INT	I, Q, M, D, L, constant	Preset value. Refer to parameter Q for the effect of PV.
Q	OUTPUT	BOOL	I, Q, M, D, L	Status of the counter: Q has the following value • 1, if CV ≥ PV • 0 otherwise
CV	OUTPUT	INT	I, Q, M, D, L	Current count value (possible value: 0 to 32 767)

Q 카운터 업 출력은 CV >= PV인 상태가 되면 On된다.

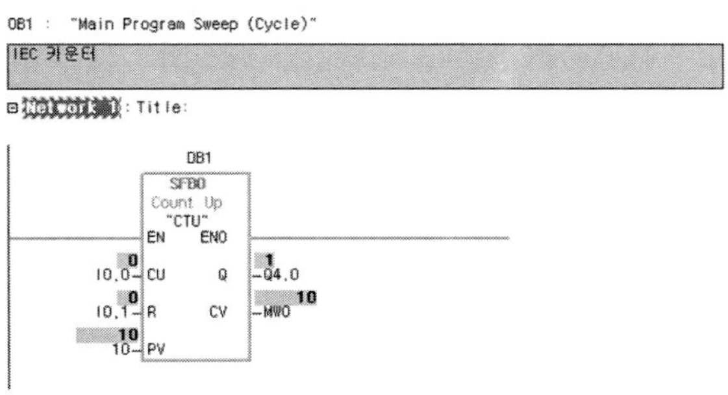

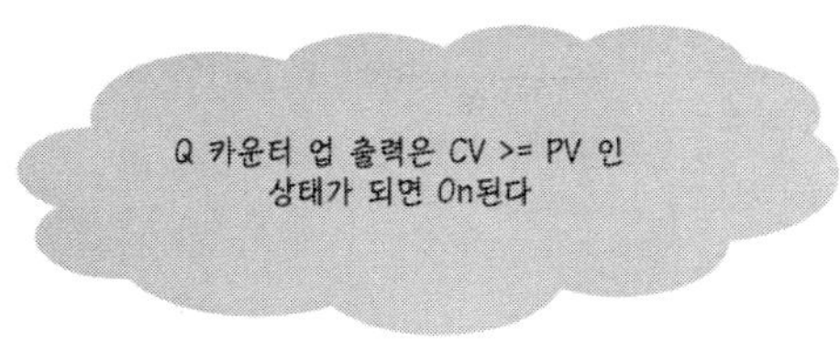

11 변환 명령(BCD_I, I_BCD, I_DI, DI_R)

변환명령을 살펴보기 전에 SIMATIC S7에는 여러 가지 숫자 형식을 표시할 수 있는 다양한 데이터 유형이 있는데 아래 목록과 같이 기본 데이터 유형을 정리하여 보았다.

유형 및 설명	크기(비트)	형식	범위 및 숫자표시	예
BOOL(비트)	1	2진 텍스트	TRUE/FALSE	TRUE
BYTE(바이트)	8	16진수	B#16#0 ~ B#16#FF	B#16#10
WORD(워드)	16	2진수	2#0 ~ 2#1111_1111_1111_1111	2#0001_0000_0000_0000
		16진수	W#16#0 ~ W#16#FFFF	W#16#1000
		BCD	C#0 ~ C#999	C#998
		10진수(무부호)	B#(0,0) ~ B#(255,255)	B#(10,20)
DWORD (더블 워드)	32	2진수	2#0 ~ 2#1111_1111_1111_1111_1111_1111_1111_1111	2#1000_0001_0001_1000_1011_1011_0111_1111
		16진수	DW#16#0000_0000 ~ DW#16#FFFF_FFFF	DW#16#00A2_1234
		10진수(무부호)	B#(0,0,0,0) ~ B#(255,255,255,255)	B#(1,14,100,120)
INT(정수)	16	10진수	-32768 ~ 32767	1
DINT (정수, 32 비트)	32	10진수	L#-2147483648 ~ L#2147483647	L#1
REAL (부동 소수점 수)	32	IEEE 부동 소수점 수	최대 한계: +/-3.402823e+38 최소 한계: +/-1.175495e-38	1.234567e+13
S5TIME (SIMATIC 시간)	16	S7 시간 (10ms 간격)	S5T#0H_0M_0S_10MS ~ S5T#2H_46M_30S_0MS 및 S5T#0H_0M_0S_0MS	S5T#0H_1M_0S_0MS S5TIME#1H_1M_0S_0MS
TIME (IEC 시간)	32	IEC 시간 (1ms 간격, 부호 있는 정수)	T#24D_20H_31M_23S_648MS ~ T#24D_20H_31M_23S_647MS	T#0D_1H_1M_0S_0MS TIME#0D_1H_1M_0S_0MS
DATE (IEC 날짜)	16	IEC 날짜 (1일 간격)	D#1990-1-1 ~ D#2168-12-31	DATE#1994-3-15
TIME_OF_DAY	32	실제 시간 (1ms 간격)	TOD#0:0:0.0 ~ TOD#23:59:59.999	TIME_OF_DAY#1:10:3.3
CHAR	8	ASCII 문자	'A', 'B' 등	'B'

Bool, Byte, Word, DWord, CHAR

데이터 타입의 변수는 하나의 비트로 이루어진다. Byte, Word, Dword 데이터 타입은 8, 16, 32 비트열로 이루어져 있다.

이러한 데이터 타입에서 각각의 비트를 취급하는 것은 의미가 없다.

이러한 데이터 타입의 특별한 형태는 BCD 값과 카운터 명령어에서의 카운터 값이다.

CHAR 데이터 타입은 ASCII 코드의 문자를 나타낸다.

S5TIMES

5TIME 데이터 타입의 변수는 타이머에서 타임값을 지정할 때 사용한다. 형식은 S5T#을 앞에 쓰고 뒤에 타임설정 값을 쓰면 된다.

시간 값은 시, 분, 초, 밀리 초로 지정한다. 타입 값은 언더스코어(1h_4m)를 쓰거나 혹은 언더스코어(1h4m) 없이 사용할 수 있다. (라이브러리에서의 FC33과 FC40은 S5TIME을 TIME으로 변환을 시키거나 TIME을 S5TIME으로 변환시킬 때 사용된다.)

INT, DINT, REAL

이러한 데이터 타입의 변수들은 수학적 연산에서 사용되는 숫자들이다.

TIME

데이터 타입 TIME의 변수는 더블워드를 차지한다. 이 변수는 IEC 타이머의 타임 값으로 사용된다. 변수의 내용은 DINT로 밀리 초까지 양수 혹은 음수로 표현된다.

(예를 들면 T#1S=L#1000, T#24d20h31m23s647ms = L#2147486470)

DATE

DATE 데이터 타입의 변수는 부호없는 정수로 저장된다. 변수의 내용은 01.01.1990 이후의 숫자로 된 날짜를 표현한다. (예를 들면 D#2168-12-31)

TIME_OF_DAY

TIME_OF_DAY 데이터 타입의 변수는 더블워드이다.

이 변수는 부호 없는 정수의 형태이며 밀리 초단위로 날의 시작(0:00 oclock)에서부터 표현된다. (예를 들면 TOD#23:59:59:999 = DW#16#0526 5B77)

▌정수 데이타 타입

정수 데이터 값은 소수점이 없는 값을 말한다. SIMATIC S7은 정수 데이터 값을 부호가 있는 16 비트 코드로 처리하며 위 그림에 표현한 범위의 값을 갖는다. 또한 SIMATIC S7은 정수 값을 처리하는 사칙 연산을 지원한다.

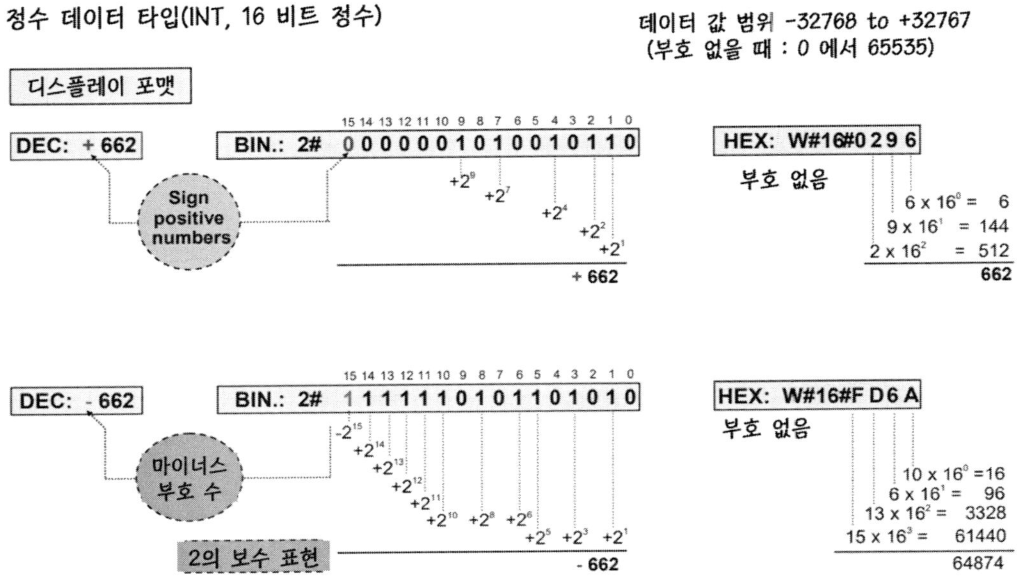

십진수

STEP 7은 십진수(BCD가 아님!) 디스플레이 포맷을 사용하여 부호가 있거나 혹은 없는 정수 값을 지정한다. 이진수와 16진수 디스플레이 포맷으로 정수 값을 사용하는 것은 원칙적으로 가능하지만 읽는 것이 쉽지 않기 때문에 적당하지는 않다. 이런 이유로 STEP 7은 정수 값을 십진수 디스플레이 포맷으로 제공한다.

이진수

디지털 컴퓨터 시스템에서 모든 값들은 이진 코드 형식으로 저장된다. 0과 1만이 이진 체계 시스템에서 사용되며 각 자리수가 2의 제곱근 형식으로 이루어진다. 따라서 이진수의 모든 자리수의 값은 2의 제곱근으로 계산된다. STEP 7에서는 2# ... 형식으로 표현된다.

음수는 2의 보수 형식으로 표현된다. 이 표현에서 MSB(Most Significant Bit) 비트 (정수의 15번째 비트)는 - 215 값을 가진다. 이 값은 모든 나머지 비트의 합보다 크기 때문에 이 비트는 부호로 사용된다. 즉 이 비트가 0이면 값은 양수가 되고 이 비트가 1이면 값은 음수가 된다.

이진수를 십진수로 변환시키는 것은 1 을 갖는 자리수의 값을 더하면 된다.

이진 디스플레이 포맷에서 수를 고정하는 것은 정수 값을 지정할 때 사용하며 또는 혹은 비트 패턴으로 표현되는 정수가 의미가 없으므로 비트 패턴을 지정해 버리는 데(디지털 로직 명령에서와 같이) 사용된다. 지정할 수 있는 비트의 값은 1에서 32까지이다. 빠져있는 비트는 0으로 채워지게 된다.

▌더블 정수 데이터 타입

SIMATIC S7은 32비트로 이루어진 부호가 있는 더블 정수를 처리하며 위 그림과 같은 범위의 값을 가진다. 또한 SIMATIC S7은 DINT 데이터 타입으로 처리되는 수학적 연산 기능이 있다.

더블 정수 데이터 타입(DINT, 32 비트 정수) 데이터 값 범위 L# -2147483648 to L#+2147483647
(부호 없을 때 : 0 에서 4294967295)

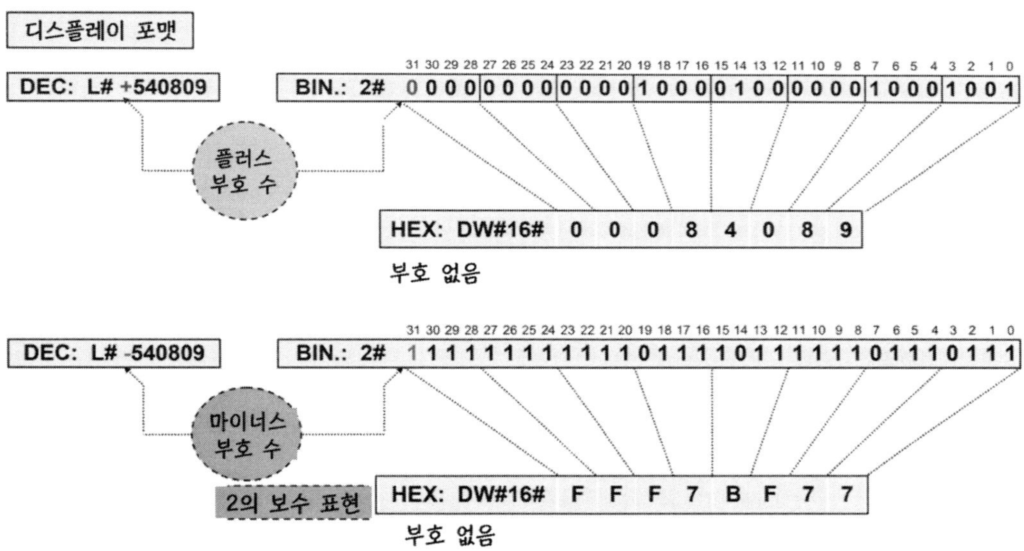

십진수

STEP 7은 부호 있는 더블 정수 값을 표현하는데 있어 십진수(BCD가 아님)를 사용하며 길다는(Long) 의미의 L#(더블 워드, 32 비트) 포맷이 사용된다.

-32768보다 작은 값이나 32767보다 큰 값이 지정될 때 L# 포맷이 자동적으로 추가된다. -32768보다 작은 음수 값인 경우 사용자는 L# 포맷을 지정해야만 한다(예: L# 032769). 이는 데이터 값이 더블 정수로 연산이 될 때 꼭 필요하다. 그렇지 않으면 틀린 값으로 계산을 하게 된다.(값 + 부호)

16진수

16진수 체계는 16개의 다른 자릿수를 갖는다.(0에서 9 그리고 A에서 F) 따라서 16진수 체계에서의 각 위치의 값은 16 제곱근으로 계산된다.

16진수는 데이터 크기를 나타내기 위해 W# (16비트)혹은 DW# (32비트)포맷을 사용하고 기본 숫자를 나타내기 위해 16# 포맷을 사용한다. 지정 가능한 비트번호는 1에서 8까지이다. 빠져있는 비트는 0으로 채워지게 된다.

A에서 F까지의 자릿수는 십진수 10에서 15까지의 값에 해당한다. 15 값은 부호가 없는 4비트 2진 코드에서의 마지막 값이다. 이런 표현 방식이 16진수의 값을 이진수로 변환시키는 간단한 방법이다. 4개의 2진수 비트가 16진수 숫자중 하나의 자릿수를 만든다.

16진수 포맷에서의 상수는 정수를 표현하는데 사용되지 않는다. 이것들은 단지 2진수로 표현하는 대신에 사용하는 표현법이며 정수를 비트 패턴으로 표현하는 것은 무의미하다.

▌실수 데이터 타입

이전에 설명된 INT와 DINT 데이터는 부호가 있는 전체 데이터를 저장하는데 사용된다. 따라서 전체 숫자 값을 처리하는 연산에서만 이러한 데이터 타입을 사용할 수 있다.

전압, 전류, 온도와 같은 아날로그 프로세스 변수가 처리되어야 하는 경우에는 실수값을 사용하는 것이 필요하다.(십진수를 사용하는 실수 값). 이와 같은 값을 표현하기 위해서는 그 값이 1보다 작은 2진 자릿수에 대해서 정의되어야만 한다.(음수 지수(negative exponent)의 2의 제곱근)

실수 데이터 타입(부동 소수점 수, 32 비트)

데이터 값 범위 $-3.402823 \cdot 10^{+38}$ 에서 $-1.175495 \cdot 10^{-38}$, 0.0, $+1.175495 \cdot 10^{-38}$ 에서 $+3.402823 \cdot 10^{+38}$

수학적 연산 : 예 + R, * R, <R, ==R
sin, acos, ln, exp, SQR

실수의 일반적인 포맷 = (부호) • (1.f) • (2^{e-127})

예 : 0.75

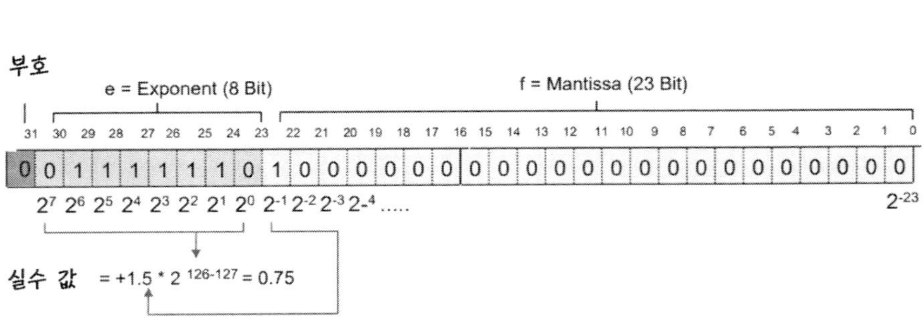

실수 포맷

정의된 메모리 영역 내에서 최대로 표현 가능한 값을 생성하려면(SIMATIC S7 : 더블워드, 32비트) 소수점 위치를 선택할 수 있어야 한다. 이를 위해 IEEE에서는 실수 값에 대한 포맷을 정의하였다. 이 포맷은 IEC 61131로 정의되었고 STEP 7에 반영되어 있다. 이 포맷은 변수를 소수점 위치로 처리하는 것을 쉽게 해준다.

2진수로 코딩된 실수에서 2진 자릿수의 일부는 만티사(23 비트)로 처리되고 나머지는 지수와 실수의 부호로 처리된다.

실수를 지정할 때 포맷을 지정하지 않고 사용할 수 있다. 실수 값을 입력하면(예 : 0.75) 프로그램 편집기에서 자동적으로 변환을 시켜준다.(예 : 7.5000e-001)

어플리케이션

실수는 특히 아날로그 값을 처리할 때 사용된다. 실수를 처리하면 좋은 점은 여러 형식의 연산 처리가 가능하다는 것이다. 여기에는 +, -, *, /의 표준 연산과 폐루프 제어 알고리즘에서 사용되는 sin, cos, exp, ln 등의 명령어가 포함된다.

BCD 코드

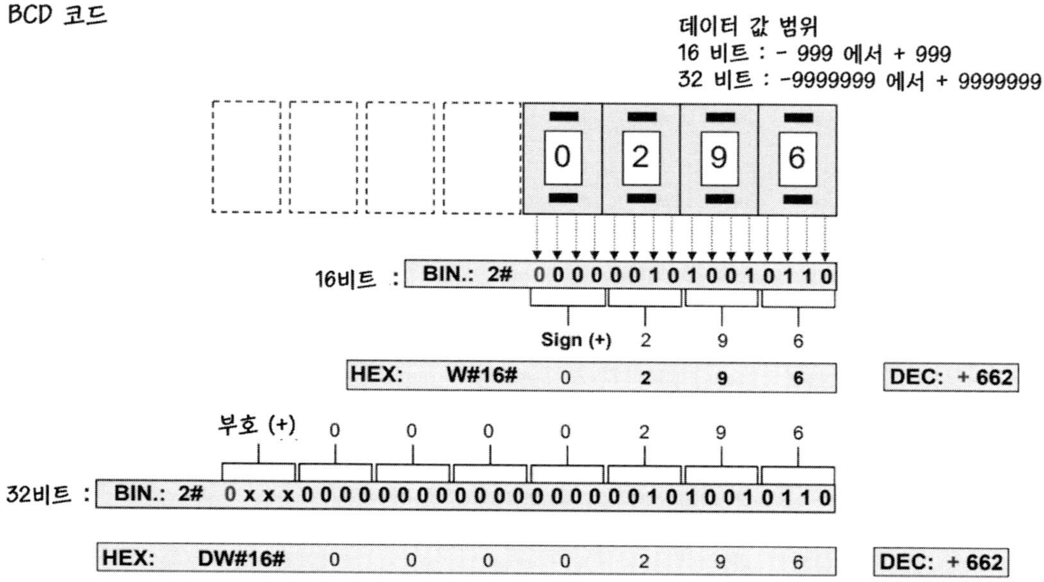

BCD코드

원리

과거에는 값을 입력하거나 눈으로 보고자 할 때 간단한 섬휠 버튼과 디지털 디스플레이를 사용하였다. 이러한 섬휠 버튼과 디지털 디스플레이는 PLC의 입력과 출력 모듈에 병렬 배선으로 연결된다. 이러한 구조는 기계적으로 자릿수를 변경하지 않고도 직렬 확장될 수 있었다. BCD코드 십진수에서의 각 자릿수는 4개의 비트열로 이루어져 있다. 가장 높은 십진수 9를 표현하려면 이진 코드에서 최소한 네 개의 비트가 필요했기 때문이다.

음수

음수도 BCD 섬휠 버튼으로 지정이 될 수 있도록 하기 위해 STEP 7은 가장 높은 자릿수로 부호를 결정한다. 부호 비트가 0이면 양수를 의미하고 부호 비트가 1이면 음수를 의미한다. STEP 7은 16비트 코드(부호 + 3자릿수)와 32비트 코드(부호 + 7자리수) BCD 번호를 지원한다.

데이터 포맷

STEP 7에서 BCD코드의 값을 지정하는 데이터 포맷은 없다. 그러나 BCD 코드로 주어지는 십진수를 16진수로 지정할 수 있다. 16진수의 2진 코드와 BCD코드 십진수는 동일하다. 십진(DEC) 데이터 포맷은 BCD코드 수를 지정하는데 적합하지 않다.

그 밖의 데이터 타입

데이터 타입은 데이터의 속성을 결정한다.

즉 하나의 데이터나 혹은 관련 데이터들이 어떻게 표현이 되는지 그리고 데이터 값의 표현허용범위가 어떻게 되는지를 결정합니다. 데이터 타입은 어떤 명령어를 사용할 수 있는지도 결정한다.

기본 데이터 타입(32비트까지)

- 비트 데이터 타입(BOOL, BYTE, WORD, DWORD, CHAR)
- 수학적 연산 데이터 타입(INT, DINT, REAL)
- 시간 타입(S5TIME, TIME, DATE, TIME_OF_DAY)

복합 데이터 타입(32 비트이상)

- 시간타입(DATE_AND_TIME)
- 어레이(ARRAY)
- 구조체(STRUCT)
- 문자열(STRING)

사용자 정의데이터 타입(32비트이상)

- 데이터 타입(UDT) (User Defined Data-Type)

기본 데이터 타입

기본 데이터 타입은 IEC 1131-3에 따라 사전에 정의된다. 데이터 타입은 필요한 메모리 크기를 결정한다. 예를 들어 워드 데이터는 사용자 메모리에서 16비트를 차지한다. 기본 데이터 타입은 32비트를 결코 넘지 않고 S7 프로세서의 어큐뮬레이터에 로드되며 STEP 7 기본명령어로 처리될 수 있다.

복합 데이터 타입

복합 데이터 타입은 글로벌 데이터 블록에서 선언된 변수에서만 사용될 수 있다. 복합 데이터 타입은 Load 명령어로 어큐뮬레이터에 완벽하게 로드될 수 없다. 복합 데이터 타입을 처리하려면 라이브러리("IEC" S7 Program)에 있는 표준블록을 사용해야 한다.

사용자 정의 데이터 타입(UDT)

사용자 정의 데이터 타입은 데이터 블록에서 데이터를 정의하거나 변수 선언 테이블에서 데이터 타입을 정의할 때 템플레이트로 사용될 수 있다.

UDT를 생성하려면 데이터 블록 편집기를 사용해야 한다. UDT의 구조에는 기본 데이터 타입혹은 복합 데이터 타입을 포함한다.

변환 연산 박스는 활성화 입력 EN과 활성화 출력 ENO와 더불어 1개의 입력 IN과 1개의 출력 OUT을 갖고 있다. 연산 박스 안의 '헤더'는 실행된 변환 기능을 표시한다. 예를 들어 I_BCD는 INT를 BCD로 변환한다는 뜻이다.

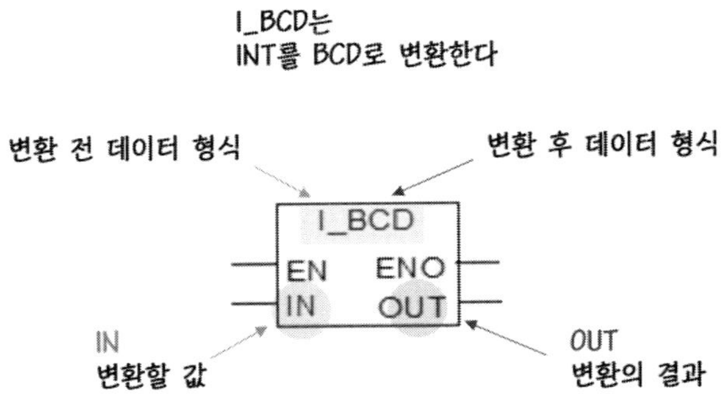

**적용된 변수, 절대주소는 입력 또는 출력과 데이터 형식이 동일해야 한다.

변환할 값은 입력 IN에 있고 변환의 결과는 출력 OUT에 있다. 입력과 출력의 데이터 형식은 각 변환 기능에 따라 달라진다. 예를 들어 DINT를 REAL로 변환하는 변환 기능 DI_R의 경우 입력의 데이터 형식은 DINT, 출력의 데이터 형식은 REAL이 된다.

적용된 변수는 입력 또는 출력과 데이터 형식이 동일해야 한다. 절대 주소가 포함된 피연산자를 사용하는 경우 피연산자의 크기가 데이터 형식과 일치해야 한다. 예를 들어 데이터 형식이 INT인 경우 워드 피연산자를 사용할 수 있다.

데이터 형식 변환	연산 명령어	파라미터의 데이터 유형	
		IN	OUT
INT에서 DINT로	I_DI	INT	DINT
INT에서 BCD로	I_BCD	INT	Word
DINT에서 BCD로	DI_BCD	DINT	DWord
DINT에서 REAL로	DI_R	DINT	Real

1) INT에서 DINT로 변환

함수 I_DI는 입력 IN의 값을 INT 데이터 형식의 숫자로 해석하고 이 값을 출력 OUT의 하위 워드로 전송한다. 입력의 비트 15(사인 비트) 신호 상태가 출력 OUT에 있는 상위 워드의 비트 16~31로 전송된다.

INT에서 DINT로의 변환은 오류를 보고하지 않는다.

2) INT에서 BCD로 변환

함수 I_BCD는 입력 IN의 값을 INT 데이터 형식의 숫자로 해석하고 출력 OUT에서 이 값을 30진 BCD수로 변환한다. 오른쪽 정렬된 30진수는 10진수의 절대값이다. 부호는 비트 12~15에 표시된다. 모든 비트가 '0'이면 부호가 플러스이고, 모든 비트가 '1'이면 부호가 마이너스이다.

INT 수가 너무 커서(> 999) BCD로 변환할 수 없는 경우 I_BCD 함수는 상태 비트 OV와 OS를 설정한다. 변환은 실행되지 않는다.

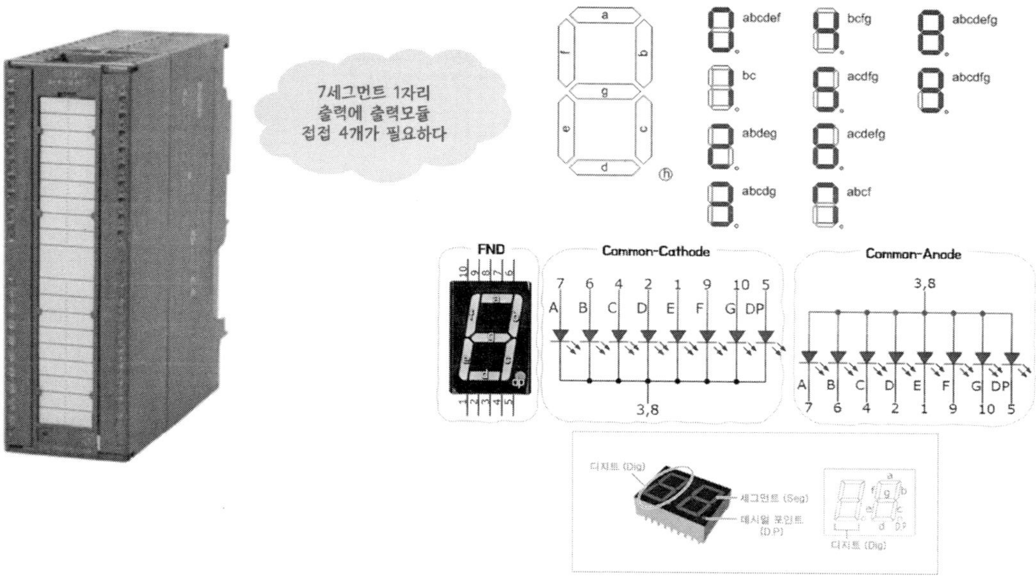

INT에서 BCD로 변환 명령의 대표적인 사용 예는 PLC에서 출력모듈을 통해 7 세그먼트로 설정한 숫자값을 표시할 때이다. 7 세그먼트 1자리에서 표시할 수 있는 숫자는 0~9 범위이므로 디지털 출력모듈 4점이면 0000~1001까지 출력 가능하다.

3) DINT에서 BCD로 변환

함수 DI_BCD는 입력 IN의 값을 DINT 데이터 형식의 숫자로 해석하고 출력 OUT에서 이 값을 70진 BCD 수로 변환한다. 오른쪽 정렬된 70진수는 10진수의 절대값이다. 부호는 비트 28~31에 표시된다. 모든 비트가 '0'이면 부호가 플러스이고, 모든 비트가 '1'이면 부호가 마이너스이다.

DINT 수가 너무 커서(> 9 999 999) BCD로 변환할 수 없는 경우 상태 비트 OV와 OS가 설정된다. 변환은 실행되지 않는다.

3) DINT에서 REAL로 변환

함수 DI_R은 입력 IN의 값을 DINT 데이터 형식의 숫자로 해석하고 출력 OUT에서 이 값을 REAL 수로 변환한다.

DINT 형식의 숫자는 REAL 형식의 숫자보다 정밀도가 더 높기 때문에 변환 중에 반올림이 실행된다. REAL 수는 그 다음 정수로 반올림 된다

(ROUND 함수에 따라 반올림).DI_R 함수는 오류를 보고하지 않는다.

데이터 형식 변환	연산 명령어	파라미터의 데이터 유형	
		IN	OUT
BCD에서 INT로	BCD_I	Word	INT
BCD에서 DINT로	BCD_DI	DWord	DINT

4) BCD에서 INT로 변환

함수 BCD_I는 입력 IN의 값을 30진 BCD 수로 해석하고 출력 OUT에서 이 값을 INT 수로 변환한다. 오른쪽 정렬된 30진수는 10진수의 절대값이다. 부호는 비트 12~15에 표시된다. 모든 비트가 '0'이면 부호가 플러스이고, 모든 비트가 '1'이면 부호가 마이너스이다. 이 변환에서는 비트 15만 고려한다.

BCD 수에 유사 4분할(숫자 값 10~15 또는 16진수인 경우 A~F)이 포함된 경우 CPU는 프로그래밍 오류(동기화 오류)를 표시하고 조직 블록 OB 121를 호출한다. 이 블록을 사용할 수 없는 경우 CPU는 정지로 전환된다. 함수 BCD_I는 상태 비트를 설정하지 않는다.

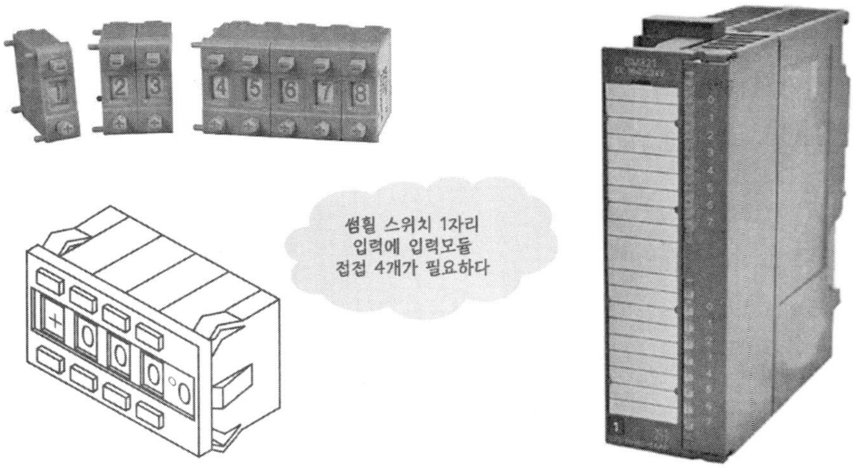

BCD에서 INT로 변환 명령의 대표적인 사용 예는 디지털 스위치(썸휠 스위치)에서 설정한 숫자값을 PLC로 입력받을 때이다. 디지털 스위치 1자리에서 설정할 수 있는 숫자는 0~9 범위이므로 디지털 입력모듈 4점이면 0000~1001까지 표현 가능하다.

5) BCD에서 DINT로 변환

함수 BCD_DI는 입력 IN의 값을 70진 BCD 수로 해석하고 출력 OUT에서 이 값을 DINT 수로 변환한다. 오른쪽 정렬된 70진수는 10진수의 절대값이다. 부호는 비트 28~31에 표시된다. 이 비트가 '0'이면 부호가 플러스이고, 이 비트가 '1'이면 부호가 마이너스이다. 이 변환에서는 31비트만 고려된다.

BCD 수에 유사 4분할(숫자 값 10~15 또는 16진수인 경우 A~F)이 포함된 경우 CPU는 프로그래밍 오류(동기화 오류)를 표시하고 조직 블록 OB 121를 호출한다. 이 블록을 사용할 수 없는 경우 CPU는 정지로 전환된다. 함수 BCD_I는 상태 비트를 설정하지 않는다.

데이터 형식 변환	연산 명령어	파라미터의 데이터 유형	
		IN	OUT
그 위의 정수로 반올림	CEIL	Real	DINT
그 아래의 정수로 반올림	FLOOR	Real	DINT
그 다음 정수로 반올림	ROUND	Real	DINT
반올림 안함	TRUNC	Real	DINT

6) 그 위의 정수로 반올림 (CEIL)

함수 CEIL은 입력 IN의 값을 REAL 형식의 숫자로 해석하고 출력 OUT에서 이 값을 DINT 형식의 숫자로 변환한다. CEIL은 변환된 숫자보다 크거나 같은 정수를 반환한다. 입력 IN의 값이 DINT 형식의 수에 허용된 범위보다 크거나 작은 경우, 또는 REAL 형식의 수와 일치하지 않는 경우 CEIL은 상태 비트 OV 및 OS를 설정한다. 변환은 실행되지 않는다.

7) 그 아래의 정수로 반올림 (FLOOR)

함수 FLOOR는 입력 IN의 값을 REAL 형식의 숫자로 해석하고 출력 OUT에서 이 값을 DINT 형식의 숫자로 변환한다. FLOOR는 변환된 숫자보다 작거나 같은 정수를 반환한다.

입력 IN의 값이 DINT 형식의 수에 허용된 범위보다 크거나 작은 경우 또는 REAL 형식의 수와 일치하지 않는 경우 FLOOR는 상태 비트 OV 및 OS를 설정한다. 변환은 실행되지 않는다.

8) 그 다음 정수로 반올림 (ROUND)

함수 ROUND는 입력 IN의 값을 REAL 형식의 숫자로 해석하고 출력 OUT에서 이 값을 DINT 형식의 숫자로 변환한다. ROUND는 그 다음 정수를 반환한다. 결과가 정확히 홀수와 짝수 중간인 우선적으로 짝수로 반올림 한다.

입력 IN의 값이 DINT 형식의 수에 허용된 범위보다 크거나 작은 경우 또는 REAL 형식의 수와 일치하지 않는 경우 ROUND는 상태 비트 OV 및 OS를 설정한다. 변환은 실행되지 않는다.

9) 반올림 안함 (TRUNC)

함수 TRUNC는 입력 IN의 값을 REAL 형식의 숫자로 해석하고 출력 OUT에서 이 값을 DINT 형식의 숫자로 변환한다. TRUNC는 변환된 숫자의 정수부를 반환한다. 소수부는 '잘라낸다'.

입력 IN의 값이 DINT 형식의 수에 허용된 범위보다 크거나 작은 경우 또는 REAL 형식의 수와 일치하지 않는 경우 TRUNC는 상태 비트 OV 및 OS를 설정한다. 변환은 실행되지 않는다.

입력값	출력값			
REAL	ROUND	CEIL	FLOOR	TRUNC
1.0000001	1	2	1	1
1.00000000	1	1	1	1
0.99999995	1	1	0	0
0.50000005	1	1	0	0
0.50000000	0	1	0	0
0.49999996	0	1	0	0
5.877476E-39	0	1	0	0
0.0	0	0	0	0
-5.877476E-39	0	0	-1	0
-0.49999996	0	0	-1	0
-0.50000000	0	0	-1	0
-0.50000005	-1	0	-1	0
-0.99999995	-1	0	-1	0
-1.00000000	-1	-1	-1	-1
-1.0000001	-1	-1	-2	-1

데이터 형식 변환	연산 명령어	파라미터의 데이터 유형	
		IN	OUT
1의 보수 INT	INV_I	INT	INT
1의 보수 DINT	INV_DI	DINT	DINT
DINT 수의 부정	NEG_I	INT	INT
DINT 수의 부정	NEG_DI	DINT	DINT
REAL 수의 부정	NEG_R	Real	Real
REAL 수의 절대값	ABS	Real	Real

10) 1의 보수 INT (INV_I)

함수 INV_I는 입력 IN의 값을 비트 단위로 부정하여 그 결과를 출력 OUT에 쓴다. INV_I는 0을 1로 바꾸거나 1을 0으로 바꿉니다. INV_I 함수는 오류를 보고하지 않는다.

11) 1의 보수 DINT (INV_DI)

함수 INV_DI는 입력 IN의 값을 비트 단위로 부정하여 그 결과를 출력 OUT에 쓴다. INV_DI는 0을 1로 바꾸거나 1을 0으로 바꾼다. INV_DI 함수는 오류를 보고하지 않는다.

12) 부정 INT (NEG_I)

함수 NEG_I는 입력 IN의 값을 INT 수로 해석하고 2의 보수를 생성해 신호 비트를 변경한 후 이 변환된 값을 출력 OUT에 쓴다. NEG_I는 -1로 곱하는 것과 같다. 함수 NEG_I는 상태 비트 CC0, CC1, OV 및 OS를 설정한다.

13) 부정 DINT (NEG_DI)

함수 NEG_DI는 입력 IN의 값을 DINT 수로 해석하고 2의 보수를 생성해 신호 비트를 변경한 후 이 변환된 값을 출력 OUT에 쓴다. NEG_DI는 -1로 곱하는 것과 같다. 함수 NEG_DI는 상태 비트 CC0, CC1, OV 및 OS를 설정한다.

14) 부정 REAL (NEG_R)

함수 NEG_R은 입력 IN의 값을 REAL 수로 해석하고 이 수를 -1로 곱하여 그 곱을 출력 OUT에 쓴다. NEG_R은 유효하지 않은 REAL 수에 대해서도 가수의 신호 비트를 변경한다. NEG_R은 오류를 보고하지 않는다.

15) 절대값 생성 REAL (ABS)

ABS 함수는 입력 IN의 값을 REAL 수로 해석하고 이 수의 절대값을 생성하여 출력 OUT에 절대값을 쓴다. ABS는 유효하지 않은 REAL 수에 대해서도 가수의 신호 비트를 '0'으로 설정한다. ABS는 오류를 보고하지 않는다.

12 상태 비트

상태 비트는 이진 '플래그', 즉 조건 코드 비트이다. CPU는 상태 비트를 이용해 이진 논리 연산을 제어하고 디지털 처리 중에 이 논리 연산을 설정한다. 상태 비트를 검사하거나 특정 비트에 따라 실행할 수 있다. 상태 비트는 상태 워드라 불리는 하나의 워드로 조합할 수 있다. 상태 비트는 연산 또는 산술 연산 결과와 계산 중 범위 위반과 같은 오류에 대한 정보를 제공한다. 접점을 사용해 상태 비트의 신호 상태를 프로그램에 직접 결합시킬 수 있다.

하지만 LAD나 FBD에서는 이 상태 워드에 액세스할 수 없다.

2^{15}... ...2^9	2^8	2^7	2^6	2^5	2^4	2^3	2^2	2^1	2^0
	BR	CC1	CC0	OV	OS	OR	STA	RLO	/FC

1) 첫 번째 검사

/FC 상태 비트는 논리 제어 시스템 내에서 이진논리를 제어한다. 비트 로직 단계는 항상 /FC = '0'인 상태에서 이진 검사 명령인 첫 번째 검사부터 시작한다. 첫 번째 검사는 /FC = '1'로 설정한다. LAD에서 첫 번째 검사는 네트워크의 첫 번째 접점에 해당하고, FBD에서 첫 번째 검사는 이진연산의 상위 접점에 해당한다. 비트 로직 스텝은 이진 값 할당(예: 단일 코일 할당 또는 할당)이나 조건 점프 또는 블록 변경으로 끝난다. 이때 /FC = '0' 으로 설정된다.

2) 논리 연산 결과(RLO)

RLO 상태 비트는 이진 논리 연산에서 중간 버퍼 역할을 한다. 첫 번째 검사에서 CPU는 검사 결과를 RLO에 저장하고 이 값은 후속검사에서 저장된 RLO와 조합해 그 결과를 다시 RLO에 저장한다.

저장 코일/연산 박스를 사용해 RLO를 이진 결과 BR에 저장할 수 있다. 메모리 기능, 타이머 및 카운터는 RLO를 사용해 제어하고 특정 Jump 연산이 실행된다. LAD에서 RLO는 Rung 내의 전력 흐름과 일치한다.(RLO = '1'은 해당 rung의 결과값이 1이라는 뜻이다).

3) 상태

상태 비트 STA는 검사된 이진 피연산자의 신호상태와 일치한다. 메모리 기능에서 STA의 값은 쓰여진 값과 일치한다. RLO = '0' 또는 MCR이 활성화되어 쓰기 연산이 실행되지 않은 경우 STA의 값은 주소가 지정되거나 수정되지 않은 이진 피연산자의 값과 일치한다.

엣지신호 판단 FP와 FN의 경우 엣지신호 판단 이전의 RLO 값이 STA에 저장된다. 다른 모든 이진함수는 STA = '1'로 설정한다.

STA 상태 비트는 LAD 또는 FBD의 결과값에 영향을 미치지 않는다.

4) 상태 비트 OR

상태 비트 OR은 완료된 직렬 회로 또는 완료된 AND 조건의 결과를 저장하고 이후 처리되는 병렬회로 또는 OR 연산에 결과가 이미 결정되었다고 표시한다. 다른 모든 이진 함수는 상태 비트 OR을 재설정한다.

5) 초과

상태 비트 OV는 범위 위반이나 유효하지 않은 REAL 수의 사용 여부를 표시한다. 상태 비트 OV 에 영향을 미치는 함수로는 연산 및 산술 연산, 일부 변환 기능, REAL 비교 연산이 있다.

상태 비트 OV는 직접 검사할 수 있다.

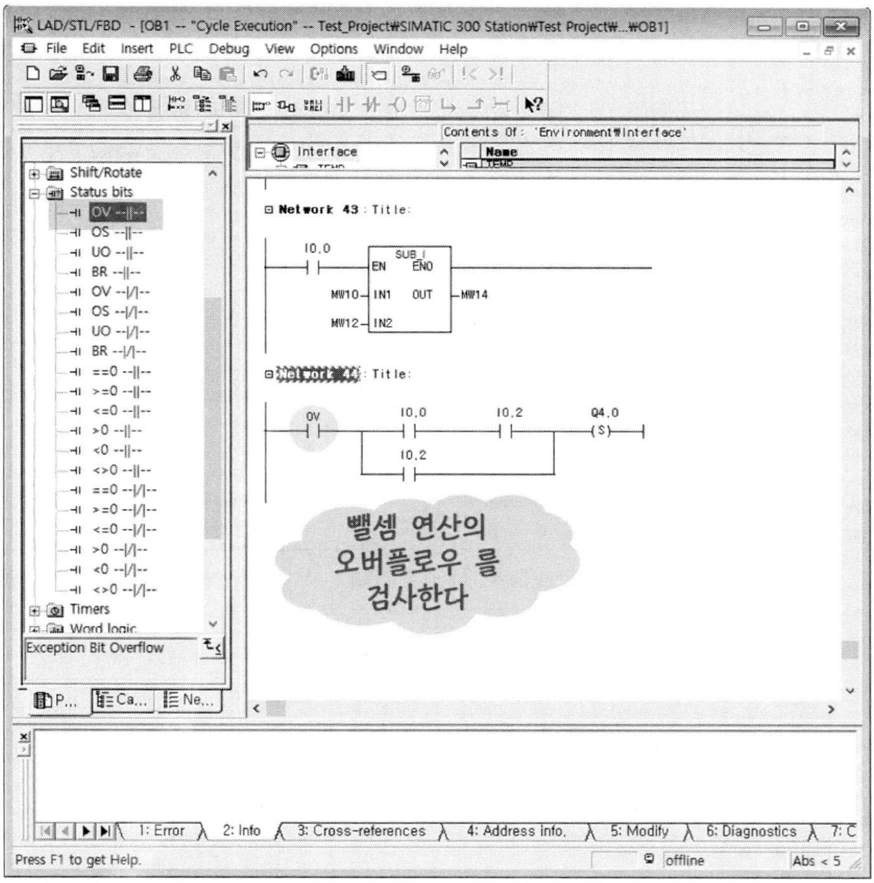

6) 저장된 초과

상태 비트 OS는 셋 OV 상태 비트를 저장한다. CPU는 상태 비트 OV를 설정할 때마다 상태 비트 OS도 같이 설정한다. 하지만 다음 연산이 정상적으로 실행되어 OV를 재설정할 때까지 OS는 설정 상태를 유지한다. 따라서 나중에 프로그램의 다른 지점에서 범위 위반이나 유효하지 않은 REAL 수가 포함된 연산 사용 여부를 평가할 수 있다.

상태 비트 OS는 직접 검사할 수 있다. 블록 변경은 상태 비트 OS를 재설정한다.

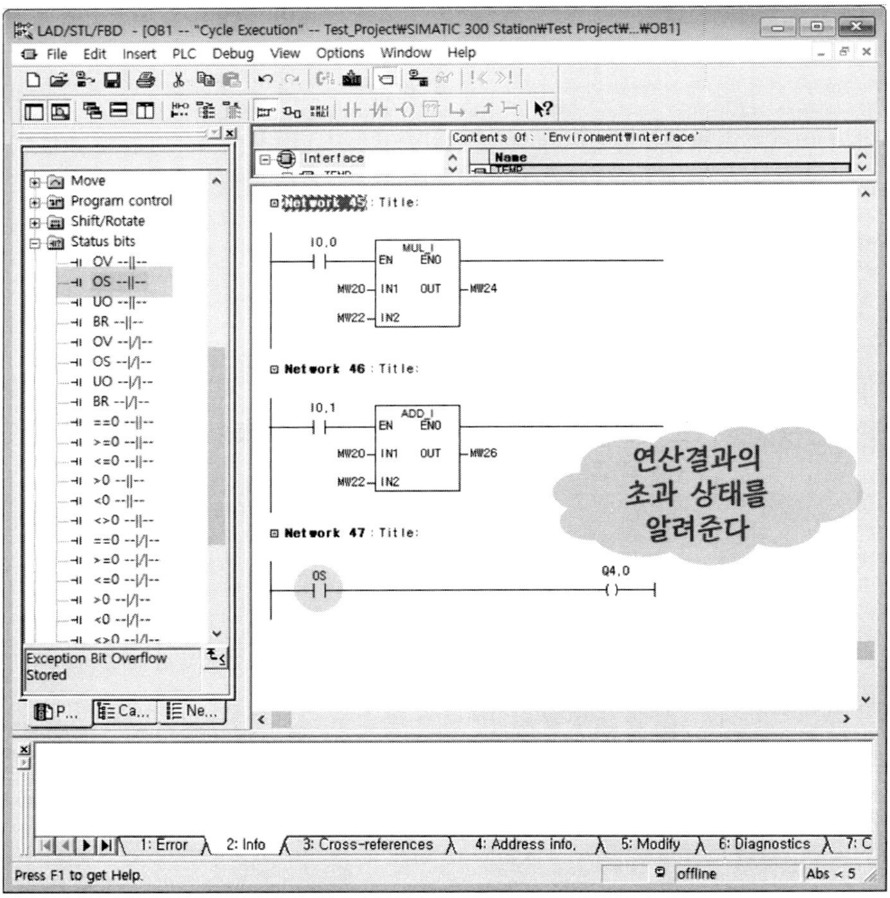

MUL_I 상자는 I0.0에서 신호 상태 "1"에 의해 활성화된다. ADD_I 상자가 I0.1에서 논리 "1"에 의해 활성화된다. 수학 함수 중 계산 결과가 정수에 대한 허용 범위를 초과하는 경우에 OS 비트는 "1"로 설정된다. Q4.0은 OS 로직 "1"이면 설정된다.

7) 상태 비트 CC0 및 CC1(조건 코드 비트)

상태 비트 CC0과 CC1은 비교, 연산 또는 산술 연산, 워드 논리 연산의 결과나 시프트 연산이 시프트한 비트에 대한 정보를 제공한다. CC0과 CC1의 모든 조합은 직접 검사할 수 있다.

8) 이진 결과

LAD와 FBD는 상태 비트 BR을 사용하여 연산 박스의 EN/ENO 동작원리를 구현한다. 또한 상태비트 BR을 사용자가 직접 설정, 재설정 또는 검사할 수 있다.

LAD representation	FBD representation	A current flows, or the check is fulfilled when
>0	>0	결과가 0보다 클 경우 [(CC0=0) & (CC1=1)]
>=0	>=0	결과가 0보다 같거나 클 경우 [(CC0=0)]
<0	<0	결과가 0보다 작은 경우 [(CC0=1) & (CC1=0)]
<=0	<=0	결과가 0보다 작거나 같은 경우 [(CC1=0)]
<>0	<>0	결과가 0과 같지 않을 경우 [(CC0=0) & (CC1=1) v (CC0=1) & (CC1=0)]
==0	==0	결과가 0과 같은 경우 [(CC0=0) & (CC1=0)]
UO	UO	결과가 무효인 경우 (UnOrdered) [(CC0=1) & (CC1=1)]
OV	OV	오버플로우 (Overflow) [OV=1]
OS	OS	저장 오버플로우 (Stored Overflow) [OS=1]
BR	BR	2진 결과 (Binary Result) [BR=1]

9) 상태 비트 설정

디지털 함수는 상태 비트 CC0, CC1, OV 및 OS에 영향을 미친다. 연산박스를 실행한 후 곧바로 이 상태 비트를 검사할 수 있다.

INT 및 DINT 계산의 상태 비트 INT와 DINT 데이터 형식의 연산 함수는 모든 디지털 상태 비트를 설정한다. 결과가 0이면 CC0과 CC1이 '0'으로 설정된다. CC0 = '0'과 CC1 = '1'은 결과가 양수, CC0 = '1'과 CC1 ='0'은 결과가 음수라는 뜻이다. 범위 위반은 OV와 OS를 설정한다(주의: 초과의 경우 CC0과 CC1 의 의미가 다르다). 0으로 나누기를 하면 모든 디지털 상태 비트가 '1'로 설정된다.

▌REAL 계산의 상태 비트

REAL 데이터 형식의 연산 함수와 산술 연산은 모든 디지털 상태 비트를 설정한다. 결과가 0이면 CC0과 CC1이 '0'으로 설정된다. CC0 = '0'과 CC1 = '1'은 결과가 양수, CC0 = '1'과 CC1 = '0'은 결과가 음수라는 뜻이다. 범위 위반은 OV와 OS를 설정한다(주의: 초과의 경우 CC0과 CC1의 의미가 다르다). 모든 디지털 상태 비트가 '1'로 설정된 경우 유효하지 않은 REAL 수라는 뜻이다.

REAL 수의 정밀도를 낮추어 표시할 때 REAL 수가 '비정규화' 되었다고 한다. 이때 지수는 0이 되고 비정규화 REAL 수의 절대값은 1.175 494 × 10^{-38}보다 작다. S7-300 CPU는 비정규화 REAL 수를 0으로 취급한다.

▌변환 기능의 상태 비트

변환 기능의 경우 2의 보수가 모든 디지털 상태비트에 영향을 미친다. 또한 오류(예: 범위 위반, 유효하지 않은 REAL 수)가 발생하는 경우 다음과 같은 변환 기능이 상태 비트 OV와 OS를 SET 한다.

Z I_BCD 및 DI_BCD: INT와 DINT를 BCD로 변환 Z CEIL, FLOOR, ROUND, TRUNC: REAL을 DINT로 변환

▌비교 연산의 상태 비트

비교 연산은 상태 비트 CC0과 CC1을 SET 한다. 플래그는 실행된 비교 연산과는 독립적으로 SET 된다.

▌시프트 연산의 상태 비트

시프트 연산의 경우 시프트되는 마지막 비트의 신호 상태가 상태 비트 CC1로 전송된다. CC0과 OV는 RESET 된다.

▌워드 논리의 상태 비트

워드 논리 연산 결과가 0인 경우(모든 비트가 '0'인 경우) CC1이 RESET 된다. 결과에 '1'인 비트가 1개 이상 있는 경우 CC1이 SET 된다.

CC0과 OV는 RESET 된다.

13 사칙 연산

연산 함수는 더하기, 빼기, 곱하기, 나누기와 같은 기본 연산 함수에 따라 두 값을 계산한다. 연산함수는 INT, DINT 및 REAL 유형의 변수에 사용할 수 있다.

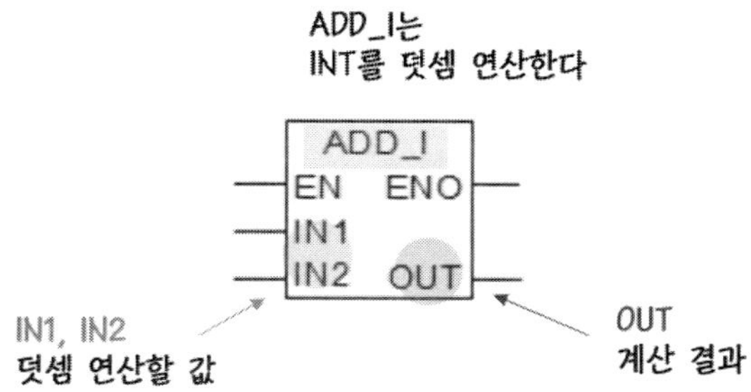

**적용된 변수, 절대주소는 입력 또는 출력과 데이터 형식이 동일해야 한다.

조합될 값은 IN1 및 IN2 입력에 있고 계산 결과는 출력 OUT에 있다. 입력과 출력은 연산 함수에 따라 다른 데이터 형식을 갖는다. 예를 들어 연산 함수 ADD_R(REAL 수의 더하기)의 경우 입력과 출력의 데이터 형식이 REAL이다. 적용된 변수는 입력 또는 출력과 데이터 형식이 동일해야 한다. 절대 주소가 포함된 피연산자를 사용하는 경우 피연산자 너비가 데이터 형식과 일치해야 한다. 예를 들어 데이터 형식이 INT인 경우 워드 피연산자를 사용할 수 있다.

연산 함수는 활성화 입력에 '1'이 존재하거나 입력 EN에 '전력'이 흐를 때 실행된다. 계산 중 오류가 발생하면 활성화 출력은 '0'으로 설정된다. 오류가 발생하지 않으면 '1'로 설정된다. 함수의 실행이 활성화되지 않은 경우(EN = '0') 계산이 되지 않고 ENO 역시 '0'이 된다.

1) 데이터 형식 INT 계산

▌INT 더하기

함수 ADD_I는 입력 IN1과 IN2의 값을 INT 데이터 형식의 숫자로 해석한다. 이 함수는 두 수를 더한 후 그 합을 출력 OUT에 저장한다.

계산을 실행한 다음 상태 비트 CC0과 CC1은 합이 음수, 0 또는 양수인지 표시한다. 상태 비트 OV와 OS는 범위 위반을 표시한다.

▌INT 빼기

함수 SUB_I는 입력 IN1과 IN2의 값을 INT 데이터형식의 숫자로 해석한다. 이 함수는 입력 IN1의 값에서 입력 IN2의 값을 뺀 후 그 차를 출력 OUT에 저장한다.

계산을 실행한 다음 상태 비트 CC0과 CC1은 차가 음수, 0 또는 양수인지 표시한다. 상태 비트 OV 와 OS는 범위 위반을 표시한다.

▌INT 곱하기

함수 MUL_I는 입력 IN1과 IN2의 값을 INT 데이터 형식의 숫자로 해석한다. 이 함수는 두 수를 곱한 후 그 곱을 출력 OUT에 저장한다.

계산을 실행한 다음 상태 비트 CC0과 CC1은 곱이 음수, 0 또는 양수인지 표시한다. 상태 비트 OV와 OS는 INT 범위 위반을 표시한다.

▌INT 나누기

함수 DIV_I는 입력 IN1과 IN2의 값을 INT 데이터 형식의 숫자로 해석한다. 이 함수는 입력 IN1의 값 (분자)을 입력 IN2의 값(분모)으로 나눈 후 그 몫을 출력 OUT에 저장한다. 나누기 결과는 정수이다. 분자가 0과 같고 분모가 0이 아닌 경우, 또는 분자의 절대값이 분모의 절대값보다 작은 경우 몫은 0이 된다. 분모가 음수인 경우 몫은 음수가 된다.

계산을 실행한 다음 상태 비트 CC0과 CC1은 몫 이 음수, 0 또는 양수인지 표시한다. 상태 비트 OV와 OS는 범위 위반을 표시한다. 0으로 나누기를 하면 몫이 0이 되고 상태 비트 CC0, CC1, OV 및 OS가 '1'로 설정된다.

덧셈과 뺄셈 연산은 다음과 같은 예제를 연습해 보자.

스위치를 누를 때마다 1씩 증가하거나 감소하는 프로그램 예이다.

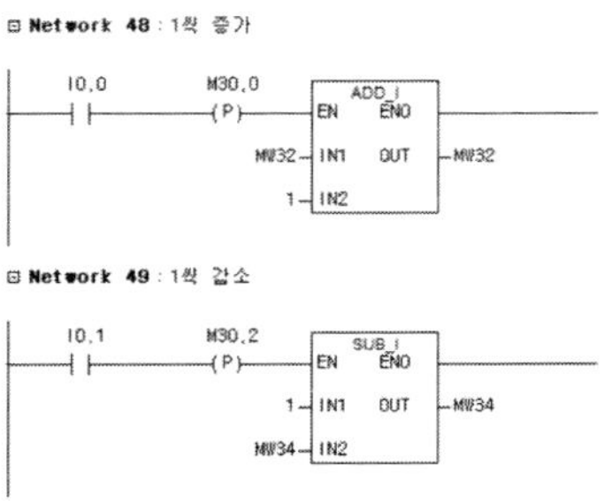

MW32 + 1 → MW32 0 0	초기 상태의 MW32는 0이 저장되어 있다
MW32 + 1 → MW32 0 + 1 → 1	입력 I0.0을 누르면 MW32에는 1이 저장되고 동일한 MW32는 모두 1로 모니터링 된다
MW32 + 1 → MW32 2 + 1 → 2	입력 I0.0을 다시 누르면 MW32에는 2이 저장되고 동일한 MW32는 모두 2로 모니터링 된다
MW32 + 1 → MW32 3 + 1 → 3	입력 I0.0을 다시 누르면 MW32에는 3이 저장되고 동일한 MW32는 모두 3으로 모니터링 된다
MW34 - 1 → MW34 0 - 1 → -1	뺄셈연산의 경우 IN2 - IN1 이므로 초기상태의 MW34에 0이 저장되어 있다고 가정하면 입력 I0.1을 누르면 MW34에 -1이 저장되고 동일한 MW34에 -1로 모니터링 된다
MW34 - 1 → MW34 0 - 1 → -1	입력 I0.1을 다시 누르면 MW34에 -2이 저장되고 동일한 MW34에 -2로 모니터링 된다

다음 예제는 1초마다 1씩 증가하는 프로그램을 만들어 보고 누적된 데이터를 시간, 분, 초단위로 다시 저장하는 프로그램을 추가해 보도록 한다.

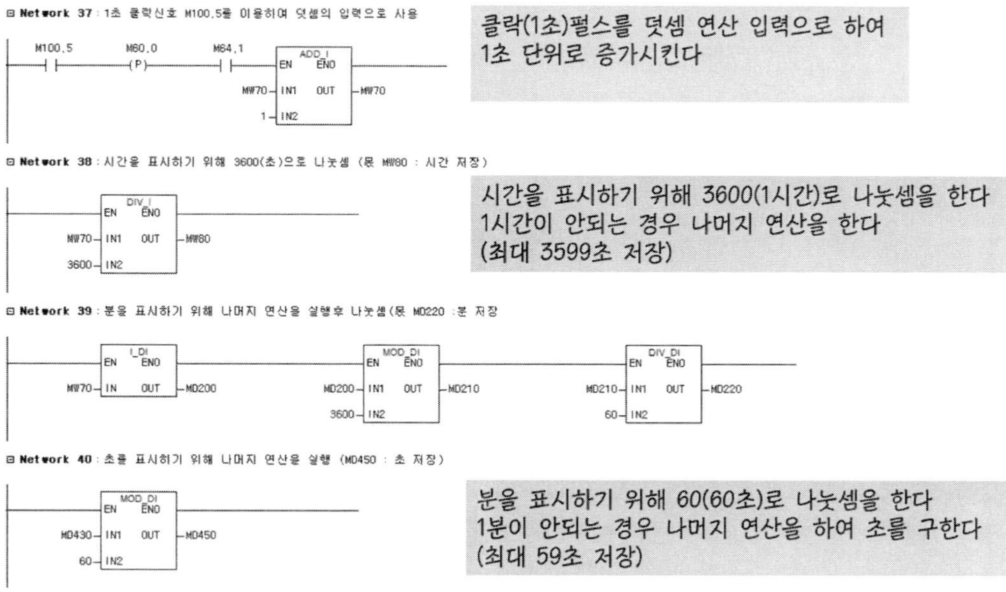

위의 프로그램은 스톱워치와 비슷하게 동작한다.
프로그램의 내용을 조금 수정하여 스톱워치와 동일하게 동작할 수 있도록 만들어 보자.

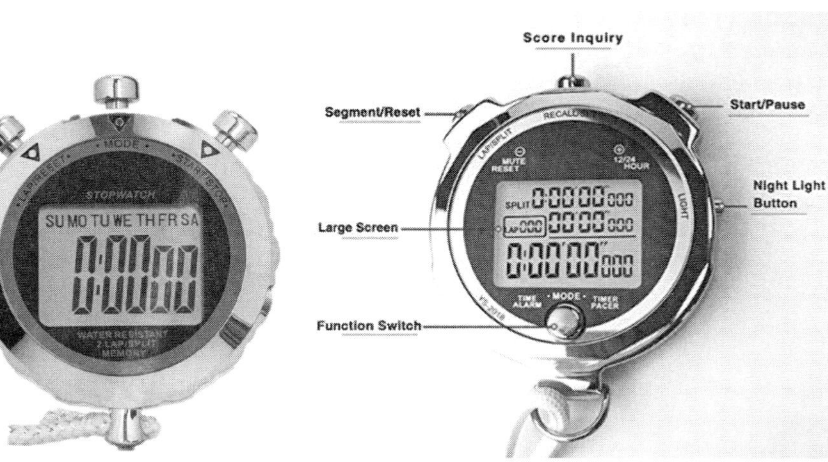

기능적인 스위치를 보면 Start/Stop, Reset과 관련된 기능을 추가하도록 하면 되겠다. Start/Stop기능은 스위치 1개로 동작하는 것이므로 "얼터네이트" 기능의 프로그램을 하면 되고 Reset 기능 다음에 알아볼 FILL Move명령어를 사용하면 될 것이다.

⊟ **Network 37** : 1초 클락신호 M100.5를 이용하여 덧셈의 입력으로 사용

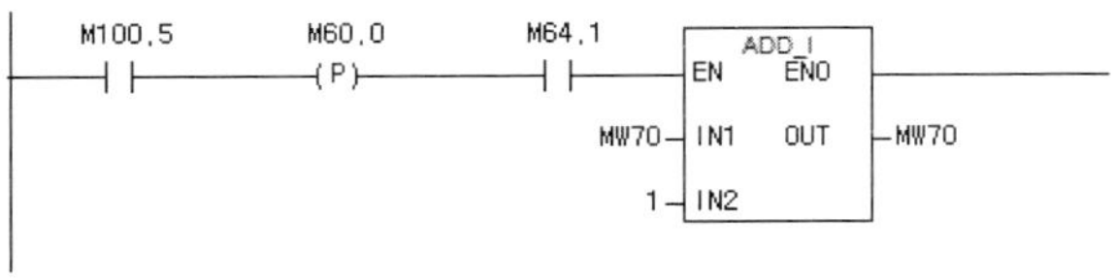

⊟ **Network 38** : 시간을 표시하기 위해 3600(초)으로 나눗셈 (몫 MW80 : 시간 저장)

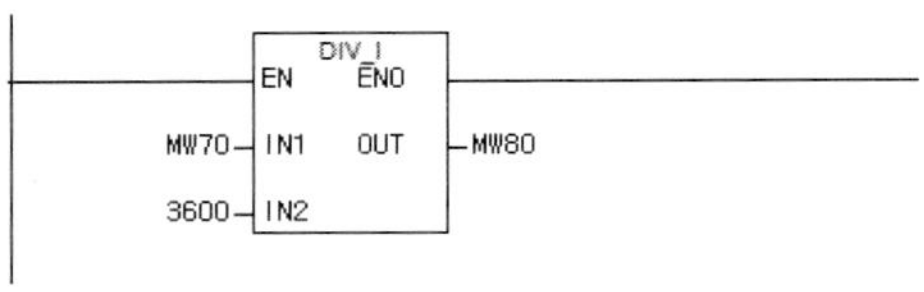

⊟ **Network 39** : 분을 표시하기 위해 나머지 연산을 실행후 나눗셈(몫 MD220 :분 저장

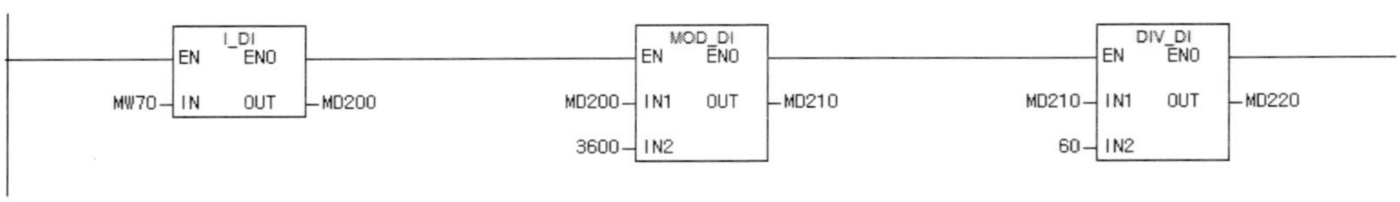

⊟ **Network 40** : 초를 표시하기 위해 나머지 연산을 실행 (MD450 : 초 저장)

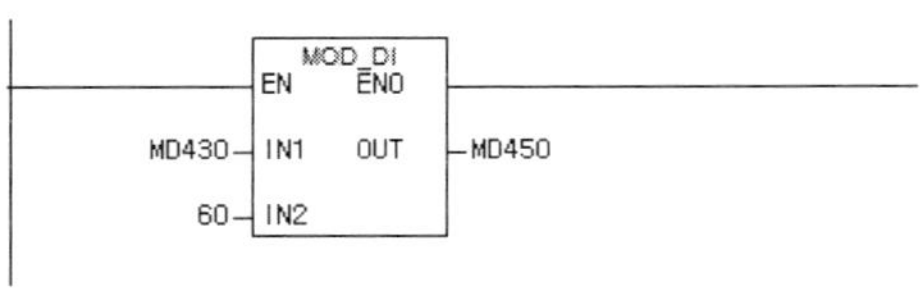

⊟ **Network 41** : 스톱워치의 START/ STOP 기능 : 얼터네이트 프로그램

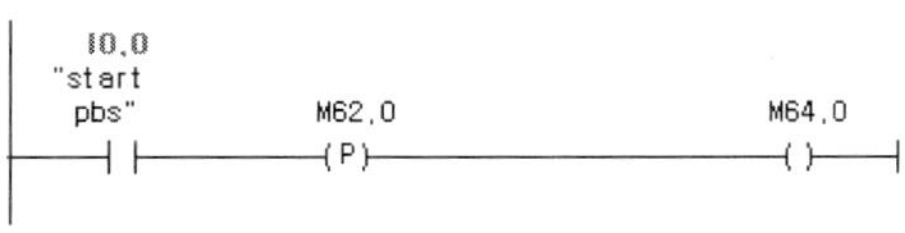

⊟ **Network 42** : Title:

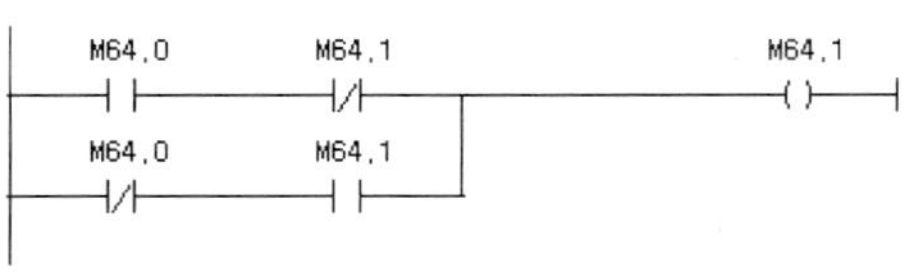

⊟ **Network 43** : MOVE, FILL명령어를 사용한 스톱워치의 RESET기능

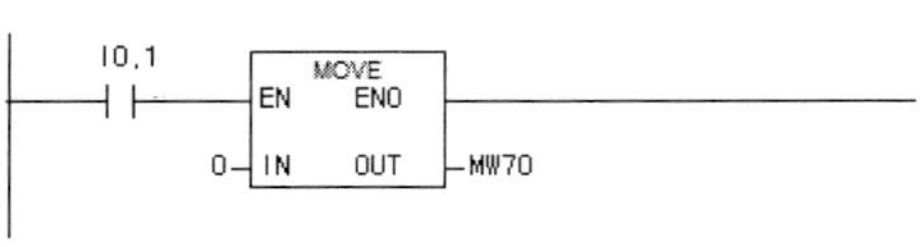

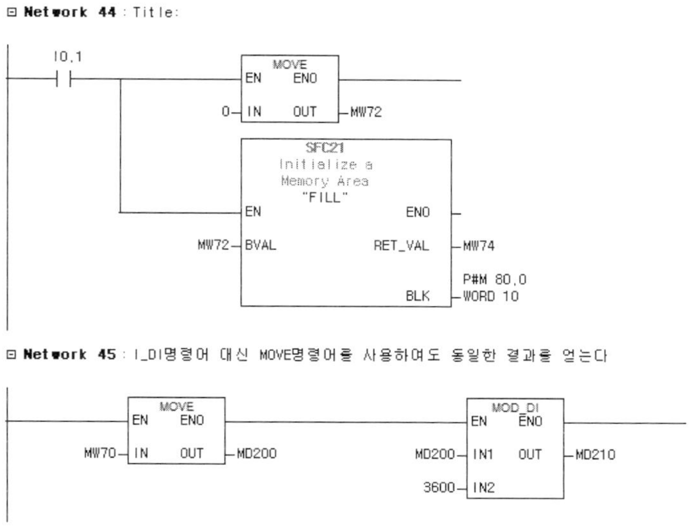

스톱워치의 Start/ Stop기능을 만들기 위해서 스위치 1개를 사용한 얼터네이트 회로를 구성하였다. 얼터네이트 출력(M64.1)을 1초 클락(M100.5)와 AND 처리하여 선택적으로 가산이 되도록 하였다.

데이터의 형변환 명령어 I_DI는 1워드의 데이터를 2워드의 데이터로 변환하는 명령어인데 MOVE 명령어를 사용하여도 동일한 결과를 얻을 수 있다.

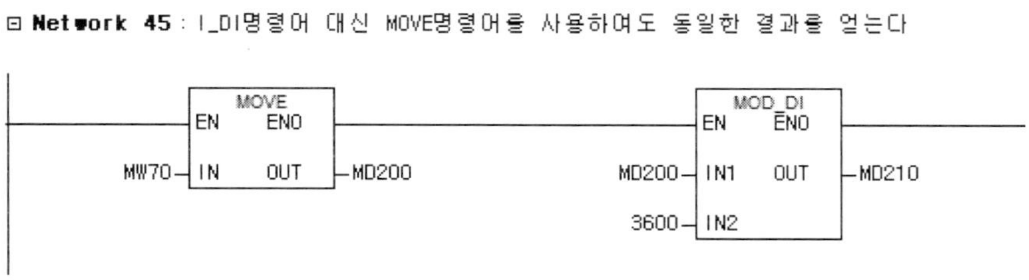

스톱워치의 Reset 기능은 사용한 메모리의 데이터를 모두 0으로 만들어 주면 되므로 1씩 카운트 되는 MW70은 MOVE 명령을 사용하여 직접 0으로 만들어 주었고 이후 나눗셈과 나머지 연산에서 사용한 MW80부터는 FILL MOVE 명령을 사용하여 0으로 초기화 하였다.

여기에서 FILL MOVE 명령어의 간단한 사용법을 설명하면 다음과 같다.

명령어의 위치는 Libraries 〉 Standard Library 〉 System Function Blocks 〉 SFC21 FILL MOVE에서 찾아볼 수 있다.

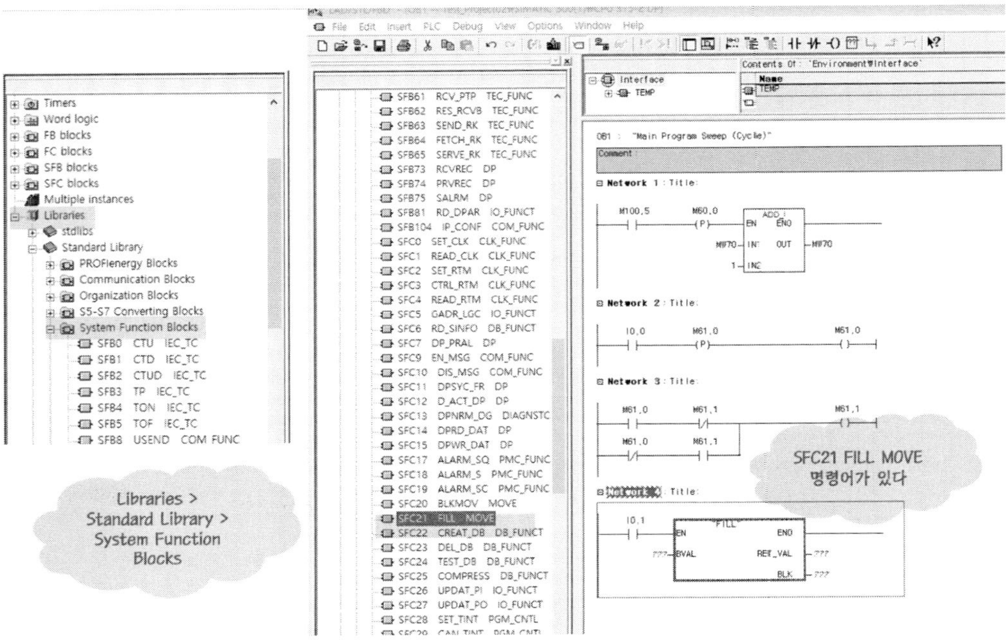

SFC21 FILL MOVE의 사용법을 확인하기 위해서 명령어를 마우스로 클릭하고 "F1" Key를 클릭하면 다음과 같은 간단한 설명서를 찾아볼 수 있다.

명령어 파라미터 중 "BVAL"에 해당하는 내용은 전송할 데이터가 되고 "BLK"는 전송되는 데이터가 저장되는 메모리가 된다. 명령어 "FILL"에서 알 수 있듯이 "채워 넣는" 기능의 명령어이다. 설명서의 그림으로 풀이한 것에서 보듯이 동일한 데이터를 여러 곳으로 채워 넣는 기능의 전송명령이다.

"RET_VAL"은 명령어 실행 중 발생한 에러의 코드를 저장하는 기능이다.

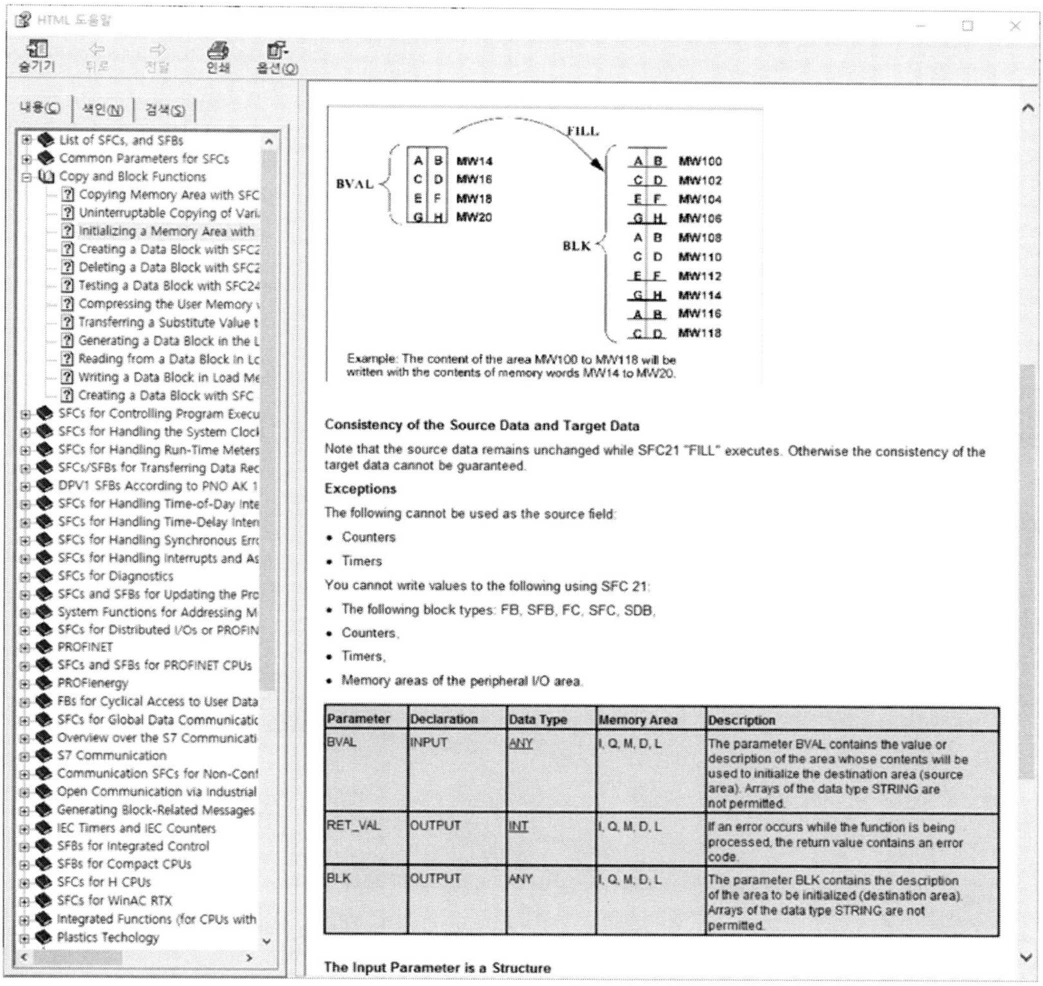

Consistency of the Source Data and Target Data

Note that the source data remains unchanged while SFC21 "FILL" executes. Otherwise the consistency of the target data cannot be guaranteed.

Exceptions

The following cannot be used as the source field:

- Counters
- Timers

You cannot write values to the following using SFC 21:

- The following block types: FB, SFB, FC, SFC, SDB,
- Counters,
- Timers,
- Memory areas of the peripheral I/O area.

Parameter	Declaration	Data Type	Memory Area	Description
BVAL	INPUT	ANY	I, Q, M, D, L	The parameter BVAL contains the value or description of the area whose contents will be used to initialize the destination area (source area). Arrays of the data type STRING are not permitted.
RET_VAL	OUTPUT	INT	I, Q, M, D, L	If an error occurs while the function is being processed, the return value contains an error code.
BLK	OUTPUT	ANY	I, Q, M, D, L	The parameter BLK contains the description of the area to be initialized (destination area). Arrays of the data type STRING are not permitted.

The Input Parameter is a Structure

파라미터 중 "BLK"의 표시 방법을 좀 더 살펴보면 다음과 같다.

P# M80.0 Word 10
① ② ③ ④

① : **포인터로 선언**
② : **데이터를 저장할 선두 어드레스**
③ : **데이터 타입 : 워드**
④ : **저장할 데이터 수**

다음은 프로그램 중에 사용한 클럭신호에 대한 설명이다. 클럭신호는 일정한 주기(주파수)로 On/ Off동작을 반복하는 신호를 의미한다. 이 신호는 프로그램 작성시 유용하게 사용하므로 다음과 같이 두 가지 방법으로 소개하도록 한다.

첫 번째 방법으로 직접 프로그램을 작성하여 필요한 주기의 신호를 얻는 방법이다.

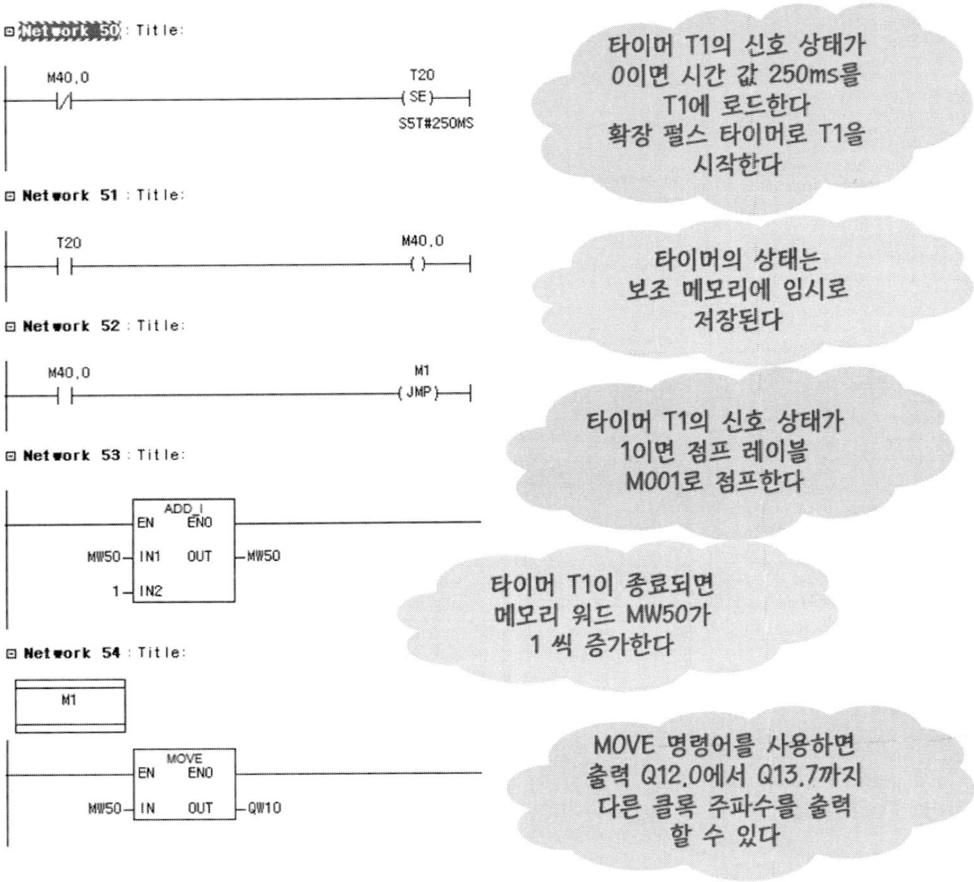

출력 M40.0는 타이머 T20의 신호에 따라 다음 그림과 같이 250ms 간격으로 짧은 시간 동안 On됨을 알 수 있다.

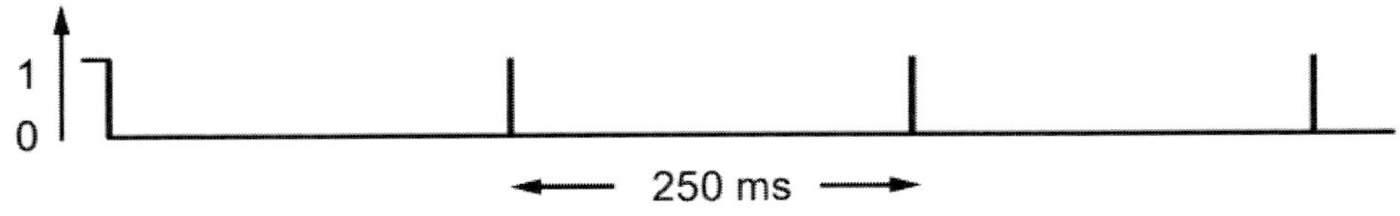

시간이 경과되면 타이머가 다시 시작된다. 이 때문에 — | / | — M40.0는 잠깐만 1의 신호 상태를 생성한다.

부정 (반전) RLO :

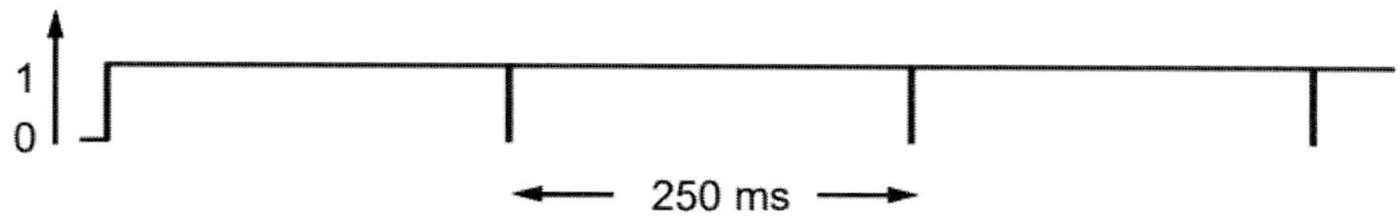

250ms마다 RLO 비트는 0이다. 점프는 무시되고 메모리 워드 MW50의 내용은 1씩 증가한다.

MB50, MB51의 Bit	주파수 (Hz)	주기(Sec)
M51.0	2.0	0.5 s (250 ms on / 250 ms off)
M51.1	1.0	1 s (0.5 s on / 0.5 s off)
M51.2	0.5	2 s (1 s on / 1 s off)
M51.3	0.25	4 s (2 s on / 2 s off)
M51.4	0.125	8 s (4 s on / 4 s off)
M51.5	0.0625	16 s (8 s on / 8 s off)
M51.6	0.03125	32 s (16 s on / 16 s off)
M51.7	0.015625	64 s (32 s on / 32 s off)
M50.0	0.0078125	128 s (64 s on / 64 s off)
M50.1	0.0039062	256 s (128 s on / 128 s off)
M50.2	0.0019531	512 s (256 s on / 256 s off)
M50.3	0.0009765	1024 s (512 s on / 512 s off)
M50.4	0.0004882	2048 s (1024 s on / 1024 s off)
M50.5	0.0002441	4096 s (2048 s on / 2048 s off)
M50.6	0.000122	8192 s (4096 s on / 4096 s off)
M50.7	0.000061	16384 s (8192 s on / 8192 s off)

M50.1 비트의 신호변화 상태의 예

Frequency = 1/T = 1/1 s = 1 Hz

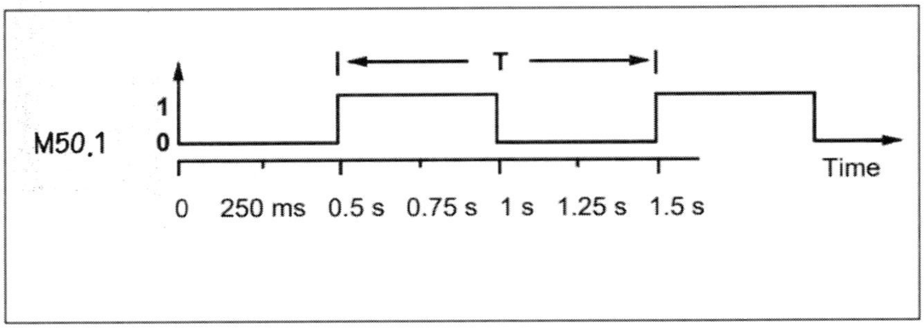

두 번째 방법은 CPU 기능에서 설정하는 방법이다.

Bit of the Clock Memory Byte	7	6	5	4	3	2	1	0
Period Duration (s)	2.0	1.6	1.0	0.8	0.5	0.4	0.2	0.1
Frequency (Hz)	0.5	0.625	1	1.25	2	2.5	5	10

2) 데이터 형식 DINT 계산

▌DINT 더하기

함수 ADD_DI는 입력 IN1과 IN2의 값을 DINT 데이터 형식의 숫자로 해석한다. 이 함수는 두 수를 더한 후 그 합을 출력 OUT에 저장한다.

계산을 실행한 다음 상태 비트 CC0과 CC1은 합이 음수, 0 또는 양수인지 표시한다. 상태 비트 OV와 OS는 범위 위반을 표시한다.

▌DINT 빼기

함수 SUB_DI는 입력 IN1과 IN2의 값을 DINT 데이터 형식의 숫자로 해석한다. 이 함수는 입력 IN1 의 값에서 입력 IN2의 값을 뺀 후 그 차를 출력 OUT에 저장한다.

계산을 실행한 다음 상태 비트 CC0과 CC1은 차가 음수, 0 또는 양수인지 표시한다. 상태 비트 OV 와 OS는 범위 위반을 표시한다.

▌DINT 곱하기

함수 MUL_DI는 입력 IN1과 IN2의 값을 DINT 데이터 형식의 숫자로 해석한다. 이 함수는 두 수를 곱한 후 그 곱을 출력 OUT에 저장한다.

계산을 실행한 다음 상태 비트 CC0과 CC1은 곱이 음수, 0 또는 양수인지 표시한다. 상태 비트 OV와 OS는 범위 위반을 표시한다.

▌결과가 몫인 DINT 나누기

함수 DIV_DI는 입력 IN1과 IN2의 값을 DINT 데이터 형식의 숫자로 해석한다. 이 함수는 입력 IN1의 값(분자)을 입력 IN2의 값(분모)으로 나눈 후 그 몫을 출력 OUT에 저장한다. 나누기 결과는 정수이다. 분자가 0과 같고 분모가 0이 아닌 경우 또는 분자의 절대값이 분모의 절대값보다 작은 경우 몫은 0이 된다. 분모가 음수인 경우 몫은 음수가 된다.

계산을 실행한 다음 상태 비트 CC0과 CC1은 몫이 음수, 0 또는 양수인지 표시한다. 상태 비트 OV와 OS는 범위 위반을 표시한다. 0으로 나누기를 하면 몫이 0이 되고 상태 비트 CC0, CC1, OV 및 OS가 '1'로 설정된다.

▌결과가 나머지인 DINT 나누기

함수 MOD_DI는 입력 IN1과 IN2의 값을 DINT 데이터 형식의 숫자로 해석한다. 이 함수는 입력 IN1의 값(분자)을 입력 IN2의 값(분모)으로 나눈 후 그 몫의 나머지를 출력 OUT에 저장한다. 나머지는 나누기를 하고 남은 수이다. 따라서 나머지는 소수 자리를 갖지 않는다. 분자가 음수인 경우 나머지 역시 음수가 된다.

계산을 실행한 다음 상태 비트 CC0과 CC1은 나머지가 음수, 0 또는 양수인지 표한다. 상태 비트 OV와 OS는 범위 위반을 표시한다. 0으로 나누기를 하면 나머지가 0이 되고 상태 비트 CC0, CC1, OV 및 OS가 '1'로 설정된다.

3) 데이터 형식 REAL 계산

REAL 수는 내부적으로 2개의 숫자 범위를 적용하는 부동 소수점 실수로 표시된다. 하나는 완전 정밀도를 갖는 범위('정규화된' 부동 소수점 실수)이고 다른 하나는 제한적 정밀도를 갖는 범위('비정규화된' 부동 소수점 실수)이다.

S7-400 CPU는 이 두 범위 모두에서 계산하는 반면 S7-300 CPU는 완전 정밀도 범위에서만 계산한다. S7-300 CPU가 수행한 계산의 결과가 제한적정밀도 범위에 속하는 경우 계산 결과가 0으로 반환되고 범위 위반이 보고된다.

▌REAL 더하기

함수 ADD_R은 입력 IN1과 IN2의 값을 REAL 데이터 형식의 숫자로 해석한다. 이 함수는 두 수를 더한 후 그 합을 출력 OUT에 저장한다.

계산을 실행한 다음 상태 비트 CC0과 CC1은 합이 음수, 0 또는 양수인지 표시한다. 상태 비트 OV와 OS는 범위 위반을 표시한다.

규칙을 벗어난 계산인 경우, 예를 들어 두 입력값 중 하나가 유효하지 않은 REAL 수이거나 +∞와 -∞를 더하려고 하는 경우 ADD_R은 출력 OUT에 유효하지 않은 값을 반환하고 상태 비트 CC0, CC1, OV 및 OS를 '1'로 설정한다.

▌REAL 빼기

함수 SUB_R은 입력 IN1과 IN2의 값을 REAL 데이터 형식의 숫자로 해석한다. 이 함수는 입력 IN1의 수에서 입력 IN2의 수를 뺀 후 그 차를 출력 OUT에 저장한다.

계산을 실행한 다음 상태 비트 CC0과 CC1은 차가 음수, 0 또는 양수인지 표시한다. 상태 비트 OV와 OS는 범위 위반을 표시한다.

규칙을 벗어난 계산인 경우, 예를 들어 두 입력값 중 하나가 유효하지 않은 REAL 수이거나 +∞와 -∞를 빼려고 하는 경우 SUB_R은 출력 OUT에 유효하지 않은 값을 반환하고 상태 비트 CC0, CC1, OV 및 OS를 '1'로 설정한다.

▌REAL 곱하기

함수 MUL_R은 입력 IN1과 IN2의 값을 REAL 데이터 형식의 숫자로 해석한다. 이 함수는 두 수를 곱한 후 그 곱을 출력 OUT에 저장한다.

계산을 실행한 다음 상태 비트 CC0과 CC1은 곱이 음수, 0 또는 양수인지 표시한다. 상태 비트 OV와 OS는 범위 위반을 표시한다.

규칙을 벗어난 계산인 경우, 예를 들어 두 입력값 중 하나가 유효하지 않은 REAL 수이거나 ∞와 0을 곱하려고 하는 경우 MUL_R은 출력 OUT에 유효하지 않은 값을 반환하고 상태 비트 CC0, CC1, OV 및 OS를 '1'로 설정한다.

▌REAL 나누기

함수 DIV_R은 입력 IN1과 IN2의 값을 REAL 데이터 형식의 숫자로 해석한다. 이 함수는 입력 IN1의 수(분자)를 입력 IN2의 수(분모)로 나눈 후 그 몫을 출력 OUT에 저장한다.

계산을 실행한 다음 상태 비트 CC0과 CC1은 몫이 음수, 0 또는 양수인지 표시한다. 상태 비트 CC0과 CC1은 범위 위반을 표시한다.

규칙을 벗어난 계산인 경우, 예를 들어 두 입력값 중 하나가 유효하지 않은 REAL 수이거나 ∞를 ∞으로, 또는 0을 0으로 나누려고 하는 경우 DIV_R은 출력 OUT에 유효하지 않은 값을 반환하고 상태 비트 CC0, CC1, OV 및 OS를 '1'로 설정한다.

14 시프트

시프트 연산은 변수의 내용을 왼쪽 또는 오른쪽으로 비트 단위로 시프트 한다. 시프트 된 비트는 유실되거나 변수의 반대쪽을 채우는 데 사용된다.

시프트 연산 박스는 1개의 활성화 입력 EN과 1개의 활성화 출력 ENO와 더불어 2개의 입력 IN과 N, 1개의 출력 OUT을 갖고 있다. 연산 박스 안의 '헤더'는 실행된 시프트 연산을 표시한다. 예를 들어 SHL_W는 워드 변수를 왼쪽으로 시프트한다는 의미이다.

시프트 된 값은 입력 IN에, 시프트한 자리 수는 입력 N에, 결과는 출력 OUT에 있다. 입력과 출력은 시프트 연산에 따라 다른 데이터 형식을 갖는다. 예를 들어 시프트 연산 SHR_DW(더블 워드 변수를 오른쪽으로 시프트)의 경우 입력과 출력의 데이터 형식이 DWORD이다. 적용된 변수는 입력 또는 출력과 데이터 형식이 동일해야 한다. 절대 주소가 포함된 피연산자를 사용하는 경우 피연산자의 크기가 데이터 형식과 일치해야 한다. 예를 들어 데이터 형식이 INT인 경우 워드 피연산자를 사용할 수 있다. 모든 시프트 연산에서 입력 N의 데이터 형식은 WORD이다.

1) 워드 변수를 왼쪽으로 시프트

시프트 함수 SHL_W는 입력 IN에 있는 WORD 변수의 내용을 입력 N의 시프트 수에 지정된 자릿수만큼 왼쪽으로 비트 단위로 시프트 한다. 시프트로 인해 공백이 된 비트 자리는 0으로 채운다. 시프트 결과는 출력 OUT의 WORD 변수에 저장된다. 입력 N의 시프트 수는 비트 자릿수를 지정한다. 이 자릿수만큼 변수의 내용이 시프트 된다. 시프트 수는 상수 또는 변수일 수 있다. 시프트 수가 0이면 함수가 실행되지 않는다. 시프트 수가트 함수 SHL_DW는 입력 IN에 있는 DWORD 변수의 내용을 입력 N의 시프트 수에 지정된 자릿수 만큼 왼쪽으로 비트 단위로 시프트 한다. 시프트로 인해 공백이 된 비트 자리는 0으로 채운다. 시프트 결과는 출력 OUT의 DWORD 변수에 저장된다.

입력 N의 시프트 수는 비트 자릿수를 지정한다. 이 자릿수만큼 변수의 내용이 시프트 된다. 시프트 수는 상수 또는 변수일 수 있다. 시프트 수가 0이면 함수가 실행되지 않는다. 시프트 수가 31보다 크면 SHL_DW 함수 실행 후 출력 변수에 0이 포함된다.

2) 워드 변수를 오른쪽으로 시프트

시프트 함수 SHR_W는 입력 IN에 있는 WORD 변수의 내용을 입력 N의 시프트 수에 지정된 자릿수만큼 오른쪽으로 비트 단위로 시프트 한다. 시프트로 인해 공백이 된 비트 자리는 0으로 채운다. 시프트 결과는 출력 OUT의 WORD 변수에 저장된다.

입력 N의 시프트 수는 비트 자릿수를 지정한다. 이 자릿수만큼 변수의 내용이 시프트 된다. 시프트 수는 상수 또는 변수일 수 있다. 시프트 수가 0이면 함수가 실행되지 않는다. 시프트 수가 15보다 크면 SHR_W 함수 실행 후 출력 변수에 0이 포함된다.

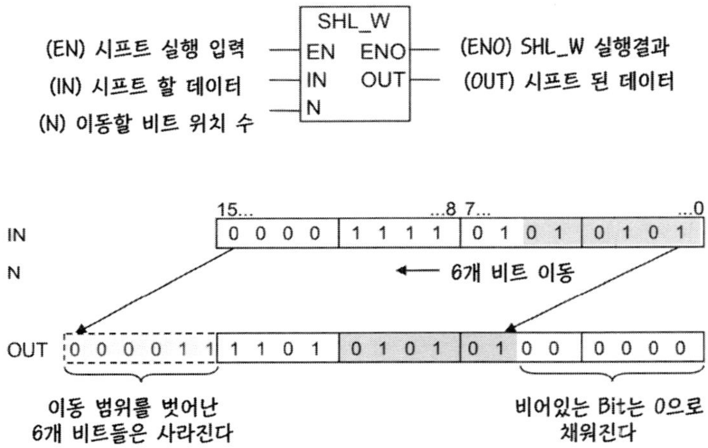

3) 더블 워드 변수를 오른쪽으로 시프트

시프트 연산 SHR_DW는 입력 IN에 있는 DWORD변수의 내용을 입력 N의 시프트 수에 지정된 자릿수만큼 오른쪽으로 비트 단위로 시프트 한다. 시프트로 인해 공백이 된 비트 자리는 0으로 채운다.

시프트 결과는 출력 OUT의 DWORD 변수에 저장된다. 입력 N의 시프트 수는 비트 자릿수를 지정한다. 이 자릿수만큼 변수의 내용이 시프트 된다. 시프트 수는 상수 또는 변수일 수 있다. 시프트 수가 0이면 함수가 실행되지 않는다. 시프트 수가 31보다 크면 SHR_DW 함수 실행 후 출력 변수에 0이 포함된다.

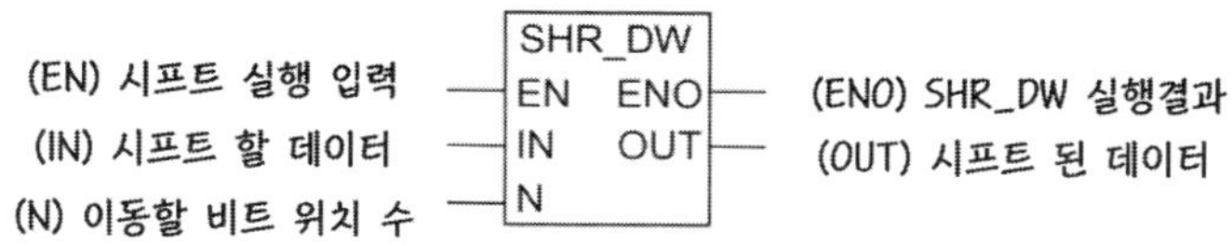

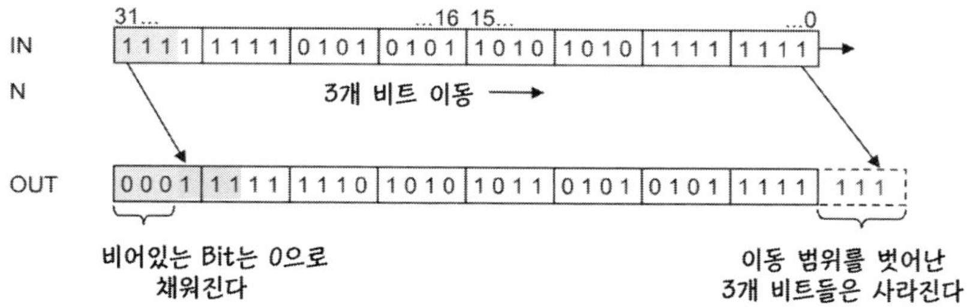

4) 부호를 포함한 워드 변수 시프트

시프트 연산 SHR_I는 입력 IN에 있는 INT 변수의 내용을 입력 N의 시프트 수에 지정된 자릿수만큼 오른쪽으로 비트 단위로 시프트 한다. 시프트로 인해 공백이 된 비트 자리는 비트 31의 신호 상태(INT 수의 사인 비트)로 채운다. 즉, 숫자가 양수이면 '0'을, 숫자가 음수이면 '1'로 공백을 채운다. 시프트 결과는 출력 OUT의 INT 변수에 저장된다.

입력 N의 시프트 수는 비트 자릿수를 지정한다. 이 자릿수만큼 변수의 내용이 시프트 된다. 시프트 수는 상수 또는 변수일 수 있다. 시프트 수가 0이면 함수가 실행되지 않는다. 시프트 수가 15보다 크면 SHR_I 함수 실행 후 출력 변수의 모든 비트 자리에 0이 들어간다. 데이터 형식이 INT인 숫자의 경우 오른쪽으로 시프트는 2를 밑으로 하는 지수로 나누기하는 것과 같다. 지수가 시프트 수가 된다. 이러한 나누기의 결과는 내림한 정수로 표시된다.

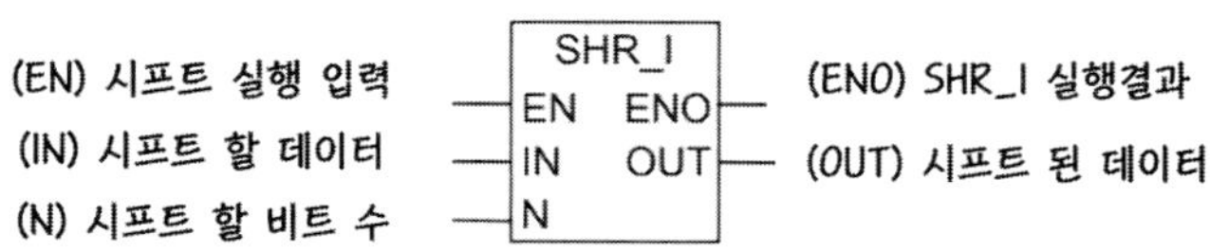

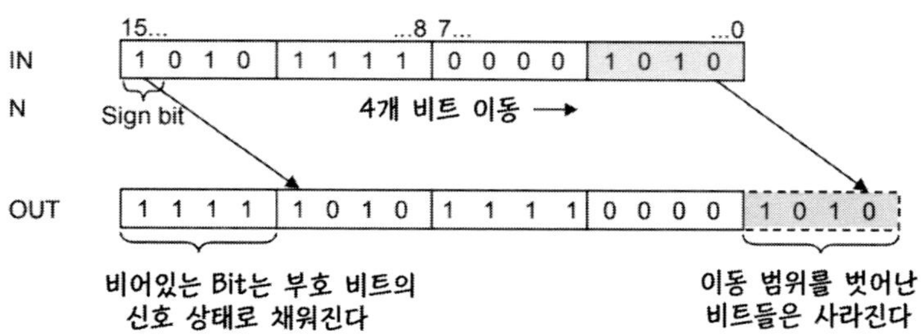

5) 부호를 포함한 더블 워드 변수 시프트

시프트 연산 SHR_DI는 입력 IN에 있는 DINT 변수의 내용을 입력 N의 시프트 수에 지정된 자릿수만큼 오른쪽으로 비트 단위로 시프트 한다. 시프트로 인해 공백이 된 비트 자리는 비트 15의 신호 상태 (DINT 수의 사인 비트)로 채운다. 즉, 숫자가 양수이면 '0'을, 숫자가 음수이면 '1'로 공백을 채운다. 시프트 결과는 출력 OUT의 DINT 변수에 저장된다.

입력 N의 시프트 수는 비트 자릿수를 지정한다. 이 자릿수만큼 변수의 내용이 시프트 된다. 시프트 수는 상수 또는 변수일 수 있다. 시프트 수가 0이면 함수가 실행되지 않는다. 시프트 수가 31보다 크면 SHR_DI 함수 실행 후 출력 변수의 모든 비트 자리에 0이 들어간다. 데이터 형식이 DINT인 숫자의 경우 오른쪽으로 시프트는 2를 밑으로 하는 지수로 나누기 하는 것과 같다. 지수가 시프트 수가 된다. 이러한 나누기의 결과는 내림한 정수로 표시된다.

15 회전(Rotate)

1) 더블 워드 변수를 왼쪽으로 회전

시프트 연산 ROL_DW는 입력 IN에 있는 DWORD 변수의 내용을 입력 N의 시프트 수에 지정된 자릿수만큼 왼쪽으로 비트 단위로 시프트 한다. 시프트로 인해 공백이 된 비트 자리는 시프트된 비트 자리로 채운다. 시프트 결과는 출력 OUT의 DWORD 변수에 저장된다. 입력 N의 시프트 수는 비트 자릿수를 지정한다. 이 자릿수만큼 변수의 내용이 시프트 된다. 시프트 수는 상수 또는 변수일 수 있다. 시프트 수가 0이면 함수가 실행되지 않는다. 시프트 수가 32면 입력 변수의 내용이 유지되고 상태 비트가 설정된다. 시프트 수가 33이면 1개 자리가 시프트 되고 시프트 수가 34면 2개 자리가 시프트 된다. 즉, 시프트는 모듈로 32 연산으로 실행된다.

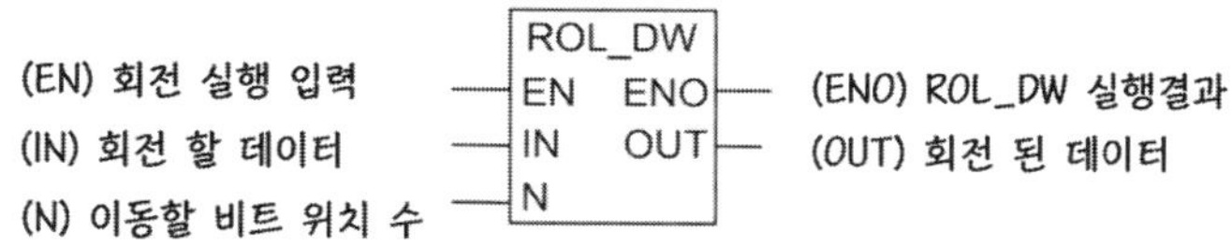

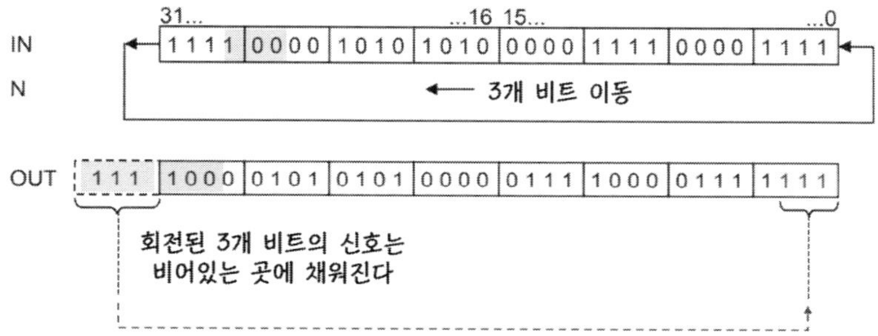

2) 더블 워드 변수를 오른쪽으로 회전

시프트 연산 ROR_DW는 입력 IN에 있는 DWORD변수의 내용을 입력 N의 시프트 수에 지정된 자릿수만큼 오른쪽으로 비트 단위로 시프트 한다. 시프트로 인해 공백이 된 비트 자리는 시프트된 비트 자리로 채운다. 시프트 결과는 출력 OUT의 DWORD 변수에 저장된다.

입력 N의 시프트 수는 비트 자릿수를 지정한다. 이 자릿수만큼 변수의 내용이 시프트 된다. 시프트 수는 상수 또는 변수일 수 있다. 시프트 수가 0이면 함수가 실행되지 않는다. 시프트 수가 32면 입력 변수의 내용이 유지되고 상태 비트가 설정된다. 시프트 수가 33이면 1개 자리가 시프트 되고 시프트 수가 34면 2개 자리가 시프트 된다. 즉, 시프트는 모듈로 32 연산으로 실행된다.

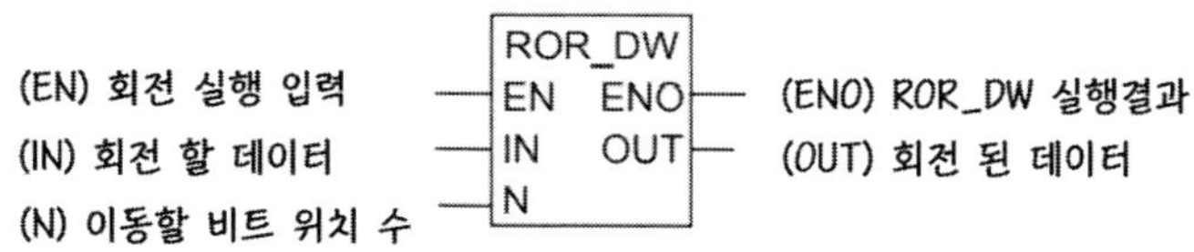

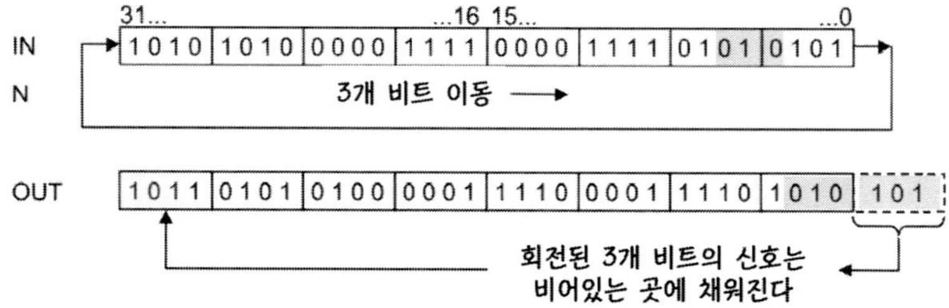

16 데이터 이동 명령(MOVE, BLKMOV, FILL)

1) MOVE 연산 박스 처리

MOVE 연산 박스는 활성화 입력 EN과 활성화 출력 ENO와 더불어 1개의 입력 IN과 1개의 출력 OUT을 갖고 있다. 입력 IN과 출력 OUT에 BOOL을 제외한 모든 기본 데이터 형식의 디지털 피연산자와 디지털 변수를 적용할 수 있다. 입력 IN과 출력 OUT의 변수는 서로 다른 데이터 형식을 가질 수 있다.

데이터를 다른 길이의 데이터 유형으로 이동할 때 더 높은 값의 바이트는 필요에 따라 잘 리거나 0으로 채워진다.

더블 워드	1111 1111	0000 1111	1111 0000	0101 0101
더블 워드로 전송시	1111 1111	0000 1111	1111 0000	0101 0101
워드로 전송시			1111 0000	0101 0101
바이트로 전송시				0101 0101

바이트				1111 0000
더블 워드로 전송시	0000 0000	0000 0000	0000 0000	1111 0000
워드로 전송시			0000 0000	1111 0000
바이트로 전송시				1111 0000

I/O 영역 내에서 이동할 때 이동 방향에 따라 다른 피연산자에 액세스할 수 있다. MOVE 연산 박스의 IN 입력에 I/O 입력(PI)을, OUT 출력에 I/O 출력(PQ)을 지정한다.

I/O에서 메모리로 이동(로딩)할 때는 입력 모듈이 주변 입력장치(PI)로 액세스된다. 사용 가능한 모듈만 주소를 지정할 수 있다. I/O 모듈에서 직접 로딩하는 경우 동일한 주소를 가진 모듈의 입력에서 로딩할 때와 다른 값이 이동될 수 있다. CPU가 프로세스 이미지를 업데이트했을 때 입력의 신호 상태가 프로그램 사이클 시작 시점의 값과 일치하는 경우 I/O 모듈에서 직접 로딩한 값이 현재 값이 된다.

주변 출력장치(PQ)는 I/O로 전송하는 데 사용된다. I/O 모듈이 사용 중인 주소만 액세스가 가능하다. 프로세스 이미지 테이블이 포함된 I/O 모듈로 전송하면 전송과 동시에 해당 프로세스 이미지 출력 테이블이 업데이트되기 때문에 동일한 주소로 지정된 출력과 주변 장치 출력 간에는 차이가 없다.

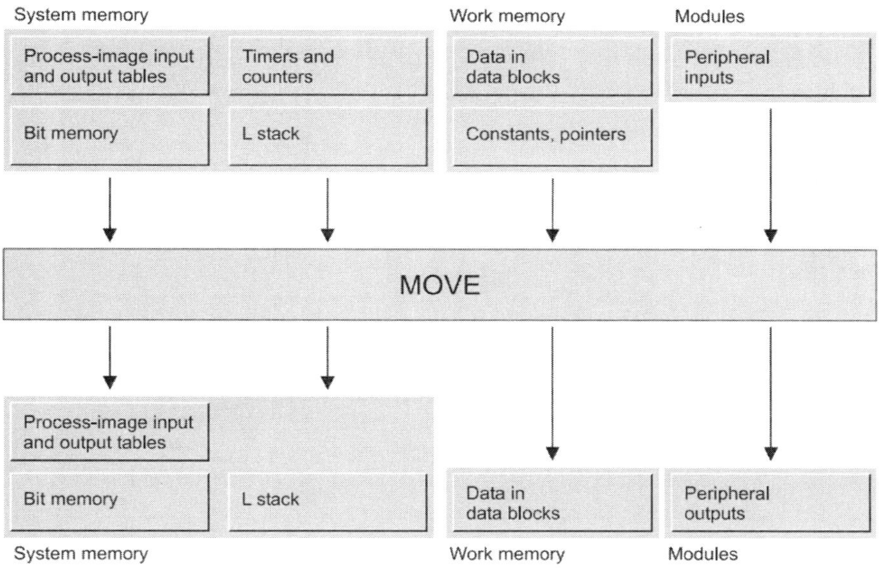

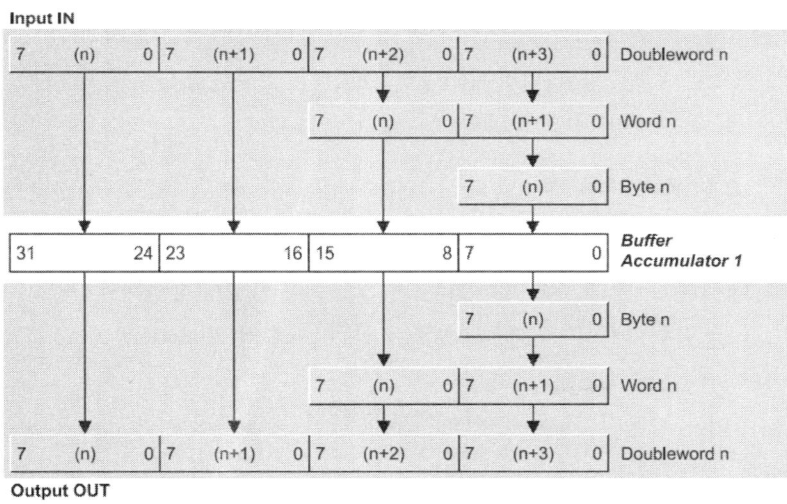

▌상수 이동

MOVE 연산 박스의 입력 IN에 한해 상수 값을 지정할 수 있다.

▌기본 데이터 형식의 상수 이동

고정 값, 즉 상수를 피연산자로 전송할 수 있다. 명확성을 높이기 위해 상수는 여러 가지 형식 중 하나로 전송할 수 있다. 기본 데이터 형식의 상수는 모두 MOVE 연산 박스를 사용해 이동할 수 있다.

예) B#16#F1 2자리 16진수 이동
-1000 INT 수 이동
5.0 REAL 수 이동
S5T#2s S5 타이머 이동
TOD#8:30 실제 시간 이동

포인터 이동

포인터는 표준 블록에서 주소 계산에 사용되는 특수한 형식의 상수이다. MOVE 연산 박스를 사용하여 피연산자에 이 포인터를 저장할 수 있다.

P#1.0	영역 내부 포인터 이동
P#M2.1	영역 교차 포인터 이동

2) SFC 20 BLKMOV (데이터 영역 복사)

시스템 함수 SFC 20 BLKMOV는 소스 영역의 내용(파라미터 SLCBLK)을 오름차순 주소 방향, 즉 증분식으로 대상 영역(파라미터 DSTBLK)에 복사한다.

다음과 같은 실제 파라미터를 할당할 수 있다.

- 입력(I), 출력(Q), 비트 메모리(M) 및 데이터 블록(DB)용 피연산자 영역의 변수. 글로벌 데이터 블록(DB) 및 인스턴스 데이터 블록(DB)의 변수가 이에 해당한다.
- 임시 로컬 데이터의 변수. 데이터 형식 ANY는 특수 상황에 한해 사용한다.
- 절대 주소가 포함된 데이터 영역. ANY 포인터 지정이 필요하다.

SFC 20은 타이머나 카운터 복사, 모듈(피연산자 영역 P)에서 혹은 모듈로 정보 복사, 시스템 데이터블록(SDB) 복사에는 사용할 수 없다.

입력 및 출력의 경우 주소가 실제로 입력 또는 출력모듈을 참조하는지 여부에 관계 없이 지정된 영역이 복사된다. 소스 영역과 대상 영역은 중첩되면 안된다. 소스 영역과 대상 영역의 길이가 다른 경우 두 영역 중 더 짧은 쪽의 길이까지만 전송된다.

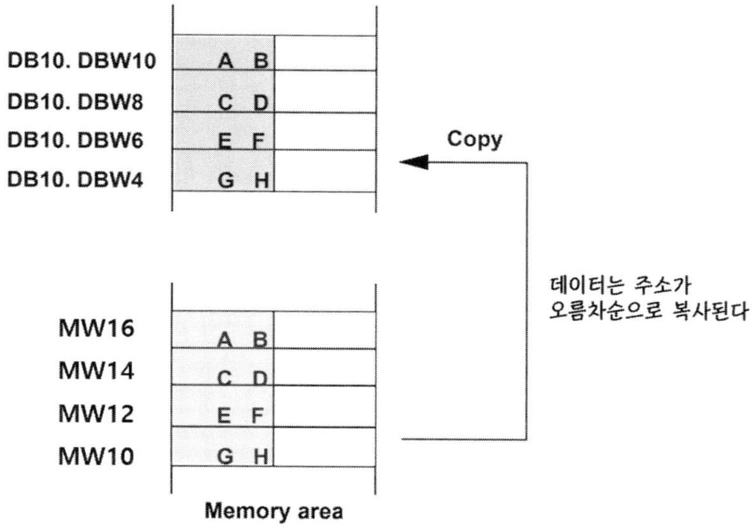

소스 및 대상 영역이 겹치지 않아야 한다. 지정된 대상 영역이 소스 영역보다 큰 경우 함수는 소스 영역에 포함된 만큼의 데이터만 대상 영역에 복사한다.
지정된 대상 영역이 소스 영역보다 작으면 함수는 대상 영역에 쓸 수 있는 만큼의 데이터만 복사한다.
ANY 포인터(소스 또는 대상)가 BOOL 유형인 경우 지정된 길이는 8로 나눌 수 있어야 한다. 그렇지 않으면 SFC가 실행되지 않는다.
소스 또는 대상 매개 변수(또는 둘 다)도 STRING 데이터 유형이어야 한다.
소스가 문자열이면 문자열의 현재 문자만 복사된다. 대상이 문자열이면 복사된 문자 수의 현재 길이가 기록된다. ARRAY OF STRING은 복사할 수 없다. 이는 STRING 1만 허용됨을 의미한다.

3) SFC 21 FILL(데이터 영역 채우기)

SFC 21 “FILL”을 사용하면 다른 메모리 영역(소스 영역)의 내용으로 메모리 영역(대상 영역)을 초기화할 수 있다.

시스템 함수 SFC 21 FILL은 메모리 영역(대상 영역)을 모두 덮어쓰기 하는데 필요한 횟수만큼 지정된 값(소스 영역)을 대상 영역에 복사한다. 전송은 오름차순 주소 방향, 즉 증분식으로 실행된다. 다음과 같은 실제 파라미터를 할당할 수 있다.

- 입력(I), 출력(Q), 비트 메모리(M) 및 데이터 블록(DB)용 피연산자 영역의 변수. 글로벌 데이터 블록(DB) 및 인스턴스 데이터 블록(DB)의 변수가 이에 해당한다.
- 절대 주소가 포함된 데이터 영역. ANY 포인터 지정이 필요하다.
- ANY 데이터 형식의 임시 로컬 데이터의 변수. 특수 상황에 한해 사용한다.

SFC 21은 타이머나 카운터 복사, 모듈(피연산자 영역 P)에서 혹은 모듈로의 정보 복사, 시스템 데이터 블록(SDB) 복사에는 사용할 수 없다.

- 다음과 같은 블록들 : FB, SFB, FC, SFC, SDB,
- Counters
- Timers
- peripheral I/O 영역의 메모리 영역

입력 및 출력의 경우 주소가 실제로 입력 또는 출력 모듈을 참조하는지 여부에 관계없이 지정된 영역이 복사된다.

소스 영역과 대상 영역은 중첩되면 안 된다. 대상 영역은 항상 영역 전체가 덮어쓰기 되어야 한다. 소스 영역이 대상 영역보다 긴 경우나 대상 영역의 길이가 소스 영역 길이의 정수 배수가 아닌 경우에도 마찬가지이다.

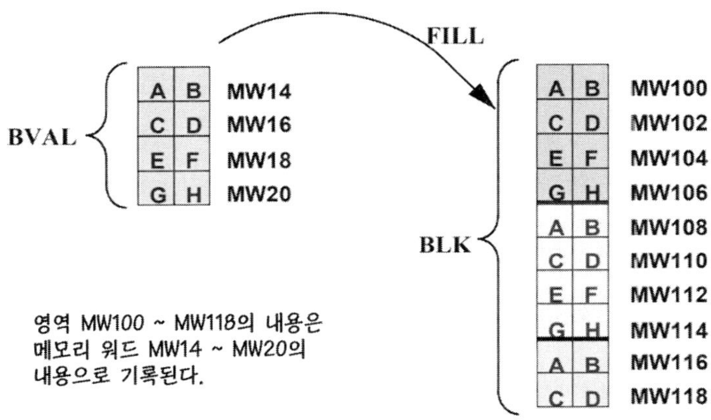

소스 및 대상 필드는 겹치지 않아야 한다.
초기화 할 대상 영역이 입력 매개 변수 BVAL 길이의 배수가 아닌 경우에도 대상 영역은 마지막 바이트까지 기록된다. 초기화 할 대상 영역이 소스 영역보다 작으면 함수는 대상 영역에 쓸 수 있는 만큼의 데이터만 복사한다. ANY 포인터(소스 또는 대상)가 BOOL 유형인 경우 지정된 길이는 8로 나눌 수 있어야 한다. 그렇지 않으면 SFC가 실행되지 않는다.

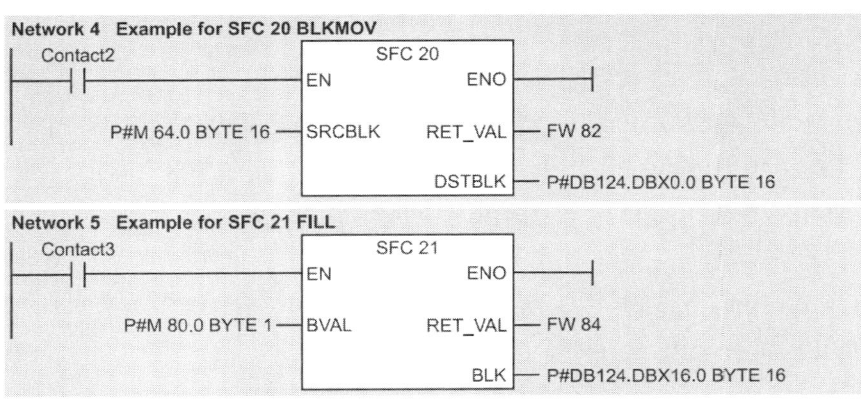

SFC	파라미터	선언	데이터 형식	내용, 설명
20	SRCBLK	INPUT	ANY	복사할 데이터가 있는 소스 영역
	RET_VAL	RETURN	INT	오류 정보
	DSTBLK	OUTPUT	ANY	데이터를 복사해 넣을 대상
21	BVAL	INPUT	ANY	복사할 소스 영역
	RET_VAL	RETURN	INT	오류 정보
	BLK	OUTPUT	ANY	소스 영역을 복사해 넣을 대상 (다중 복사 포함)

4) SFC 20, 21 및 81의 ANY 파라미터

이 시스템 함수는 각각 2개의 데이터 형식 ANY 파라미터를 갖고 있다. 원칙적으로 모든 피연산자, 변수 또는 절대 주소가 포함된 영역을 연결할 수 있다.

조합 데이터 형식의 변수를 사용하는 경우 '완전한' 변수여야 한다. 변수의 구성요소(예: 개별 필드 또는 구조 구성요소)는 변수로 사용할 수 없다. 절대 주소가 포함된 영역을 정의하는 데 ANY 포인터를 사용할 수 있다.

▮ANY 포인터

ANY 포인터는 절대 주소가 포함된 피연산자 영역을 ANY 유형의 블록 파라미터로 지정할 때 필요하다. ANY 포인터의 일반적인 형식은 다음과 같다.

P#[데이터 블록(DB)] 피연산자 유형 개수

예

P#M16.0 BYTE 8	MB 16에서 시작해 8바이트 영역
P#DB11.DBX30.0 INT 12	DBB 30에서 시작해 DB 11 내의 12 워드 영역
P#I18.0 WORD 1	입력 워드 IW 18
P#I1.0 BOOL 1	입력 I 1.0

ANY 포인터의 피연산자 주소는 항상 비트 주소여야 한다. 변수를 선언하지 않은 데이터 영역에 액세스할 때는 상수 ANY 포인터를 지정할 수 있다. 원칙적으로 ANY 파라미터에 상수나 피연산자를 할당할 수 있다. 예를 들어, 'P#I1.0 BOOL 1'은 'I 1.0'이나 관련 심볼 주소와 동일하다.

17 워드 논리 연산

워드 논리 연산은 AND, OR 또는 EXCLUSIVE OR에 따라 2개의 변수 값을 비트 단위로 조합한다. 이 논리 연산은 워드나 더블 워드에 적용할 수 있다.

워드 논리 연산 박스는 활성화 입력 EN 및 활성화 출력 ENO와 더불어 2개의 입력 IN1과 IN2, 1개의 출력 OUT을 갖고 있다. 연산 박스 안의 '헤더'는 실행된 워드 논리 연산을 표시한다. 예를 들어 WAND_W는 워드를 AND한다는 의미이다.

조합될 값은 입력 IN1 및 IN2에 있고 연산 결과는 출력 OUT에 있다. 입력과 출력은 연산에 따라 다른 데이터 형식을 갖는다. 워드(16비트) 연산의 경우 데이터 형식은 WORD, 더블 워드(32비트) 연산의 경우 데이터 형식은 DWOR가 된다. 적용된 변수는 입력 또는 출력과 데이터 형식이 동일해야 한다.

1) AND 연산

AND는 AND 조건에 따라 IN1 입력값의 개별 비트를 IN2 입력값의 해당 비트와 조합한다. 조합할 두 값의 해당 비트가 '1'인 경우에만 결과 워드 OUT의 비트가 '1'이 된다.

입력 IN2에서 '0'인 비트는 입력 IN1에서 해당 비트가 갖는 값에 관계없이 결과 비트를 '0'으로 설정하기 때문에 이런 비트는 "마스킹 되었다"고 한다. 마스킹은 (디지털) AND 연산에 주로 사용된다.

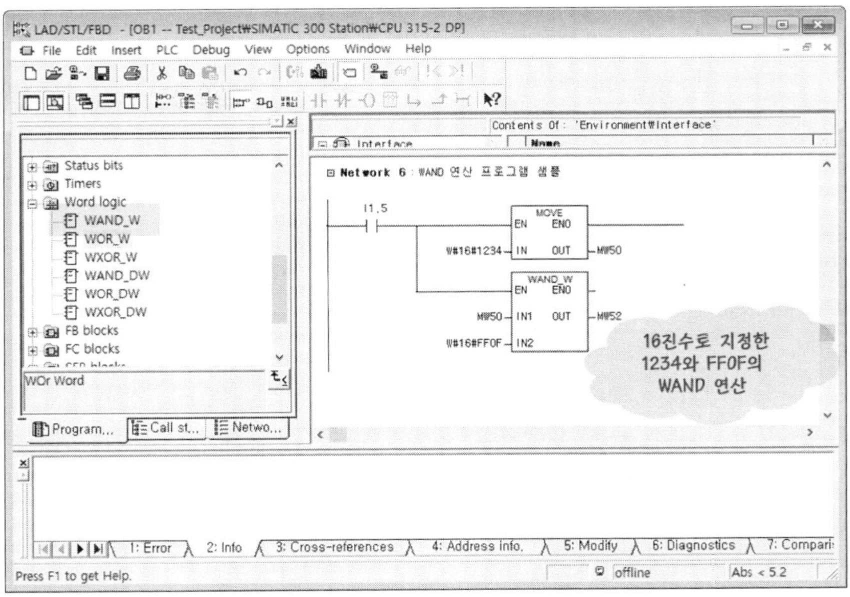

특정 비트의 클리어는 0으로 클리어하고자 하는 비트 위치에 0을 가진 값과 AND연산을 하면 해당 위치의 비트 값은 소스 값에 관계없이 무조건 0으로 설정된다.

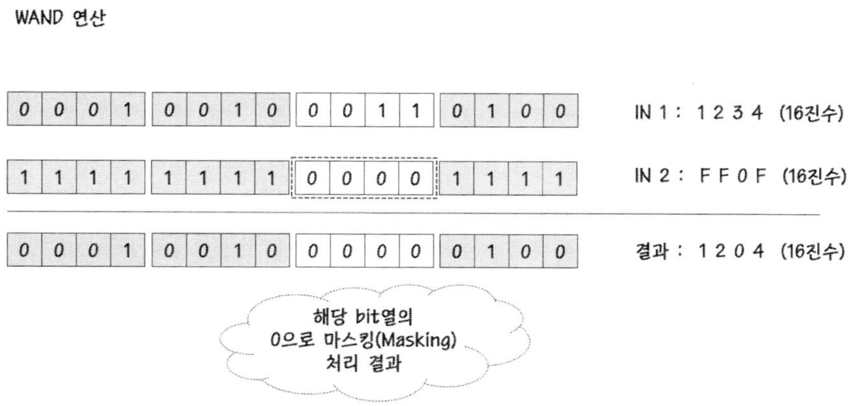

2) OR 연산

OR은 OR 조건에 따라 IN1 입력값의 개별 비트를 IN2 입력값의 해당 비트와 조합한다. 조합할 두 값의 해당 비트가 '0'인 경우에만 결과 워드 OUT의 비트가 '0'이 된다.

입력 IN2에서 '1'인 비트는 입력 IN1에서 해당 비트가 갖는 값에 관계없이 결과 비트를 '1'으로 설정하기 때문에 이런 비트는 "마스킹 되었다"고 한다. 마스킹은 (디지털) OR 연산에 주로 사용된다.

특정 비트를 1로 설정하려면 지정된 위치의 비트를 1과 OR연산한다. 1로 설정하고자 하는 비트 위치에 1을 가진 값과 OR연산을 하면 해당 위치의 비트 값은 소스 값에 관계없이 무조건 1로 설정된다.

OR연산을 이용해서 특정 비트만 추출하는 방법이다.

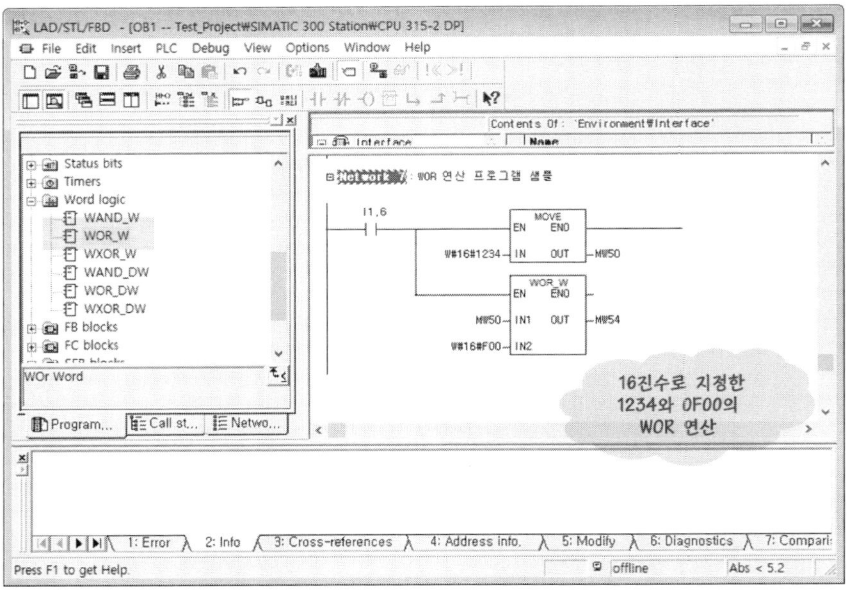

WOR 연산

0	0	0	1	0	0	1	0	0	0	1	1	0	1	0	0	IN 1 : 1 2 3 4 (16진수)
0	0	0	0	1	1	1	1	0	0	0	0	0	0	0	0	IN 2 : 0 F 0 0 (16진수)
0	0	0	0	0	0	1	0	0	0	0	0	0	0	0	0	결과 : 0 2 0 0 (16진수)

해당 bit열의
1로 마스킹(Masking)
처리 결과

3) EXCLUSIVE OR 연산

EXCLUSIVE OR은 EXCLUSIVE OR 조건에 따라 IN1 입력값의 개별 비트를 IN2 입력값의 해당 비트와 조합한다. 조합할 두 값 중 하나만 해당 비트가 '1'인 경우에 한해 결과 워드 OUT의 비트가 '1'이 된다. 입력 IN2의 비트가 '1'인 경우 결과 값은 IN1의 동일한 위치에 해당하는 비트와 반대 값이 된다.

디지털 EXCLUSIVE OR 연산을 실행하기 전에 IN1과 IN2의 신호 상태가 반대였던 비트만 결과가 '1'이 된다. 상태 신호가 반대인 비트를 찾거나 개별 비트의 신호 상태를 '부정'하는 데 사용된다.

반전시키고자 하는 비트는 1과 WXOR연산을 한다. WXOR연산은 두 피연산자가 같으면 0으로, 다르면 1로 설정된다.

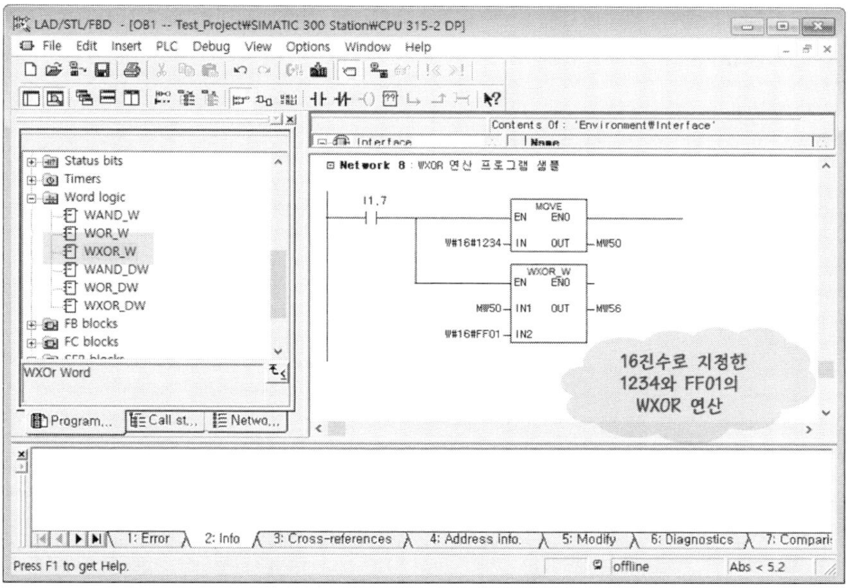

WXOR 연산

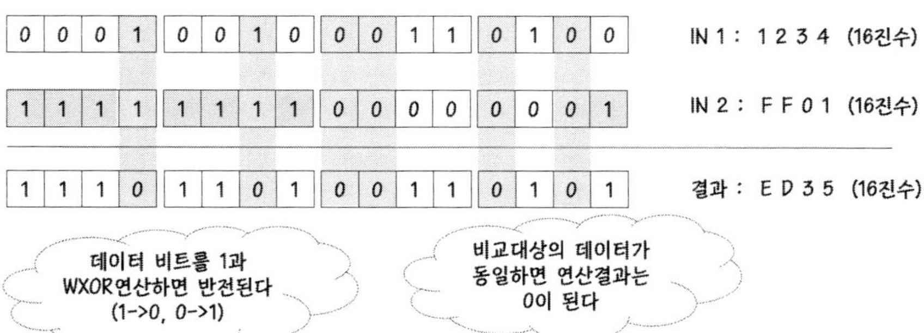

4) 빅엔디안과 리틀엔디안

우리는 보통 글을 읽을 때는 습관적으로 왼쪽에서 오른쪽으로 글을 읽어 나간다. 사실 이 방식은 절대적인 것은 아니며 관습에 의한 것이다. 예전 책이나 신문을 보면 글들이 위에서 아래쪽으로 쓰여진 것들이 많았다. 어느 순간 오늘날처럼 통일되어 세로로 쓰여진 책이나 신문은 보기 힘들지만 그런 책이 있더라도 충분히 읽을 수는 있다.

글을 쓰거나 읽는 것을 컴퓨터의 경우로 치자면 데이터를 쓰거나 읽는 것으로 생각할 수 있다. 데이터를 쓰고 읽고 해석하는 행위는 사람이나 컴퓨터나 매한가지다. 단지 컴퓨터는 글을 표현하는 복잡한 문자 대신 0과 1 두 가지 상태의 전기 신호를 기록하고 해석하는 것이다. 그런데 컴퓨터의 경우에는 데이터를 읽고 쓰는 순서를 미리 정해놔야 한다. 사람이라면 쓰인 글이 세로로 쓰였거나 왼쪽에서 오른쪽으로, 또는 오른쪽에서 왼쪽으로 쓰던 웬만하면 알아내서 해석할 수 있다.

하지만 컴퓨터는 정해진 룰 외에 다른 방식으로 읽거나 쓰지 않는다. 시스템마다 읽고 쓰는 방식이 상이하기 때문에 서로 방식이 상이한 시스템 간에 통신에 있어서 문제가 발생할 수도 있다.

빅엔디안과 리틀엔디안은 컴퓨터가 읽고 쓰는 방식을 의미하고 이것을 바이트 오더(byte order)라고 한다.

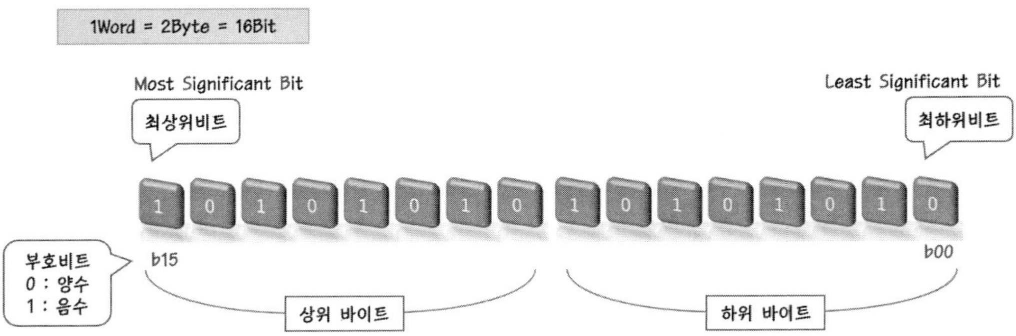

엔디언(Endianness)은 컴퓨터의 메모리와 같은 1차원의 공간에 여러 개의 연속된 대상을 배열하는 방법을 뜻하며, 바이트를 배열하는 방법을 특히 바이트 순서(Byte order)라 한다.

엔디언은 보통 큰 단위가 앞에 나오는 빅 엔디언(Big-endian)과 작은 단위가 앞에 나오는 리틀 엔디언(Little-endian)으로 나눌 수 있으며, 두 경우에 속하지 않거나 둘을 모두 지원하는 것을 미들 엔디언(Middle-endian)이라 부르기도 한다.

빅 엔디안은 최상위 바이트(MSB - Most Signficant Byte)부터 차례로 저장하는 방식이며, 리틀 엔디안은 최하위 바이트(LSB - Least Significant Byte)부터 차례로 저장하는 방식이다.

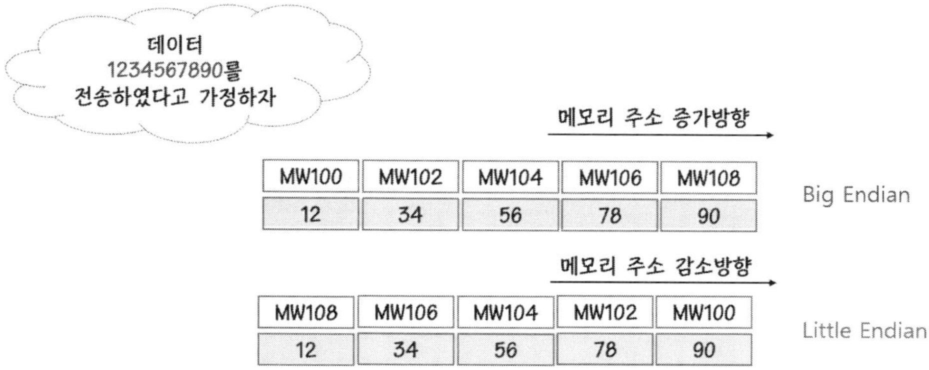

빅 엔디언은 소프트웨어의 디버그를 편하게 해 주는 경향이 있다. 사람이 숫자를 읽고 쓰는 방법과 같기 때문에 디버깅 과정에서 메모리의 값을 보기 편한데, 예를 들어 0x59654148은 빅 엔디언으로 59 65 41 48로 표현된다.

반대로 리틀 엔디언은 메모리에 저장된 값의 하위 바이트들만 사용할 때 별도의 계산이 필요 없다는 장점이 있다. 예를 들어, 32비트 숫자인 0x2A는 리틀 엔디언으로 표현하면 2A 00 00 00이 되는데, 이 표현에서 앞의 두 바이트 또는 한 바이트만 떼어내면 하위 16비트 또는 8비트를 바로 얻을 수 있다. 반면 32비트 빅 엔디언 환경에서는 하위 16비트나 8비트 값을 얻기 위해서는 변수 주소에 2바이트 또는 3바이트를 더해야 한다. 보통 변수의 첫 바이트를 그 변수의 주소로 삼기 때문에 이런 성질은 종종 프로그래밍을 편하게 하는 반면, 리틀 엔디언 환경의 프로그래머가 빅 엔디언 환경에서 종종 실수를 일으키는 한 이유이기도 하다. 또한 가산기가 덧셈을 하는 과정은 LSB로 부터 시작하여 자리 올림을 계산해야 하므로, 첫 번째 바이트가 LSB인 리틀 엔디언에서는 가산기 설계가 조금 더 단순해진다. 빅 엔디언에서는 가산기가 덧셈을 할때 마지막 바이트로부터 시작하여 첫 번째 바이트까지 역방향으로 진행해야 한다. 그러나 오늘날의 프로세서는 여러 개의 바이트를 동시에 읽어 들여 동시에 덧셈을 수행하는 구조를 갖고 있어 두 엔디언 사이에 사실상 차이가 없다.

엔디안 방식이 중요해지는 것은 네트워크인데. 데이터 전송을 할 때 엔디안 방식의 차이에 주의해야 한다. 서로 다른 데이터 저장 방식의 시스템끼리 통신하게 되면 전혀 엉뚱한 값을 주고받기 때문이다.

온라인 데이터 모니터링

05 CHAPTER

Variable Table 변수 테이블은 다양한 테스트 환경을 저장할 수 있다는 장점을 제공한다. 따라서 작동 중에 또는 서비스 및 유지 보수 목적으로 테스트 및 모니터링을 쉽게 재현할 수 있다. 저장할 수 있는 변수 테이블의 수에는 제한이 없다.

변수 테이블을 사용하여 테스트할 때 다음 기능을 사용할 수 있다.

- Monitoring Variables 변수 모니터링

  이 기능을 사용하면 사용자 프로그램 또는 CPU에 있는 개별 변수의 현재 값을 표시할 수 있다.

- Modifying Variables 변수 수정

  이 기능을 사용하여 사용자 프로그램 또는 CPU의 개별 변수에 고정값을 할당할 수 있다. 프로그램 상태를 사용하여 테스트할 때 값을 즉시 수정할 수 있다.

- 출력 활성화 및 값 수정 활성화

  이 기능을 사용하면 STOP 모드에서 CPU의 개별 I/O 출력에 고정값을 할당할 수 있다.

- Forcing Variables 강제 변수 할당

  이 기능을 사용하여 사용자 프로그램이 덮어쓸 수 없는 고정값으로 사용자 프로그램 또는 CPU의 개별 변수를 할당할 수 있다.

다음 변수에 대한 값을 지정하거나 표시할 수 있다.

- 입력, 출력, 비트 메모리, 타이머 및 카운터
- 데이터 블록의 내용
- I/O

표시하거나 수정할 변수를 변수 테이블에 입력한다.

트리거 포인트 및 트리거 주파수를 정의하여 변수를 모니터링하거나 새 값을 할당하는 시기와 빈도를 결정할 수 있다.

1 변수 테이블로 모니터링 및 수정시 기본 절차

모니터 및 수정 절차는 다음과 같다.

① 새 변수 테이블을 생성하거나 기존 변수 테이블을 오픈한다.
② 변수 테이블의 내용을 편집하거나 확인한다.
③ PLC〉 Connect To 메뉴 명령을 사용하여 현재 변수 테이블과 필요한 CPU간에 온라인 연결을 설정한다.
④ 메뉴 명령 변수〉 트리거를 사용하여 적절한 트리거 포인트를 선택하고 트리거 주파수를 설정한다.
⑤ 메뉴 명령 변수〉 모니터 및 변수〉 수정은 모니터 및 수정 기능을 켜고 끈다.
⑥ 테이블〉 저장 또는 테이블〉 다른 이름으로 저장 메뉴 명령을 사용하여 완성된 변수 테이블을 저장하면 언제든지 다시 불러올 수 있다.

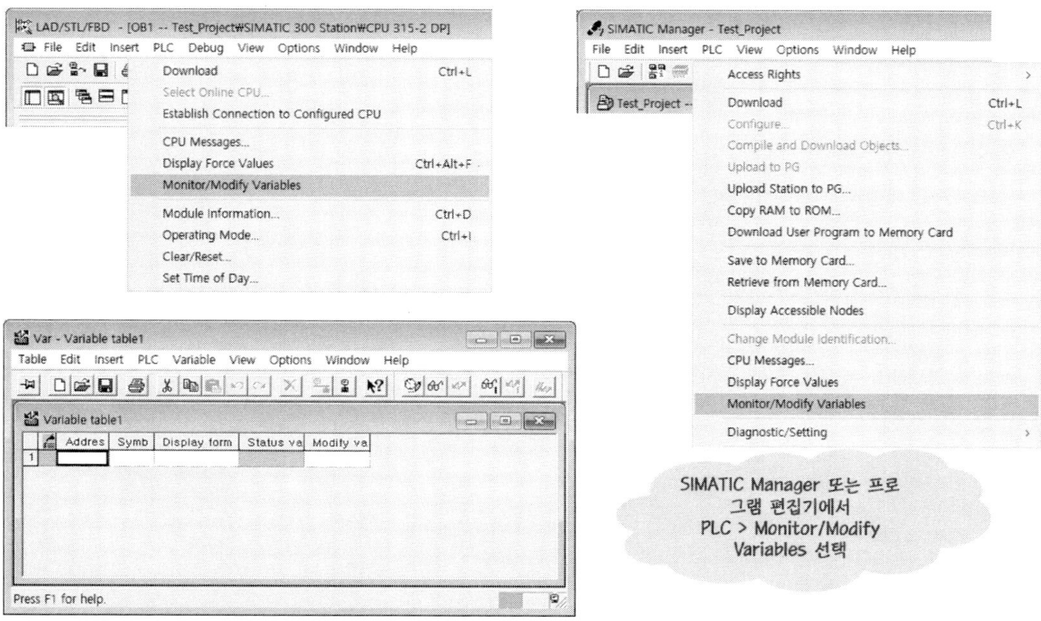

Monitor/Modify Variables 기능은 User가 입력한 Address의 현재 값 및 해당 Address가 가지고 있는 현재 값을 수정(Modify)할 수 있는 기능이다.

Monitor/Modify Variables 기능은 프로그램 편집기가 PLC 프로그램 Monitoring 상태에서도 실행이 가능하므로, 작성된 PLC 프로그램의 Debug 작업 시 PLC 프로그램 Monitoring과 Monitor/Modify Variables 기능을 조합하여 사용할 수 있고, 또한 Debug작업의 효율을 높여 준다.

▌모니터 테이블 구조

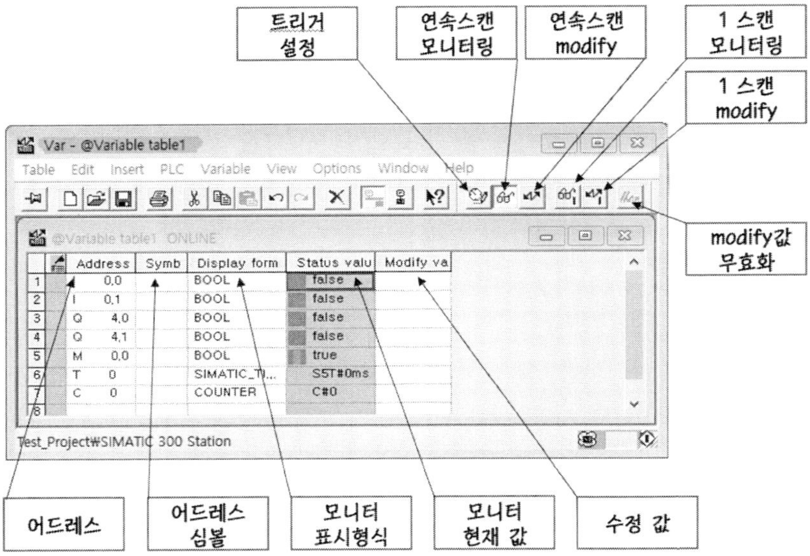

- Address : 모니터링 하고자 하는 Address를 입력하는 곳이다.
- Symbol : "Address" 항목에 입력된 Address에 입력된 Symbol이 디스플레이 되는 곳이다.
- Display Format : 모니터링 시 모니터링 형식을 지정하는 곳이다(ex. Bool, 10진수, 16진수 등등)
- Status Value : 모니터링 시 입력된 Address가 가지고 있는 현재 값이 디스플레이 되는 곳이다.
- Modify Value : 입력된 Address가 가지고 있는 값을 유저가 원하는 값으로 변경하고자 하는 경우에 변경할 값을 입력하는 곳이다

사용하는 아이콘의 기능

아이콘	기능
	모니터링 또는 Modify 시 PLC Scan 중 모니터링 또는 Modify를 실시할 시점을 설정한다 (PLC Scan 시작, PLC Scan 종료 등)
	모니터링을 매 Scan마다 연속해서 실행한다.
	Modify를 매 Scan마다 연속해서 실행한다.
	Modify 기능을 매 Scan으로 실행 중 해당 Modify 기능을 무효화 시킨다.
	모니터링을 1 Scan만 실행한다.
	Modify를 1 Scan만 실행한다.

모니터링 순서

① Address 항목에 모니터링 하고자 하는 Address를 입력한다.

② Display format 항목으로 커서를 이동하고 오른쪽 마우스 버튼을 클릭 후 Display format을 선택한다.

③ 모니터링 아이콘을 클릭하면, 모니터링이 된다.

모니터링 형식

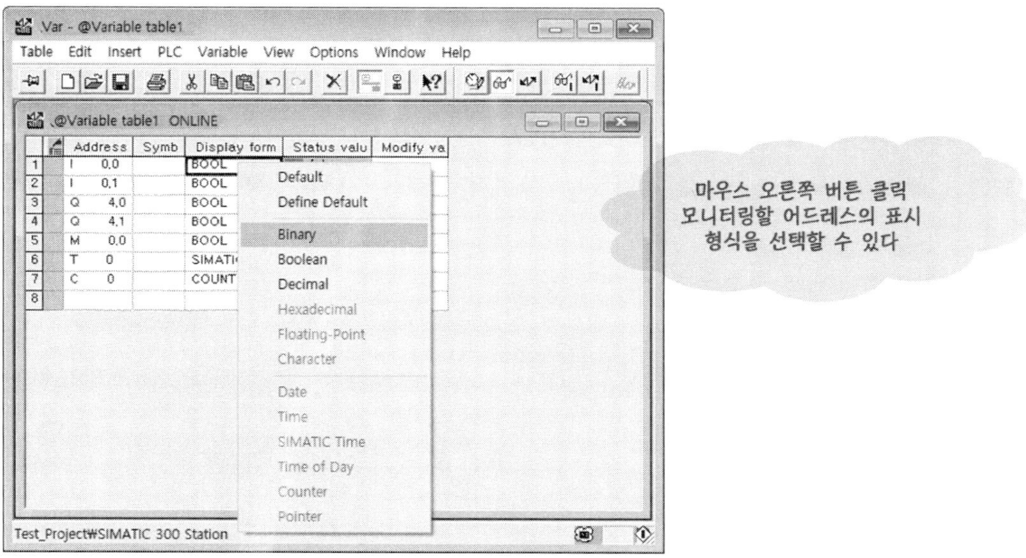

Binary	2진수 형식, 각각 1Bit 단위 상태를 알 수 있다. (모든 Bit 단위를 포함한 모든 Address 형태가 Binary 형식으로 모니터링 가능함)
Boolean	True(참, ON)과 False(거짓, OFF) 형태로 모니터링된다. (Bit 단위 Address만 Boolean 형식으로 모니터링 가능하다.)
Decimal	10진수 형식
Hexadecimal	16진수 형식
Floating-point	실수 형식
Character	문자 형태로 모니터링된다. (해당 어드레스가 가지고 있는 ASCII Code 값에 해당하는 ASCII 문자를 디스플레이 한다.)
Date	날자 형식
Time	IEC Time 형식
SIMATIC Time	System Timer의 시간 형식
Time of Day	시간 및 날자 형식
Counter	Counter 데이터 형식

심볼을 입력할 때

- 주소 또는 기호로 수정할 변수를 입력한다.
  "기호"열 또는 "주소"열에 기호와 주소를 입력할 수 있다.
  해당 기호가 기호 테이블에 정의되어 있으면 기호 열 또는 주소 열이 자동으로 채워진다.
- 기호 테이블에 이미 정의된 기호만 입력할 수 있다.
- 기호 테이블에 정의된 대로 정확하게 기호를 입력한다.
- 특수 문자가 포함된 기호 이름은 따옴표로 묶어야 한다.
  (예 : "Motor.Off", "Motor + Off", "Motor-Off").
- 심볼 테이블에서 새 심볼을 정의하려면 〈메뉴 명령 옵션〉 심볼 테이블을 선택한다. 심볼 테이블에서 심볼과 어드레스를 입력하고 "저장"하면 변경된 내용이 변수 테이블에 적용된다.

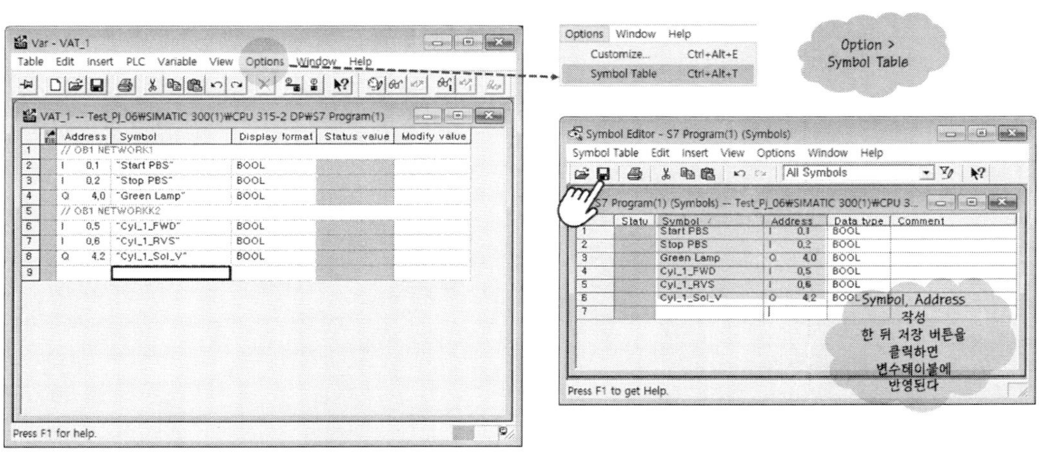

라인 코멘트

Address 항목에 "//" 를 입력하면, 해당 라인은 모니터링을 위한 Address가 아닌 코멘트로 인식된다.

변수 테이블에 연속 주소 범위 삽입

① 변수 테이블을 오픈한다.
② 연속 주소 범위를 삽입하려는 행 뒤에 커서를 놓는다.
③ 삽입〉 변수 범위 메뉴 명령을 선택한다. 변수 범위 삽입 대화 상자가 표시된다.
④ "From Address" 필드에 시작 주소로 주소를 입력한다.
⑤ "번호" 필드에 삽입할 행 수를 입력한다.
⑥ 표시된 목록에서 필요한 표시 형식을 선택한다.
⑦ "확인" 버튼을 클릭한다.

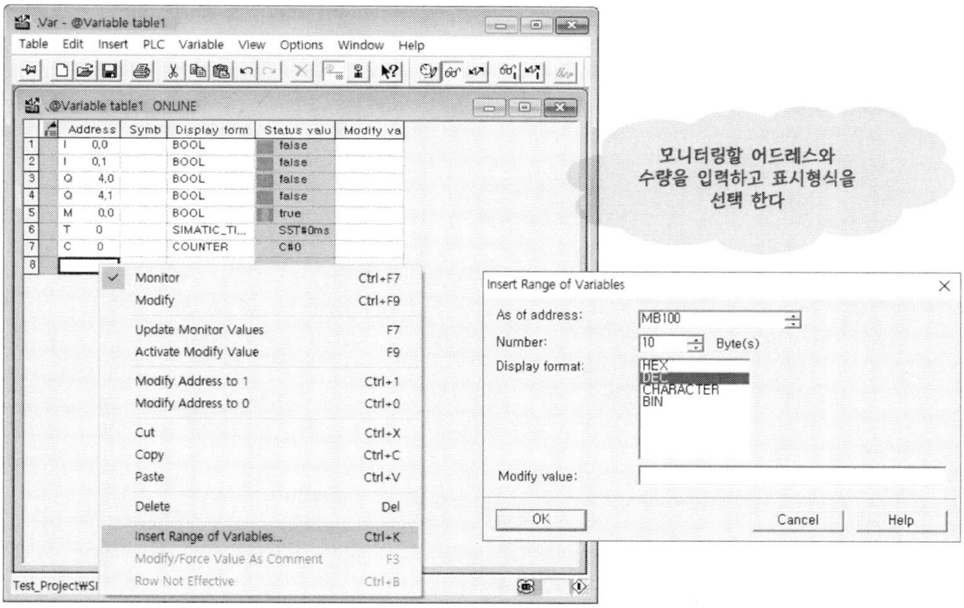

연속된 Address 영역을 다수 개 Monitoring 또는 Modify하고자 한다면, Insert Range of variables를 이용하여 Address 및 Display format을 자동 입력이 가능하다.

"As of address"에 입력한 Address 단위(Bit, Byte, Word, Double-word)로 몇 개의 Address를 입력할 것인지 Address의 갯수를 입력하는 곳이며, Address 단위는 "As of address"에 입력한 Address 단위로 자동 선택된다.

Modify는 해당 Address가 가지고 있는 현재 값을 유저가 원하는 다른 값으로 변경할 수 있는 기능이다.

▌Modify 순서

① Modify 항목에 변경하고자 하는 값을 입력한다.
(이때 현재 모니터링 형식에 알맞은 상수 형태로 값을 입력한다.)
(ex. Binary 또는 Boolean 형식인 경우 = 1 또는 0, Decimal = 1, -1, 100, Hexadecimal = W#16#~)

② Modify 아이콘 을 클릭한다.

참고) 특정 Address를 유저가 원하는 값으로 변경(Modify)할 때 해당 Address를 PLC 프로그램에서 Access 하고 있는 경우에는 트리거 설정에 따라서 변경되지 않는 경우도 있다.

(이것은 해당 Address를 PLC 프로그램에서 Access 여부와 트리거 포인트 설정에 따라서 결정 된다.)

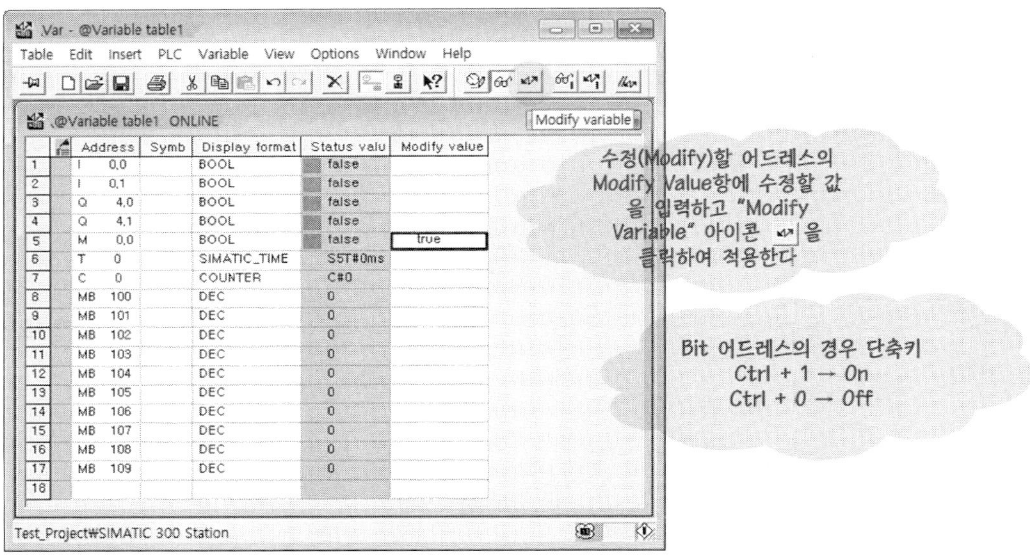

▌Monitor/Modify Variables 트리거 설정

Trigger Point는 유저가 Monitoring 시 해당 Address의 값을 PLC 1 Scan 처리 중 어느 시점에 Update할 것인지를 결정하는 것이며, 또한 Modify시 역시 해당 Address의 값을 PLC 1 Scan 중 어느 시점에 Modify를 할 것인지를 결정하는 것이다.

① Beginning of scan cycle

PLC가 입력 Module에서 입력값을 읽어와 입력 프로세스이미지(Process image input) 영역의 Update 작업이 완료된 이후를 의미한다. (유저 프로그램 즉 OB1을 실행하기 이전이다.)

② Transition to STOP

PLC가 Run 모드에서 STOP 모드로 바뀌는 순간을 의미한다.

End of scan cycle 유저 프로그램 즉 OB1의 실행이 완료된 시점을 의미한다.

(출력 프로세스이미지의 값을 출력 Module로 출력하기 이전을 의미한다.)

③ Trigger condition

Monitoring 또는 Modify 시 해당 기능을 실행하는 빈도를 결정하는 것이며

once : 단 PLC 1 Scan 동안만 Monitoring 또는 Modify를 실행한다.

Every Cycle : 매 PLC Scan마다 Monitoring 또는 Modify를 실행한다.

만약 Monitoring과 Modify가 같은 트리거 포인트로 설정이 되었다면, PLC의 처리순서는 Monitor 값을 먼저 Update하고, 이후 Modify를 실행한다. (Monitor가 우선된다.)

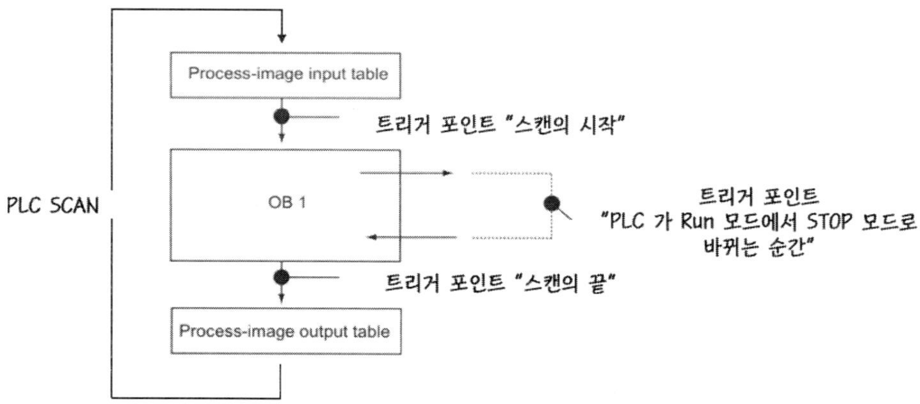

"상태 값" 열에 수정된 값을 표시하려면 모니터링 트리거 지점을 "사이클 시작"으로 설정하고 수정 트리거 지점을 "사이클 끝"으로 설정해야 한다.

메뉴 Variable 〉 Update Monitor Values를 사용하여 선택한 변수의 값을 업데이트할 수 있다. 이 명령은 "즉시 트리거"를 의미하며 사용자 프로그램의 어떤 지점도 참조하지 않고 최대한 빨리 실행되므로 주로 STOP 모드에서 모니터링 및 수정에 사용된다.

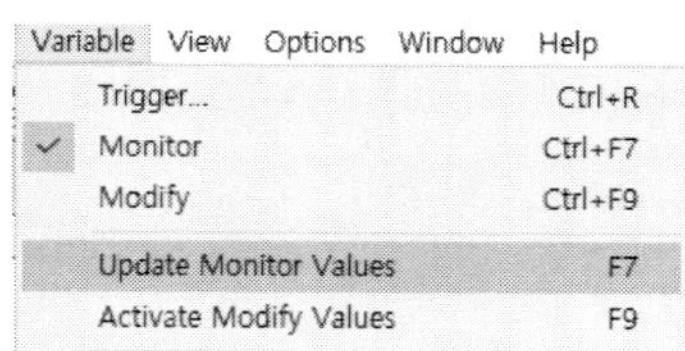

Monitor/Modify Variables 를 프로젝트 내 Block 폴더에 “VAT(Variable Table)” 형태로 저장할 수 있다.

이것은 현재 Address, Display format, Modify value 등에 입력된 정보 및 설정사항 등을 VAT 형태로 저장 후 유저가 필요하다면 해당 VAT를 Open 해서 다시 사용할 수 있다.

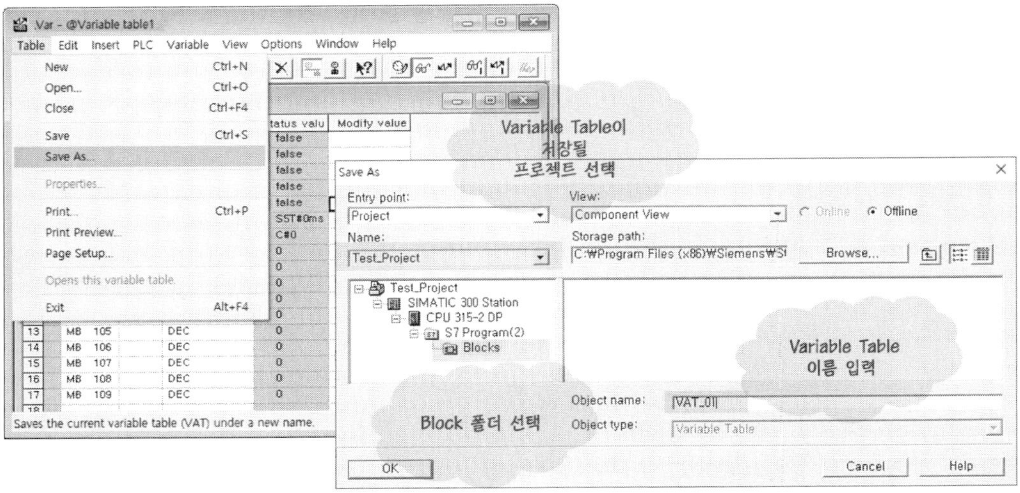

2 Forcing Variables

▌변수를 강제 수정할 때의 안전 조치

“Force” 기능을 사용할 때 잘못된 동작은 다음과 같을 결과를 초래할 수 있다.

- 작업자의 생명이나 건강을 위태롭게 하거나
- 기계 또는 전체 공장에 손상을 줄 수 있다.

▌주의할 사항

- Force 기능을 시작하기 전에 같은 CPU에서 동시에 이 기능을 실행하는 사람이 없는지 확인해야 한다.
- 강제 작업은 변수〉 강제 중지 메뉴 명령으로만 삭제하거나 종료할 수 있다. “Force 값” 창을 닫거나 “모니터링 및 수정 변수” 응용 프로그램은 강제 작업을 삭제하지 않는다.
- 강제 실행은 취소할 수 없다. (예 : 편집〉 실행 취소)
- 변수 강제 및 수정의 차이점에 대한 이해를 하고 있어야 한다.

• CPU가 Force 기능을 지원하지 않으면 Force와 연결된 Variable 메뉴의 모든 메뉴 명령이 비활성화 된다.

메뉴 명령 Variable〉 Enable Peripheral Output으로 출력 비활성화가 비활성화된 경우 모든 강제 출력 모듈은 강제 값을 출력한다.

Force 강제 입출력은 PLC 프로그램 처리와 관계없이 유저가 원하는 값으로 입력 또는 출력 값을 설정할 수 있는 기능이다.(강제 입출력 기능은 특정 CPU에서만 사용 가능하다.)

Force 가능한 영역은 S7-400 시리즈는 입력(I), 출력(Q), Bit Memory(M)에 대하여 강제 입출력 설정이 가능하다.

S7-300 시리즈는 입력(I), 출력(Q)에 대하여 강제 입출력 설정이 가능하다.

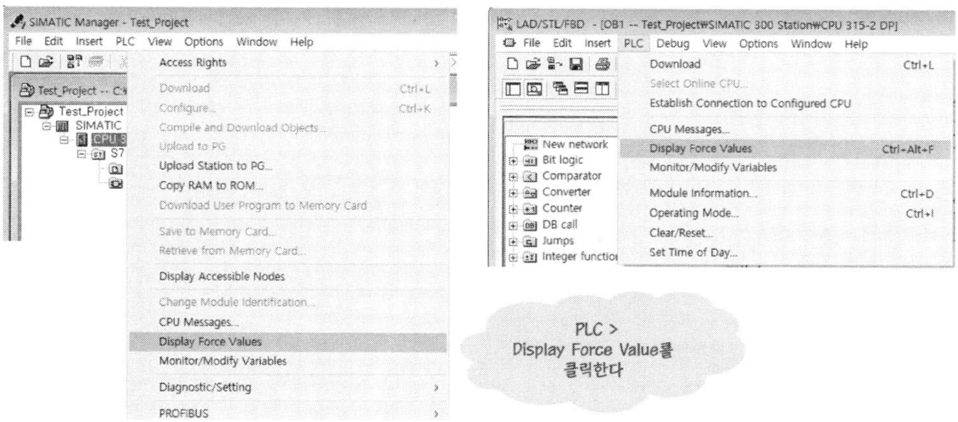

Monitor/Modify Variables의 Modify 기능을 매 Scan(Every Cycle) 실행 중 Monitor/Modify Variables 윈도우가 종료되면 Modify 기능 또한 종료되지만, 강제 입출력(Force) 기능은 "Display Force" 윈도우가 종료되더라도 활성화된 Force 기능은 계속해서 유효하다.

활성화된 강제 입출력(Force) 기능을 해제하려면,

① "Display Force" 윈도우에서 "Variable" Menu → "Stop Force" 선택

② Address 항목에서 오른쪽 마우스 버튼 클릭 후 "Delete Force" 선택

③ PLC Work Memory Clear(Clear Reset 기능 또는 CPU Mode S/W에 의한 Work Memory Clear)

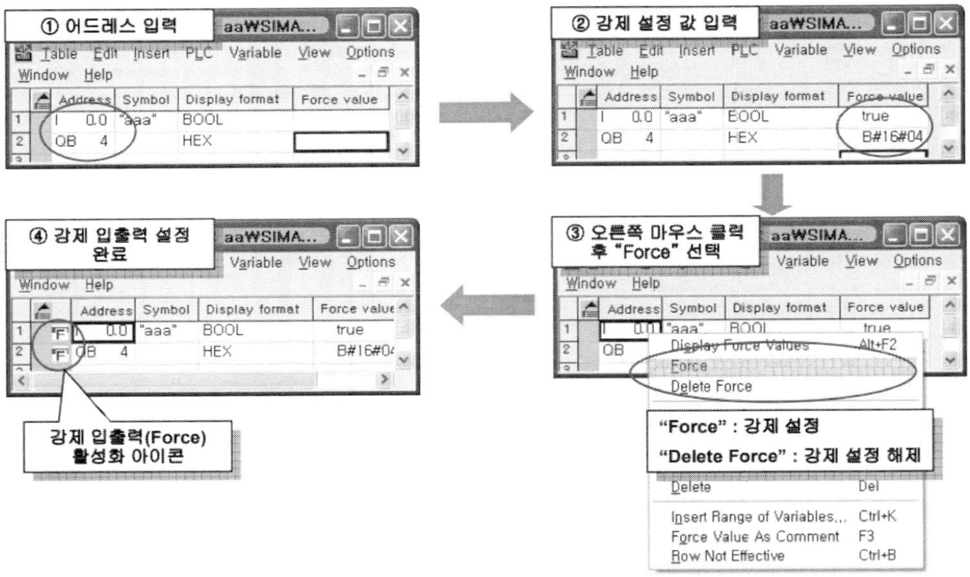

현재 온라인 연결의 이름이 제목 표시줄에 표시된다.

CPU에서 강제 작업을 읽은 데이터와 시간이 상태 표시줄에 표시된다.

(강제 작업이 활성화되지 않은 경우 창이 비어 있다.)

"강제 값" 창에 변수를 표시하는 다양한 방법은 다음과 같은 의미를 갖는다.

표시	의미
Bold	CPU에서 이미 고정된 값이 할당된 변수이다.
Normal	편집 중인 변수이다.
회색	랙에 없거나 삽입되지 않은 모듈의 변수 또는 주소 오류가 있는 변수 오류 메시지가 표시된다.

▌CPU에서 강제 작업 사용 또는 새 강제 작업 설정

"Force Values"창이 열려 있고 활성화된 경우 다른 메시지가 표시된다.

- 확인하면 창의 변경 사항이 CPU에 있는 강제 작업으로 덮어 씌어진다.
  메뉴 명령 Edit 〉 Undo를 사용하여 이전 창 내용을 복원할 수 있다.
- 취소하면 창의 현재 내용이 유지된다.
  그런 다음 Table 〉 Save As 메뉴 명령을 사용하여 "Force Values"창의 내용을 변수 테이블로 저장할 수 있다. 또는 메뉴 명령 Variable〉 Force를 선택한다. 그렇게 하면 창의 현재 내용이 새 강제 작업으로 CPU에 기록된다.
  변수 모니터링 및 수정은 "Force Values" 창이 아닌 변수 테이블에서만 가능하다.

Force Values 삭제

메뉴 명령 변수〉 Force Values 표시를 호출하여 힘 값 창을 오픈한다. 다음으로 Variable〉 Delete Force 메뉴 명령을 호출하여 선택한 CPU에서 force 값을 삭제할 수 있다.

Force Values Window 저장

힘 값 창의 내용을 변수 테이블에 저장할 수 있다. Insert 〉 Variable Table 메뉴를 사용하여 저장된 내용을 힘 값 창에 다시 삽입할 수 있다.

3 변수 강제 적용(Force)과 수정(Modify)의 차이점

다음 표에는 강제 적용과 수정의 차이점이 요약되어 있다.

기능/ 특징	Forcing with S7-400 (incl. CPU 318-2DP)	Forcing with S7-300 (without CPU 318-2DP)	Modify
Bit memory (M)	yes	-	yes
Timers and counters (T, C)	-	-	yes
Data blocks (DB)	-	-	yes
Peripheral inputs (PIB, PIW, PID)	yes	-	-
Peripheral outputs (PQB, PQW, PQD)	yes	-	yes
Inputs and outputs (I, Q)	yes	yes	yes
유저 프로그램은 수정 / 강제 값을 덮어 쓸 수 있다.	-	yes	yes
인터럽트 없이 효과적인 force value 교체	yes	yes	-
변수는 응용 프로그램이 종료될 때 해당 값을 유지한다.	yes	yes	-
변수는 CPU 연결이 끊어진 후에도 해당 값을 유지한다.	yes	yes	-
허용되는 오류 해결 : 예 : IW1 수정 / 강제 값 : 1 IW1 수정 / 강제 값 : 0	-	-	마지막 값 유지
Setting triggers	항상 즉시 트리거	항상 즉시 트리거	once or every cycle
펑션은 활성 창의 가시 영역에 있는 변수에만 영향을 미친다.	모든 force values에 영향	모든 force values 에 영향	yes

- "Enable Peripheral Outputs"를 사용하면 강제 주변 출력에 대한 force values이 해당 출력 모듈에 적용된다. 그러나 주변 출력에 대한 수정 값은 그렇지 않다.
- force를 사용하면 변수는 항상 force values을 갖는다. 이 값은 사용자 프로그램에 대한 각 읽기 액세스 중에 읽는다. 모든 형태의 쓰기 액세스는 효과가 없다.
- 영구 수정을 사용하면 프로그램에 대한 읽기 액세스가 유효하며 다음 트리거 포인트까지 그대로 유지된다.

강제 입출력 강제 입출력(Force) 기능 활성화 상태에서 기능 활성화 상태에서 PLC 프로그램 모니터링

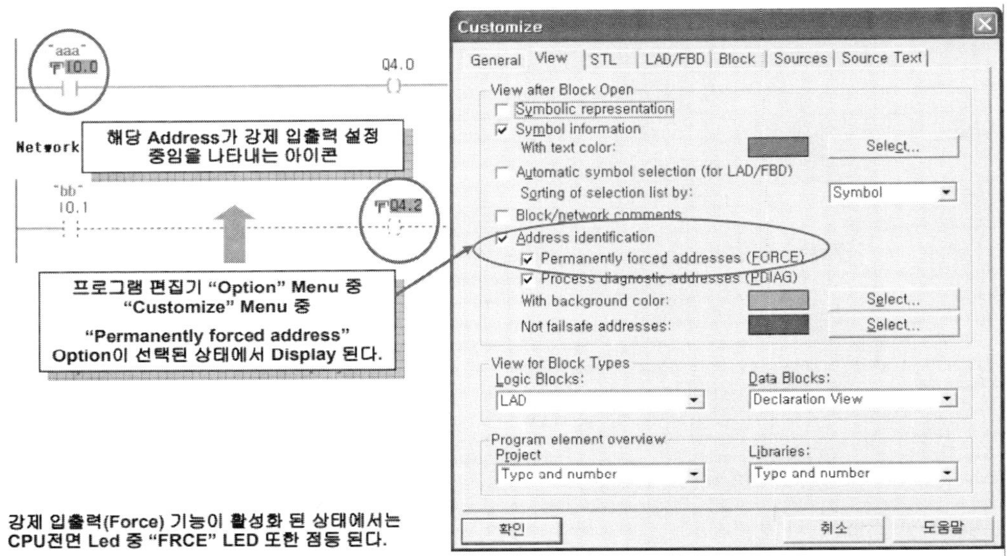

4 디바이스 어드레스 찾기(Go to Location)

프로그램 편집기를 열고 프로그램 상에서 마우스 오른쪽 버튼 클릭 → Go To → Location… 단축키는 CTRL+ALT+Q이다.

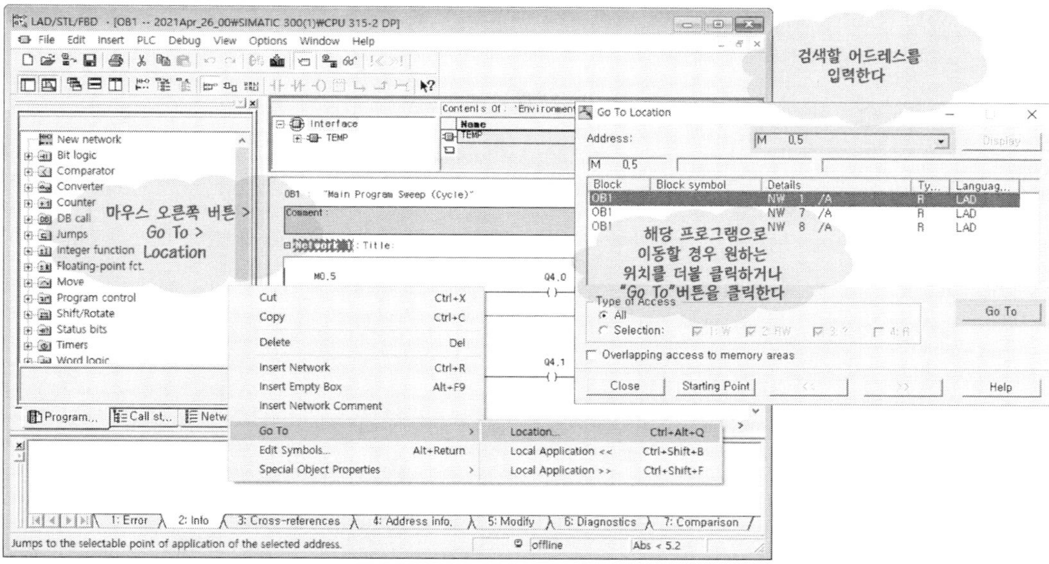

Go To Location은 특정 어드레스에 대한 크로스 레퍼런스(Cross Reference)를 디스플레이 및 해당 어드레스가 사용된 프로그램으로 점프하는 기능이다.

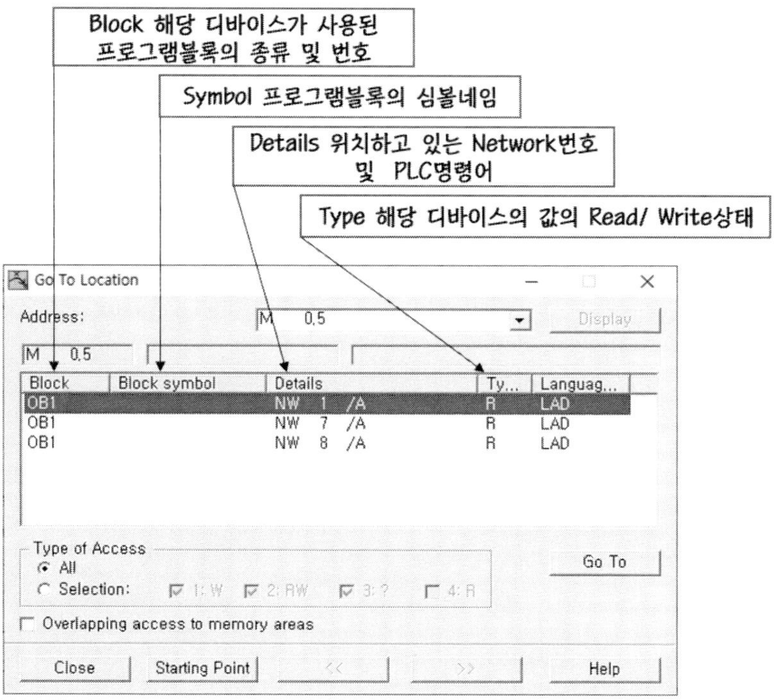

- Block : 현재 검색된 디바이스의 크로스 레퍼런스 중 해당 디바이스가 사용된 프로그램 블록의 종류 및 번호.
- Symbol : 프로그램블록의 심볼 네임(Symbol Name)
- Details : 현재 검색된 디바이스가 사용된 프로그램블록 내에서 위치하고 있는 네트워크(Network)번호 및 PLC 명령어를 나타낸다.
- Type : 이것은 해당 디바이스를 사용한 PLC 명령이 해당 디바이스에 값을 Read 하였는지 Write 하였는지를 나타낸다. 즉 해당 디바이스의 값을 Read한 경우에는 "R" 해당 디바이스에 값을 Write한 경우에는 "W"로 표시된다.

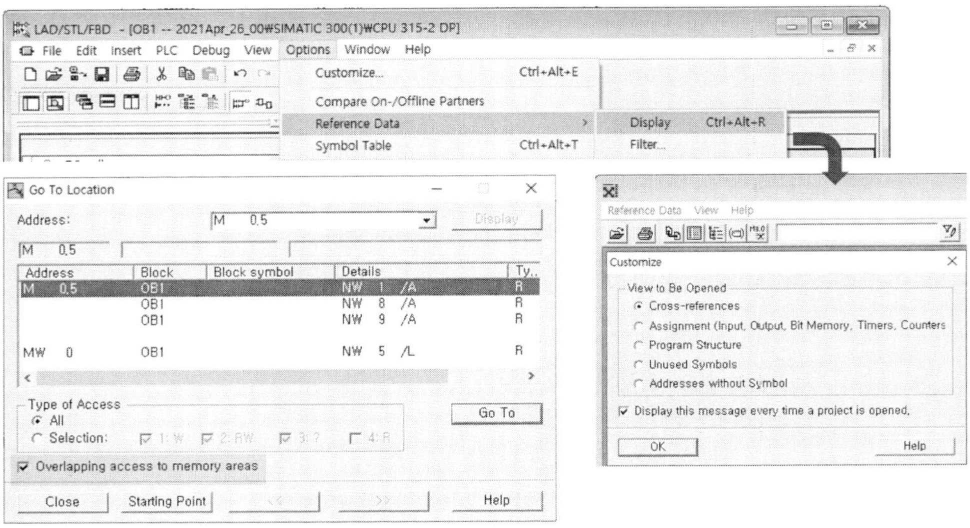

Go To Location 기능은 레퍼런스 데이터(Reference Data)를 바탕으로 디스플레이 되므로, 레퍼런스 데이터가 아직 생성되지 않는 경우에는 Go To Location 기능을 사용하기에 앞서 레퍼런스 데이터를 생성해야 한다.

예

만약 PLC 프로그램을 PLC로부터 업로드(Upload) 받은 경우에는 레퍼런스 데이터가 생성되지 않은 상태이므로, 이런 경우에 Go To Location 기능을 사용하기 위해서는 먼저 레퍼런스 데이터를 생성시켜야 한다.

5 찾기 및 변환(Find and Replace)

프로그램편집기 → "Edit" Menu → "Find and Replace" (단축키 Ctrl + F)

- Find and Replace : 이 메뉴는 현재 프로그램편집기로 작업 중인 프로그램 블록 중 특정 텍스트를 찾거나 또는 특정 텍스트를 원하는 텍스트로 변환하는 기능이다. (현재 작업 중인 프로그램 중 특정 Address를 일괄 다른 Address로 변경하는 것도 가능하다.)
- Find What : 찾고자 하는 텍스트를 입력한다. (ex. Address, Symbol, 문자열)
- Replace With : "Find What" 에 입력된 텍스트를 찾아서 새롭게 변경하고자 하는 텍스트를 입력한다.
- From cursor down : "Find What"에 입력된 텍스트를 찾을 때 현재 커서위치 이후부터 현재 프로그램 블록의 끝까지 검색한다.
- From cursor up : "Find What"에 입력된 텍스트를 찾을 때 현재 커서위치부터 현재 프로그램의 선두까지 검색한다.
- All : "Find What"에 입력된 텍스트를 찾을 때 현재 프로그램 편집기로 작업 중인 프로그램블록 전체를 대상으로 찾는다.
- Selection : "Find What"에 입력된 텍스트를 찾을 때 선택된 Network를 대상으로 찾는다.
- Find Whole word only : "Find What"에 입력된 텍스트를 찾을 때 입력된 텍스트와 전체가 일치하는 텍스트만을 찾는다. (입력된 텍스트를 포함하는 문자열은 제외하고 찾는다.)
- Match case : "Find What"에 입력된 텍스트를 찾을 때 입력된 텍스트와 찾기 대상 텍스트의 대소문자를 구별하고 하는 경우에 선택한다. (입력된 텍스트와 대소문자가 일치하는 텍스트만을 찾는다)

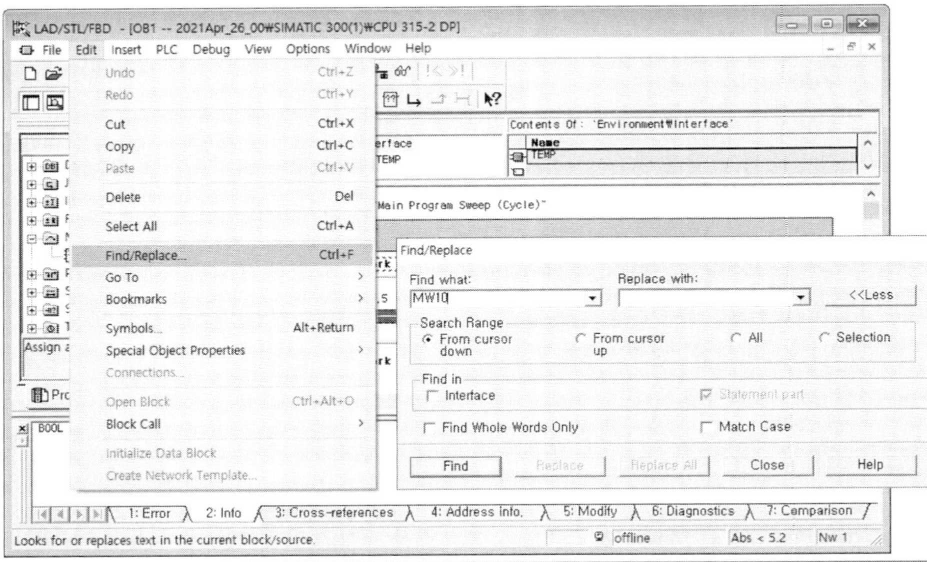

현재 프로그램 블록 내에서 I0.0을 모두 I10.0으로 변경 하고자 한다면,
Find What 에 "I0.0"을 입력, Replace With 에 "I10.0"을 입력,
Search Range 는 "All"을 선택 하고 "Replace All" 버튼을 클릭한다.

만약 모든 프로그램블록을 대상으로 특정 어드레스를 다른 어드레스로 변경하고자 하는 경우에는 "Rewire" 기능을 사용한다.

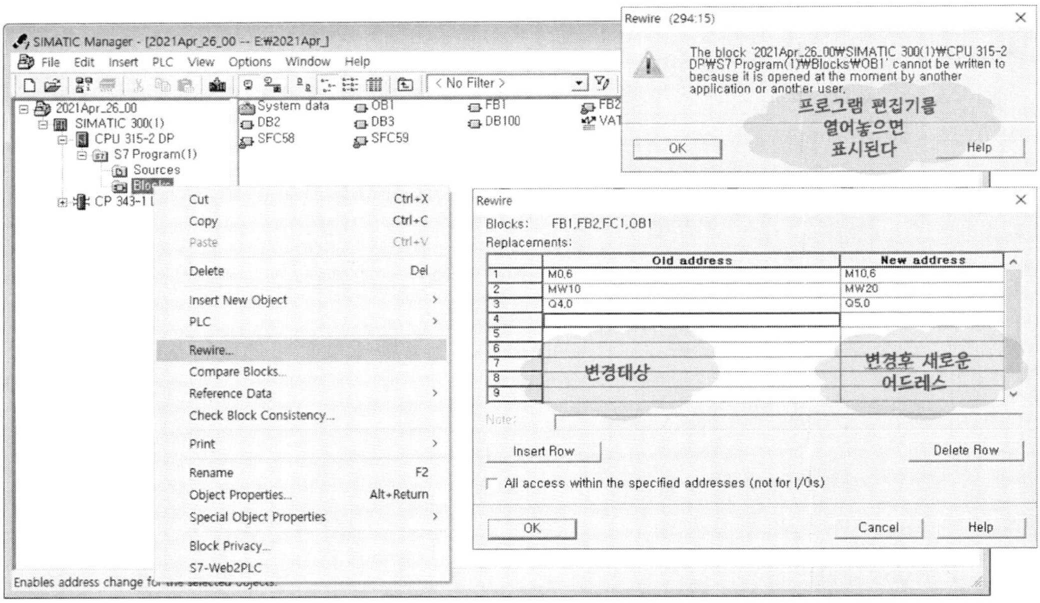

6 CPU 및 PG/PC에 저장된 프로그램 비교

프로그램 편집기 → Option 메뉴 → Compare On-/Offline Partners

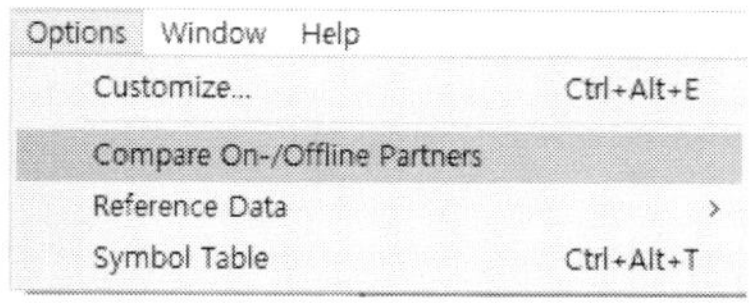

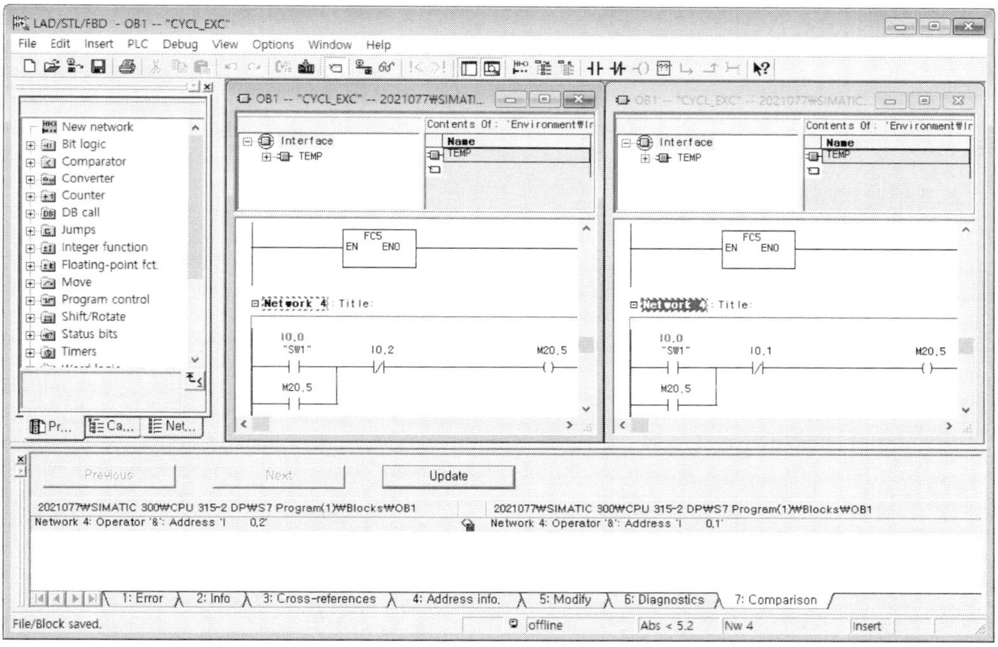

PG/PC에 저장된 프로그램과 CPU에 저장된 프로그램을 비교해야 하는 이유

프로그램 편집기에서 해당 프로그램블록을 모니터링하기 위한 전제 조건은 PG/PC에 저장된 프로그램과 CPU에 저장된 프로그램이 일치되어야 프로그램 모니터링이 가능하다.
유저가 프로그램편집기에서 프로그램 모니터링을 요청하면 프로그램 편집기는 먼저 PG/PC의 프로그램과 CPU에 저장된 프로그램을 비교하여 두 개의 프로그램이 일치하면 모니터링을 실시한다.

만약 PG/PC의 프로그램과 CPU의 프로그램이 불일치한다면

PG/PC와 CPU간 프로그램이 불일치 상태에서 유저가 프로그램 편집기에서 프로그램 모니터링을 실시하면, 프로그램 편집기는 아래와 같은 메시지를 디스플레이 한다.

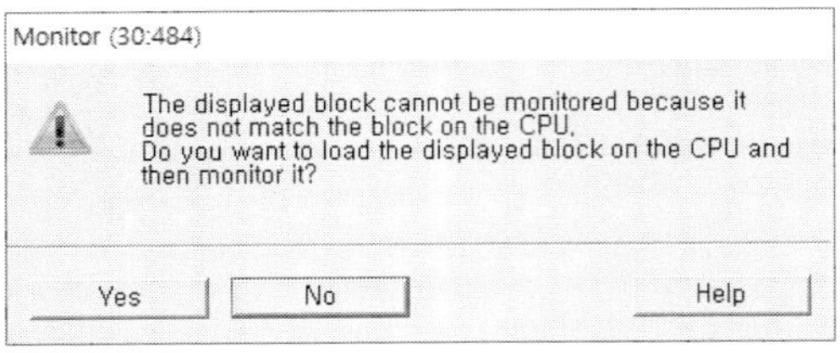

이러한 메시지가 디스플레이 된 상태에서 "Yes"를 선택하면, 프로그램 편집기는 아래와 같은 과정으로 프로그램을 모니터링 한다.

① 현재 편집 중인 프로그램(PG/PC에 저장된…)을 다운로드 한다.
② 프로그램을 모니터링 한다.

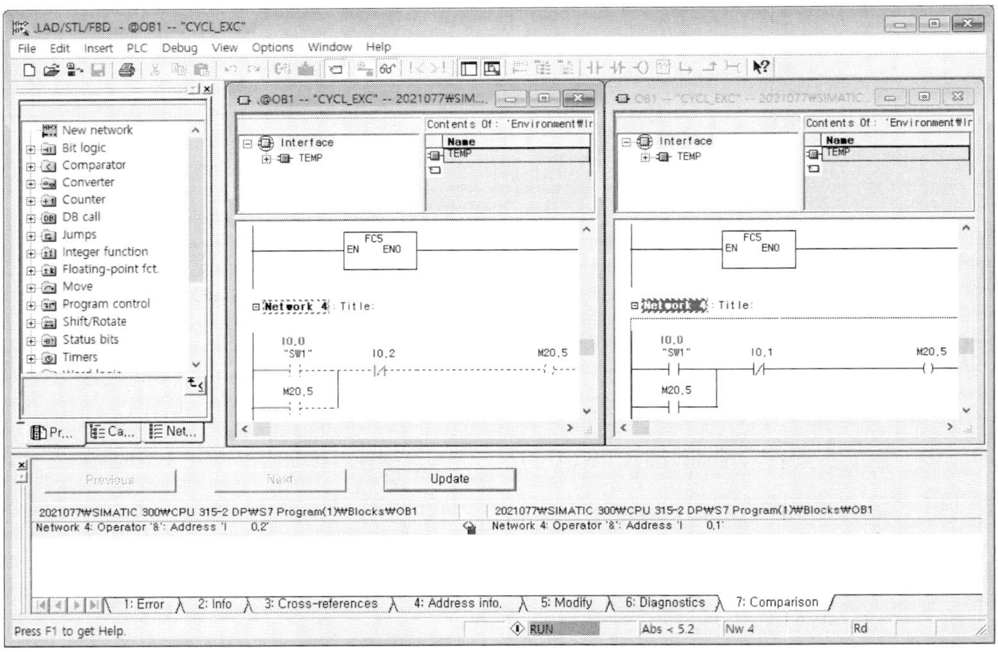

7 레퍼런스데이터 어사인먼트(Assignment)

블록폴더 레벨에서 마우스 오른쪽 버튼 클릭 → Reference Data → Display → Assignment

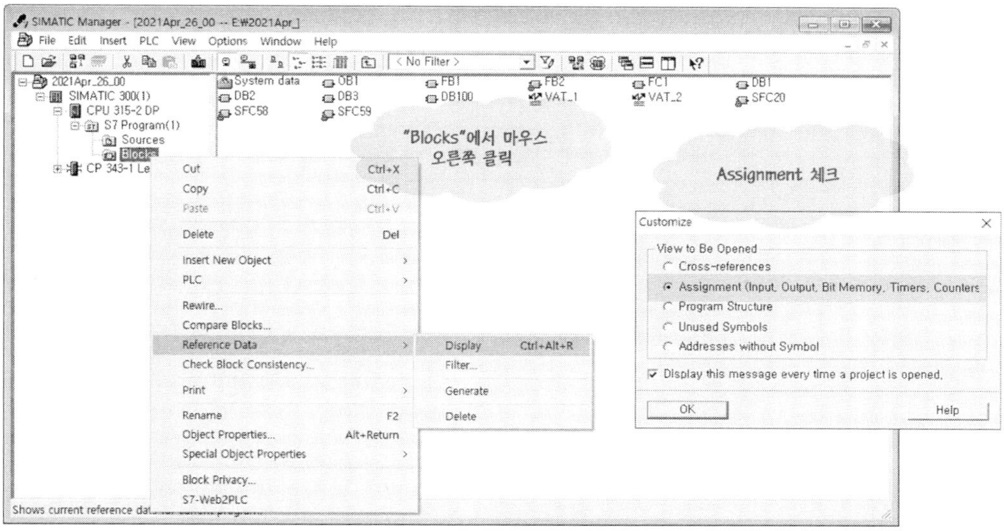

프로그램을 작성 중에 사용하지 않은 영역의 어드레스를 찾을 때 사용하면 편리한 기능이다. 중복된 어드레스 또는 이중코일 출력을 사용할 수 있는 경우를 줄여준다.

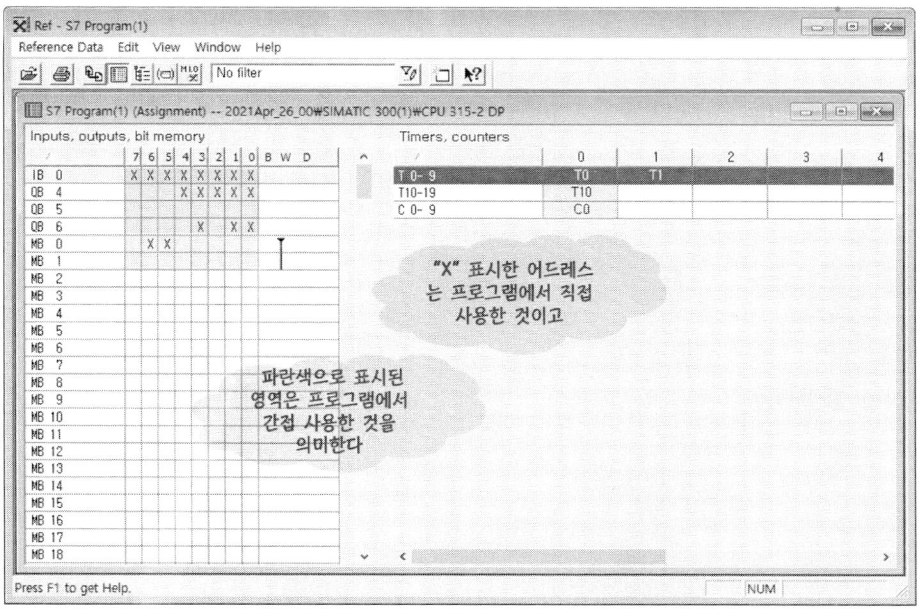

06 CHAPTER
PLC Programming Blocks

이제 전체 공장을 위한 프로그램을 준비하고 있다고 상상해 보자. 장비 또는 기계에 대한 논리를 분할하여 다음과 같이 여러 블록에 저장하여 프로그램을 작성할 수 있다.

광범위하고 복잡한 프로그램은 블록으로 '구조화'(분할)하는 것이 좋으며, 부분적으로는 이런 구조화가 반드시 필요하다.

- 스타터
- 폐쇄 루프 또는 PID 기능
- 유량 계산, 압력 또는 온도 변환, 속도 계산, 장비 가동 시간 등과 같은 수학적 계산
- 데이터 로깅
- 댐퍼 개폐 동작, 밸브 개폐 동작 등
- Hooter, Alarm 또는 Siren ON/OFF 관리 등

이들은 주로 산업에서 사용되는 여러 로직의 몇 가지 예이며 사용자는 여러 블록으로 분할하여 저장할 수 있다. Siemens PLC 에서는 다음과 같은 블록을 사용할 수 있다.
용도에 따라 선택할 수 있는 블록의 유형은 다음과 같다.

- 조직 블록(OB)
- 펑션 블록(FB)
- 펑션(FC)
- 데이터 블록(DB)

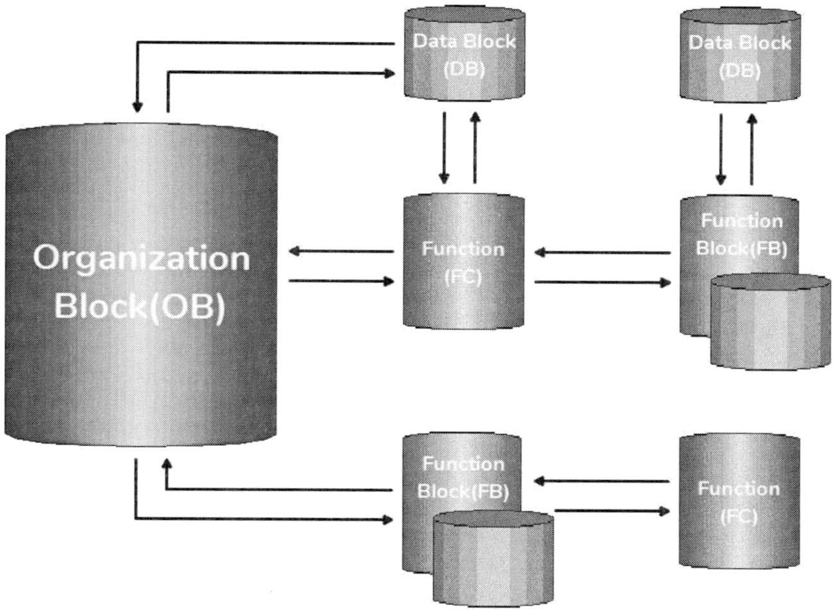

1 조직 블록(OB Organization Blocks)

조직 블록은 운영체제와 사용자 프로그램 사이의 인터페이스 역할을 한다. CPU의 운영체제는 하드웨어나 인터럽트 지연시간처럼 특정 이벤트가 발생한 경우에 조직 블록을 호출한다. 메인 프로그램은 조직 블록 OB1 안에 있다. 조직 블록(OB)은 사용자 프로그램의 구조를 결정한다. 기타 조직 블록의 경우에는 처리를 위해 호출한 이벤트에 따라 영구적으로 번호가 할당된다. 전체 사용자 프로그램은 OB1에서 주기적으로 호출된다.

1) Startup OBs

기동타입	관련 OB
Hot Restart	OB101
Restart(Warm Restart)	OB100
Cold Restart	OB102

이러한 시작 OB는 언제 실행되는가?

사용자는 하드웨어 구성에서 시작 OB 및 매개 변수를 정의할 수 있다. 이 시작 OB가 다음과 같이 실행될 때 특정 이벤트가 있다.

- 전원을 켠 후
- STOP에서 RUN / RUN-P로 전환 트랜잭션 후
- 통신 기능 요청 후
- 멀티 컴퓨팅 모드에서 동기화 한 후
- 연결 후 H 시스템에서

2) Cyclic Program OB 순환 프로그램 OB

OB1이라고 하는 PLC 운영 체제는 이를 통해 주기적으로 또는 주기적으로 사용자 프로그램의 주기적 실행을 시작한다.

사용자 프로그램의 이러한 주기적 실행은 다음 사용자 이벤트에 의해 중단될 수 있다.

- 인터럽트
- STOP 명령
- 정전
- 프로그램 오류의 오류 발생

3) Periodic Program OBs 정기 프로그램 OB

PLC CPU에는 CPU 객체 속성에 정의된 다른 조건과 기간에 따라 실행되는 여러 가지 OB가 있다.

4) Time of Day Interrupt OBs

한 번 또는 주기적으로 실행할 수 있는 총 8개의 TOD 인터럽트 OB(OB10~OB17)가 있다. 사용자는 STEP7 파라미터 또는 SFC를 사용하여 CPU에 대한 매개 변수를 할당하여 이러한 OB가 다음 간격으로 처리되도록 할 수 있다.

- 한번
- 매 순간
- 매시간
- 매일
- 매주
- 매 달
- 매월 말
- 매년

5) Cyclic Interrupt OBs 주기적 인터럽트 OB

서로 다른 시간 간격으로 주기적으로 실행할 수 있는 총 9개의 주기적 인터럽트 OB(OB30~OB38)가 있다. 아래 표는 주기적 인터럽트 OB에 대한 기본 간격을 보여준다.

- OB30 - 5s
- OB31 - 2s
- OB32 - 1s
- OB33 - 500ms
- OB34 - 200ms
- OB35 - 100ms
- OB36 - 50ms
- OB37 - 20ms
- OB38 - 10ms

6) Event-Driven Program OBs 이벤트 기반 프로그램 OB

▌Time Delay Interrupt 시간 지연 인터럽트

사용자 프로그램의 일부는 이 시간 지연 인터럽트 OB를 사용하여 특정 시간만큼 지연될 수 있다. 주로 4개의 OB(OB20~OB23)가 있다.

사용자는 SFC32(Start Time Delay Interrupt), SFC33(Cancel Time Delay Interrupt), SFC34(Status of Time Delay Interrupt)를 통해 이 Time Delay Interrupt에 대한 파라미터를 할당할 수 있다.

▌Hardware Interrupt 하드웨어 인터럽트

하드웨어 인터럽트 OB는 프로세스 이미지 파티션에서 지정된 이벤트가 발생할 때 사용자 프로그램을 중단한다. 하드웨어 인터럽트에는 8개의 블록(OB40~OB47)이 있다. 사용자는 PLC CPU 개체 속성 섹션의 하드웨어에서 이 이벤트를 정의할 수 있다.

▌Asynchronous Error 비동기 오류

하드웨어 오류, 랙 오류, 전원 오류, 통신 오류와 같은 오류가 발생하면 이러한 OB가 실행되고 사용자는 오류를 찾기 위해 진단 메시지를 받을 수 있다. 이것은 충분한 시간을 줄이고 사용자가 오류를 얻는 데 도움이 된다.

에러 형태	오류 설명	관련 OB
Time Error	CPU가 최대 사이클 실행 시간을 초과하는 경우	OB80
Power Supply Error	전원 공급 장치 또는 백업 배터리 오류와 관련된 오류	OB81
Diagnostic Interrupt	진단 상태 변경	OB82
Insert/Remove Module Interrupt	사용자가 모듈을 삽입 / 제거할 때마다	OB83
CPU Hardware Fault	메모리 오류, 중복 오류	OB84
Priority Class Error	I/O 액세스 오류, 모듈 액세스 오류	OB85
Rack Failure	중앙 확장 장치 오류, DP 마스터 오류, Profibus 또는 Profinet 오류	OB86
Communication Error	메시지 프레임 읽기 오류	OB87

Programming Error 프로그래밍 오류

프로그래밍 오류가 있거나 프로그래밍 오류가 될 주소 지정 측면에서 액세스 오류가 발생하는 경우 이러한 OB를 아래와 같이 사용할 수 있다.

에러 형태	오류 설명	관련 OB
Programming Error	CPU가 프로그래밍 섹션에 없는 블록을 호출할 때	OB121
Access Error	CPU가 결함이 있거나 스테이션 또는 하드웨어에 물리적으로 존재하지 않는 모듈에 액세스하려고 할 때	OB122

2 펑션 블록(FB Function Block)

함수 블록은 블록 파라미터를 통해 호출을 프로그래밍할 수 있는 프로그램의 일부이다. 함수 블록은 데이터 블록(DB)에 위치한 가변 메모리를 포함한다. 이런 데이터 블록(DB)은 함수 블록 또는 더 정확히 말해 함수 블록 호출에 영구적으로 할당된다. 또한 데이터 구조는 같지만 값이 다른 데이터 블록(DB)을 각 함수 블록 호출에 할당할 수도 있다. 이렇게 영구적으로 할당된 데이터 블록(DB)은 인스턴스 데이터 블록(DB)이라 부르며, 함수 블록호출과 인스턴스 데이터 블록(DB)의 조합은 호출 인스턴스 또는 줄여서 '인스턴스'라고 부른다. 함수 블록의 변수는 호출 함수 블록의 인스턴스 데이터 블록(DB)에 저장할 수도 있으며, 이런 경우는 '로컬 인스턴스'라고 부른다.

3 펑션(FC Function)

함수는 자주 반복되거나 복잡한 자동화 기능을 프로그래밍하는 데 사용한다. 함수는 파라미터 지정이 가능하며 값(함수값)을 호출 블록에 반환한다. 함수값은 옵션이며, 함수는 함수값 이외에 다른 출력 파라미터도 포함할 수 있다. 함수는 정보를 저장하지 않으며 할당된 데이터 블록(DB)이 없다.

4 데이터 블록(DB Data Block)

데이터 블록(DB)은 사용자 프로그램의 데이터를 가지고 있다. 데이터 블록(DB)의 프로그래밍에서는 데이터 저장 형식(저장할 블록, 저장 순서, 데이터 저장 유형)을 결정할 수 있다. 데이터 블록(DB)을 사용하는 두 가지 방법은 글로벌 데이터 블록(DB)과 인스턴스 데이터 블록(DB)이다. 글로벌데이터 블록(DB)은 사용자 프로그램에서 'free' 데이터 블록이며 코드 블록에 할당되지 않는다. 그러나 인스턴스 데이터 블록(DB)은 함수 블록에 할당되며 할당된 함수 블록의 로컬 데이터 부분을 저장한다.

블록 유형당 블록 번호 및 블록 길이는 CPU에 따라 다르다. 조직 블록의 번호 및 해당 블록 번호는 고정되며 CPU의 운영체제에서 할당한다. 사용자는 지정한 범위 내에서 다른 블록 유형의 블록 번호를 할당할 수 있다. 또한 심볼 테이블을 통해 모든 블록에 이름(심볼)을 할당하고 할당한 이름을 통해 각 블록을 참조할 수도 있다.

데이터 블록 (DB)은 메모리 영역을 포함하며 사용자 프로그램의 데이터를 CPU에 저장하는 데 사용된다.

데이터 블록에는 두 가지 유형이 있다.

Shared Data Block OR Shared DB 공유 데이터 블록 또는 공유 DB

공유 데이터 블록은 FC, FB, OB와 같은 모든 유형의 블록에 액세스할 수 있다. 모든 블록(FC, FB, OB)은 공유 DB에서 데이터를 읽고 쓸 수도 있다.

Address	Name	Type	Initial value	Comment
0.0		STRUCT		
+0.0	COM_RES	BOOL	FALSE	
+0.1	MAN_ON	BOOL	FALSE	
+0.2	P_SEL	BOOL	TRUE	
+0.3	I_SEL	BOOL	TRUE	
+0.4	D_SEL	BOOL	TRUE	
+2.0	PR_SP_SCADA	REAL	0.000000e+000	
+6.0	PR_FEEDBACK	REAL	0.000000e+000	
+10.0	RPM_SP_SCADA	REAL	0.000000e+000	
+14.0	GAIN_KP	REAL	0.000000e+000	
+18.0	TI_REAL	REAL	0.000000e+000	
+22.0	TD_REAL	REAL	0.000000e+000	
+26.0	TI_TIME	TIME	T#0MS	
+30.0	TD_TIME	TIME	T#0MS	
+34.0	MOTOR_RPM_PER	REAL	0.000000e+000	
+38.0	MOTOR_RPM_PULSE	INT	0	
+40.0	RPM_INTERMEDIATE	INT	0	
+42.0	MOTOR_RPM_INT	INT	0	
+44.0	MOTOR_RPM_PLC	INT	0	
+46.0	RPM_PULSE_INT	WORD	W#16#0	
=48.0		END_STRUCT		

▌Instance Data Block or Instance DB 인스턴스 데이터 블록 또는 인스턴스 DB

인스턴스 데이터 블록에는 특정 기능 블록(FB)이 할당된다.

DB Param - [DB250 -- UP_ZC\SIMATIC 300(1)\CPU 315-2 DP]

Data block Edit PLC Debug View Window Help

	Address	Declaratio	Name	Type	Initial valu	Actual valu	Comment
1	0.0	in	BSS	BOOL	FALSE	FALSE	
2	0.1	in	PCS	BOOL	FALSE	FALSE	
3	0.2	in	ZSS	BOOL	FALSE	TRUE	
4	0.3	in	RUN	BOOL	FALSE	TRUE	
5	0.4	in	TRIP	BOOL	FALSE	FALSE	
6	0.5	in	DRV	BOOL	FALSE	TRUE	
7	0.6	in	LOCAL_STOP	BOOL	FALSE	FALSE	
8	0.7	in	SAFETY	BOOL	FALSE	TRUE	
9	1.0	in	AUTO	BOOL	FALSE	TRUE	
10	1.1	in	OTHER1	BOOL	FALSE	FALSE	
11	1.2	in	OTHER2	BOOL	FALSE	FALSE	
12	1.3	in	OTHER3	BOOL	FALSE	FALSE	
13	2.0	in_out	RESET	BOOL	FALSE	FALSE	
14	4.0	in_out	ERROR	WORD	W#16#0	W#16#0	
15	6.0	stat	T1	BOOL	FALSE	TRUE	
16	6.1	stat	T2	BOOL	FALSE	FALSE	
17	6.2	stat	T3	BOOL	FALSE	FALSE	
18	6.3	stat	T4	BOOL	FALSE	TRUE	
19	6.4	stat	T5	BOOL	FALSE	TRUE	
20	6.5	stat	T6	BOOL	FALSE	FALSE	
21	6.6	stat	T7	BOOL	FALSE	TRUE	
22	6.7	stat	T8	BOOL	FALSE	FALSE	
23	7.0	stat	T9	BOOL	FALSE	TRUE	
24	7.1	stat	T10	BOOL	FALSE	TRUE	
25	7.2	stat	T11	BOOL	FALSE	FALSE	
26	7.3	stat	T12	BOOL	FALSE	FALSE	
27	7.4	stat	T13	BOOL	FALSE	FALSE	
28	7.5	stat	T14	BOOL	FALSE	FALSE	

DB를 등록하여 프로그램 작성시 다음과 같이 사용하는 예를 들어 보겠다.

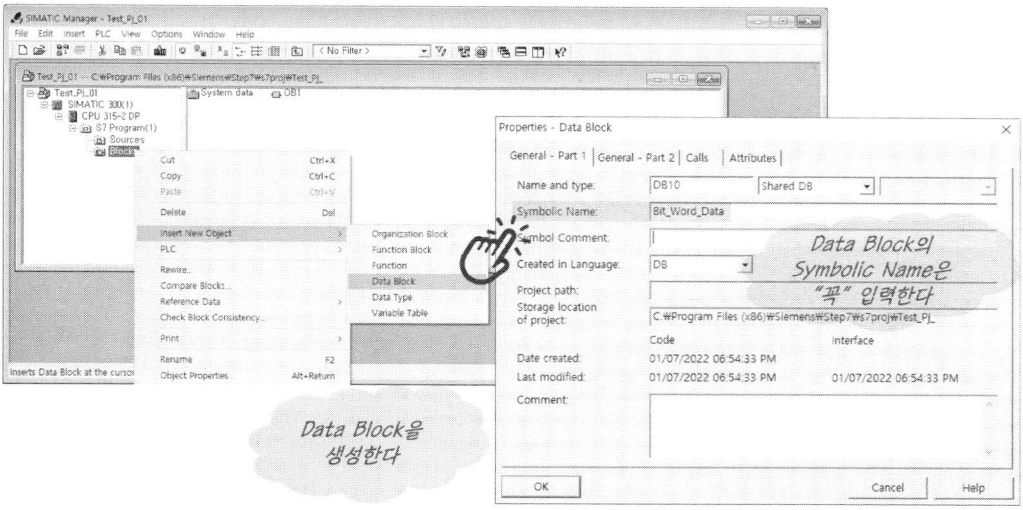

DB를 생성한다. 이때 Symbolic Name은 반드시 입력하도록 한다. 그렇지 않으면 프로그램 작성시 변수 설정할 때 해당 DB항목이 표시되지 않는다.

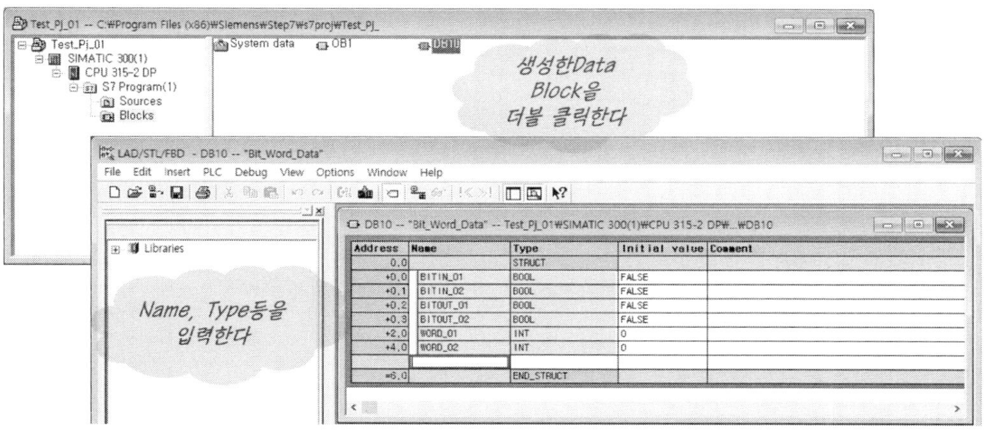

생성된 DB를 더블 클릭하여 표시된 Table에 사용할 형태의 변수명을 변수 타입과 같이 입력한다. 초기설정 값도 입력할 수 있다.

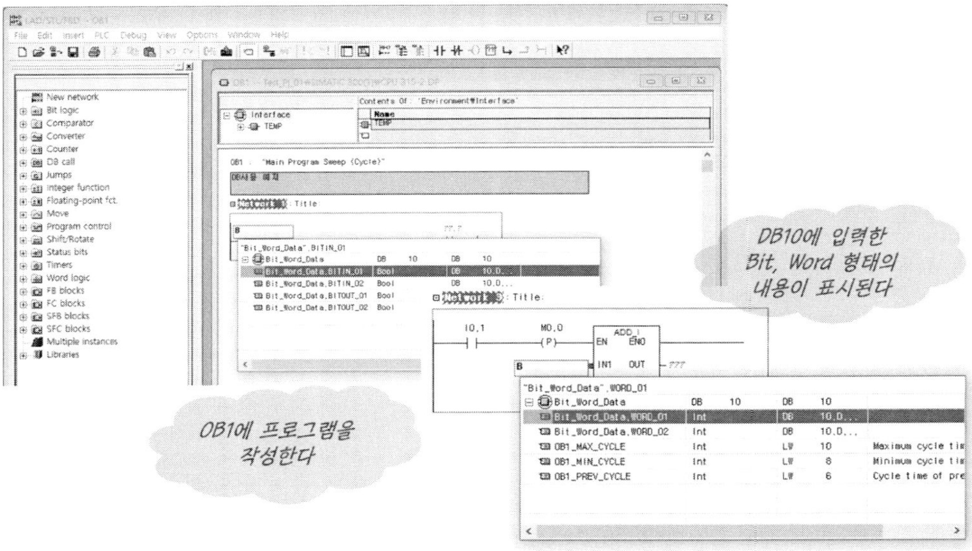

OB1에서(또는 FC, FB 등에서 생성한 DB는 공유DB이므로 어느 블록에서나 호출하여 사용할 수 있다.) 프로그램을 작성할 때 DB에 등록한 변수를 사용할 수 있다.

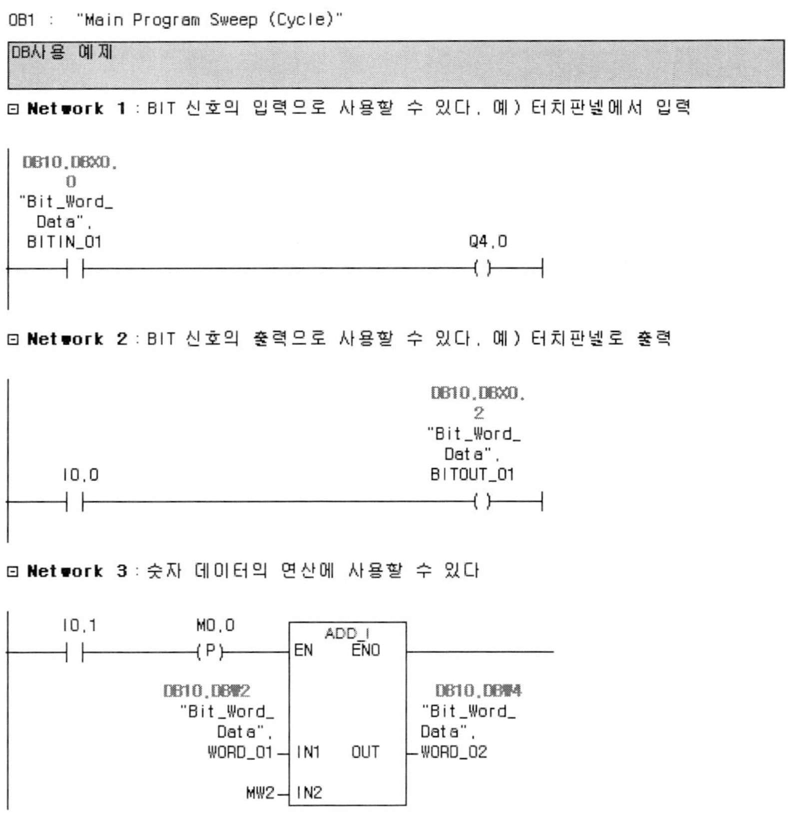

프로그램을 실행하고 DB10을 열어 모니터링을 해보면 프로그램에서 사용한 데이터가 저장되어 있음을 확인할 수 있다.

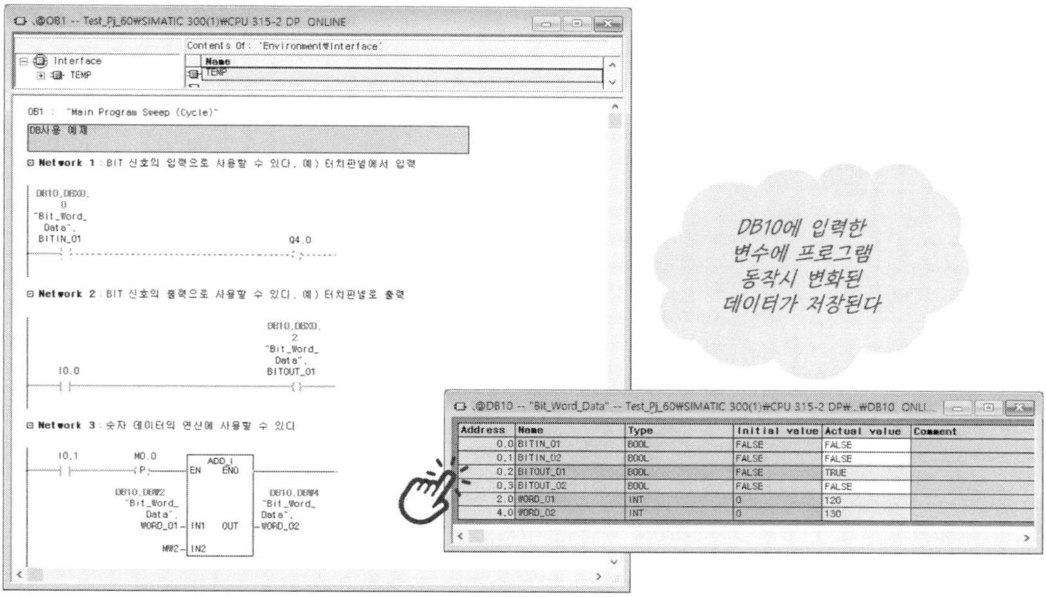

5 시스템 데이터 블록(SDB System Data Block)

시스템 블록은 운영체제의 구성요소이다. 시스템 블록은 시스템 함수(SFC) 또는 시스템 함수 블록(SFB)과 같은 프로그램이나 시스템 데이터 블록(SDB)과 같은 데이터를 포함할 수 있다. 시스템 블록을 이용하면 내부 CPU 클록의 조작이나 다양한 통신 기능과 같이 중요한 시스템 기능에 액세스할 수 있다.

SFC와 SFB는 호출할 수 있지만 수정이나 프로그래밍은 불가능하다. 블록 자체는 사용자 메모리에 보존되지 않으며, SFB의 블록 호출과 인스턴스 데이터 블록(DB)만 사용자 메모리에 보존된다.

SDB는 자동화 시스템의 구성이나 모듈의 파라미터 지정과 같은 정보를 포함한다. STEP 7은 이런 블록들을 생성하고 관리한다. 그러나 스테이션 구성 시 내용은 사용자가 결정해야 한다. 일반적으로 SDB는 로드 메모리에 위치한다. SDB를 열수는 없지만 모듈의 파라미터 지정 시 특별한 시스템 블록을 이용해 프로그램에서 판독할 수는 있다.

하드웨어 구성 도구(오프라인 컨테이너) 또는 CPU(온라인 컨테이너)에서 생성한 현재 시스템 데이터 블록의 목록을 표시하려면 블록 컨테이너에서 시스템 블록 개체를 더블 클릭하면 된다.

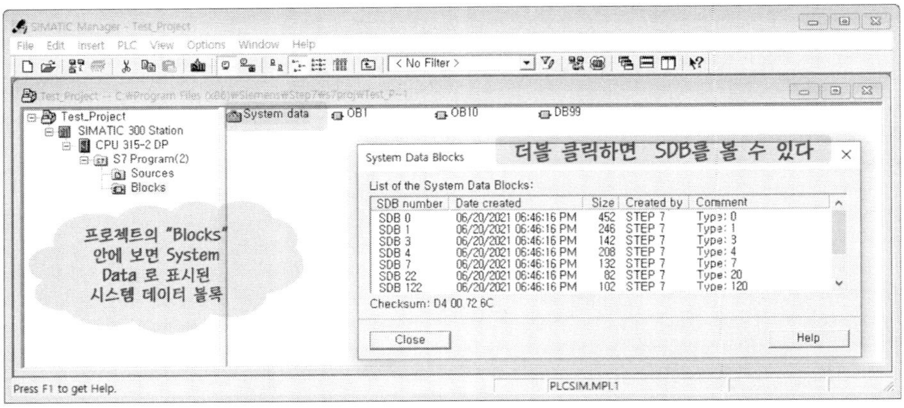

시스템 데이터 블록에서 번호 체계의 개요

SDB번호	의미, 내용
0	운영체제의 응답 및 CPU 내부 기본 설정을 제어하며 CPU에 전송 시 SDB 2를 덮어쓰는 CPU 파라미터
1	논리적, 물리적 주소의 할당, 모듈의 주소 공간 등과 같은 중앙 I/O에서 모듈 주소 지정 (사전 설정 구성)
2	CPU 파라미터 (구성을 전송하지 않은 경우에 CPU 운영체제의 기본 설정은 전체적으로 재설정 후 반영)
3~7	전송한 구성 데이터의 일관성을 저장하는 기타 CPU와 모듈 파라미터
20~89	논리 주소와 물리적 주소의 할당, 모듈의 주소 공간 등과 같은 분산 I/O에서 모듈 주소 지정 (사전 설정 구성)
90~99	결함 허용 및 페일세이프 시스템의 구성 데이터
100~149	CPU에 할당된 중앙 모듈 및 분산 모듈의 파라미터
150~152	인터페이스 하위 모듈의 파라미터
153~189	분산 모듈의 파라미터
200~998	통신 구성용 파라미터(예: 글로벌 데이터 통신, 심볼 기반 메시지, 연결 구성)
999	연결의 라우팅용 구성 데이터
1000 이상	이상 분산 I/O의 파라미터, CP와 FM 모듈의 파라미터, H/F와 TD/OP 시스템의 파라미터

펑션(FC)과 펑션 블록(FB)

07 CHAPTER

1 펑션 (FC Function)

펑션(FC)은 메모리가 없는 로직 블록이다. 이들은 블록 파라미터의 값들을 저장할 수 있는 데이터 메모리가 없다. 따라서, 펑션이 호출될 때 모든 인터페이스 파라미터를 연결해 주어야 한다. 데이터를 영구적으로 저장하려면 먼저 글로벌 데이터 블록을 미리 생성해야 한다.

하나의 펑션에는 또 다른 로직 블록에서 펑션이 호출될 때마다 실행되는 하나의 프로그램이 포함되어 있다.

펑션은 예를 들어 다음과 같은 용도로 사용할 수 있다.

- 수학 펑션 - 입력 값에 따라 결과를 반환
- 기술 펑션 - 바이너리 논리 연산을 통한 개별 제어 등의 펑션

또한 펑션은 한 프로그램 내의 서로 다른 위치에서 여러 차례 호출이 가능하다.

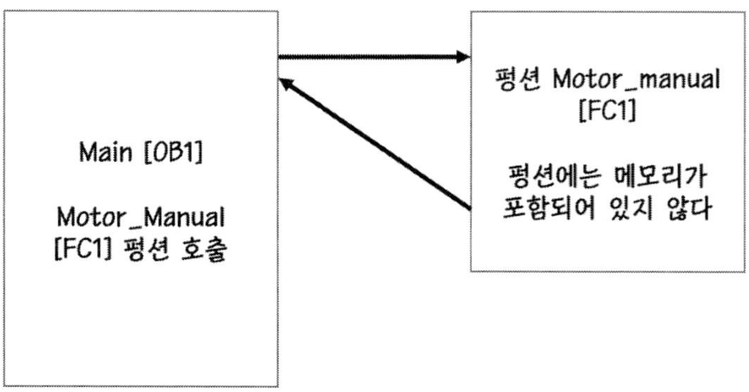

1) 펑션 블록 및 인스턴스 데이터 블록

펑션 블록은 입력, 출력 및 입력-출력 태그를 비롯해 정적 태그를 인스턴스 데이터 블록에 영구적으로 저장하는 로직 블록이기 때문에 블록이 실행된 이후에도 사용이 가능하다. 이러한 이유로 펑션 블록은 "메모리"를 갖춘 블록으로 불리기도 한다.

펑션 블록은 임시 태그에서도 작동이 가능하다. 그러나 임시 태그는 인스턴스 DB에 저장되지 않는다. 대신에 한 사이클 동안에만 사용이 가능하다.

펑션 블록은 다음과 같은 펑션을 통해 구현할 수 없는 작업에 사용된다.

- 블록에서 타이머와 카운터가 필요한 모든 경우
- 예를 들어 버튼을 통한 운전 모드의 사전 선택과 같이 프로그램에 정보를 저장해야 하는 경우

펑션 블록은 다른 로직 블록에서 호출이 될 때마다 항상 실행된다. 또한 펑션 블록은 한 프로그램 내의 서로 다른 위치에서 여러 차례 호출이 가능하다. 이는 자주 반복되는 복합 펑션의 프로그래밍을 용이하게 한다.

펑션 블록의 호출을 인스턴스라고 한다. 펑션 블록의 각 인스턴스에는 펑션 블록이 사용하는 데이터가 포함된 메모리 영역이 할당되어 있다. 이 메모리는 소프트웨어에 의해 자동으로 생성되는 데이터 블록을 통해 사용할 수 있게 된다.

또한, 멀티 인스턴스 형태로 하나의 데이터 블록 내에 여러 개의 인스턴스가 가능하도록 메모리를 제공하는 것이 가능하다. 인스턴스 데이터 블록의 최대 크기는 CPU 에 따라 다르다. 펑션 블록에서 선언된 태그가 인스턴스 데이터 블록의 구조를 결정한다.

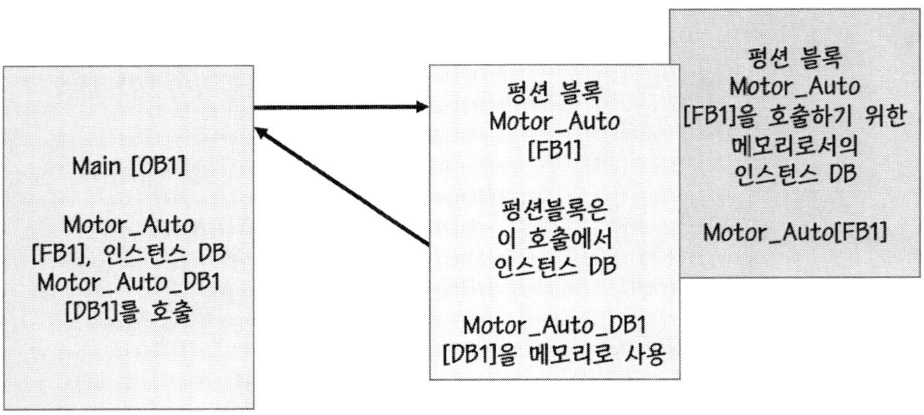

2) 글로벌 데이터 블록

로직 블록과 대조적으로 데이터 블록에는 명령어가 포함되어 있지 않다. 그보다는 사용자 데이터를 위한 메모리 역할을 한다.

따라서 데이터 블록에는 사용자 프로그램에서 사용되는 다양한 데이터가 포함된다. 필요에 따라 글로벌 데이터 블록의 구조를 정의할 수 있다.

글로벌 데이터 블록에는 다른 모든 블록들에서 사용이 가능한 데이터를 저장한다. 인스턴스 데이터 블록에는 관련된 펑션 블록만 엑세스할 수 있다. 데이터 블록의 최대 크기는 CPU에 따라 다르다.

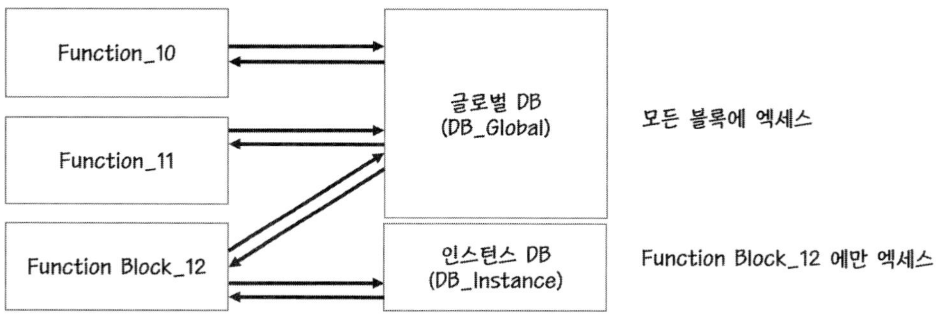

3) 변수의 종류

글로벌 변수/ 데이터 전체 프로그램에서 사용가능	로컬 변수/ 데이터 (하나의 블록에서만 사용 가능)	
	Temporary변수	Static변수
PII/ PIQ I/O Peripherals M/ C/ T DB영역	해당 블록 실행후 데이터 값이 오버라이트 된다. L스택에 저장된다. OB/FC/FB에서 사용가능	해당 블록 실행 후에도 데이터 값들이 유지된다. DB에 데이터 저장 FB에서만 사용 가능

로컬 변수는 그것들이 생성된 블록에서만 읽을 수 있으며 이로 인해 다른 프로그램 블록들의 로컬 변수와는 데이터 교환을 할 수 없다.

두 가지 유형의 로컬 변수가 있다.

▌Temporary 변수 :

Temporary 변수는 블록이 실행되는 동안에만 저장되는 변수이다. 모든 프로그램블록(OB, FB, FC)에서 선언될 수 있다.

■ Static 변수 :

데이터가 블록이 수행된 이후에도 유지가 되어야 한다면 데이터는 Static 변수에 저장이 되어야 한다.

Static 변수는 Function Block에서만 선언이 된다. FB에 할당된 인스턴스 DB가 이러한 Static 변수를 저장하는 장소로 사용이 된다.

먼저 펑션(Function)을 만드는 절차를 설명하면 다음과 같다.

SIMATIC Manager에서 Block을 선택하고 마우스 오른쪽 버튼을 클릭하여 Insert New Object 〉 Function을 선택한다.

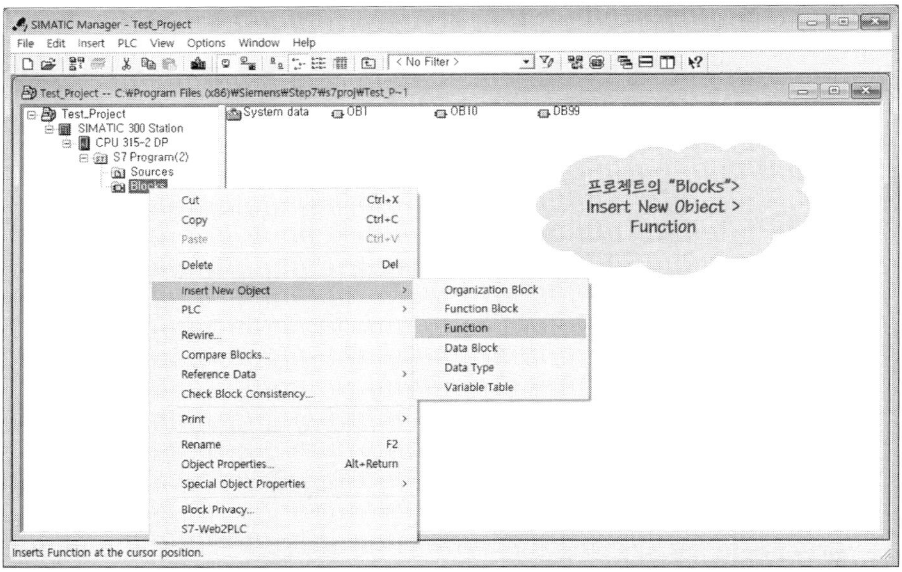

Function 속성 윈도우에서 Name: 펑션 이름, 사용하는 언어는 LAD를 선택하도록 한다.

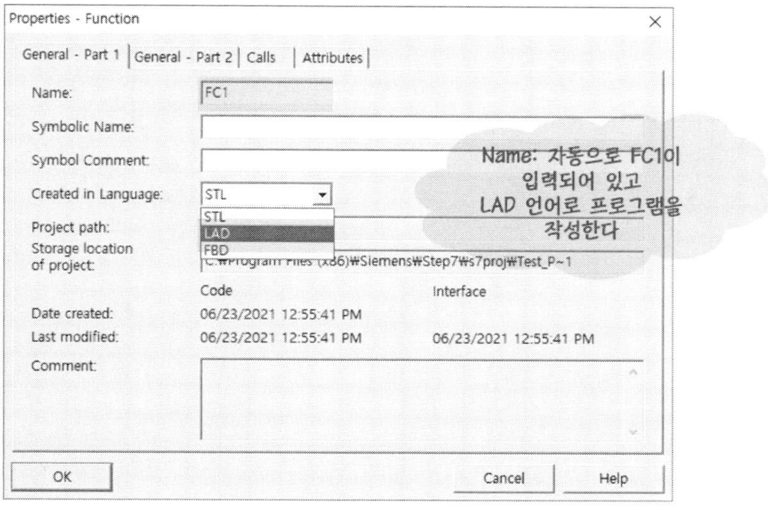

SIMATIC Manager 〉 Blocks에 생성된 FC1 블록을 확인할 수 있다.
더블 클릭하여 프로그램을 작성하도록 한다.

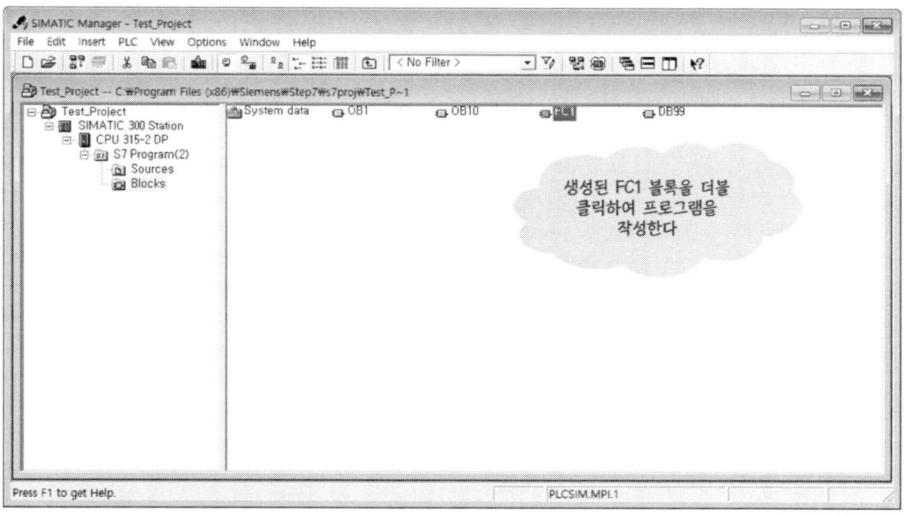

프로그램을 작성할 때 사용할 변수를 "변수 선언 창"에서 미리 등록해 놓는다.
그리고 이 변수들을 사용하여 "프로그램 작성 창"에 프로그램을 작성한다.

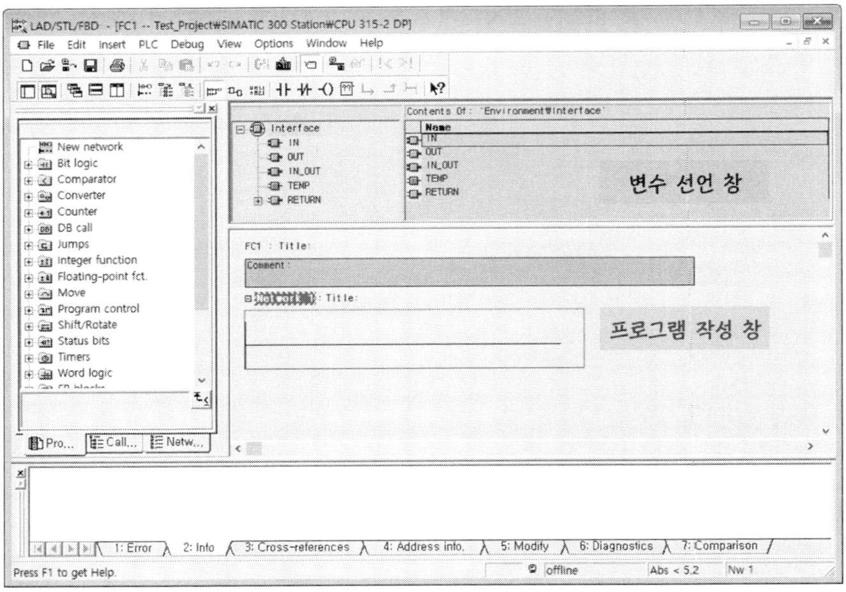

여기에서는 간단하게 자기유지 프로그램을 작성하도록 해 본다.

먼저 프로그램을 작성할 변수를 선언하여야 한다. 자기유지 프로그램을 작성하기 위해서는 START, STOP에 해당하는 입력과 LAMP를 출력으로 한다면 입력 2개와 출력 1개가 필요하다. 물론 내부적으로 신호처리를 하기 위해서는 임시적으로 신호를 유지할 수 있는 릴레이가 필요할 것이다. 펑션이나 펑션블록은 박스 형태로 만들어지며 입력과 출력을 연결하는 파라미터가 생성되는 형태이다. 이 파라미터에 해당하는 부분에 실제적인 입력과 출력을 연결해서 사용한다.

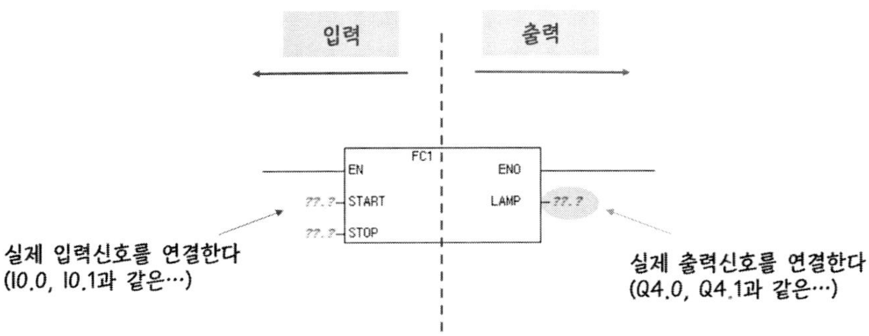

자기유지 프로그램을 작성하기 위해 입력 2개와 임시적으로 사용할 릴레이 1개 그리고 출력 1개가 필요할 것이다. 이 변수들을 변수 선언창에서 등록한다.

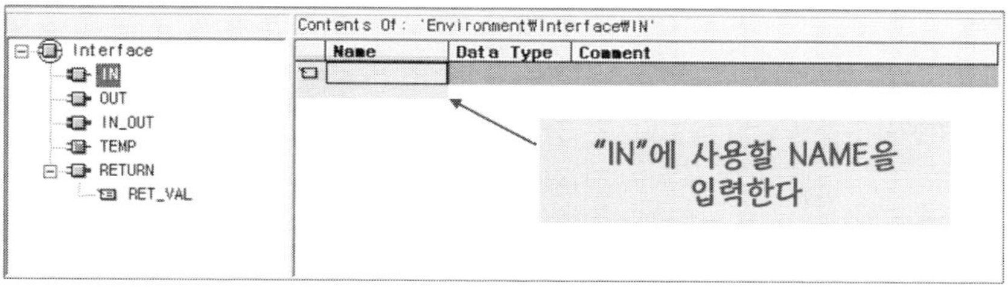

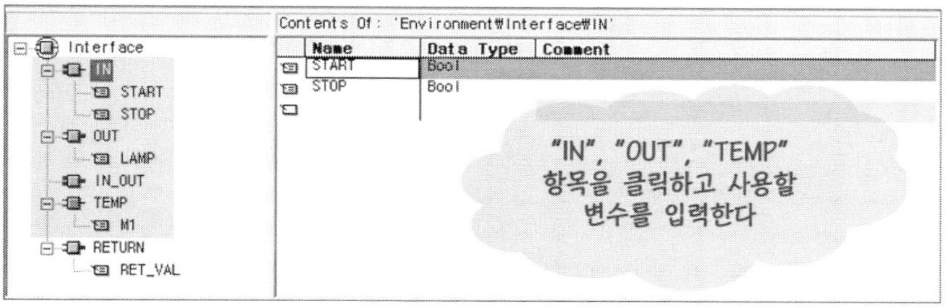

사용하는 변수의 형태에 따라 다음과 같이 구분할 수 있다.

변수유형	선언	사용 가능한 블록		
입력 파라미터	IN	-	FC	FB
출력 파라미터	OUT	-	FC	FB
입력-출력 파라미터	IN-OUT	-	FC	FB
정적 로컬 데이터	STAT	-	-	FB
임시 로컬 데이터	TEMP	OB	FC	FB
함수 값	RETURN	-	FC	-

등록된 변수를 가지고 제공되는 명령어를 사용하여 자기유지 프로그램을 작성한다.

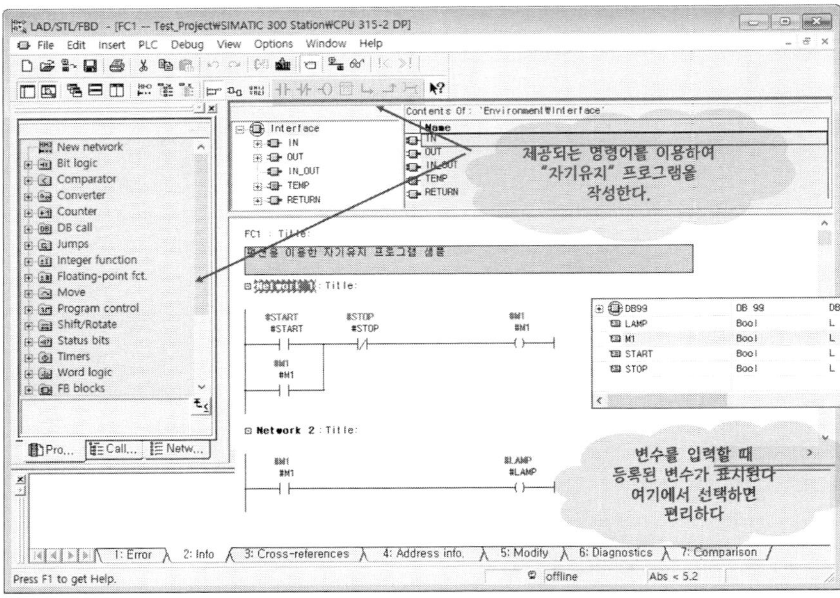

자기유지 프로그램을 작성 완료하였으면 "저장"을 하고 FC작성 윈도우는 닫아도 된다.

작성한 FC1을 사용하려면 OB1에서 호출하여 사용하는 형식을 따른다. SIMATIC Manager에서 OB1을 더블클릭하여 프로그램 작성 윈도우를 표시한다.

명령어 카타로그의 "FC Blocks" 폴더를 열어보면 작성한 FC1이 등록되어 있다. 마우스 드래그 & 드롭하여 OB1의 네트워크에 배치하고 입력과 출력에 해당하는 파라미터에 실제 신호를 만들어 줄 수 있는 어드레스를 연결하면 된다.

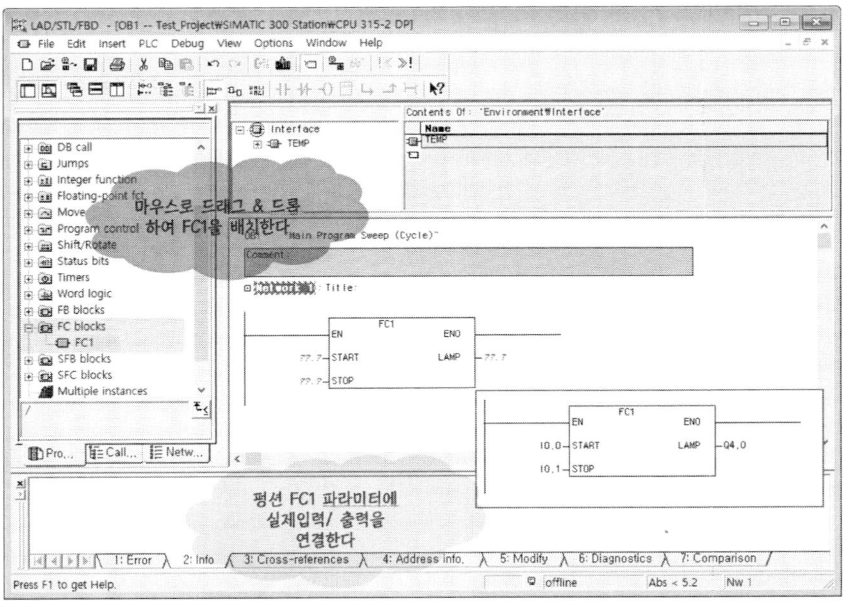

자주 반복되는 프로그램에는 파라미터 지정 블록(FC 또는 FB)을 사용할 수 있는데 다음과 같은 특징이 있다.

- 프로그램이 한 번만 생성이 되면 되기 때문에 프로그래밍 시간을 크게 줄일 수 있다.
- 블록이 사용자 메모리에 한 번만 저장이 되면 되기 때문에 전체 메모리 양을 크게 줄일 수 있다.
- 블록은 사용자가 원하면 언제든 호출될 수 있으며 각각 다른 어드레스가 할당된다. 이를 위해 형식 파라미터(Formal Parameter)에는 블록이 호출될 때마다 다른 실제 어드레스(Actual address)가 할당이 된다. 형식 파라미터 이름은 소문자, 대문자 구분하지 않는다.

입력하는 데이터 타입이 호출된 블록의 형식 파라미터에 맞으면 글로벌 어드레스 혹은 로컬 어드레스가 실제 파라미터(어드레스)로 연결된다. 실제 파라미터는 절대 어드레스나 전역 심벌 테이블에서 정의한 심볼 이름 혹은 호출하는 블록에서의 선언 테이블에서 정의한 심볼 이름으로 연결된다.

호출하는 블록의 형식 파라미터가 호출된 블록의 실제 파라미터로 전달이 되는 것을 "파라미터 전송(Passing on of parameters)"이라고 한다. 이렇게 하면 FC을 만들 수 있는데 여기에서 TEMP변수에 대해 설명을 추가하도록 하자.

Temporary 변수는 모든 프로그램 블록에서 사용될 수 있다. 이 변수는 블록이 수행되는 동안 정보를 임시로 저장하기 위해 사용된다. 데이터는 블록 프로그램을 종료하고 나면 잃어버리게 된다.

데이터는 L 스택(로컬 데이터 스택)에 저장되며 이것은 CPU 내 별도의 메모리 영역이다.

변수 선언 테이블에서 "TEMP"행에서 변수 이름과 관련 데이터 타입을 입력한다. 여기서는 초기값(Initial Value)을 미리 선언할 수 없다.

블록을 저장한 후에 L 스택의 메모리 위치가 "Address" 컬럼에 디스플레이 된다.

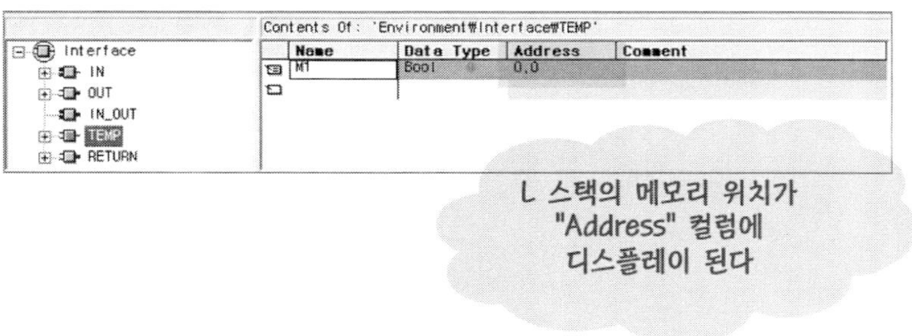

문자로 시작하는 변수는 로컬 변수이며 이 블록의 변수 테이블에서 정의된 로컬 변수임을 알려주며 선언 테이블에서 정의된 블록에서만 사용할 수 있다. 프로그램 편집기가 자동적으로 # 글자를 생성해 준다.

2 펑션 블록(FB Function Blocks)

FC와는 다르게 FB에는 Recall 메모리가 있다. 이는 로컬 데이터 블록이 Function Block에 할당이 되는 것을 의미한다. 이 데이터 블록을 인스턴스 데이터 블록(Instance DB)이라고 한다. FB를 호출할 때 인스턴스 DB의 번호도 지정해야 한다. 인스턴스 DB는 Static 변수를 저장하기 위해 사용된다. 이러한 로컬 변수는 FB의 선언부에서 선언을 하여 사용될 수 있다. 프로그램이 종료되어 블록을 빠져나와도 데이터는 남아 있다 .

Function Block이 호출되면 실제 파라미터의 값들은 인스턴스 DB에 저장된다. 실제 파라미터가 블록 호출에서 형식 파라미터에 할당되면 이 파라미터에 대해 인스턴스 DB에 저장된 최종값이 프로그램 실행 시 사용된다. 사용자는 모든 FB 호출시 다른 실제 파라미터를 지정할 수 있다. Function Block을 빠져나와도 인스턴스 DB에는 데이터가 남아 있다.

Static 로컬 변수는 Function Block에서 엑세스할 수 없는 특정 데이터를 저장한다. 다시 말해서 변수는 형식 파라미터로서 다른 블록에 입력되거나 출력되지 못한다는 뜻이다.

- FC에서 프로그램을 할 때는 사용하지 않은 비트 메모리 어드레스 영역과 데이터 영역을 찾아야만 한다. FB에서의 Static 변수는 STEP 7 소프트웨어에서 관리해 준다.
- Static 변수를 사용하면 비트 메모리 영역이나 데이터 영역을 두 번 지정하는 일을 피할 수 있다.

여기에서는 간단하게 자기유지 프로그램을 작성하도록 해 본다.

먼저 펑션 블록(Function Block)을 만드는 절차를 설명하면 다음과 같다.

SIMATIC Manager에서 Block을 선택하고 마우스 오른쪽 버튼을 클릭하여 Insert New Object 〉 Function Block을 선택한다.

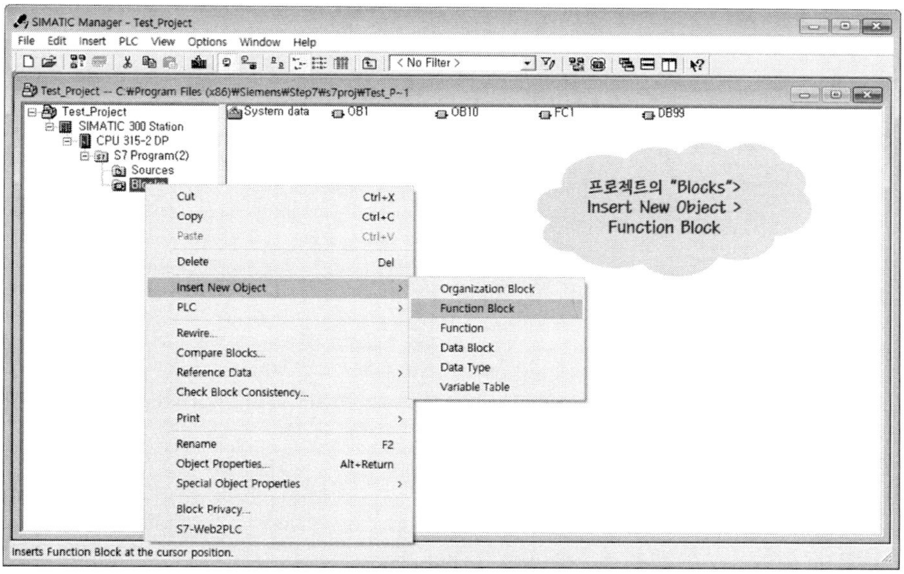

Function Block 속성 윈도우에서 Name: 펑션블록 이름, 사용하는 언어는 LAD를 선택하도록 한다.

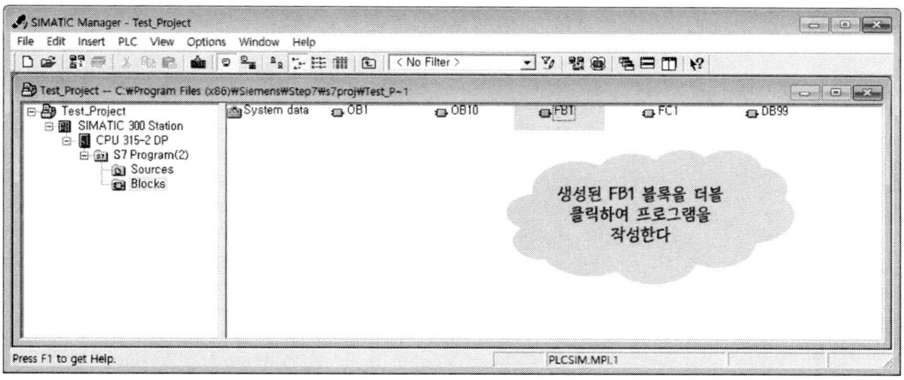

펑션(Function)과 다른 점이 데이터 블록과 연결되어 실행된다는 점이므로 펑션블록과 연결될 DB를 생성하도록 한다.

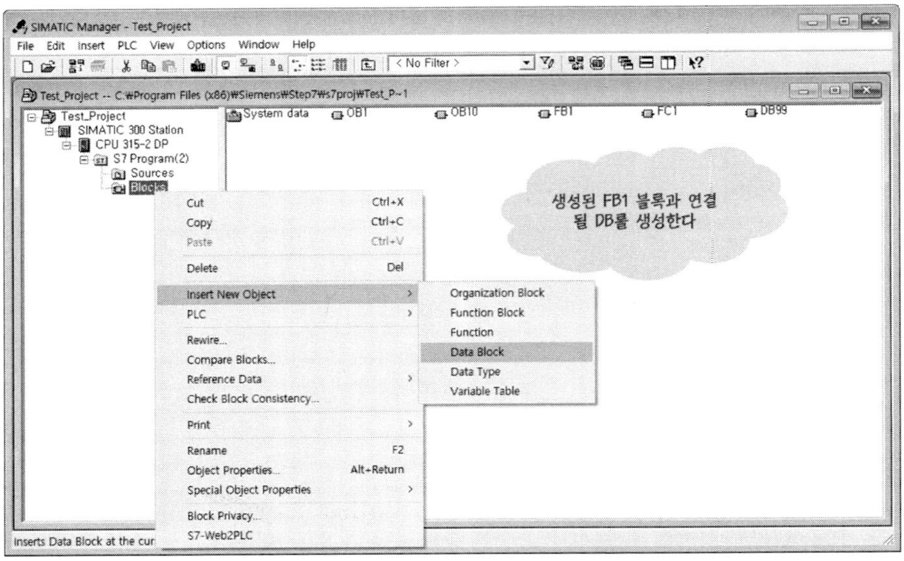

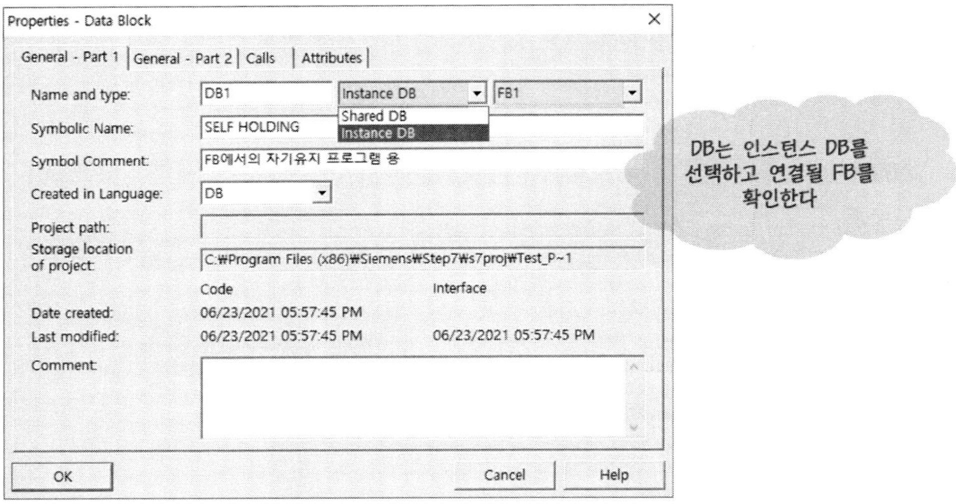

FC에서와 비슷한 절차로 FB를 만들면 된다.

먼저 프로그램을 작성할 변수를 선언하여야 한다. 자기유지 프로그램을 작성하기 위해서는 START, STOP에 해당하는 입력과 LAMP를 출력으로 한다면 입력 2개와 출력 1개가 필요하다. 물론 내부적으로 신호처리를 하기 위해서는 임시적으로 신호를 유지할 수 있는 릴레이가 필요할 것이다. 펑션이나 펑션블록은 박스 형태로 만들어지며 입력과 출력을 연결하는 파라미터가 생성되는 형태이다. 이 파라미터에 해당하는 부분에 실제적인 입력과 출력을 연결해서 사용한다.

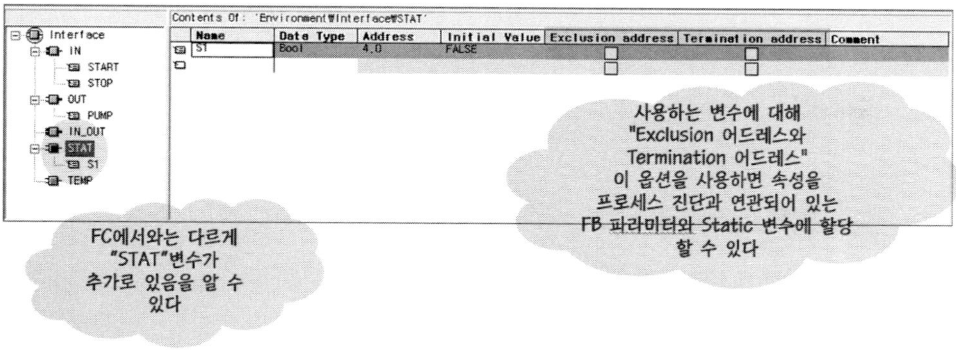

사용하는 변수의 형태에 따라 다음과 같이 구분할 수 있다.

변수유형	선언	사용 가능한 블록		
입력 파라미터	IN	-	FC	FB
출력 파라미터	OUT	-	FC	FB
입력-출력 파라미터	IN-OUT	-	FC	FB
정적 로컬 데이터	STAT	-	-	FB
임시 로컬 데이터	TEMP	OB	FC	FB
함수 값	RETURN	-	FC	-

등록된 변수를 가지고 제공되는 명령어를 사용하여 자기유지 프로그램을 작성한다.

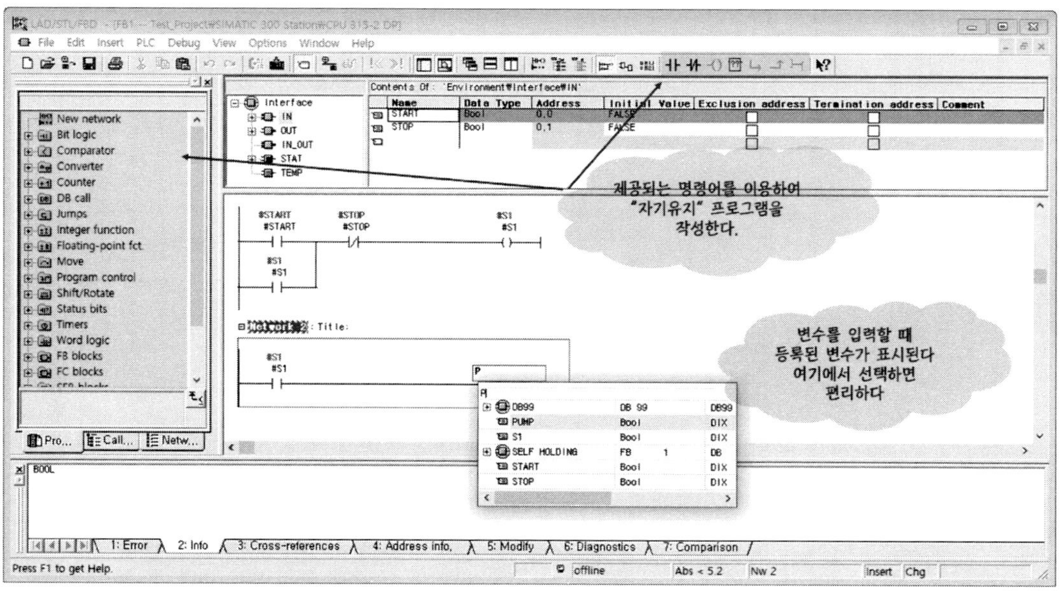

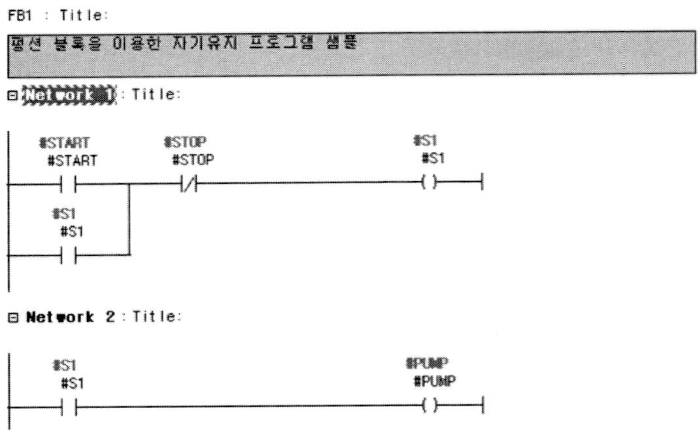

자기유지 프로그램에서 사용한 내부 릴레이 역할을 하는 Bit 신호를 FB에서는 이것이 Static 변수라고 하고 FB와 연관된 인스턴스 DB에 저장이 되었다.

인스턴스 DB 구조 DB가 생성되고 FB에 연결이 될 때 STEP 7은 Function Block의 로컬 선언 테이블에서 지정된 구조를 사용하여 데이터 블록의 데이터 구조를 생성한다. DB를 저장한 후에 DB가 생성되고 인스턴스 DB로 사용할 수 있다.

작성한 FB1을 사용하려면 OB1에서 호출하여 사용하는 형식을 따른다. SIMATIC Manager에서 OB1을 더블클릭하여 프로그램 작성 윈도우를 표시한다.

명령어 카탈로그의 “FB Blocks” 폴더를 열어보면 작성한 FB1이 등록되어 있다.

마우스 드래그 & 드롭하여 OB1의 네트워크에 배치하고 입력과 출력에 해당하는 파라미터에 실제 신호를 만들어 줄 수 있는 어드레스를 연결하면 된다.

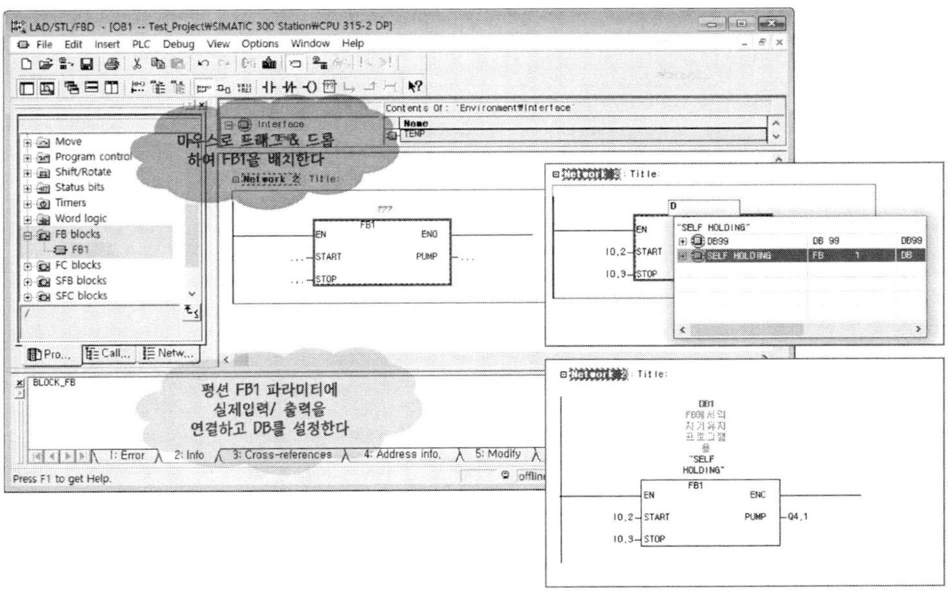

새로운 인스턴스 DB를 생성하는데는 두 가지 방법이 있다.

• FB를 호출할 때 어느 인스턴스 DB를 FB에 사용할 것인지 지정해야 한다. 다음과 같은 메시지가 나타난다.

"The instance data block DBx does not exist. Do you want to generate it?"

• 새로운 DB를 생성할 때 "Data block referencing a function block" 옵션을 선택한다.

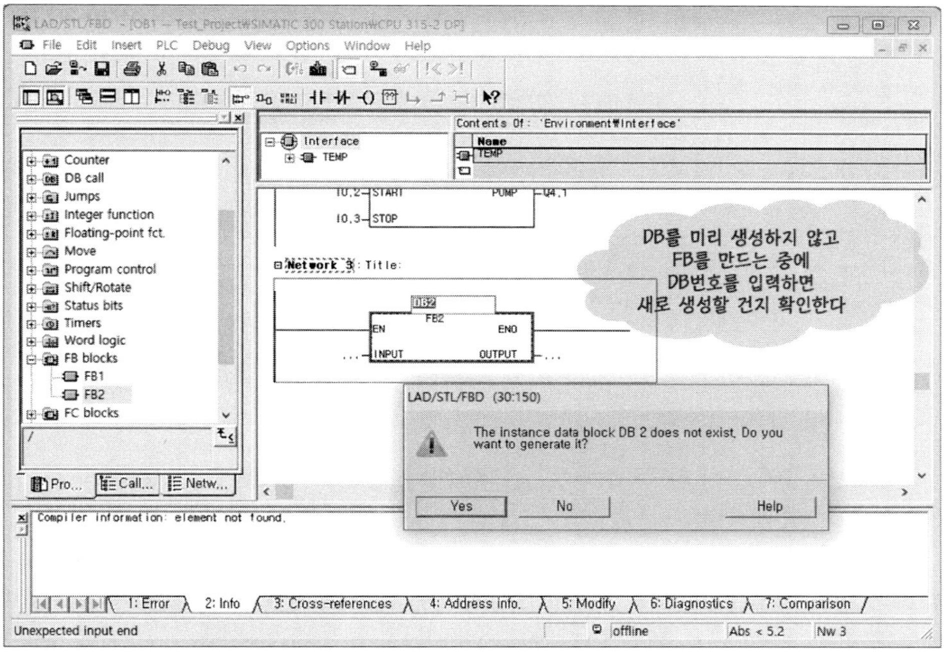

하나의 인스턴스 DB가 하나의 FB에 연결된다. 그러나 FB는 호출될 때마다 다른 여러 인스턴스 DB에 연결될 수 있다.

FB를 파라미터나 Static 변수를 추가하여 변경할 때는 인스턴스 DB를 다시 생성해 주어야만 한다.

프로그램 생성 중에 혹은 프로그램 실행 중에 각 블록의 선언부나 프로그램을 나중에 조정하거나 추가하려고 할 때 "Time Stamp Conflict"가 발생한다. Time Stamp Conflicts는 호출 블록과 호출된 블록이나 관련 블록 사이의 내용이 서로 같지 않은 문제를 차례로 발생시킬 수 있기 때문에 많은 수정 작업이 필요해진다.

블록 파라미터가 추후에 프로그램에서 이미 호출된 블록에서 추가되거나 삭제될 때 다른 블록에서의 블록 호출도 업데이트 되어야만 한다. 이것이 무시되면 CPU는 STOP으로 전환된다. 혹은 추가적으로 선언된 형식 파라미터가 호출될 때 실제 파라미터에 적용되지 않기 때문에 블록의 기능은 더 이상 보증할 수 없게 된다.

형식 파라미터가 추가되거나 삭제된 블록을 저장할 때 일어날 수 있는 경고 메시지가 표시된다.

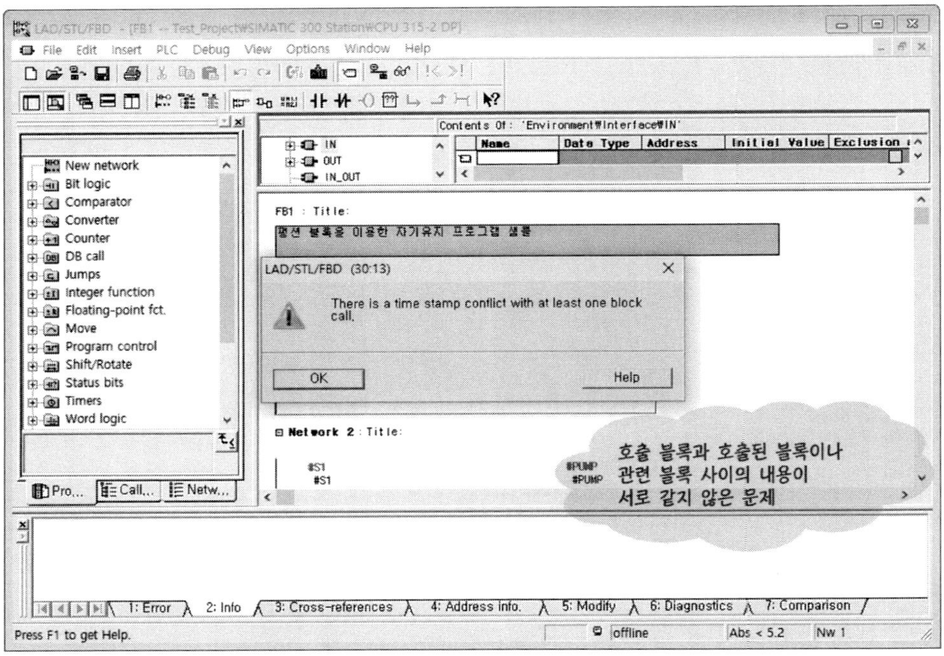

수정되어 일치하지 않는 블록 호출은 호출한 블록에서 적색으로 표시된다. 일치하지 않는 호출을 오른쪽 마우스로 클릭하고 나타나는 다이얼로그 박스에서 Update Block Call을 선택한다. 이전 블록(오류가 있는 블록)과 새로운 블록호출을 보여주는 윈도우가 표시된다. 수정할 내용을 다시 작성하거나 필요 없는 항목을 삭제한다.

인스턴스 DB가 Function Block에 대해 다시 생성된다.

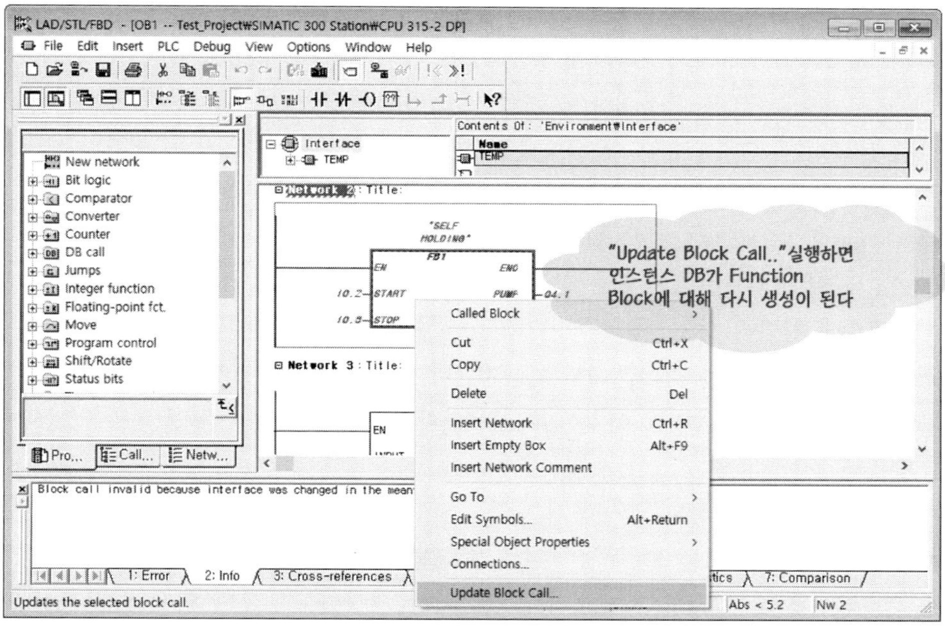

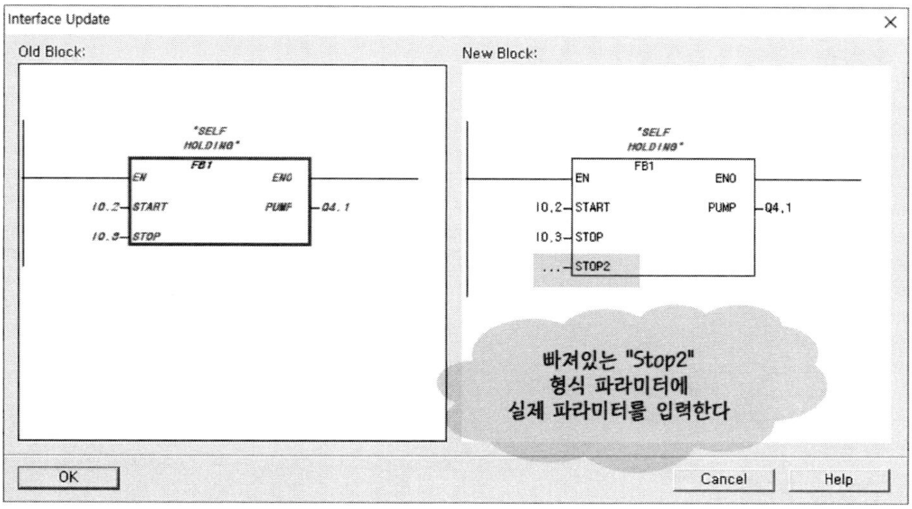

Fuctions은 메모리가 없는 파라미터 지정 블록이다. STEP 7에서 Function은 필요한 대로 입력, 출력, 입/출력 파라미터를 가질 수 있다.

Functions는 자체적으로 결과를 저장하는 데이터 영역을 가지고 있지 않기 때문에 메모리가 없다. Function을 실행하면서 발생하는 중간 결과는 로컬 데이터 스택의 Temporary 변수에 저장이 된다.

Functions는 블록을 호출하면서 Function값이 다시 돌아올 때 주로 사용한다.

(수학적 Function이나 이진 로직이 있는 개별 제어와 같은 Function)

Function Blocks (FB)은 사용자 프로그램 블록이며 IEC 61131-3을 따르고 있는 메모리가 있는 로직 블록이다. OB, FB, FC에서 호출될 수 있다. Function Blocks는 필요한 대로 Static 변수, Temporary 변수를 비롯 입력, 출력, 입출력 변수를 가질 수 있다.

FC와는 다르게 FB는 메모리가 있다. 즉, 하나의 FB는 자체 데이터 영역을 가지고 있다. 그래서 프로세스 상태를 하나의 호출에서 다음 호출까지 기억할 수 있다. 가장 단순한 형태로 이 자체 데이터 영역이 DB안에 있게 되며 이 DB를 인스턴스 DB라고 부른다.

Function Blocks의 선언 테이블에서 사용자는 Static 변수를 선언하고 처음 호출에서 다음 호출까지 이 정보를 기억한다. 이것이 Function과 주로 다른 점이다.

- FC는 프로그램을 정리하고 깔끔하게 만드는 데 사용된다.
- 반복 코딩에 대한 수고를 덜어주기 위해 FC 및 FB 사용한다.
- FC는 각 호출에 대해 별도의 메모리에 데이터를 저장할 수 있는 액세스 권한이 없으며 스캔 주기마다 데이터가 손실된다.
- 펑션 블록을 호출하려면 호출할 때마다 데이터를 저장하고 분리할 수 있으므로 각 호출에 대해 데이터 블록이 연결된다.

CHAPTER 08

데이터 블록(DB)

사용자 프로그램은 프로그램 로직과 더불어 프로세스 상태와 신호등의 정보를 포함하는 데이터들로 구성되어 있다. 이 데이터는 사용자 프로그램의 명령문에 의해 처리된다. 데이터는 사용자 프로그램의 변수에 저장이 되며 그 종류는 다음과 같다.

- 저장 장소 (어드레스 : PII, PIQ, 비트 메모리, L 스택, DB 등)
- 데이터 타입 (기본 혹은 복합 데이터 타입, 파라미터 타입)

엑세스 타입에 따라 다음 데이터들이 구분된다.

- 글로벌 변수 – 글로발 심벌 테이블이나 글로발 데이터 블록에서 선언된다.
- 지역 변수 – OB, FB, FC 의 선언 테이블에서 선언된다.

변수는 프로세스 이미지, 비트 메모리 영역 혹은 데이터 블록에 영구적으로 저장된다. 또한 블록이 실행이 되면 변수는 L 스택에 생성된다.

로컬 데이터 스택(L 스택)은 다음을 위한 저장 공간 영역으로 사용된다.

- OB 블록의 시작 정보를 포함하는 Temporary 변수
- FC 호출시 파라미터에 정의되는 실제 어드레스
- LAD 프로그램에서의 중간 로직 결과 데이터

사용자 프로그램은 데이터 값을 저장할 때 데이터 블록을 이용한다. Temporary 데이터와는 다르게 데이터 블록의 데이터는 로직이 블록이 실행을 마치거나 DB가 닫히게 되었을 때 Overwrite 되지 않는다.

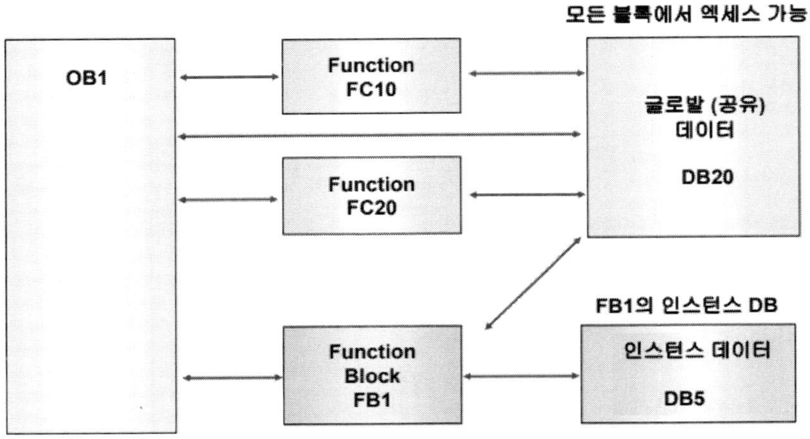

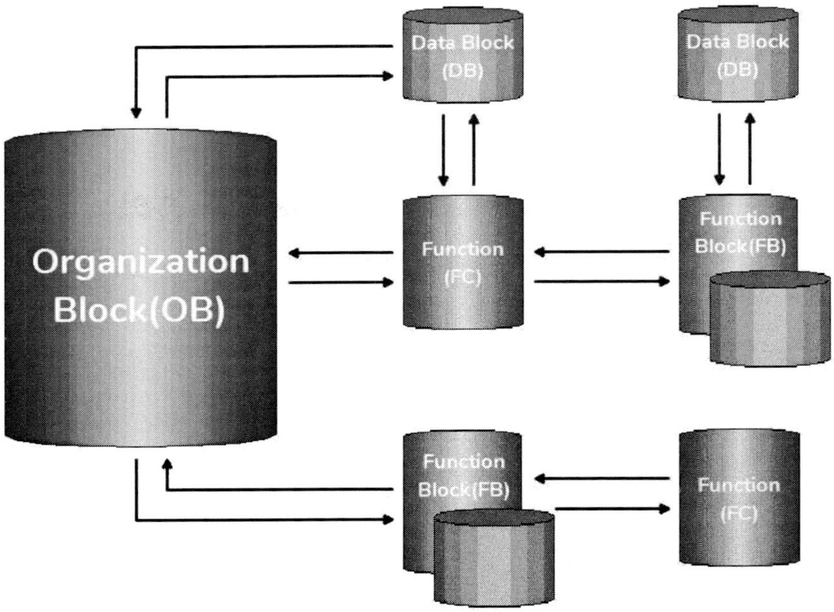

1 공유 데이터 블록과 인스턴스 데이터 블록

프로그램 데이터는 데이터 블록(DB)에 저장한다. 원칙적으로는 비트 메모리 영역에 데이터를 저장할 수도 있지만 데이터 블록(DB)을 이용하면 데이터 용량, 데이터 구조 및 데이터 형식 측면에서 유연성이 훨씬 뛰어나다.

데이터 블록은 그 안에 담긴 데이터의 용도에 따라 두 가지로 사용된다.

- **Shared 데이터 블록(공유 데이터 블록)** : OB1 을 포함하는 모든 로직 블록에서 엑세스할 수 있다.
- **인스턴스 데이터 블록** : 이 데이터 블록은 항상 특정 FB에 할당된다.

글로벌 데이터 블록(DB)의 데이터는 모든 코드 블록이 이용할 수 있는 '자유' 데이터이다. 글로벌 데이터 블록의 용량과 구조는 글로벌 데이터 블록(DB)을 프로그래밍을 통해 사용자가 직접 결정할 수 있다. 인스턴스 데이터 블록(DB)은 관련된 함수 블록이 사용하는 데이터만 저장한다. 따라서 이 함수 블록이 '자신의' 인스턴스 데이터 블록(DB) 내 데이터 구조와 저장 위치를 결정한다.

데이터 블록(DB)의 개수와 길이는 CPU에 따라 다르다. 데이터 블록(DB)은 1부터 번호를 부여한다. 따라서 DB0이란 데이터 블록(DB)은 없다.

각 데이터 블록은 글로벌 데이터 블록(DB) 또는 인스턴스 데이터 블록(DB)으로 사용할 수 있다.

데이터 블록은 사용자 데이터를 저장하는데 사용된다. 로직 블록처럼 사용자 메모리의 영역을 차지한다. 데이터 블록은 사용자 프로그램에서 사용되는 변수 데이터(숫자 값 등)를 저장한다. 사용자 프로그램은 데이터 블록에서 비트, 바이트, 워드 혹은 더블 워드 형식으로 데이터를 엑세스할 수 있다. 심벌 어드레스 혹은 절대 어드레스가 사용된다.

DB는 프로그램 편집기나 UDT(User-Defined data type)를 만들어서 생성할 수 있다. 인스턴스 데이터 블록은 FB를 호출할 때 생성된다.

CPU는 DB, DI 두 개의 데이터 레지스터 블록이 있다. 사용자는 동시에 두 개의 데이터 블록을 오픈할 수 있다.

사용자 정의 데이터 타입은 데이터 블록에서 데이터를 정의하거나 변수 선언 테이블에서 데이터 타입을 정의할 때 템플레이트로 사용될 수 있다.

UDT를 생성하려면 데이터 블록 편집기를 사용해야 한다.

UDT의 구조에는 기본 데이터 타입 혹은 복합 데이터 타입을 포함된다.

▌기본 데이터 타입

데이터 타입	내용
Bool, Byte, Word, DWord, CHAR	데이터 타입의 변수는 하나의 비트로 이루어진다. Byte, Word, Dword 데이터 타입은 8, 16, 32비트열로 이루어져 있다. 이러한 데이터 타입에서 각각의 비트를 취급하는 것은 의미가 없다. 이러한 데이터 타입의 특별한 형태는 BCD 값과 카운터 명령어에서의 카운터값이다. CHAR 데이터 타입은 ASCII 코드의 문자를 나타낸다.
S5TIME	S5TIME 데이터 타입의 변수는 타이머에서 타임값을 지정할 때 사용한다. 형식은 S5T#을 앞에 쓰고 뒤에 타임 설정 값을 쓰면 된다. 시간 값은 시, 분, 초, 밀리초로 지정한다. 1시간 4분을 표시할 경우 타입 값은 언더스코어(1h_4m)를 쓰거나 혹은 언더스코어(1h4m) 없이 사용할 수 있다. 라이브러리에서의 FC33과 FC40은 S5TIME을 TIME으로 변환을 시키거나 TIME을 S5TIME으로 변환시킬 때 사용된다.
INT, DINT, REAL	이러한 데이터 타입의 변수들은 수학적 연산에서 사용되는 숫자들이다.
TIME	데이터 타입 TIME 의 변수는 더블워드를 차지한다. 이 변수는 IEC 타이머의 타임 값으로 사용된다. 변수의 내용은 DINT 로 밀리 초까지 양수 혹은 음수로 표현이 된다. (예를 들면 T#1S=L#1000, T#24d20h31m23s647ms = L#2147486470)
DATE	DATE 데이터 타입의 변수는 부호없는 정수로 저장된다. 변수의 내용은 01.01.1990 이후의 숫자로 된 날짜를 표현한다. (예를 들면 D#2168-12-31)
TIME_OF_DAY	TIME_OF_DAY 데이터 타입의 변수는 더블워드이다. 이 변수는 부호없는 정수의 형태이며 밀리초 단위로 날의 시작(0:00 oclock)에서 부터 표현된다. (예를 들면 TOD#23:59:59:999 = DW#16#0526 5B77

▌복합 데이터 타입

복합 데이터 타입(Array와 Structure)은 기본 데이터 혹은 복합 데이터들의 그룹으로 이루어진다. 이러한 데이터 타입으로 많은 양의 데이터를 구조화하거나 그것들을 하나의 심벌로 처리할 수 있다. 복합 데이터 타입(32비트 이상)은 STEP 7 명령어로 한 번에 모든 것을 처리할 수는 없다. 한 번에 하나의 명령어만이 처리될 수 있다. 복합 데이터 타입은 사전에 정의된다.

DATE_AND_TIME 데이터 타입은 64비트의 길이를 갖는다. ARRAY, STRUCT, STRING 데이터 타입의 데이터 길이는 사용자에 의해 정의된다. 복합 데이터 타입의 변수는 글로벌 데이터 블록에서 혹은 로직 블록에서의 지역 변수로만 정의될 수 있다.

▌사용자 정의 데이터 타입

사용자 정의 데이터 타입은 사용자 스스로가 정의하는 데이터 구조를 의미한다. 구조는 UDT 블록에 정의되며(UDT 1에서 UDT 65535) 다른 변수 데이터 타입에서의 템플릿으로 사용될 수 있다. 동일한 구조를 여러 번 사용하고자 할 때 이 데이터 타입을 데이터 블록에 입력하면 키보드로 입력하는 시간을 줄일 수 있다.

예

데이터 블록에서 10번 동일한 구조가 필요하다. 먼저, UDT를 생성하고 데이터 구조를 정의한 후 저장한다(예를 들면 UDT 1으로 저장한다). 그런 후 글로벌 DB 를 생성하고 ARRAY[1..10] 타입의 변수를 정의한다. 다음 줄에서 사용자가 사전에 정의한 UDT를 입력한다.

<table>
<tr><th>타입</th><th>길이(비트)</th><th colspan="2">예</th></tr>
<tr><td>DATE_AND_TIME</td><td>64</td><td colspan="2">DT#01-08-24-12:14:55:234-1</td></tr>
<tr><td>STRING(최대 254 문자 열)</td><td>8 * (문자 수 + 2)</td><td colspan="2">'This is a string' 'SIEMENS</td></tr>
<tr><td>ARRAY
(동일한 데이터 타입의 그룹)</td><td>사용자가 정의</td><td colspan="2">Measured value : ARRAY[1..20]
INT</td></tr>
<tr><td>STRUCT
(다른 데이터 타입의 그룹)</td><td>사용자가 정의</td><td colspan="2">Motor: STRUCT
Speed : INT
Current : REAL
END_STRUCT</td></tr>
<tr><td rowspan="2">UDT
(User Defined Data Type =기본 데이터 타입이나 복합 데이터 타입으로 이루어진 템플레이트)</td><td rowspan="2">사용자가 정의</td><td>블록 UDT</td><td>어레이 UDT</td></tr>
<tr><td>STRUCT
Speed : INT
Current : REAL
END_STRUCT</td><td>Drive: ARRAY[1..4]
UDT1</td></tr>
</table>

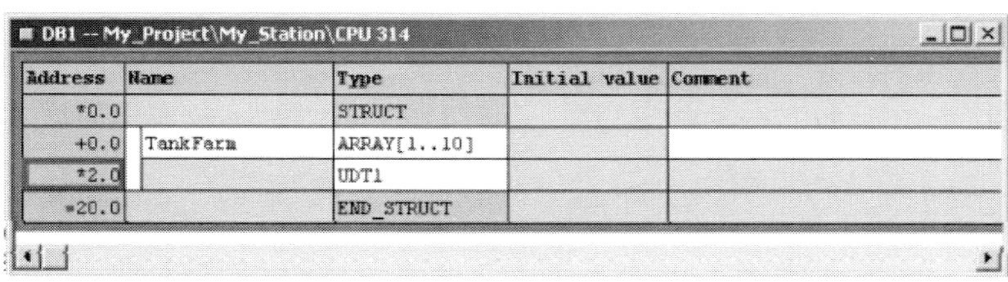

DB1 -- My_Project\My_Station\CPU 314

Address	Name	Type	Initial value	Comment
*0.0		STRUCT		
+0.0	TankFarm	ARRAY[1..10]		
*2.0		UDT1		
=20.0		END_STRUCT		

이렇게 정의하면 하나의 데이터 블록에서 10개의 데이터 구조를 생성할 수 있다. 각 데이터 구조는 UDT 1에서 정의한 구조를 갖는다.

2 배열 (Array)

데이터 형식 ARRAY는 동일한 데이터 형식의 요소가 고정 숫자로 구성된 배열이나 필드를 의미한다. 필드 인덱스의 범위는 데이터 형식 뒤의 대괄호 안에 지정한다. 왼쪽의 초기값은 오른쪽의 최종값과 같거나 작아야 한다. 두 가지 인덱스는 -32,768부터 +32,767까지 범위의 INT 숫자이다.

필드는 최대 6개의 차원을 포함할 수 있으며, 각 차원의 한계는 콤마로 분리된다. 개별 필드 구성요소의 데이터 형식은 데이터 형식 ARRAY 아래의 라인에 위치한다. ARRAY를 제외한 모든 데이터 형식이 허용되며, 사용자 데이터 형식도 허용된다.

선언 단계에서는 함수의 블록 파라미터, 함수 블록의 입력/출력 파라미터, 임시 변수가 아닌 개별 필드 구성요소에 값을 사전 할당할 수 있다. 사전 할당 값의 데이터 형식은 필드의 데이터 형식과 일치해야 한다.

모든 필드 구성요소를 사전 할당할 필요는 없다. 사전 할당 값의 개수가 필드 구성요소의 개수보다 적으면 첫 번째 구성요소만 사전 할당된다. 사전 할당 값의 개수는 필드 구성요소의 개수보다 많지 않아야 한다. 사전 할당 값은 콤마로 분리된다. 동일한 값을 이용한 다중 사전 할당은 선행 반복 인수를 이용해 둥근 괄호 안에 지정된다.

완전한 변수인 필드는 구조가 동일한 데이터 형식 ARRAY의 블록 파라미터 또는 데이터 형식 ANY의 블록 파라미터에서 적용할 수 있다. 예를 들면, 필드 변수의 내용은 시스템 함수 SFC 20 BLKMOV를 이용해 복사할 수 있다. 또한 블록 파라미터의 데이터 형식이 개별 필드 구성요소와 동일한 경우에는 블록 파라미터에서 개별 필드 구성요소를 지정할 수 있다.

개별 필드 구성요소가 기본 데이터 형식인 경우, 개별 필드 구성요소는 '일반' LAD 또는 FBD 함수로 처리할 수 있다. 필드 구성요소에는 필드 이름과 대괄호의 인덱스로 액세스한다. 인덱스는 LAD와 FBD에서 고정된 값이며 런 타임에서 수정할 수 없다.(변수 인덱스 지정 불가능)

다차원 필드 또는 배열 필드는 최대 6개의 차원을 포함할 수 있다. 다차원 필드는 1차원 필드와 비슷하다. 선언 단계에서 차원의 범위는 대괄호 안에 작성하며 각 차원은 콤마로 분리된다.

ARRAY 변수는 항상 워드 경계(짝수 주소의 바이트)에서 시작한다. ARRAY 변수는 다음 워드 경계까지 메모리를 사용한다.

데이터 형식 BOOL의 구성요소는 최하위 비트에서 시작하며, 데이터 형식 BYTE 및 CHAR의 구성요소는 오른쪽 바이트에서 시작한다. 개별 구성요소는 순서대로 나열된다.

다차원 필드에서 구성요소는 첫 번째 차원부터 시작해 라인 순서(차원 순서)로 저장된다. 비트와 바이트 구성요소의 새 차원은 항상 새 바이트에서 시작하며, 데이터 형식이 다른 구성요소의 새 차원은 항상 새 워드(후속 짝수 바이트)에서 시작한다.

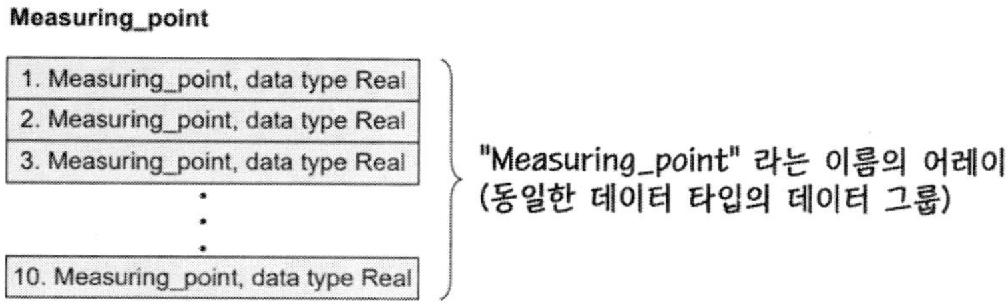

프로그램 편집기에서의 Array 예 (DB 2):

DB2 -- My_Project\My_Station\CPU 314

Address	Name	Type	Initial value	Comment
*0.0		STRUCT		
+0.0	Measuring_point	ARRAY[1..10]		
*4.0		REAL		
=40.0		END_STRUCT		

Array는 동일한 타입의 데이터로 이루어져 있다. REAL 데이터 타입으로 정의된 "Measuring_point" array를 볼 수 있다. 이후로 여러 측정값들이 이 Array에 저장될 것이다. Array에서 키보드로 입력하는 문자는 "Array [n..m]"이다. 처음 숫자(n)와 마지막 숫자(m)는 대괄호로 지정된다. 위 예에서 [1..10]는 10개의 데이터를 의미하며 첫 번째 데이터는 [1]로, 또 마지막 데이터는 [10]으로 정의된다. [1..10] 대신에 [0..9]로 정의할 수 있다. 이 경우 첫 번째 데이터는 [0]로, 마지막 데이터는 [9]로 정의된다.

Initial Value (초기값) 입력된 값은 첫 번째 데이터 값을 의미한다. 콤마로 구분된 값들은 차례로 정렬된 값들을 의미한다.

Data View 각 항목에 저장된 실제 값을 보려면 View 〉 Data View 메뉴로 화면을 전환하면 된다. "Data View"에서 "Actual Value" 컬럼에 저장된 현재 값을 볼 수 있다.

DB2 -- My_Project\My_Station\CPU 314

Address	Name	Type	Initial value	Actual value	Comment
0.0	Measuring_point[1]	REAL	0.000000e+000	1.000000e+002	
4.0	Measuring_point[2]	REAL	0.000000e+000	1.023000e+002	
8.0	Measuring_point[3]	REAL	0.000000e+000	1.035000e+002	
12.0	Measuring_point[4]	REAL	0.000000e+000	1.067000e+002	
16.0	Measuring_point[5]	REAL	0.000000e+000	1.052000e+002	
20.0	Measuring_point[6]	REAL	0.000000e+000	1.050000e+002	
24.0	Measuring_point[7]	REAL	0.000000e+000	1.055000e+002	
28.0	Measuring_point[8]	REAL	0.000000e+000	1.055000e+002	
32.0	Measuring_point[9]	REAL	0.000000e+000	1.079000e+002	
36.0	Measuring_point[10]	REAL	0.000000e+000	1.079900e+002	

3 구조체 (STRUCTURE)

데이터 형식 STRUCT는 각각 다른 데이터 형식일 수 있는 구성요소가 고정 숫자로 구성된 데이터 구조를 의미한다.

개별 구조 구성요소 및 라인 아래의 데이터 형식은 변수 이름과 키워드 STRUCT를 이용해 지정한다. 다른 구조를 포함한 모든 데이터 형식도 사용할 수 있다.

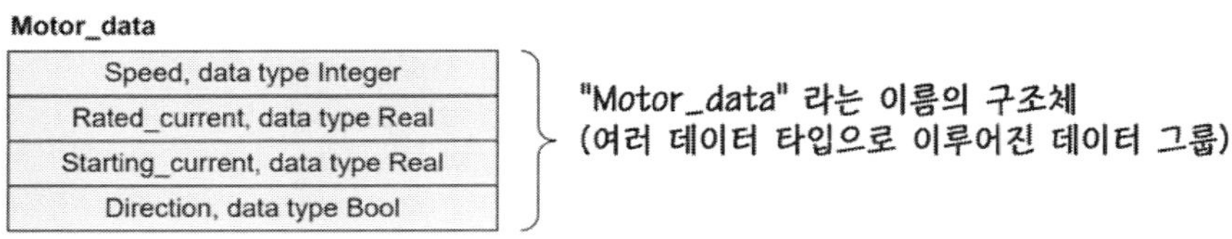

프로그램 편집기에서의 Structure 예 (DB 1):

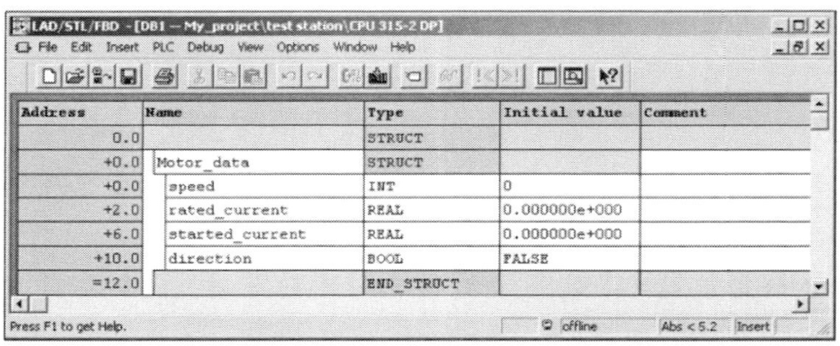

Address	Name	Type	Initial value	Comment
0.0		STRUCT		
+0.0	Motor_data	STRUCT		
+0.0	speed	INT	0	
+2.0	rated_current	REAL	0.000000e+000	
+6.0	started_current	REAL	0.000000e+000	
+10.0	direction	BOOL	FALSE	
=12.0		END_STRUCT		

위의 예는 "Motor_data"라는 이름의 구조체 예를 보여준다. 구조는 여러 데이터 타입으로 이루어진 데이터 그룹을 의미한다. 구조체에서의 개별 데이터는 기본 데이터 타입이나 복합 데이터 타입이 될 수 있다.

구조체에서의 개별 데이터에 대해 엑세스할 때는 구조체 이름을 포함하게 된다. 이는 프로그램을 읽기 쉽게 만들어준다.

데이터를 심벌로 엑세스할 수 있게 하려면 데이터 블록에 심벌이름을 주어야 한다. 예를 들면 "Drive_1" 등으로 심벌 이름을 주어야 한다.

포맷은 블록의 심벌 이름, 도트, 구조체 이름, 도트, 데이터 이름 순이다. 심벌 블록 이름("Drive_1")에는 인용 부호가 있어서 이름이 글로발 심벌 편집기에서 나온 것임을 가르쳐준다. 구조체 이름과 데이터 이름은 인용 부호를 사용하지 않는다. 이는 그것들이 데이터 블록에서 정의된 것이지 글로벌 심벌 편집기에서 비롯된 것이 아니기 때문이다.

DB에서의 구조체 정의

구조체를 정의할 때는 "STRUCT"를 사용한다. 구조체의 마지막에는 "END_STRUCT"라고 해야 한다. (예 : "Motor_data")

배열 연습

다음과 같은 방식으로 배열의 동작원리를 이해하도록 하자.
배열은 1차원 배열, 2차원 배열, 3차원 배열로 구분되어 사용할 수 있다.

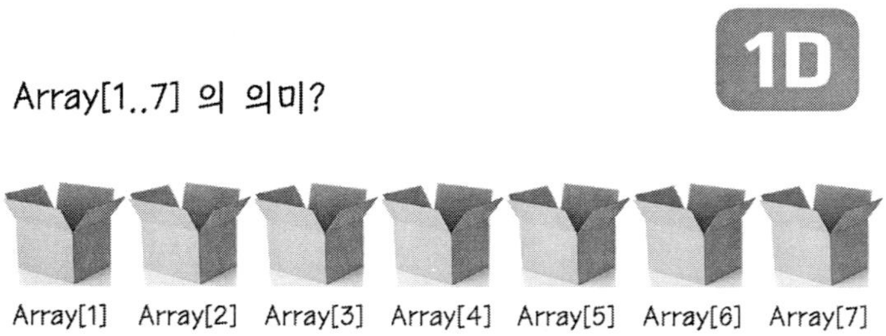

배열의 지정은 데이터를 보관하는 목적으로 사용하므로 새로운 데이터블록(DB)를 생성하고 배열을 지정한다.

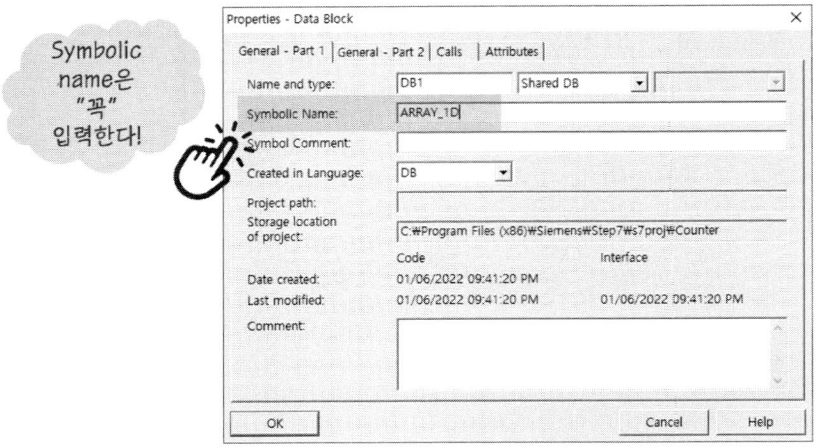

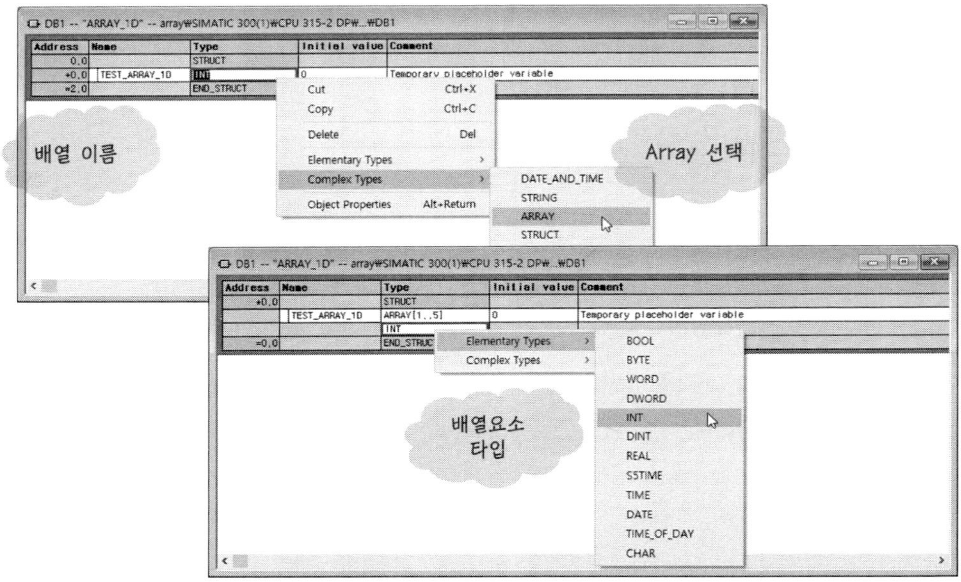

배열의 이름, Array, 배열요소 타입 등을 선택한다. 여기에서는 INT타입으로 선택하였다. 저장할 데이터의 타입에 따라 알맞은 데이터를 선택하도록 한다.

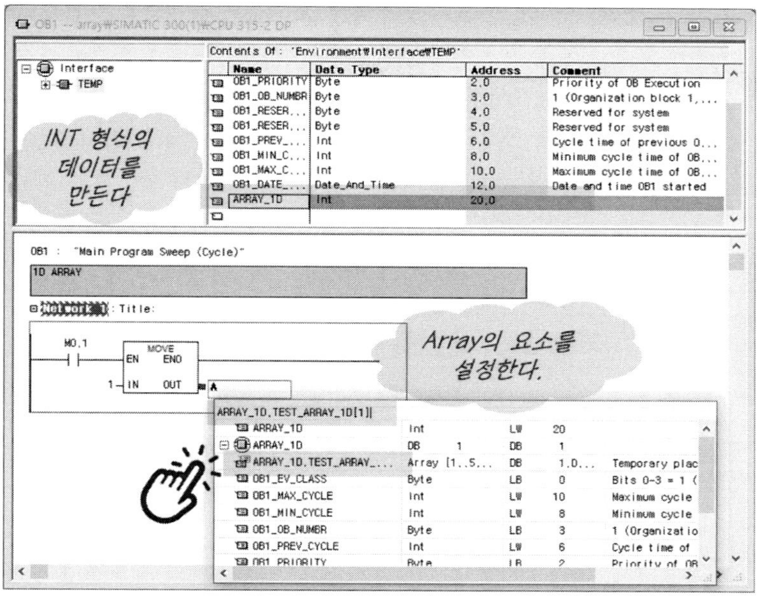

OB1에 프로그램을 작성하였다. 경우에 따라 FB, FC에도 작성할 수 있다.
Interface 〉 TEMP항목에 데이터 타입 INT으로 ARRAY_1D를 등록한다.
프로그램의 내용은 스위치(M0.1)가 입력되면 설정된 데이터를 배열요소에 이동하도록 한다.
생성한 데이터블록 이름을 선택하고 + 를 클릭하면 배열이 보이는데 클릭하고 [ ] 기호 안에 배열 번호를 입력하면 프로그램에 삽입된다.

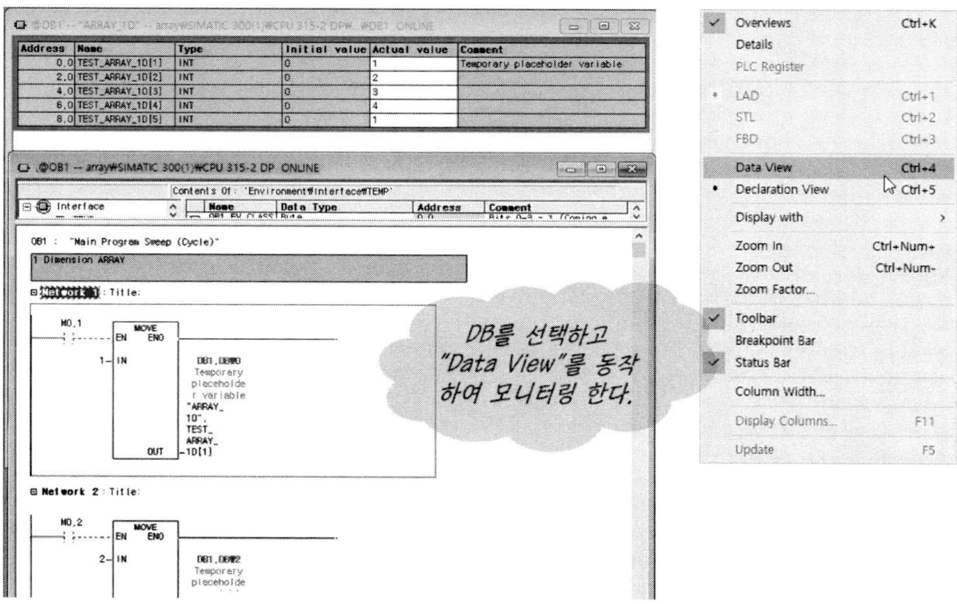

데이터 블록과 작성한 프로그램을 모니터링하면서 입력한 데이터가 배열요소에 저장되는지 확인한다.

다음은 2차원 배열에 대해서 간단히 살펴보도록 한다. 앞서 작성한 내용과 유사하다.

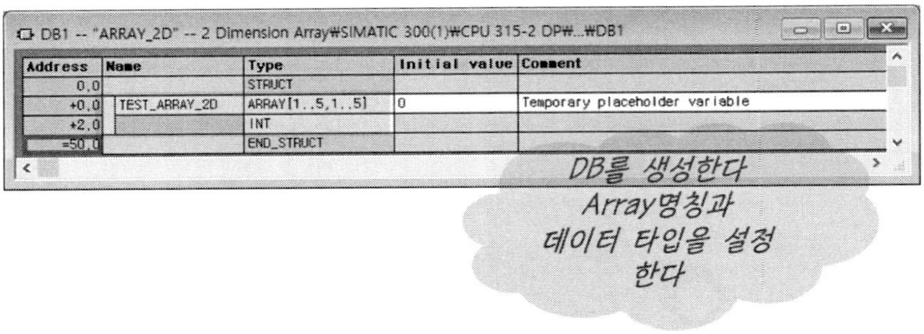

배열의 이름, Array, 배열요소 타입 등을 선택한다. 여기에서는 INT타입으로 선택하였다. 저장할 데이터의 타입에 따라 알맞은 데이터를 선택하도록 한다. 2차원 배열이므로 배열요소 형식이 [1..5, 1..5]와 같은 2개 요소로 되어 있다. 배열요소 번호 1에서 5까지 5개로 2개의 배열이 지정되었다.

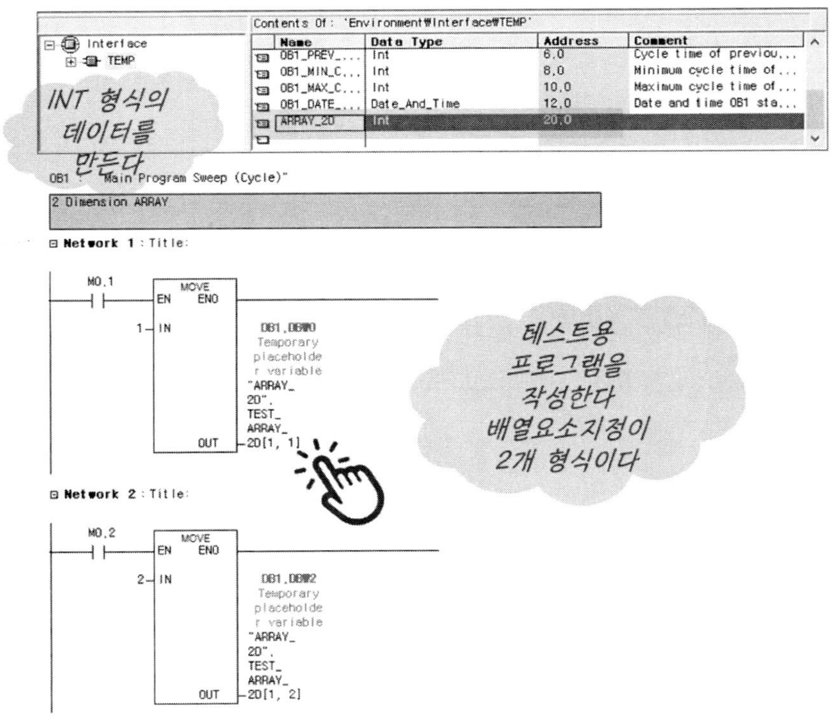

프로그램을 작성하기 위해 OB1을 열고 Interface 〉 TEMP항목에 데이터 타입 INT으로 ARRAY_2D를 등록한다. 프로그램은 스위치 입력을 받아 배열요소에 데이터를 전송하도록 하였다.

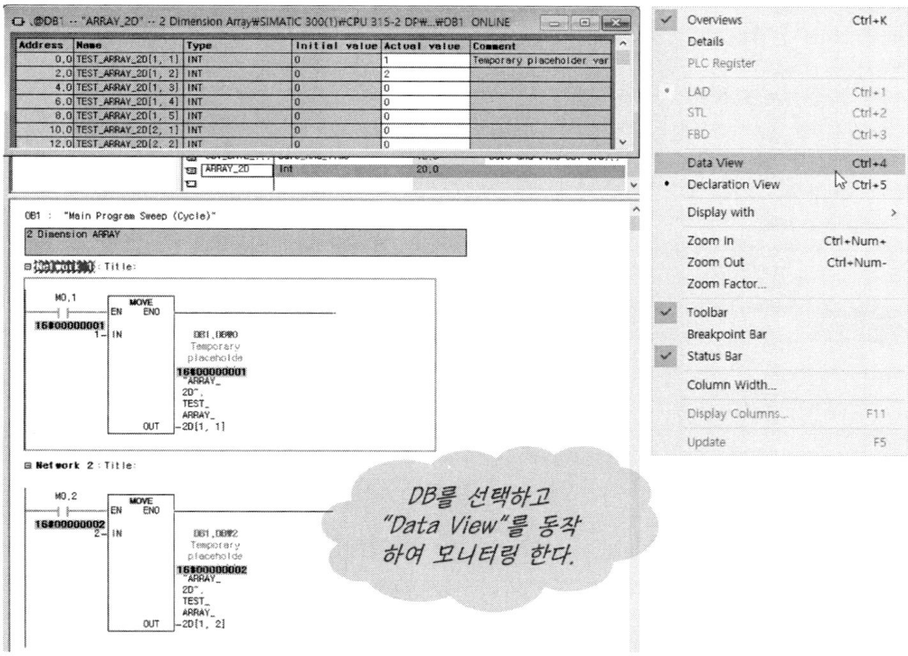

데이터 블록과 작성한 프로그램을 모니터링하면서 입력한 데이터가 배열요소에 저장되는지 확인한다.

4 DB 생성해 보기

1) 생성 절차

새로운 데이터 블록은 SIMATIC Manager에서 S7 Program 블록 폴더를 선택한 다음 LAD/STL/FBD 편집기에서는 다음과 같은 메뉴를 사용하여 새로운 데이터 블록을 생성할 수 있다.

File → New → Project와 Project Name 선택 → S7 program 폴더 선택 → Object Name : DB 99

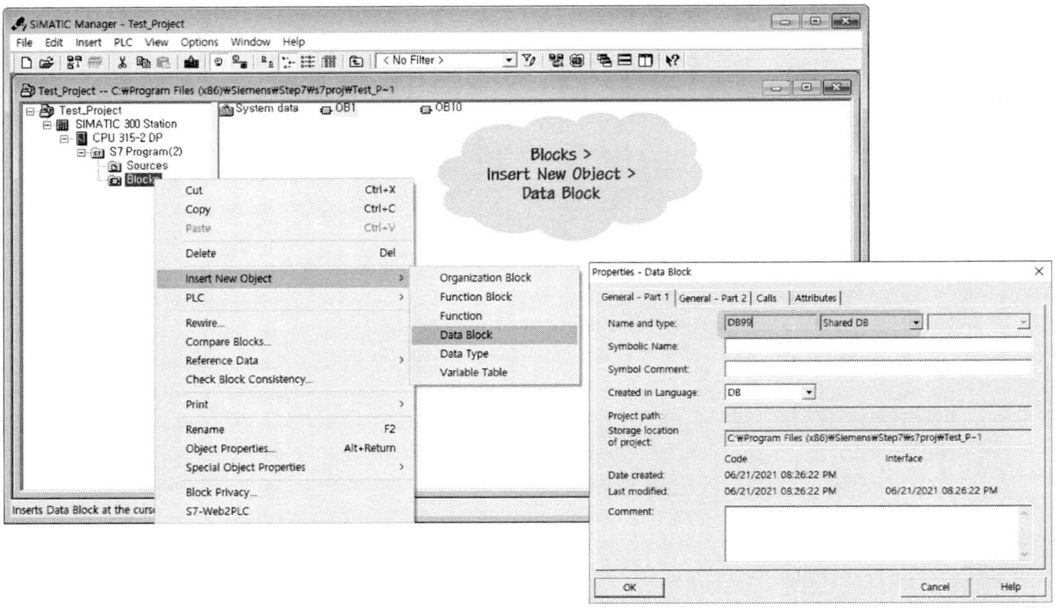

Share DB(공유 DB) Shared DB는 글로벌 데이터를 저장하기 위해 사용된다. 즉 모든 로직 블록(OB, FB, FC)에서 엑세스될 수 있는 일반 데이터를 저장하는데 사용된다.

사용자는 글로벌 데이터 블록을 정의해서 사용해야 하며 필요한 데이터를 정의하면 된다.

Instance DB(인스턴스 DB)

Instance DB는 FB을 위한 메모리 영역을 의미한다. FB의 파라미터와 Static 변수는 인스턴스 DB에 의해 관리된다. 인스턴스 데이터 블록의 내용은 사용자에 의해 정의되는 것이 아니라 편집기에 의해 생성이 된다.

데이터 블록은 User Defined Data Type(UDT)로도 생성될 수 있다. UDT에서 데이터 블록과 같이 정의를 하고 이것을 템플릿처럼 사용하면 된다. UDT는 추가적인 데이터 블록 혹은 변수 파라미터와 블록 파라미터를 생성하는 템플릿처럼 사용될 수 있다.

새 데이터 블록(DB)을 생성할 때는 데이터 블록 유형을 지정해야 한다. SIMATIC Manager를 이용해 생성할 때는 속성 창의 선택 상자에서 유형을 선택하고, 프로그램 편집기를 이용해 생성할 때는 '새 데이터 블록' 창에서 제공된 옵션 중 하나를 클릭한다.

데이터 블록(DB)의 생성과 용도에 따른 세 가지 유형의 데이터 블록(DB)은 다음과 같다.

- '데이터 블록(DB)' 또는 '공유 DB'
- 글로벌 데이터 블록(DB)으로 생성되며 데이터 블록(DB)의 프로그래밍 시 데이터 주소를 선언한다.

- '사용자 정의 데이터 형식을 참조하는 데이터 블록' 또는 'DB 유형'
- 사용자 데이터 형식의 데이터 블록(DB)으로 생성되며 해당 사용자 데이터 형식 UDT의 프로그래밍 시 선언한 데이터 구조를 사용한다.
- '함수 블록을 참조하는 데이터 블록(DB)' 또는 '인스턴스 DB'
- 인스턴스 데이터 블록(DB)으로 생성되며 관련 함수 블록의 프로그래밍 시 선언한 데이터 구조를 전송한다.

데이터 블록(DB)을 사용자 데이터 형식에 기초해 생성할 때는 기초한 UDT도 정의한다. (예: UDT는 블록 컨테이너에 생성되어 있어야 한다.) 함수 블록을 할당한 데이터 블록(DB)도 마찬가지 방식으로 생성한다.

2) 데이터 블록 입력, 저장, 다운로드, 모니터링

데이터 블록은 "declaration view"에서 정의될 수 있다. 즉 사용자는 데이터를 저장하는데 필요한 변수를 선언한다. 변수는 테이블에서 컬럼과 행의 형태로 정의된다.

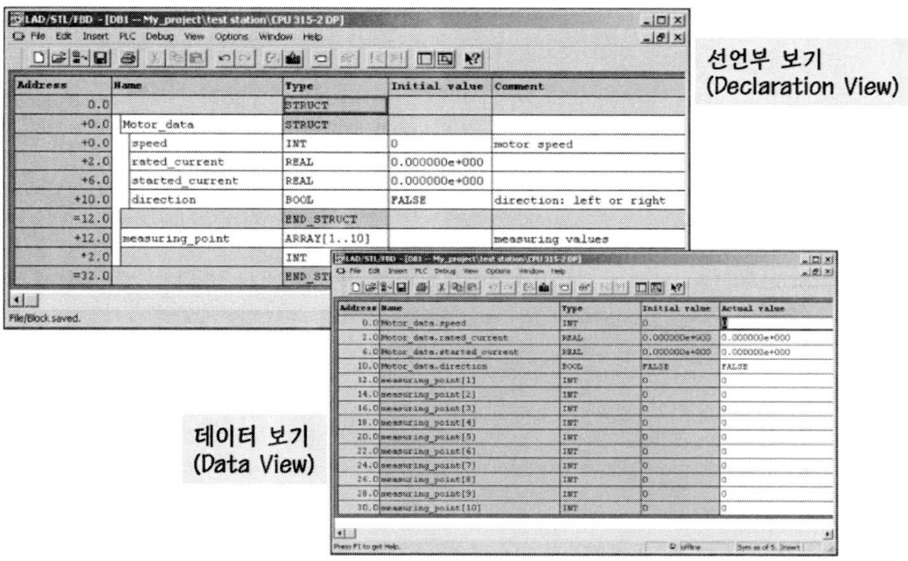

각 컬럼은 다음과 같은 의미를 갖고 있다.

- Address - 프로그램 편집기에서 입력이 되는 부분. 변수가 차지하는 첫 번째 바이트 어드레스를 의미한다.
- Name - 변수의 심벌 이름

- Type - 데이터 타입(INT, REAL, …) 오른쪽 마우스 버튼으로 선택
- Inital Value - 변수의 초기값을 의미하며 데이터 블록이 처음 생성될 때 정의된다. 값이 입력되지 않으면 편집기는 자동적으로 0이 입력된다.
- Comment - 변수의 주석을 기록하는데 사용된다.

Save Diskette 아이콘을 사용하여 프로그래밍 로더(PG)의 하드 디스크에 저장한다.
Dowload 로직 블록들처럼 데이터 블록을 CPU에 다운로드한다.
Data View 온라인으로 데이터 블록에 있는 변수들의 현재 값들을 모니터한다(CPU의 변수 값). 이를 위해서는 일단 "View" 메뉴에서 "Data View"로 전환을 하고 안경 표시가 있는 아이콘을 누르면 된다.

Initialize DB 데이터 블록을 초기화하면 현재 값을 Initial Value로 overwrite 할 수 있다. 이는 나중에 변경된 inital value가 실제값으로 입력될 때 필요하다. 메뉴로 들어가려면 View 〉 Data View 〉 Edit 〉 Initalize Data Block으로 들어간다.

▌오프라인 창

글로벌 데이터 블록(DB)의 입력에는 선언 보기를 사용한다. 데이터 주소는 이 보기에서 선언한다. 선언 보기에서는 데이터 주소의 순서를 정의하고, 각 데이터 주소에 이름과 데이터 형식을 할당하며, 주석을 추가로 입력할 수 있다. 각 데이터 주소에는 기본값이 할당된다. 기본값은 데이터 형식에 따라 최소값인 0일 수도 있고 비어 있을 수도 있다. 기본값은 초기값 열에서 수정할 수 있다.

데이터 주소와 기본값은 사용자 데이터 형식이나 함수 블록에서 파생한 데이터 블록(DB)에 정의되어 있다. 데이터 주소와 기본값은 사용자 데이터 형식의 선언이나 함수 블록의 선언에서 생성된다.

데이터 보기는 실제값 열을 추가로 보여 준다. 초기값 열의 기본값은 표준 설정에서 실제값 열에 입력된다. 데이터 보기에서는 로드 메모리에 다른 초기값을 입력하고 작업 메모리에 실제 값을 입력할 수 있다.

데이터 블록(DB) 각각에 기본값을 개별적으로 할당하는 기능은 사용자 데이터 형식이나 함수 블록에서 파생한 데이터 블록(DB)에 특히 중요하다. 예를 들어, 함수 블록의 여러 인스턴스 데이터 블록 (DB)을 생성하면 모든 데이터 블록(DB)은 함수 블록에서 설정한 기본값을 가진다. 데이터 보기에서는 이제 상황마다 다양한 데이터 주소에 다른 값을 개별적으로 할당할 수 있다.

▌온라인 창

일반적으로 사용자 메모리의 실제 데이터 값은 온라인 창을 이용해 확인한다. 그러나 온라인 창은 데이터 블록(DB)의 생성에도 이용할 수 있다.

선언 보기에서 초기값 열은 오프라인 데이터 관리의 초기값이나 CPU 프로그램과 관련된 오프라인 프로젝트를 이용할 수 없는 경우에 로드 메모리의 초기값을 보여 준다. 데이터 보기에서 실제값 열은 작업 메모리의 실제 값을 표시한다. 편집 → 데이터 블록(DB) 초기화를 선택하면 편집기에서 모든 실제값을 초기값으로 다시 변경할 수 있다.

PLC → Download를 선택해 다시 쓰면 실제값 열의 값은 작업 메모리에 쓰여진다. 그러므로 프로그래밍 기기를 사용하면 프로그램 실행 과정에서 데이터 주소의 값에 영향을 줄 수 있다. 초기값 열의 값은 거부된다.

File → Save을 선택해 다시 쓰면 오프라인 데이터 관리에서 초기값 열의 값은 기본값으로 씌어지고 실제값 열의 값은 초기값으로 설정된다.

이름과 같이 데이터 주소와 관련된 완전한 정보는 오프라인 데이터 관리에만 표시된다는 점에 유의하도록 한다. 또한 데이터 일관성이 유지되도록 CPU의 사용자 메모리에서 생성한 데이터 블록(DB)은 오프라인 데이터 관리에 쓰는 것이 좋다.

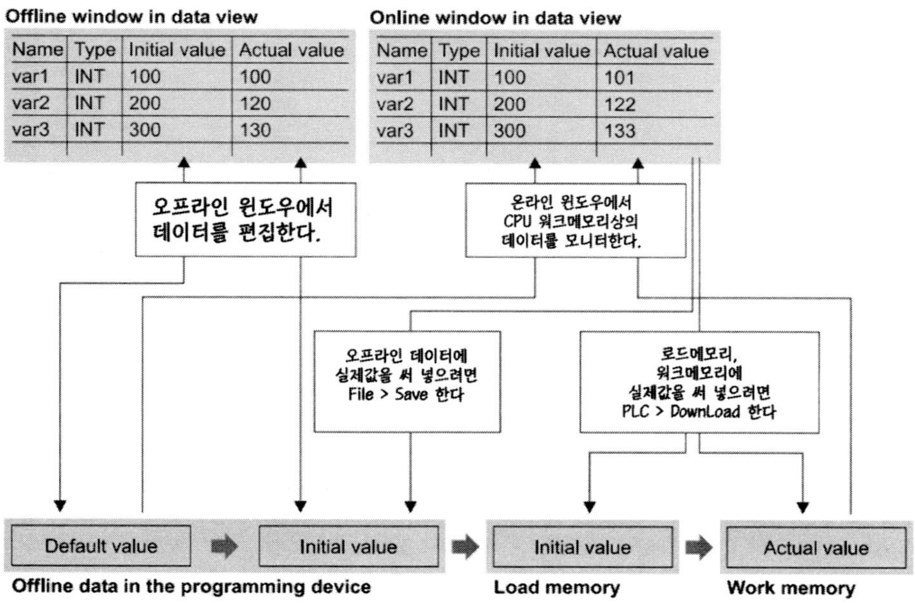

3) DB 어드레스

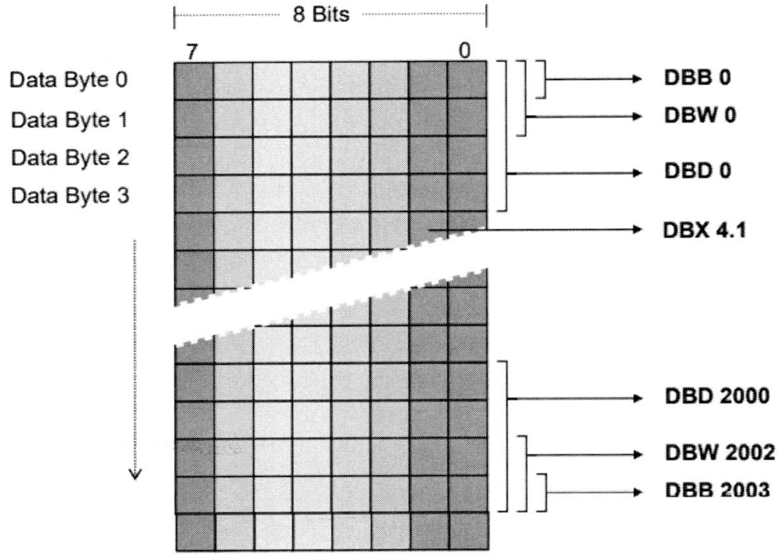

DB10.DBX 2.0

데이터 블록(DB) 10에서 데이터 비트 2.0

DB11.DBB 14

데이터 블록(DB) 11에서 데이터 바이트 14

DB20.DBW 20

데이터 블록(DB) 20에서 데이터 워드 20

DB22.DBD 10

데이터 블록 DB 22에서 데이터 더블 워드 10

인스턴스 데이터 블록 (Instance DB)

09 CHAPTER

펑션 블록(FB)의 호출을 "인스턴스"라고 한다. 인스턴스가 작동하는 데이터는 인스턴스 DB에 저장되며, 인스턴스 DB는 항상 FB 인터페이스의 사양에 따라 생성되므로 인스턴스 DB에서 변경할 수 없다.

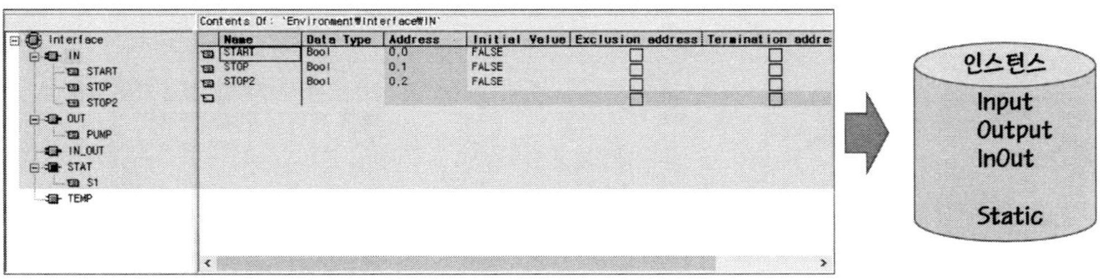

인스턴스 DB는 입력, 출력, InOut 및 정적 인터페이스가 있는 영구 메모리로 구성된다. 휘발성 메모리(L 스택)에는 임시 태그가 저장된다. L 스택은 항상 한 사이클 동안만 유효하다. 즉 주기마다 임시 태그를 초기화해야 한다.

인스턴스 DB는 항상 FB에 할당되며, 수동으로 생성하여 FB를 호출할 때 연결할 수 있도록 한다. 인스턴스 DB의 구조는 해당 FB에서 지정되며 해당 FB에서만 변경할 수 있다. 인스턴스 DB의 데이터가 해당 FB에 의해서만 변경될 수 있도록 프로그래밍 한다.

1) 인스턴스 데이터 블록

파라미터를 전송하는 모든 기능 블록 호출에 인스턴스 데이터 블록이 할당된다. FB의 실제 파라미터와 정적 데이터는 인스턴스 DB에 저장된다. FB에 선언된 변수는 인스턴스 데이터 블록의 구조를 결정한다. 인스턴스는 기능 블록 호출을 의미한다. 예를 들어 S7 사용자 프로그램에서 펑션 블록이 5번 호출되면 이 블록의 인스턴스가 5개 있다.

2) 인스턴스 DB 생성

인스턴스 데이터 블록을 생성하기 전에 해당 FB가 이미 존재해야 한다. 인스턴스 데이터 블록을 생성할 때 FB 번호를 지정한다.

3) 인스턴스 당 하나의 인스턴스 DB

모터를 제어하는 기능 블록(FB)에 여러 인스턴스 데이터 블록을 할당하면 이 FB를 사용하여 다른 모터를 제어할 수 있다.

각 특정 모터에 대한 데이터(예 : 속도, 실행 시간, 총 작동 시간)는 서로 다른 데이터 블록에 저장된다. FB가 호출될 때 연결된 DB는 제어되는 모터를 결정한다. 이 기술을 사용하면 여러 모터에 대해 하나의 펑션 블록만 필요하다. (다음 그림 참조)

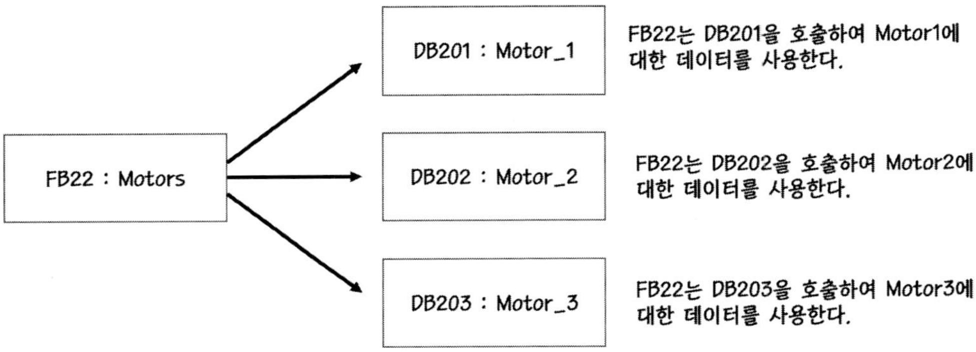

4) Multi-Instance 다중 인스턴스

사용하는 CPU에서 메모리가 부족하여 인스턴스가 사용하는 데이터 블록의 수를 제한해야 하는 경우가 있을 수 있다.

사용자 프로그램의 펑션 블록에서 이미 존재하는 기타 펑션 블록, 타이머, 카운터 등은 호출이 될 경우에는 별도의 추가적인 인스턴스 DB 없이도 이들을 호출할 수 있다.

함수 블록이라는 다중 인스턴스를 사용하면 호출된 함수 블록의 인스턴스 데이터 블록에 데이터를 저장할 수 있다. 즉 펑션 블록에서 다른 펑션 블록이 호출되면 상위 FB의 인스턴스 DB에 데이터를 저장한다. 따라서 호출된 블록의 기능은 전송되어도 유지된다. 다음 그림은 다른 FB("IEC Timer")를 사용하는 FB를 보여준다.

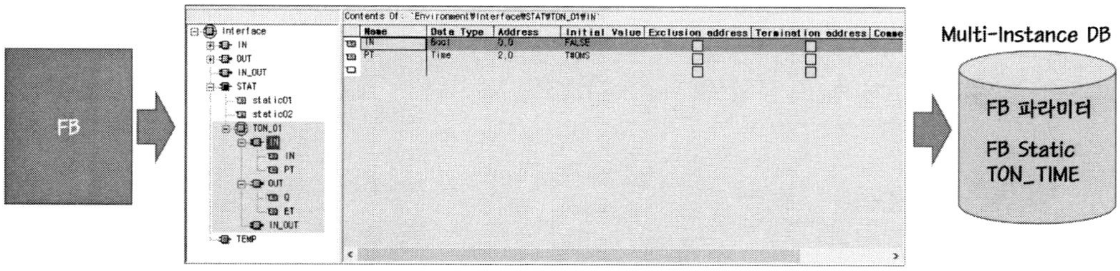

모든 데이터는 다중 인스턴스 DB에 저장된다. 따라서 클락 생성기와 같이 독립적인 시간 동작을 가진 블록을 생성할 수 있다.

▌장점

- 재 사용성
- 다중 통화 가능
- 더 적은 인스턴스 DB로 더 명확한 프로그램
- 프로그램의 간단한 복사
- 프로그래밍 중 구조화를 위한 옵션

▌추천

- 멀티플 인스턴스를 사용하여 인스턴스 DB 수를 줄인다.
- 재사용 가능하고 명확한 사용자 프로그램을 만든다.
- 프로그램 로컬 기능 예 : 타이머, 카운터, 에지 감지.

예

시간 및 카운터 기능이 필요한 경우 절대 주소가 지정된 SIMATIC 타이머 대신 "IEC 타이머"블록 및 "IEC 카운터"블록을 사용한다.
가능한 경우 여기에서도 항상 다중 인스턴스를 사용하는 것이 좋다. 이것은 사용자 프로그램의 블록 수를 작게 유지할 수 있는 방법이 된다.

여기에서 IEC Timer를 사용하는 방법을 통해 Muti-Instance를 적용하는 예를 살펴보도록 하자. IEC타이머는 국제전기표준회의(IEC : International Electrotechnical Commission)에서 국제 표준으로 발표한 IEC61131에 의해 만들어진 타이머 명령이다. ICE타이머는 CPU 운영체제의 시스템 함수 블록(System Function Blocks)에 포함되어 있다.

S5타이머와 IEC타이머의 가장 큰 차이점은 S5타이머는 지멘스PLC의 명령어에 해당되고

IEC타이머는 PLC의 명령어를 조합해서 만든 FB에 해당되기 때문에 IEC타이머는 별도의 인스턴스DB를 필요로 한다는 것이다.

우선 새로운 펑션블록을 생성한다.

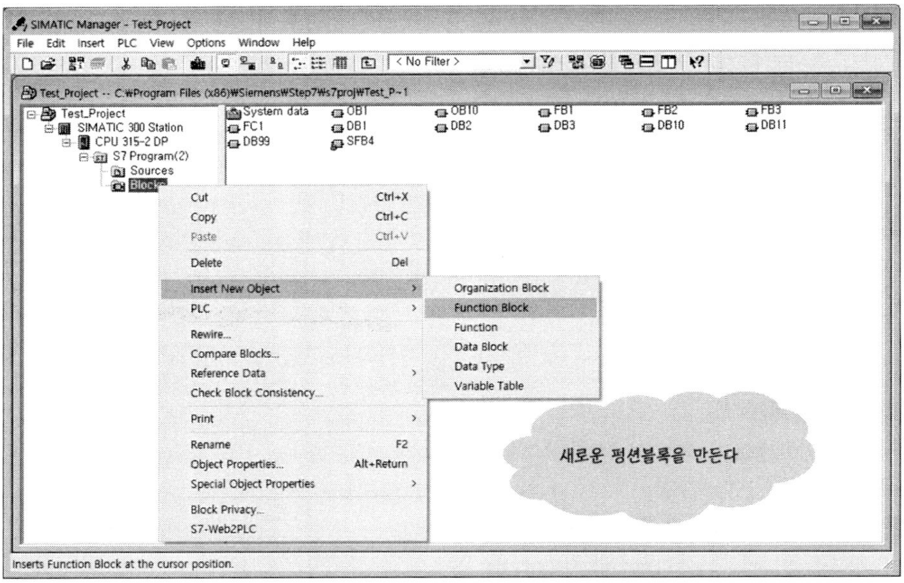

펑션블로 속성 창에서 Name과 사용할 언어를 선택한다. 그리고 Mul. Inst. Cap.에 체크되어 있는지 확인한다.

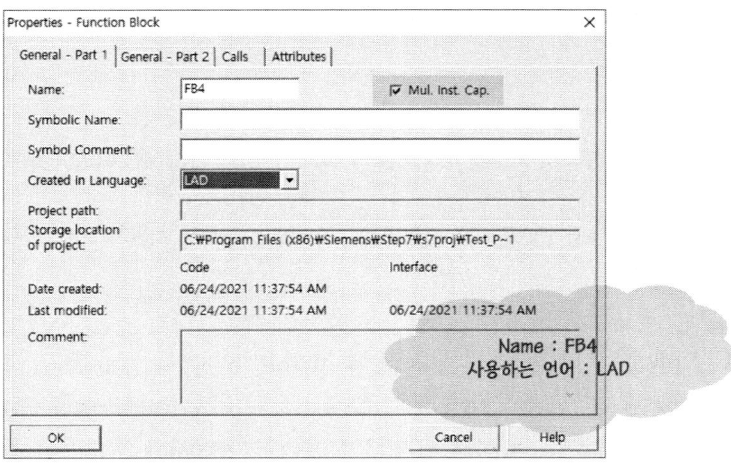

생성된 FB4를 더블클릭하여 사용할 변수명을 입력한다.

여기 실습에서는 온 딜레이 타이머를 사용하여 설정한 시간이 경과되면 램프가 자동 소등되는 프로그램을 작성해 보도록 한다.

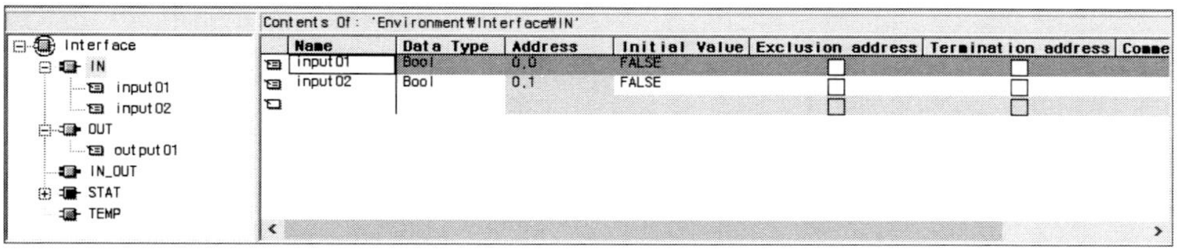

명령어 카탈로그에서 Libraries 〉 Standard Library 〉 System Function Blocks 〉 SFB4 TON IEC_TC가 실습에 사용할 IEC Timer(온 딜레이)이다.

프로그램 형태는 자기유지와 타이머를 사용한 구조이다.

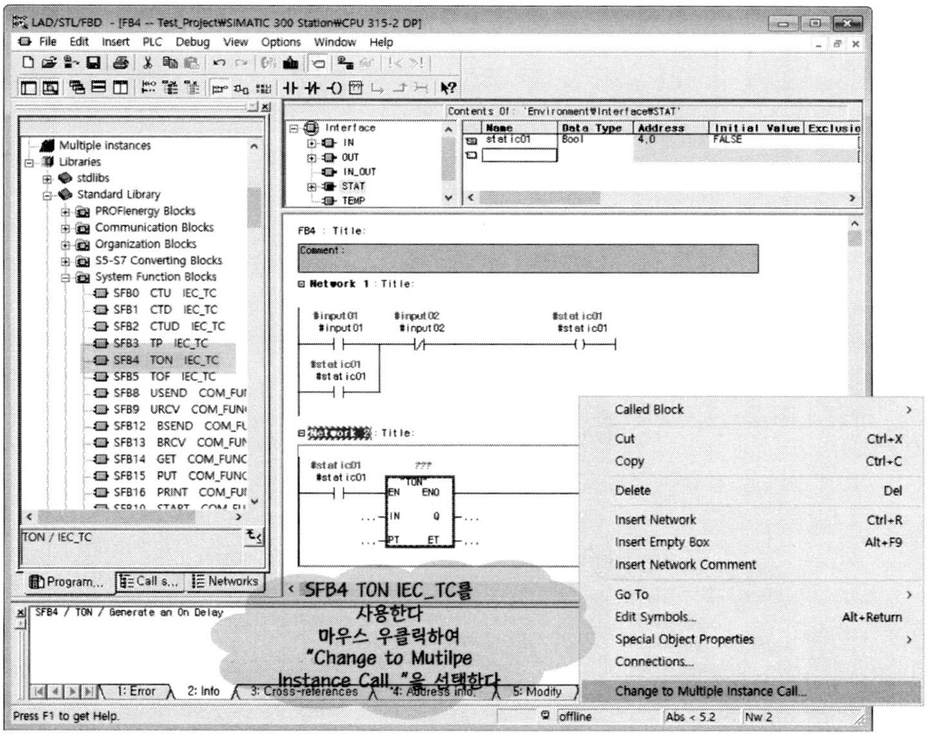

표시되는 윈도우에 멀티플 인스턴스의 이름을 입력한다. 사용하는 함수의 기능을 잘 표시할 수 있는 형태로 작성하는 것이 좋다.

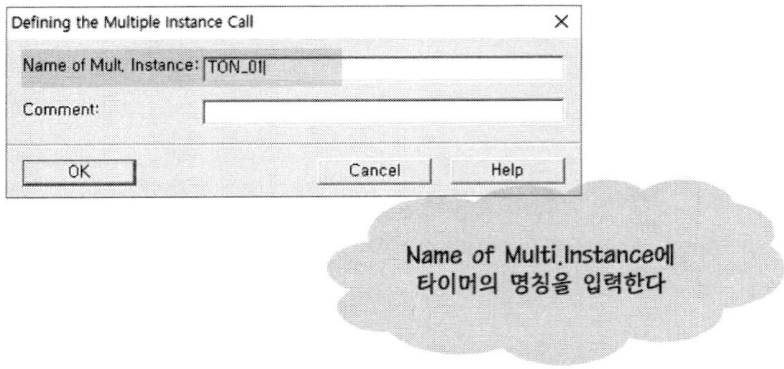

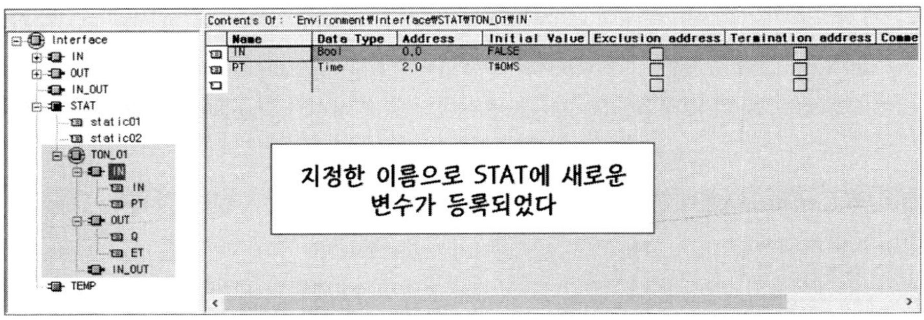

다음은 작성한 프로그램이다.

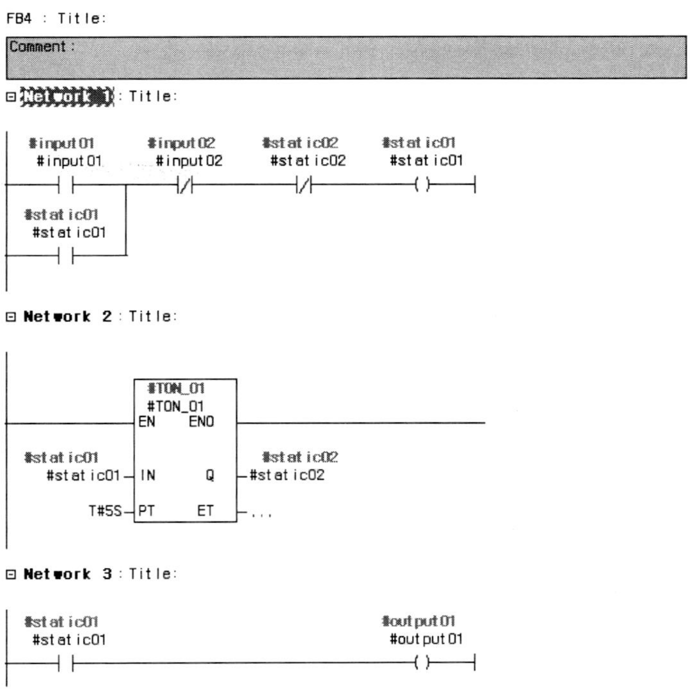

OB1에서 다음과 같이 FB4를 호출하여 사용한다.

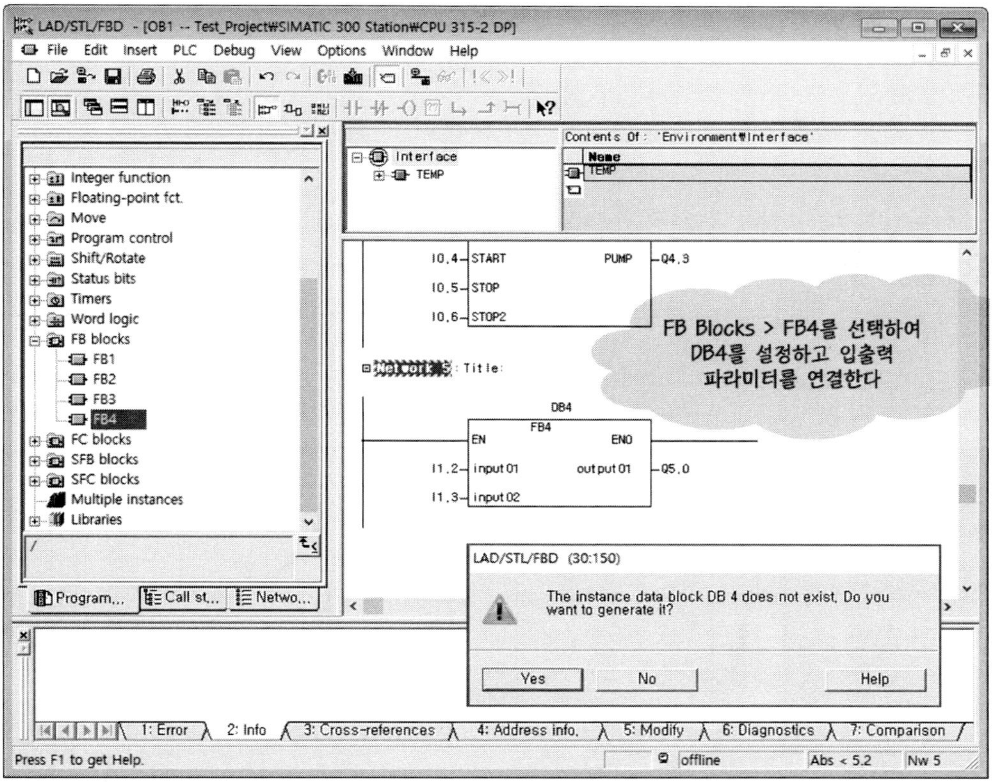

프로젝트를 전송하고 모니터해보면 타이머의 파라미터에 설정된 데이터를 살펴볼 수 있다.

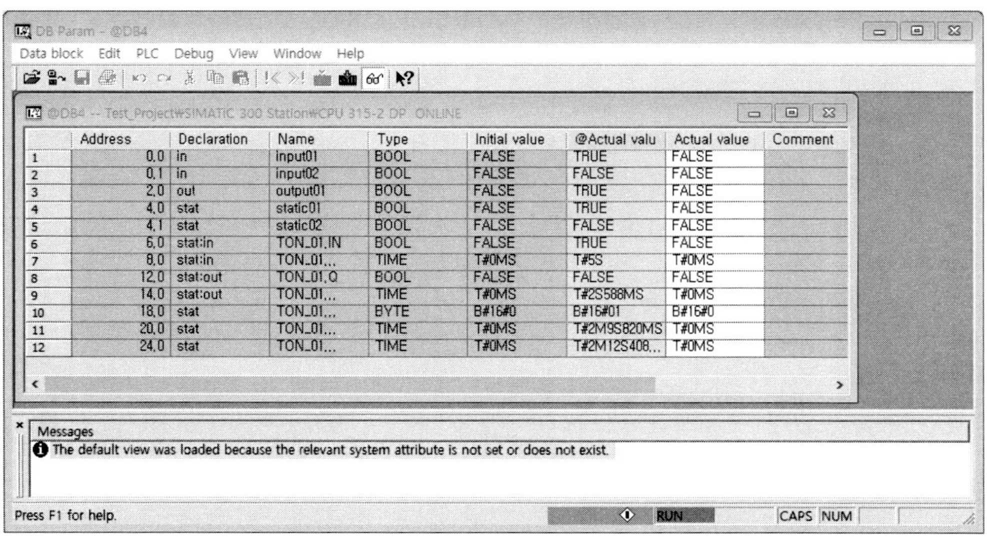

IEC 블록은 별도의 인스턴스 DB를 사용하고 있으므로 IEC타이머를 사용할 때 별도의 인스턴스 DB를 생성해서 사용하는 방법 이외로 FB블록의 인스턴스 DB에 IEC타이머가 사용할 DB를 설정해서 사용하는 방법으로 테스트용 프로그램을 만들어 보았다. 이 방법은 하나의 FB(FB4) 내에 또 다른 FB(IEC타이머)을 사용하는 것이다.

4) 멀티플 인스턴스의 예

아래 그림에는 하나의 펑션 블록 내에서 IEC_Timer를 두 번 호출하는 작업이 나와 있다. 두 타이머의 데이터는 호출 펑션 블록 FB1의 인스턴스 데이터 블록 DB1에 서로 다른 멀티플 인스턴스로서 저장된다.

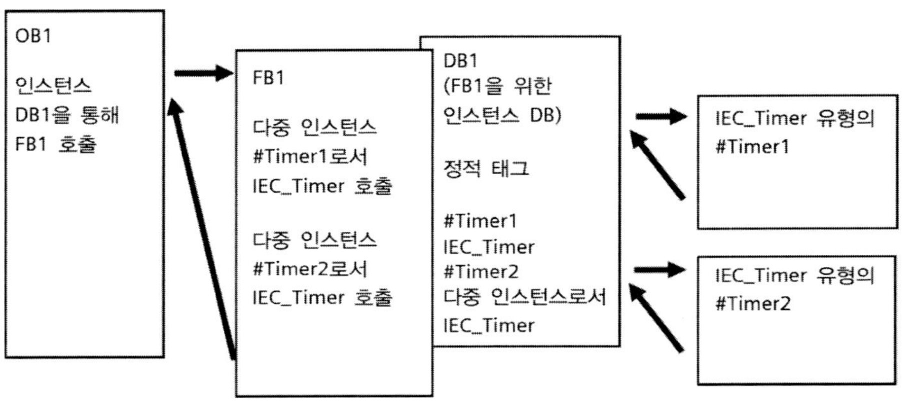

> **참고**
> 멀티플 인스턴스는 호출된 펑션 블록이 호출한 펑션 블록의 인스턴스 데이터 블록에 데이터를 저장하도록 해준다. 이 경우 호출하는 블록은 반드시 펑션 블록(FB)이어야 한다.
> 이렇게 하면 하나의 인스턴스 데이터 블록에 인스턴스 데이터를 집중시켜서 가용 DB의 수가 많아져 더 효과적으로 활용할 수 있다. 호출하는 블록이 표준 블록으로써 재사용이 가능한 상태로 유지되어야 한다면, 멀티플 인스턴스가 반드시 필요하다.

FB의 여러 인스턴스에 대한 하나의 인스턴스 DB(멀티플 인스턴스)

하나의 인스턴스 DB에서 여러 모터의 인스턴스 데이터를 동시에 전송할 수도 있다. 이렇게 하려면 추가 FB에서 모터 컨트롤러에 대한 호출을 프로그래밍하고 호출 FB의 선언 섹션에서 개별 인스턴스에 대해 데이터 유형 FB로 정적 변수를 선언해야 한다.

FB의 여러 인스턴스에 하나의 인스턴스 DB를 사용하면 메모리를 절약하고 데이터 블록 사용을 최적화 할 수 있다.

다음 그림에서 호출 FB는 FB21 "Motor processing"이고 변수는 데이터 유형 FB22이며 인스턴스는 Motor_1, Motor_2 및 Motor_3로 식별된다.

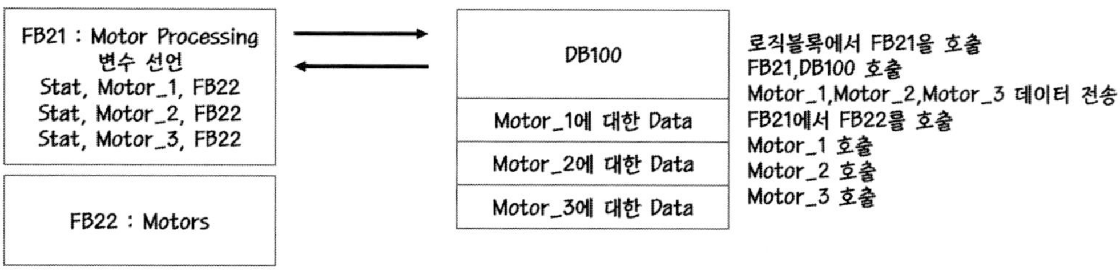

이 예에서 FB22는 인스턴스 데이터가 호출하는 FB의 인스턴스 데이터 블록에 저장되기 때문에 자체 인스턴스 데이터 블록이 필요하지 않는다.

서로 다른 FB(다중 인스턴스)의 여러 인스턴스를 위한 하나의 인스턴스 DB

기능 블록에서 다른 기존 FB의 인스턴스를 호출할 수 있다. 이를 위해 필요한 인스턴스 데이터를 호출 FB의 인스턴스 데이터 블록에 할당할 수 있다. 즉, 이 경우 호출된 FB에 대한 추가 데이터 블록이 필요하지 않다.

하나의 인스턴스 데이터 블록에 있는 이러한 여러 인스턴스의 경우 호출 함수 블록의 선언 섹션에 있는 각 개별 인스턴스에 대해 호출된 함수 블록의 데이터 유형으로 정적 변수를 선언해야 한다. 그러면 함수 블록 내에서 호출할 때 인스턴스 데이터 블록이 필요하지 않고 변수의 기호 이름만 필요하다.

이 그림의 예에서 할당된 인스턴스 데이터는 공통 인스턴스 DB에 저장된다.

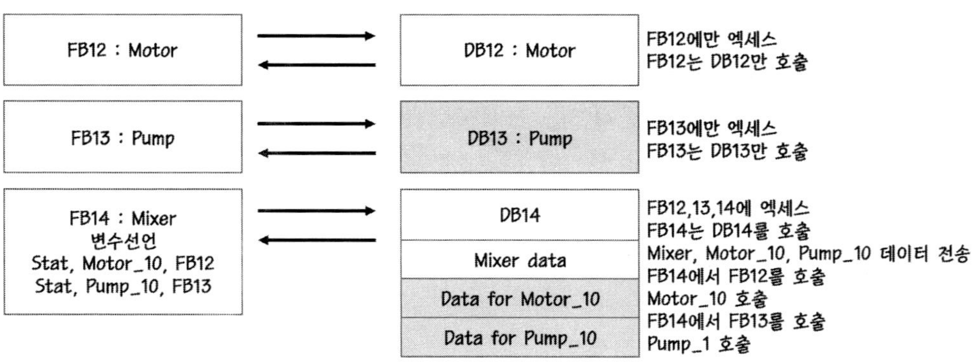

▍멀티플 인스턴스 모델의 장점

멀티플 인스턴스 모델의 경우 한 개의 동일한 호출 계층 구조로 이루어진 몇 개 인스턴스의 각 데이터 섹션을 한 개의 단일 DB에 저장할 수 있다. 그런 방식으로 몇 개의 인스턴스에 대해 오직 한 개의 DB만이 요구된다.

멀티플 인스턴스 모델의 경우 상호 인스턴스 DB를 할당할 때를 제외하면 로컬 FB 데이터의 운영을 위한 조처는 필요하지 않는다. 멀티플 인스턴스 모델은 객체 중심의 프로그래밍 개념을 지원한다. 프로세스 단위의 제어를 위해 필요한 코드와 데이터는 FB에서 집약된다.

프로세스 단위가 계층 구조의 하위 단위로 구성되어 있다면 이 구조는 멀티플 인스턴스 모델에 의해 사용자 프로그램에 정확히 반영될 수 있다.

제어 프로그램은 기계가 구성요소로 구성되는 것과 같은 방식으로 FB 인스턴스로 디자인될 수 있다.

STEP7은 멀티플 인스턴스 모델로 8개의 중첩을 지원한다.

- ❑ 몇 개의 인스턴스에 대해 오직 한 개의 DB만이 요구된다.
- ❑ 각 인스턴스에 대한 "사적" 데이터 영역을 설정할 때 추가의 관리 작업은 필요하지 않다.
- ❑ 복수 인스턴스 모델은 "객체 지향적인 프로그래밍 스타일"("집합"에 의한 재사용 가능성)을 가능하게 한다.
- ❑ 최대 8개의 중첩을 가진다.

▍FB의 전제 조건

복수 인스턴스에 대한 FB를 복수 인스턴스로 문제없이 사용하려면 다음 사항들이 지켜져야 한다.

필요 조건

- 프로세스 제어를 위해 (입력이나 출력과 같은) CPU의 전역 피연산 함수에 대한 직접 액세스는 허용되지 않는다. 전역 입력 및 출력에 대한 각 액세스는 복수 인스턴스 능력을 위반한다.
- 프로세스 또는 프로세스 제어 단위(FB)와의 통신은 FB 파라미터를 통해서만 이루어져야 한다. FB가 상위 단위로 통합된 후에야 비로소 파라미터 목록을 통한 FB의 "연결"이 FB 호출에서 실행될 수 있다.
- 제어되는 단위에 대한 상태 또는 다른 정보는 자체 정적 변수로 "기억"되어야 한다.

- ❑ FB에서 프로세스 신호에 대한 직접 (I, Q) 액세스를 할 수 없다.
- ❑ 프로세스 신호에 대한 액세스나 다른 프로세스 단위와의 통신은 FB파라미터를 통해서만 가능하다.
- ❑ FB는 공유(전역) DB나 "비트 메모리"가 아니라 정적 변수(STAT)로만 프로세스 상태를 기억할 수 있다.

조직 블록(OB) 및 프로그램 구조

10 CHAPTER

조직 블록(OB)은 운영 체제와 사용자 프로그램 간의 인터페이스를 나타낸다. 운영 체제에 의해 호출되며 주기적 및 인터럽트로 인한 프로그램 실행, PLC의 시작 동작 및 오류 처리를 제어한다. 조직 블록을 프로그래밍하여 CPU 동작을 결정할 수 있다.

1 조직 블록(Organization Block)의 종류

1) CPU 기동

기동 프로그램은 전원이 들어온 후 혹은 운전 모드가 전환된 후 (프로그램 로더(PG)에 의해 혹은 CPU 키 스위치를 통해) 반복적인 프로그램을 시작하기 전에 실행되는 프로그램이다. OB 10에서 OB 102가 있다. 예를 들면 이 블록에서 통신 연결을 설정할 수 있다.

2) 반복적인 프로그램

연속적으로 수행이 되는 프로그램은 OB1 블록에 저장된다. OB1 프로그램이 종료되면 새로운 스캔이 프로세스 이미지 업데이트와 더불어 시작되고 OB1의 첫 번째 명령문을 실행한다. 스캔 타임과 시스템 응답 시간은 이러한 동작들의 결과이다.

응답시간은 CPU 운영 시스템의 실행시간과 사용자 프로그램을 실행시키는데 소요되는 시간을 의미한다. 즉 입력 신호에 대해 얼마나 빠르게 출력이 나갈 수 있는가 하는 응답시간은 스캔 타임 ×2이 된다.

3) 주기적인 프로그램

일정한 주기의 프로그램 수행은 고정된 간격을 갖고 주기적인 프로그램 수행을 인터럽트할 수 있다. OB 30에서 OB 38까지의 주기적인 인터럽트는 사전에 설정해 둔 시간에 맞추어 실행이 되는 블록이다. 예를 들면 100ms마다 해당 OB가 수행된다. 샘플링 간격이 있는 PID 명령이 이러한 블록에 해당한다.

Time of Day 인터럽트는 OB블록이 특정시간에 실행되는 것을 의미한다. 예를 들어 매일 17:00(오후 5시)에 데이터를 저장하는 프로그램이 실행된다.

4) 이벤트 기반 프로그램

하드웨어 인터럽트는 프로세스 이벤트에 빠르게 응답하는데 사용될 수 있다. 이벤트가 발생하면 프로그램 수행에 바로 인터럽트가 걸리고 해당 프로그램이 실행된다.

Time of Day 인터럽트는 일정한 시간이 흐른 뒤에 프로세스 이벤트에 응답한다. 에러 OB는 예를 들어 백업 배터리가 문제가 생기면 시스템이 어떻게 응답할 것인가를 결정하게 한다.

▌CPU 기동과 관련된 OB

Warm restart와 Hot Restart의 구동 OB

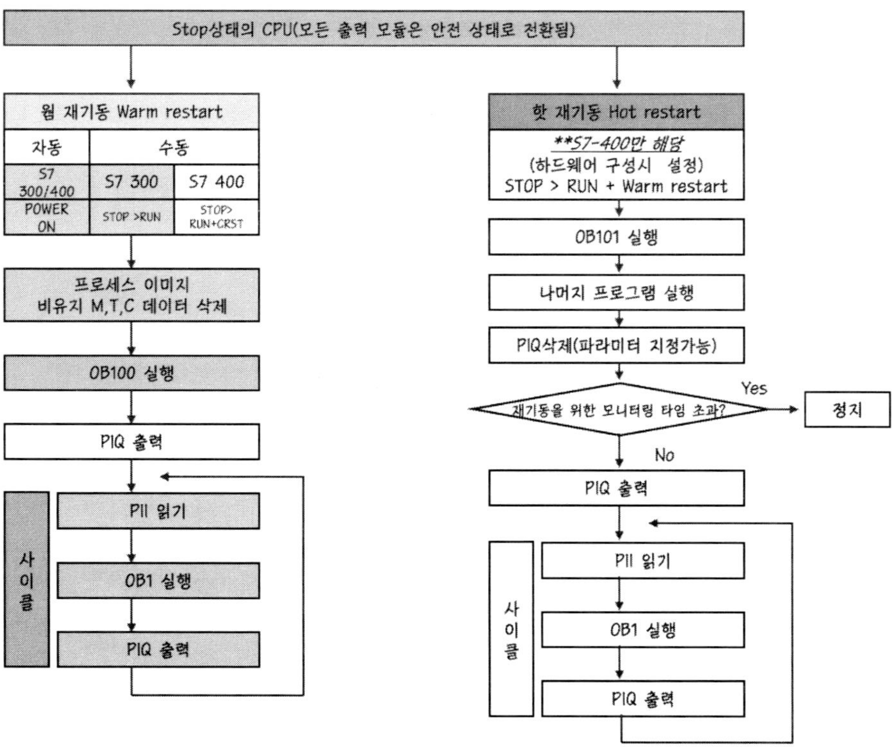

Warm Restart

Warm Restart는 프로세스 이미지(PII, PIQ)와 모든 비유지 비트 메모리, 비유지 타이머 와 비유지 카운터 값을 삭제한다. 유지 비트 메모리, 유지 타이머, 유지 카운터, 데이터 블록의 현재 값들이 유지된다.(백업 배터리로 값들이 유지된다. S7-300에서는 EPROM이 사용되고 있고 CPU 메모리 유지 설정이 되어 있으면 배터리 없이도 백업이 된다.)
OB 100에 저장된 프로그램은 한 번만 수행이 되고 다음엔 반복적인 프로그램 실행이 시작된다.

Hot Restart

Hot Restart는 모든 어드레스(비트 메모리, 타이머, 카운터, 프로세스 이미지, 데이터 블록의 현재 값)의 상태가 유지된다. OB 101에 있는 프로그램은 한 번만 수행이 된다.
프로그램은 인터럽트가 발생된 프로그램 지점(정전되거나 CPU가 STOP 됨으로 인해)에서 다시 시작된다.
이 나머지 스캔 타임("Residual Cycle Time")이 실행된 후에 반복적인 프로그램 수행이 다시 시작된다.

Cold Restart의 구동 OB

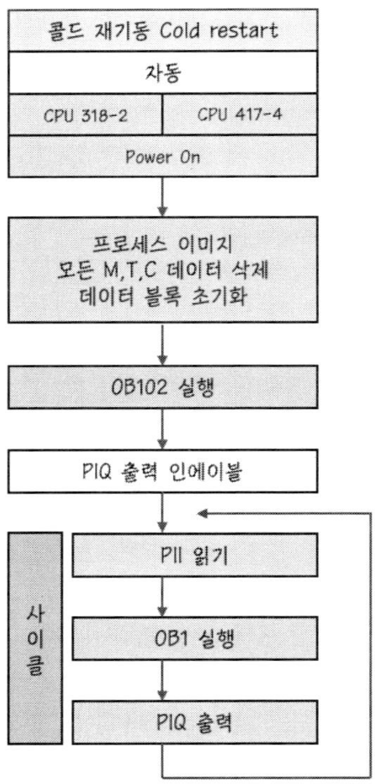

Cold Restart

S7-400과 CPU 318-2는 기본적인 기동 OB 외에 부가적인 기동 OB 유형이 있다. 이러한 유형의 기동은 하드웨어 구성 화면에서 CPU 파라미터를 구성할 때 설정할 수 있다.
Cold Restart와 Warm Restart 사이의 유일한 차이는 프로세스 이미지 외에 모든 비트 메모리, 타이머, 카운터 값이 삭제된다.(유지 메모리 포함) 데이터 블록의 현재 값들도 초기 값(Initial Value)이나 CPU에서 다운로드 된 값으로 오버라이팅(Overwrite) 된다.

▌반복적인 프로그램과 관련된 OB

반복적인 프로그램 인터럽트

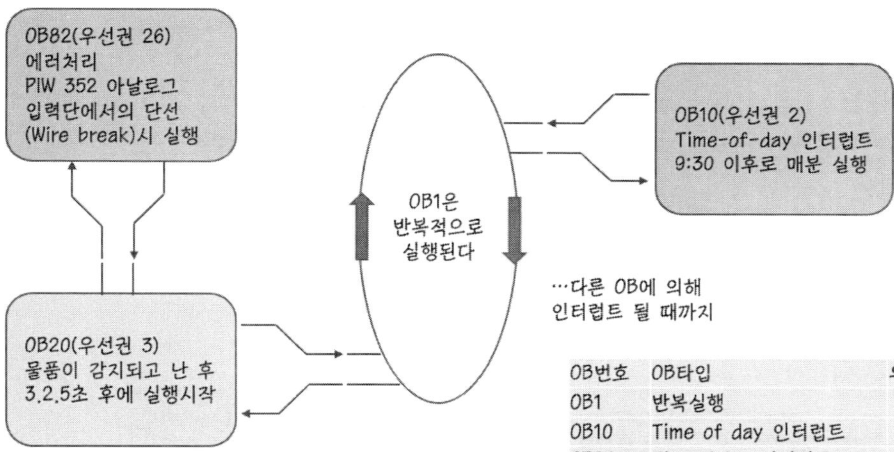

OB번호	OB타입	우선권
OB1	반복실행	1
OB10	Time of day 인터럽트	2
OB20	Time delay 인터럽트	3
OB35	주기적인 인터럽트	12
OB40	하드웨어 인터럽트	16
OB82	에러처리	25/28

OB 호출

OB 블록은 CPU 운영 시스템과 사용자 프로그램 간의 인터페이스라고 할 수 있다.
OB 블록은 운영 시스템만이 호출할 수 있다. 여러 이벤트 별로 관련 OB 블록이 기동한다.

▌주기적인 프로그램과 관련된 OB

운영 시스템이 여러 OB를 호출할 때는 OB1이 가장 낮은 우선권을 갖고 있기 때문에 OB1에 인터럽트를 걸게 된다. OB1 프로그램을 인터럽트 시키고 자기 프로그램을 수행시킨다. 그 후 OB1은 인터럽트가 걸렸던 지점으로 다시 돌아오게 된다.

현재 실행되고 있는 OB보다 우선권이 높은 OB가 호출이 되면 낮은 우선권의 OB에는 현재의 명령문을 마친 후 인터럽트가 걸리게 된다. 운영 시스템은 인터럽트가 걸린 블록의 전체 레지스터 스택을 저장한다. 레지스터 정보는 운영 시스템이 인터럽트 되었던 블록을 다시 실행시키고자 할 때 복원된다.

주기적인 인터럽트 (OB35)

주기적인 인터럽트 주기적인 인터럽트는 일정한 시간 간격마다 블록을 실행시킬 때 사용한다.
S7-300에서의 주기적인 인터럽트 OB는 OB35이다.
OB35의 기본적인 인터럽트 주기는 100ms이다. 사용자는 이 값을 1ms에서 1분 사이의 값으로 변경할 수 있다.

시작 시간

시간 - 제어 인터럽트(Time-controlled interrupt)를 활성화 시킬 때 "Starting time"과 연관된 시간 간격을 지정한다. 시작 시간은 CPU가 STOP에서 RUN으로 전환이 될 때마다 시작된다. 간격 지정하는 시간 간격이 프로그램 실행에 필요한 시간보다 길어야만 한다. 운영 시스템은 지정한 시간에 OB35를 호출합니다. OB 35가 그 시간에도 아직 활성화되어 있다면 운영 시스템은 다시 OB80(주기적인 인터럽트 에러 OB)를 호출한다.

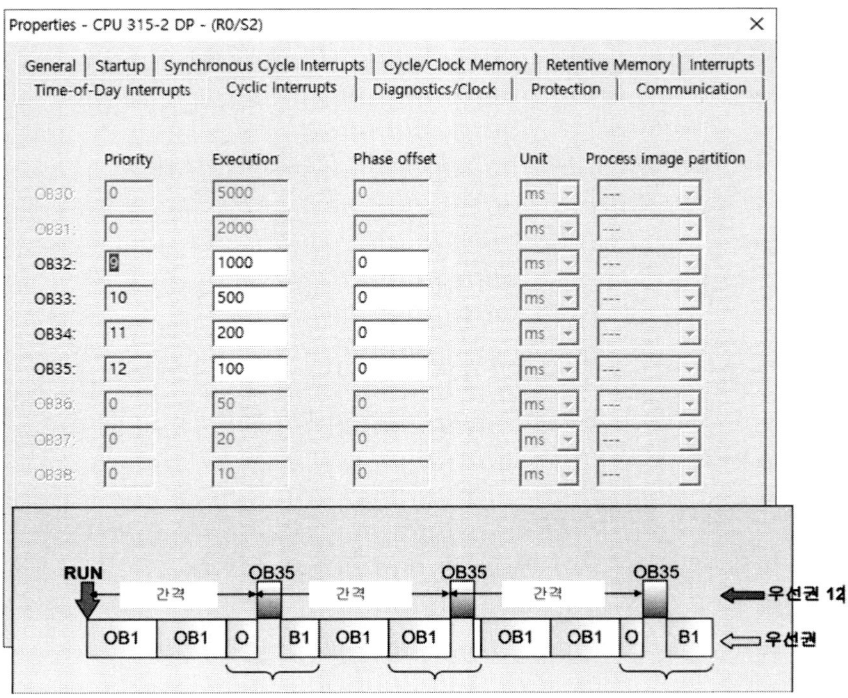

Execution

감시 인터럽트 OB가 처리되어야 하는 단위(예 : 밀리 초) 중 하나로 시간 간격을 입력한다. 시계의 시작 시간은 모드 선택이 STOP에서 RUN으로 변경될 때이다.

Phase Offset

오프셋을 조정할 수 있는 경우 : 감시 인터럽트의 실제 실행을 위한 지연 시간("Unit"에서 선택한 값 또는 사전 설정 값에 따라)을 입력한다.
(예를 들어 여러 감시 인터럽트가 활성화된 경우 위상 오프셋을 수행해야 한다. 위상 오프셋이 없으면 워치독 인터럽트가 동시에 호출되고 우선순위에 따라 순서대로 처리된다. 위상 오프셋은 사이클 전반에 걸쳐 감시 인터럽트에 대한 분배 처리 시간을 허용한다.)

▌이벤트 기반 프로그램

Time of Day 인터럽트

Time of Day 인터럽트는 OB 10에 작성된 프로그램을 주어진 시간에 한 번 혹은 그 시간 이후 주기적(매분, 매시간, 매일, 매주, 매월, 매년 한 번)으로 실행시킨다.
Time of Day 인터럽트는 HWConfig에서 구성한다. 언제 어떻게 OB 10을 실행시킬 것인가는 CPU를 더블클릭하여 표시된 윈도우에서 Time of Day Interrupt 탭에서 구성한다.

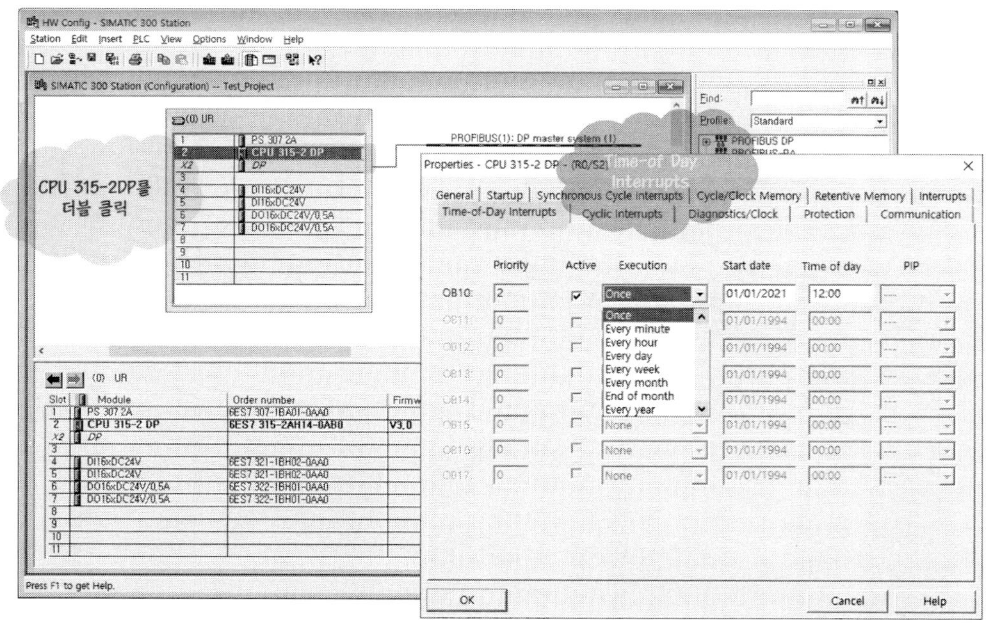

"Active" 체크 박스를 클릭하면 Time of Day 인터럽트 OB가 CPU Warm Restart 될 때마다 실행된다.

SIMATIC Manager에서 OB10을 생성하고 실행될 프로그램을 작성하도록 한다.

(위 그림에서는 Start date : 10/01/2021, Time of day : 12:00 그리고 Execution : Once로 지정하였으므로 매일 12:00가 되면 OB10에 작성한 프로그램이 한번 실행된다.)

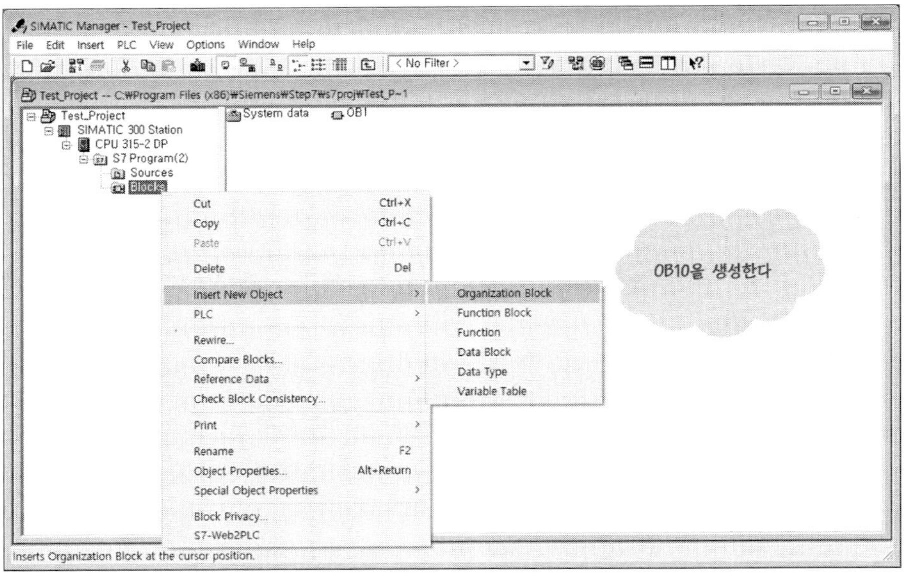

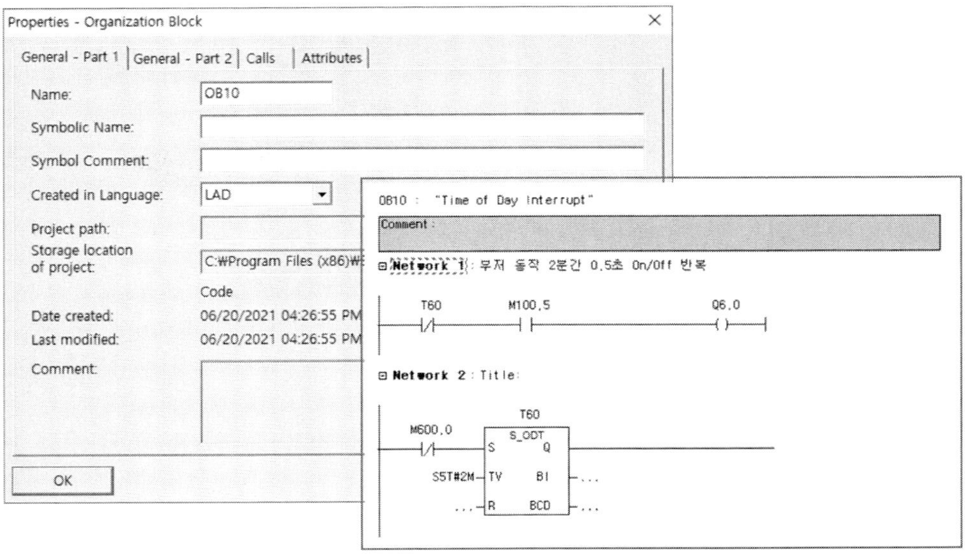

OB10을 생성하고 실행될 프로그램을 작성한다.

위의 예는 Q6.0에 연결된 부저를 0.5초 간격으로 2분 동안 On/Off 되도록 하였다.

하드웨어 인터럽트(OB40)

하드웨어 인터럽트 OB(OB40) 안에 있는 프로그램은 관련 이벤트가 발생했을 때 실행이 된다. 모듈에 관련된 신호들이 하드웨어 인터럽트를 발생시킬 수 있다.

- 파라미터를 설정하는 I/O 모듈(DI,DO,AI,AO)들은 HWConfig에서 하드웨어 인터럽트를 트리거 시키는 신호를 지정할 수 있다.
- CP와 FM모듈의 경우에는 모듈과 관련된 구성 소프트웨어를 사용하여 인터럽트 특성을 지정할 수 있다.

예

위 예제에서 아날로그 입력 모듈에 대한 한계치가 설정되어 있다. 만약 측정값이 한계치를 넘어서면 OB40이 호출된다. 이는 OB1에서 비교 기능으로 FB나 FC를 호출하는 것과도 같다. 그러나 OB40을 사용하면 프로그램을 별도로 작성할 필요가 없다.
OB40 안에 인터럽트 생성과 프로세스 제어와 관련된 프로그램을 작성할 수 있다.

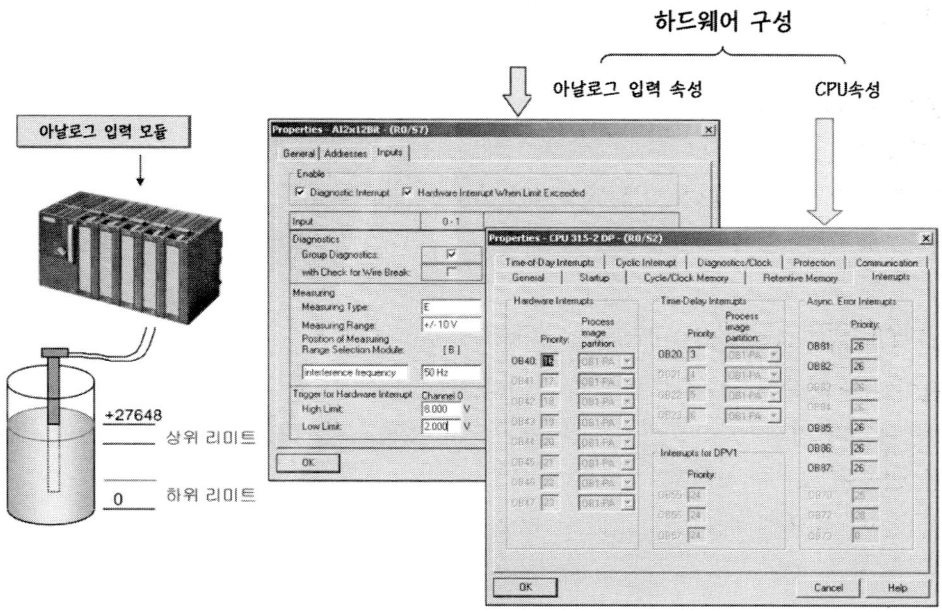

▌비동기 에러 OB

비동기 에러는 PLC 기능상의 오류를 의미한다. 이 에러는 프로그램 실행과는 무관하게 발생하며 프로그램으로 추적이 되지 않는다. (모듈의 diagnostic interrupt 같이)

RUN모드 중에 오류가 인지가 되고 관련 에러 OB가 프로그램 되었다면 OB가 호출되고 그 안에 있는 프로그램이 수행된다. 이 프로그램은 다음을 포함할 수 있다.

- 알람(부저, 램프 등) 동작시키는 명령어
- CPU가 STOP된 이후 데이터를 백업시키는 명령어
- CPU를 STOP으로 전환시키지 않으면서 오류가 발생하는 횟수를 기록하는 프로그램

특정 오류에 대한 에러 OB가 존재하지 않으면 CPU는 자동적으로 STOP 모드로 전환된다.

에러 타입	예	OB	우선권
타입 에러	최대 스캔 사이클 타임 초과	OB80	26
전원 장치 폴트	백업 배터리 이상	OB81	26/28
진단 인터럽트	진단 기능 모듈 입력단에서의 단선 (Wire break)	OB82	
장착/탈착 인터럽트	S7-400TM 에서 운전 중 모듈 탈착	OB83	
CPU하드웨어 폴트	MPI 인터페이스에서의 신호 레벨 이상	OB84	
프로그램 실행 에러	프로세스 이미지 업데이트 에러(모듈 이상)	OB85	
랙 폴트 확장	랙이나 DP 슬레이브 이상	OB86	
통신 에러	메시지 프레임 읽기 에러	OB87	

비동기 에러로 인해 호출된 OB는 다른 인터럽트나 에러 OB보다 높은 우선권이 있기 때문에 즉시 실행된다.

- 낮은 우선권(〈26)의 OB가 실행되고 있는 동안 에러가 발생했다면 우선권이 26이 된다.
- 기동 OB(우선권 27)가 실행되고 있는 동안 에러가 발생했다면 우선권이 28이 된다.

▌진단 인터럽트Diagnostic Interrupt (OB82)

진단이 가능한 모듈 (아날로그 모듈)이 에러를 인지하면 CPU 운영 체제는 OB82를 호출한다. OB82는 에러가 발생했을 때 뿐 아니라 제거되지 않았을 때에도 호출된다. OB82가 존재하지 않으면 CPU는 STOP 상태로 전환된다.

예를 들면, 비동기 에러 인터럽트 OB82는 다음과 같은 상황에서 호출된다.

- 진단 기능이 있는 모듈에서 와이어 브레이크(Wire Break)가 난 경우
- 아날로그 모듈로 입력되는 전원 공급 장치가 고장난 경우
- 아날로그 입력 모듈의 측정 범위가 초과되는 경우 등

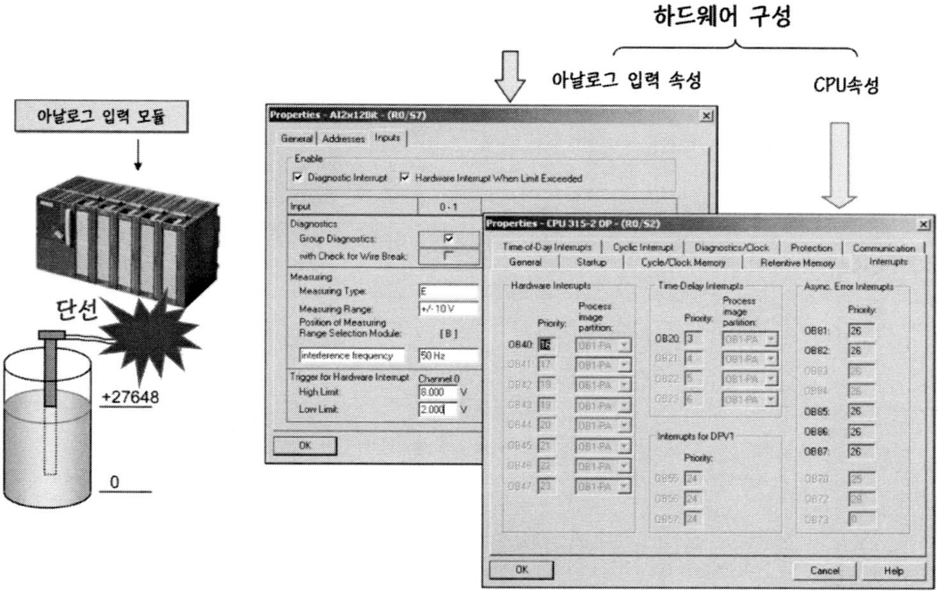

▌동기 에러

동기 에러는 프로그램 에러이며 에러가 발생하면 프로그램의 특정 명령문까지 추적된다. 동기 에러에 대한 에러 OB는 프로그램의 일부로 수행이 되며 에러가 인지되었을 때 실행된 블록과 같은 우선권을 가지고 수행된다.

에러 타입	예	OB	우선권
프로그래밍 에러	프로그램에서 호출한 블록이 CPU에 존재하지 않음	OB121	에러 OB 와 동일
엑세스 에러	존재하지 않거나 고장난 모듈이 어드레싱 됨(존재하지 않는 I/O 모듈을 직접 엑세스함)	OB122	

조직 블록 우선순위

조직 블록은 개별 프로그램 섹션이 실행되는 순서(시작 이벤트)를 결정한다. OB 호출은 다른 OB의 실행을 중단할 수 있다. 다른 OB를 인터럽트 할 수 있는 OB는 우선순위에 따라 다르다. 우선순위가 높은 OB는 우선순위가 낮은 OB를 방해할 수 있다. 백그라운드 OB의 우선순위가 가장 낮다.

인터럽트 및 우선순위 클래스 유형

OB 호출을 트리거하는 시작 이벤트를 인터럽트라고 한다. 다음 표는 STEP 7의 인터럽트 유형과 할당된 조직블록의 우선순위를 보여준다. 나열된 모든 조직 블록과 우선 순위 클래스가 모든 S7 CPU에서 사용 가능한 것은 아니다.

인터럽트 타입	Organization Block	우선순위 (Default)	종류
Main program scan	OB1	1	Organization Block for Cyclic Program Processing (OB1)
Time-of-day interrupts	OB10 to OB17	2	Time-of-Day Interrupt Organization Blocks (OB10 to OB17)
Time-delay interrupts	OB20 OB21 OB22 OB23	3 4 5 6	Time-Delay Interrupt Organization Blocks (OB20 to OB23)
Cyclic interrupts	OB30 OB31 OB32 OB33 OB34 OB35 OB36 OB37 OB38	7 8 9 10 11 12 13 14 15	Cyclic Interrupt Organization Blocks (OB30 to OB38)
DPV1 interrupts	OB55 OB56 OB57	2 2 2	Programming DPV1 Devices
Hardware interrupts	OB40 OB41 OB42 OB43 OB44 OB45 OB46 OB47	16 17 18 19 20 21 22 23	Hardware Interrupt Organization Blocks (OB40 to OB47)
Multicomputing interrupt	OB60 Multicomputing	25	Multicomputing – Synchronous Operation of Several CPUs

Synchronous cycle interrupt	OB 61 OB 62 OB 63 OB 64	25	Configuring Short and Equal-Length Process Reaction Times on PROFIBUS-DP
Redundancy errors	OB70 I/O Redundancy Error (only in H systems) OB72 CPU Redundancy Error (only in H systems)	25 28	"Error Handling Organization Blocks (OB70 to OB87 / OB121 to OB122)"

인터럽트 타입	Organization Block	Priority Class (Default)	
Asynchronous errors	OB80 Time Error OB81 Power Supply Error OB82 Diagnostic Interrupt OB83 Insert/Remove Module Interrupt OB84 CPU Hardware Fault OB 85 Program Cycle Error OB86 Rack Failure OB87 Communication Error	25 (or 28 if the asynchronous error OB exists in the startup program)	Error Handling Organization Blocks (OB70 to OB87 / OB121 to OB122)
Background cycle	OB90	29	Background Organization Block (OB90)
Startup	OB100 Restart (Warm start) OB101 Hot Restart OB102 Cold Restart	27 27 27	Startup Organization Blocks (OB100/OB101/OB102)
Synchronous errors	OB121 Programming Error OB122 Access Error Priority of the OB that caused the error		Error Handling Organization Blocks (OB70 to OB87 / OB121 to OB122)

우선권

모든 OB 프로그램 실행은 더 높은 우선권 이벤트(OB)에 의해 인터럽트 될 수 있다. 우선권은 0에서 28까지 나누어져 있으며 여기서 0이 가장 낮은 우선권을 의미하고 28이 가장 높은 우선권을 의미한다. OB82는 OB1 이 실행 중에는 우선권 25를 가지며 기동 중에는 28을 가진다.

동일한 우선권을 갖는 OB는 서로를 인터럽트 할 수 없고 인식된 순서대로 차례로 기동한다.

우선순위 변경

인터럽트에 STEP 7을 사용하여 매개 변수를 할당할 수 있다. 파라미터 변수 할당을 사용하면 예를 들어 파라미터 변수 블록에서 인터럽트 OB 또는 우선순위 클래스를 선택 해제할 수 있다. 즉, 시간 인터럽트, 시간 지연 인터럽트, 주기적 인터럽트 및 하드웨어 인터럽트이다.

S7-300 CPU에서 조직 블록의 우선순위는 고정되어 있다.

S7-400 CPU(및 CPU 318)를 사용하면 STEP 7을 사용하여 다음 구성 블록의 우선순위를 변경할 수 있다.

OB10에서 OB47

RUN 모드에서 OB70～OB72(H CPU만 해당) 및 OB81～OB87.

다음과 같은 우선순위 클래스가 허용된다.

OB10～OB47에 대한 우선순위 클래스 2～23

OB70～OB72에 대한 우선순위 클래스 2～28

OB81～OB87에 대한 우선순위 클래스 24～26; CPU의 경우 약 2001년 중반(펌웨어 버전 3.0) 확장된 범위 : 우선순위 등급 2～26은 OB 81～OB 84, OB 86 및 OB 87에 대해 설정할 수 있다.

여러 OB에 동일한 우선순위를 할당할 수 있다. 우선순위가 동일한 OB는 시작 이벤트가 발생하는 순서대로 처리된다.

동기 오류로 시작된 오류 OB는 오류가 발생했을 때 실행중인 블록과 동일한 우선순위 클래스에서 실행된다.

로컬 데이터

논리 블록(OB, FC, FB)을 만들 때 임시 로컬 데이터를 선언할 수 있다. CPU의 로컬 데이터 영역은 우선순위 클래스로 나누어진다.

S7-400에서 STEP 7을 사용하여 "priority classes" 파라미터 변수 블록에서 우선순위 클래스당 로컬 데이터의 양을 변경할 수 있다.

OB의 시작 정보

모든 조직 블록에는 OB가 시작될 때 운영 체제가 제공하는 20바이트 로컬 데이터의 시작 정보가 있다. 시작 정보는 OB의 시작 이벤트, OB 시작 날짜 및 시간, 발생한 오류 및 진단 이벤트를 지정한다. 예를 들어, 하드웨어 인터럽트 OB인 OB40은 시작 정보에 인터럽트를 생성한 모듈의 주소를 포함한다.

선택 취소된 인터럽트 OB

우선순위 클래스 0을 할당하거나 20바이트 미만의 로컬 데이터를 우선순위 클래스에 할당하면 해당 인터럽트 OB가 선택 해제된다. 선택 해제된 인터럽트 OB의 처리는 다음과 같이 제한된다.

RUN 모드에서는 사용자 프로그램에 복사하거나 링크할 수 없다.

STOP 모드에서는 사용자 프로그램에 복사하거나 링크할 수 있지만 CPU가 다시 시작(웜 스타트)하면 시작이 중지되고 진단 버퍼에 항목이 생성된다.

필요하지 않은 인터럽트 OB의 선택을 취소하면 사용 가능한 로컬 데이터 영역의 양이 증가하고 다른 우선순위 클래스에 임시 데이터를 저장하는데 사용할 수 있다.

2 순환 프로그램 처리

1) 주기적 프로그램 처리

주기적 프로그램 처리는 프로그램 가능한 논리 컨트롤러에서 "정상적인" 유형의 프로그램 실행이다. 즉, 운영 체제가 프로그램 루프(사이클)에서 실행되고 주 프로그램의 모든 루프에서 조직 블록 OB1을 한 번씩 호출한다. 따라서 OB1의 사용자 프로그램은 주기적으로 실행된다.

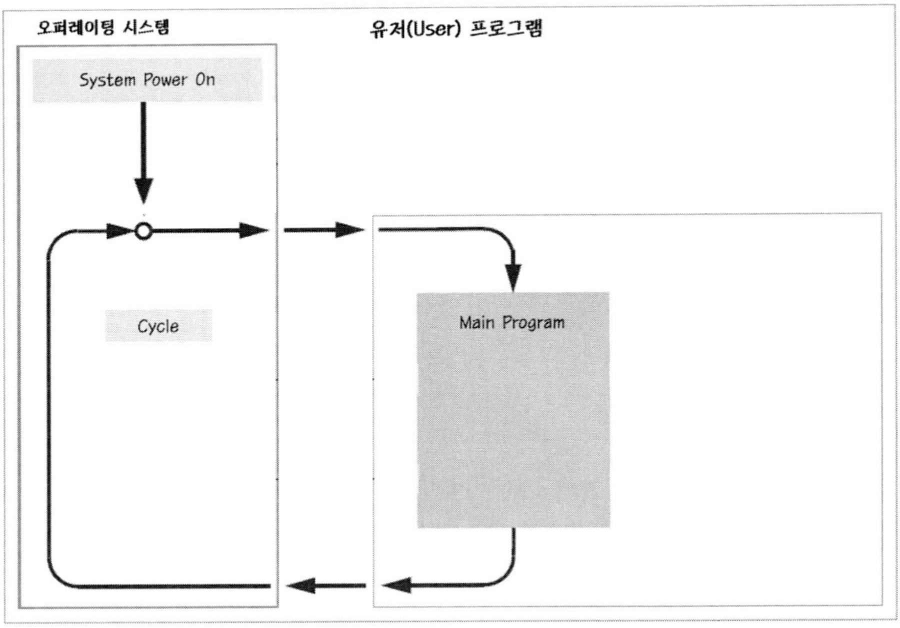

2) 이벤트 기반 프로그램 처리

주기적 프로그램 처리는 특정 이벤트(인터럽트)에 의해 중단될 수 있다. 이러한 이벤트가 발생하면 현재 실행중인 블록이 명령 경계에서 중단되고 특정 이벤트에 할당된 다른 조직블록이 호출된다. 조직블록이 실행되면 중단된 지점에서 순환 프로그램이 재개된다.

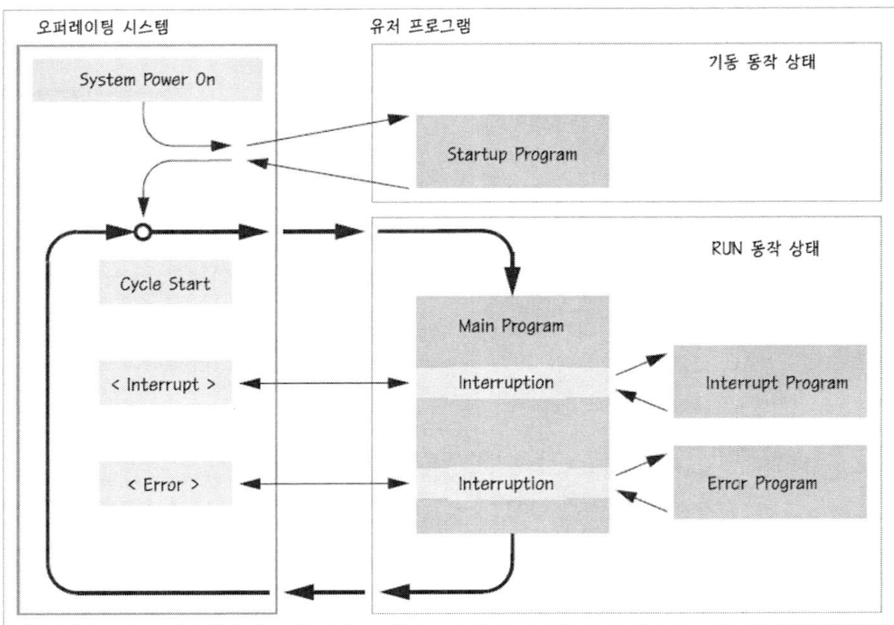

즉, 필요할 때만 주기적으로 처리할 필요없는 사용자 프로그램의 일부를 처리할 수 있다. 사용자 프로그램은 "서브루틴"으로 나눌 수 있고 다른 조직 블록에 분산될 수 있다. 사용자 프로그램이 상대적으로 드물게 발생하는 중요한 신호에 반응하는 경우(예 : 탱크의 수위를 측정하는 한계값 센서가 최대 수위에 도달했다고 보고함) 신호가 처리될 때 처리할 서브 루틴 출력은 처리가 이벤트 중심인 OB에 있을 수 있다.

3) 선형 프로그래밍과 구조적 프로그래밍

OB1(선형 프로그래밍)에서 전체 사용자 프로그램을 작성할 수 있다. 이것은 S7-300 CPU 용으로 작성된 간단한 프로그램과 적은 메모리를 필요로 하는 경우에만 권장된다.

복잡한 자동화 작업은 프로세스의 기술적 기능을 반영하거나 여러 번 사용할 수 있는 작은 작업으로 분할하여 보다 쉽게 제어할 수 있다. 이러한 작업은 블록(구조화 프로그래밍)이라고 하는 해당 프로그램 섹션으로 표시된다.

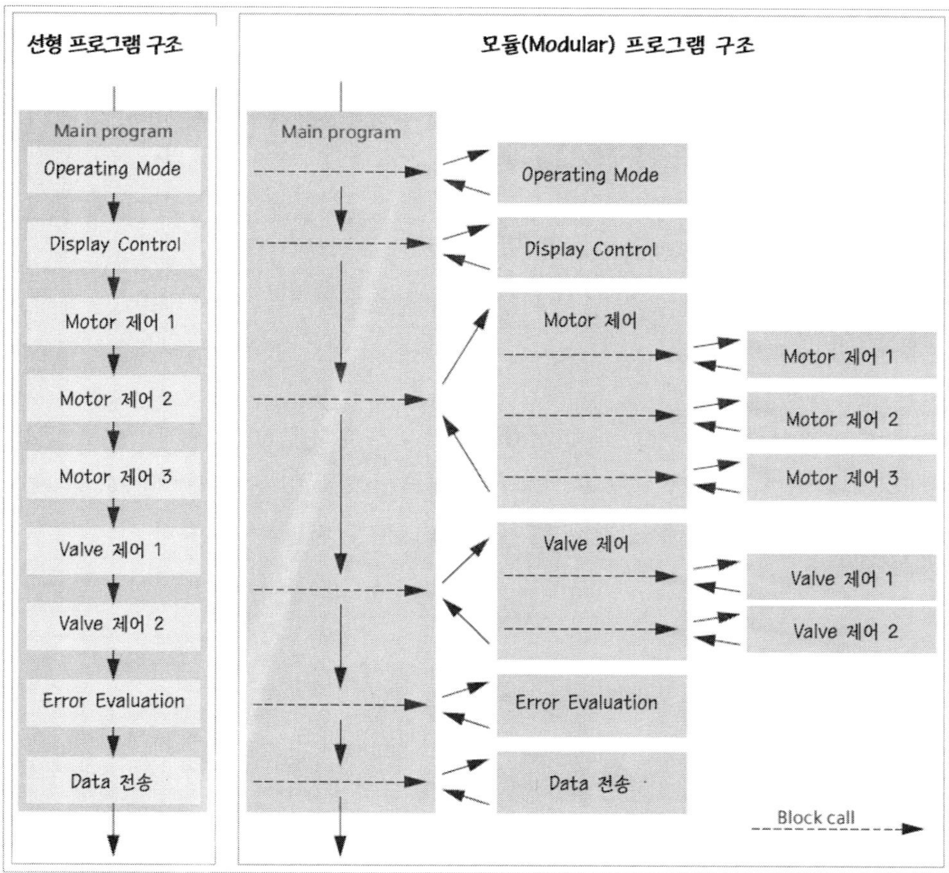

시작 프로그램

프로그램 실행은 예를 들어 전원 공급 장치를 켠 후 시작 프로그램이 STARTUP 작동 상태에 있는 CPU에서 시작된다.
시작 프로그램은 선택 사항이다. 시작 프로그램을 생성하려면 조직 블록 OB100(스타트업)을 사용한다. 시작 프로그램에 추가 조직 블록을 할당할 수 있다. 그런 다음 OB100 이후의 OB 번호 순서로 처리된다. 추가 코드 블록은 시작 조직 블록에서 호출할 수 있다. 시작 프로그램을 실행한 후 CPU는 메인 프로그램을 실행한다.

Main 프로그램

메인 프로그램은 항상 CPU에 의해 실행되는 조직 블록 OB1(프로그램 사이클)에 표준으로 존재한다.
OB1의 첫 번째 문장은 메인 프로그램의 프로그램 시작과 동일하다. 메인 프로그램에 추가적으로 조직 블록을 할당할 수 있다. 그런 다음 OB 1 이후의 OB 번호 순서대로 처리된다. 추가 코드 블록은 기본 프로그램 구성 블록에서 호출할 수 있다. Main 프로그램은 주기적으로 처리되는 모든 조직 블록의 전체이다. Main 프로그램을 실행한 후 CPU는 운영 체제로 분기하고 다양한 운영 체제 기능(예: 업데이트 프로세스 이미지)을 실행한 후 OB1을 호출하고 메인 프로그램에 할당된 조직 블록을 다시 호출한다.

인터럽트 루틴 및 오류 프로그램

메인 프로그램을 인터럽트할 수 있는 이벤트는 인터럽트와 오류이다. 인터럽트는 제어할 플랜트(하드웨어 인터럽트), CPU(시간, 시간 지연 및 순환 인터럽트) 또는 모듈(진단 인터럽트)에서 시작된다.
비동기 및 동기 오류는 구별된다. 비동기 오류는 프로그램 실행과 무관한 오류이다(예: 분산 I/O 스테이션의 전원 공급 장치 오류). 동기 오류는 프로그램 실행으로 인해 발생한다(예: 존재하지 않는 피연산자의 주소 지정 또는 데이터 유형 변환 중 오류).

Operating Mode

11
CHAPTER

1 CPU의 동작 모드

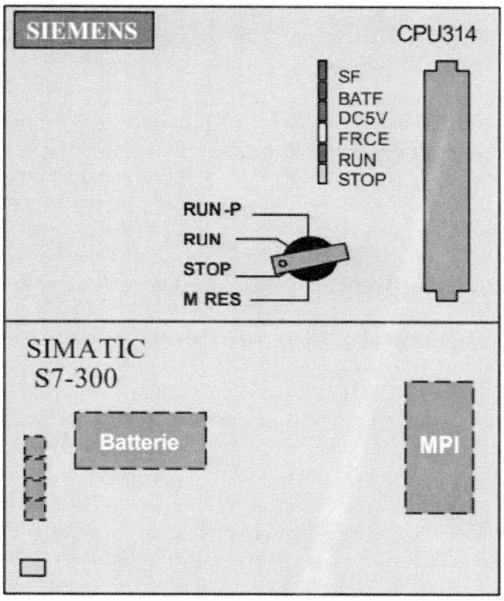

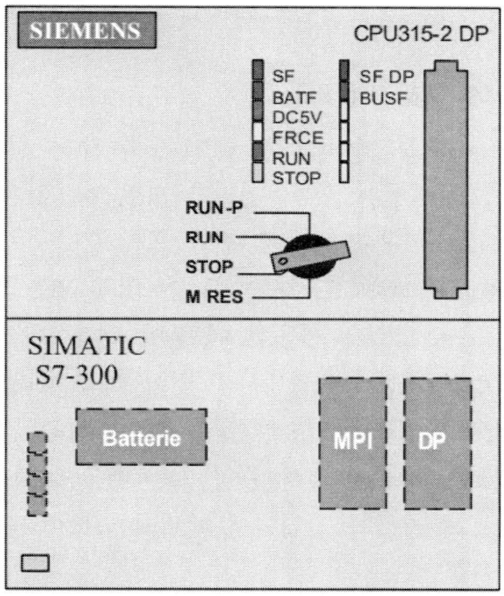

모드 셀렉터

MRES = 모듈 리셋(Modul Reset) 기능

STOP = Stop 모드. 프로그램이 실행되지 않음

RUN = 프로그램 실행. PG에서 읽기 전용 액세스 가능

(RUN-P = 프로그램 실행. PG에서 읽기/쓰기 액세스 가능)

상태 표시기 (LED)

SF = 그룹 에러. 내부 CPU 오류 또는 진단 기능이 있는 모듈의 오류

BATF = 전지 오류. 전지가 비었거나 없음

DC5V = 내부 5V DC 전압 표시기

FRCE = FORCE. 최소 하나의 입력 또는 출력 장치가 강제되었음을 나타냄

RUN = CPU가 시동될 때 불이 깜박이다가 Run 모드에서는 계속 나타남

STOP = Stop 모드에서는 빛이 계속 나타남

메모리 리셋이 필요한 경우에는 천천히 깜박임

메모리 리셋이 실행 중일 때는 빠르게 깜박임

메모리 카드가 삽입되어 메모리 리셋이 필요한 경우에는 천천히 깜박임

작동 모드

작동 모드는 특정 시점에서 CPU의 동작을 설명한다.

CPU의 작동 모드를 아는 것은 시작 프로그래밍, 컨트롤러 테스트 및 문제 해결에 유용하다.

S7-300 및 S7-400 CPU는 다음 작동 모드를 채택할 수 있다.

- 중지
- 운영
- 시작
- 보류

STOP 모드에서 CPU는 기본 주소 지정으로 설정된 모든 구성 모듈 또는 모듈이 실제로 존재하는지 확인하고 I/O를 사전 정의된 초기 상태로 설정한다. 사용자 프로그램은 STOP 모드에서 실행되지 않는다.

STARTUP 모드에서는 시작 유형 “warm restart”가 구분된다.

"cold restart" 및 "hot restart :"

- warm restart에서 프로그램 처리는 시스템 데이터 및 사용자 주소 영역에 대한 초기 설정으로 프로그램 시작 부분에서 시작된다. (비 보유 타이머, 카운터 및 비트 메모리가 재설정 됨)
- cold restart에서는 프로세스 이미지 입력 테이블이 읽히고 OB1의 첫 번째 명령부터 STEP 7 사용자 프로그램이 처리된다. (warm restart에도 적용됨)
  - 작업 메모리에서 SFC에 의해 생성된 모든 데이터 블록이 삭제된다. 나머지 데이터 블록에는 로드 메모리의 사전 설정 값이 있다.
  - 프로세스 이미지와 모든 타이머, 카운터 및 비트 메모리는 유지로 할당되었는지 여부에 관계없이 재설정된다.
- hot restart에서는 프로그램이 중단된 지점에서 다시 시작된다. (타이머, 카운터 및 비트 메모리는 재설정되지 않음) hot restart은 S7-400 CPU에서만 가능하다.

  RUN 모드에서 CPU는 사용자 프로그램을 실행하고, 입력 및 출력을 업데이트하고, 인터럽트를 서비스하고, 오류 메시지를 처리한다.

HOLD 모드에서는 사용자 프로그램의 처리가 중지되고 사용자 프로그램을 단계별로 테스트할 수 있다. HOLD 모드는 프로그래밍 장치를 사용하여 테스트 할 때만 가능하다. 이러한 모든 모드에서 CPU는 MPI(Multipoint Interface)를 통해 통신할 수 있다.

기타 작동 모드

CPU가 작동할 준비가 되지 않은 경우 다음 모드 중 하나이다.

- 꺼짐, 즉 전원 공급 장치가 꺼진다.
- 결함, 즉 결함이 발생했다.

CPU에 실제로 결함이 있는지 확인하려면 CPU를 STOP으로 전환하고 전원 스위치를 껐다가 다시 켜본다. CPU가 시작되면 진단 버퍼를 표시하여 문제를 분석한다. CPU가 시작되지 않으면 교체해야 한다.

작동 모드 전환

다음 그림은 S7-300 및 S7-400 CPU의 작동 모드 및 모드 전환을 보여준다.

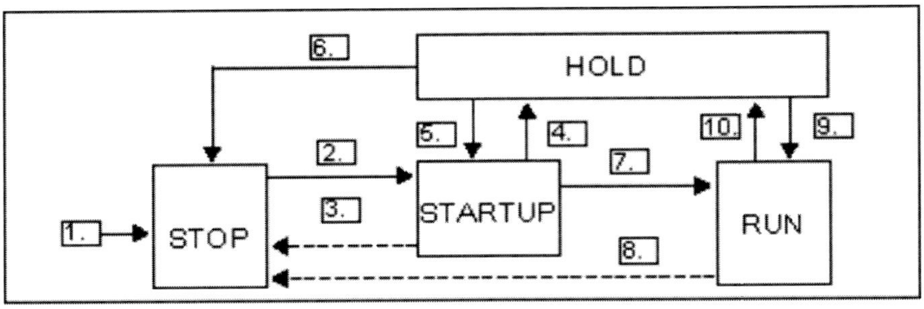

표는 작동 모드가 변경될 수 있는 조건을 보여준다.

전환	설명
1	전원을 켜면 CPU는 STOP 모드가 된다.
2	CPU가 STARTUP 모드로 변경된다. • 키 스위치 또는 프로그래밍 장치를 사용하여 CPU를 RUN 또는 RUN-P로 변경 한 후. • 시작 후 전원을 켜면 자동으로 트리거 된다. • RESUME 또는 START 통신 기능이 실행 된 경우. 두 경우 모두 키 스위치를 RUN 또는 RUN-P로 설정해야 한다.
3	CPU는 다음과 같은 경우 STOP 모드로 다시 변경된다. • 시작하는 동안 오류가 감지되었다. • CPU는 키 스위치 또는 프로그래밍 장치에서 STOP으로 변경된다. • 시작 OB에서 중지 명령이 실행된다. • STOP 통신 기능이 실행된다.
4	시작 프로그램에서 중단점에 도달하면 CPU가 HOLD 모드로 변경된다.
5	시작 프로그램에서 중단점이 설정되고 "EXIT HOLD"명령이 실행되면 (테스트 기능) CPU가 STARTUP 모드로 변경된다.
6	CPU는 다음과 같은 경우 STOP 모드로 다시 변경된다. • CPU는 키 스위치 또는 프로그래밍 장치에 의해 STOP으로 변경된다. • STOP 통신 명령을 실행한다.
7	시작에 성공하면 CPU가 RUN으로 변경된다.
8	CPU는 다음과 같은 경우 STOP 모드로 다시 변경된다. • RUN 모드에서 오류가 감지되고 해당 OB가로드되지 않는다. • CPU는 키 스위치 또는 프로그래밍 장치에서 STOP으로 변경된다. • 정지 명령은 사용자 프로그램에서 편집된다. • STOP 통신 기능이 실행된다.
9	사용자 프로그램에서 중단 점에 도달하면 CPU가 HOLD 모드로 변경된다.
10	중단점이 설정되고 "EXIT HOLD"명령이 실행되면 CPU가 RUN 모드로 변경된다.

작동 모드 우선 순위

여러 작동 모드 전환이 동시에 요청되는 경우 우선 순위가 가장 높은 작동 모드가 선택된다. 예를 들어 모드 선택기가 RUN으로 설정되어 있고 프로그래밍 장치에서 CPU를 STOP으로 설정하려고 하면 이 모드가 가장 높은 우선 순위를 갖기 때문에 CPU가 STOP으로 변경된다.

우선 순위	Mode
상위	STOP
	HOLD
	STARTUP
하위	RUN

STOP 모드

사용자 프로그램은 STOP 모드에서 실행되지 않는다. 모든 출력은 제어 된 프로세스가 안전한 상태에 있도록 값을 대체하도록 설정된다. CPU는 다음을 확인한다.

- 하드웨어 문제가 있는가? (예 : 모듈을 사용할 수 없음)
- 기본 설정이 CPU에 적용되어야 하는가? 아니면 파라미터 세트가 있는가?
- 프로그래밍 된 시작 동작에 대한 조건이 충족되었는가?
- 시스템 소프트웨어 문제가 있는가?

STOP 모드에서 CPU는 글로벌 데이터를 수신할 수도 있으며 구성된 연결을 위한 통신 SFB와 구성되지 않은 연결을 위한 통신 SFC를 사용하여 수동 단방향 통신이 가능하다.

메모리 재설정

CPU 메모리는 STOP 모드에서 재설정 할 수 있다. 메모리는 키 스위치(MRES)를 사용하거나 프로그래밍 장치(예 : 사용자 프로그램을 다운로드하기 전)에서 수동으로 재설정할 수 있다.

CPU 메모리를 재설정하면 다음과 같이 CPU가 초기 상태로 돌아간다.

- 작업 메모리와 RAM로드 메모리 및 모든 주소 영역의 전체 사용자 프로그램이 지워진다.
- 시스템 매개 변수와 CPU 및 모듈 파라미터가 기본 설정으로 재설정된다. 메모리 재설정 이전에 설정된 MPI 파라미터는 유지된다.
- 메모리 카드(플래시 EPROM)가 연결되어있는 경우 CPU는 메모리 카드에서 작업 메모리로 사용자 프로그램을 복사한다.(적절한 구성 데이터가 메모리 카드에도 있는 경우 CPU 및 모듈 파라미터 포함)

진단 버퍼, MPI 매개 변수, 시간 및 런타임 미터는 재설정되지 않는다.

시작 모드

CPU가 사용자 프로그램 처리를 시작하기 전에 먼저 시작 프로그램을 실행해야 한다. 시작 프로그램에서 시작 OB를 프로그래밍 하여 주기적 프로그램에 대한 특정 설정을 지정할 수 있다.
시작에는 warm restart, cold restart 및 hot restart의 세 가지 유형이 있다. hot restart은 S7-400 CPU에서만 가능하다. STEP 7을 사용하여 CPU에 대한 파라미터 세트에서 명시적으로 설정해야 한다.

STARTUP 모드의 기능은 다음과 같다.

- 시작 OB의 프로그램이 처리된다. (warm restart의 경우 OB100, hot restart의 경우 OB101, cold restart의 경우 OB102)
- 시간 구동 또는 인터럽트 구동 프로그램 실행이 불가능하다.
- 타이머가 업데이트된다.
- 런타임 미터가 실행되기 시작한다.
- 신호 모듈에서 디지털 출력 비활성화 (직접 액세스로 설정 가능).

① Warm Restart

시스템이 메모리 재설정을 요청하지 않는 한 Warm Restart은 항상 허용된다. Warm Restart은 다음과 같은 경우에만 가능한 옵션이다.

- 메모리 재설정
- CPU가 STOP 모드 인 사용자 프로그램 다운로드
- I 스택 / B 스택 오버플로
- Warm Restart 중단(정전 또는 모드 선택기 설정 변경으로 인해)
- Hot restart 전 중단이 선택한 시간 제한을 초과하는 경우.

② 수동 Warm Restart

수동 Warm Restart은 다음에 의해 트리거 될 수 있다.

- 모드 선택기 (CRST/WRST 스위치-(가능한 경우-CRST로 설정해야 함))
- 프로그래밍 장치 또는 통신 기능에 대한 해당 명령 (모드 선택기가 RUN 또는 RUN-P로 설정된 경우)

③ 자동 Warm Restart

다음 상황에서 전원을 켠 후 자동 Warm Restart이 트리거될 수 있다.

- 정전이 발생했을 때 CPU가 STOP 모드가 아니었다.
- 모드 선택기가 RUN 또는 RUN-P로 설정되어 있다.
- 전원을 켠 후 자동 Hot restart가 프로그래밍 되지 않는다.
- CPU가 Warm Restart 중 정전으로 인해 중단되었다. (프로그래밍 된 재시작 유형에 관계없이)
  CRST/WRST 스위치는 자동 Warm Restart에 영향을 주지 않는다.

④ 백업 배터리 없이 자동 Warm Restart

백업 배터리 없이 CPU를 작동하는 경우(유지 보수가 필요 없는 작동이 필요한 경우) CPU 메모리가 자동으로 재설정되고 전원이 켜진 후 또는 정전 후 전원이 다시 들어오면 Warm Restart이 실행된다. 사용자 프로그램은 플래시 EPROM(메모리 카드)에 있어야 한다.

⑤ Hot restart

RUN 모드에서 정전 후 전원이 다시 들어오면 S7-400 CPU는 초기화 루틴을 실행한 다음 자동으로 핫 재시작을 실행한다. Hot restart 중에는 사용자 프로그램이 실행이 중단되었다. 정전 이전에 실행되지 않은 사용자 프로그램 섹션을 남은 사이클이라고 한. 나머지 사이클에는 시간 구동 및 인터럽트 구동 프로그램 섹션도 포함될 수 있다. Hot restart은 사용자 프로그램이 STOP 모드(예 : 수정 된 블록 다시로드)에서 수정되지 않았고 Warm Restart에 대한 다른 이유가 없는 경우에만 허용된다. 수동 및 자동 Hot restart이 모두 가능하다.

⑥ 수동 Hot restart

수동 Hot restart는 CPU의 파라미터 세트에 있는 적절한 파라미터 설정이 있고 STOP이 다음 원인으로 인해 발생한 경우에만 가능하다.

- 모드 선택기가 RUN에서 STOP으로 변경되었다.
- 사용자가 프로그래밍 한 STOP, 로드되지 않은 OB 호출 후 STOP.
- STOP 모드는 프로그래밍 장치의 명령 또는 통신 기능의 결과였다.

수동 Hot restart은 다음에 의해 트리거될 수 있다.

- 모드 선택기
  CRST/WRST는 WRST로 설정되어야 한다.
- 프로그래밍 장치 또는 통신 기능(모드 선택기를 RUN 또는 RUN-P로 설정)에 대한 해당 명령.
- CPU의 파라미터 세트에 수동 Hot restart가 설정된 경우.

⑦ 자동 Hot restart

다음 상황에서 전원을 켠 후 자동 Hot restart을 트리거할 수 있다.

- 정전이 발생했을 때 CPU는 STOP 또는 HOLD 모드가 아니다.
- 모드 선택기가 RUN 또는 RUN-P로 설정되어 있다.
- 전원 공급 후 자동 Hot restart는 CPU의 파라미터 변수 세트에서 설정된다. CRST/WRST 스위치는 자동 Hot restart에 영향을 미치지 않는다.

전원 차단 후 유지되는 데이터 영역

S7-300 및 S7-400 CPU는 정전 후 전원을 켤 때 다르게 반응한다.

S7-300 CPU(CPU 318 제외)는 Warm Restart만 가능하다. 그러나 STEP 7을 사용하면 정전으로 인한 데이터 손실을 방지하기 위해 데이터 블록의 메모리 비트, 타이머, 카운터 및 영역을 유지하도록 지정할 수 있다.

전원이 다시 들어오면 메모리를 사용한 자동 Warm Restart이 실행된다.

S7-400 CPU는 Warm Restart(유지 또는 비유지 전원 켜기 후) 또는 Hot restart(유지 전원 켜기 후에만 가능)을 통해 파라미터 설정에 따라 전력 복귀에 반응한다.

다음 표는 Warm Restart, Cold restart 또는 Hot restart 중에 S7-300 및 S7-400 CPU에 보존되는 데이터를 보여준다.

다음 표는 작업 메모리(EPROM 및 RAM로드 메모리)에 유지되는 데이터를 보여준다.

			EPROM	(Memory	Card	or	Integrated)		
	CPU	with	Backup	Battery		CPU	without	Backup	Battery
Data	Blocks in load Memory	DB in Work Memory	Memory bit, Timers, Counters	Memory bit, Timers, Counters	Blocks in load Memory	DB in Work Memory	DB in Work Memory	Memory bit, Timers, Counters	Memory bit, Timers, Counters
			유지형으로 정의	휘발성으로 정의		유지형으로 정의	휘발성으로 정의	유지형으로 정의	휘발성으로 정의
Warm Restart S7-300	×	×	×	○	VC	VX	V	X	○
Warm Restart S7-400	×	×	×	○	VC	-	V	○	○
Cold Restart S7-300	×	○	○	○	VC	V	V	○	○

Cold Restart S7-400	×	○	○	○	VC	-	V	○	○
Hot Restart S7-400	×	×	×	×		Warm restart만 허용	Warm restart만 허용	Warm restart만 허용	

×	보존된 데이터
VC	EPROM에 유지되는 로직 블록, 과부하된 로직 블록이 손실 됨
VX	데이터 블록은 EPROM의 유지 데이터가 NV-RAM에서 가져온 경우에만 유지된다. (RAM 에로드되거나 생성된 데이터 블록이 손실 됨).
○	데이터 재설정 또는 삭제 (DB 내용)
V	데이터는 EPROM 메모리에서 가져온 초기화 값으로 설정된다.
–	NV-RAM을 사용할 수 없기 때문에 불가능하다.

다음 표는 시작 중에 CPU가 수행하는 활동을 보여준다.

실행 순서에 따른 활동	Warm Restart	Cold Restart	Hot Restart
I 스택 / B 스택 지우기	×	×	○
휘발성 메모리 비트, 타이머, 카운터 지우기	×	○	○
모든 메모리 비트, 타이머, 카운터 지우기	○	×	○
명확한 공정 이미지 출력 테이블	×	×	선택 가능
디지털 신호 모듈의 리셋 출력	×	×	선택 가능
하드웨어 인터럽트 삭제	×	×	○
시간 지연 인터럽트 삭제	×	×	○
진단 인터럽트 무시	×	×	×
시스템 상태 목록 (SZL) 업데이트	×	×	×
모듈 매개 변수를 평가하고 모듈 또는 전송 기본값	×	×	×
관련 스타트 업 실행	×	×	×
남은 사이클 실행 (전원 차단으로 인해 실행되지 않은 사용자 프로그램의 일부)	○	○	×
프로세스 이미지 입력 테이블 업데이트	×	×	×
디지털 출력 활성화 (OD 신호 취소) RUN으로 전환	×	×	×
×는 수행됨을 의미합니다. ○은 수행되지 않음을 의미합니다.			

시작 중단

시작 중에 오류가 발생하면 시작이 중단되고 CPU가 STOP 모드로 변경되거나 유지된다. 중단된 Warm Restart을 반복해야 한다. 중단 된 재시작 후에는 Warm Restart과 Hot restart이 모두 가능하다.

시작(다시 시작(Warm Restart) 또는 Hot restart)이 실행되지 않거나 다음 상황에서 중단된다.

- CPU의 작동 모드 스위치가 STOP으로 설정되어 있다.
- 메모리 재설정이 요청되었다.
- STEP 7에서 허용되지 않는 애플리케이션 코드가 있는 메모리 카드가 연결되어 있다. (예 : STEP 5)
- 단일 프로세서 모드에 둘 이상의 CPU가 삽입되었다.
- 사용자 프로그램에 CPU가 인식하지 못하거나 비활성화된 OB가 포함된 경우.
- 전원을 켠 후 CPU가 STEP 7에서 생성 한 구성 테이블에 나열된 모든 모듈이 실제로 삽입되지 않은 것으로 인식하는 경우.
  (사전 설정과 실제 파라미터 변수 할당 간의 차이는 허용되지 않음)
- 모듈 매개 변수를 평가할 때 오류가 발생하는 경우.

  핫 재시작이 실행되지 않거나 다음 상황에서 중단된다.
- CPU 메모리가 재설정되었다. (메모리 재설정 후 웜 재시작만 가능).
- 중단 시간 제한이 초과되었다.
  (이는 남은 사이클을 포함하여 시작 OB가 실행될 때까지 RUN 모드를 종료하는 사이의 시간이다.)
- 모듈 구성이 변경되었다. (예 : 모듈 교체)
- 파라미터 할당은 Warm Restart만 허용한다.
- CPU가 STOP 모드에 있는 동안 블록이 로드, 삭제 또는 수정된 경우.

다음 그림은 STARTUP 및 RUN 중 CPU의 활동을 보여준다.

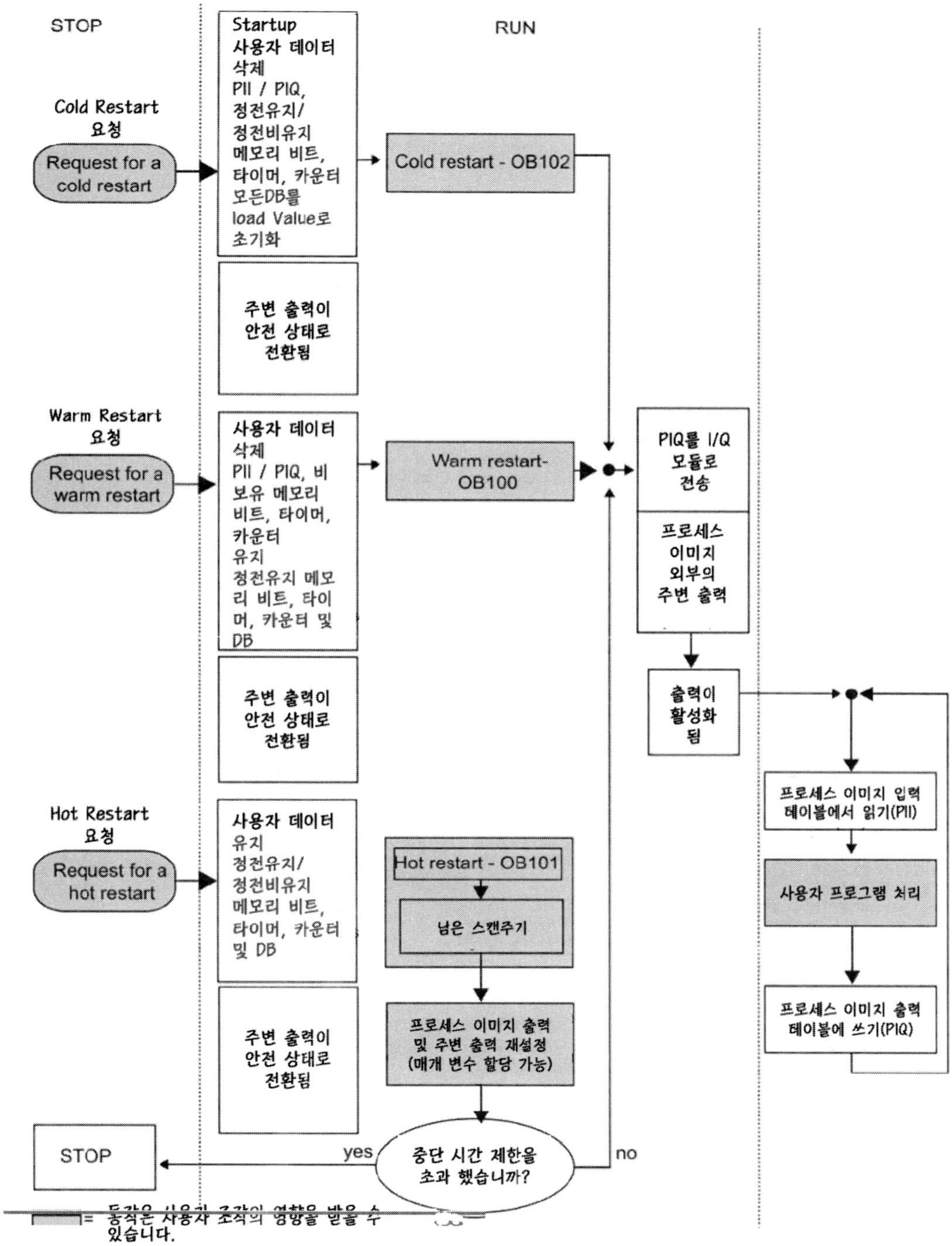
STOP
RUN
Startup
사용자 데이터 삭제
PII / PIQ, 정전유지/정전비유지 메모리 비트, 타이머, 카운터
모든DB를 load Value로 초기화
Cold Restart 요청
Request for a cold restart
Cold restart - OB102
주변 출력이 안전 상태로 전환됨
Warm Restart 요청
Request for a warm restart
사용자 데이터 삭제
PII / PIQ, 비보유 메모리 비트, 타이머, 카운터
유지
정전유지 메모리 비트, 타이머, 카운터 및 DB
Warm restart-OB100
PIQ를 I/Q 모듈로 전송
프로세스 이미지 외부의 주변 출력
주변 출력이 안전 상태로 전환됨
출력이 활성화됨
Hot Restart 요청
Request for a hot restart
사용자 데이터 유지
정전유지/정전비유지 메모리 비트, 타이머, 카운터 및 DB
Hot restart - OB101
남은 스캔주기
프로세스 이미지 입력 테이블에서 읽기(PII)
사용자 프로그램 처리
프로세스 이미지 출력 테이블에 쓰기(PIQ)
주변 출력이 안전 상태로 전환됨
프로세스 이미지 출력 및 주변 출력 재설정 (매개 변수 할당 가능)
STOP
yes
중단 시간 제한을 초과 했습니까?
no
= 동작은 사용자 조작의 영향을 받을 수 있습니다.

RUN 모드

RUN 모드에서 CPU는 다음과 같이 주기적, 시간 구동 및 인터럽트 구동 프로그램을 실행한다.

- 입력의 프로세스 이미지를 읽는다.
- 사용자 프로그램이 실행된다.
- 프로세스 이미지 출력 테이블이 출력된다.

글로벌 데이터 통신(글로벌 데이터 테이블)을 사용하고 구성된 연결을 위해 통신 SFB를 사용하고 구성되지 않은 연결을 위해 통신 SFC를 사용하는 CPU 간의 활성 데이터 교환은 RUN모드에서만 가능하다.

다음 표는 다양한 작동 모드에서 데이터 교환이 가능한 경우의 예를 보여준다.

통신 타입	CPU Mode1	데이터 전송 방향	CPU Mode2
Global data communication	RUN	↔	RUN
	RUN	→	STOP/HOLD
	STOP		RUN
	STOP	X	STOP
	HOLD	X	STOP/HOLD
One-way communication	RUN	→	RUN
communication SFBs	RUN	→	STOP/HOLD
Two-way with communication SFBs	RUN	↔	RUN
One-way communication	RUN	→	RUN
with communication SFCs	RUN	→	STOP/HOLD
Two-way with communication SFCs	RUN	↔	RUN

↔ 양방향 데이터 교환이 가능함을 의미
→ 데이터 교환은 한 방향으로만 가능함
×는 데이터 교환이 불가능함을 의미한다.

홀드 모드

HOLD 모드는 특수 모드이다. 시작 또는 RUN 모드에서 테스트 목적으로 만 사용된다. HOLD 모드는 다음을 의미한다.

- 모든 타이머가 고정됨 : 타이머 및 런타임 미터가 처리되지 않고 모니터링 시간이 중지되고 시간 기반 레벨의 기본 클록 펄스가 중지된다.
- 실시간 시계가 실행된다.
- 출력은 활성화되지 않지만 테스트 목적으로 명시적으로 활성화할 수 있다.

- 입력 및 출력을 설정하고 재설정할 수 있다.
- HOLD 모드에 있는 동안 백업 배터리가 있는 CPU에서 정전이 발생하면 전원이 다시 들어오면 CPU가 중지로 변경되지만 자동 Hot restart 또는 restart(Warm Restart)는 실행되지 않는다. 배터리 백업이 없는 CPU는 전원이 다시 들어오면 자동 재시작(Warm Restart)을 실행한다.
- 글로벌 데이터를 수신할 수 있으며 구성된 연결을 위해 통신 SFB를 사용하고 구성되지 않은 연결을 위한 통신 SFC를 사용하는 수동 단방향 통신이 가능하다.(RUN 모드의 표 참조)

2 모드 셀렉터 스위치를 이용한 CPU 리셋

메모리 리셋 수행 방법

CPU를 리셋하면 CPU의 메모리가 정의된 초기 상태로 돌아간다. CPU에서는 하드웨어 파라미터와 시스템 프로그램 파라미터 일부 역시 초기화한다. CPU 내의 사용자 프로그램에 플래시 카드를 삽입한 경우에는 CPU에서 메모리 리셋 후에 플래시 카드에 저장되어 있는 사용자 프로그램과 시스템 파라미터를 메인 메모리로 옮긴다.

다음과 같은 경우에 CPU Memory Reset을 실행한다.

- 새로운 User Program 전체를 대상 CPU에 Down Load할 때
- CPU가 Memory Reset을 요청할 때(CPU Stop Led가 0.5초 주기로 점멸할 때)

CPU가 Memory Reset을 요청하는 경우

- MMC Memory Card를 교체했을 때
- CPU 내부 RAM Error 발생 시
- Main Memory 용량이 작을 때
- 에러가 포함된 프로그램 블록을 다운로드 하려고 할 때

메모리 리셋 수행 방법

CPU 리셋 방법에는 다음 두 가지가 있다.

- 모드 셀렉터 스위치를 이용한 리셋
- 프로그래밍 장치에서의 리셋

모드 셀렉터를 사용해서 CPU를 리셋하는 방법에 관한 설명은 다음과 같다.

새로운 User Program 전체를 대상 CPU에 Down Load 할 때

① 스위치를 STOP 설정으로 위치한다.
　→ STOP LED가 켜진다.

② 스위치를 MRES 설정으로 위치한 후 그대로 유지한다.
　→ STOP LED가 1초간 꺼졌다가 1초간 켜지고, 다시 1초간 꺼졌다가 켜진 상태를 유지한다.

③ 스위치를 다시 STOP 설정으로 돌린 후 3초 이내에 MRES 설정으로 위치하고, 다시 STOP위치로 한다.
　→ STOP LED가 3초간 2Hz로 깜빡이다가(리셋 실행 중) 켜진 상태를 유지한다.

CPU에서 STOP LED를 0.5Hz로 천천히 깜빡이며 리셋을 요청하는 경우
(메모리 카드 제거 또는 삽입 등의 경우에 발생하는 시스템 리셋 요청).
스위치를 MRES 설정으로 위치했다가 다시 STOP 설정으로 위치시킨다.
　→ STOP LED가 3초간 2 Hz로 깜빡이다가(리셋 실행 중) 켜진 상태를 유지한다.

CPU Memory Reset 순서

순서	조작내용
1	모드 스위치를 STOP 위치로 한다.
2	모드 스위치를 MRES 위치로 누르며 STOP LED가 2번 점멸할 때까지 유지하다가(약 3초 정도 소요됨) 손을 놓으면 모드 스위치가 STOP 위치로 복귀된다.
3	3초 이내에 모드 스위치를 다시 MRES 위치로 STOP LED가 0.5초 주기로 점멸할 때까지 유지하고, STOP LED가 0.5초 주기로 점멸을 시작하면 모드 스위치에서 손을 놓으면 CPU Memory Reset은 완료된다.

Setep7에 의한 Memory Reset

- PLC CPU를 STOP 모드로 전환한다.
- Step7을 실행하고, 해당 CPU에 대한 Project를 Open한다.
- Step7의 “PLC” 메뉴 → “Diagnostic/Stting” 메뉴 → “Clear Reset”을 실행한다.

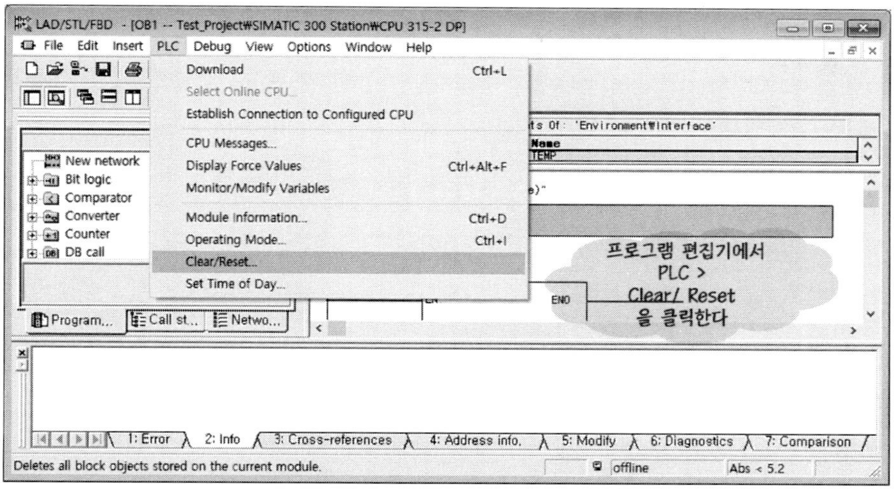

이 방법은 펌웨어 버전이 v2.5~V3.1까지에 한해 가능한 방법이다.
다음은 지멘스 홈페이지 제품지원에 설명되어진 부분을 발췌하여 보았다.

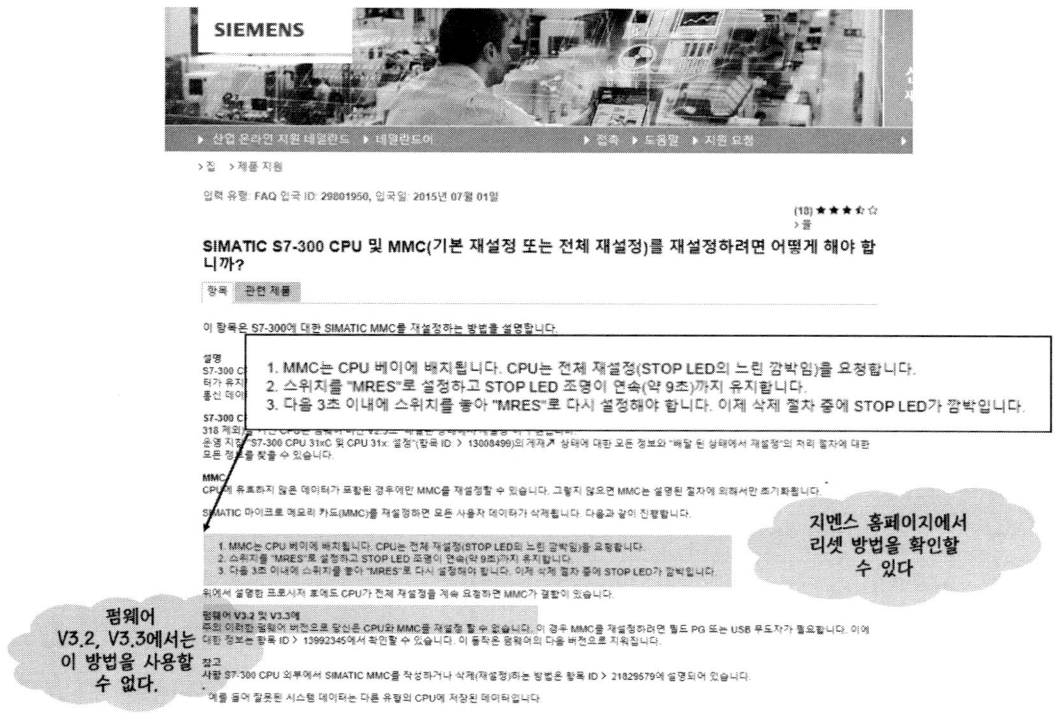

메모리 리셋을 실행하면 CPU에서 다음과 같은 프로세스가 진행된다.

- CPU는 메인 메모리와 로드 메모리(통합 RAM과 가능한 경우 RAM 카드)에서 사용자 프로그램 전체를 삭제한다.
- CPU는 모든 카운터와 비트 메모리, 타이머(타임 오브 데이 타이머 제외)를 삭제한다.
- CPU는 하드웨어를 테스트한다.
- CPU는 하드웨어와 시스템 프로그램 파라미터를 초기화한다(CPU 내의 초기 기본 설정). (프로그램된 기본 설정도 일부 고려된다.)
- 플래시 카드가 삽입되지 않은 경우, 리셋 CPU의 메모리 사용 수준은 0이 된다. STEP 7을 사용하면 메모리 사용 수준을 읽을 수 있다.
- 플래시 카드가 삽입된 경우에는 리셋 후에 CPU에서 플래시 카드에 저장된 사용자 프로그램과 시스템 파라미터를 메인 메모리로 복사한다.

CPU 리셋 후에는 다음과 같은 것이 남는다.

- 진단 버퍼의 내용
  STEP 7을 사용하면 프로그래밍 장치로 내용을 읽을 수 있다.
- 시간
- MPI 파라미터(MPI 어드레스와 최고 MPI 어드레스).
  다음 표에 있는 특수 사례를 참조한다.

특수한 경우의 MPI 파라미터

MPI 파라미터에는 메모리 리셋 중에 사용되는 특수 기능이 있다.
다음 표에는 메모리 리셋 후에 사용할 수 있는 MPI 파라미터에 관한 설명이 나와 있다.

메모리 리셋	MPI 파라미터
플래시 카드가 삽입된 경우	플래시 카드에 있는 파라미터를 사용할 수 있다.
플래시 카드가 삽입되지 않은 경우	CPU에서 유지된 파라미터를 사용할 수 있다

시스템 진단(Diagnostics)

12
CHAPTER

진단이란 CPU의 통합적인 탐지 및 기록 기능이다. 에러 정보가 기록되는 영역을 진단 버퍼라고 하고 이 버퍼의 크기는 CPU의 유형에 따라 다르다.

1 진단 이벤트 및 진단 버퍼

시스템 진단은 PLC에서 발생하는 오류를 감지, 검사 및 보고한다. 사용자 프로그램에서 발생하는 오류, 모듈 고장 또는 입출력 모듈의 결선 등을 예로 들 수 있다. 다음과 같은 진단 이벤트가 발생할 수 있다.

- 진단 기능이 있는 모듈에서 진단 인터럽트
- 시스템 오류 및 CPU 모드 전환
- 시스템 함수를 통한 사용자 메시지

진단 기능이 있는 모듈은 프로그래밍 가능 진단 이벤트와 프로그래밍 불가 진단 이벤트를 구분한다. 프로그래밍 가능 진단 이벤트는 진단을 활성화하는데 필요한 파라미터를 사용자가 설정한 경우에만 보고된다. 프로그래밍 불가 진단 이벤트는 진단이 활성화 되었는지 여부에 관계없이 항상 보고된다. 진단 이벤트가 보고되면

- CPU 상의 결함 LED가 켜진다.
- 진단 이벤트가 CPU의 운영체제에 전달된다.
- 진단 인터럽트를 활성화하는 파라미터가 설정된 경우 해당 진단 인터럽트가 생성된다. (기본적으로 진단 인터럽트는 비활성화 되어 있다.)

CPU 운영체제에 보고된 모든 진단 이벤트는 이벤트가 발생한 순서대로 날짜 및 시간 스탬프와 함께 진단 버퍼에 입력된다. 진단 버퍼는 CPU 상에서 배터리 지원을 받는 메모리 영역에 저장되기 때문에 메모리 초기화가 발생해도 버퍼의 내용은 보존된다. 진단 버퍼는 CPU에 따라 크기가 달라지는 링 버퍼이다. 진단 버퍼가 가득 차면 최신 항목이 가장 오래된 항목부터 덮어쓴다.

프로그래밍 기기를 이용해 언제든지 진단 버퍼를 불어올 수 있다. CPU의 시스템 진단 파라미터 블록에서 확장 진단 항목(모든 OB 호출) 사용 여부를 지정할 수 있다. 또한 CPU가 정지 상태가 되기 전 마지막으로 작성한 진단 항목을 MPI 버스 상의 특정 노드에 전송할지 여부도 지정할 수 있다.

- 날짜 및 시간이 스탬프된 메시지가 진단 버퍼에 입력된다. 가장 최근 메시지가 버퍼의 시작 부분에 저장되고 메모리가 꽉 차면 오래된 항목은 삭제된다.
- 시스템 상태 목록에 있는 이벤트의 입력
- 필요한 경우 이벤트가 관련 OB(Organization block)를 활성화한다.

CPU 진단의 도움으로 다음과 같은 에러 유형을 확인할 수 있다.

- CPU의 시스템 에러 또는 모듈 에러
- CPU의 프로그램 에러

문제 해결 문제 해결에서는 다음과 같이 에러 종류를 구분할 수 있다.

- CPU를 Stop 모드로 만드는 에러. "Module Information" 툴로 문제 해결.
- 논리적 에러, 즉, CPU가 프로그램은 실행하지만 그 기능이 충족되지 않는 에러.
  "Referece Data" 및 "Program Status" 툴로 문제 해결.
- 돌발적 에러, 즉, 특정 시스템 상태에서만 발생하는 에러.
  CPU가 Stop이 될 수도 있고 논리적 에러로 나타날 수도 있다.
  "CPU Messages" 툴을 사용하여 문제 해결.

문제를 해결하는데 필요한 정보는 SIMATIC Manager에서 PLC 〉 Diagnostic/ Setting 〉 Module Information 기능에 있는 모든 툴에 저장된다. 또는 "Accessible Nodes"아이콘을 클릭하고 MPI=x를 클릭한다. (x = 연결된 CPU의 MPI 어드레스) 메뉴 옵션 PLC → Module Information을 선택한다.

SIMATIC Manager에서 저장된 프로젝트를 열었다면 S7 프로그램을 선택한 후에 메뉴 옵션 PLC → Module Information을 선택할 수 있다.

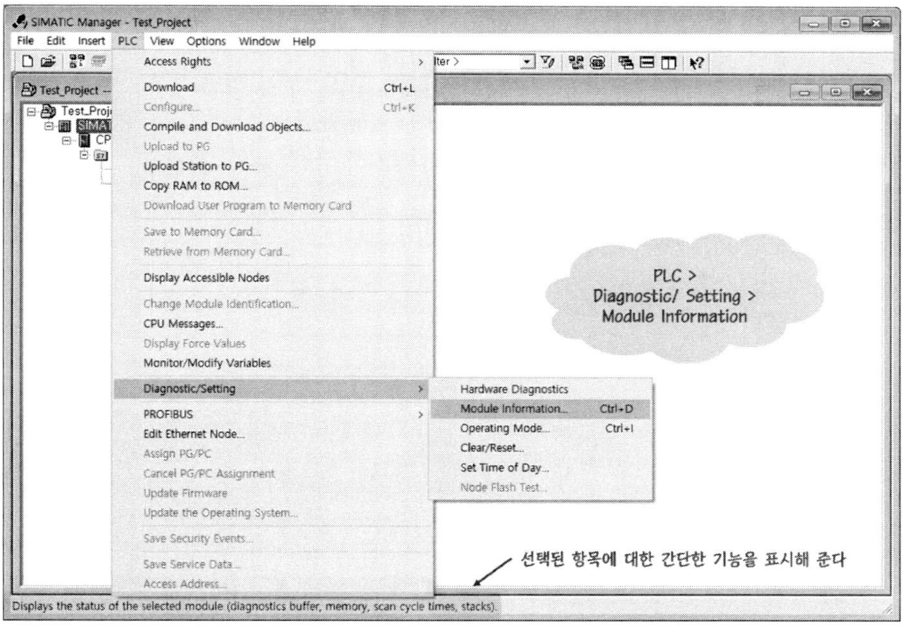

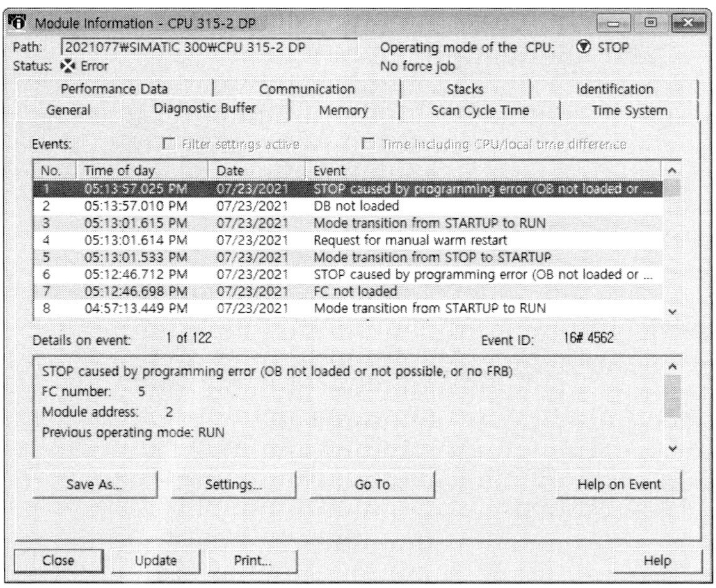

진단 버퍼는 CPU에 있는 FIFO 버퍼로 메모리 리셋으로도 삭제할 수 없다. 여기에는 모든 진단 이벤트가 발생한 순서대로 저장되어 있다.

Help on Event 버튼을 클릭하면 이 목록에서 선택한 이벤트에 대한 도움말이 열린다.
(예: 프로그램 에러가 발생했습니다. 관련 OB(OB121)가 로드되지 않거나 활성화되지 않습니다.)

Open Block 버튼을 클릭하면 오류가 발생한 블록이 CPU에서 열린다.
(위의 예에서: "FC number: 10")

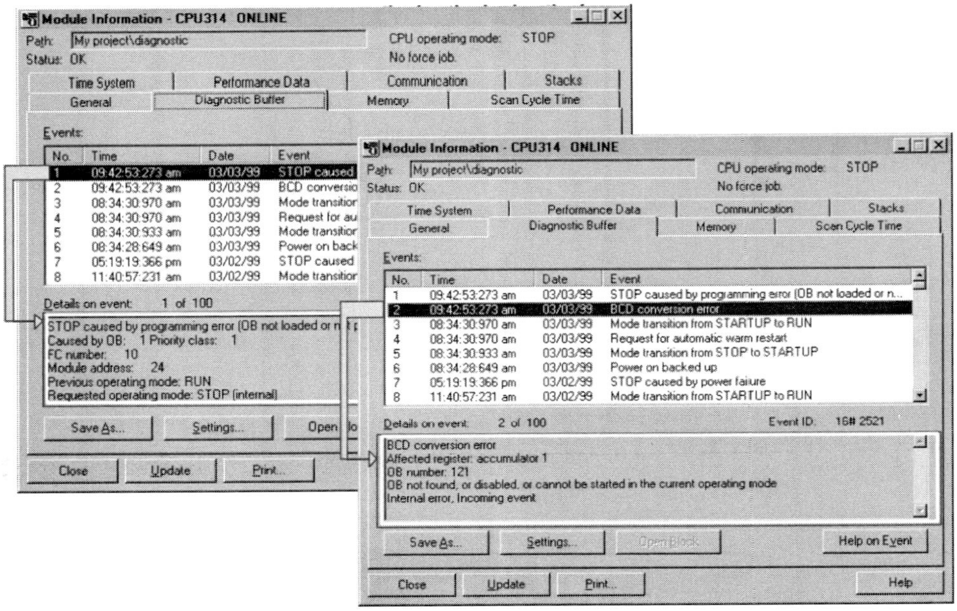

마지막 항목이 목록의 제일 위에 표시된다. 시간은 어떤 에러 메시지가 그룹을 이루는지 보여준다. (그림에서 이벤트 번호 1과 2)

이 예제의 경우, 에러가 발생하기 전에 완전 재시작을 실행하였고(이벤트 번호 3~5) 재시작 후에 에러가 발생하여 이벤트 번호 1과 2를 등록되었다.

에러 이벤트의 내용을 살펴보면

이벤트 번호 1:

에러 OB가 프로그램되지 않았기 때문에 CPU가 Stop 모드가 되었다.
"Details on event" Box가 실행 레벨(우선순위 클래스), 예를 들어, OB1(주기) 및 프로그램에서 에러의 위치(FC 10, 모듈 어드레스 24)를 보여준다.

이벤트 번호 2:

실제 에러의 원인, 예를 들어, BCD 변환 에러가 여기 나타난다.
"Details on event" Box는 누산기 1에 틀린 값이 있다는 것과 어느 에러 OB(OB 121)가 책임이 있는지를 보여준다.

에러 유형	에러 내용	에러 OB
Programming Error	Called block not in the CPU CPU에 없는 호출 된 블록	OB 121
Access Error	Direct access to module that is either faulty or not present 결함이 있거나 존재하지 않는 모듈에 직접 액세스	OB 122
Time error	Maximum scan cycle time exceeded 최대 스캔주기 시간 초과	OB 80
Power supply fault	Backup battery failure 백업 배터리 오류	OB 81
Diagnostic interrupt	Wire break at input of diagnostics-capable module 진단 가능 모듈의 입력에서 단선	OB 82
CPU hardware fault	Incorrect signal level at the MPI interface MPI 인터페이스에서 잘못된 신호 레벨	OB 84
Program execution error	Error in updating the process image (module faulty) 프로세스 이미지 업데이트 중 (모듈 결함)	OB 85
Rack failure	Distributed rack or DP Slave failure 분산 랙 또는 DP 슬레이브 오류	OB 86
Communication error	Incorrect frame ID 잘못된 프레임 ID	OB 87

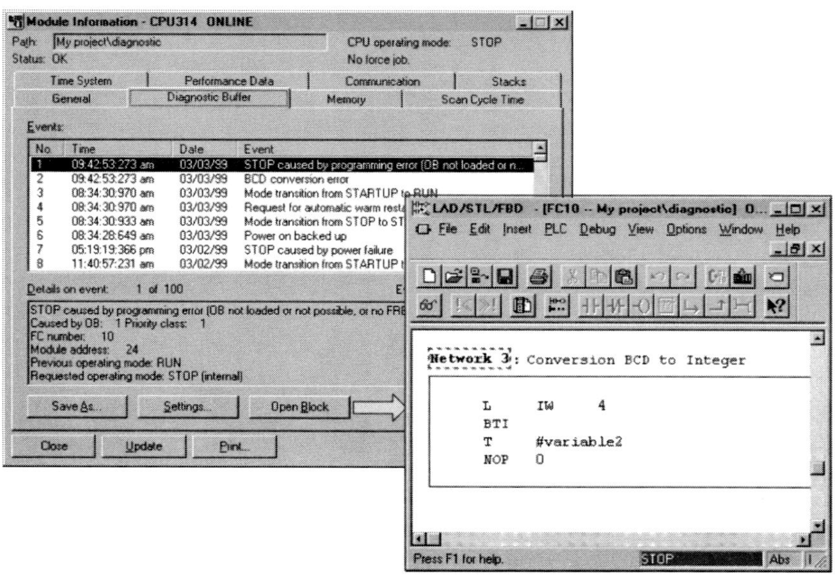

"Open Block"버튼을 클릭하여 직접 에러가 있는 블록을 열 수 있다.
LAD/FBD에서는 에러를 포함하는 네트워크가 표시된다.(STL에서는 에러가 발생한 명령어 앞에 커서가 온다.)
예제에서는 푸시훨 버튼으로부터의 값을 BCD에서 정수로 변환하려고 했다. 누산기 1에 유효하지 않은 BCD 번호가(A, B, C, D..., F) 있었다고 가정한다. 이 경우 I 스택을 읽으면 더 정확한 에러 분석을 할 수 있다. 이 에러는 FC10, Network 3에서 발생했다.

B 스택은 Stop 상태로 전환할 때까지 실행된 모든 블록의 목록을 포함한다.
I 스택 I 스택은 다음과 같은 인터럽트 위치에 있는 레지스터의 데이터를 포함한다.

- 누산기 및 어드레스 레지스터의 내용
- 열린 데이터 블록
- 상태 워드 내용
- 프로그램 실행 레벨(예: 주기)
- 네트워크 및 명령어 번호를 지정하는 인터럽트된 블록
- 실행될 다음 블록

L 스택 L 스택은 블록의 임시 변수값을 포함한다. 이 데이터를 평가하려면 약간의 경험이 있어야 한다.

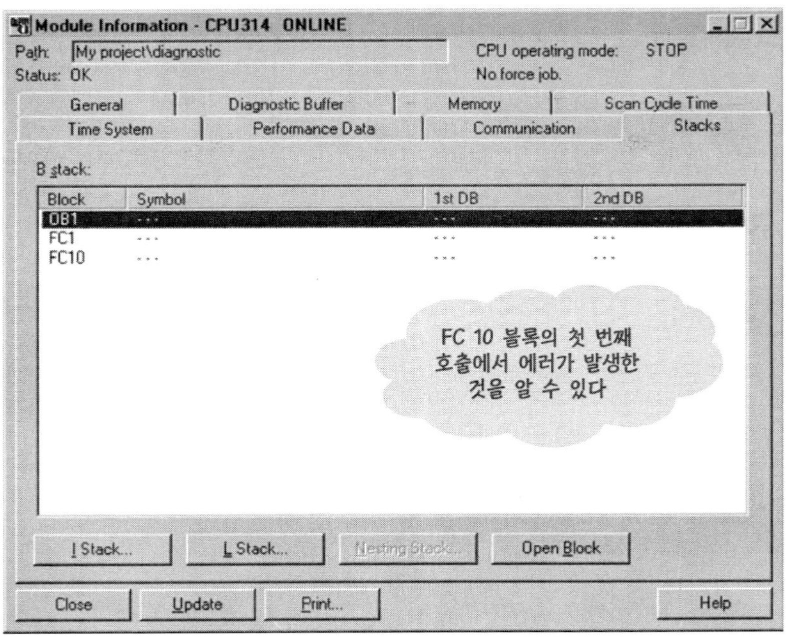

블록 스택(B스택)은 호출 계층구조의 그래픽 표시이다. 즉, 인터럽트 위치까지의 호출된 블록의 순서 및 연계가 표시된다.

B스택은 열린 OB뿐만 아니라 인터럽트 OB 및 에러 OB를 통한 인터럽트를 모두 포함한다. 마지막 표시된 블록이 STOP 모드가 된 직접적 원인을 알 수 있다.

온라인에서 블록을 열기 위해서는 B스택 목록에서 블록을 선택하고 “Open Block” 버튼을 클릭한다. 그러면 이 블록을 편집할 수 있다. 커서는 잘못된 명령어 다음에 위치한다.

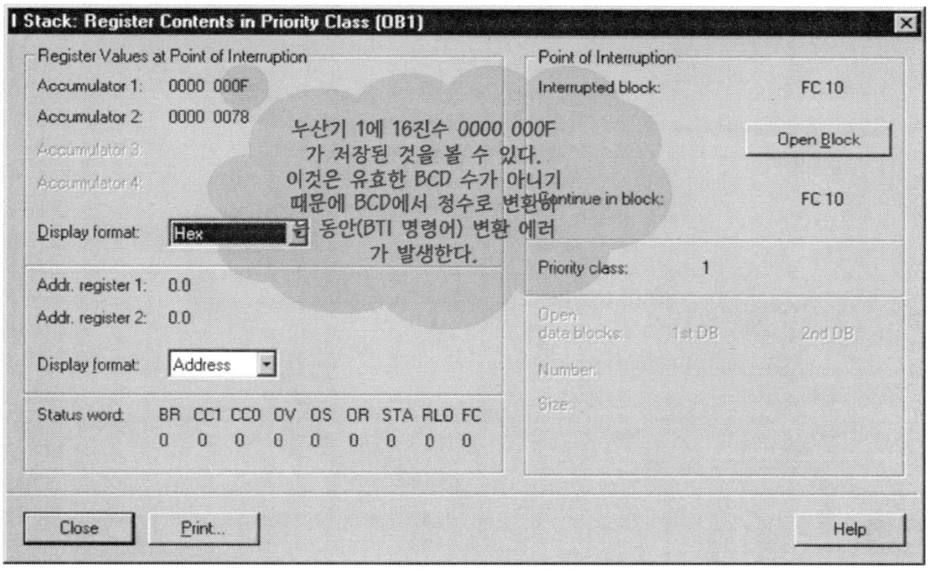

이 에러는 푸시휠 버튼의 스위칭 동안 기계적 접촉 때문에 발생할 수 있다

인터럽트 스택(I 스택)은 언제나 실행 레벨을 참고한다. I 스택을 열기 전에 B 스택에서 관련된 OB를 선택해야 한다.

레지스터 중단 시점에서의 모든 관련 레지스터의 내용이 I 스택 화면에 표시된다.

- 누산기

“Display format” 목록에서 누산기 내용을 표시할 숫자 형식을 선택할 수 있다.

- 어드레스 레지스터

“Display format” 목록에서 어드레스 레지스터 내용을 표시할 숫자 형식을 선택할 수 있다.

- 상태 워드

상태 워트의 0~8비트가 표시된다. 이것은 각 의미에 따라 약자로 구분된다.

중단점 “Point of Interruption” 필드에는 다음과 같은 정보가 있다.

- 직접 열기 옵션이 있는 중단된 블록(커서는 잘못된 명령어 바로 앞에 위치함)
- 실행 단계가 중단된 OB의 우선순위 클래스
- 번호와 크기가 있는 열린 데이터 블록

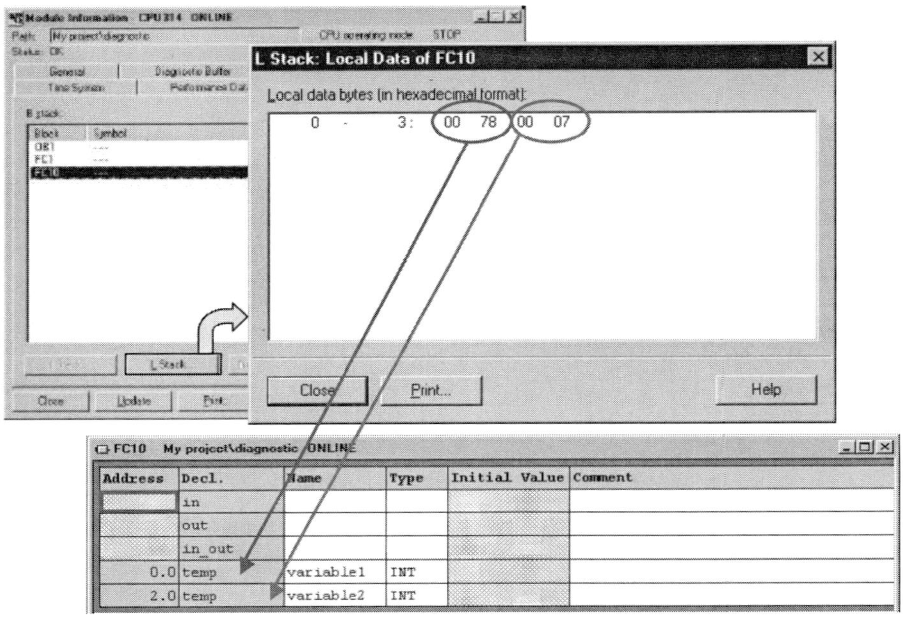

중단될 때 종료되지 않은 블록에 대한 임시 변수의 현재 값이 L 스택에 포함된다.
L 스택 창에 표시된 로컬 데이터는 B 스택에서 선택한 블록을 참고한다.
CPU가 STOP 모드로 전환할 때 종료되지 않은 블록은 블록 스택(B 스택)에 나열된다.

이 예제의 경우, 두 개의 임시 변수인 variable1과 variable2를 FC10 블록에 정의했다. FC10 블록의 선언 테이블은 어드레스 열에 있는 L 스택의 상대 어드레스를 보여준다. 변수인 variable1은 L 스택의 0 및 1바이트에 저장되고 변수 varialbe2는 2와 3바이트에 저장된다. 따라서 변수 variable1은 정수 120에 해당하는 78H 값을 갖는다. 변수 variable2는 08H 값을 가지며 이것은 지난번 BCD에서 정수로 에러 없이 변환한 결과이다.

2 어드레스의 다중 할당

빈번한 에러의 원인 중 하나는 어드레스의 다중 할당이다. 이것은 프로그램에 있는 여러 위치에서 어드레스가 할당된 것을 의미하는데 이러한 에러는 “Reference Data” 툴을 사용하면 쉽게 찾아낼 수 있다.

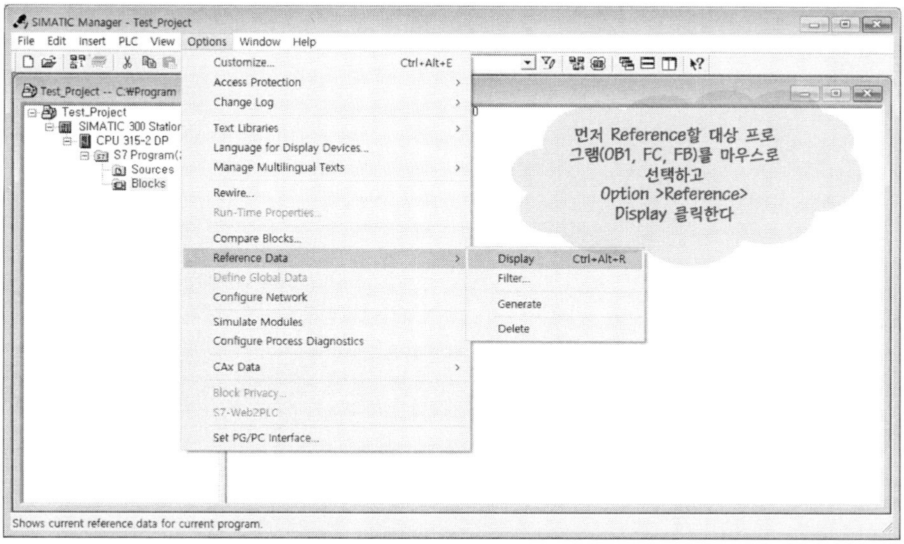

항목을 선택했는가에 관계없이 참조 데이터는 필터링된 데이터로 표시된다. 필터를 더 좁게 정의할수록 참조 데이터가 더 빨리 표시된다. 디스플레이 참조 데이터를 열 때 메시지가 나타나서 필터링된 데이터가 표시되므로 현재 필터가 어떻게 설정되어 있는지 확인해야 한다.

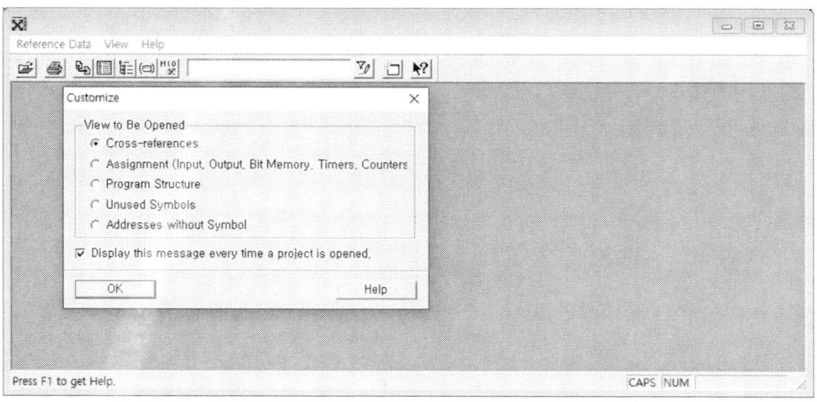

표시되는 "Customize"창에서 5개 참조 데이터 목록 중 어떤 것을 먼저 열 것인지 선택할 수 있다. 참조목록으로 상호 참조, I/Q/M/T/C의 할당, 심볼 없는 어드레스, 미사용 심볼, 사용자 프로그램 구조가 있다.

상호 참조 (크로스 레퍼런스) 목록은 사용자 프로그램에서 주소와 블록의 사용을 보여준다. 크로스 레퍼런스 목록은 절대 주소, 심볼(있는 경우), 주소가 사용된 블록, 주소의 사용 방법(읽기와 쓰기) 및 주소의 사용 위치를 포함한다.

상호 참조(Cross References)는 사용자 프로그램에 따라 사용된 어드레스의 목록이다.

- 입력
- 출력
- 비트 메모리
- 카운터
- 타이머

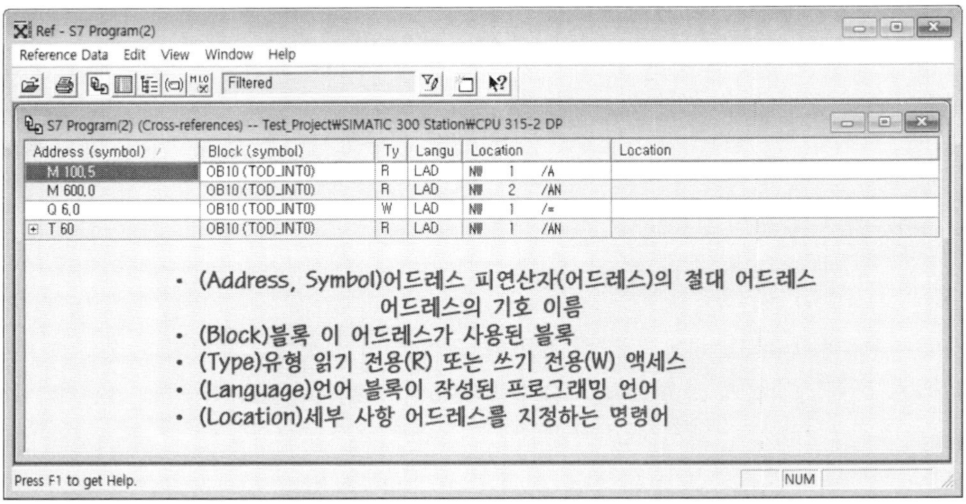

I/Q/M/T/C의 할당

어느 비트가 메모리 영역 입력(I), 출력(Q) 및 비트 메모리(M)의 어느 바이트에 사용되는가를 알 수 있다. 각 라인에는 비트로 분할된 1바이트가 표시된다. 또한 바이트, 워드 또는 더블 워드를 통한 액세스 방식도 표시된다. T/C 참조 목록은 프로그램에 사용된 타이머와 카운터를 보여준다. 타이머나 카운터는 라인에 표시된다.

목록은 특정 주소 영역의 부적절한 할당 여부 또는 이용 가능한 주소를 보여준다. 모든 라인에는 1바이트의 메모리 영역이 포함되어 있는데, 여기에서는 8비트가 액세스에 따라 서로 구분된다. 이 액세스가 바이트 방식, 워드 방식 또는 더블 워드 방식인지도 알 수 있다.

할당 목록 I/Q/M에 있는 ID의 의미는 다음과 같다.

- – 어드레스를 지정하지 않았기 때문에 아직 미사용 상태
- o 비트 방식 액세스
- x 바이트, 워드 또는 더블 워드 방식 액세스

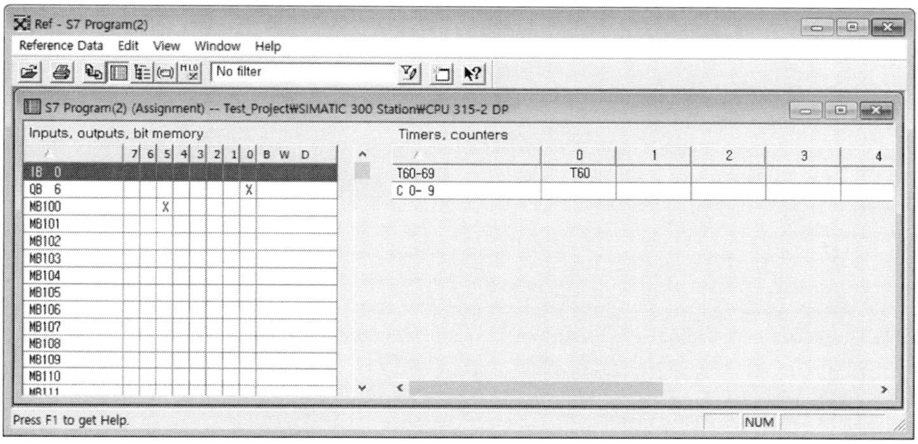

① 미사용 심볼

이 목록은 심볼 테이블에 할당 되었지만 프로그램에서 사용하지 않는 모든 주소를 보여준다. 목록은 심볼, 주소, 데이터 형식, 심볼 테이블의 주석을 표시한다. 심볼 테이블에 정의되어 있지만 S7 사용자 프로그램에 사용되지는 않은 상태이다.
프로그램 작성 시 목록의 주소를 실수로 잊어버려 사용하지 않았거나 또는 목록의 주소가 남거나 실제로 필요하지 않은 경우를 알 수 있다.

② 심볼 없는 어드레스

어드레스는 S7 사용자 프로그램에 사용되었지만 심볼 테이블에 정의되어 있지는 않다.
라인은 어드레스와 이 어드레스가 사용된 횟수로 구성된다. 이 목록은 프로그램에서 심볼을 할당하지 않고 사용하는 모든 주소를 보여준다. 목록은 심볼이 없는 주소와 사용 빈도를 표시한다. 주소를 실수(우연이나 입력 실수)로 사용하였는지 알 수 있다.

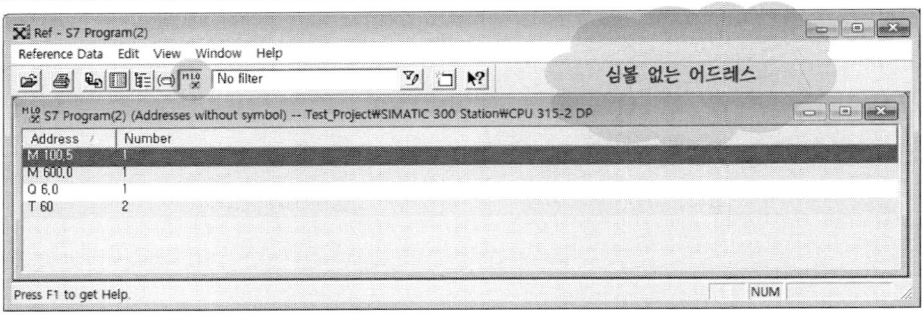

③ 프로그램 구조

S7 사용자 프로그램에 있는 블록의 호출 계층구조를 표시한다.

호출 구조는 블록 호출의 모든 네스팅(Nesting) 레벨을 보여준다. 네스팅 레벨의 표시는 '+' 및 '-' 상자로 제어한다. 임시 로컬 데이터의 요구사항은 하나의 블록 또는 관련 블록까지 포함한 전체 경로에 대해 표시된다. 블록을 선택하고 편집 → 이동 → 위치를 이용해 블록 호출로 변경하거나 편집 → 이동 → 블록 주소를 이용해 블록을 오픈한다.

이 기능을 사용하면 다음과 같은 사항을 알 수 있다.

- 어떤 블록이 사용되었는지?
- 프로그램한 블록이 모두 호출되었는지?
- 블록의 임시 로컬 데이터의 충족 요건은 무엇인지?
- 우선 순위 등급당(조직 블록당) 지정된 로컬 데이터 상태는?

필터의 설정에 따라 프로그램 경로가 트리 구조(그림 참고)로 표시되거나 "종속 구조"로 표시된다. (각 경우에 호출하는 블록 및 호출된 블록이 표시됨)

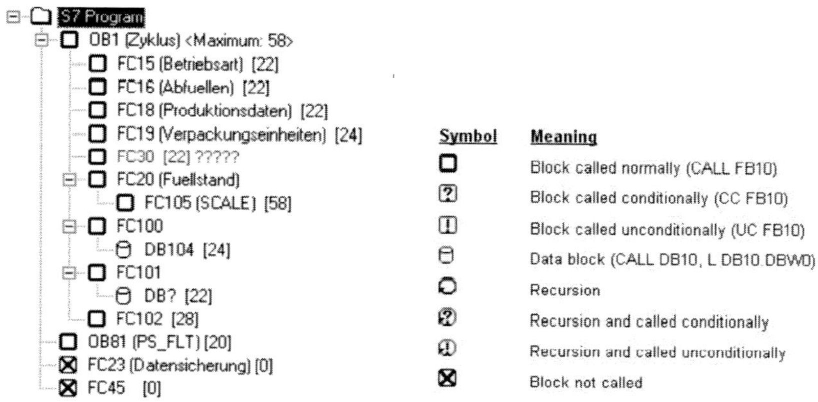
S7 Program
OB1 (Zyklus) <Maximum: 58>
FC15 (Betriebsart) [22]
FC16 (Abfuellen) [22]
FC18 (Produktionsdaten) [22]
FC19 (Verpackungseinheiten) [24]
FC30 [22] ?????
FC20 (Fuellstand)
FC105 (SCALE) [58]
FC100
DB104 [24]
FC101
DB? [22]
FC102 [28]
OB81 (PS_FLT) [20]
FC23 (Datensicherung) [0]
FC45 [0]
Symbol
Meaning
Block called normally (CALL FB10)
Block called conditionally (CC FB10)
Block called unconditionally (UC FB10)
Data block (CALL DB10, L DB10.DBW0)
Recursion
Recursion and called conditionally
Recursion and called unconditionally
Block not called

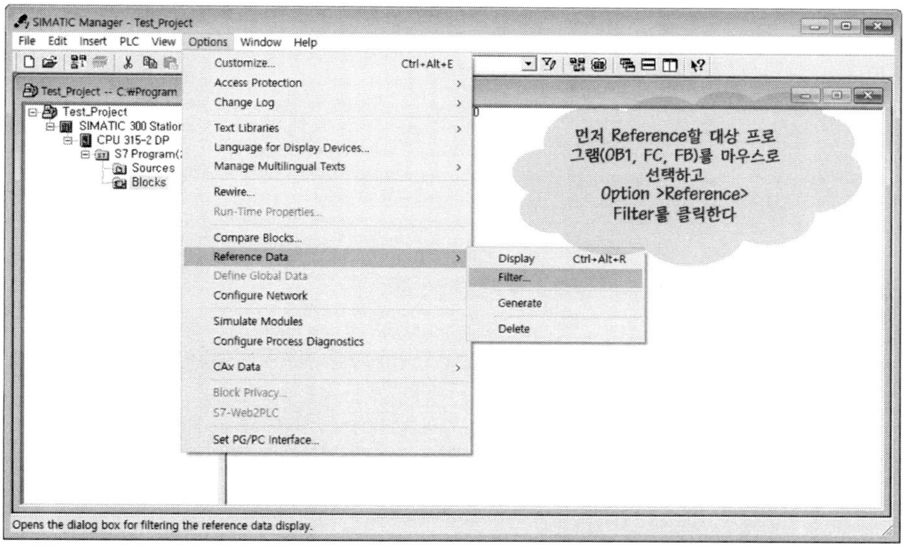
SIMATIC Manager - Test_Project
File Edit Insert PLC View Options Window Help
Test_Project -- C:₩Program
Test_Project
SIMATIC 300 Station
CPU 315-2 DP
S7 Program(
Sources
Blocks
Customize... Ctrl+Alt+E
Access Protection
Change Log
Text Libraries
Language for Display Devices...
Manage Multilingual Texts
Rewire...
Run-Time Properties...
Compare Blocks...
Reference Data
Define Global Data
Configure Network
Simulate Modules
Configure Process Diagnostics
CAx Data
Block Privacy...
S7-Web2PLC
Set PG/PC Interface...
Display Ctrl+Alt+R
Filter...
Generate
Delete
먼저 Reference할 대상 프로그램(OB1, FC, FB)를 마우스로 선택하고
Option >Reference> Filter를 클릭한다
Opens the dialog box for filtering the reference data display.

3 블록 비교

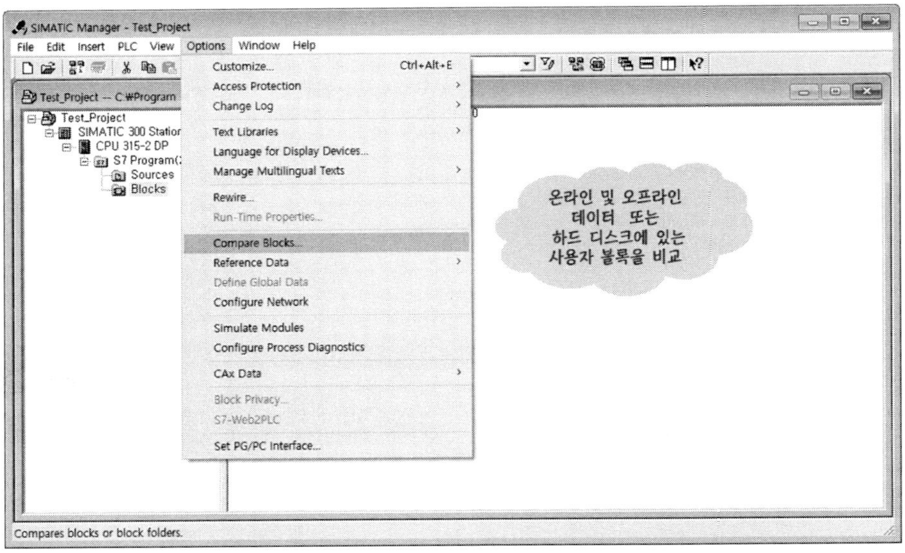
SIMATIC Manager - Test_Project
File Edit Insert PLC View Options Window Help
Test_Project -- C:\Program
Test_Project
SIMATIC 300 Station
CPU 315-2 DP
S7 Program(
Sources
Blocks
Customize... Ctrl+Alt+E
Access Protection
Change Log
Text Libraries
Language for Display Devices...
Manage Multilingual Texts
Rewire...
Run-Time Properties...
Compare Blocks...
Reference Data
Define Global Data
Configure Network
Simulate Modules
Configure Process Diagnostics
CAx Data
Block Privacy...
S7-Web2PLC
Set PG/PC Interface...
온라인 및 오프라인
데이터 또는
하드 디스크에 있는
사용자 블록을 비교
Compares blocks or block folders.

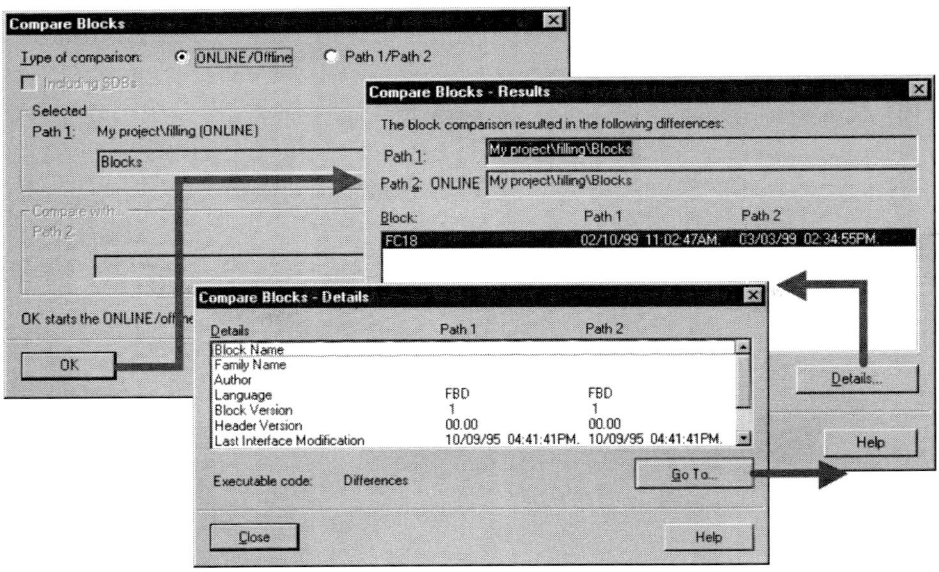
Compare Blocks
Type of comparison: ONLINE/Offline Path 1/Path 2
Including SDBs
Selected
Path 1: My project\filling (ONLINE)
Blocks
Compare with...
Path 2:
OK starts the ONLINE/offl
OK
Compare Blocks - Results
The block comparison resulted in the following differences:
Path 1: My project\filling\Blocks
Path 2: ONLINE My project\filling\Blocks
Block: Path 1 Path 2
FC18 02/10/99 11:02:47AM. 03/03/99 02:34:55PM.
Details...
Help
Compare Blocks - Details
Details Path 1 Path 2
Block Name
Family Name
Author
Language FBD FBD
Block Version 1 1
Header Version 00.00 00.00
Last Interface Modification 10/09/95 04:41:41PM. 10/09/95 04:41:41PM.
Executable code: Differences
Go To...
Close
Help

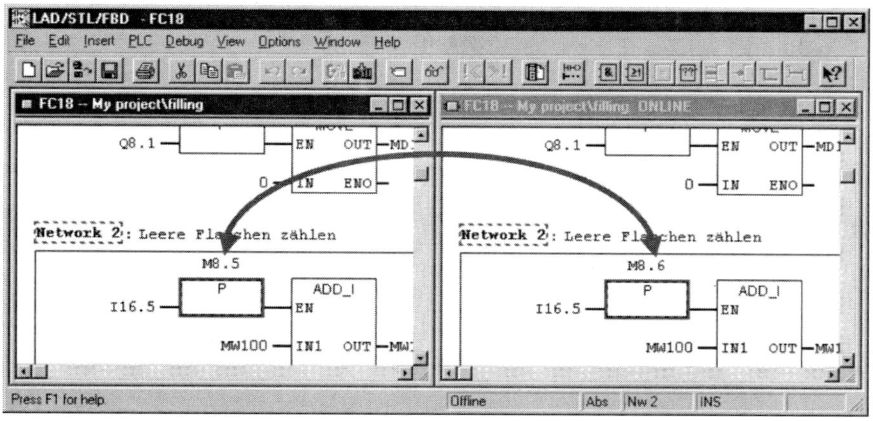

위의 예에서 I8.5의 RLO 에지 탐지를 위한 보조 메모리 M8.5는 오프라인 블록에서 사용되고 M8.6은 온라인 블록에서 사용된다. 이것은 블록을 CPU에 다운로드한 다음 오프라인 또는 온라인 블록에 대한 수정이 이루어진다는 것을 의미한다. "Compare Blocks - Results" 화면에 있는 타임 스탬프를 보면 마지막에 수정된 블록이 어느 것인지 확인할 수 있다.

온라인 및 오프라인 데이터 관리 사이에 또는 PG의 하드 디스크에 있는 사용자 블록 사이에 블록을 비교할 수 있다.

이 기능을 사용하면 이후에 CPU에서 프로그램을 수정해야 하는지 어떤 네트워크에 있는 블록이 다른지를 알 수 있다.

- 마우스 오른쪽 버튼으로 S7 프로그램의 블록 폴더를 선택한다.
- 메뉴 옵션 Compare Blocks를 선택한다.
- 온라인/오프라인을 비교할 것인지 두 개의 오프라인 프로그램을 비교할 것인지 선택하고 "OK" 버튼으로 확인한다.
- 다음 화면에서는 다른 블록이 나열된다.
- 차이가 결정된 라인을 선택하고 "Details" 버튼을 선택한다.
- "Compare Blocks - Details" 창에서 블록이 수정된 시간과 블록 길이가 변경되었는지 확인할 수 있다.
- "Go To..." 버튼을 선택한 다음 다른 블록이 두 개의 창에서 온라인 및 오프라인으로 열리고 첫 번째 차이가 결정된 네트워크가 표시된다.

참고 : 프로그램 수정은 오프라인 창에서만 가능하다.

"Go To..." 버튼을 선택한 다음 프로그램 편집기가 두 개의 창을 나란히 열고 이 창에 첫 번째 차이가 있는 네트워크가 표시된다.

4 CPU 메시지 디스플레이

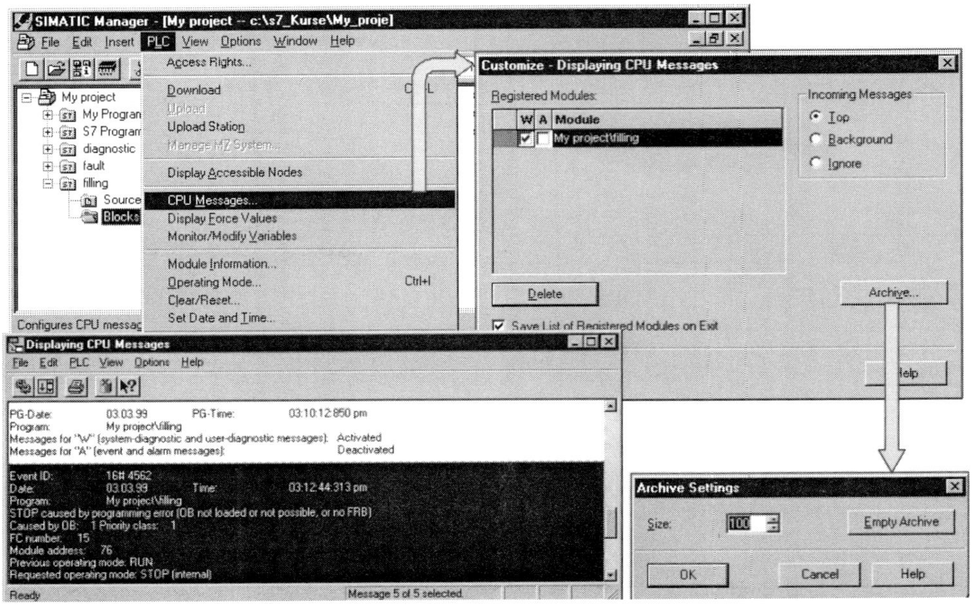

CPU 메시지 기능을 사용하면 프로그래밍 장치 또는 HMI 장치에 있는 시스템에서 돌발적 에러에 대한 에러 메시지를 즉시 표시할 수 있다. 연결된 CPU가 에러로 인해 Stop 모드가 되면 즉시 PG 또는 OP에 메시지 창이 표시된다. 시스템 기능을 사용하여 사용자 메시지도 출력할 수 있다.

등록된 모듈은 SIMATIC Manager에서 (프로그램 Blocks를 선택한 뒤) 메뉴 옵션 PLC → CPU Messages로 호출한 모든 CPU를 포함한다. 이 목록은 4개 열로 나누어진다.

① 첫 번째 열에서 아이콘이 외부 파트너에 의해 연결이 중단되었는지 여부를 표시한다.

② "W"열에서는 시스템 진단 및 사용자 진단 메시지가 활성화/비활성화 된다.

③ "A"열에서는 인터럽트 메시지가 활성화/ 비활성화 된다.

"CPU Messages" 애플리케이션은 문제되는 모듈이 진단 및 인터럽트 메시지를 지원하는지 확인한다. 지원하지 않는다면 메시지가 출력된다.

④ "Module"열에는 모듈의 이름 또는 S7 프로그램의 경로가 입력된다.

- Top : 메시지를 받자마자 “CPU Messages“ 창이 상단에 나타나고 메시지가 표시됨과 동시에 메시지는 메시지 보관 위치에 입력된다.
- Background : 메시지 받기는 배경에서 표시된다. 창에 메시지가 표시되지만 창은 배경에 남아 있다. 메시지는 필요에 따라 보관하거나 표시할 수 있다.
- Ignore : 메시지를 표시하거나 보관하지 않는다.

5 SIMATIC Manager에서 하드웨어 진단 디스플레이

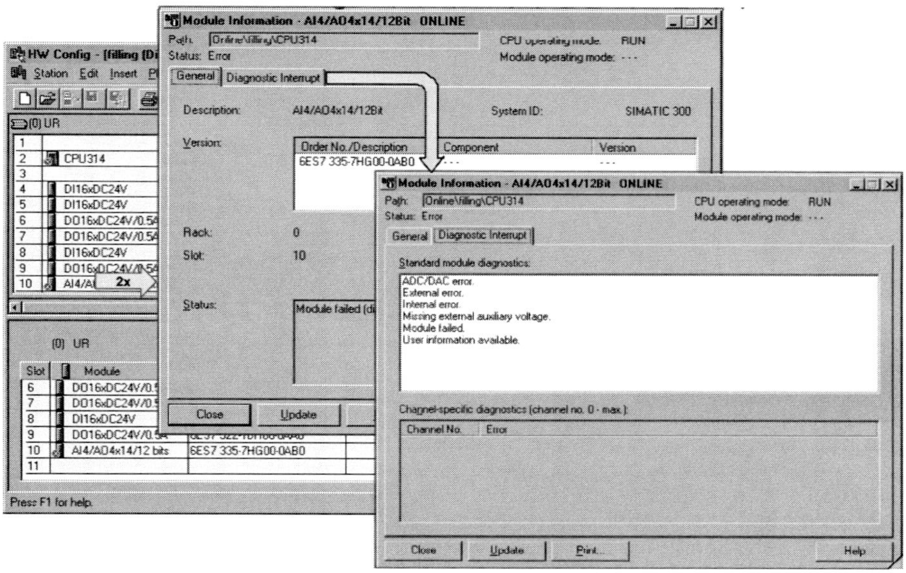

기능을 사용하면 PLC 시스템의 상태에 대한 개요를 빨리 얻을 수 있다. 예를 들어, 진단 가능 모듈에 하드웨어 오류가 있다면 기호를 사용해서 어떤 모듈에 오류가 있으며 어디에 위치해 있는지 확인할 수 있다. 오류 있는 모듈을 더블 클릭하면 추가 정보가 표시된다. 툴 열기 SIMATIC Manager 또는 HW Config 툴에서 메뉴 옵션 PLC → Diagnose Hardware를 선택하려면 도구 모음에 있는 아이콘을 클릭하여 온라인에서 스테이션을 오픈한다. 설명 시스템 진단을 열면 CPU에서 하드웨어 구성을 읽어온다.

이 보기에서 현재 있는 모든 모듈이 표시된다(확장 랙 또는 분산 I/O에 있는 것 포함). CPU가 Stop 모드에 있거나 모듈에 오류가 있을 때 이것은 기호로 표시된다. CPU 또는 오류 있는 모듈을 더블 클릭하면 자세한 진단 정보를 얻을 수 있다. 예제에서는 아날로그 모듈에 정전이 있다.

참고

SIMATIC Manager에서 메뉴 옵션 Options → Customize → View를 선택하고 "Display Quick View when Diagnosing Hardware" 체크 박스를 활성화(선택)했다면 전체 "Diagnosing Hardware" 창 대신 오류 있는 모듈의 목록만 표시된다.

6 진단 메시지

진단 메시지를 사용하면 현장에서 산발적인 오류가 발생했을 때 즉시 오류 메시지를 판독할 수 있다. 메시지는 프로그래밍 장치, 오퍼레이터 패널 또는 터치 패널에 표시할 수 있다. 오류 때문에 CPU가 STOP 모드로 바뀌면 즉시 PG 또는 OP에 메시지 창이 나타난다.
진단 메시지를 표시하려면 다음을 수행한다.

① 'SIMATIC Manager'로 전환한 다음 'S7 Program(1)' 폴더를 선택한다.
(→ S7 Program(1))

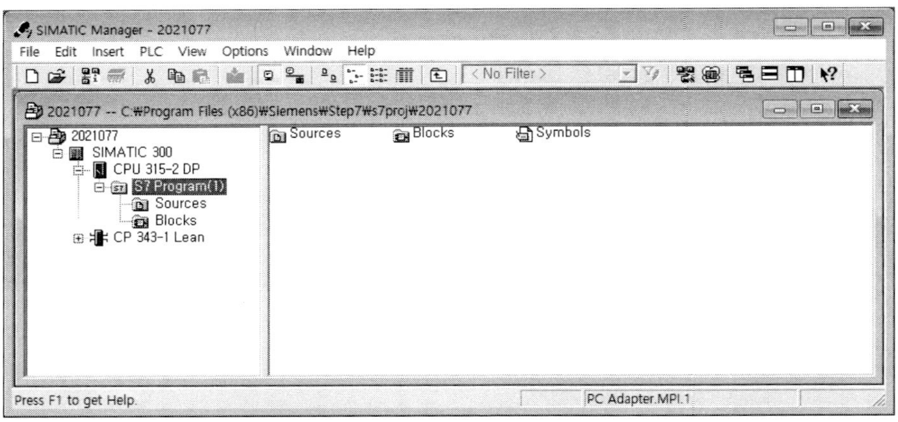

② 'PLC' 메뉴 아래 'CPU Messages'를 오픈한다. (→ PLC → CPU Messages)

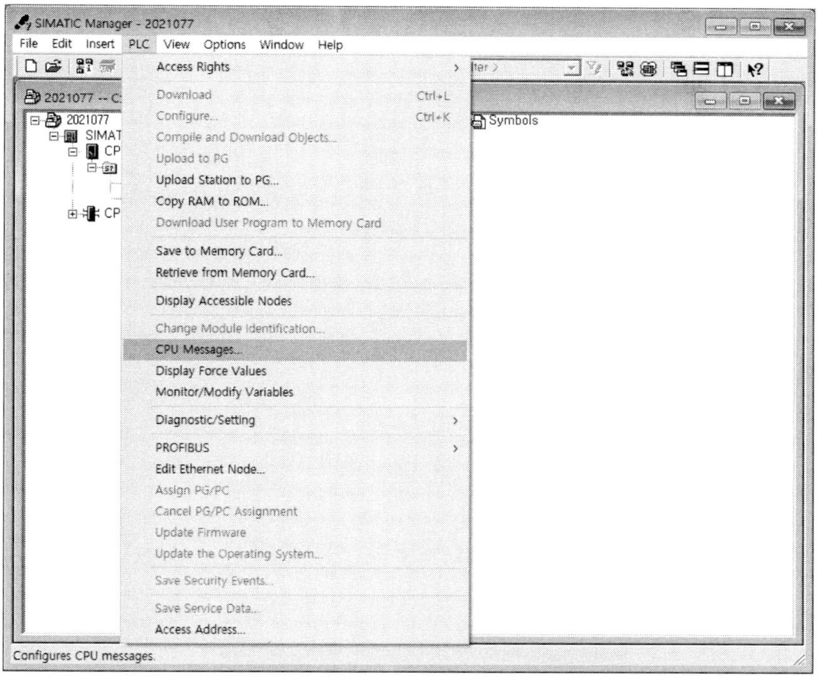

③ 로그온 된 모든 CPU와 S7 프로그램이 표시된다. 'W' 및 'A' 제어 박스를 활성화한다. (→ W → A)

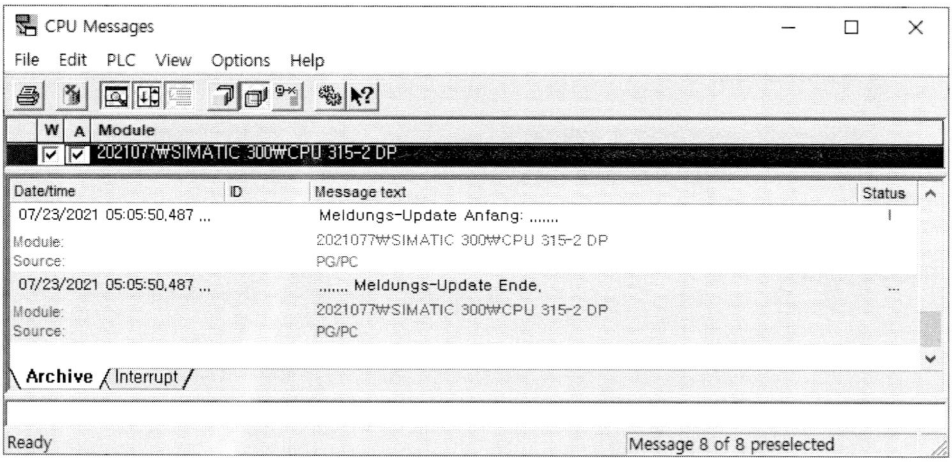

약어 W의 의미:

이 필드를 클릭하면 시스템 진단 메시지 및 사용자 진단 메시지 표시를 활성화할 수 있다. 다시 한 번 클릭하면 표시가 비활성화 된다.

약어 A의 의미:

이 필드를 클릭하면 작동 메시지 및 오류 메시지(ALARM_S/SQ) 표시를 활성화할 수 있다. 다시 한 번 클릭하면 표시가 비활성화 된다. 'CPU indication' 애플리케이션은 해당 모듈이 ALARM_S 또는 ALARM_SQ를 지원하는지 여부를 확인한다. 지원하지 않을 경우 메시지가 표시된다.

참고

메모리가 리셋될 때마다 알람 디스플레이를 다시 활성화해야 한다.

④ 해당 아카이브(Archive)에 대해 'Customize'를 선택한다. (→ Options → Customize)

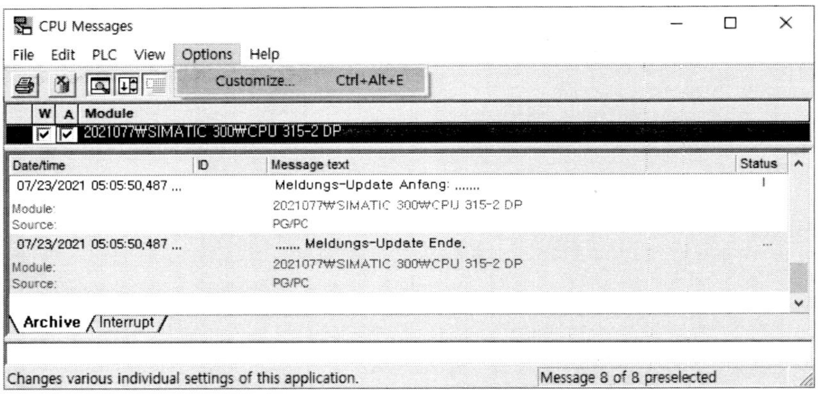

⑤ 여기에서 'Archive'의 'Size'를 지정하거나 'Empty Archive'를 선택한다. (→ Size → Empty Archive → OK)

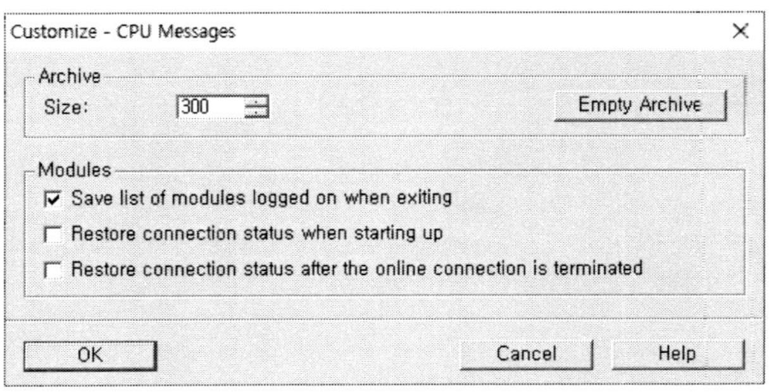

⑥ 이제 도착하는 모든 메시지가 표시된다.

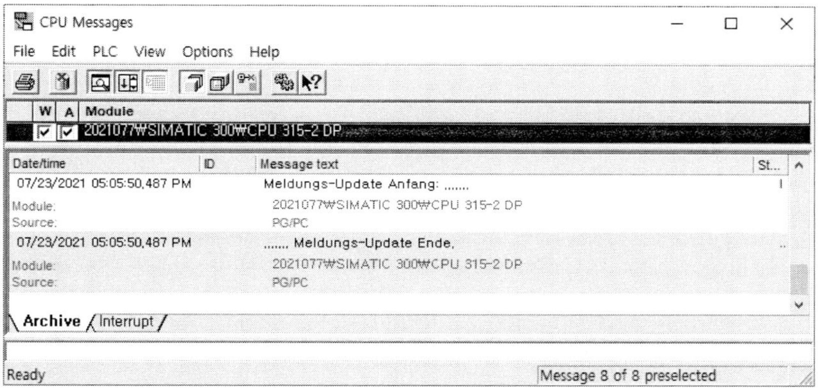

7 오류 유형

오류 발생 시 호출되는 SIMATIC S7-300 CPU에는 오류 조직 블록이 있다. 이 블록이 CPU에 없는 경우 CPU는 STOP 모드로 바뀐다. 단, 전원 공급 오류인 OB 81은 예외이다. 이 호출은 CPU의 진단 버퍼에도 표시된다.

1) 동기화 오류

프로그램 처리에 직접적으로 연관되는 오류가 발생하는 경우 CPU의 운영체제는 동기화 오류를 발생시키게 된다. 동기화 오류는 프로그래밍 오류 및 액세스 오류로 구분된다. 동기화 오류가 발생하는 경우 운영체제에서 연관된 오류 조직 블록을 호출한다.

CPU의 운영체제는 프로그램 스캔과 직접적 관련이 있는 오류가 발생한 경우 동기 오류를 생성한다. 오류 유형은 두 가지로 나뉜다.

동기화 오류는 명령이 처리될 때 직접적으로 감지된다. 예를 들어, 프로그램에 CALL FC10 블록 호출이 프로그래밍 되었지만 이 블록이 존재하지 않는 경우 동기화 오류가 발생한다. 자동화 시스템은 STOP 모드로 전환되며 적색 LED(그룹 오류)가 점등된다.

오류 OB는 오류 발생 시 CPU의 동작을 결정하는 조직 블록이다. 프로그래밍 오류가 발생하는 경우 OB121 조직 블록이 호출되며, 액세스 오류가 발생하는 경우 OB122가 호출된다. CPU에 조직 블록이 없을 때 오류가 발생하면 CPU는 STOP 모드로 전환된다.

프로그램 실행에 결함이 있는 경우 프로그래밍 오류가 발생한다. BCD 변환 오류, 간접 주소 지정 방식 오류 및 유실 타이머, 카운터 또는 블록의 주소지정 등이 프로그래밍 오류에 해당한다. 프로그래밍 오류가 발생하면 조직 블록 OB 121이 호출된다.

결함이 있거나 존재하지 않는 모듈 또는 CPU 상에서 인식되지 않는 I/O 주소에 액세스를 시도하는 경우 액세스 오류(PZF)가 발생한다. 운영체제는 액세스 유형에 따라 다른 방식으로 반응한다.

- 사용자 프로그램에서 I/O에 액세스한다. 이 경우 I/O 액세스 오류 조직 블록 OB 122가 호출된다.
- 부분 프로세스 이미지를 자동 업데이트하는 도중 PZF가 발생한다. S7-300 CPU의 경우 기본적인 응답은 진단 버퍼에 항목을 기록하지 않고 OB도 호출하지 않는 것이다. S7-400 CPU의 경우 각 PZF를 진단 버퍼에 입력하고 OB 85를 시작한다.

오류와 함께 동기 에러 이벤트가 발생했을 때 해당 조직 블록 OB121 또는 122가 존재하지 않는 경우 CPU는 정지 상태가 된다.

프로그래밍 오류의 예

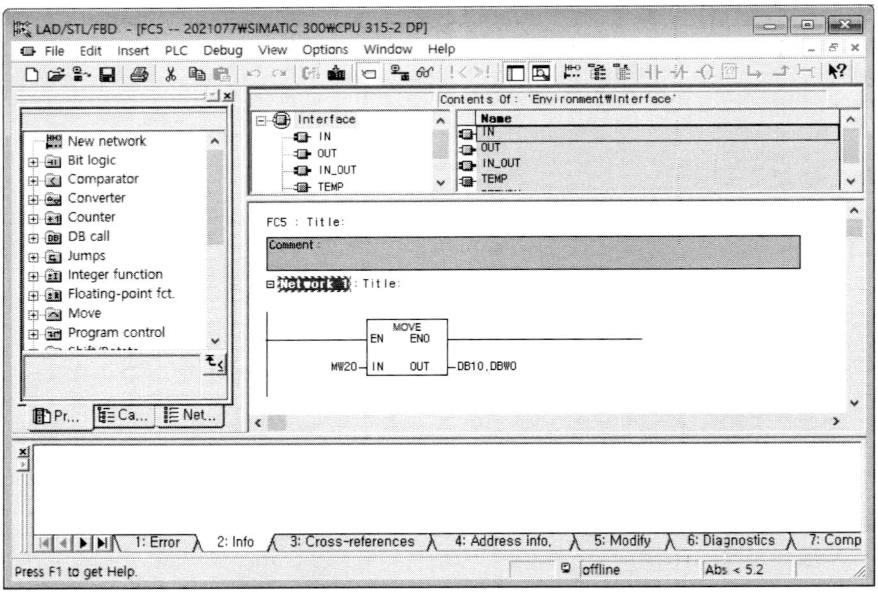

함수 5에서 플래그 워드 20은 워드 0부터 데이터 블록 10에 저장된다. 데이터 블록 10은 CPU에 존재하지 않는다. 프로그래밍된 오류 OB가 없기 때문에 FC5가 호출되면 CPU는 STOP 모드로 전환된다.

이 프로그래밍 오류에 대한 예제:

① LAD로 FC5에 이 오류를 프로그래밍 한다.

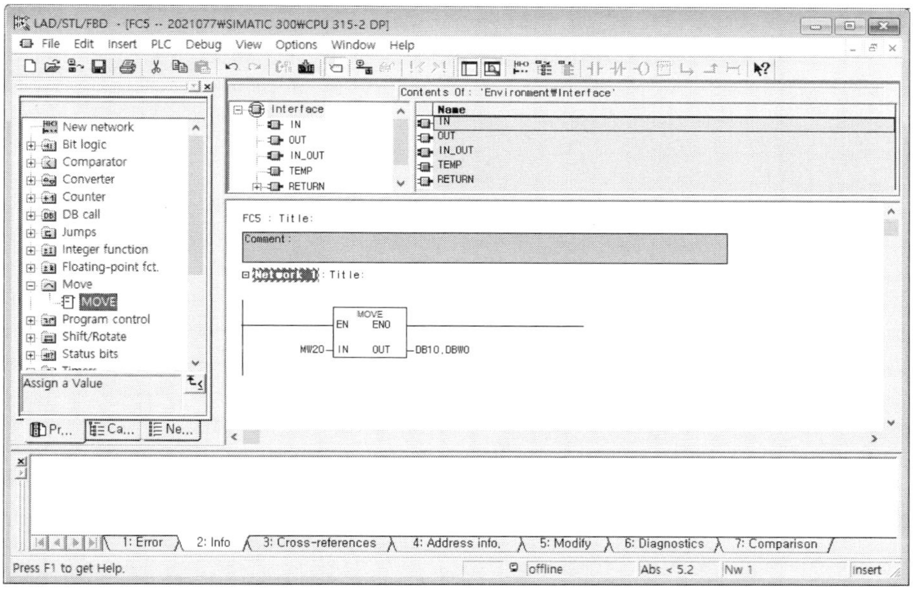

② LAD로 OB1에 블록 호출을 프로그래밍한다. FC5를 호출한다.

③ 해당 블록을 CPU에 로드한다.

④ 진단 버퍼를 읽는다.

'Event' 열에서 진단 버퍼는 'Stop through programming error(OB not loaded, or...)'라는 메시지를 Event Number 1에 표시한다.

Event Number 2에는 'DB not downloaded'라는 메시지가 표시된다.

이 경우 'Details on Event' 창에서는 오류를 일으키는 OB1 및 FC5를 읽을 수 있다. 이벤트를 클릭하면 해당 내용이 표시된다. 'Open Block' 버튼을 클릭하면 온라인에서 블록을 열 수 있다. 커서는 오류가 발생한 위치로 이동하게 된다.

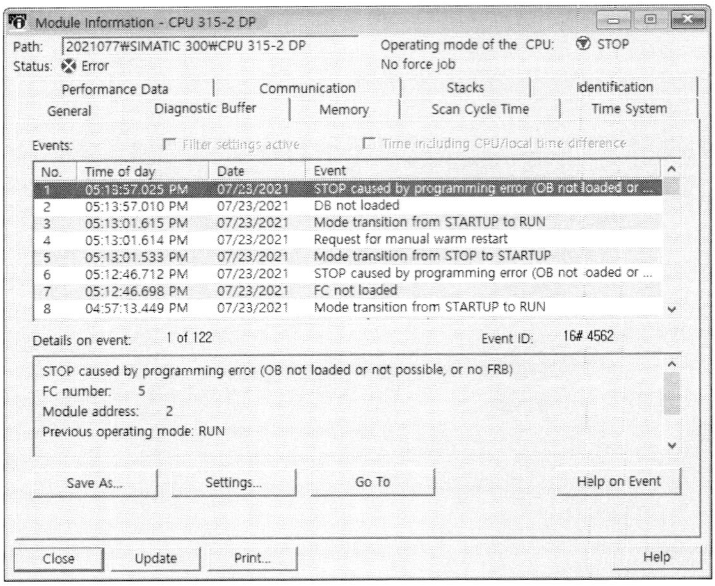

⑤ 'Help on Event' 버튼을 클릭하면 오류 제거와 관련한 도움말을 볼 수 있다.

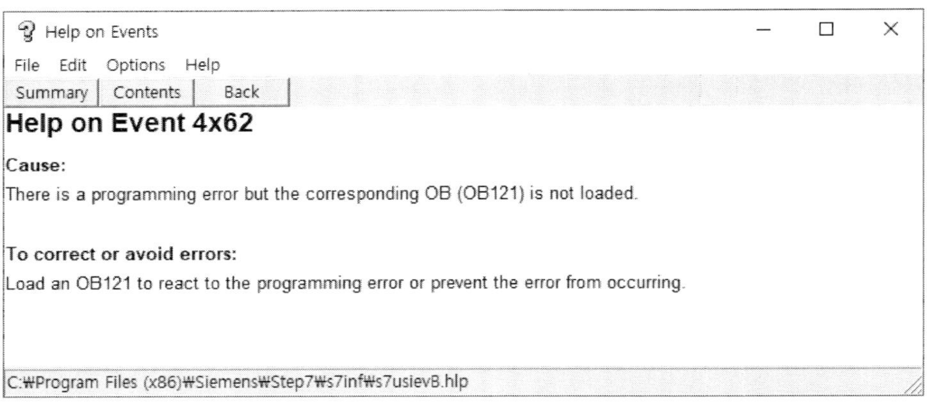

참고

오류 OB121을 프로그래밍하거나 DB 10을 최소 길이 2바이트로 로드하면 이 오류를 제거할 수 있다. 오류 OB121이 오류의 원인을 제거하는 것은 아니다. 단지, CPU가 STOP 모드로 바뀌는 것을 방지해 준다.

▌프로그래밍 오류 OB 121 등록하기

① 'Insert', 'S7 Block', 'Organization Block' 메뉴 옵션을 사용하면 이 조직 블록을 블록 컨테이너에 추가할 수 있다. (→ Insert → S7 Block → Organization Block)

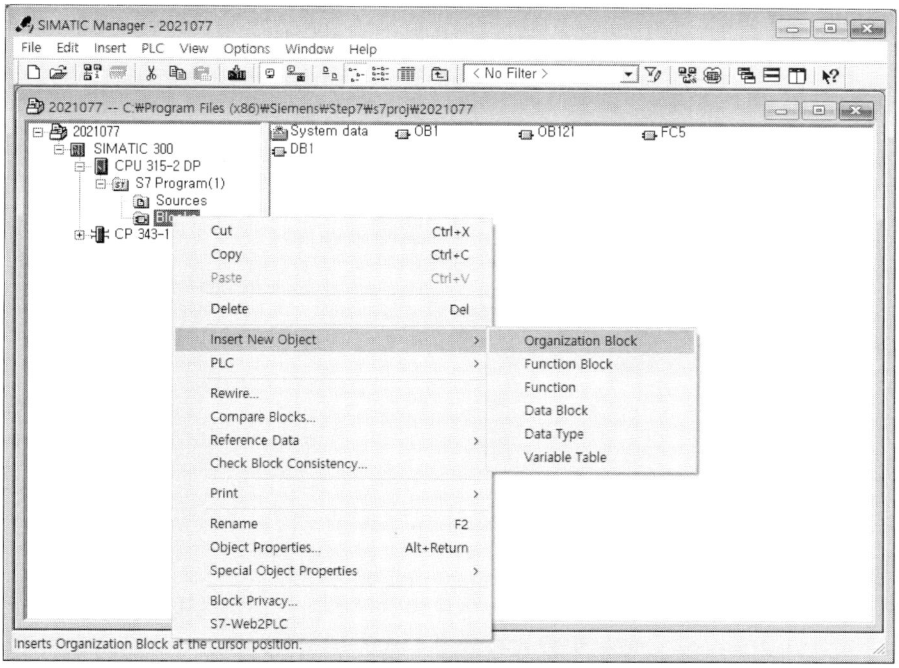

② 'Properties-Organization Block' 대화 상자에서 이름에 'OB 121', 프로그래밍 언어에 'LAD'를 입력한다. (→ OB121 → LAD → OK)

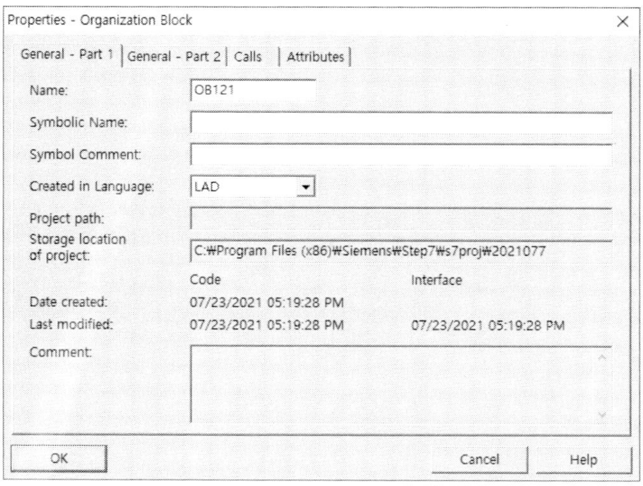

③ OB 121을 자동화 시스템에 로드하고 재시작하면 CPU가 STOP 모드로 바뀌지 않게 된다. 그룹 오류가 CPU의 GF LED에 표시되며 새로운 오류 메시지가 'Diagnostic Buffer'에 나타난다.

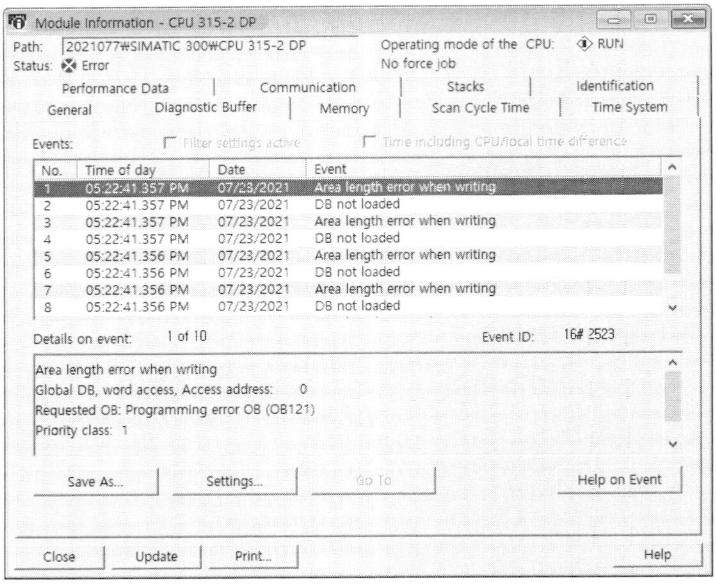

오류 메시지는 'Data block not downloaded'와 'Length of area error by writing'이다. 첫 번째 메시지는 DB10이 없기 때문에 발생하며, 두 번째 메시지는 DB10이 존재하지 않아 아무것도 쓸 수 없기 때문에 나타난다.

프로그래밍 오류 제거:

1. DB10 설정
2. DB 전송
3. 재시작 수행
4. 결과 확인

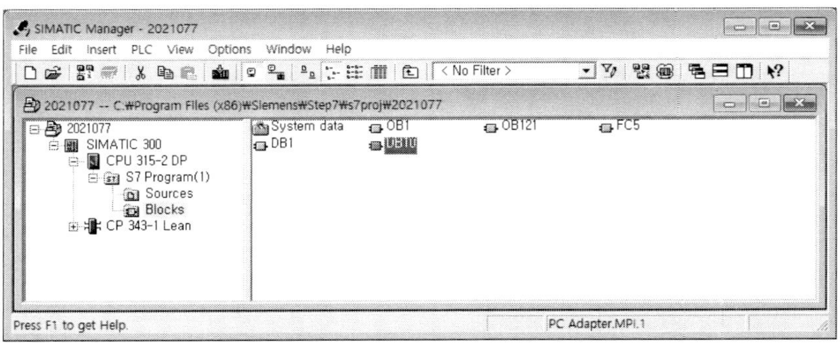

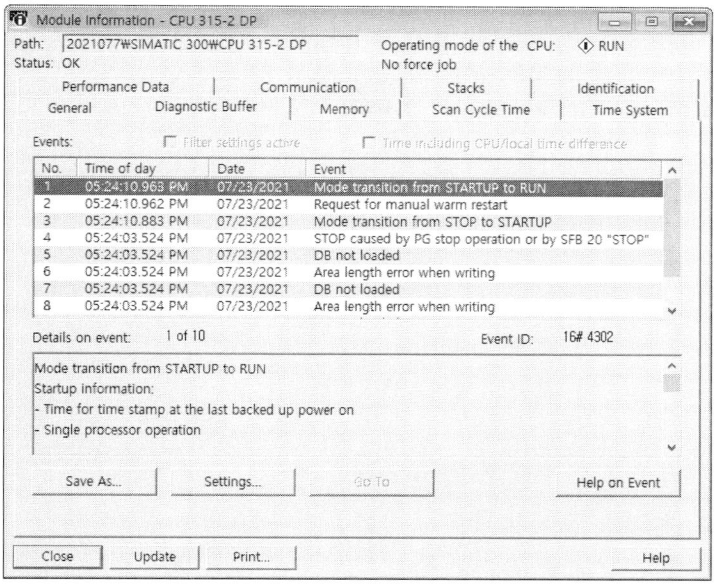

결과:

CPU의 그룹 오류 LED가 꺼지고 오류가 제거된다.

2) 액세스 오류

액세스 오류는 결함이 있는 모듈 또는 존재하지 않는 모듈에 직접 액세스할 때 나타난다. 예를 들어, IO 입력과 IO 출력을 통해 아날로그 입력에 액세스할 때 잘못된 주소가 프로그래밍된 경우 이런 오류가 발생한다.

액세스 오류가 있는 경우 운영체제는 OB122를 호출한다. 이것이 불가능한 경우 CPU가 STOP 모드로 변경된다.

3) 비동기 오류

비동기 오류는 프로그램 처리와 관계없이 발생하는 오류이다. 비동기 오류가 발생하는 경우 운영체제에서 연관된 오류 조직 블록을 호출한다.

비동기 오류는 특정 프로그램 위치에 할당할 수 없다. 즉, 이 오류는 프로그램 처리와 비동기적으로 발생된다.

비동기 오류의 예는 다음과 같다.

오류 유형	예	오류 OB
타이밍 오류	최대 사이클 시간 초과	OB 80
전원 공급 오류	백업 배터리 실패	OB 81
진단 알람	진단 기능이 있는 모듈의 입력 단선	OB 82
당김/플러그 알람	모듈 당김/삽입	OB 83
CPU 하드웨어 오류	MPI 네트워크, 내부 통신 버스(K 버스), 또는 IO 인터페이스에 대한 인터페이스 오류	OB 84
프로그램 순서 오류	로드되지 않은 OB 의 요청 시작, 모듈 결함	OB 85
랙 고장(S7-400 에 한함)	S7-400 에서 랙 고장	OB 86
통신 오류	잘못된 텔레그램 인식	OB 87
처리 중단		OB 88

① 타이밍 오류 OB 80

다음 오류 중 하나가 발생하면 운영체제는 조직블록 OB 80를 호출한다.

- 사이클 모니터링 시간 초과
- OB 요청 오류(요청한 OB가 이미 실행 중이거나 특정 OB가 같은 우선 순위 등급 내에 너무 자주 요청된 경우)
- 시간 지정 인터럽트 오류(클록이 앞으로 설정되거나 RUN으로 전환된 후로 설정되어 시간 지정 인터럽트 시간이 경과한 경우)

OB 80이 없을 때 타이밍 오류가 발생하면 CPU는 정지 상태가 된다. 같은 프로그램 스캔 사이클에서 OB가 두 번 호출된 경우에도 CPU가 정지 상태가 된다.

② 전력 공급 오류 OB 81

다음 오류 중 하나가 발생하면 운영체제는 조직블록 OB 81을 호출한다.

- 중앙 컨트롤러 또는 확장 유닛에 있는 백업 배터리 중 하나 이상이 비어 있는 경우
- 중앙 컨트롤러 또는 확장 유닛에 배터리 전압이 없는 경우
- 중앙 컨트롤러 또는 확장 유닛에 24V를 공급하는 데 실패한 경우 수신 및 발신 오류 발생 시 OB 81이 호출된다.

OB 81이 없는 경우 전력 공급 오류 발생 시 CPU는 계속 작동한다.

③ 모듈 탈착/장착 인터럽트 OB 83

운영체제는 1초에 1번씩 모듈 구성을 모니터링 한다. 실행, 정지 또는 재가동 모드에서 모듈이 삽입 또는 제거될 때마다 진단 버퍼와 시스템 상태에 항목이 입력된다.
CPU가 실행 모드인 경우 운영체제는 조직 블록 OB 83을 호출한다. OB 83이 없는 경우 모듈 삽입/제거 인터럽트 발생 시 CPU는 정지 상태가 된다.
모듈 탈착/장착 인터럽트가 생성되기까지 최대 1초의 시간이 경과할 수 있다. 이 때문에 모듈이 제거되고 인터럽트가 생성되는 사이에 액세스 오류 또는 프로세스 이미지 업데이트와 관련된 오류가 보고될 수 있다.
구성된 슬롯에 적절한 모듈이 삽입되면 CPU는 CPU에 저장된 데이터 기록을 사용해 이 모듈의 파라미터를 자동 지정한다. 파라미터가 지정된 후에야 OB 83이 호출되어 연결된 모듈이 작업 준비가 되었음을 표시한다.

④ CPU 하드웨어 에러 감지용 OB84

인터페이스 오류(MPI 네트워크, 프로피버스 DP)가 발생하거나 오류가 해제될 때 운영체제는 조직 블록 OB 84를 호출한다. OB84가 없는 경우, CPU 하드웨어 결함 오류 발생 시 구 버전의 운영체제가 설치된 CPU는 정지 상태가 된다.

⑤ 프로그램 실행 에러 OB85

다음 오류 중 하나가 발생하면 운영체제는 조직 블록 OB85를 호출한다.

- 로드되지 않은 조직 블록을 시작하도록 요청한 경우
- 운영체제가 블록에 액세스하는 도중 오류가 발생한 경우(예: 시스템 함수 블록(SFB)을 호출했는데 인스턴스 블록 데이터가 없는 경우)
- 시스템 측에서 프로세스 이미지 (자동) 업데이트를 실행하는 도중 I/O 액세스 오류가 발생했을 경우

S7-300 CPU의 경우 프로세스 이미지를 자동 업데이트하던 도중에 I/O 액세스 오류가 발생했을 때 OB85를 호출하지 않는다. 처음 액세스 오류가 발생했을 때 대체값 또는 0이 해당 바이트에 입력된다. 이후에는 더 이상 업데이트하지 않는다.
(S7-400 CPU의 경우 시스템 측에서 I/O 액세스 오류가 발생하면 OB85가 호출된다(예: 각 사이클에서 프로세스 이미지를 업데이트하는 도중 오류 발생). 업데이트할 때마다 프로세스 이미지 입력테이블의 해당 바이트에 대체값 또는 0이 입력된다.)

적절한 CPU를 사용하는 경우 CPU 파라미터화를 이용해 시스템 측에서 I/O 액세스 오류가 발생했을 때 OB85 호출 모드에 영향을 줄 수 있다.

- 오류가 발생할 때마다 OB85를 호출한다. 영향을 받은 입력 바이트는 매번 대체값 또는 0으로 덮어쓴다.
- 오류가 처음 발생했을 때 '수신' 속성으로 OB85를 호출한다. 영향을 받은 바이트는 처음에만 대체값 또는 0으로 덮어쓰고 그 다음 부터는 더 이상 업데이트하지 않는다. 오류가 해결되면 '발신' 속성으로 OB85를 호출한다. 이 다음부터는 '정상적으로' 업데이트된다.
- 액세스 오류가 발생했을 때 조직 블록 OB85를 호출하지 않는다. 영향을 받은 입력 바이트는 한 번만 대체값 또는 0으로 덮어쓰고 그 다음부터는 더 이상 업데이트하지 않는다.

OB85가 없는 경우 프로그램 실행 오류 발생 시 CPU는 정지 상태가 된다.

⑥ 랙 고장 OB86

운영체제는 정전, 결선, IM 결합(S7-300는 제외) 등의 랙 고장, DP 마스터 시스템 고장 또는 분산 I/O 스테이션(프로피버스 DP 또는 프로피넷 IO) 고장을 감지하면 조직 블록 OB86을 호출한다. OB86은 수신 오류와 발신 오류 발생 시 호출된다.
멀티프로세서 모드인 경우 랙 고장 발생 시 모든 CPU에서 OB86이 호출된다.
OB86이 없는 경우 랙 고장 발생 시 CPU는 정지상태가 된다.

⑦ 통신에러 감지용 OB87

통신 오류가 발생하면 운영체제는 조직 블록 OB87를 호출한다. 통신 오류의 예는 다음과 같다.

- 글로벌 데이터 통신 도중 유효하지 않은 프레임ID 또는 프레임 길이가 감지된 경우
- 진단 항목을 전송할 수 없는 경우
- 클록 동기화 오류가 발생한 경우
- GD 상태를 데이터 블록(DB)에 입력할 수 없는 경우

OB87이 없는 경우 통신 오류 발생 시 CPU는 정지 상태가 된다.

⑧ 처리 중단 OB88

사용자 프로그램에서 블록 처리가 중단되면 운영체제는 조직 블록 OB88을 호출한다. 다음과 같은 이유로 처리가 중단될 수 있다.

- 동기 에러로 인해 허용된 블록 네스팅 깊이를 초과한 경우
- 블록 호출로 인해 허용된 네스팅 깊이를 초과한 경우

• 블록의 로컬 데이터를 할당하는 도중 결함이 발생한 경우

OB88이 없는 경우 처리 중단 오류 발생 시 CPU는 정지 상태가 된다. 조직 블록이 우선 순위 클래스 28에서 호출된 경우에도 CPU가 정지 상태가 된다.

⑨ I/O 이중화 에러 OB70

프로피버스 DP 상에서 이중화 에러가 발생하면 H CPU의 운영체제는 조직 블록 OB 70을 호출한다.(예: 활성 DP 마스터 상에서 버스 고장이 발생하거나 DP 슬레이브의 인터페이스에서 결함이 발생한 경우)

OB 70이 없는 경우 I/O 이중화 에러가 발생해도 CPU는 계속 작동된다.

⑩ CPU 이중화 에러 OB72

다음 오류 중 하나가 발생하면 H CPU의 운영체제는 조직 블록 OB72를 호출한다.

• CPU의 이중화 유실
• 비교 오류(예: RAM 및 PIQ에서)
• 스탠바이-마스터 전환
• 동기화 오류
• SYNC 하위 모듈 오류
• 업데이트 중단

OB72가 없는 경우 CPU 이중화 에러가 발생해도 CPU는 계속 작동된다.

⑪ 통신 이중화 에러 OB73

결함 허용 S7 연결의 이중화가 처음 유실되면 결함 허용 CPU의 운영체제는 조직 블록 OB 73을 호출한다. 최소 하나의 결함 허용 S7 연결이 이중화 유실을 표시한 경우 이중화 유실이 추가 발생했을 때에도 OB73이 다시 호출되지 않는다.
OB73이 없는 경우 통신 이중화 에러가 발생해도 CPU는 계속 작동된다.

4) 오류 처리

CPU는 모듈이나 CPU 자체에서 다음과 같은 다양한 방식으로 감지한 오류나 결함을 보고한다.

- 상태 비트가 설정(예: 숫자 초과로 인해 상태 비트 OV 설정)되어 연산 작업에서 발생한 오류(초과, 유효하지 않은 REAL 수)
- 조직 블록 OB121 및 OB122를 호출하여 사용자 프로그램을 실행하던 도중 감지된 오류(동기 에러)
- 조직 블록 OB80 ~ OB87을 호출하여 프로그래밍 스캔과 관계없이 PLC에서 발생한 오류(비동기 에러)

CPU는 프론트 패널의 오류 LED를 설정하여 오류 또는 결함이 발생했음을 표시한다. 일부 경우 오류의 원인도 함께 표시한다. 회복 불가능한 오류(예: 유효하지 않은 OP 코드)가 발생한 경우 CPU는 즉시 정지 모드가 된다.

CPU가 정지 모드인 경우 사용자는 프로그래밍 기기와 CPU 정보 기능을 이용해 블록 스택(B 스택), 인터럽트 스택(I 스택) 및 로컬 데이터 스택(L 스택)의 내용을 읽고 오류의 원인을 추정할 수 있다.

시스템 진단은 모듈 상의 오류/결함을 감지하고 이 오류를 진단 버퍼에 입력한다. CPU 모드 전환에 대한 정보(예: 정지의 원인) 역시 진단 버퍼에 기록된다.

진단 버퍼의 내용은 정지, 메모리 리셋 및 정전 시에도 보존된다. 전력이 복구되고 프로그래밍 기기가 시동 루틴을 실행한 후에 진단 버퍼의 내용을 읽어올 수 있다.

8 하드웨어 진단 및 문제 해결

진단 기호가 있으면 모듈에 대한 진단 정보를 사용할 수 있는지 확인할 수 있다. 진단 기호는 해당 모듈의 상태와 CPU의 경우 작동 모드도 표시한다.

진단 기호는 "하드웨어 진단" 기능을 호출할 때 빠른 보기(기본 설정) 또는 진단보기 뿐만 아니라 온라인보기의 프로젝트 창에 표시된다. 자세한 진단 정보는 "모듈 정보" 어플리케이션에 표시되며 빠른 보기 또는 진단보기에서 진단 기호를 두 번 클릭하여 시작할 수 있다.

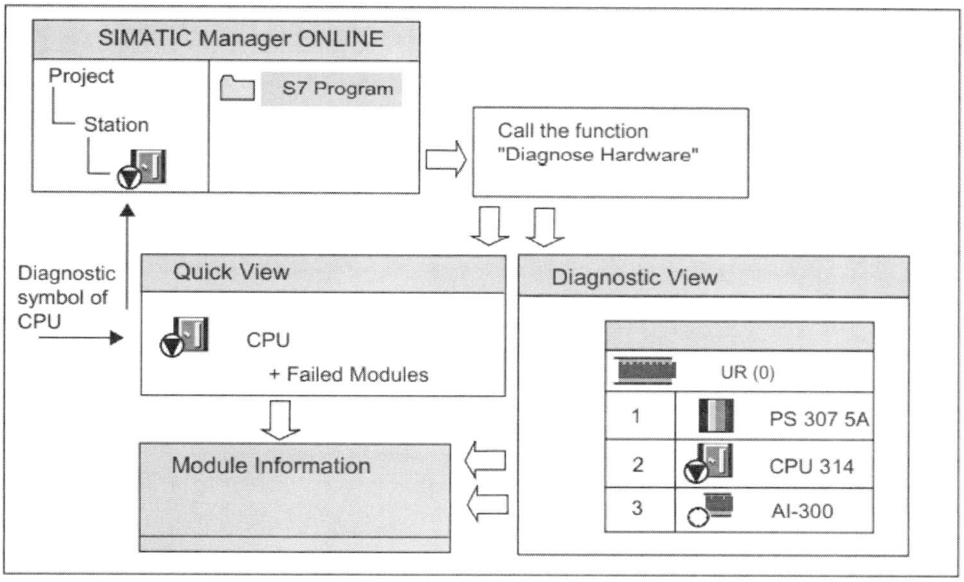

▌Faults를 찾는 방법

① View 〉 Online 메뉴 명령을 사용하여 프로젝트의 온라인 창을 오픈한다.
② 구성된 모듈이 보이도록 모든 스테이션을 오픈한다.
③ 오류 또는 오류를 나타내는 진단 기호를 표시하는 CPU를 확인한다. F1 키를 사용하여 진단 기호에 대한 설명이 있는 도움말 페이지를 열 수 있다.
④ 검사할 스테이션을 선택한다.
⑤ PLC 〉 Diagnostics/Settings 〉 Module Information… 메뉴 명령을 선택하여 이 스테이션의 CPU에 대한 모듈 정보를 표시한다.
⑥ PLC 〉 Diagnostics/Settings 〉 Hardware Diagnostics 메뉴 명령을 선택하여 이 스테이션의 CPU 및 실패한 모듈에 대한 "quick view"를 표시한다. quick view의 표시는 기본값으로 설정된다.(메뉴 명령 Option 〉 Customize, "View" tab).
⑦ quick view에서 결함이 있는 모듈을 선택한다.
⑧ "모듈 정보" 버튼을 클릭하여 이 모듈에 대한 정보를 얻는다.
⑨ quick view에서 "오픈 스테이션 온라인" 버튼을 클릭하여 진단보기를 표시한다. 진단보기에는 슬롯 순서대로 스테이션의 모든 모듈이 포함된다.
⑩ 모듈 정보를 표시하려면 진단보기에서 모듈을 더블 클릭한다. 이러한 방식으로 결함이 없어 quick view에 표시되지 않는 모듈에 대한 정보를 얻을 수도 있다.

모든 단계를 반드시 수행할 필요는 없다. 필요한 진단 정보를 얻는 즉시 중지할 수 있다.

▌온라인보기의 진단 기호

진단 기호는 구성 테이블의 온라인보기와 함께 온라인 프로젝트 창과 하드웨어 구성 창에 표시된다. 진단 기호를 사용하면 오류를 쉽게 감지할 수 있다. 진단 정보를 사용할 수 있는지 모듈 기호를 한눈에 볼 수 있다. 오류가 없는 경우 추가 진단 기호 없이 모듈 유형에 대한 기호가 표시된다.

모듈에 대한 진단 정보를 사용할 수 있는 경우 모듈 기호와 함께 진단 기호가 표시되거나 모듈 기호가 감소된 대비로 표시된다.

▌모듈에 대한 진단 기호 (예 : FM / CPU)

Symbol	의미
	사전 설정과 실제 구성의 불일치 : 구성된 모듈이 존재하지 않거나 다른 모듈 유형이 삽입 됨.
	오류 : 모듈에 오류가 있다. 가능한 원인 : 진단 인터럽트, I / O 액세스 오류 또는 오류 LED 감지
	진단 불가 : 온라인 연결 없음 또는 CPU는 진단 정보를 모듈 (예 : 전원 공급 장치 또는 하위 모듈)에 반환하지 않는다.

▌작동 모드에 대한 진단 기호 (예 : CPU)

Symbol	의미
	STARTUP
	STOP
	STOP 다중 컴퓨팅 작업에서 다른 CPU의 STOP 모드에 의해 트리거 됨
	RUN
	HOLD

강제(Forcing)에 대한 진단 기호

Symbol	의미
	이 모듈에는 변수가 강제로 적용된다. 즉, 모듈에 대한 사용자 프로그램의 변수에는 프로그램이 변경할 수 없는 고정값이 할당된다. 강제에 대한 기호는 다른 기호와 함께 표시될 수도 있다. (여기서는 RUN 모드에 대한 기호와 함께 표시)

진단 기호 표시 업데이트

- F5를 누르거나
- 창에서 메뉴 명령 보기〉 업데이트를 선택한다.

하드웨어 진단 : Quick View

quick view는 HW Config의 진단 보기에 있는 자세한 디스플레이보다 적은 정보로 "하드웨어 진단"을 사용하는 빠른 방법을 제공한다.

quick view는 "하드웨어 진단" 기능이 호출될 때 기본값으로 표시된다.

quick view 표시

메뉴 명령 PLC 〉 Diagnostics/Settings 〉 Diagnose Hardware을 사용하여 SIMATIC 관리자에서 이 기능을 호출한다. 다음과 같이 메뉴 명령을 사용할 수 있다.

- 모듈 또는 S7 / M7 프로그램이 선택된 경우 프로젝트의 온라인 창에서.
- "Accessible Nodes" 창에서 노드("MPI = …")가 선택되고 이 항목이 CPU에 속하는 경우.

표시된 구성 테이블에서 모듈 정보를 표시하려는 모듈을 선택할 수 있다.

quick view의 정보 기능

quick view에 다음 정보가 표시된다.

- CPU에 대한 온라인 연결을 위한 데이터
- CPU 진단 기호
- CPU가 오류를 감지 한 모듈에 대한 진단 기호(예 : 진단 인터럽트, I/O 액세스 오류)
- 모듈 유형 및 모듈 주소(랙, 슬롯, 스테이션 번호가 있는 DP 마스터 시스템).

하드웨어 진단 : Diagnostic View

Diagnostic View 호출

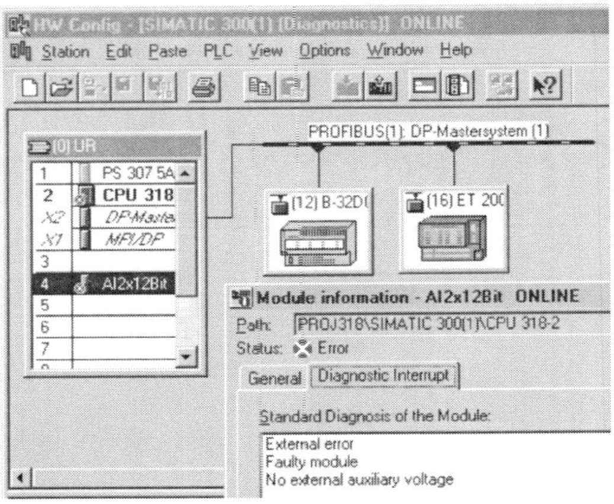

이 방법을 사용하여 랙의 모든 모듈에 대한 "모듈 정보" 대화 상자를 열 수 있다. Diagnostic View(구성 테이블)는 모듈이 있는 랙 및 DP 스테이션 수준에서 스테이션의 실제 구조를 보여준다.

- 구성 테이블이 이미 오프라인으로 열려있는 경우 메뉴 명령 Station 〉 Open Online를 사용하여 구성 테이블의 온라인 보기를 가져올 수도 있다.
- 모듈의 진단 기능에 따라 "모듈 정보" 대화 상자에 다양한 수의 탭이 표시된다.
- "액세스 가능한 노드" 창에서는 자체 노드 주소(이더넷, MPI 또는 PROFIBUS 주소)가 있는 모듈만 볼 수 있다.

SIMATIC Manager에서 프로젝트의 온라인 보기

① SIMATIC Manager의 프로젝트 보기에서 메뉴 명령 View 〉 Online을 사용하여 프로그래밍 가능 컨트롤러에 대한 온라인 연결을 설정한다.

② 스테이션을 선택하고 더블 클릭하여 오픈한다.

③ 그런 다음 "Hardware" 개체를 오픈한다. 진단 보기가 열린다.

이제 모듈을 선택하고 메뉴 명령 PLC 〉 Diagnostics/Settings 〉 Module Information를 사용하여 모듈 정보를 불러올 수 있다.

SIMATIC Manager의 프로젝트 오프라인 보기

① SIMATIC Manager의 프로젝트 보기에서 스테이션을 선택하고 더블 클릭하여 오픈한다.

② "Hardware" 개체를 오픈한다. 구성 테이블이 표시된다.

③ Station 〉 Open Online 명령을 선택한다.

④ HW Config의 진단 보기가 모듈(예 : CPU)에서 결정된 스테이션 구성과 함께 열린다. 모듈의 상태는 기호로 표시된다. 누락된 결함이 있는 모듈 및 구성된 모듈은 별도의 대화 상자에 나열된다. 이 대화 상자에서 선택한 모듈 중 하나로 직접 이동할 수 있다.("Go

To" 버튼)

⑤ 관심 있는 상태의 모듈에 대한 기호를 더블 클릭한다. 탭이 있는 대화 상자(모듈 유형에 따라 다름)는 모듈 상태에 대한 자세한 분석을 제공한다.

Module Information 표시

- 프로젝트 보기가 "온라인" 또는 "오프라인"인 창에서 SIMATIC 관리자에서.
- "Accessible Nodes" 창에서 SIMATIC 관리자에서
- HW Config의 진단 보기에서

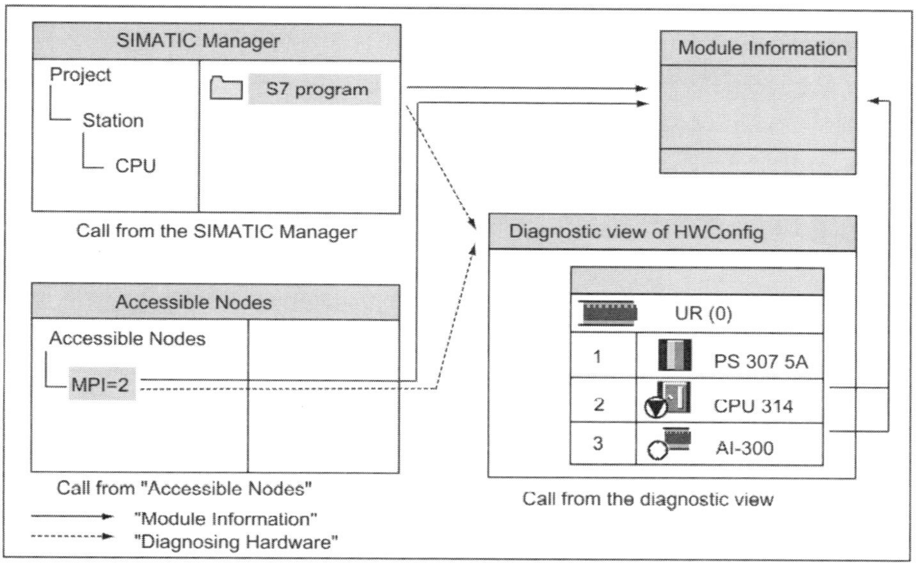

프로그램 처리 오류(동기 오류) 및 PLC의 에러(비동기 오류)를 감지하면, CPU는 오류에 대해 적절한 조직 블록(OB)을 호출한다.

적절한 OB를 사용할 수 없는 경우 CPU는 STOP 모드로 전환된다. (예외 : OB70, OB72, OB81, OB87) 그렇지 않으면 이 오류 상황에 어떻게 반응해야 하는지에 대한 명령을 OB에 저장할 수 있다. 이것은 오류의 영향을 줄이거나 제거할 수 있음을 의미한다.

기본 절차

OB 생성 및 열기

① CPU에 대한 모듈 정보를 표시한다.

② "Performance Data" 탭을 선택한다.

③ 표시된 목록을 기준으로 프로그래밍하려는 OB가 이 CPU에 대해 허용되는지 여부를 결정한다.

④ 프로그램의 “Blocks” 폴더에 OB를 삽입하고 OB를 오픈한다.
⑤ 오류 처리를 위한 프로그램을 입력한다.
⑥ PLC에 OB를 다운로드한다.

감지된 오류에 대한 대응으로 오류 OB

감지 가능한 오류

시스템 프로그램은 다음 오류를 감지할 수 있다.

- CPU가 잘못 작동함
- 시스템 프로그램 실행 오류
- 사용자 프로그램의 오류
- I/O 오류

오류 유형에 따라 CPU가 STOP 모드로 설정되거나 오류 OB가 호출된다.

다양한 유형의 오류에 반응하고 CPU가 반응하는 방식을 결정하는 프로그램을 설계할 수 있다. 그런 다음 특정 오류에 대한 조치 프로그램을 오류 OB에 저장할 수 있다. 오류 OB가 호출되면 프로그램이 실행된다.

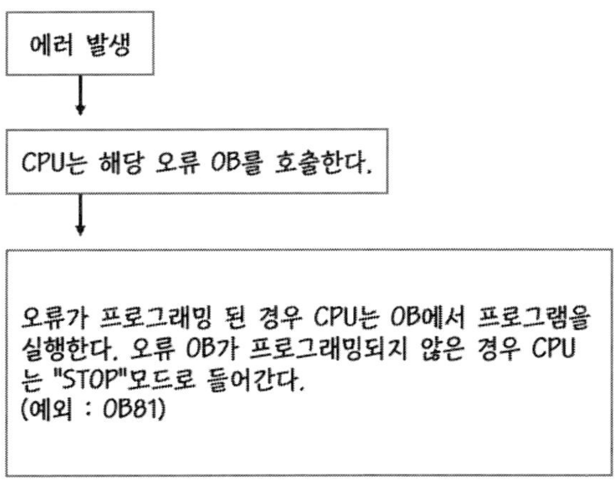

오류 OB81 사용 예

오류 OB의 로컬 데이터(시작 정보)를 사용하여 발생한 오류 유형을 평가할 수 있다.
예를 들어 CPU가 배터리 오류를 감지하면 운영 체제는 OB81을 호출한다.(그림 참조).

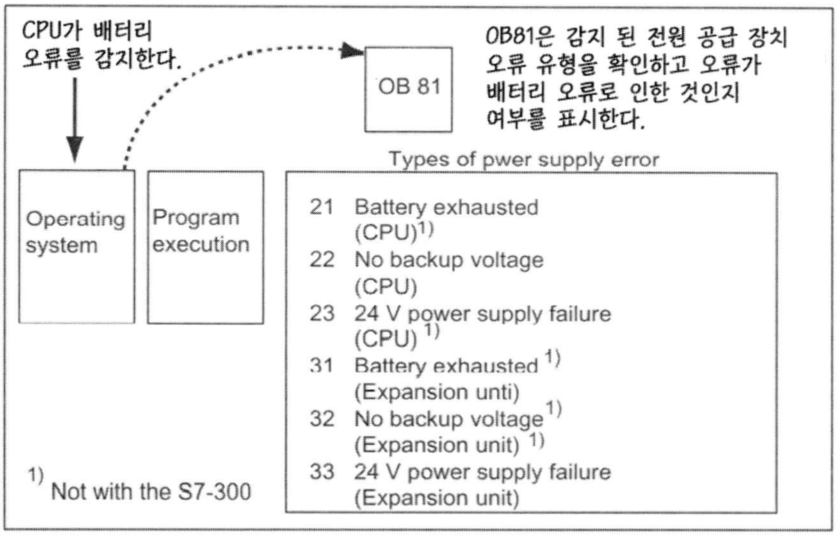

① I/O 중복 오류 (OB70)

H CPU의 운영 체제는 PROFIBUS DP에서 중복성 손실이 발생하거나 (예 : 활성 DP 마스터에 버스 오류가 있거나 DP 슬레이브 인터페이스 모듈에 오류가 있는 경우) 활성 DP 마스터에 OB70을 호출한다. 전환된 I/O가 있는 DP 슬레이브에서 변경된다.

② CPU 중복 오류 (OB72)

H CPU의 운영 체제는 다음 이벤트 중 하나가 발생하면 OB72를 호출한다.

- CPU의 중복성 손실
- 비교 오류 (예 : RAM, PIQ)
- 대기 마스터 전환
- 동기화 오류
- SYNC 하위 모듈 오류
- 업데이트 프로세스가 중단되었다.
- OB72는 수반되는 시작 이벤트 이후에 RUN 모드 또는 STARTUP 모드에 있는 모든 CPU에 의해 실행된다.

③ 시간 오류 (OB80)

CPU의 운영 체제는 시간 오류가 발생하면 OB80을 호출한다. 시간 오류는 다음과 같다.

- 최대 사이클 시간 초과
- 시간을 앞으로 이동하여 건너뛴 시간 인터럽트
- 우선 순위 클래스를 처리할 때 지연이 너무 큼

④ 전원 공급 장치 오류 (OB81)

CPU 또는 확장 장치에서 다음 중 하나가 실패하면 CPU의 운영 체제가 OB81을 호출한다.

- 24V 전압 공급
- 배터리
- 전체 백업

이 OB는 문제가 제거되었을 때도 호출된다.

⑤ 진단 인터럽트 (OB82)

CPU의 운영 체제는 진단 인터럽트를 활성화한 진단 기능이 있는 모듈이 오류를 감지하고 오류가 제거될 때 OB82를 호출한다.

⑥ 모듈 인터럽트 삽입/제거 (OB83)

S7-400 CPU는 약 1초 간격으로 중앙 랙 및 확장 랙에 모듈이 있는지 모니터링한다. 전원이 켜진 후 CPU는 STEP 7에서 생성된 구성 테이블에 나열된 모든 모듈이 실제로 삽입되었는지 확인한다. 모든 모듈이 있는 경우 실제 구성이 저장되고 참조로 사용된다.
모듈의 주기적 모니터링 값. 각 스캔주기에서 새로 감지된 실제 구성이 이전 실제 구성과 비교된다. configuration에 불일치가 있는 경우 모듈 삽입/제거 인터럽트가 신호를 받고 진단 버퍼 및 시스템 상태 목록에 항목이 작성된다. RUN 모드에서는 모듈 삽입/제거 인터럽트 OB가 시작된다.
전원 공급 장치 모듈, CPU 및 IM은 RUN 모드에서 제거하면 안된다.
모듈 제거와 삽입 사이에는 CPU가 모듈 제거 또는 삽입을 감지할 수 있도록 최소 2초가 지나야 한다.

⑦ CPU 하드웨어 오류 (OB84)

CPU의 운영 체제는 MPI 네트워크, 통신 버스 또는 분산 I/O용 네트워크 카드의 인터페이스에서 오류가 감지되면 OB84를 호출한다. 예를 들어 잘못된 신호 레벨이 라인에서 감지되는 경우이다.
OB는 오류가 제거될 때도 호출된다.

⑧ 프로그램 시퀀스 오류 (OB85)

CPU의 운영 체제는 OB85를 호출한다.

- 인터럽트 OB에 대한 시작 이벤트가 있지만 OB가 CPU에 다운로드 되지 않았기 때문에 실행할 수 없는 경우.
- 시스템 펑션 블록의 인스턴스 데이터 블록에 액세스하는 중에 오류가 발생한 경우.
- 공정 이미지 테이블 업데이트 오류가 발생하는 경우 (모듈이 존재하지 않거나 결함이 있음).

⑨ 랙 장애 (OB86)

CPU의 운영 체제는 다음 이벤트 중 하나를 감지하면 OB86을 호출한다.

- 중앙 확장 랙(S7-300 제외) 오류(예 : 끊어진 연결선, 랙의 분산 전원 오류)
- 마스터 시스템 또는 슬레이브(PROFIBUS DP) 오류 또는 IO 시스템 또는 IO 장치 오류 (PROFINET IO)

OB86은 오류가 제거될 때도 호출된다.

⑩ 통신 오류 (OB87)

CPU의 운영 체제는 통신 기능 블록을 사용하는 데이터 교환 또는 글로벌 데이터에서 통신 오류가 발생하면 OB87을 호출한다.
예를 들면 다음과 같다.

- 글로벌 데이터 수신시 잘못된 프레임 ID가 감지되었다.
- 글로벌 데이터의 상태 정보에 대한 데이터 블록이 존재하지 않거나 너무 짧다.

⑪ 프로그래밍 오류 (OB121)

CPU의 운영 체제는 프로그래밍 오류가 발생하면 OB121을 호출한다.
예를 들면 다음과 같다.

- 주소가 지정된 타이머가 없다.
- 호출된 블록이 로드되지 않았다.

⑫ I/O 액세스 오류 (OB122)

CPU의 운영 체제는 STEP 7 명령이 마지막 웜 재시작시 모듈이 할당되지 않은 신호 모듈의 입력 또는 출력에 액세스할 때 OB122를 호출한다.

예를 들면 다음과 같다.

- 직접 I/O 액세스 오류(모듈 결함 또는 누락)
- CPU에 알려지지 않은 I/O 주소에 대한 액세스

9 하드웨어 진단 절차

SIMATIC Manager 에서 'Hardware diagnosis'을 사용하면 자동화 시스템의 구성 및 시스템 상태에 대해 빠르게 파악할 수 있다.

① CPU에 로드된 블록이 있는 프로젝트를 열고 'SIMATIC Manager'에서 'Blocks' 폴더를 선택하면 호출이 이루어진다.

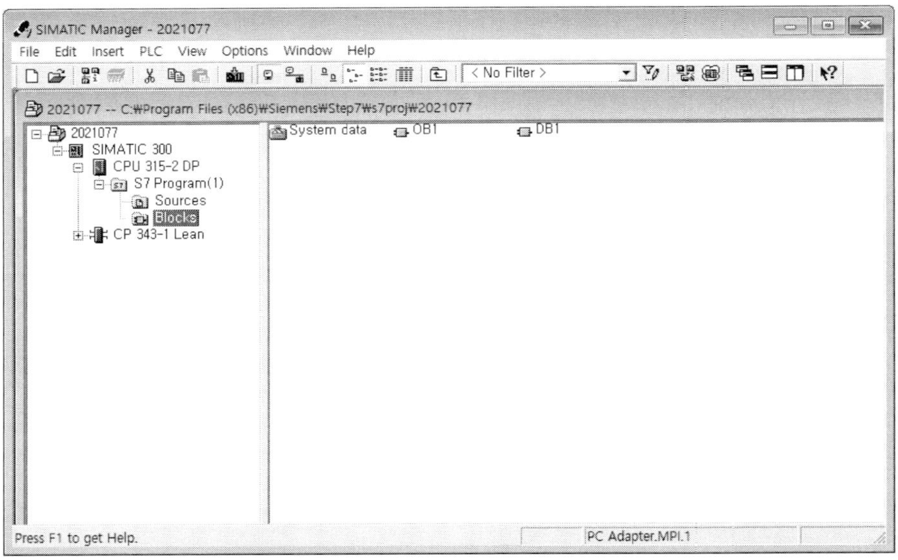

② 이제 'PLC'의 'Diagnostics/Setting' 메뉴에서 'Hardware Diagnostics' 애플리케이션을 호출할 수 있다. (→ PLC → Diagnostics/Setting → Hardware Diagnostics)

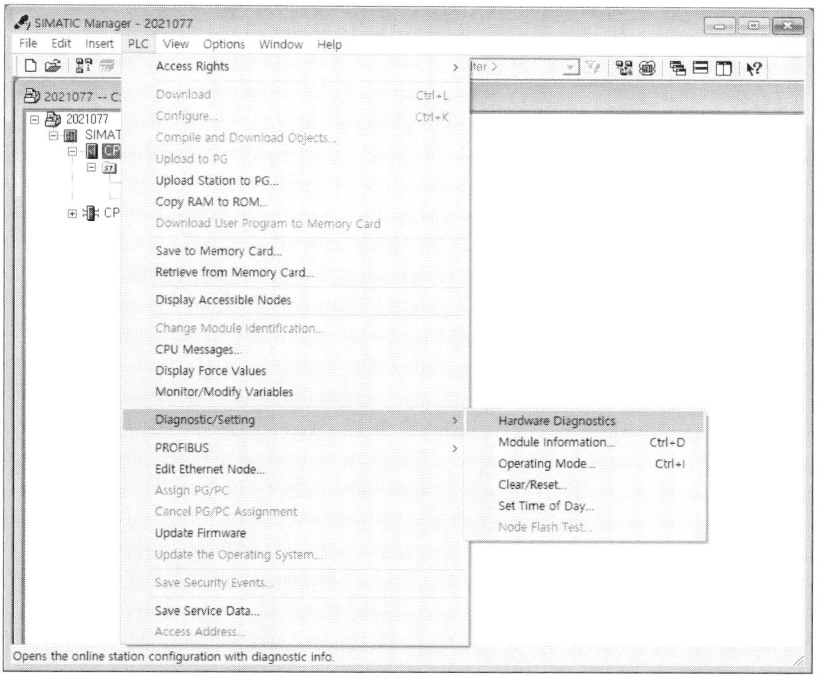

③ 하드웨어 진단을 호출하면 'Quick View'가 표시된다. Quick View에는 CPU 및 오류 모듈이 표시된다. 아래 그림에는 CPU의 작동 모드(RUN) 및 오류가 발생한 SM Digital 모듈이 표시되어 있다.

'Module Information' 버튼을 클릭하면 이미 선택하여 파란색으로 표시되어 있는 'Module Information' 대화 상자에 액세스할 수 있다. 그 예로, 디지털 모듈의 경우는 아래와 같다. (→ Module Information)

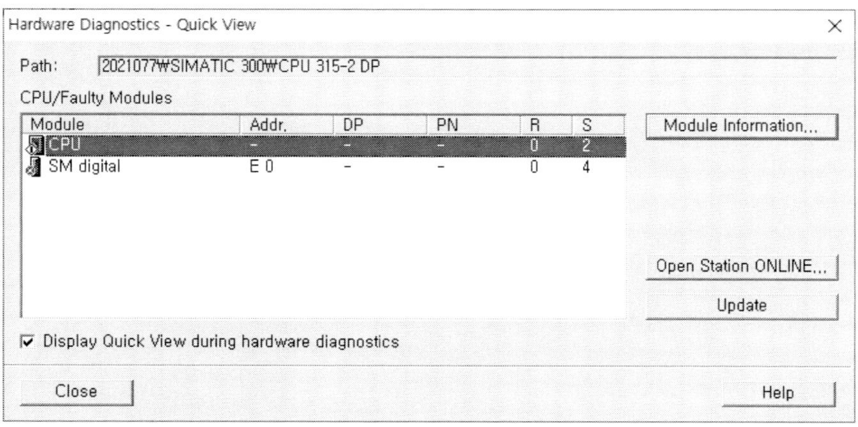

④ 'General' 레지스터 탭에는 디지털 모듈의 상태 및 작동 모드가 표시된다. 창 중앙 영역에는 주문 번호, 랙 및 슬롯 번호와 모듈 주소가 표시된다. 'Status' 영역에서 모듈은 발생한 오류를 표시한다. 여기에서는 모듈의 "Setpoint/actual deviation"이 이에 해당된다. 'Help' 버튼을 클릭하면 이 오류에 대한 도움말을 볼 수 있다. 'Close' 버튼을 클릭하면 모듈 상태를 닫을 수 있다. (→ Close)

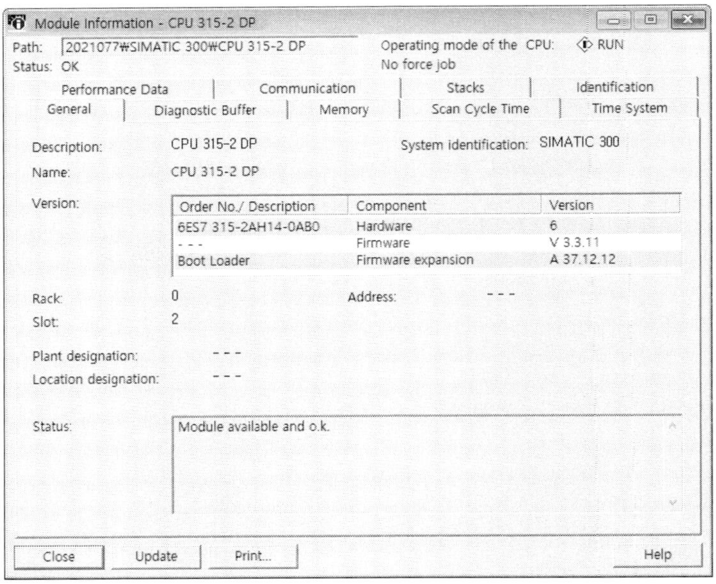

참고

이 오류는 수정할 수 있다. 예를 들어, 하드웨어 구성에서 모듈을 바꾸거나 CPU에 새 구성을 로드하면 된다.

⑤ 다음에는 다시 'Module Information' 버튼을 클릭하여 CPU의 모듈 상태를 연다. (→ Module status)

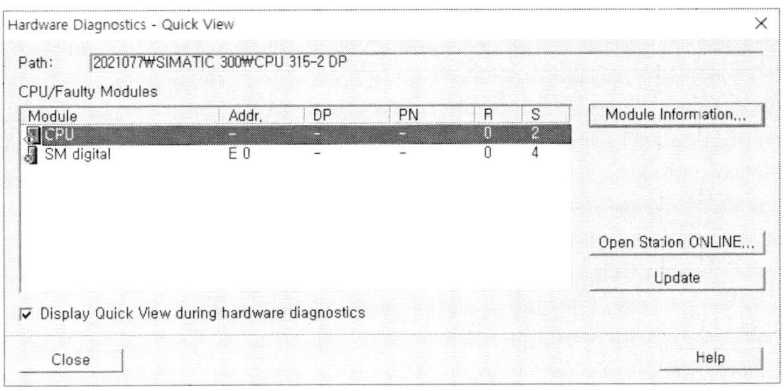

⑥ CPU의 모듈 상태는 8개의 탭으로 구분된다. 여기에서는 'Diagnostic Buffer' 탭만을 고려한다. 이 탭의 'Events' 필드에는 일련의 이벤트 번호가 날짜, 시간과 함께 표시된다. 'Events' 열에는 이벤트에 대한 간단한 설명이 포함되어 있다. CPU의 상태 변화 뿐만 아니라 발생한 오류도 표시된다. 세 번째 이벤트는 'Parameter assignment error'로 표시되어 있다. 창 아랫부분에는 'Event ID' 및 오류 유형 설명과 함께 오류가 정확하게 정의되어 있다. CPU에서 이 진단 버퍼를 사용하면 오류 소스를 확인하고 제거할 수 있다. (→ Diagnostic buffer)

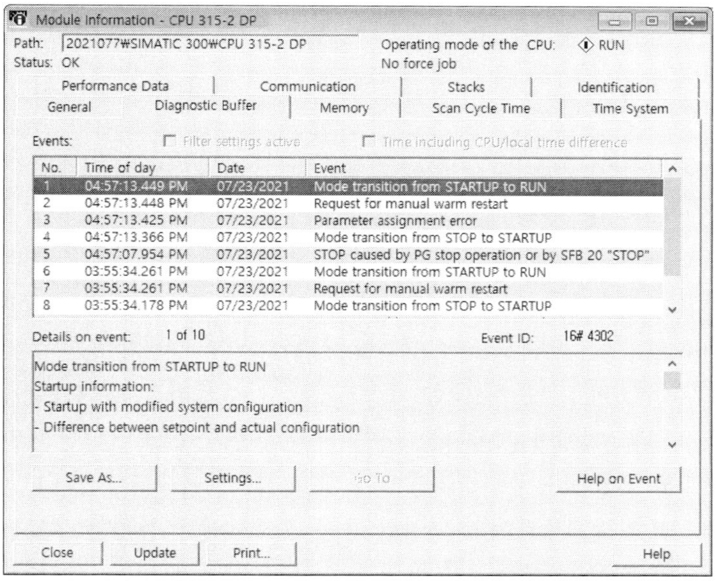

PLC SIM(Simulator)

13 CHAPTER

S7-PLC SIM은 STEP 7용 옵션 소프트웨어 제품이다. S7-PLC SIM 소프트웨어를 사용하면 컴퓨터 또는 프로그래밍 장치에 있는 시뮬레이션 된 PLC(프로그램 가능 논리 컨트롤러)에서 프로그램을 실행하고 테스트할 수 있다. 시뮬레이션은 STEP 7 소프트웨어 내에 완전히 존재하므로 S7 하드웨어(CPU 또는 I/O 모듈)에 연결할 필요가 없다. 시뮬레이션 된 S7 CPU를 사용하면 S7-300 및 S7-400 CPU 모두에 대한 프로그램을 테스트하고 디버그할 수 있다.

S7-PLC SIM은 프로그램에서 사용하는 다양한 매개 변수를 모니터링하고 수정하기 위한 간단한 인터페이스를 제공한다. (예 : 입력 켜기 및 끄기). 시뮬레이션 된 CPU에서 프로그램을 실행하는 동안 STEP 7 소프트웨어의 다양한 응용 프로그램을 사용할 수도 있다. 이를 통해 변수 테이블(VAT)과 같은 도구를 사용하여 변수를 모니터링하고 수정할 수 있다.

1 PLC SIM 구동하기

▌시뮬레이터 오픈

다음 절차를 사용하여 시뮬레이터를 오픈한다.

① SIMATIC Manager를 시작한다.
② 시뮬레이션 On/Off 버튼을 클릭하여 S7-PLC SIM PLC를 오픈한다.

SIMATIC Manager 도구 모음 또는 메뉴 명령 Options 〉 Simulate Modules를 선택한다. 기본 CPU보기 개체와 함께 S7-PLC SIM 응용 프로그램 창이 열린다.

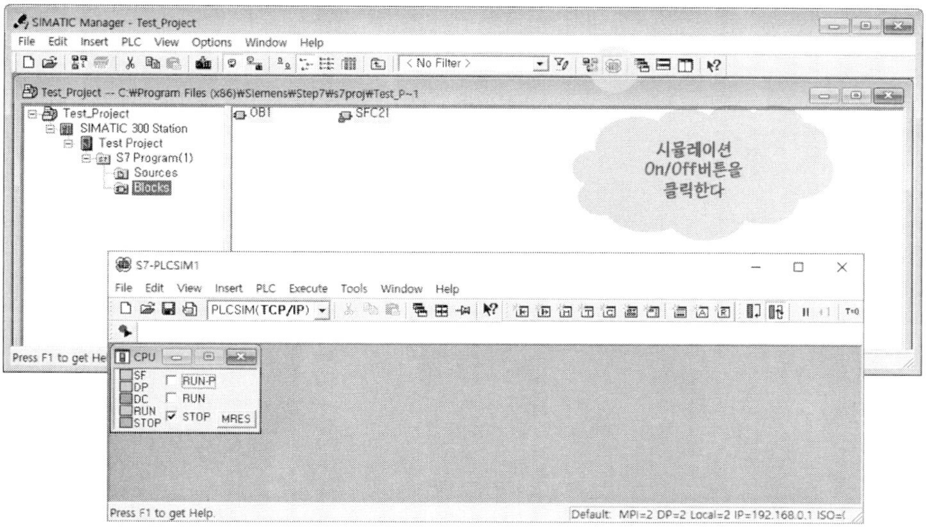

※ Set PG/PC Interface에서 설정한 PLCSIM과 S7–PLC SIM 프로그램에서의 Interface가 동일하게 설정한다.

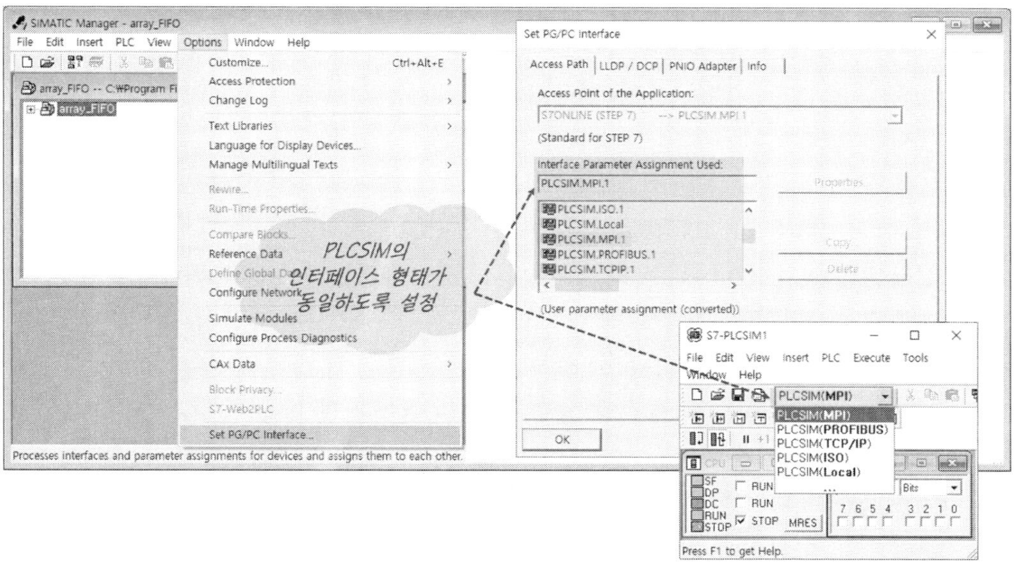

▌프로그램 다운로드

샘플 프로그램을 다운로드하려면 다음 절차로 실행한다.

① SIMATIC Manager 메뉴 명령 File Open Project를 사용하거나 Open Project/Library 버튼을 클릭하여 시뮬레이션할 프로젝트를 오픈한다.

② PLC 다운로드 메뉴 명령을 선택하거나 다운로드 버튼을 클릭하여 시뮬레이션 된 CPU에 블록 개체를 다운로드한다.

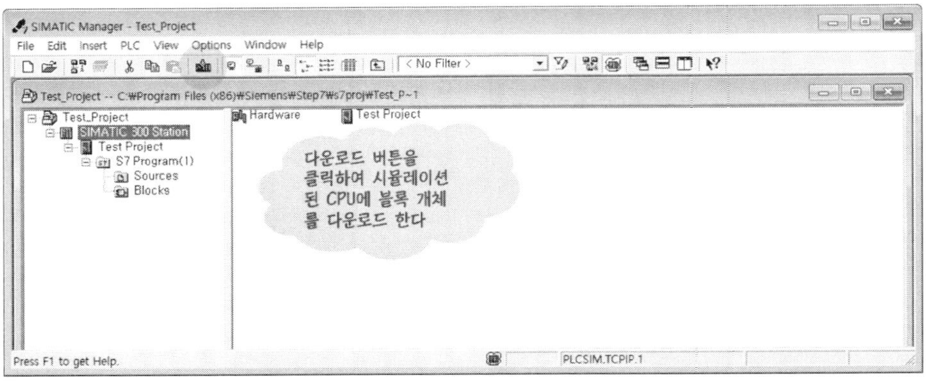

▌프로그램에 대한 "View Objects" 만들기

프로그램은 여러 입력, 출력 및 타이머를 사용한다. "View Objects"를 사용하여 입력을 켜고 끌 수 있으며 프로그램이 실행됨에 따라 타이머 값과 출력이 변경되는 것을 볼 수 있다. 다음 절차에 따라 다른 "View Objects"를 만든다.

① 프로그램에서 사용하는 입력에 액세스하는 "View Objects"를 만든다.
- 입력 변수 삽입 메뉴 명령을 선택한다.
- 기본값은 IB0(입력 바이트 0의 경우)이다. 사용하려면 Enter 키를 누른다.

② 프로그램에서 사용하는 출력에 액세스하는 "View Objects"를 만든다.
- 출력 변수 삽입 메뉴 명령을 선택한다.
- 기본값은 QB0(출력 바이트 0의 경우)이다. 사용하려면 Enter 키를 누른다.

③ 프로그램에서 사용하는 타이머에 액세스하기 위해 세 개의 "View Objects"를 만든다.
- 타이머 삽입 메뉴 명령을 선택한다.
- 기본값은 T0이며 0이 강조 표시된다.

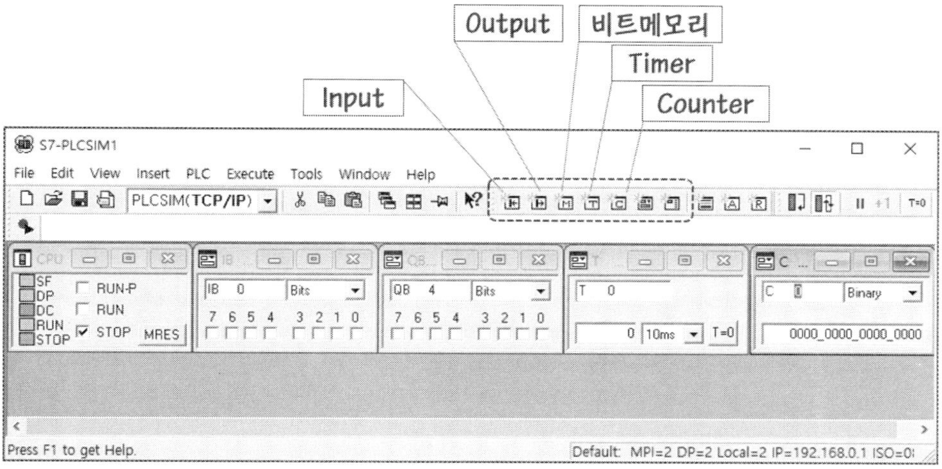

▌실행 옵션 선택

프로그램을 CPU에 다운로드하면 이제 프로그램을 실행할 수 있다. 프로그램을 시작하기 전에 프로그램 실행이 연속 스캔으로 설정되어 있는지 확인한다. 메뉴 명령 Execute Scan Mode Continuous Scan을 사용하거나 도구 모음 버튼을 클릭하여 프로그램을 계속 실행하기 위한 실행 제어 옵션을 선택한다.

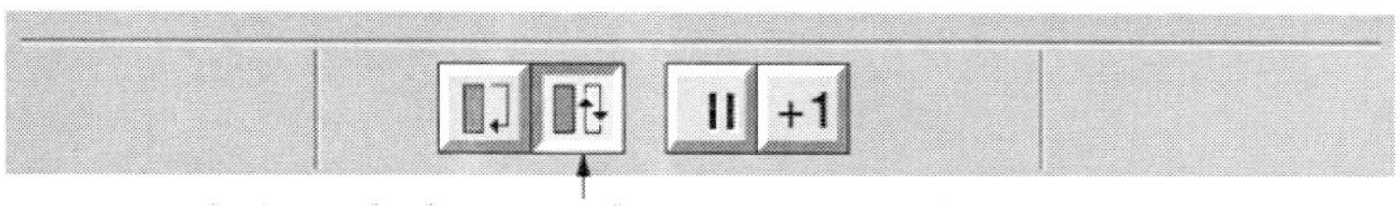

연속 스캔 프로그램 실행 옵션을 클릭한다

① 옵션 선택

실행 메뉴 명령으로 프로그램 실행 옵션을 선택한다. 그림과 같이 도구 모음 단추를 사용하여 이러한 옵션에 액세스 할 수도 있다. 다음 옵션은 프로그램 실행을 제어한다.

② 일시 중지 기능 사용

Pause 기능을 사용하면 프로그램 실행을 일시적으로 중지할 수 있다. CPU를 STOP 모드(RUN 모드로 돌아갈 때 프로그램의 첫 번째 명령에서 프로그램 실행을 다시 시작 함)로 설정하는 것과 달리, 프로그램 실행을 중지하면 프로그램을 중지한 명령에서 실행을 다시 시작할 수 있다. Execute Pause 메뉴 명령으로 Pause 기능을 켜고 끌 수 있다. 또는 도구 모음 버튼을 사용할 수 있다.

③ 사이클링 전원 켜기 및 끄기

CPU의 전원 켜기 및 끄기를 시뮬레이션 할 수 있다. 이를 통해 다른 시작 OB를 확인할 수 있다. PLC 전원 끄기/전원 켜기 메뉴 명령을 사용하여 전원을 껐다가 켠다.

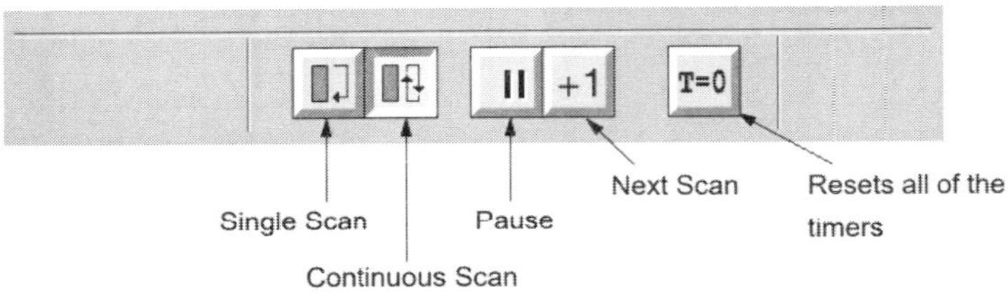

프로그램 시작

다음 절차에 따라 CPU를 RUN 모드로 전환하고 프로그램을 시작한다.

① CPU보기 개체에서 RUN 확인란을 클릭한다.

② 입력 변수보기 개체에서 비트 0 또는 비트 1을 클릭하여 I 0.0 또는 I 0.1을 On한다.

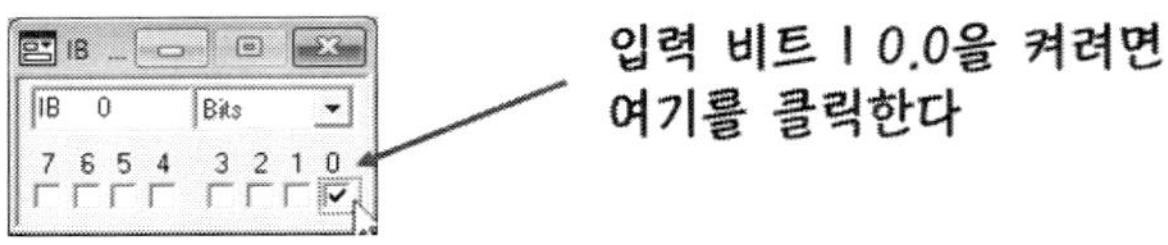

"View Objects"에서 타이머 값이 변경될 때와 켜지거나 꺼질 때 출력을 볼 수 있다. 각 타이머가 사전 설정 값에 도달하면 해당 출력이 켜지거나 꺼진다.

샘플 프로그램의 작동 속도를 높이기 위해 각 타이머 "View Objects"에서 "T = 0" 버튼을 클릭하여 타이머를 재설정할 수 있다.

"View Objects"의 레이아웃 저장

시뮬레이션 레이아웃 저장 메뉴 명령을 선택하여 시뮬레이션 된 PLC 창 내에서 "View Objects"의 레이아웃을 저장할 수 있다.

그런 다음 File 〉 Open Layout 메뉴 명령을 선택하여 언제든지 저장된 레이아웃을 검색할 수 있다.

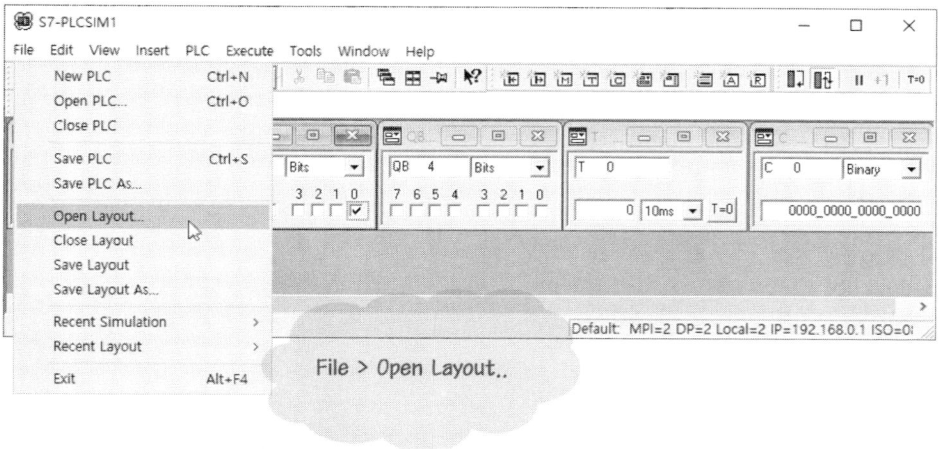

▌변수 테이블을 사용하여 데이터 모니터링 또는 수정

STEP 7에서는 변수 테이블(VAT)을 사용하여 프로그램의 변수 상태를 모니터링할 수 있다. 다음은 프로그램에 대한 VAT를 보여준다. VAT에 대해 정의된 변수를 수정할 수도 있다. 변수 테이블을 사용하여 프로그램 상태를 모니터링하려면 다음 단계를 따른다.

① SIMATIC Manager의 Blocks를 마우스 우클릭한다.

② VAT1을 선택하고 마우스로 더블 클릭하거나 Edit Open Object 메뉴 명령을 사용하여 "프로젝트의 변수 테이블을 오픈한다.

③ 메뉴 명령 PLC Connect To Configured CPU를 선택하여 시뮬레이션 된 PLC의 프로그램과 온라인 연결을 설정한다.

④ 프로그램 데이터 모니터링을 시작하려면 메뉴 명령 변수 모니터를 선택한다. VAT의 모니터 값 열에서 입력, 출력 및 타이머 요소의 값을 관찰할 수 있다.

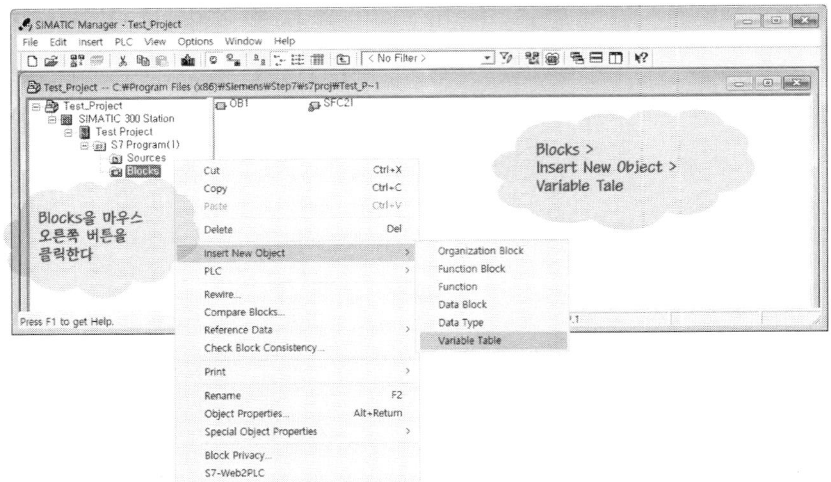

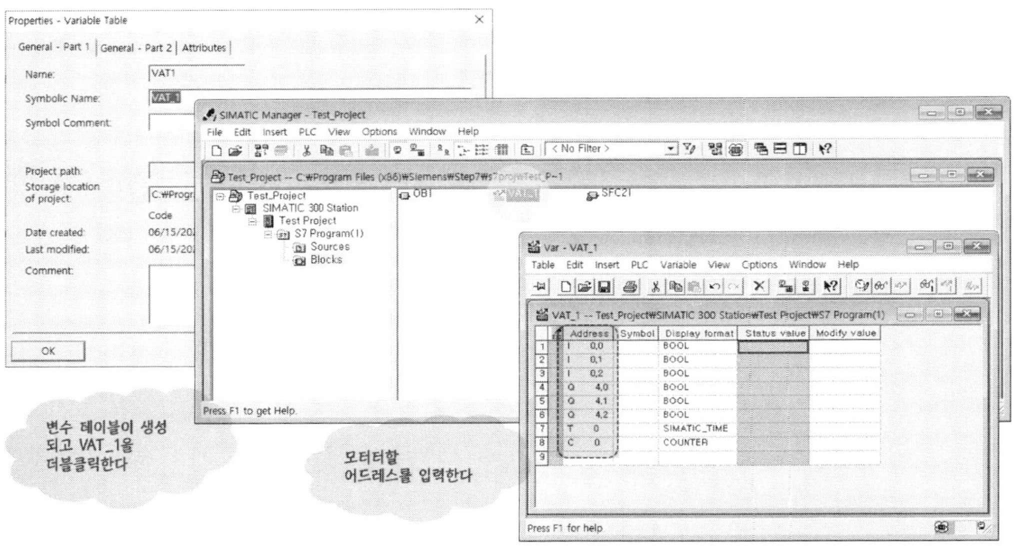

▌CPU 제어

그림은 프로젝트의 CPU "View Objects"를 보여준다. 이 "View Objects"에서 다음 기능을 수행할 수 있다.

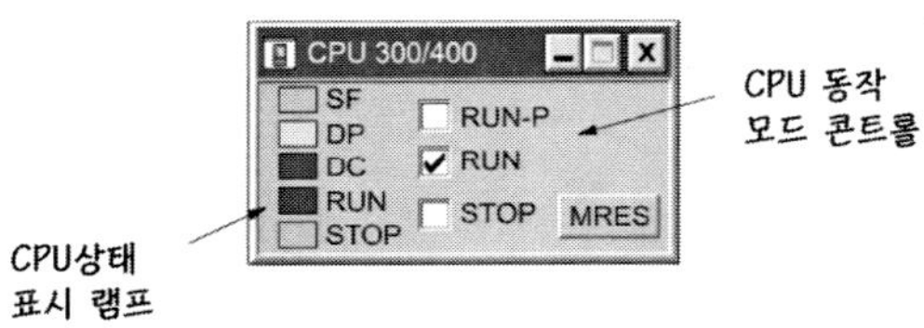

CPU 작동 모드 변경(STOP, RUN 및 RUN-P)

CPU 메모리(MRES) 재설정

CPU "View Objects"는 CPU 상태를 표시하는 LED와 같은 다음 표시기를 제공한다.

- SF(시스템 오류)는 오류 상태를 나타낸다.
- DP(분산 주변 장치 또는 원격 I/O)는 분산 (원격) I/O와의 통신 상태를 나타낸다.
- DC(전원 공급 장치)는 CPU 전원이 켜져 있음을 나타낸다.
- RUN은 CPU가 RUN 모드에 있음을 나타낸다.
- STOP은 CPU가 STOP 모드임을 나타낸다.

CPU 작동 모드 변경

CPU보기 개체의 체크 박스를 사용하여 CPU 작동 모드를 변경할 수 있다.

STOP 모드에서는 CPU가 프로그램을 실행하지 않는다. SDB가 포함된 프로그램을 다운로드하거나 노드 주소를 변경하려면 CPU를 STOP 모드로 설정해야 한다. 실제 CPU의 경우와 달리 CPU 뷰 개체를 STOP 모드로 설정해도 출력 상태가 변경되지 않는다.

RUN 모드에서 CPU는 프로그램을 실행한다. 실제 CPU와 마찬가지로 CPU 뷰 개체가 RUN 모드에 있으면 새로운 프로그램이나 로직 블록을 다운로드할 수 없다. STEP 7 도구를 사용하여 변수를 모니터링(수정할 수 없음)할 수 있다.

RUN-P 모드에서 CPU는 프로그램을 실행한다. CPU보기 개체가 RUN-P 모드에 있는 경우 새 프로그램 또는 논리 블록을 다운로드할 수 있으며 STEP 7 도구를 사용하여 변수를 수정할 수 있다.

CPU 모드를 변경하려면 STOP, RUN 또는 RUN-P 상자를 클릭한다. CPU 상태 표시기는 CPU가 RUN (또는 RUN-P) 모드인지 STOP 모드인지를 보여준다.

CPU 메모리(MRES) 재설정

CPU보기 개체는 CPU의 메모리를 재설정하기 위한 MRES 버튼을 제공한다. CPU 메모리를 재설정하면 시뮬레이션 된 CPU가 다음 작업을 수행한다.

- 메모리 영역이 재설정된다.
- 프로그램 블록이 삭제된다.

CPU 메모리를 재설정하려면 MRES 버튼을 클릭하거나 메뉴 명령을 선택한다.

PLC 〉 Clear/Reset

2 프로그램에서 사용하는 데이터 모니터링 및 수정

시뮬레이션 된 CPU의 다른 메모리 영역에 저장된 데이터에 액세스하는 "View Objects"를 만들 수 있다. S7-PLC SIM은 타이머, 카운터, 비트 메모리 위치, 입력 및 출력에 대한 기본 주소를 포함하는 "View Objects"를 제공한다. 다른 메모리 영역에 저장된 데이터에 액세스하기 위해 일반 "View Objects"를 만들 수도 있다.

주변 장치 입력(PI) 메모리 영역은 모든 CPU 스캔 시작시 입력(I) 메모리 영역을 덮어 쓴다. "View Objects"를 사용하여 I 메모리 영역의 값을 수정하면 시뮬레이터는 해당 값을 주변 메모리에 즉시 복사한다. 이렇게 하면 다음 스캔을 시작할 때 원하는 입력 값을 덮어 쓰지 않는다. 마찬가지로 출력(Q) 메모리 영역은 모든 CPU 스캔이 끝날 때 주변 출력(PQ) 메모리 영역에 기록한다.

"View Objects"를 사용하여 주변 장치(PQ) 메모리 영역의 값을 수정하는 경우 시뮬레이터는 스캔이 끝날 때 값이 손실되지 않도록 원하는 값을 출력(Q) 메모리 영역에 즉시 기록한다.

▌프로그램 데이터에 액세스하기 위한 "View Objects" 만들기

프로그램에서 사용하는 데이터를 모니터링하고 수정하기 위한 "View Objects"를 만들려면 삽입 메뉴 명령을 사용한다. 다음 그림은 "View Objects"의 몇 가지 예이다. 다음 절차를 사용하여 "View Objects"를 사용하여 메모리 주소에 액세스한다.

① 액세스할 메모리 주소를 입력하고 ENTER를 누른다.
 예를 들면 :
 "IB0"은 I(입력) 메모리 영역의 바이트 0에 액세스하고 "T0"는 타이머 0에 액세스한다.
② 드롭 다운 목록 상자를 사용하여 표시하거나 입력할 데이터에 대한 적절한 표현(예 : 2진, 10진수 또는 16진)을 선택한다.

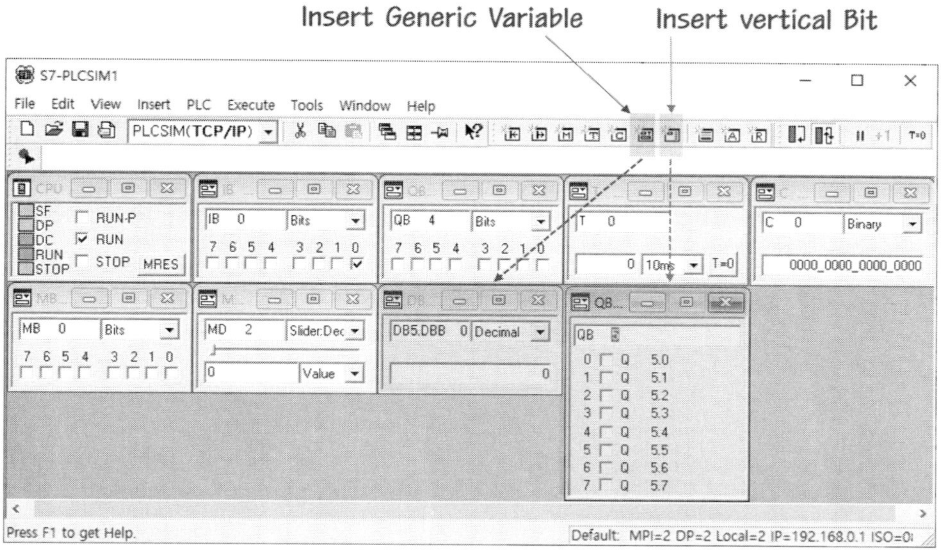

▌Accumulators(누산기), 상태 워드 및 주소 레지스터

"ACCUs & Status Word" View Objects를 열어서 CPU의 누산기, 상태 워드 및 주소 레지스터의 내용을 표시할 수 있다. 이 "View Objects"를 열려면 메뉴 명령 View Accumulators를 선택한다.

다음 그림은 "ACCU 및 상태 워드" View Objects를 보여준다.

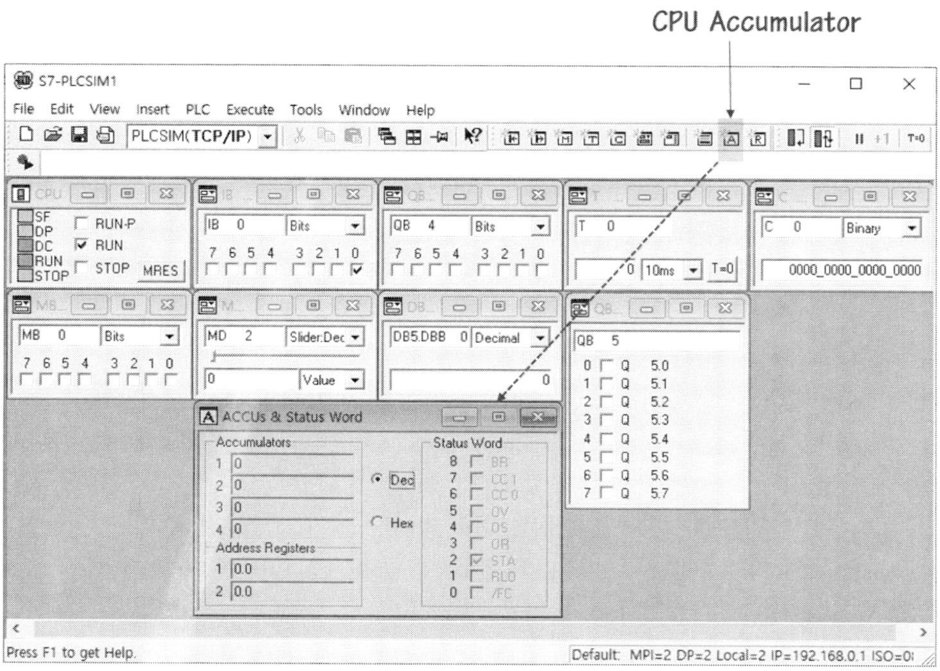

3 블록 레지스터 모니터링

▌블록 레지스터의 내용 표시

"Block Regs" View Objects를 열어 데이터 및 논리 블록 레지스터의 내용을 볼 수 있다. 이 View Objects를 열려면 블록 레지스터 보기 메뉴 명령을 선택한다. 다음 그림은 "Block Regs" View Objects를 보여준다.

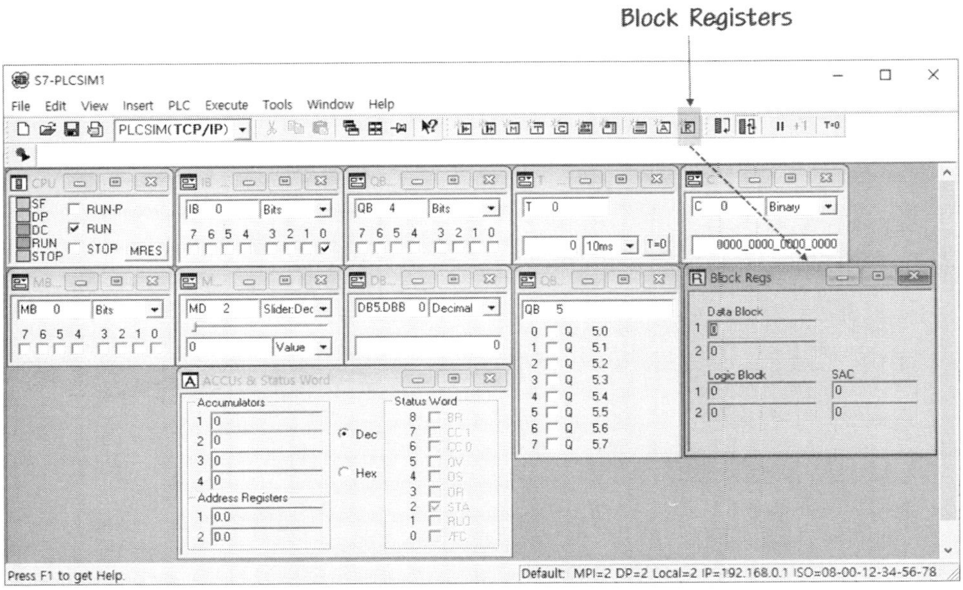

4 CPU 스택의 데이터 모니터링

▌중첩 스택 및 MCR 스택 모니터링

"스택" View Objects는 중첩 스택과 MCR(마스터 제어 릴레이) 스택의 상태를 모두 표시한다. 이러한 스택은 프로그램에서 개별 명령어의 상태 변경을 모니터링하는데 도움이 된다.

- 중첩 스택은 최대 7개의 항목을 저장한다. 각 항목에 대해 중첩 스택은 And(A), And Not(AN), Or(O), Or Not(ON), Exclusive Or(X), XN(Exclusive Or Not) 명령에 대한 상태 워드의 RLO 및 OR 비트 상태를 저장한다.
- MCR 스택은 MCR에 대해 최대 8개 수준의 중첩을 저장한다.

중첩 스택 및 MCR 스택을 보기 위한 View Objects를 만들려면 메뉴 View 〉 Stacks 명령을 사용한다.

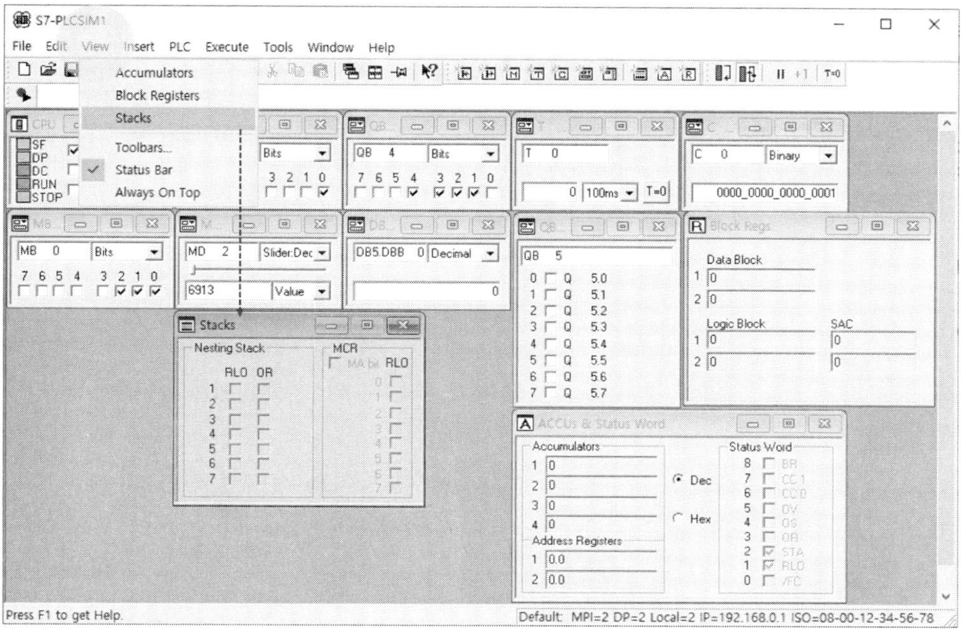

참고

Memory Areas for the S7-300 and S7-400 CPUs

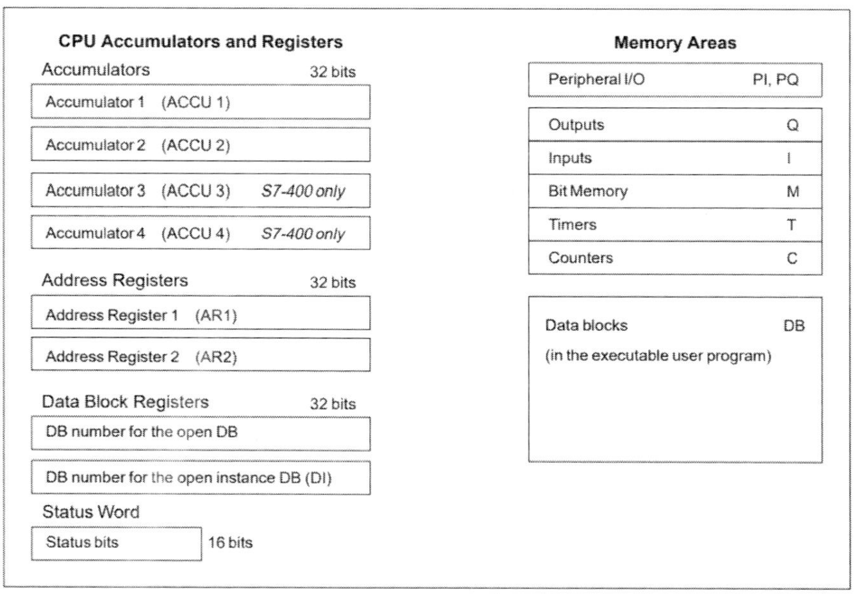

14 CHAPTER

터치패널과 접속

자주 사용하는 터치패널의 종류로 프로페이스 제품과 미쓰비시 제품 두 종류를 연결하는 방법에 대한 설명을 다음과 같이 하도록 한다.

미쓰비시사의 GOT2000의 경우 접속방법은 이더넷 방식과 시리얼(RS232와 RS485)방식을 지원하고 있으므로 별도로 시리얼 통신인 경우 통신용 케이블을 구매 또는 자체 제작하여 사용하도록 한다. 그리고 프로페이스(Pro Face)사의 경우 이더넷 방식을 지원하고 있다.

1 프로페이스 GP4500 시리즈와의 접속 방법

설명하는 제품의 사양은 다음과 같다.

제품명 GP4501TW

통신포트의 위치와 명칭

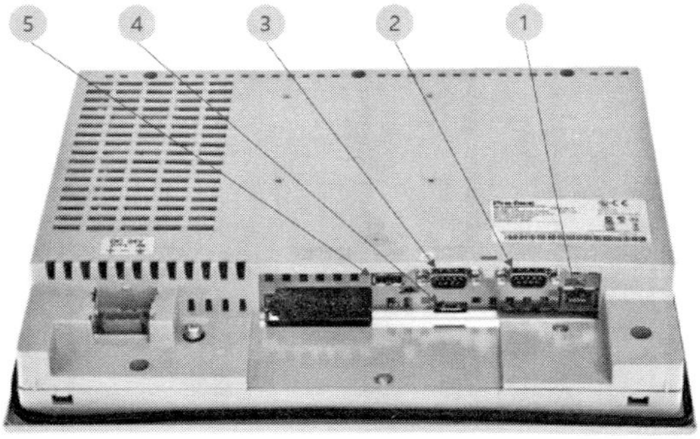

1. 이더넷 포트 : Ethernet Interface
2. COM2 포트 : Serial Interface (COM2)
3. COM1 포트 : Serial Interface (COM1)
4. USB 포트 : USB (mini-B) Interface
5. USB 포트 : USB (Type A) Interface

이더넷 연결

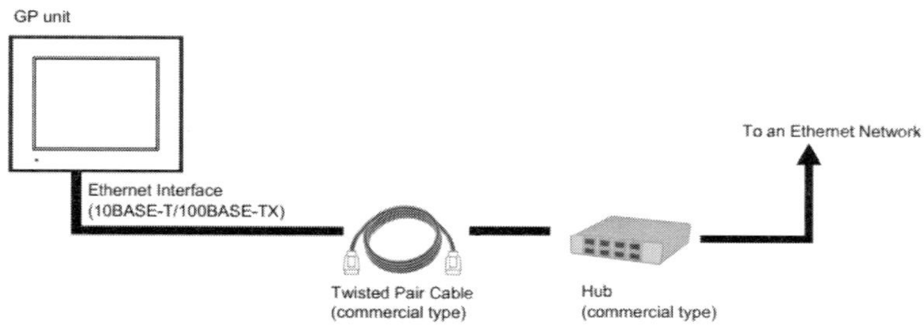

시리얼 연결

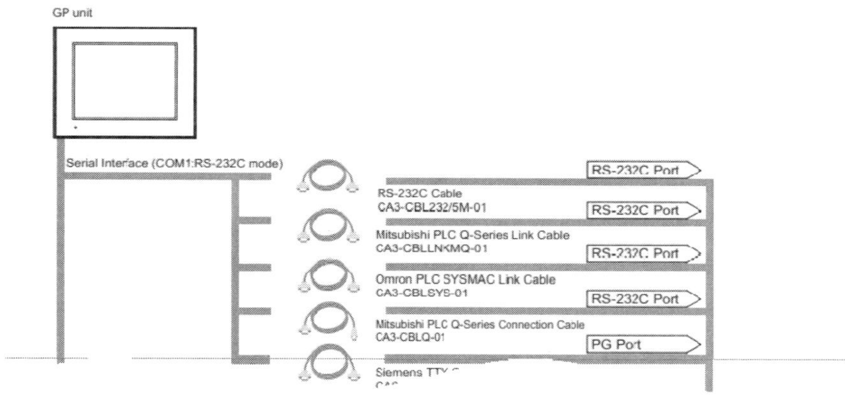

시리얼 통신 포트는 다음과 같이 COM1,COM2 두 개를 사용할 수 있다.

COM1: RS-232C or RS-422/RS-485

COM2: RS-422/RS-485

다음은 PLC연결 Manual에서 이더넷 방식에 대한 접속 가능한 방식을 설명하는 부분을 발췌한 것이다. 사용하는 CPU 종류와 인터페이스에 사용할 이더넷 통신모듈을 확인하고 사용 가능한 통신방식에 따라 설정 예의 해당 페이지의 방식을 따르면 된다.

실습에서는 SIMATIC S7-300시리즈의 CPU315-2DP에 연결한 이더넷 통신 모듈 CP343-1 Lean을 접속하는 방법을 설명하도록 한다.

Fetch/Write방식과 OP Communication방식을 선택할 수 있다.

Series	CPU	Link I/F	SIO Type[*1]	Setting Example
SIMATIC S7-200 Series	CPU222 CPU224 CPU224 XP CPU226	CP 243-1 IT[*2] CP 243-1	Ethernet (TCP) (OP Communication)	Setting Example 3 (page 13)
SIMATIC S7-300 Series	CPU312IFM CPU313 CPU314 CPU314IFM CPU315 CPU315-2 DP CPU316 CPU316-2 DP CPU318-2 CPU315-2 PN/DP CPU317-2 PN/DP CPU319-3 PN/DP	CP 343-1 IT CP 343-1	Ethernet (TCP) (FETCH/WRITE)	Setting Example 1 (page 7)
			Ethernet (TCP) (OP Communication)	Setting Example 2 (page 10)
	CPU315-2 PN/DP CPU317-2 PN/DP CPU319-3 PN/DP	Ethernet interface on CPU[*3]	Ethernet (TCP) (OP Communication)	Setting Example 2 (page 10)

Ethernet 접속 타입: Fetch/ write방식

먼저 Fetch/ write방식의 접속 방법을 설명하면 다음과 같다.

① 터치패널 설정

프로젝트를 생성한다.

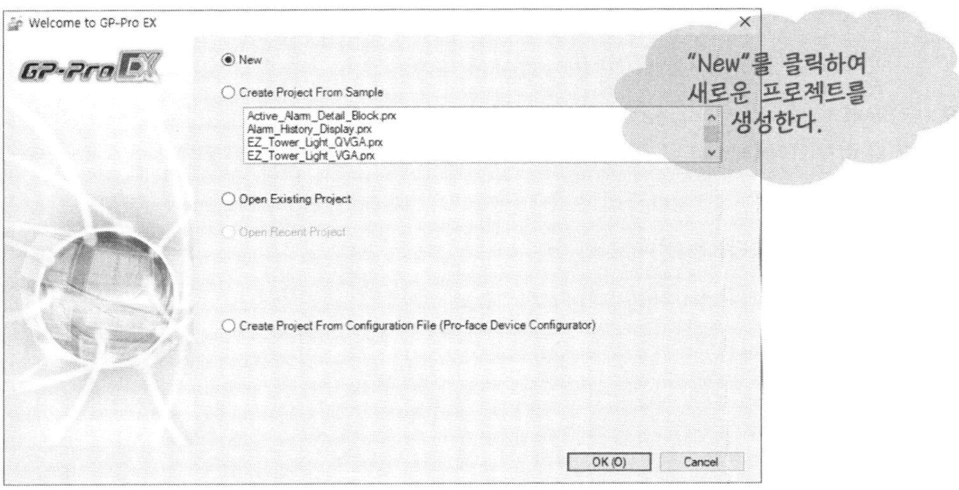

터치패널의 기종을 선택한다.
실습에 사용하는 기종은 GP-4501TW 모델이다.

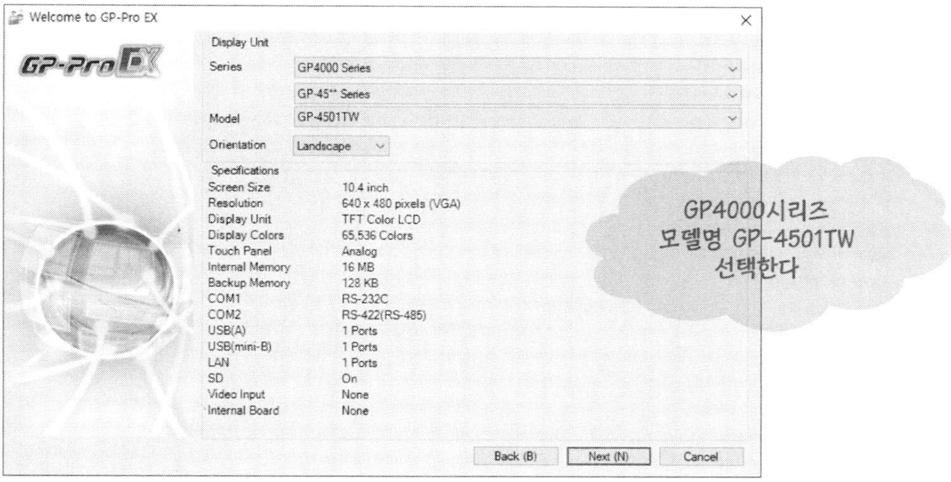

접속할 PLC의 기종을 선택한다.
실습에 사용하는 기종은 Siemens S7 300의 이더넷 모듈인 CP 343-1 Lean모델이다.

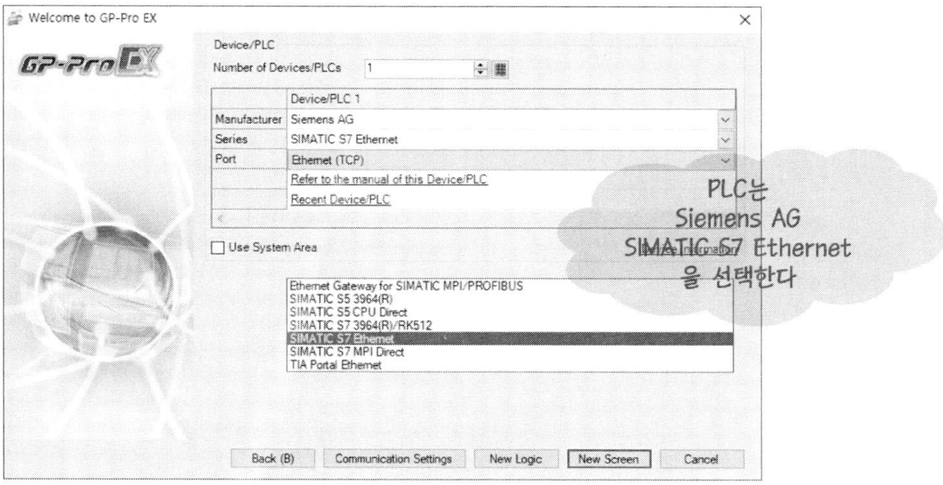

Project 〉 System Setting 〉 Device/PLC를 클릭한다.

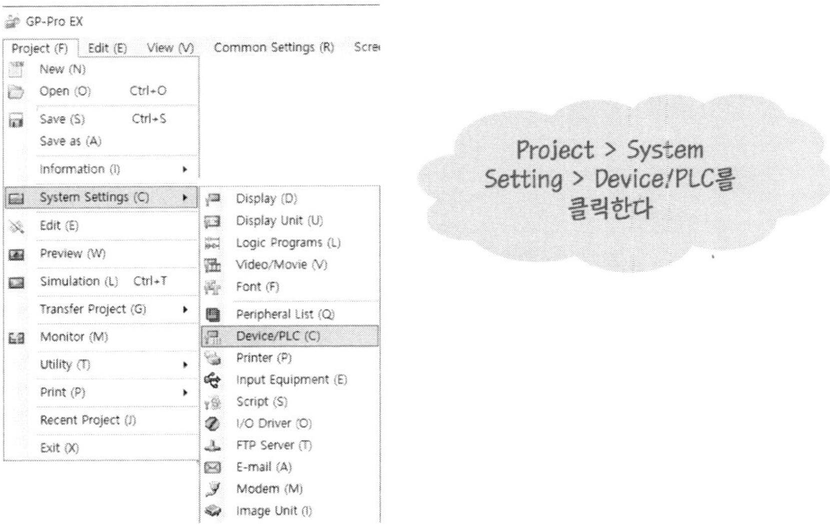

아래쪽 Device name 옆의 아이콘을 클릭하여 이더넷 통신에 대한 설정을 한다.

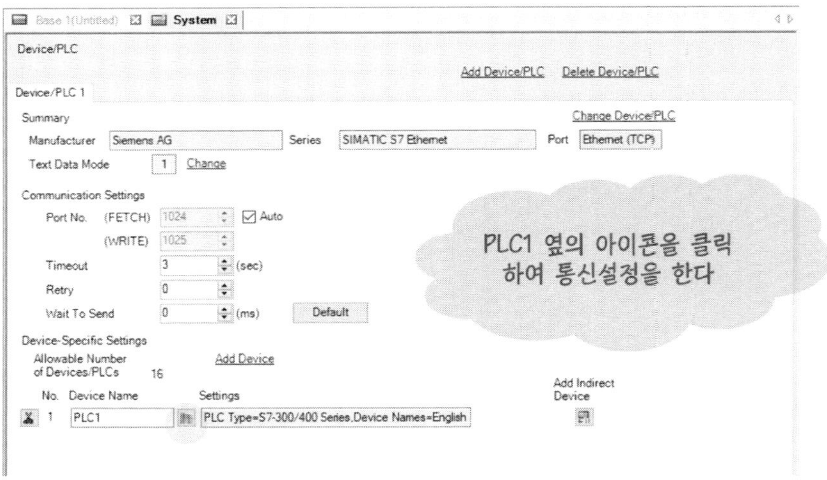

Destination IP Address : PLC에 설정한 IP주소를 입력한다.
192.168.0.1을 사용한다.

Connection Type : FETCH/ WRITE를 선택한다.

FETCH Port : 2000

WRITE Port : 2001을 확인한다.

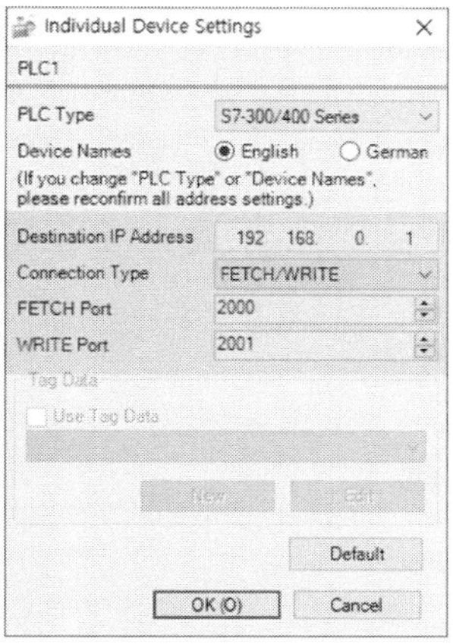

- Destination IP Address : PLC에 설정한 IP주소를 입력한다
- Connection Type : FETCH/ WRITE를 선택한다
- FETCH Port : 2000
  WRITE Port : 2001 을 확인한다

위와 같은 방법으로 터치패널에서 설정할 항목을 모두 입력한다.

간단한 스위치와 램프를 화면에 구성하여 동작을 확인할 수 있도록 작화를 한다.

(PLC CPU에서 설정한 클락신호를 적용한 램프를 만들면 통신시 램프가 점멸되는 것을 확인하면 좋다.)

② PLC에서의 설정

하드웨어 구성이 완료된 프로젝트에서 SIMATIC Manager 창에서 “Configure Network”아이콘을 클릭한다. 이 기능은 “NetPro” 기능과 동일한 것이다.

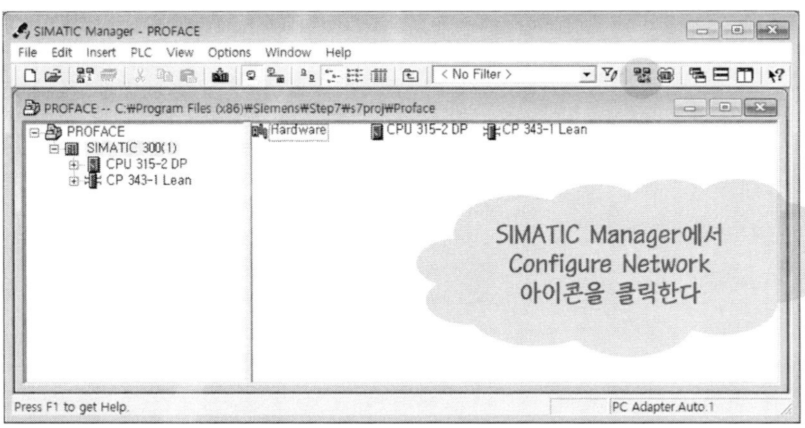

하드웨어 구성 설정에서 이더넷 모듈(CP343-1 Lean)설정 후 다음 그림과 같은 이더넷 연결선이 생성된 것을 확인할 수 있다.

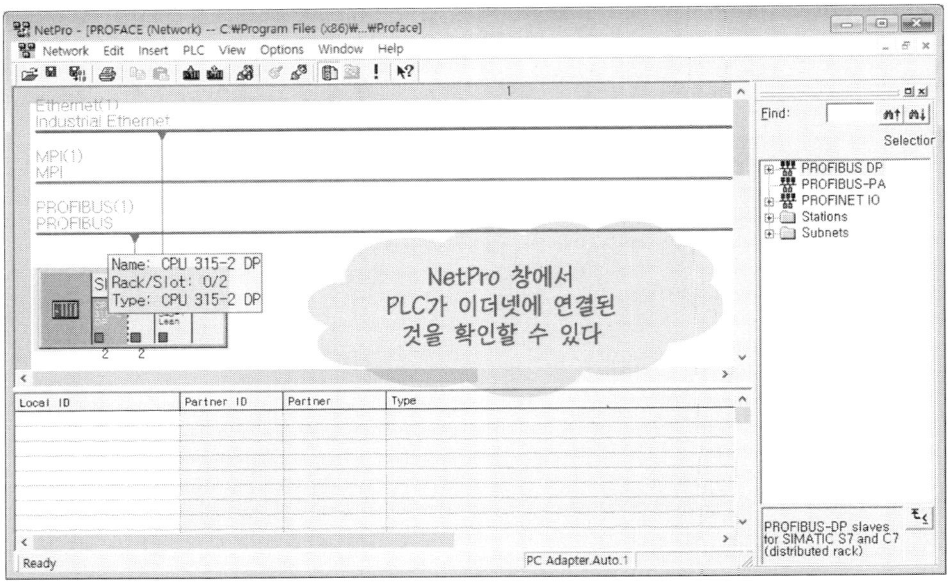

PLC의 CPU를 마우스 오른쪽 클릭하여 표시된 "Insert New Connection"창에서 "TCP Connection"을 선택하고 "O.K" 버튼을 클릭한다.

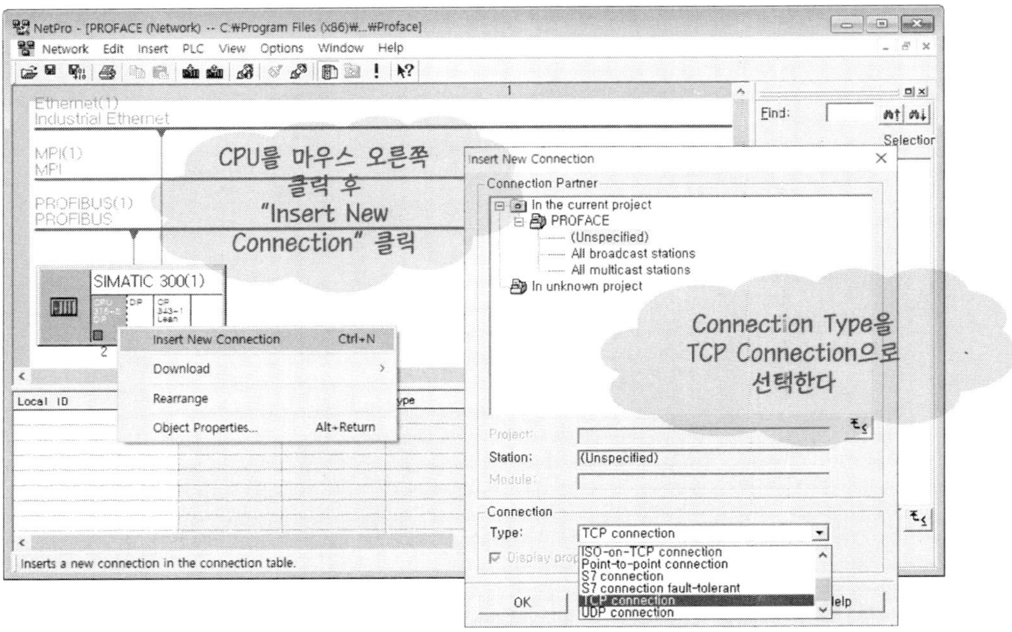

Option 탭에서 이더넷 통신 방식 중 “Fetch”를 선택하고 Address탭에서 IP주소와 port번호를 확인한다. 이 설정은 터치패널에 설정한 내용과 동일해야 한다.

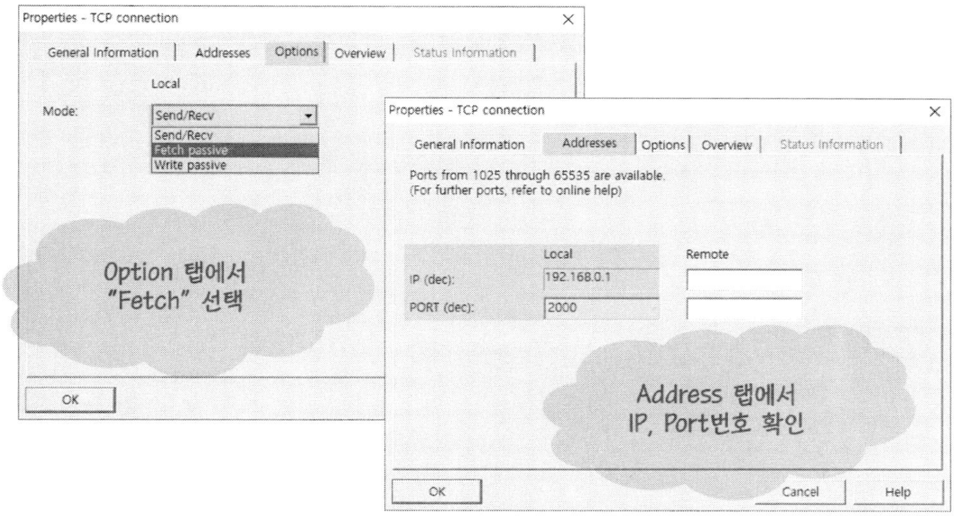

동일한 방법으로 “Write”에 해당하는 설정을 한다.

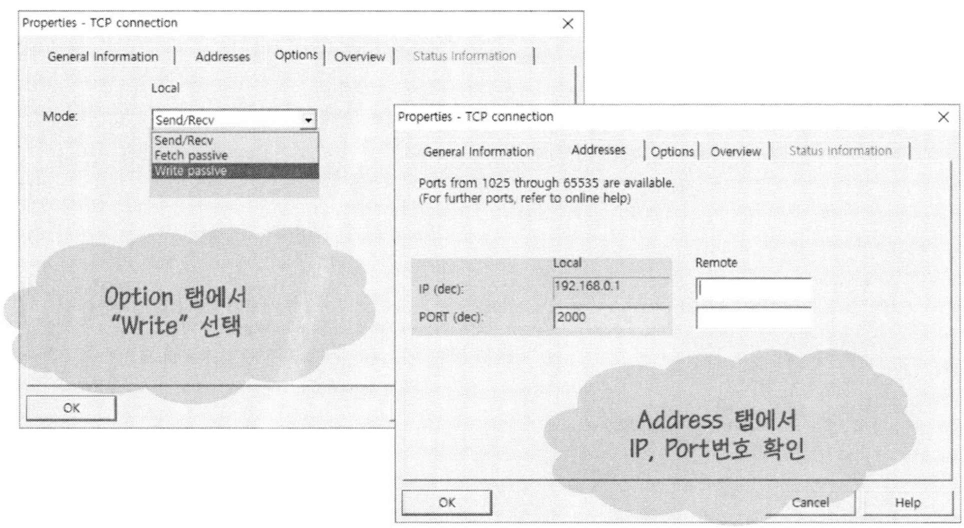

설정이 완료되면 다음 그림과 같이 새로 생성된 2개의 설정내용을 확인할 수 있다.

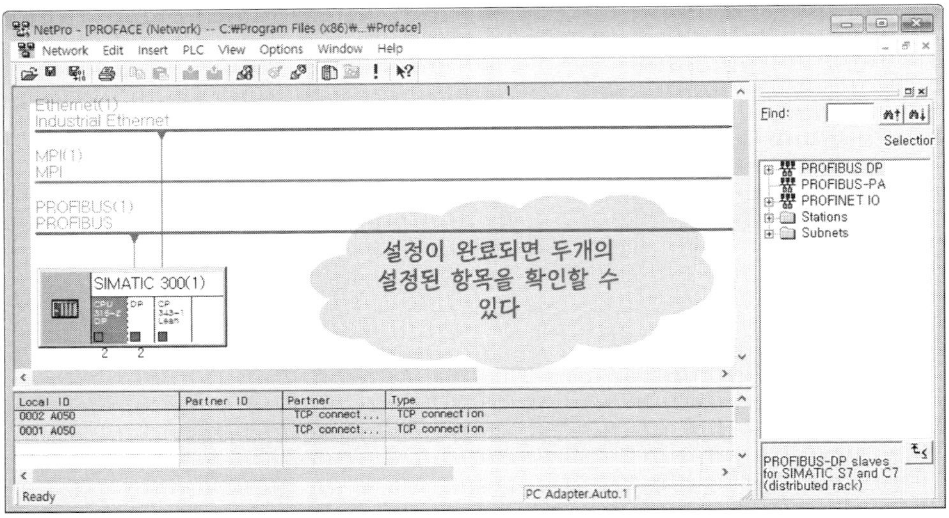

Ethernet 접속 타입: OP Communication

이제 두 번째 방식인 OP Communication에 대해 설명하도록 하겠다.

① 터치패널에서 설정

프로젝트의 생성과 연결할 PLC의 종류를 설정하는 것은 앞에 설명한 내용과 동일하므로 여기에서는 생략하도록 하고 PLC의 IP와 Connection Type 설정 부분은 다음과 같다.

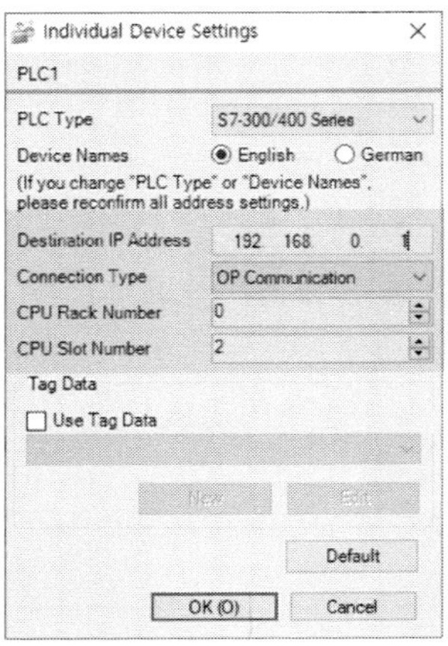

- Destination IP Address : PLC에 설정한 IP주소를 입력한다
- Connection Type : OP Communication를 선택한다
- CPU Rack Number와 CPU Slot Number는 설정된 내용을 확인한다

② PLC에서의 설정

하드웨어 구성을 완료하고 표시된 이더넷 모듈 “CP343-1 Lean”을 더블 클릭한다.
표시된 창에서 “Properties..” 버튼을 클릭하여 사용할 IP, Subnet Mask 등을 수정한다.

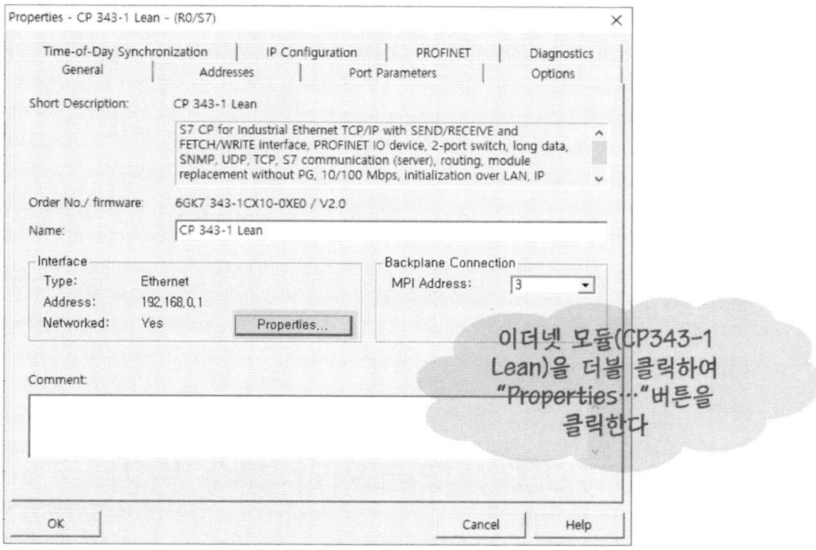

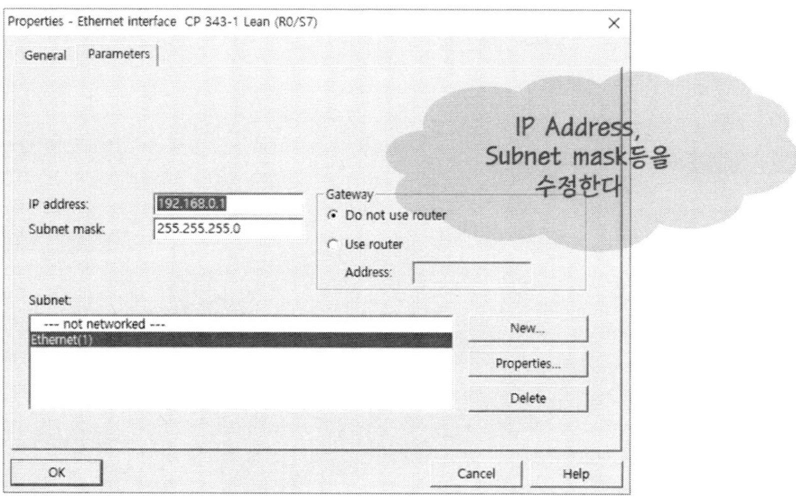

이것으로 설정이 완료되었다. “Save & Compile” 버튼을 클릭하고 CPU에 다운로드 한다.

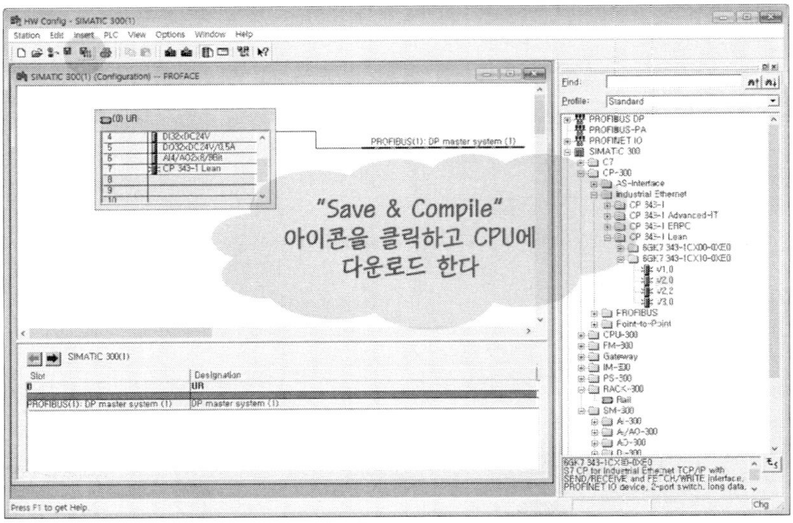

2 미쓰비시 GOT2000 시리즈와의 접속 방법

모델명 GT2710-STBA

통신포트의 위치와 명칭은 다음 그림과 같다.

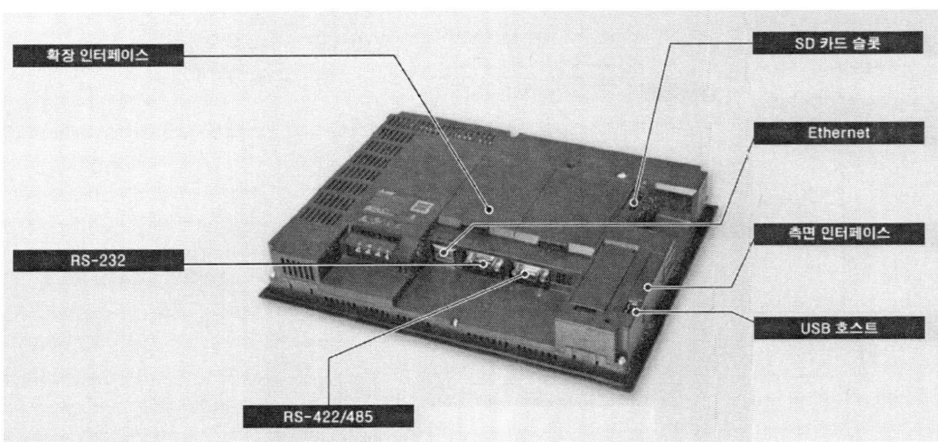

통신 방식은 RS-232C, 이더넷 방식을 지원한다.

시리즈	시계 유무	통신 방식	Ethernet 접속 타입	접속 가능 GOT
SIMATIC S7-200	×	RS-232	-	GT27 GT25 GT21
		Ethernet	OP 통신	GT27 GT25
SIMATIC S7-300	○*1	RS-232	-	GT27 GT25 GT21
		Ethernet	FETCH/WRITE	GT27 GT25
			OP 통신	GT27 GT25
SIMATIC S7-400	○*1	RS-232	-	GT27 GT25 GT21
			FETCH/WRITE	GT27 GT25

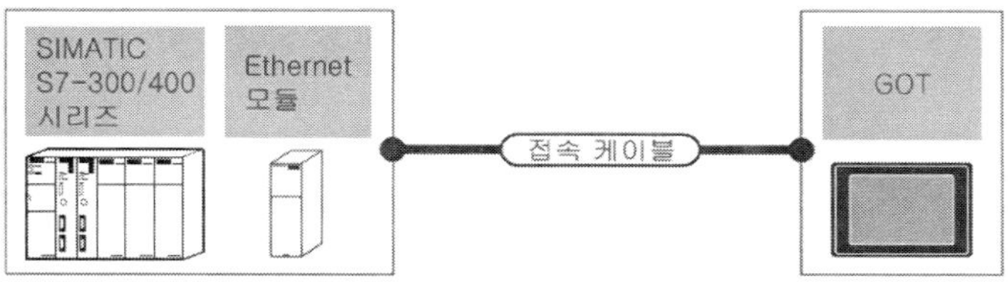

PLC		접속 케이블		GOT		접속 가능 대수
형명	Ethernet 모듈*3	케이블 형명*1	최대 세그먼트 길이*2	옵션 기기	본체	
SIMATIC S7-300	CP343-1 IT CP343-1 CP343-1 Lean CP343-1 Advanced	· 100BASE-TX 실드 트위스트 페어 케이블(STP) 또는 비실드 트위스트 페어 케이블(UTP)의 카테고리 5 이상 · 10BASE-T 실드 트위스트 페어 케이블(STP) 또는 비실드 트위스트 페어 케이블(UTP)의 카테고리 3 이상	100m	-(본체 내장)	GT27 GT25	PLC :GOT가 N:1일 때 GOT 1대에 대해 PLC는 16대 이하 PLC :GOT가 1:N일 때 PLC 1대에 대해 GOT는 32대 이하*4 (권장 16대 이하)
SIMATIC S7-400	CP443-1 IT CP443-1					

위의 표에서 SIMATIC S7-300 시리즈와 접속 시 시스템 구성과 PLC쪽 이더넷 모듈의 종류와 접속 가능 대수에 관한 정보를 얻을 수 있다.

① 터치패널에서의 기본 설정

GOT의 모델명을 설정한다. 실습에서 사용하는 타입은 GT27**-S (800*600)에 해당한다. 해상도 기준으로 구분되므로 이를 확인한다.

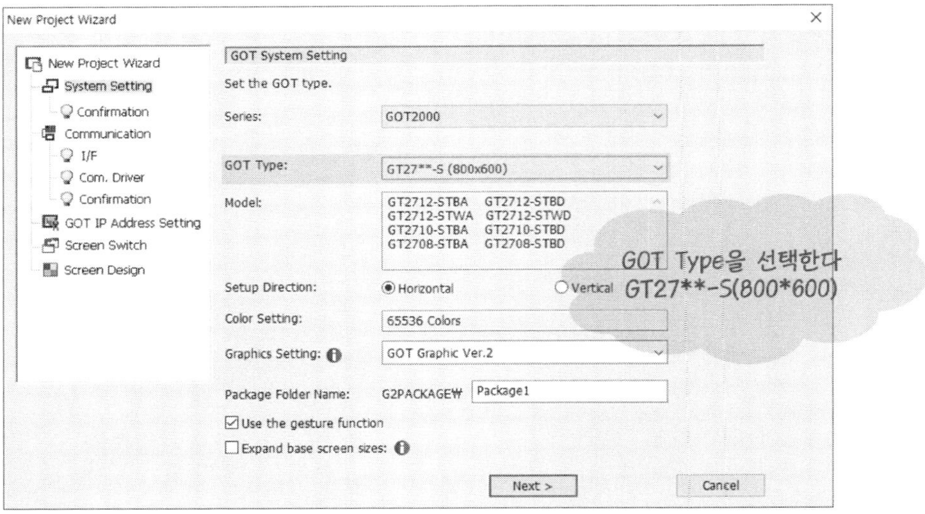

연결할 PLC의 제조사와 타입을 설정한다. Siemens사의 이더넷 모듈에 접속할 것이므로 Siemens S7(Ethernet)을 설정한다.

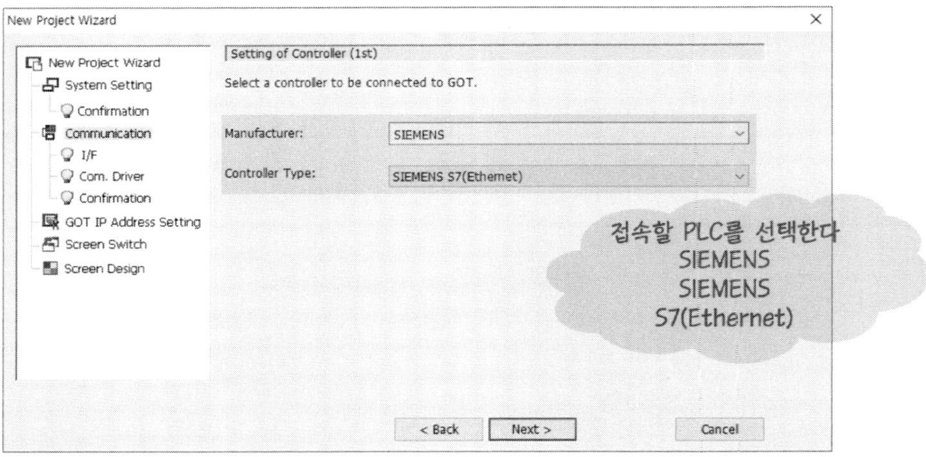

통신에 사용할 인터페이스(I/F)의 설정이다. Ethernet을 설정한다.

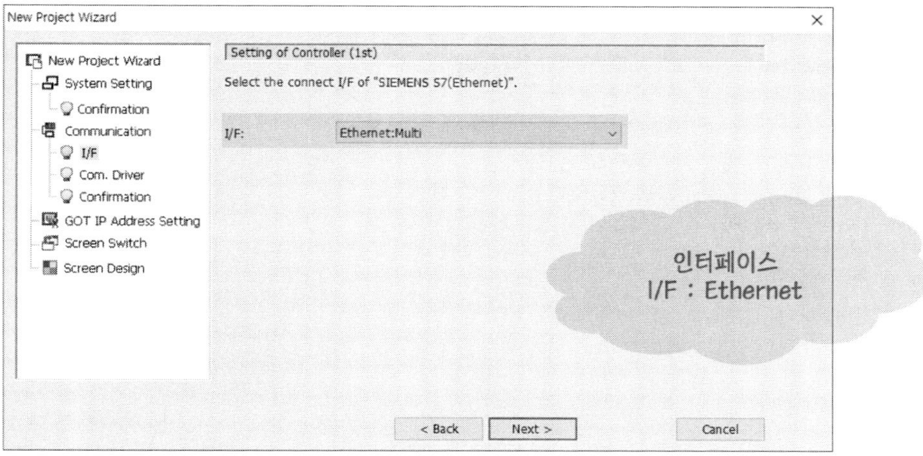

통신드라이버를 설정한다. 기본적으로 Ethernet(Siemens S7)을 설정한다.

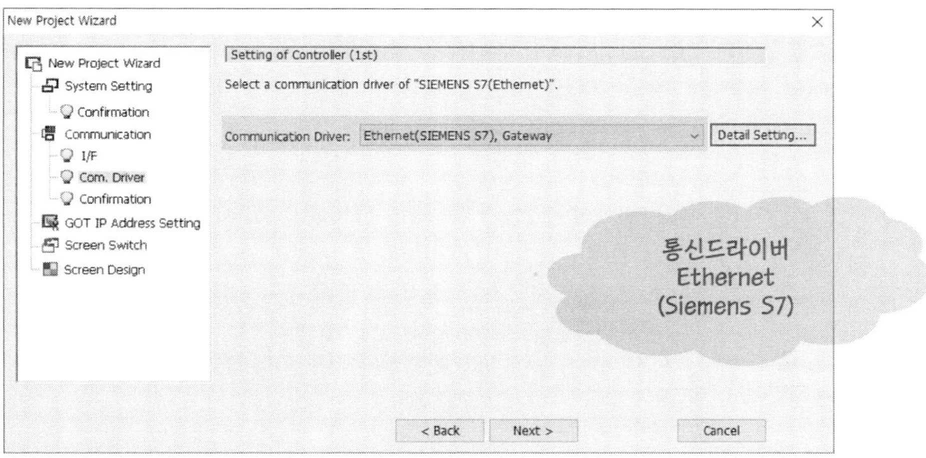

GOT에서 사용할 IP Address와 Subnet Mask의 설정이다.

PLC에서 사용하는 IP Address와 Subnet Mask의 설정 체계(앞의 3자리는 동일해야 한다)를 따라서 설정하도록 한다.

PLC IP Address : 192.168.0.1 Subnet Mask 255.255.255.0

GOT IP Address : 192.168.3.18 Subnet Mask 255.255.255.0

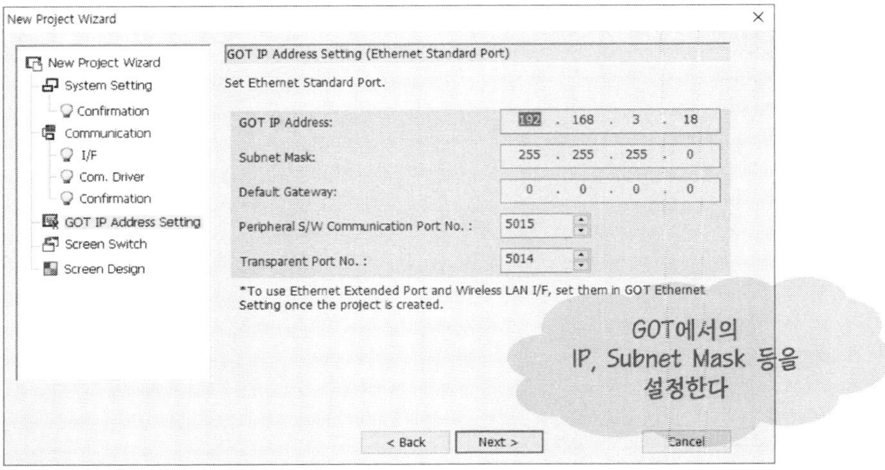

주의할 사항

IP Address를 지정할 때 앞에서 3자리에 해당하는 주소는 일치시켜야 한다.
PLC(Siemens)의 경우 기본으로 지정되어 있는 주소는 192.168.0.1이고
터치패널(GOT)의 경우 기본으로 지정되어 있는 주소는 192.168.3.18이므로
둘 중 하나의 IP Address의 체계를 동일하게 조정하여야 한다.

실습에서는 GOT IP Address 체계를 PLC에 맞추어 설정하도록 하겠다.

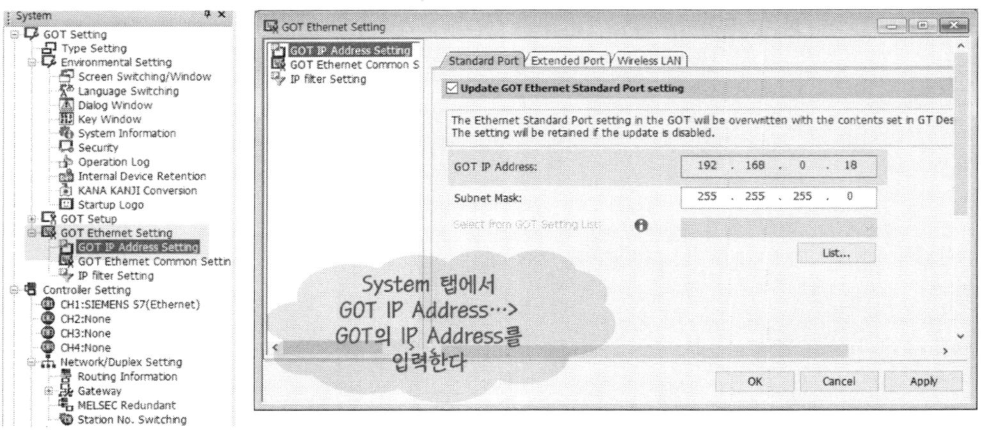

다음과 같은 Report로 설정한 내용을 다시 확인할 수 있다.
설정된 내용을 다시 확인하여 실수가 없도록 한다.

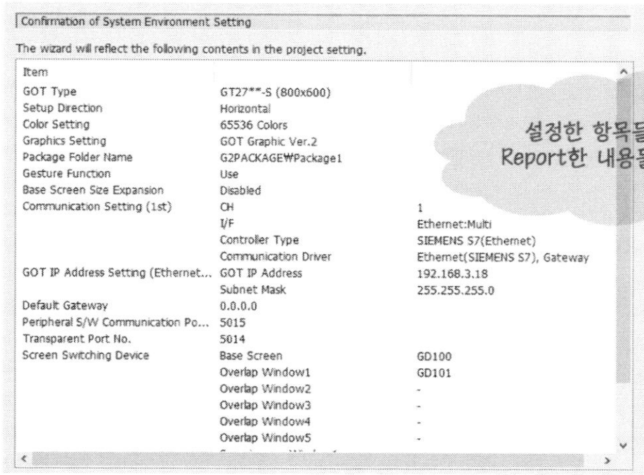

Ethernet 접속 타입 : FETCH/WRITE

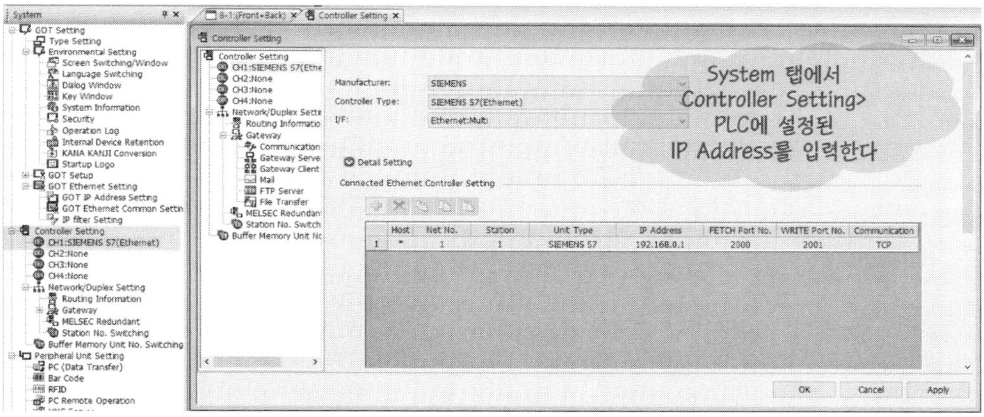

[Common] → [Controller Setting] 메뉴를 선택한다.

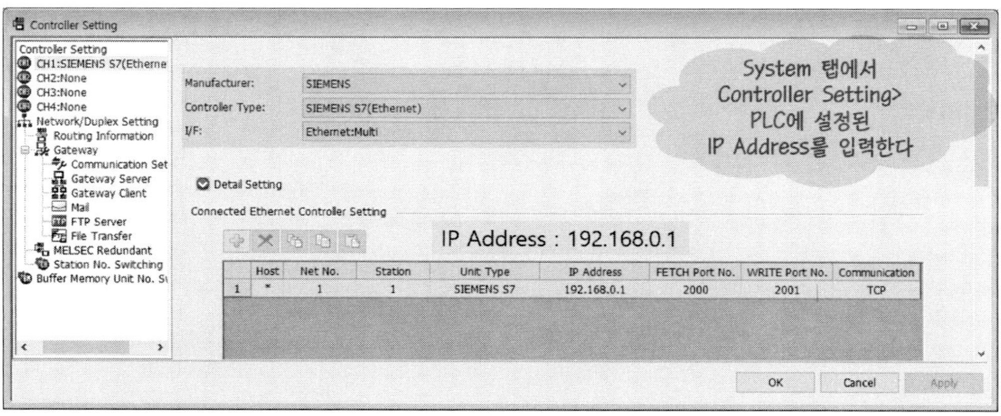

다음과 같이 설정한다.

- Manufacturer : SIEMENS
- Controller Type : SIEMENS S7 Ethernet
  FETCH/WRITE의 경우 : SIEMENS S7(Ethernet)
- I/F : 사용하는 인터페이스
- Driver : SIEMENS S7 Ethernet, Gateway
  FETCH/WRITE의 경우 : Ethernet(SIEMENS S7), Gateway

항목	내용	설정값
Host	자국을 표시한다.(자국에는 *가 표시된다.)	
Net No.	접속 대상 Ethernet 모듈의 네트워크 No.를 설정한다. (디폴트: 없음)	1~239
Station	접속 대상 Ethernet 모듈의 국번을 설정한다. (디폴트: 없음)	1~64
Type	SIEMENS S7(고정)	SIEMENS S7(고정)
IP Address	접속 대상 Ethernet 모듈의 IP 어드레스를 설정한다. (디폴트: 없음)	PLC측 IP 어드레스
FETCH Port No.	접속 대상 Ethernet 모듈의 FETCH 포트 No.를 설정한다. (디폴트: 2000)	1024~65534
WRITE Port No.	접속 대상 Ethernet 모듈의 WRITE 포트 No.로, FETCH 포트 No.에 1을 더한 값이 자동으로 설정된다. (디폴트: 2001)	1025~65535
Communication	TCP(고정)	TCP(고정)

② PLC에서의 설정

하드웨어 구성이 완료된 프로젝트에서 SIMATIC Manager 창에서 "Configure Network" 아이콘을 클릭한다. 이 기능은 "NetPro" 기능과 동일한 것이다.

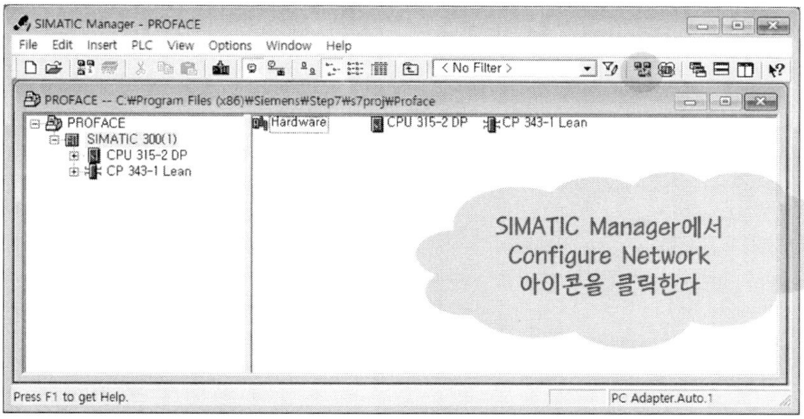

하드웨어 구성 설정에서 이더넷 모듈(CP343-1 Lean)설정 후 다음 그림과 같은 이더넷 연결선이 생성된 것을 확인할 수 있다.

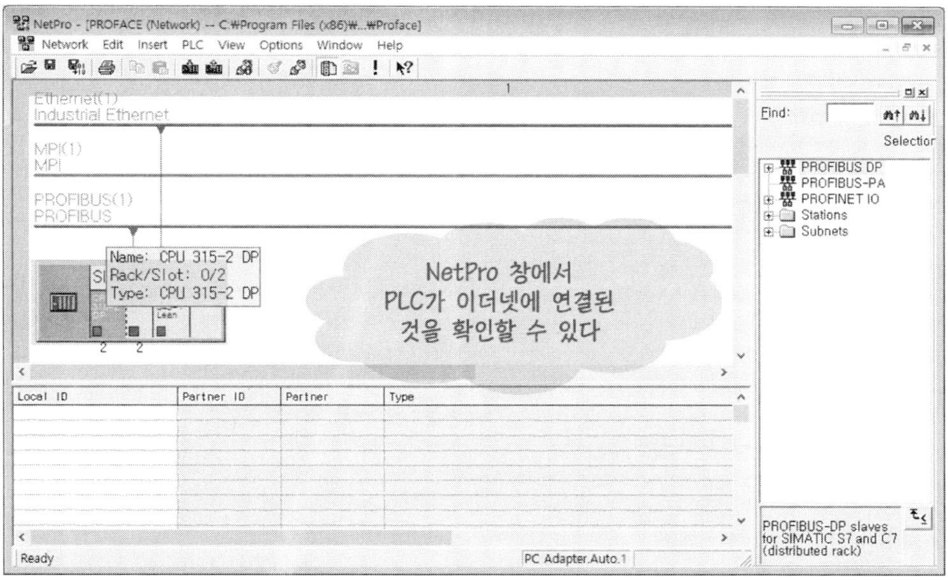

PLC의 CPU를 마우스 오른쪽 클릭하여 표시된 "Insert New Connection"창에서 "TCP Connection"을 선택하고 "O.K" 버튼을 클릭한다.

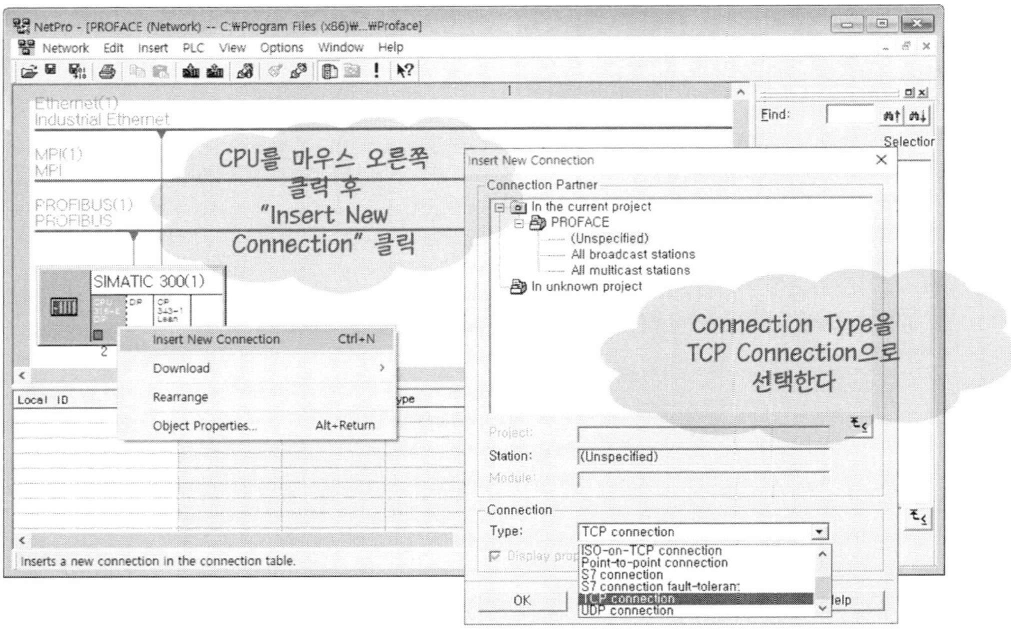

Option 탭에서 이더넷 통신 방식 중 "Fetch"를 선택하고 Address탭에서 IP주소와 port번호를 확인한다. 이 설정은 터치패널에 설정한 내용과 동일해야 한다.

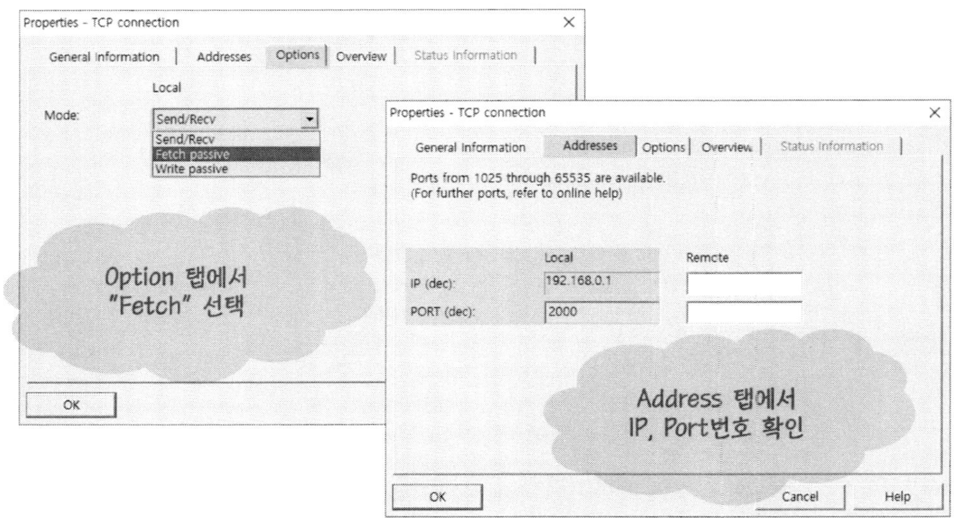

동일한 방법으로 "Write"에 해당하는 설정을 한다.

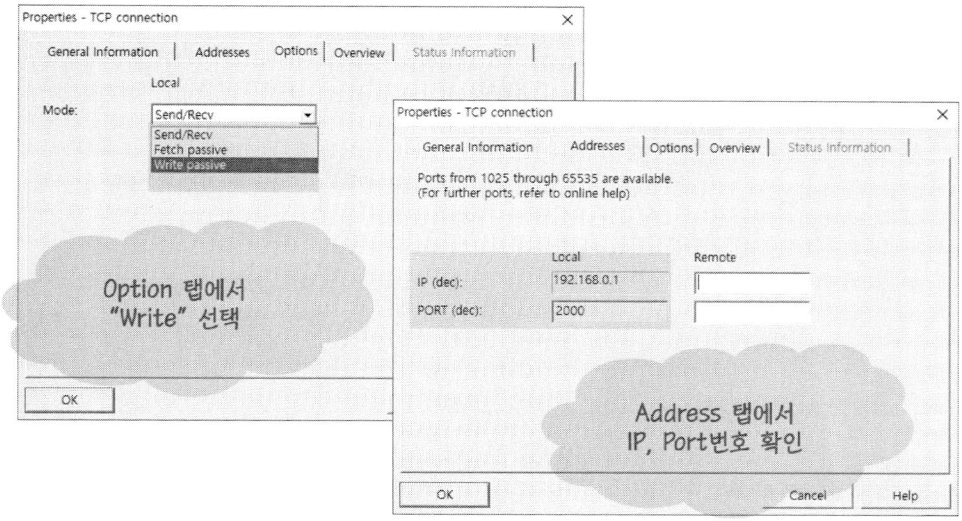

설정이 완료되면 다음 그림과 같이 새로 생성된 2개의 설정내용을 확인할 수 있다.

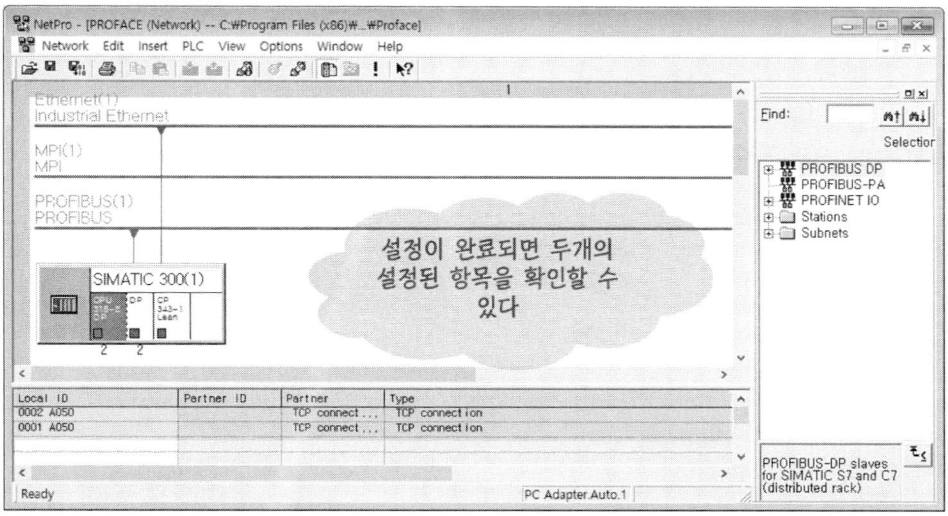

Ethernet 접속 타입: OP Communication

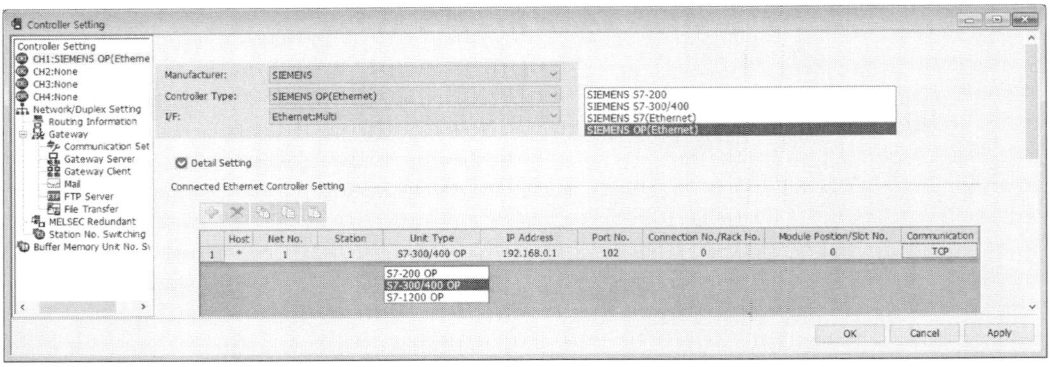

다음과 같이 설정한다.

- Manufacturer : SIEMENS
- Controller Type : SIEMENS S7 Ethernet

  OP 통신의 경우 : SIEMENS OP(Ethernet)

- I/F : 사용하는 인터페이스
- Driver : SIEMENS S7 Ethernet, Gateway

  OP 통신의 경우 : Ethernet(SIEMENS OP), Gateway

항목	내용	설정값
Host	자국을 표시한다.(자국에는 *가 표시된다.)	
Net No.	접속 대상 Ethernet 모듈의 네트워크 No.를 설정한다. (디폴트: 없음)	1~239
Station	접속 대상 Ethernet 모듈의 국번을 설정한다. (디폴트: 없음)	1~64
Type	SIEMENS S7(고정)	SIEMENS S7(고정)
IP Address	접속 대상 Ethernet 모듈의 IP 어드레스를 설정한다.(디폴트: 없음)	PLC측 IP 어드레스
Port No.	102(고정)	102(고정)
Connection No./Rack No.	PLC측에 설정되어 있는 접속 번호/ 잠금 번호를 설정한다. (디폴트:0)	0~7
Position/ Slot No.	PLC측에 설정되어 있는 모듈 위치/ 슬롯 번호를 설정한다. (디폴트) S7-200 OP:0 S7-300/400 OP:2	S7-200 OP : 0~6 S7-300 CP : 0~31
Communication	TCP(고정)	TCP(고정)

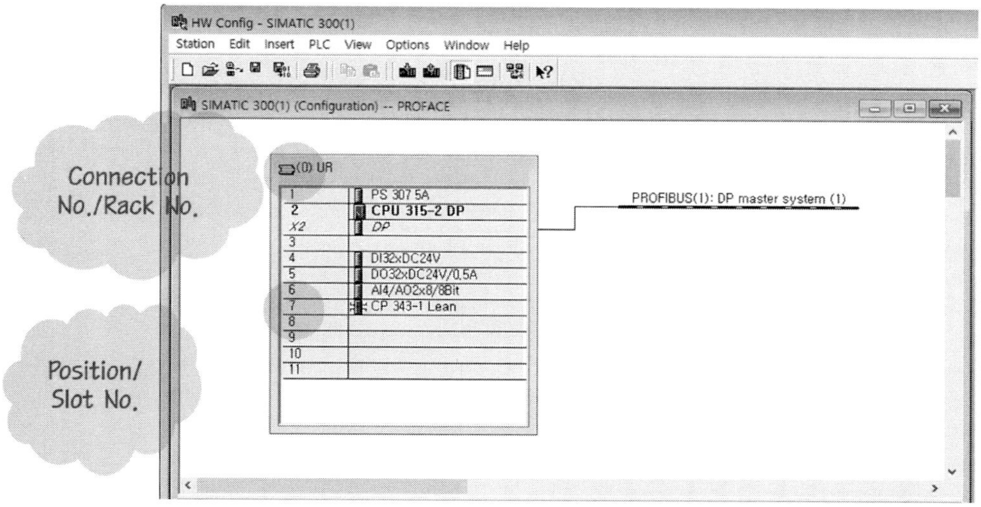

참고할 사항

Connection No./ Rack No. 항목과 Position/ Slot No.를 그림과 같이 실제 이더넷 모듈이 장착되어 있는 것을 확인하고 해당 번호를 입력하여도 통신이 잘 이루어지지 않는 경우 디폴트 설정으로 하기 바란다. (필자도 실제 장착된 모듈번호를 입력하였을 때 통신이 이루어지지 않아 디폴트 설정으로 하여 정상적으로 통신이 되는 경험을 하였다.)

② PLC에서의 설정

하드웨어 구성을 완료하고 표시된 이더넷 모듈 "CP343-1 Lean"을 더블 클릭한다.
표시된 창에서 "Properties.."버튼을 클릭하여 사용할 IP, Subnet Mask 등을 수정한다.

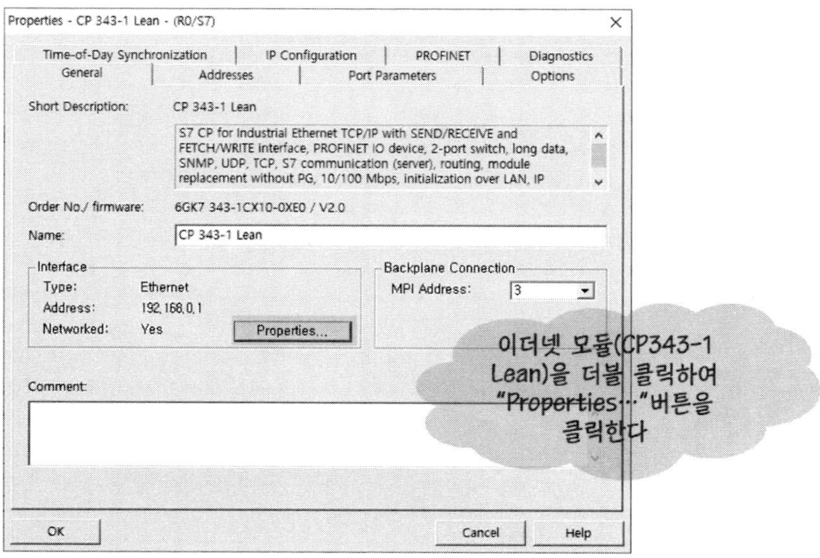

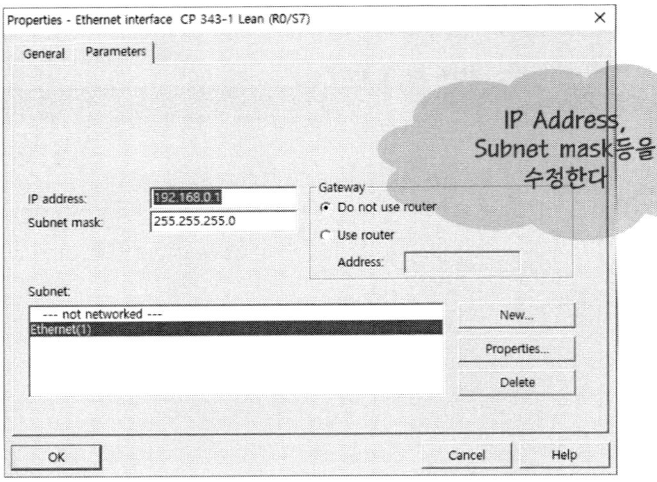

이것으로 설정이 완료되었다. “Save & Compile” 버튼을 클릭하고 CPU에 다운로드 한다.

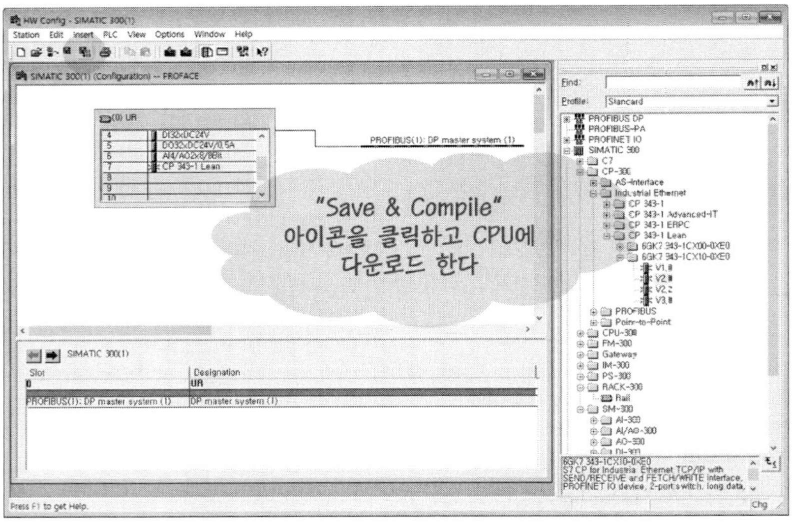

컴파일 결과 “No error”메시지를 확인한 후 다운로드 한다.

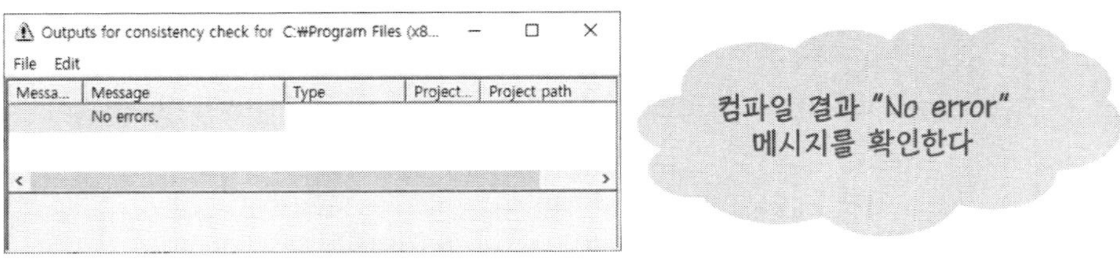

TIA Portal을 사용한 S7 300 프로그램 작성하기

15
CHAPTER

TIA Portal을 사용하여 S7 300을 제어할 수 있다. 여기에서는 간단한 사용방법에 대한 내용으로 기술하고자 한다. 실습에서 사용한 TIA Portal은 Ver.16이다.

1 S7 300 프로그램 작성 순서

설치된 TIA Portal을 실행한 뒤 다음과 같이 설정한다.

표시된 화면은 'Open existing project(기존 프로젝트 열기)' 화면으로, 프로젝트를 후에 다시 실행할 때 [Browse(탐색)] 버튼을 클릭해서 기존 저장한 프로젝트 파일을 찾은 후에 실행하면 된다.

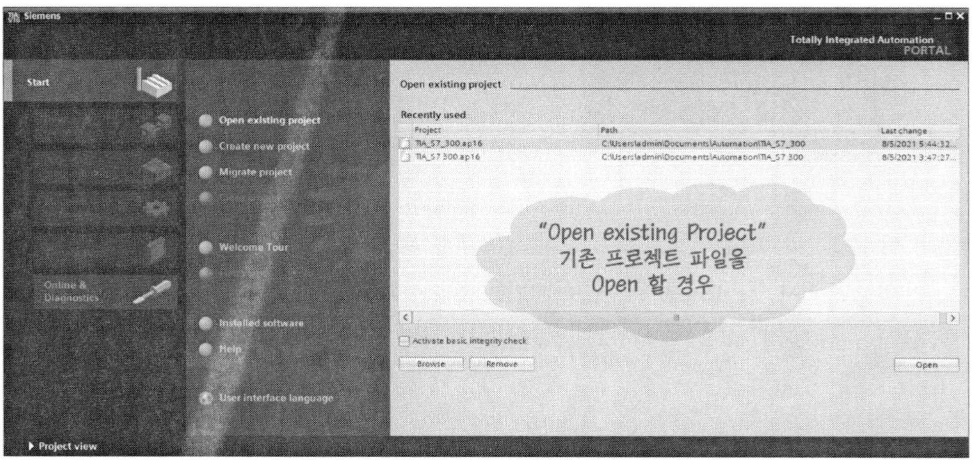

"Create New project" 클릭하고 Project Name을 입력한 후 "Create" 버튼을 클릭한다.

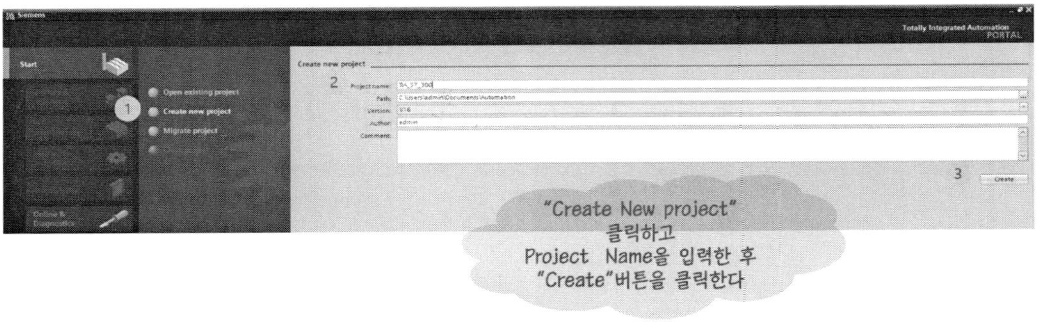

새로운 파일이 생성되었으므로 PLC를 설정해서 연결하는 설정이 필요하다.
생성이 완료되면 바로 'First step(첫 번째 단계)' 창으로 자동으로 이동한다.
여기서 'Devices & Network(기기 및 연결)' 카테고리의 'Configure a device(기기 구성)'를 클릭한다.

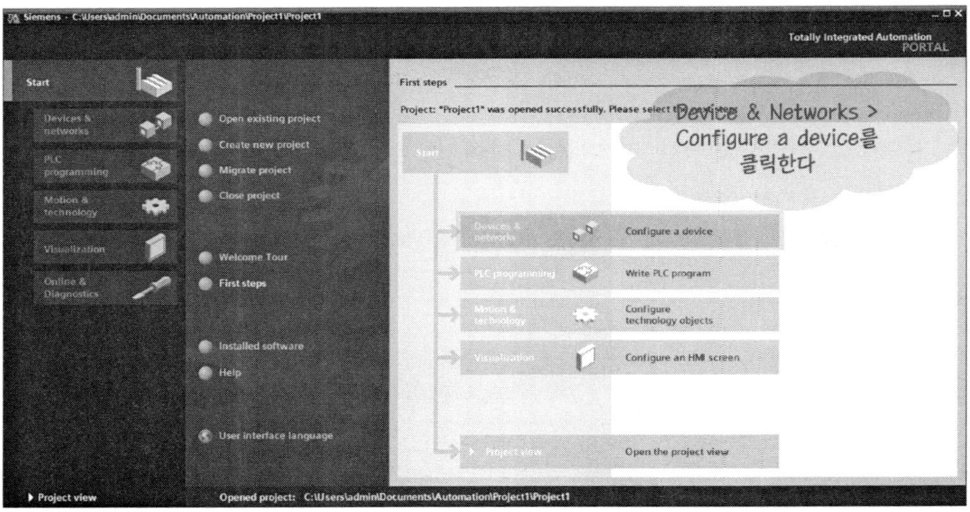

하드웨어 구성을 설정하는 화면으로 CPU를 먼저 설정하도록 되어 있다.
좌측의 카테고리에서 'Add new device(새 기기 추가)'에 속해있는지 확인하고, 우측의 화면에서 'Device name(장치명)'을 입력한다. Default로 설정되는 장치명은 'PLC_번호'의 형태가 된다.

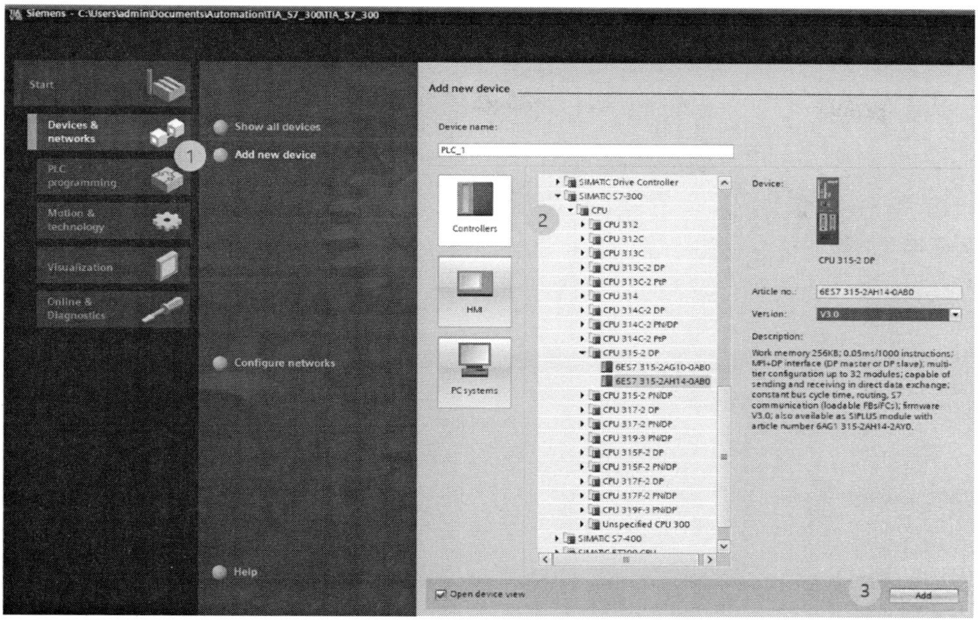

① Add New device를 클릭하고
② Controller에서 SIMATIC S7-300중에 실습에서 사용하는 CPU 315-DP를 선택한다.
펌웨어 버전에 따라 Order Number를 확인해야 한다.
③ Add 버튼을 클릭한다.

하드웨어 구성하는 화면이 생성된다.
CPU 이외의 모듈에 대해서도 각각의 모델명을 확인하고 Catalog에서 찾은 후에 드래그& 드롭하여 하드웨어 구성을 완료하면 된다.

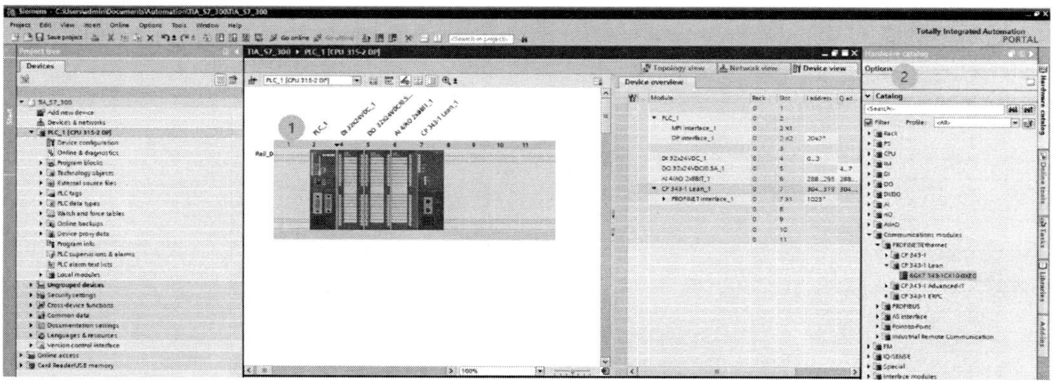

① CPU선택화면에서 자동으로 Rack이 생성되었고 다음 Slot부터 필요한 모듈을 구성한다.
② 카탈로그 창에서 DI, DO, AI, AO의 모듈을 모델명과 Order Number에 맞게 선택하여 구성한다.

우측의 'Device overview(기기 개요)' 화면에서 추가된 기기의 정보가 실제 하드웨어와 일치한지 확인하도록 한다.
여기에서 I, Q address 및 모델명, 주문번호, 펌웨어 버전을 확인할 수 있다.

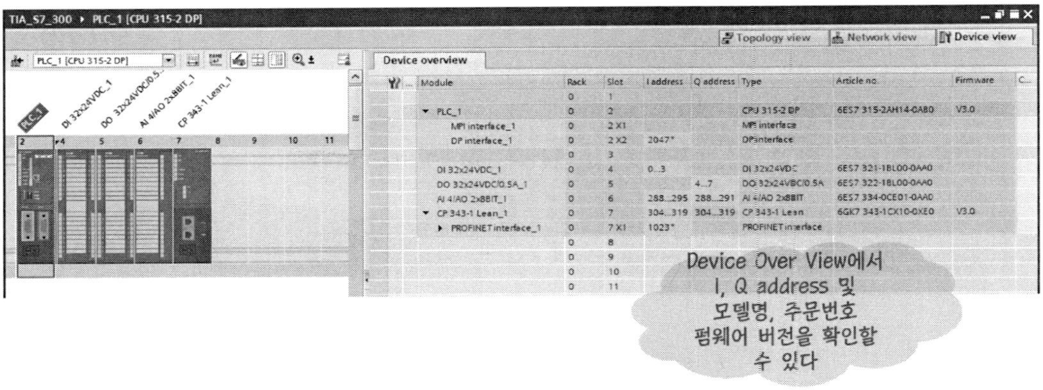

여기까지가 하드웨어 구성에 대한 설정 방법이다.
추가적으로 알아두면 유용한 Tip을 소개하면, PLC 하드웨어 구성화면을 확대하여 보면 입력, 출력 모듈 등의 어드레스가 보이는데 이 어드레스를 마우스 클릭하면 해당 어드레스의 태그네임이나 데이터 형태 등을 입력할 수 있는 속성창이 하단에 표시된다.

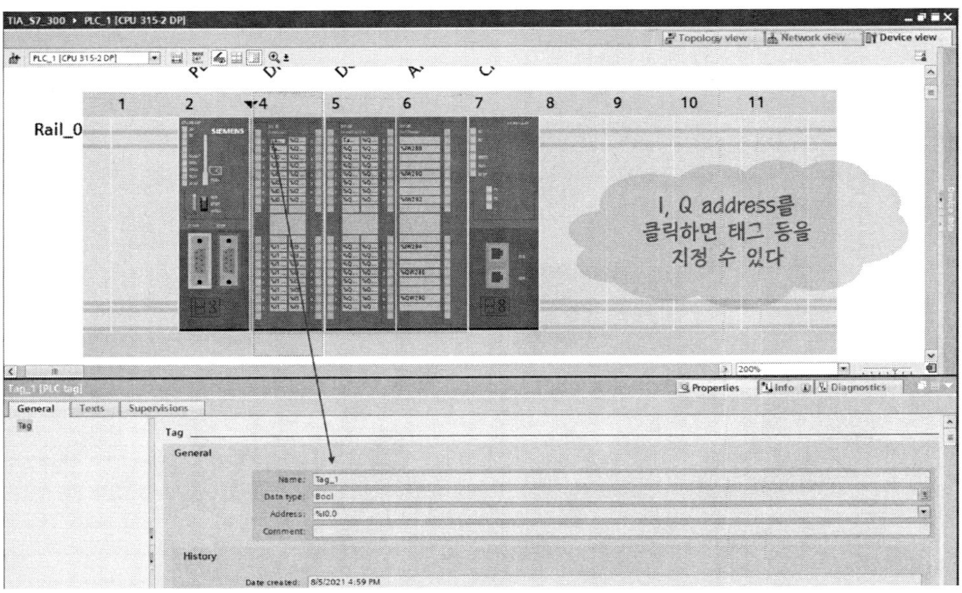

그리고 CPU를 클릭하면 통신 Port 설정, Clock Memory, 진단 기능 등을 사용할 수 있다.

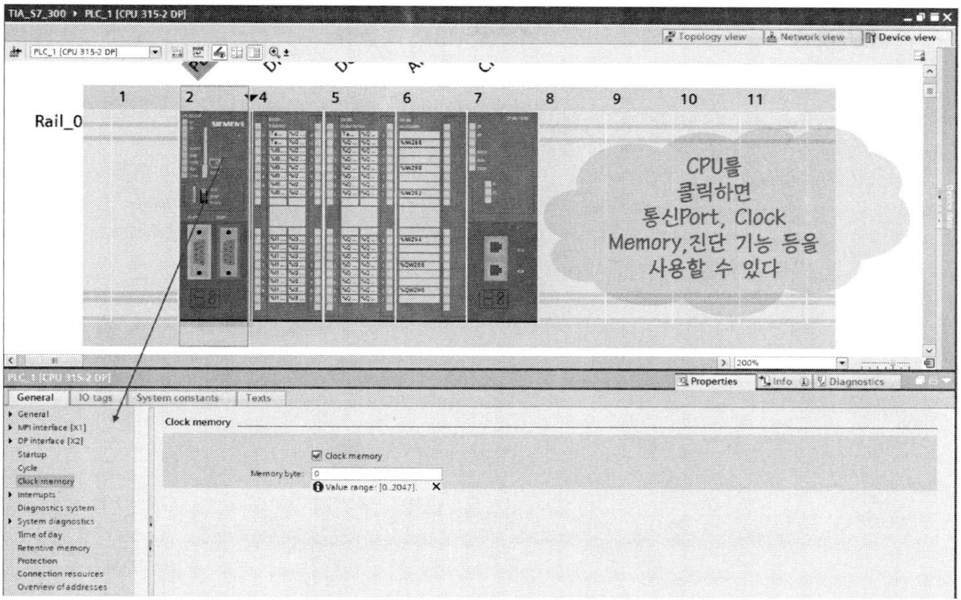

하드웨어 구성이 완료된 PLC정보를 CPU에 쓰기를 한다.
이때 PLC명칭을 선택해야 "Download to Device" 아이콘이 활성화된다.

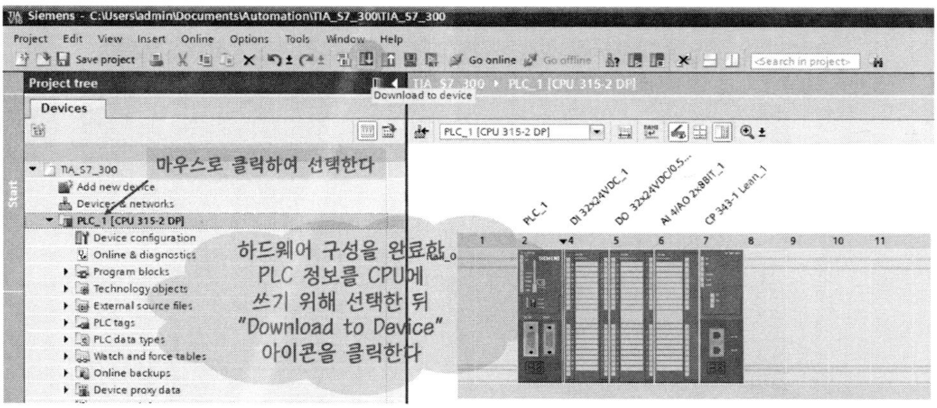

하드웨어 구성을 CPU에 다운로드 하기 위해서 PC와 PLC의 연결방법을 설정한 뒤 실제 연결된 상태를 확인하는 절차가 진행된다. (통신 포트의 설정에 관한 내용은 뒤쪽에서 별도로 설명하기로 한다.)

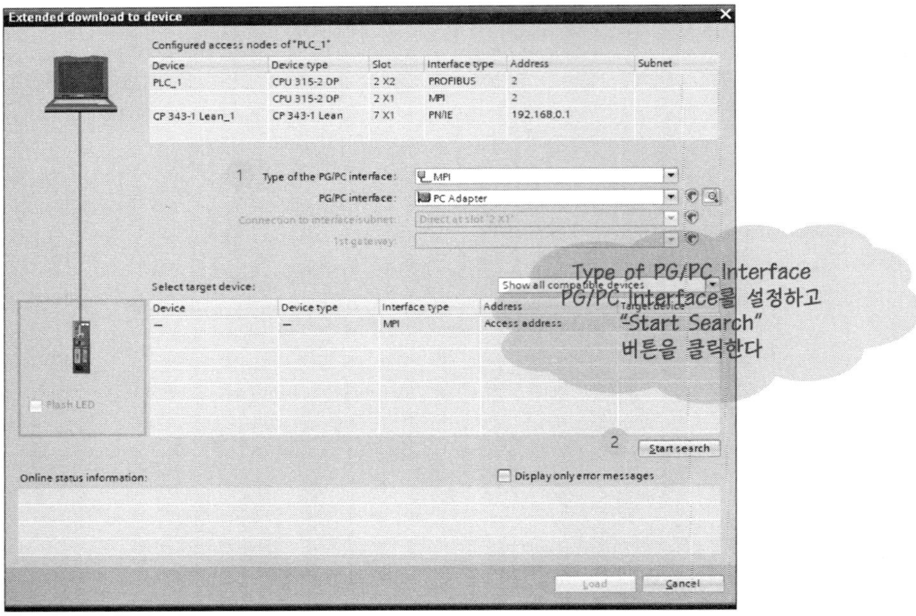

① Type of the PG/PC Interface에 사용하는 어댑터를 선택한다.

어댑터는 MPI포트를 사용하여 통신을 하므로 "MPI"를 선택하고 PC Adapter가 표시되도록 설정한다.

② 실제 연결되는 경로인지 확인하기 위해서 "Start Search" 버튼을 클릭하여 경로를 탐색한다.

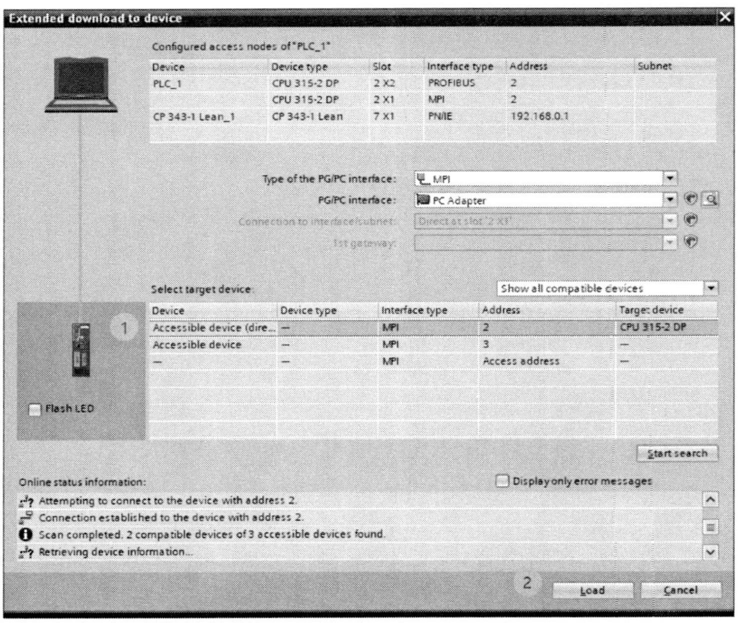

① 경로가 확인되면 연결 가능한 "Target Device"를 목록에서 선택한다.
② "Load"버튼을 클릭하여 다운로드를 시작한다.

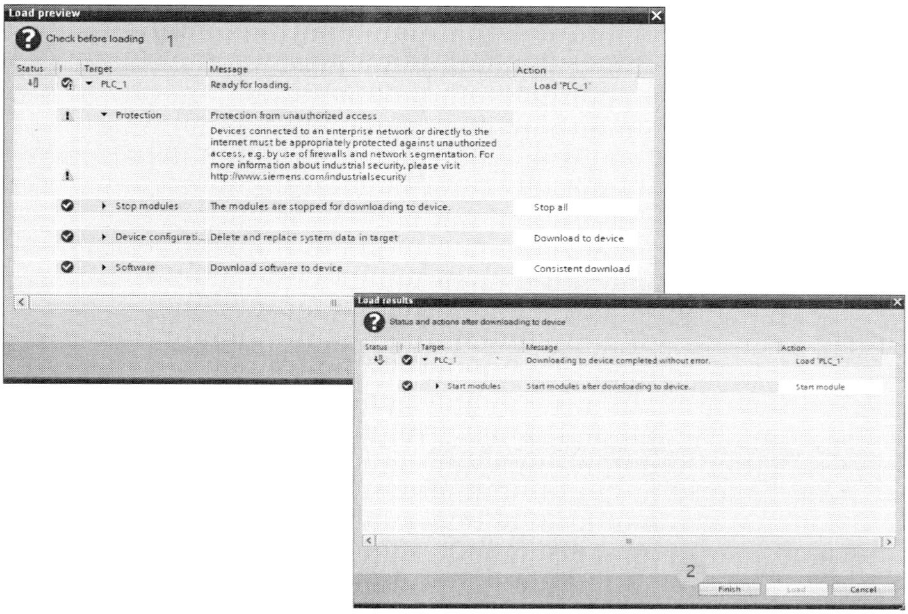

① 로드를 하기 위한 점검항목이 표시되고 이에 대한 "Check"작업이 진행된다.
② "Check"작업에서 이상이 발생되니 않으면 "Finish"버튼을 클릭하여 다운로드를 마무리한다.

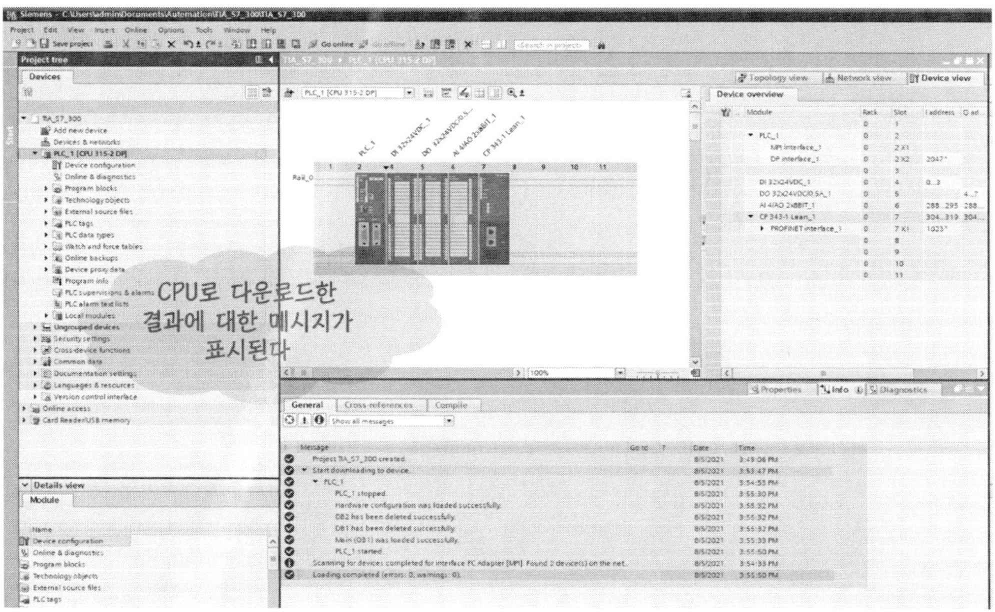

프로그램 작성은 Program Blocks 〉 Main [OB1]을 클릭하고 오른쪽에 표시된 명령어 카탈로그 [Instruction]에서 참조하여 작성한다. S7-300에서 사용하는 명령어 이외에 추가되거나 기능에 따른 분류가 조금 달라진 형태로 제공된다.

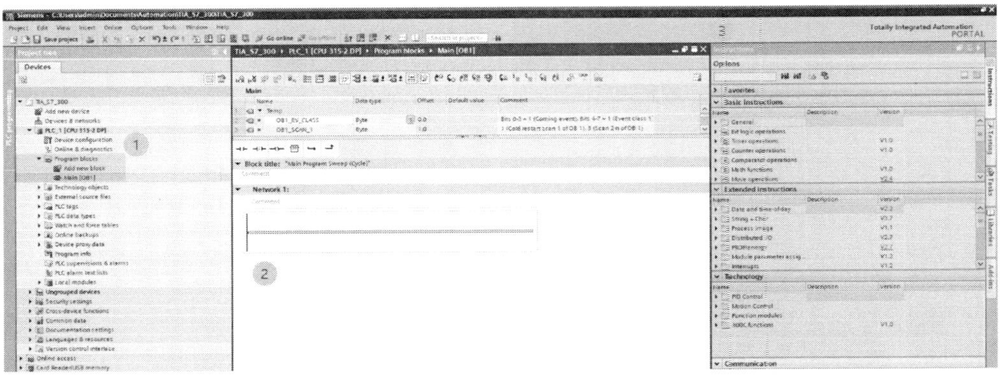

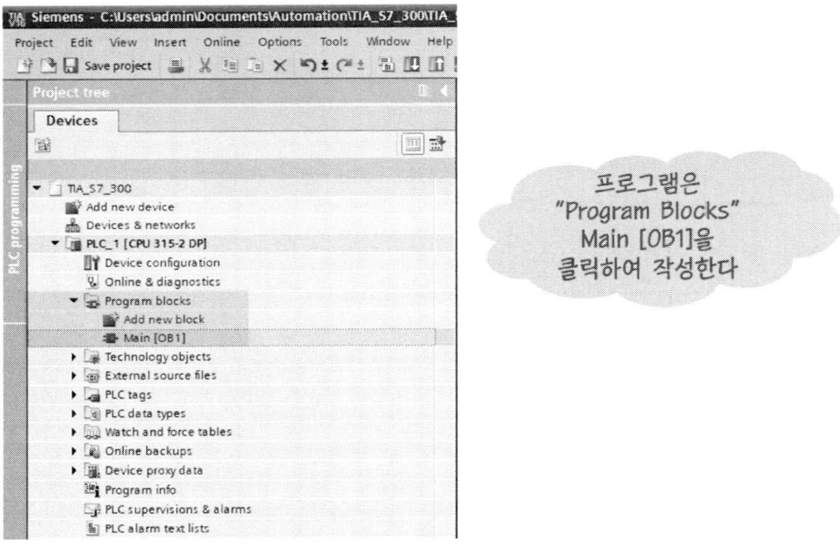

작성한 프로그램을 다운로드 하기 위해서는 다운로드할 대상을 선택한 뒤 실행한다는 것을 명심하도록 한다.

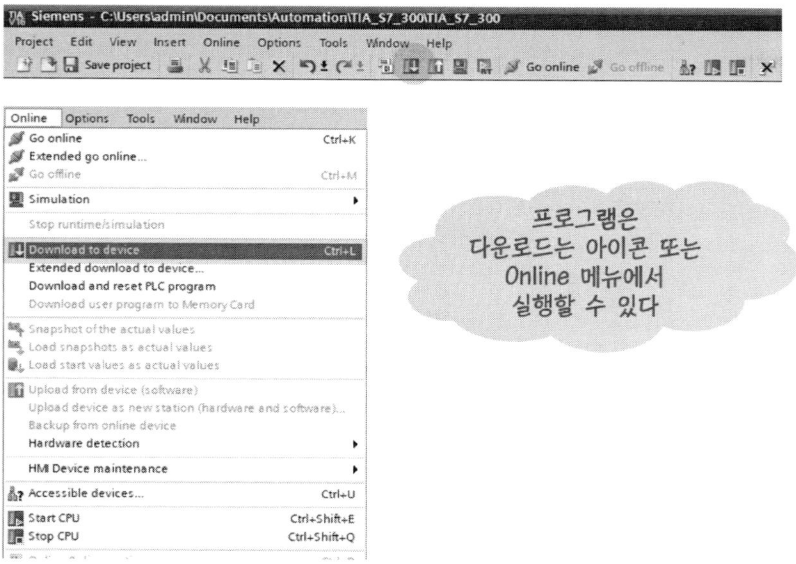

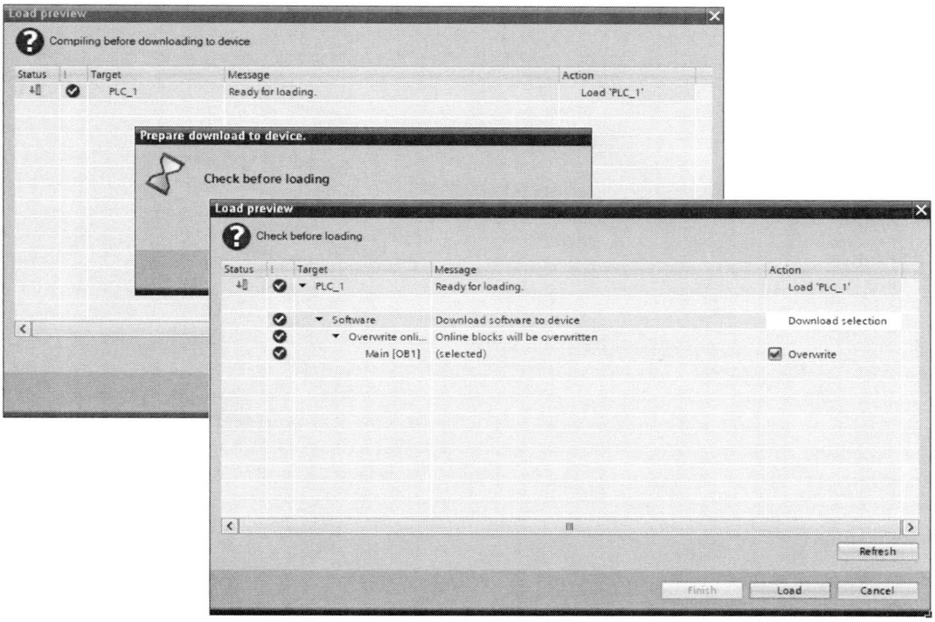

프로그램의 동작 상태를 모니터링하기 위한 아이콘을 클릭하면 온라인 상태를 표시하기 위해 프로그램의 제목줄의 색상이 "오렌지"색으로 변경된다.

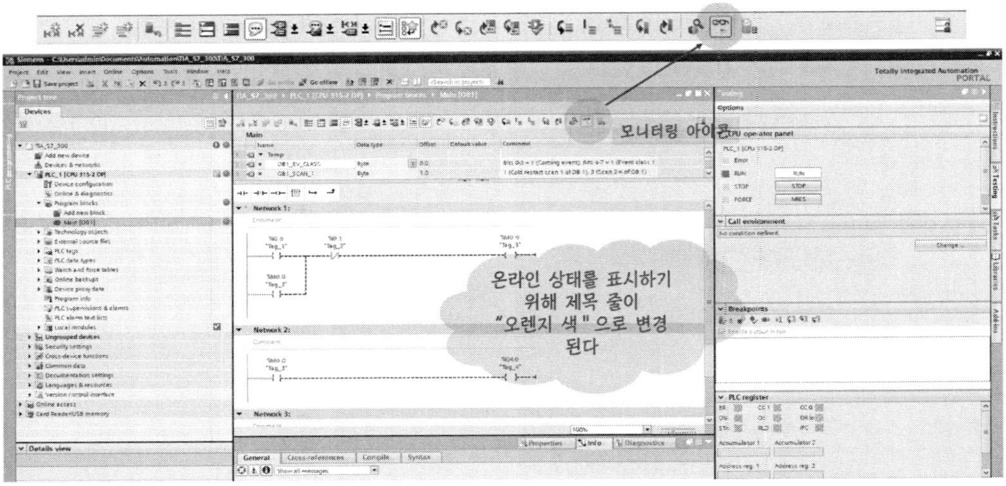

모니터링 상태에서 비트 신호의 강제 On/Off기능이 지원된다.
해당 비트를 마우스 오른쪽 버튼 클릭하여 제공되는 여러 가지 기능을 사용할 수 있다.

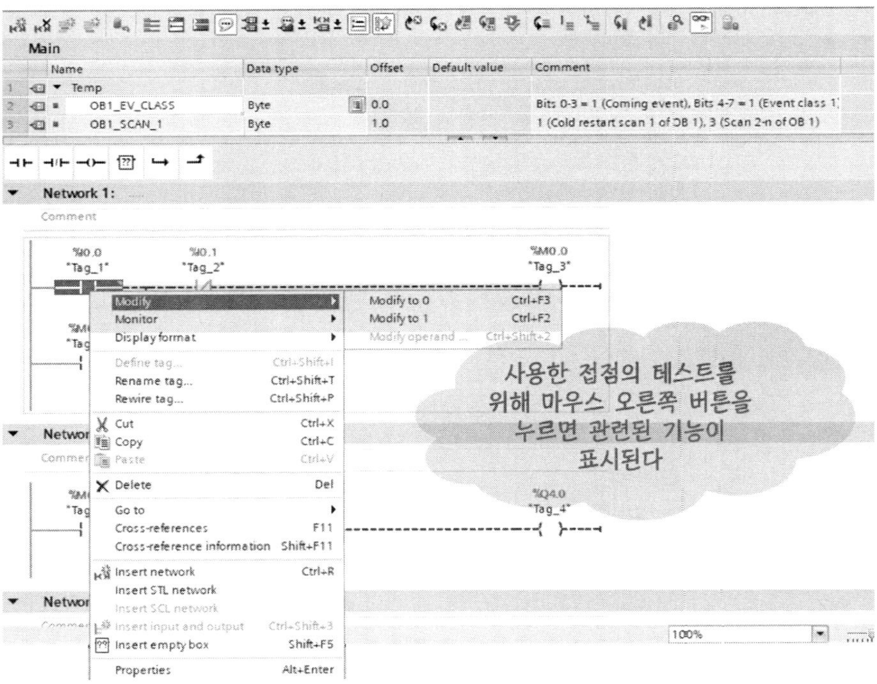

Online상태에서는 CPU에 저장되어 있는 프로그램을 읽어올 수 있다.
Online 〉 Upload from device 또는 아이콘을 클릭하여 실행한다.

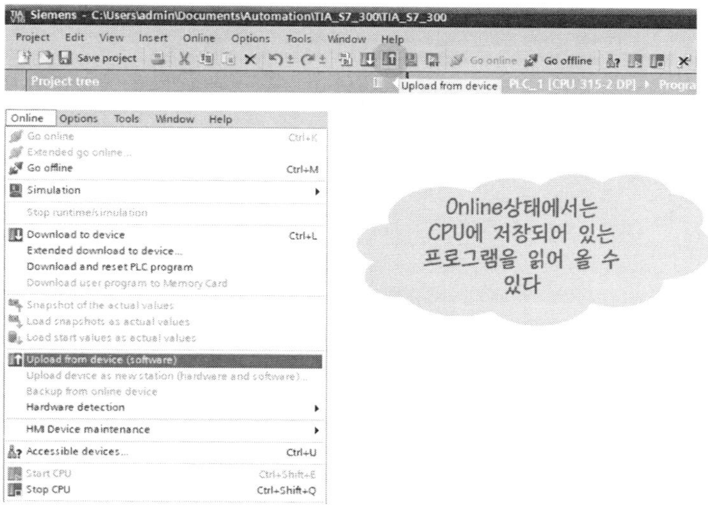

여기에서 한 가지 알아두어야 할 사항은 TIA Portal에서 최초 한 번은 PLC로 데이터를 써 넣어야 Upload가 된다는 것이다. 기존 사용한 SIMATIC Manger를 사용하고 바로 TIA Portal을 사용하면 사용하는 데이터의 포맷이 서로 일치하지 않는 관계로 기능적으로 호환이 안된다는 점이다. 예를 들면 하드웨어 구성시 TIA Portal에서는 알 수 없는 장치를 하나 만들어도 실제 하드웨어 구성을 읽어올 수 있는 기능을 지원한다.

프로젝트를 새로 생성하고 "Device & network" 설정 과정에서 "Add New Device"를 설정할 때 하드웨어의 모델명과 주문번호를 일일이 지정하지 않는 방법으로 CPU를 "Unspecified CPU"로 설정하고 실장된 하드웨어 정보를 읽어오면 편하다.

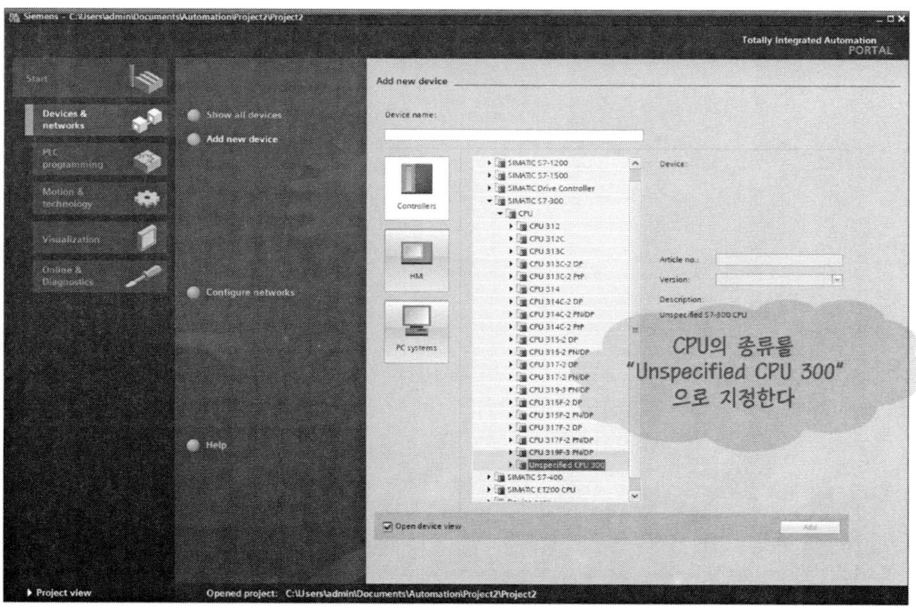

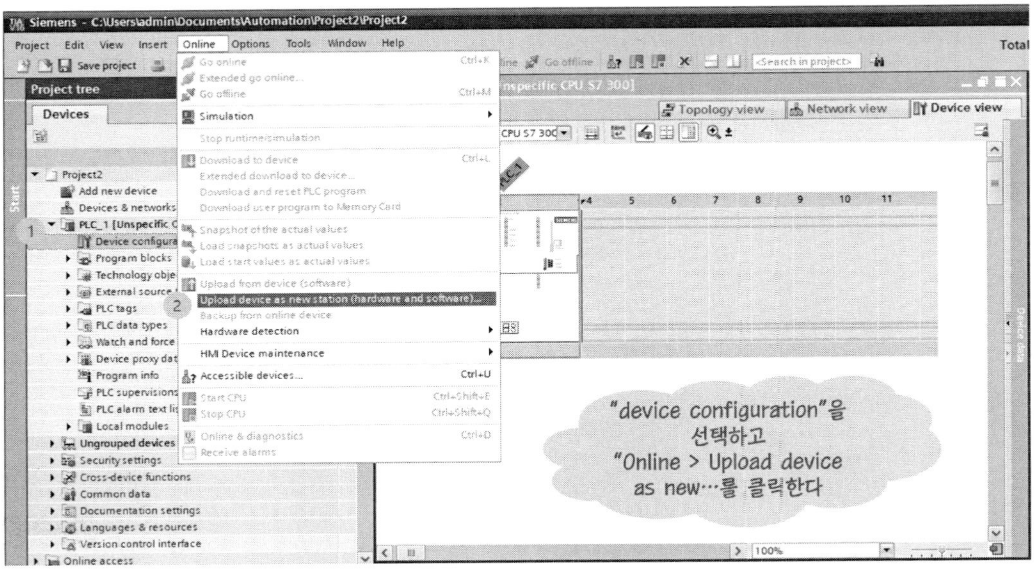

Upload중 에러가 발생되었다는 메시지가 표시된다.

이 에러가 앞에서 설명한 최초 한 번은 TIA Portal에서 데이터를 써 넣어야 한다는 제약이 있다는 것이다.

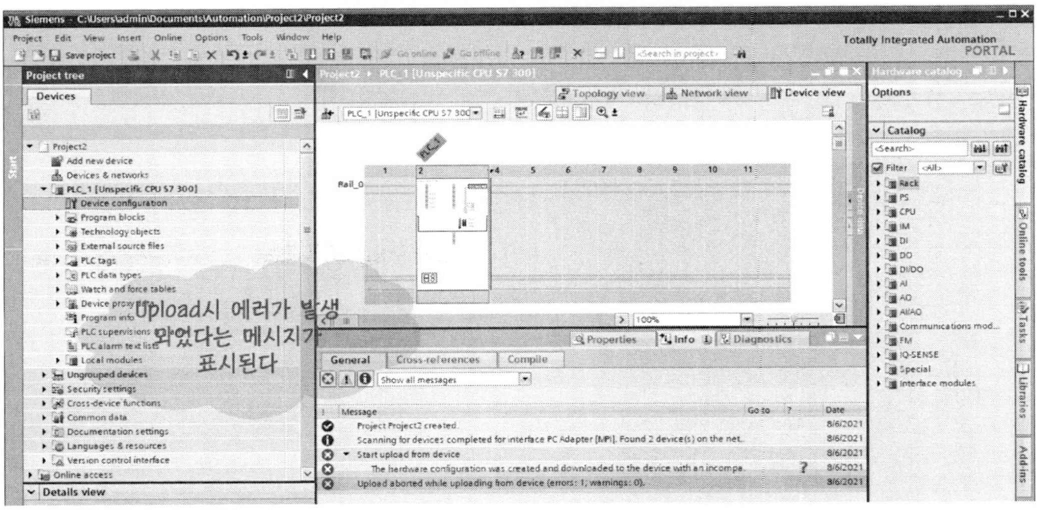

2 PC와 PLC간 통신 연결 설정 방법

PLC와 컴퓨터를 연결하는 두 가지 방법은 다음과 같다.

1) MPI 연결

그 첫째, "MPI" 연결방법으로 MPI는 'Multi-Point Interface'의 약자로서 일반적으로 PC와 USB케이블로 연결할 경우 필요한 연결 방식이자 하드웨어를 의미한다. 어댑터의 형태로써 PLC와 PC를 연결하는 중간 매개체로 신호의 변환 역할을 한다.

좌측의 'Device' 카테고리에서 'Online & diagnostics(온라인 & 진단)' 화면에 들어가면 아래와 같이 PC와 PLC CPU의 접근 방식을 나타내는 화면이 표시된다.

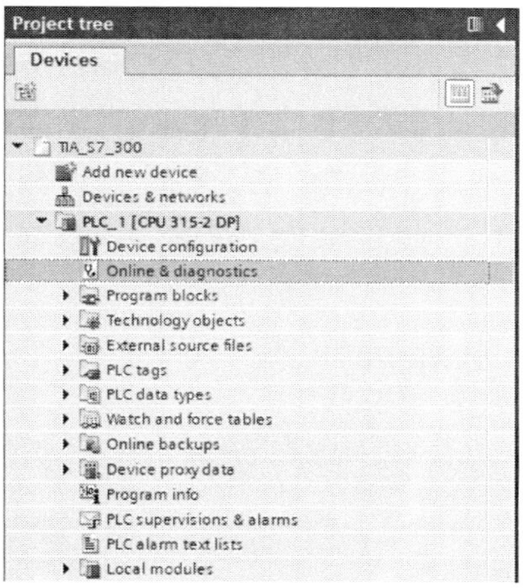

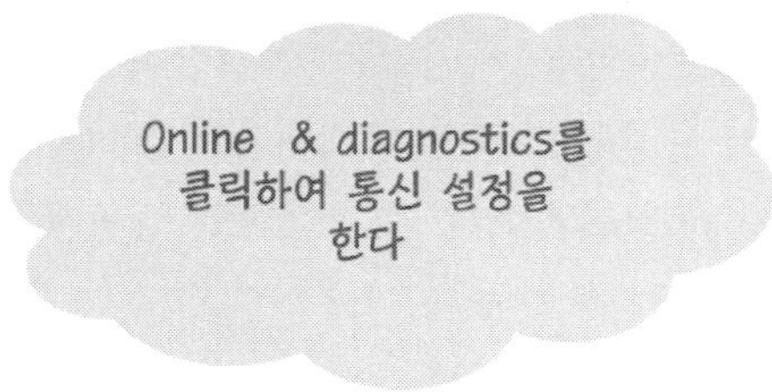

현재는 USB 2.0 케이블을 PC어댑터와 연결해서 지멘스 MPI케이블로 변환하는 연결로 설정되어 있다. 중간의 'Online access' 블록에서 'Type of the PG/PC interface(PC/PG 인터페이스의 유형)' 항목에 'MPI'를 찾아서 클릭한다.

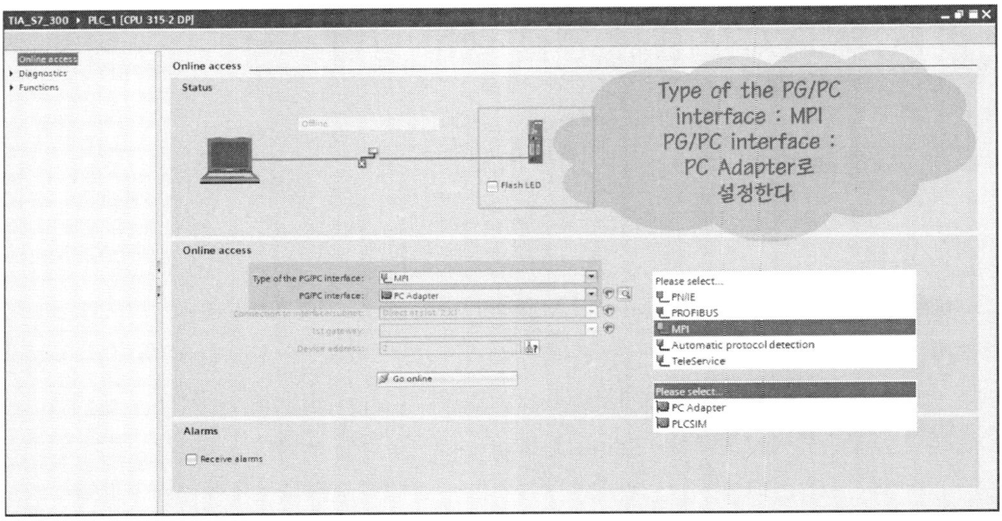

다음에는 아래의 'PG/PC interface' 항목에서 현재 USB 케이블과 PC 어댑터를 이용해서 MPI케이블로 변환을 시켜주는 연결방식을 사용하고 있으므로 'PC Adapter'를 선택한다.

여기까지 설정하게 되면 아래에 'Go online' 버튼이 실행상태로 변경된다. (연결이 올바르지 않으면 'Go online' 버튼은 실행상태로 바뀌지 않는다. 케이블의 연결상태, 어댑터의 정상동작 상태 등을 다시 확인해 본다.)

'Go online'을 클릭하면 S/W가 온라인 상태로 변경된다.

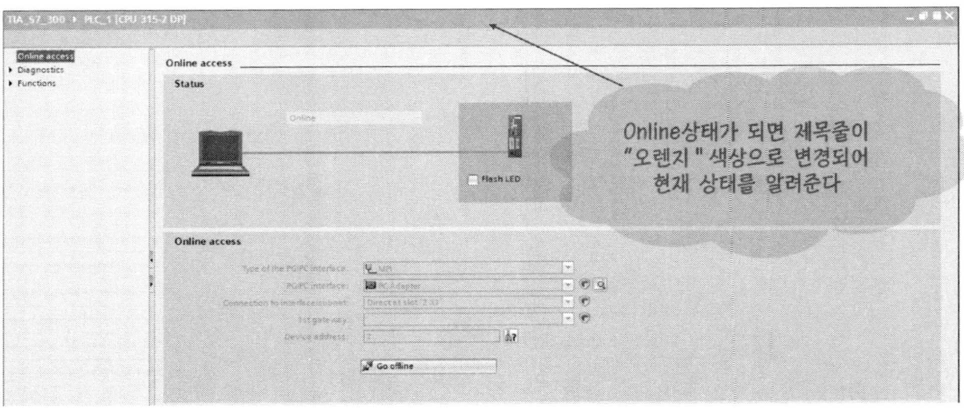

온라인 상태에서는 변수접점의 설정이나 회로 작성이 불가능하기 때문에 평상시에는 오프라인 상태로 유지하도록 한다. 오프라인은 상단의 'Online' 또는 온라인으로 바뀐 Online access 화면에서 'Go offline'을 클릭하면 된다.

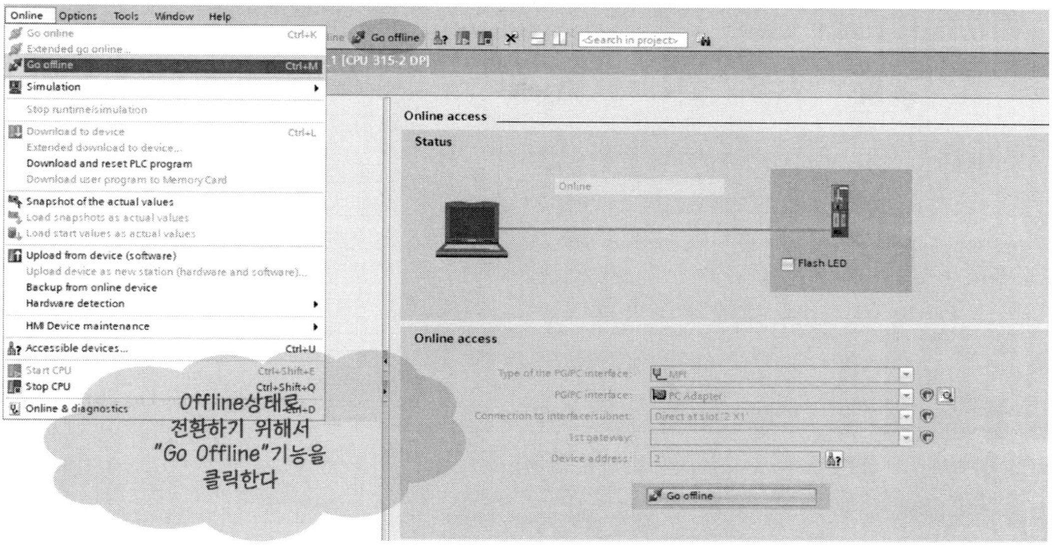

2) PROFINET 연결

두 번째 방법인 PROFINET 연결, 즉 이더넷으로 연결하는 방법에 대해서 알아본다. TCP/IP와 더불어서 UDP의 통신이 가능하다. PROFINET(프로피넷)은 자동화 기술에서 산업용 이더넷을 위한 혁신적인 공개 표준을 의미한다.

사용하는 CPU에 따라 PROFINET 포트가 하드웨어적으로 기능이 있는 모델인지 확인을 해야 한다. (CPU명칭에 PN이 표기되어 있는 모델이다.)

CPU 내부에 이더넷 연결단자가 있다. 이곳에 인터넷 허브와 연결된 랜선을 연결한다. 연결이 되었으면 TIA PORTAL의 "Device configuration"에서 CPU(PLC_1)를 더블클릭한다. 이후 화면 하단 Properties 〉 General 탭에서 PROFINET interface 목록을 찾은 후, 'Eternet addresses'를 클릭한다.

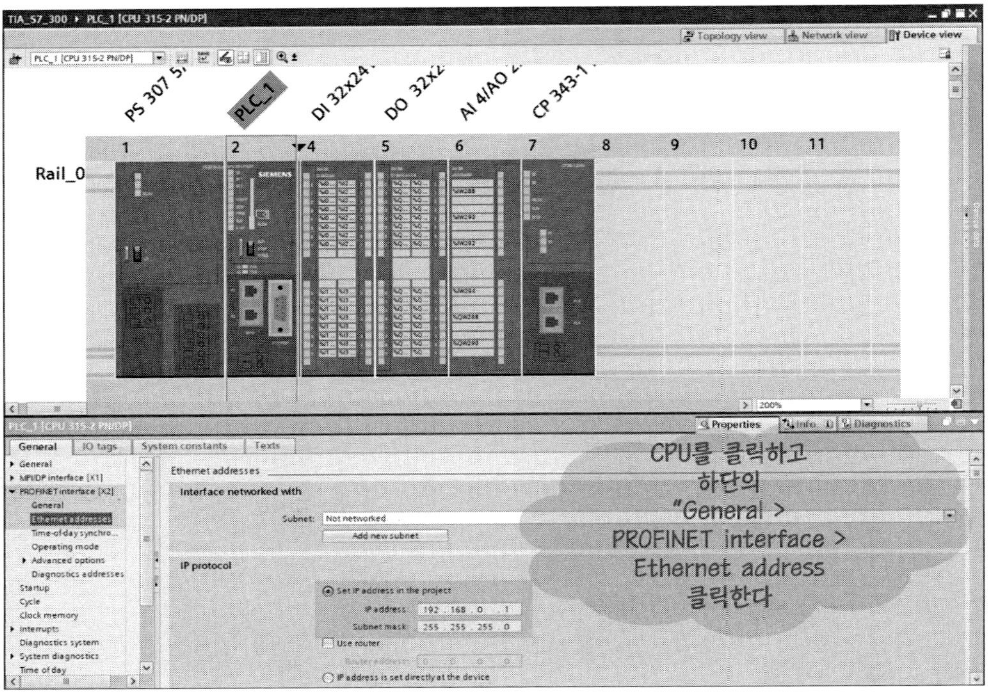

'Interface networked with'에서 "Add new subnet"을 클릭하여 "PN/IE_1"을 등록한다.

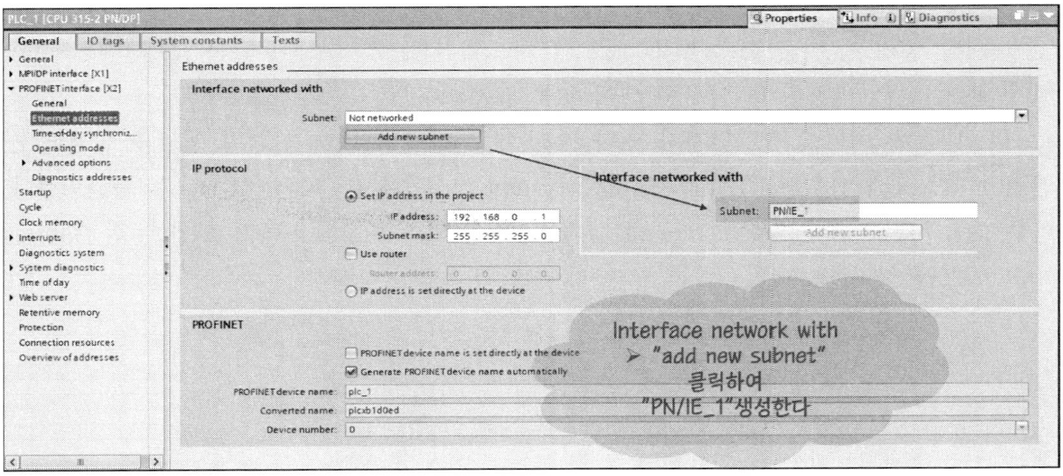

제어에 사용할 IP프로토콜을 설정한다.

'Set IP address in the project'를 체크하여 IP주소와 서브넷 마스크를 설정한다.

IP주소의 경우 좌측 카테고리 창의 'Online access' 목록을 찾아준다.

여기에서 연결된 이더넷 포트를 찾은 다음에 드롭다운을 열게 되면 해당 PLC와 이더넷 허브간의 연결되어있는 IP주소들이 표시된다. 여기서 해당 PLC의 이름(*여기서는 PLC_1)을 찾으면, 이름 좌측에 IP주소가 표시되어 있다.

해당 IP주소를 위의 IP protocol에서 찾아서 적어준다. 서브넷 마스크는 현재 PC의 이더넷 연결 상태를 네트워크 환경설정에서 확인해서 그대로 적어주면 된다.

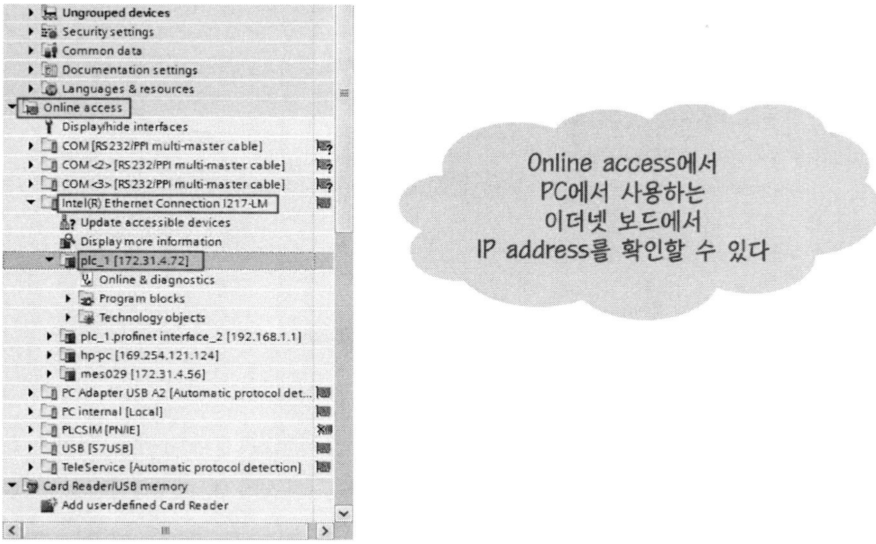

'Online & diagnotics'로 들어가서 온라인 연결을 해준다.

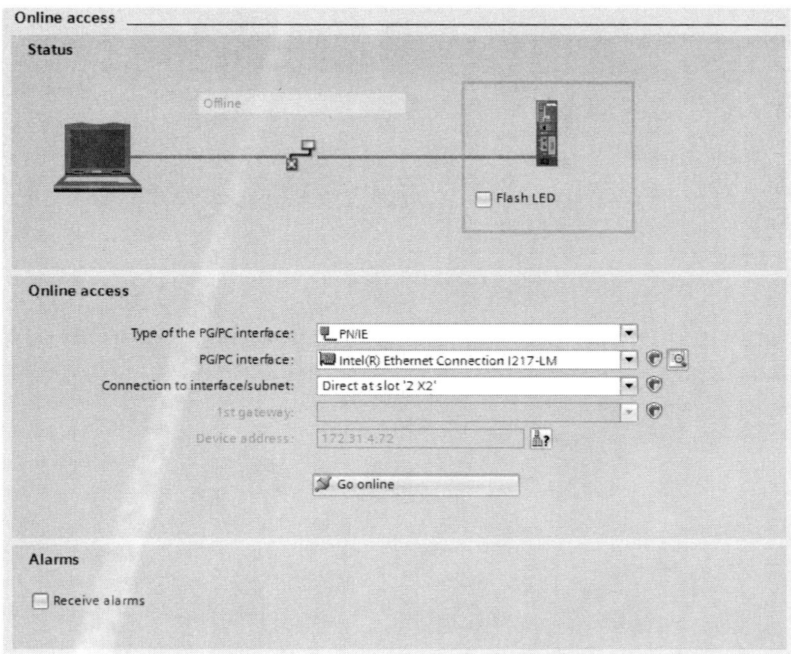

우선 PG/PG 인터페이스 종류를 PN/IE로 선택한다.
아래에 자동적으로 인터페이스를 설정하는 드롭다운 목록이 활성화된다.
그 다음에 인터페이스 드롭다운을 눌러서 해당 이더넷 포트를 클릭한다.
마찬가지로 선택하게 되면 아래에 'Connection to interface/subnet' 드롭다운 목록이 자동으로 활성화된다.

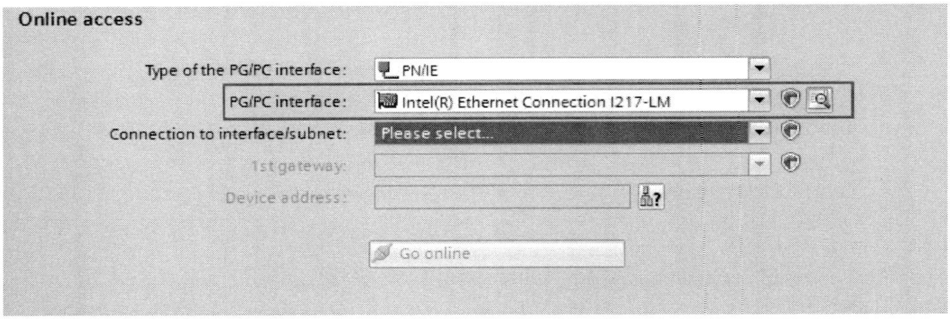

'Connection to interface/subnet' 드롭다운 목록에서 설정해두었던 이더넷 인터페이스와 서브넷을 선택한다. 여기서는 'PN/IE_1'로 설정하도록 한다. 설정하면 아래 'Device address'에 해당 IP주소가 자동으로 표시되면서 동시에 'Go online' 버튼도 활성화된다.

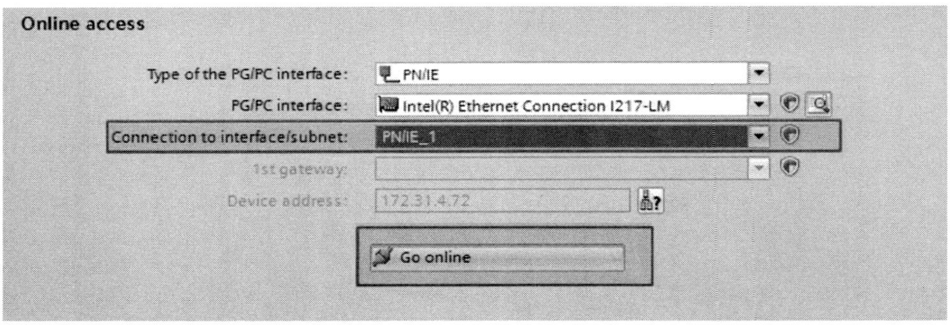

Siemens S7 300 Programming

APPLICATION

Siemens
S7 300
Programming

Application

01 Liquid Mixing

자동 액체 혼합 응용 프로그램을 위한 PLC 프로그램이다.

Problem Description

- 많은 산업 분야에서 용액 혼합에 사용되는 혼합 시스템이 많이 있다. 일부 공장은 완전 자동화 또는 반자동화를 사용한다.
- 수동 시스템에서는 정확도 부족, 시간 지연 문제, 액체 손실, 시간 소모 등과 같은 많은 단점이 있다.
- 여기에서는 혼합 시스템의 반자동 적용에 대해 생각해 본다.

Problem Diagram

Problem Solution

- 이 응용 프로그램에서 작업자는 스위치 S1 및 S2를 사용하여 혼합되지 않은 순수한 용액을 준비할 수 있다. 그리고 혼합 용액 또는 재료는 스위치 S3를 사용하여 작업자가 준비할 수 있다.
- 작업자는 탱크의 수위를 관찰하고 밸브 V5를 작동하여 탱크 내부의 액체를 배출할 수 있다.
- 또한 탱크가 채워지는 동안 교반기 모터 M이 작동한다. 작업자가 두 스위치를 동시에 조작할 수 없도록 인터록 시스템을 제공한다.
- V1, V3 및 V5는 PLC에 연결되지 않은 수동 밸브이다.
  V2 및 V4는 PLC로 제어할 수 있는 전자식 밸브이다.

List of inputs/outputs

Digital Input	Description		Digital Output	Description
I0.0	S1		Q4.0	V2
I0.1	S2		Q4.1	V3
I0.2	S3		Q4.2	M1

PLC Ladder diagram

Liquid Mixing Application

⊟ **Network 1** : VALVE V2 ON

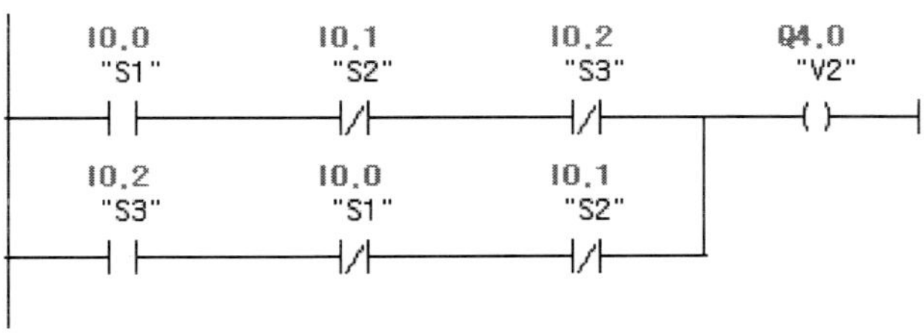

⊟ **Network 2** : VALVE V4 ON

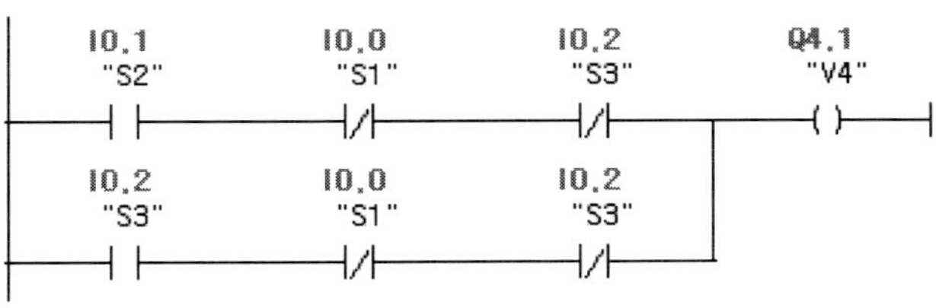

⊟ **Network 3** : MOTOR M1

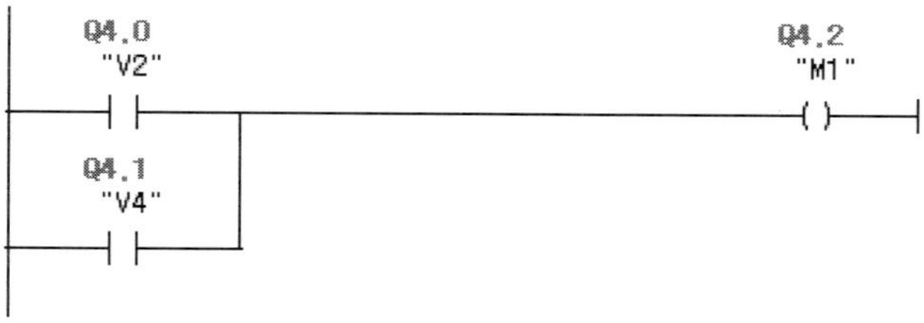

Program Description

- 네트워크 1 :

  S1(I0.0)의 NO 접점과 S2(I0.1) 및 S3(I0.2)의 NC 접점을 직렬로 연결했다. 작업자는 스위치 S1을 활성화하여 용액 1(액체 1)용 밸브 V2를 시작할 수 있다.

- 네트워크 2 :

  S2(I0.1)의 NO 접점과 S1(I0.0) 및 S3(I0.2)의 NC 접점을 직렬로 연결했다. 스위치 S2(I0.1)를 활성화하여 작업자는 용액 2(액체 2)용 밸브 V4(Q0.1)를 시작할 수 있다.

- 네트워크 1 및 2 모두에 대해 병렬 연결, S3(I0.2)의 NO 접점 및 S1(I0.0) 및 S2(I0.1)의 NC 접점과 직렬로 연결했다.

- 네트워크 3 :

  위의 병렬 연결로 인해 작업자는 혼합 용액(Liquid 1 & Liquid 2)용 스위치 S3(I0.2)을 활성화하여 두 밸브를 모두 작동할 수 있다.

  조건에 따라 탱크가 채워지는 동안 교반기 M1(Q0.2)이 자동으로 활성화되어야 한다. 그래서 V2(Q0.1)의 NO 접점과 V4(Q0.1)의 NO 접점을 병렬로 사용하므로 교반기는 스위치를 작동하면 자동으로 활성화된다.

Application

02 Sequential Motor Control

모터 순차제어를 위한 PLC 프로그램의 예이다.

Problem Description

- 많은 산업 분야에서 수많은 종류의 모터가 사용된다. 때때로 우리는 애플리케이션에서 하나 이상의 모터를 시작해야 한다.
- 들어오는 전원 공급 장치 정격이 낮으면 하나 이상의 모터가 더 많은 전력을 소비하기 때문에 병렬로 시작될 때 들어오는 MCCB가 트립될 가능성이 있다.
- 여기에서 우리는 각 모터를 하나씩 시작하는 유사한 예를 고려할 필요가 있다.

Problem Diagram

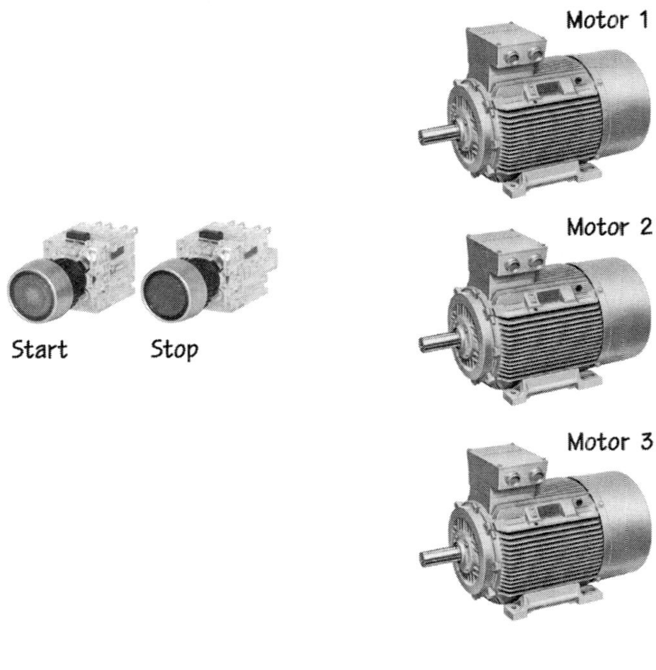

Problem Solution

- PLC 프로그래밍 또는 릴레이 로직을 사용하여 문제를 해결할 수 있다.
- 이 경우 모터를 순차적으로 구동해야 한다. 총 3개의 모터가 순서대로 제어된다. 각 모터가 순차적으로 시작되도록 모터 1이 시작되고 약간의 지연 후에 모터 2가 시작되고 약간의 지연 후에 모터 3이 시작된다.
- 따라서 전체 작동은 순서대로 모든 모터를 시작하는데 10초가 걸린다. 이 지연시간을 적용함으로써 초기 시동 시에 모터에 의해 큰 전류를 소비하는 문제를 피할 수 있다.
- 모든 모터는 순서대로 작동되며 각 모터의 작동 사이에는 5초의 시간 지연이 적용된다.
- PLC를 이용하여 모터의 순차 운전 로직을 작성한다.

List of inputs/outputs

Digital Input	Description		Digital Output	Description
I0.0	Start PBS		Q4.0	Cycle On Lamp
I0.1	Stop PBS		Q4.1	Motor1
			Q4.2	Motor2
			Q4.3	Motor3

PLC Ladder diagram

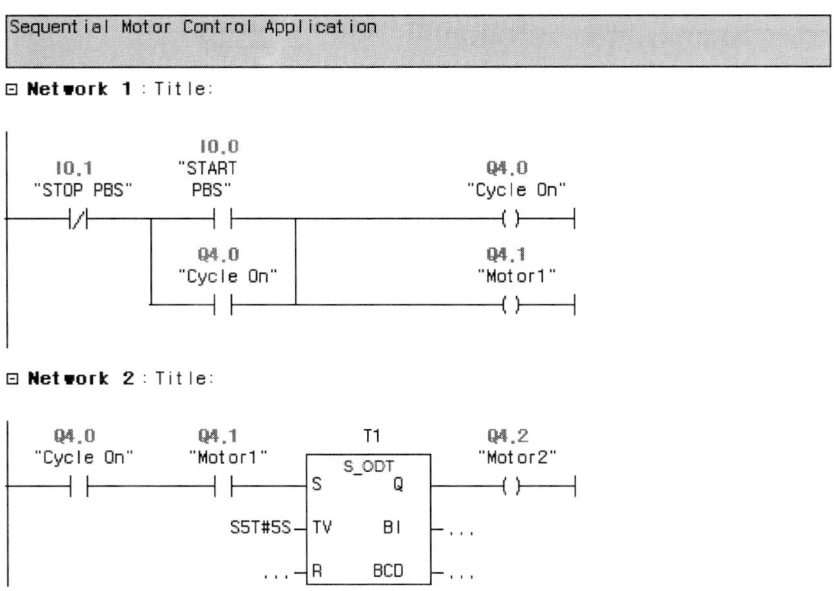

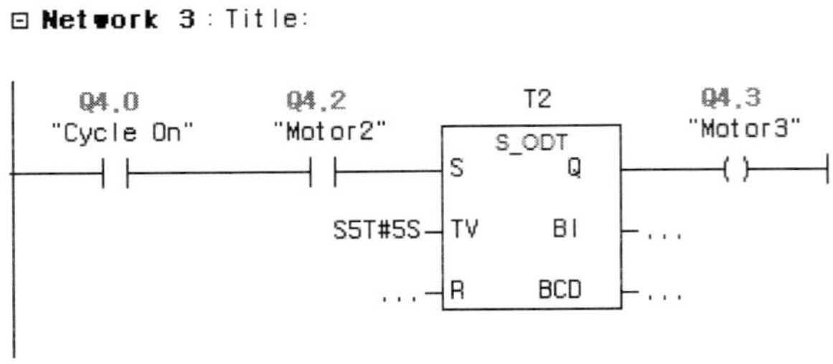

Program Description

- 네트워크 1 :

  사이클 ON 조건에 대한 로직을 만들었다. 여기서 사이클 ON(Q4.0) 램프는 사이클 상태를 나타냅니다. 사이클은 START PB(I0.0) 푸시 버튼을 눌러 시작할 수 있고 STOP PB(I0.1) 푸시 버튼을 눌러 중지할 수 있다. 사이클이 ON되면 동시에 모터 1(Q4.1)이 시작된다. 동시에 타이머 명령이 실행된다.

- 네트워크 2 :

  모터1의 NO 접점은 타이머 T1을 시작하고 모터2의 타이머(Q4.1)가 설정값에 도달하면 5초가 필요하다. 그러면 T1의 NO 접점이 On되면 모터 2(Q4.1)를 시작한다.

- 네트워크 3 :

  모터 3의 타이머를 시작하기 위해 모터2의 NO 접점을 사용했다. T2가 설정 값 5초에 도달하면 T2의 NO 접점이 모터 3(Q4.0). STOP PB(I0.1)를 누르면 NC 접점이 활성화되어 사이클(Q4.0)이 꺼진다. 그리고 모터2와 3도 작동을 멈추게 된다.

Application

03 Continuous Filling Operation

모터 순차제어를 위한 PLC 프로그램의 예이다.

Problem Description

- 솔레노이드 : 후퍼에서 제품 충전을 제어한다. 솔레노이드는 상자가 배치된 후 활성화되고(근접 스위치 활성화) 레벨 스위치가 활성화된 후(레벨 가득 참) 다시 비활성화된다.
- 레벨 스위치 : 충전 상자의 제품 레벨을 감지한다.
- Proximity Switch : 상자를 후퍼 바로 아래에 위치시킨다.
- 모터 : 상자가 그에 따라 움직이도록 컨베이어를 작동시킨다.
- 로컬 제어판 : 시퀀스를 제어하는 데 사용되는 START 및 STOP 버튼이 있다.
- 표시창 : 플랜트/배치 상태를 표시한다. 상태 신호는 Run/Stand By/Full이다.

Problem Diagram

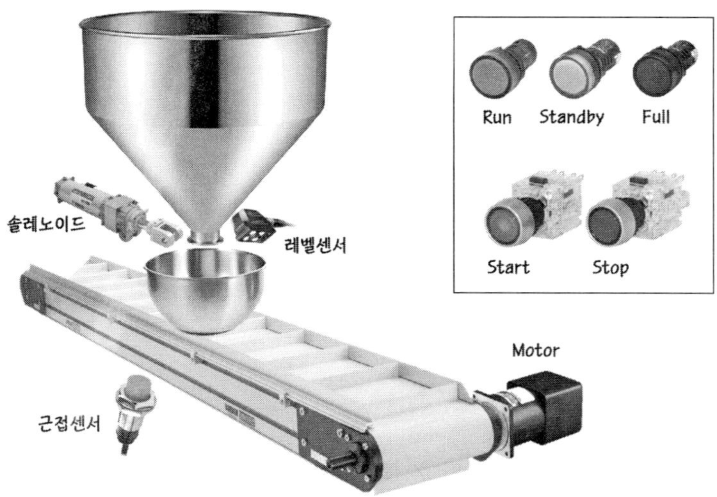

다음은 초기 상태이다.

STOP 스위치 : 평상시 닫힘(NC)
START 스위치 : 평상시 열림(NO)
근접 스위치 : 평상시 열림(NO)
레벨 스위치 : 평상시 열림(NO)

참고
래더 로직에서 필요에 따라 근접 및 레벨 스위치의 기본값으로 NO 또는 NC 접점을 사용할 수 있다. NO를 사용하면 스위치가 활성화된 후 NC가 된다. NC를 사용하면 스위치가 활성화된 후 NO가 된다.

List of inputs/outputs

Digital Input	Description		Digital Output	Description
I0.0	Stop PBS		Q4.0	Motor
I0.1	Start PBS		Q4.1	솔레노이드
I0.2	근접 센서		Q4.2	Run Lamp
I0.3	레벨 센서		Q4.3	Standby lamp
			Q4.4	Full lamp

PLC Ladder diagram

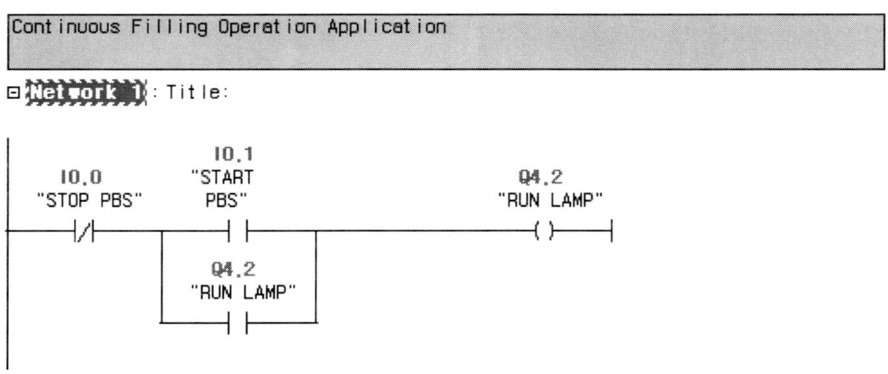

⊟ **Network 2** : Title:

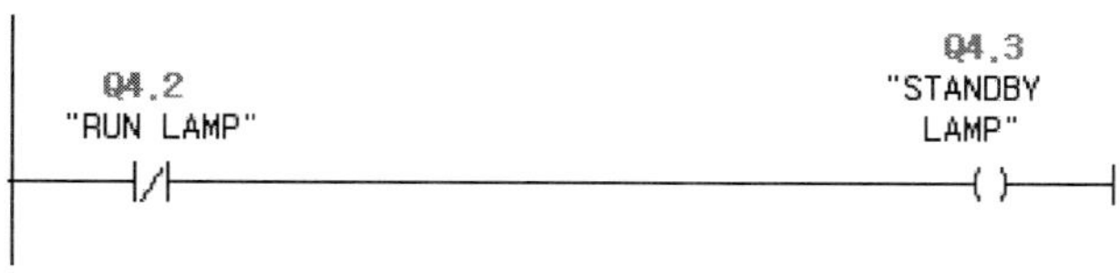

⊟ **Network 3** : Title:

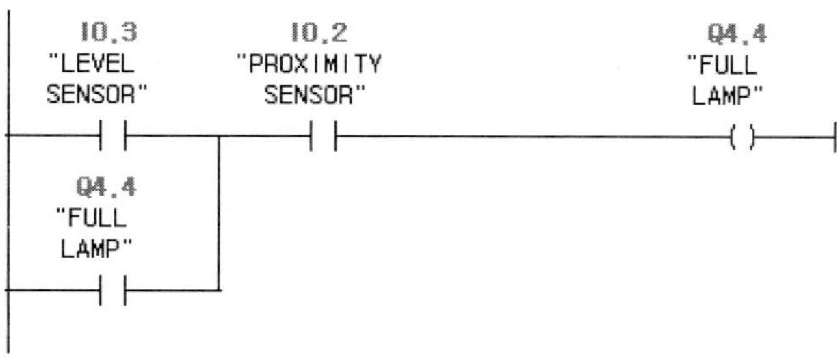

⊟ **Network 4** : Title:

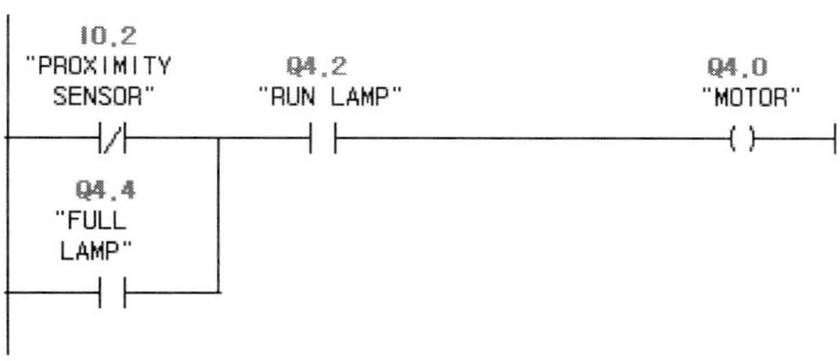

⊟ **Network 5** : Title:

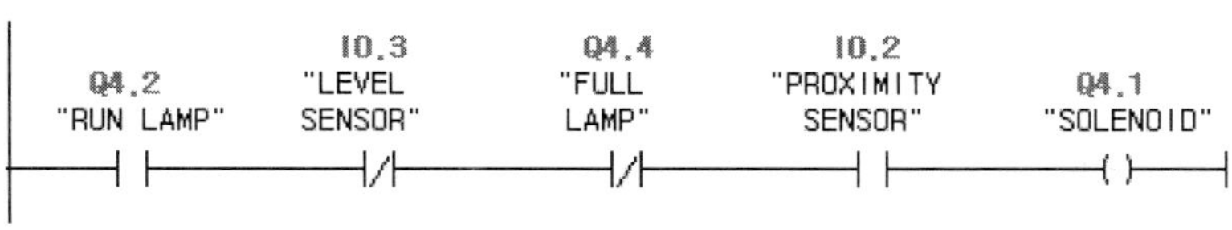

Program Description

- 네트워크 1 :

  STOP, START & RUN 표시가 있다. STOP 기본 NC, START는 NO이다. START 명령을 누르면 STOP과 START가 모두 NC이므로 출력 RUN이 활성화된다. RUN 표시가 표시 패널에 표시된다. START는 순간적인 명령만 생성하는 푸시 버튼이다. 따라서 RUN 출력에서 논리적 NO 접점을 사용한다. RUN이 활성화되면 NO는 NC가 되고 START 명령을 Hold/Latch하고 복귀형이므로 START 신호가 없어져도 RUN은 계속해서 활성화된다.

• 네트워크 2 :

표시기 패널에서 STAND BY 신호 상태를 나타내는데 사용된다. RUN 표시 NC 접점이 STANDBY에 연결되어 있다.

따라서 RUN 신호가 활성화되거나 프로세스가 시작되면 NC가 NO가 되고 STAND BY 표시가 비활성화된다. 실행 중이 아니면 대기 모드가 활성화된다.

• 네크워크 3 :

표시기 패널에서 FULL 신호 상태를 나타내는데 사용된다. 레벨 스위치 및 근접 스위치가 활성화되면 NO 접점이 NC가 되고 FULL 신호 상태가 활성화된다.

• 네트워크 4 :

모터를 START/STOP으로 제어하는데 사용된다. 근접 스위치 NC 접점을 사용하고 RUN 신호 NO 접점을 사용하여 모터를 제어한다. 따라서 START 버튼을 누르면 RUN이 활성화되므로(첫 번째 런에서 설명한 대로) RUN 신호 NO 접점은 NC가 된다. 근접 및 RUN 신호가 모두 활성화/정상화 되면 모터가 시작되고 컨베이어가 작동을 시작하고 상자/패키지가 이동을 시작한다. 상자가 Hooper 앞에 도달하면 근접 스위치가 활성화된다. 따라서 근접 스위치 NC 접점이 NO가 되어 모터가 즉시 정지한다. 채우고 나면 상자를 다시 움직여 다른 쪽으로 이동해야 한다. 그래서 여기서 우리는 근접 스위치에 걸쳐 레벨 스위치 NO 접점을 사용한다. 충전이 완료되면 레벨 스위치 접점이 NO에서 NC로 변경되므로 다시 모터가 시작되고 상자가 다른 쪽 끝으로 이동한다.

• 네트워크 5 :

솔레노이드 밸브 작동을 제어하는데 사용된다. 솔레노이드가 활성화되면 상자를 채우기 시작하고 솔레노이드 밸브가 비활성화되면 채우기가 중지된다. 여기서는 주로 RUN 신호 NO 접점, 레벨 스위치 NC 접점, 근접 NO 접점을 사용하여 솔레노이드 밸브를 제어한다. 솔레노이드 밸브는 START 명령이 주어지면(RUN 신호 NO 접점이 NC가 됨), 레벨이 0일 때(여기서는 레벨 스위치 NC 접점이 기본값으로 사용됨), 상자가 후퍼 아래에 있을 때(근접 스위치 NO 접점 사용됨) 활성화된다. 따라서 상자가 후퍼 아래에 도착하면 NO 접점이 NC가 된다.) 모든 논리가 정상이면 솔레노이드 밸브가 활성화되고 채우기 시작한다. 레벨이 100%에 도달하면 레벨 스위치가 NO가 되어 솔레노이드 밸브를 비활성화하여 충전을 중지한다. 상자가 올바른 위치에 놓일 때 채우기를 시작해야 하기 때문에 여기에서 근접 스위치를 사용했다. 상자를 채운 후 밖으로 이동하고 다음 상자가 Hooper 아래에 올 때 다시 채우기가 시작된다.

Application

04 Tank Heating Control using Heater

히터에 의하여 탱크에 있는 액체 가열을 위한 PLC 프로그램의 예이다.

Problem Description

탱크의 액체에 대한 가열 과정을 제어한다.

Problem Diagram

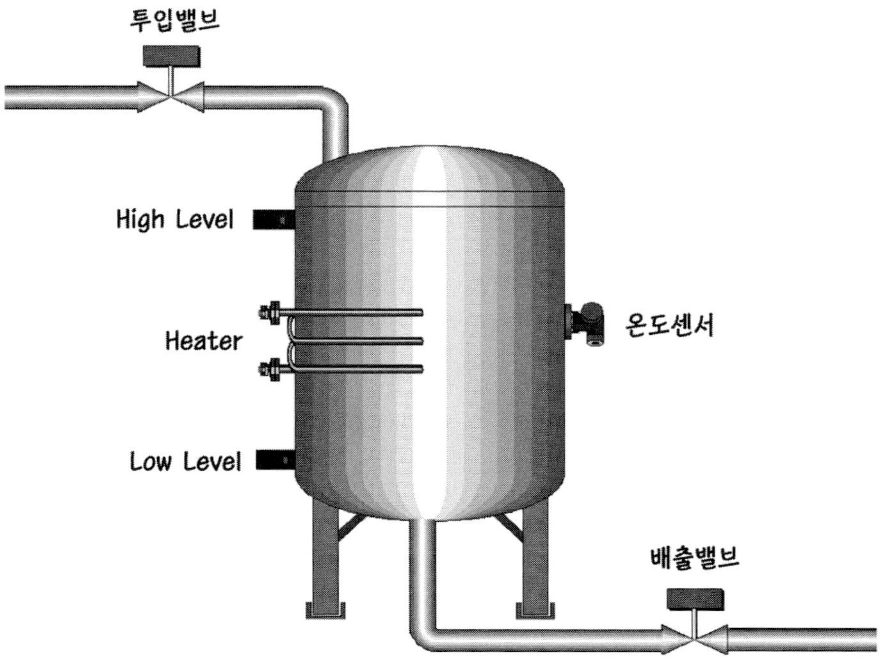

Problem Solution

- 이 시스템에서 두 개의 센서는 탱크의 레벨 측정에 사용되며 히터는 탱크의 재료 가열 목적으로 사용된다.
- 탱크의 온도 측정에도 온도 센서(RTD 또는 열전대일 수 있음)를 사용했다.
- 재료 입구와 출구에 두 개의 밸브가 사용된다. 입구 밸브(Inlet Valve)는 탱크를 공급하는 데 사용되며 출구 밸브(Outlet Valve)는 탱크를 배출하는 데 사용된다.
- 시스템이 Low Level 센서를 감지하면 시스템이 탱크에 공급을 시작한다. 탱크가 High Level 센서를 감지하면 공급 주기가 꺼진다. High Level 센서를 감지하면 시스템은 설정 온도까지 가열 과정을 시작한다.

List of inputs/outputs

Digital Input	Description		Digital Output	Description
I0.0	Start PBS		Q4.0	Inlet Valve
I0.1	Stop PBS		Q4.1	Heater
I0.2			Q4.2	Outlet Valve
I0.3	High level 센서		Q4.3	
I0.4	Low level 센서		Q4.4	

Memory Bit	Description
M0.0	Master coil
MW12	Actual temperature
MW14	Set temperature

PLC Ladder diagram

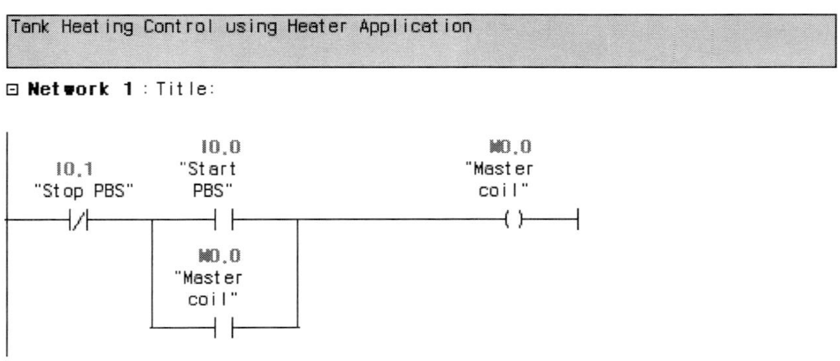

⊟ **Network 2** : Title:

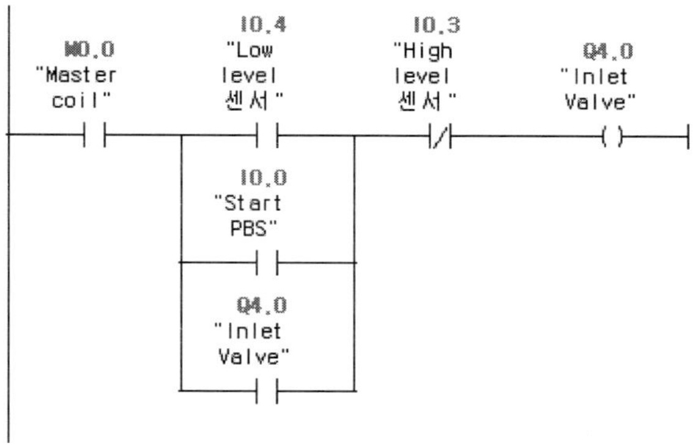

⊟ **Network 3** : Title:

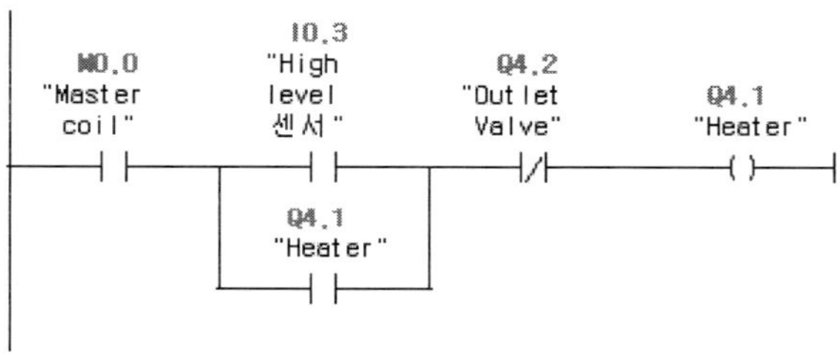

⊟ **Network 4** : Title:

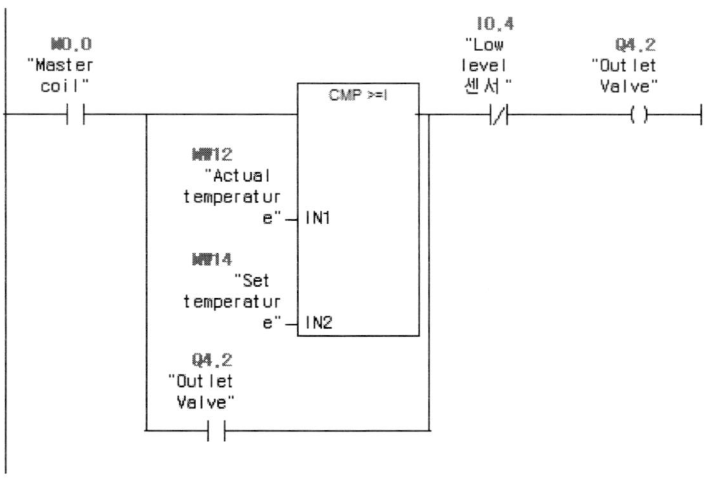

Program Description

- 네트워크 1 :
  마스터 코일(M0.0)은 START PB(I0.0)를 누르면 시작되고 사이클은 STOP PB(I0.1)를 눌러 중지할 수 있다.

- 네트워크 2 :
  Low level 센서(I0.4)가 감지되면 입구 밸브(Q0.0)가 켜진다.

- 네트워크 3 :
  High level 센서(I0.3)가 감지되면 히터(Q0.1)가 켜진다.

- 네트워크 4 :
  실제 온도(MW12)가 설정 온도(MW14)보다 높으면 탱크의 출구 밸브(Q0.2)가 켜진다.

참고

위의 응용 프로그램은 실제 응용 프로그램과 다를 수 있다. 이 예는 단지 설명을 위한 것이다. 이것은 산업 요구 사항에 따라 탱크의 재료를 가열하는 간단한 개념이며 다른 예에서도 이 개념을 사용할 수 있다. 예에서 고려된 모든 매개변수는 설명을 위한 것이며 실제 적용에서는 매개변수가 다를 수 있다. 또한 모든 인터록은 애플리케이션에서 고려되지 않았다.

Application

05 Separate Different Size Object

크기가 다른 물체 분리를 위한 PLC 프로그램의 예이다.

Problem Description

두 개의 서로 다른 크기의 물체가 컨베이어에서 이동되고 있다. 크기가 다른 두 개의 물건을 같은 상자에 포장해서는 안 된다. 분리하는 과정을 PLC에서 이 프로세스에 대한 자동화를 구현한다.

Problem Diagram

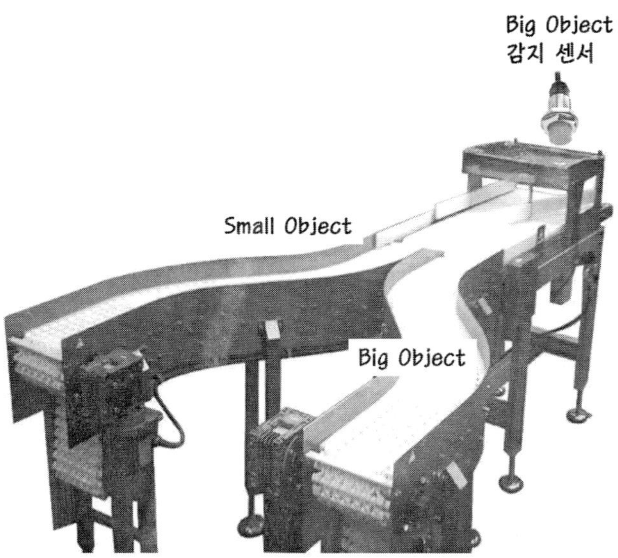

Problem Solution

- 그림과 같이 다양한 크기의 물체가 컨베이어에서 이동하고 있다. 메인 컨베이어에 작은 크기의 물체가 필요하고 큰 크기의 물체가 올 때마다 인접한 컨베이어로 보내야 한다.
- 큰 크기의 물체는 직선 컨베이어에서 메인 컨베이어와 연결된 인접 컨베이어로 우회되어야 한다.
- 여기서 근접 스위치는 큰 크기의 물체를 감지하는 데 사용되며 솔레노이드 작동 게이트는 감지 후 큰 크기의 물체를 전환하는 데 사용된다.
- Conveyor는 일정한 속도로 작동하므로 큰 물체가 감지되면 타이머를 사용하여 Gate를 작동시킨다.

List of inputs/outputs

Digital Input	Description		Digital Output	Description
I0.0	Start PBS		Q4.0	Inlet Valve
I0.1	Stop PBS		Q4.1	Heater
I0.2			Q4.2	Outlet Valve
I0.3	High level 센서		Q4.3	
I0.4	Low level 센서		Q4.4	

Memory Bit	Description
M0.0	Master coil
MW12	Actual temperature
MW14	Set temperature

PLC Ladder diagram

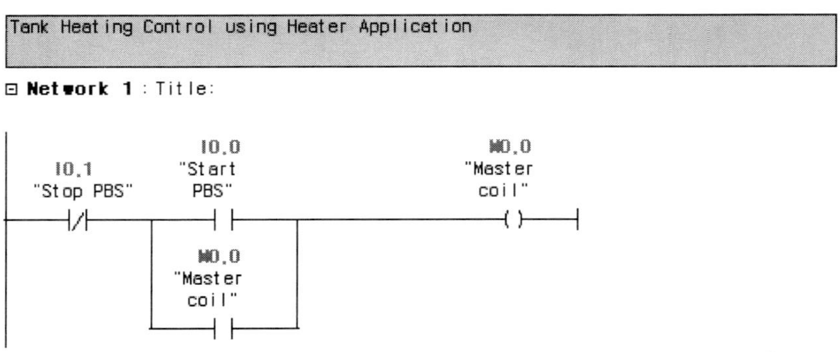

⊟ **Network 2** : Title:

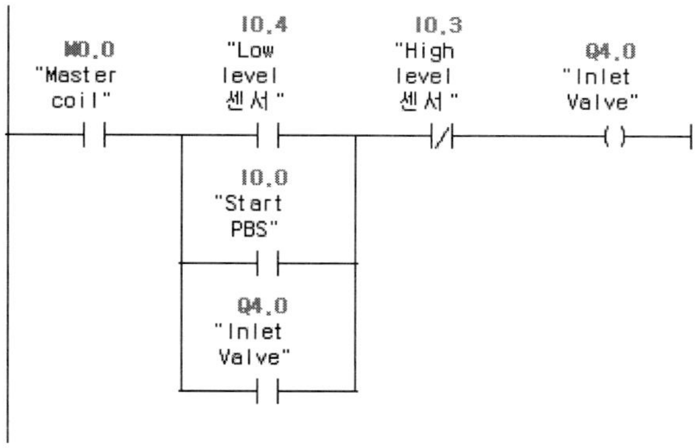

⊟ **Network 3** : Title:

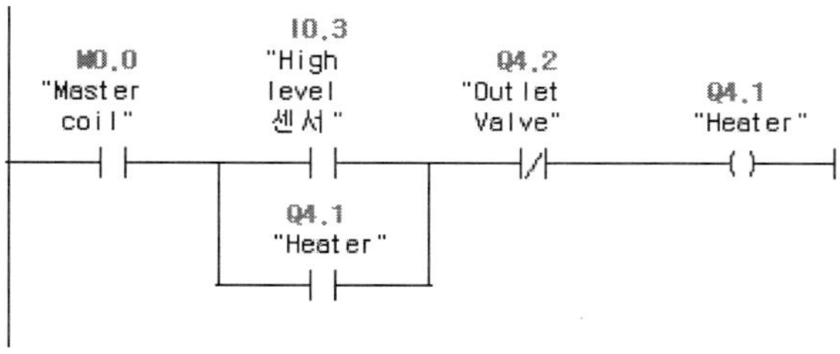

⊟ **Network 4** : Title:

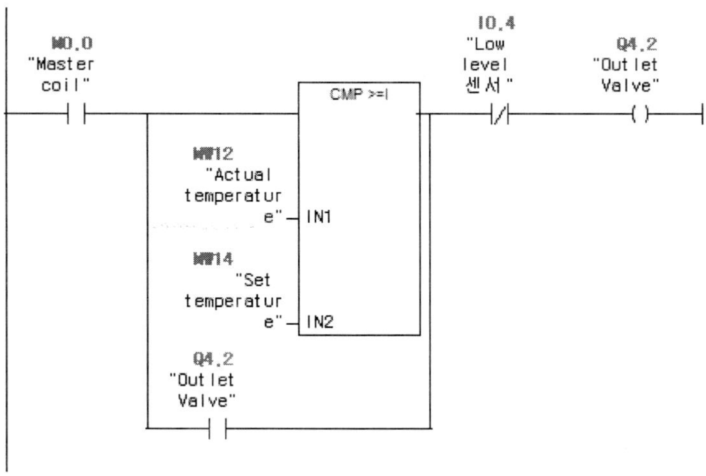

Program Description

- 네트워크 1 :
  마스터 코일(M0.0)은 START PB(I0.0)를 누르면 시작되고 사이클은 STOP PB(I0.1)를 눌러 중지할 수 있다.

- 네트워크 2 :
  Low level 센서(I0.4)가 감지되면 입구 밸브(Q0.0)가 켜진다.

- 네트워크 3 :
  High level 센서(I0.3)가 감지되면 히터(Q0.1)가 켜진다.

- 네트워크 4 :
  실제 온도(MW12)가 설정 온도(MW14)보다 높으면 탱크의 출구 밸브(Q0.2)가 켜진다.

참고

위의 응용 프로그램은 실제 응용 프로그램과 다를 수 있다. 이 예는 단지 설명을 위한 것이다. 이것은 산업 요구 사항에 따라 탱크의 재료를 가열하는 간단한 개념이며 다른 예에서도 이 개념을 사용할 수 있다. 예에서 고려된 모든 매개변수는 설명을 위한 것이며 실제 적용에서는 매개변수가 다를 수 있다. 또한 모든 인터록은 애플리케이션에서 고려되지 않았다.

Application

06 PLC 시계 데이터 읽기

PLC 시계 데이터 읽기 위한 PLC 프로그램의 예이다.

Problem Description

PLC에 내장되어 있는 시계의 데이터를 변경하고 읽어 내어 표시할 수 있는 기능을 연습한다. 래더 프로그래밍 언어를 사용하여 PLC 프로그램을 구현한다.

Problem Diagram

Problem Solution

- 주소 레지스터를 사용하지 않고 STEP 7 IEC 라이브러리의 표준 기능을 사용하여 형식 DATE_AND_TIME 형식에서 추출할 수 있다.

- FC 6
  DT_DATE:함수 FC 6은 DATE_AND_TIME 형식에서 데이터 형식 DATE(날짜 16비트)를 추출한다.

- FC 7
  DT_DAY:기능 FC 7은 DATE_AND_TIME 형식에서 주중(정수)을 추출한다.

- FC 8
  DT_TOD:기능 FC 8은 DATE_AND_TIME 형식에서 데이터 형식 TIME_OF_DAY(시간 32비트)를 추출한다.

- 이러한 방식으로 날짜와 시간의 요소는 일반적인 형식으로 사용할 수 있다.

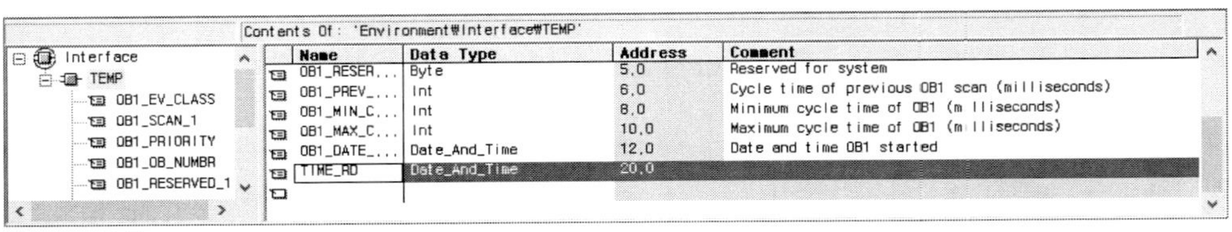

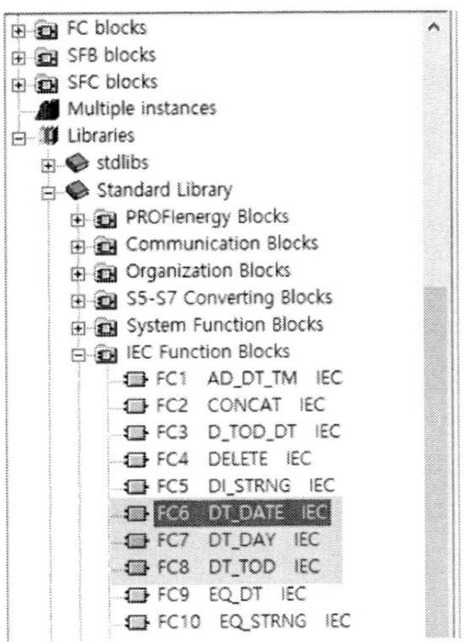

List of inputs/outputs

	Description
MW0	PLC 시계 데이터 읽기 명령 반환값 (실행시 에러코드)
MW10	날짜 데이터
MW12	요일 데이터 (0~6: 0:일요일, 1:월요일, 2:화요일 ...)
MD14	시간 데이터

PLC Ladder diagram

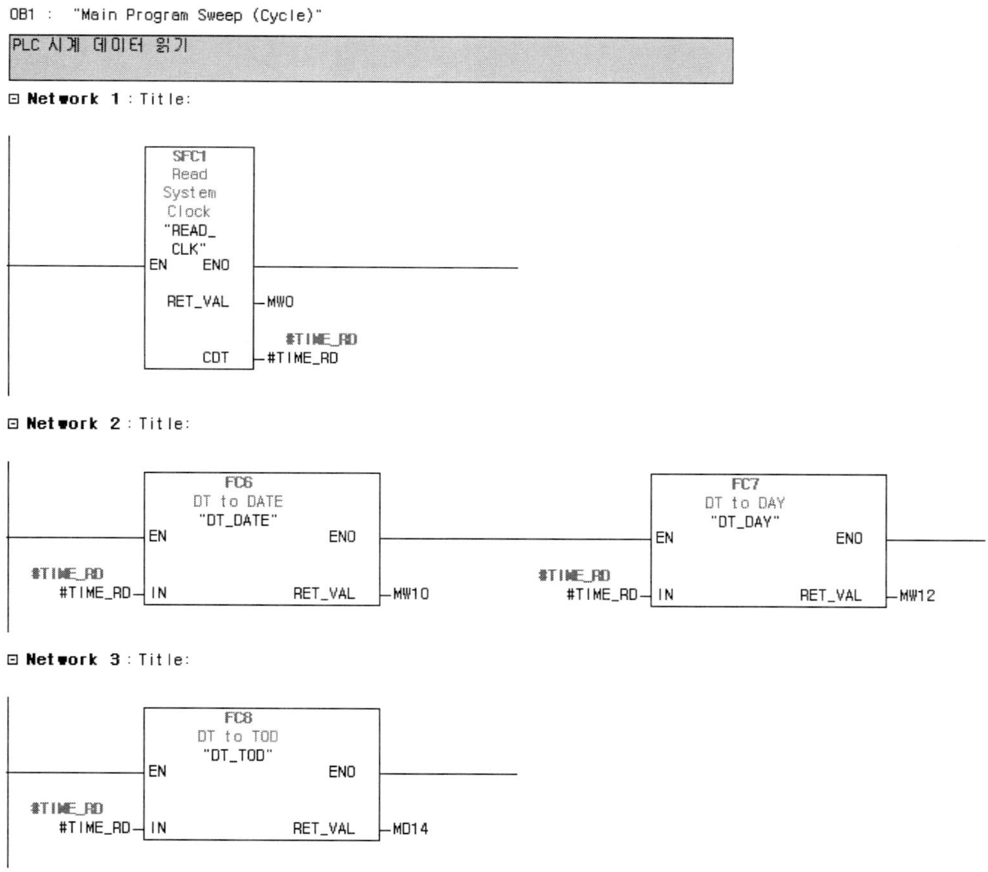

Program Description

- 네트워크 1 :
  SFC1 READ_CLK 명령으로 PLC의 내장 시계 데이터를 읽어 온다.

- 네트워크 2~3 :
  FC 6 DT_DATE: FC 6은 DATE_AND_TIME 형식에서 데이터 형식 DATE(날짜 16비트)를 추출하여 MW10에 저장한다.
  FC 7DT_DAY: FC 7은 DATE_AND_TIME 형식에서 요일 데이터(정수)를 추출하여 MW12에 저장한다.
  FC 8DT_TOD: FC 8은 DATE_AND_TIME 형식에서 데이터 형식 TIME_OF_DAY(시간 32비트)를 추출하여 MD14에 저장한다. TIME_OF_DAY 데이터는 2워드 분량의 길이를 필요로 한다.

  참고
  FC3 D_TOD_DT:
  함수 FC3는 데이터 형식 DATE와 TIME_OF_DAY 결합하고 이러한 형식을 데이터 형식으로 변환하여 DATE_AND_TIME 데이터 형식으로 변환한다.

날짜 및 시간의 값을 주소 레지스터를 사용하지 않고 STEP 7 IEC 라이브러리의 표준 함수를 사용하여 DATE_AND_TIME 형식으로 결합할 수도 있다.

- 시계 데이터 설정은 다음과 같이 하면 된다.

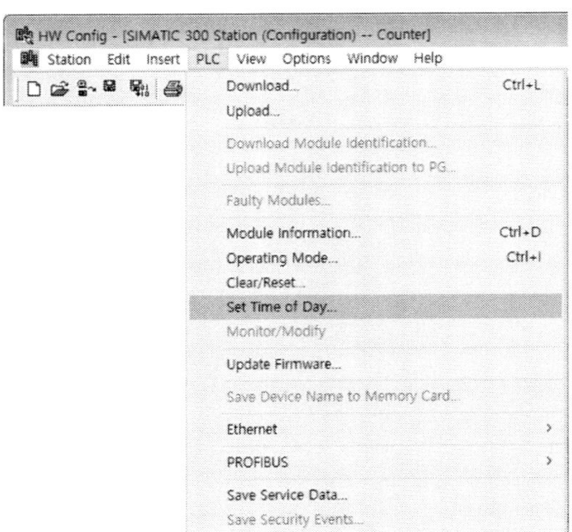

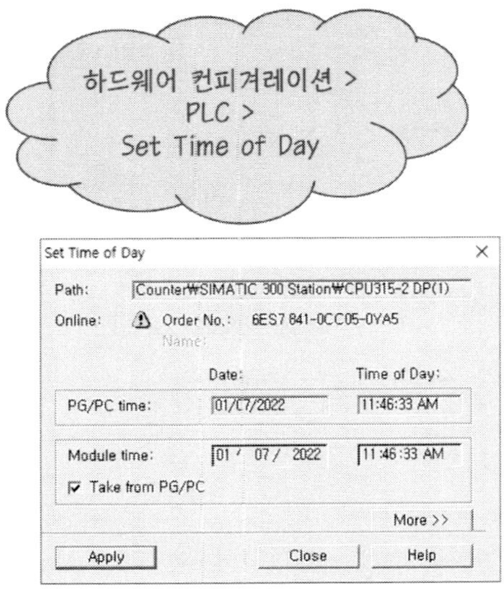

Application

07 Selective Execution

어플리케이션을 선택적으로 실행하기 위한 PLC 프로그램의 예이다.

Problem Description

세 가지 색상의 안료가 있다. 선택기 스위치를 선택하여 용기에 다양한 안료를 채워야 한다. 래더 프로그래밍 언어를 사용하여 PLC 프로그램을 구현한다.

Problem Diagram

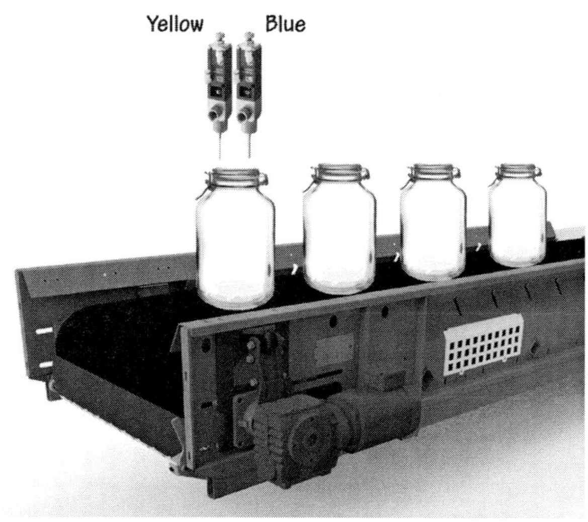

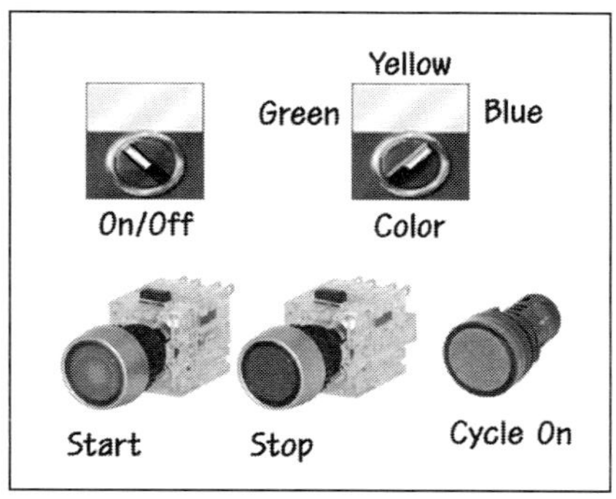

Problem Solution

- 요구 사항에 따라 항아리에 다양한 안료를 채워야 한다. 따라서 서로 다른 3가지 색상 안료(노란색, 파란색 및 녹색)를 고려한다.
- 두 개의 밸브는 안료를 제어하는 데 사용된다. (노란색과 파란색의 혼합은 녹색이라는 것을 알고 있으므로 녹색에 대한 별도의 밸브가 필요하지 않다.)
- 노란색과 파란색이 동시에 채워지면 녹색이 된다. 선택 스위치는 시스템에서 색상 선택에 사용되며 ON/OFF 스위치는 시스템 STOP에 사용된다.

List of inputs/outputs

Digital Input	Description		Digital Output	Description
I0.0	Start PBS		Q4.0	Cycle ON
I0.1	Stop PBS		Q4.1	Yellow control valve
I0.2	Yellow안료 선택		Q4.2	Blue control valve
I0.3	Blue안료 선택			
I0.4	Green안료 선택			
I1.0	ON/OFF			

PLC Ladder diagram

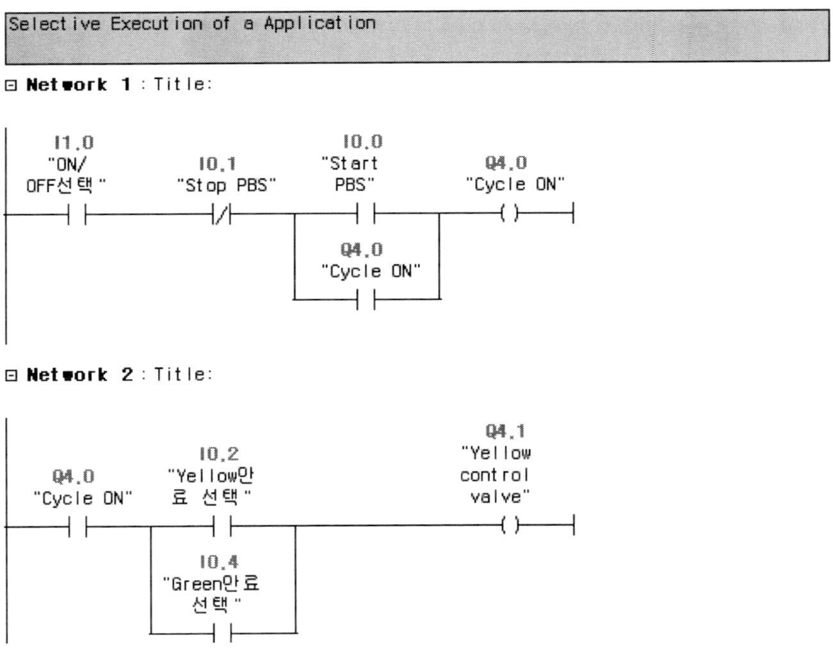

⊟ **Network 3** : Title:

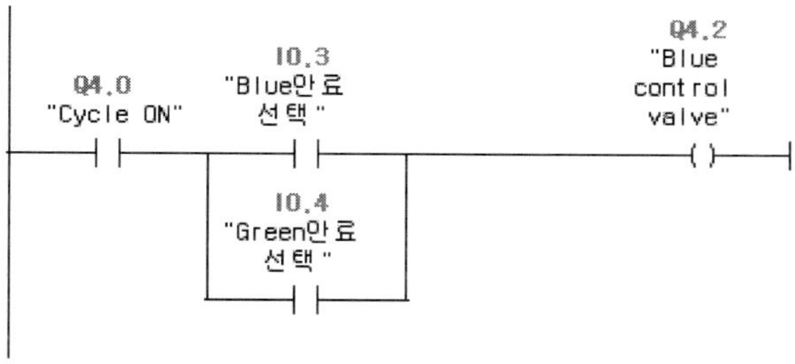

Program Description

- 네트워크 1 :
  ON/OFF 스위치(I1.0)가 ON이고 START PB를 누르면 Cycle ON(Q4.0) 램프가 켜진다.

- 네트워크 2 :
  사이클이 ON이고 노란색 안료가 선택되면(I0.2) 노란색 제어 밸브(Q4.1)가 켜진다.

- 네트워크 3 :
  사이클이 ON이고 파란색 안료가 선택되면(I0.3) 파란색 제어 밸브(Q4.2)가 켜진다. 녹색 안료가 선택되면(I0.4), 두 밸브가 모두 켜지고 안료는 녹색이 된다.

Application

08 Paint Spraying

물체의 페인트 분사를 제어하는 PLC 프로그램의 예이다.

Problem Description

PLC 래더 다이어그램을 사용하여 컨베이어에서 움직이는 물체의 자동 스프레이 페인팅을 설계한다.

Problem Diagram

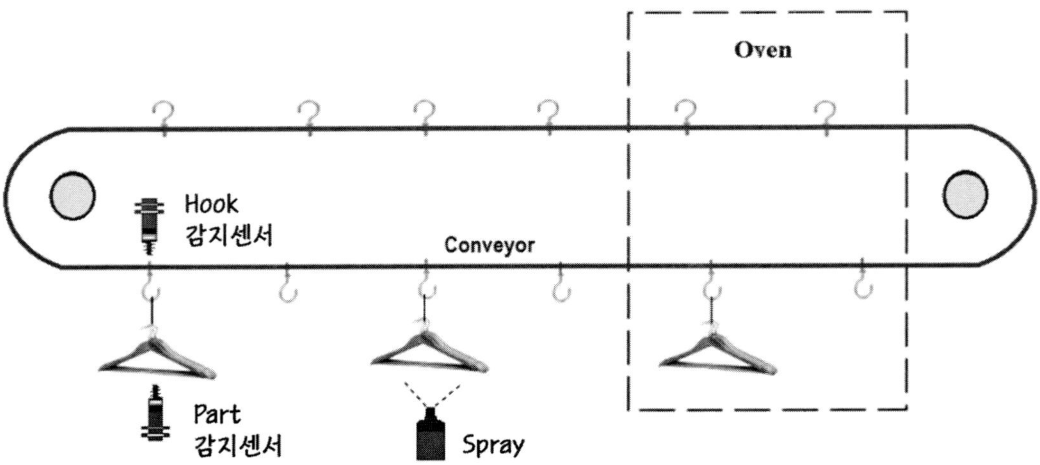

Problem Solution

- 스프레이 페인팅은 주로 자동차 산업에서 사용된다. 이 방법은 식음료 공장의 병뚜껑 공정과 유사하다.
- 이 애플리케이션에는 두 개의 근접 센서가 사용된다. 하나는 행거 감지용이고 다른 하나는 부품/물체용이다.
- 비트 시프트 레지스터는 부품을 스프레이 하는 데 사용된다.
- 오븐은 부품을 분무한 후 건조하는데 사용되며 이 출력은 계속 켜져 있다.

List of inputs/outputs

Digital Input	Description		Digital Output	Description
I0.0	Start PBS		Q4.0	마스터 코일
I0.1	Stop PBS		Q4.1	오븐(Oven)
I0.2	Hangar 감지기		Q4.2	스프레이(Spray)
I0.3	Part 감지기			

Memory Bit	Description			
M11.0	Relay coil			
MW10	Shift register			

PLC Ladder diagram

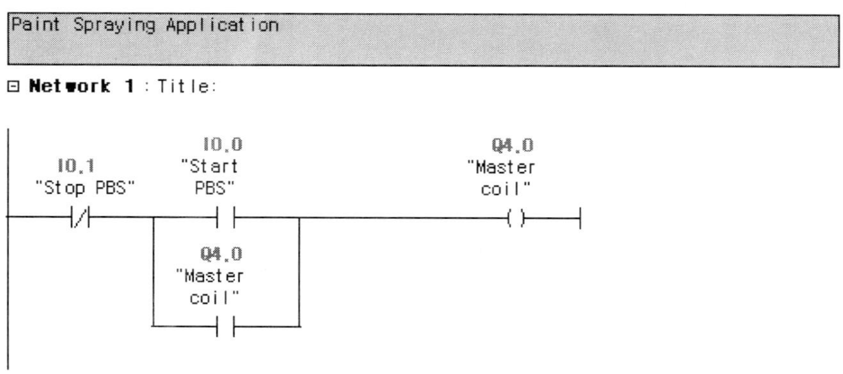

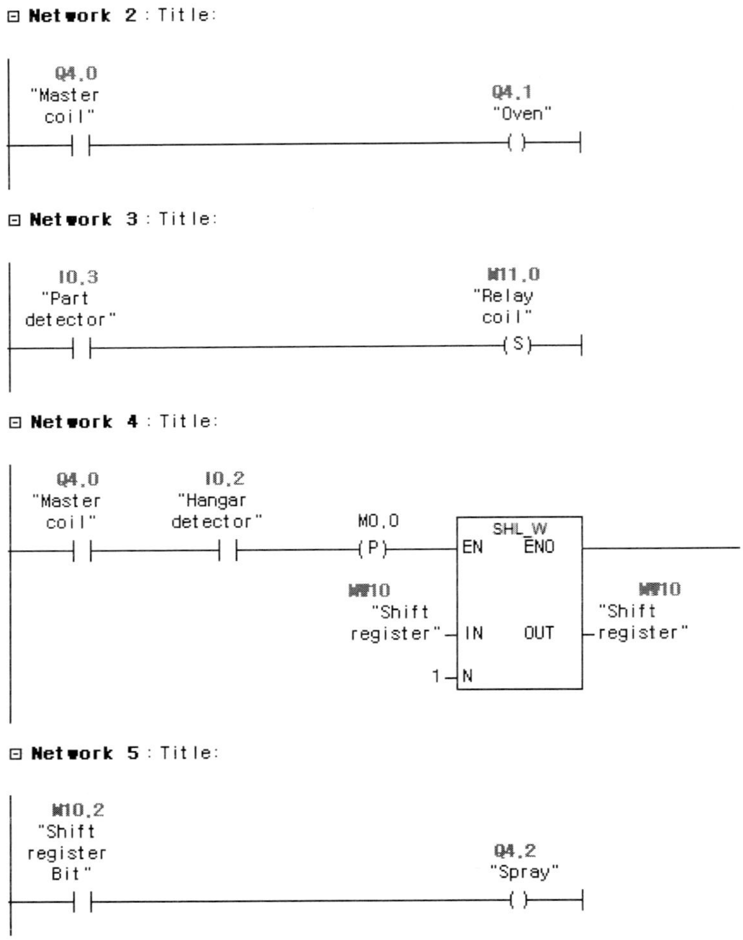

Program Description

- 네트워크 1 :
  START PB(I0.0)를 누르면 마스터 코일(Q4.0)이 켜지고 STOP PB(I0.1)를 눌러 정지할 수 있다.

- 네트워크 2 :
  마스터 코일이 켜져 있으면 오븐(Q0.1)이 시작된다.

- 네트워크 3 :
  부품이 감지되면 릴레이 코일이 논리용으로 설정된다. 그리고 MW10의 첫 번째 비트를 설정한다.

• 네트워크 4 :

여기에서는 비트 시프트 레지스터를 사용하여 부품 감지 후 행거 감지 및 그 이후를 계산한다. 여기서 부품 감지기 근접에서 스프레이의 거리가 3단계라고 가정한다. 따라서 시프트 레지스터 논리에 따라 M10.2는 3단계 후에 ON이 된다.

• 네트워크 5 :

M10.2가 켜져 있으면 스프레이가 활성화된다.

참고

위의 응용 프로그램은 실제 응용 프로그램과 다를 수 있다. 이 예는 단지 설명을 위한 것이다. 이것은 산업에서 부품의 스프레이 페인팅의 간단한 개념이며 다른 예에서도 이 개념을 사용할 수 있다.

Application

09 Automatic Empty Bottle detection

빈병 자동 감지를 위한 PLC 프로그램의 예이다. 이 논리는 일반적으로 포장 산업에서 볼 수 있다.

Problem Description

충전 공정이 완료된 후 병은 포장 공정을 위해 컨베이어로 이동된다. 여기에서 우리의 목표는 컨베이어에 빈 병이 있는지 감지하고 제거하는 것이다. 래더 언어를 사용하여 이 응용 프로그램에 대한 PLC 프로그램을 구현한다.

Problem Diagram

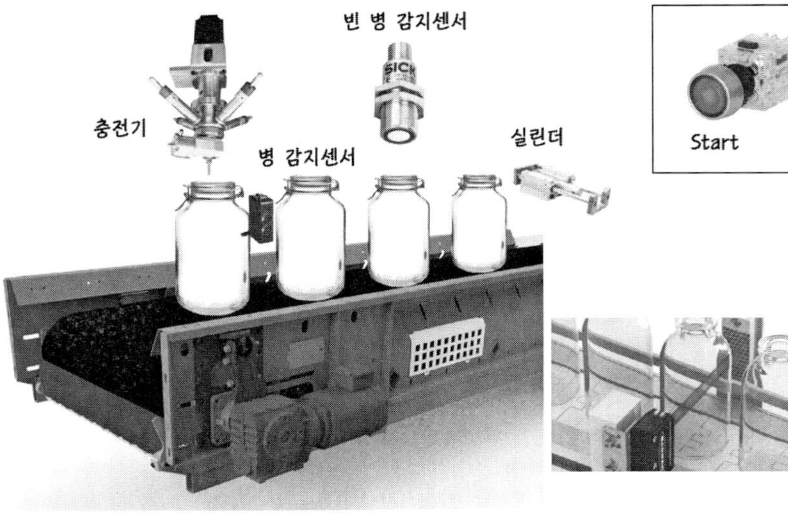

Problem Solution

- 이 예에서는 병 감지 및 빈 병 감지에 두 개의 근접 센서를 사용했다.
- 하나의 근접 센서는 빈 병만 감지하도록 보정되고 다른 하나는 모든 병을 감지하도록 보정된다.
- 병 운송에 사용되는 컨베이어. 실린더는 빈 병을 컨베이어에서 버리는데 사용된다.

List of inputs/outputs

Digital Input	Description		Digital Output	Description
I0.0	Start PBS		Q4.0	Cycle ON
I0.1	Stop PBS		Q4.1	Conveyor ON
I0.2	Empty bottle 감지기		Q4.2	Cylinder ON
I0.3	Bottle 감지기			

Memory Bit	Description			
M11.0	Relay coil			
MW10	Shift register			

PLC Ladder diagram

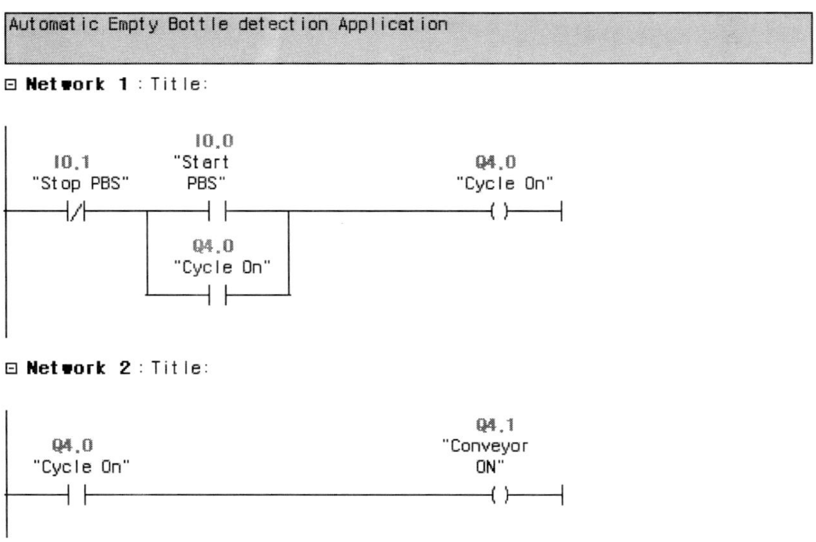

⊟ **Network 3** : Title:

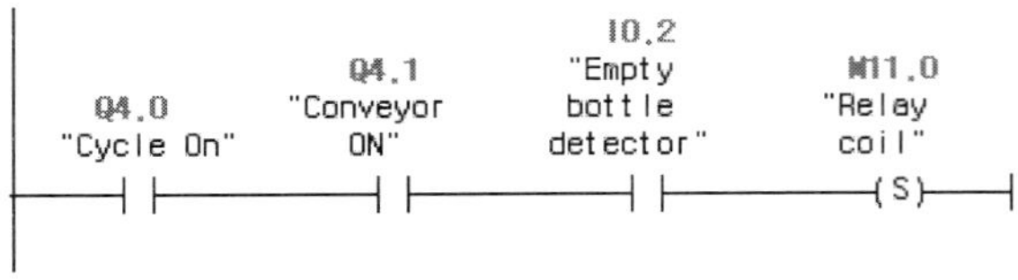

⊟ **Network 4** : Title:

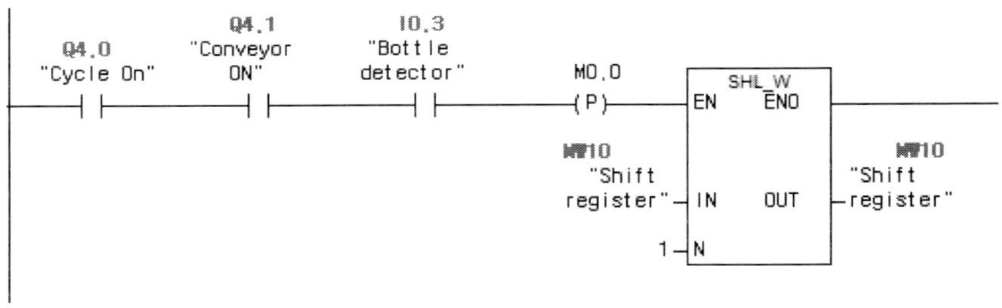

⊟ **Network 5** : Title:

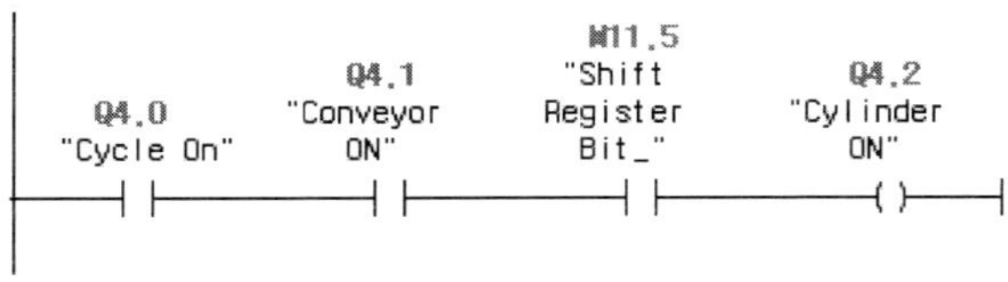

Program Description

- 네트워크 1 :

  네트워크 1에서는 사이클 ON(Q4.0) 출력을 위해 래칭 회로를 사용했다. 사이클 START PB(I0.0)를 눌러 시작하고 STOP PB(I0.1)를 눌러 STOP할 수 있다.

- 네트워크 2 :

  사이클이 ON일 때 컨베이어가 ON 된다.

- 네트워크 3 :

  빈 병이 감지되면(I0.2) 내부 시프트 레지스터 논리에 대해 릴레이 코일이 켜진다.

- 네트워크 4 :

  여기에서 병 감지기는 모든 병을 감지한다. 시프트 레지스터는 병 감지기(I0.3)의 모든 양의 에지에서 비트를 이동한다.

- 네트워크 5 :

  실린더는 5단계 후에 장착된다. 따라서 빈 병이 감지되면 병 감지기가 이동 위치 수를 계산하고 5 걸음 후에 실린더를 활성화한다.

참고

위의 응용 프로그램은 실제 응용 프로그램과 다를 수 있다. 이 예는 단지 설명을 위한 것이다. 이것은 PLC를 사용한 빈 병 감지의 간단한 개념이며 다른 예에서도 이 개념을 사용할 수 있다.

Application

10 Automatic Coffee Vending Machine

자동 커피 머신 위한 PLC 프로그램의 예이다.

Problem Description

자동 커피 머신에 동전을 넣으면 한 잔의 커피가 나오는 PLC 프로그램을 설계한다. 래더 다이어그램 언어를 사용하여 이 기계에 대한 PLC 프로그램을 구현한다.

Problem Diagram

Problem Solution

- 커피 및 온수 제어용 밸브를 사용한다.
- 교반기는 용기에서 혼합 목적으로 사용된다.
- 여기에서 동전을 넣으면 커피 콘센트가 시작된다. 투입된 동전을 카운트 할 수 있는 동전 탐지기를 사용한다.
- 동전을 넣으면 커피 출력과 컵 배출이 시작되고 일정 시간이 지나면 꺼진다.
- 그 후 뜨거운 물 배출구가 열리게 되고 뜨거운 물이 용기에 부어지고 준비된 커피가 섞인 후 빈 컵에 배출된다.

List of inputs/outputs

Digital Input	Description		Digital Output	Description
I0.0	Start PBS		Q4.0	종이컵 배출
I0.1	Stop PBS		Q4.1	분말커피 배출
I0.2	동전 감지기		Q4.2	온수 배출
I0.3	압력 감지기		Q4.3	교반기(Agitator)
			Q4.4	커피 배출

Memory Bit	Description			
M0.0	상승엣지 보조			

PLC Ladder diagram

OB1 : "Main Program Sweep (Cycle)"

Automatic Coffee Vending Machine Application

⊟ **Network 1** : Title:

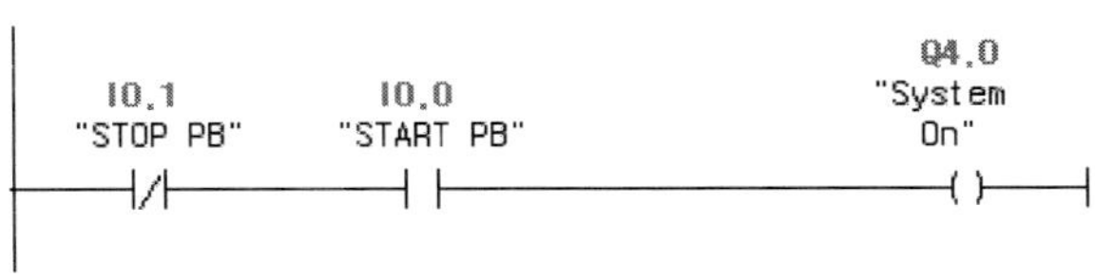

⊟ **Network 2** : Title:

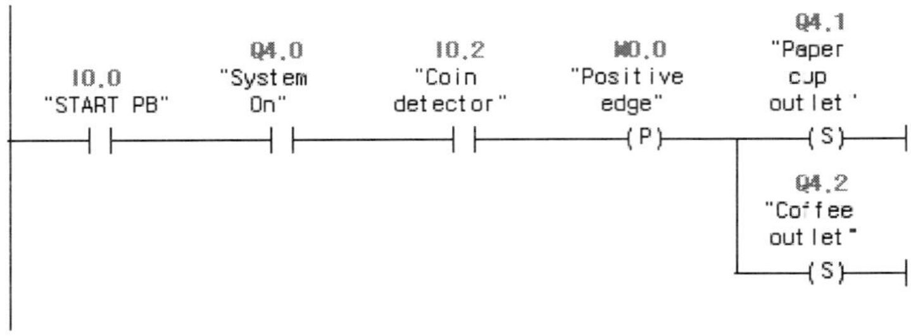

⊟ **Network 3** : Title:

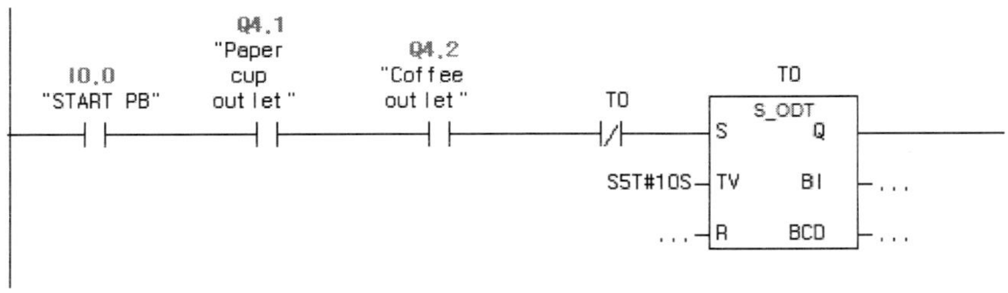

⊟ **Network 4** : Title:

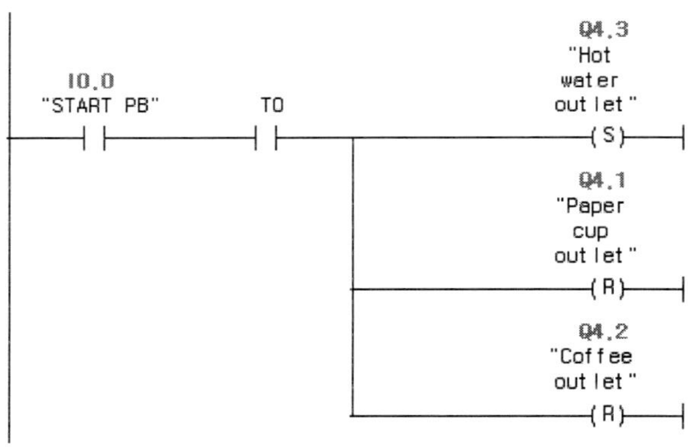

⊟ **Network 5** : Title:

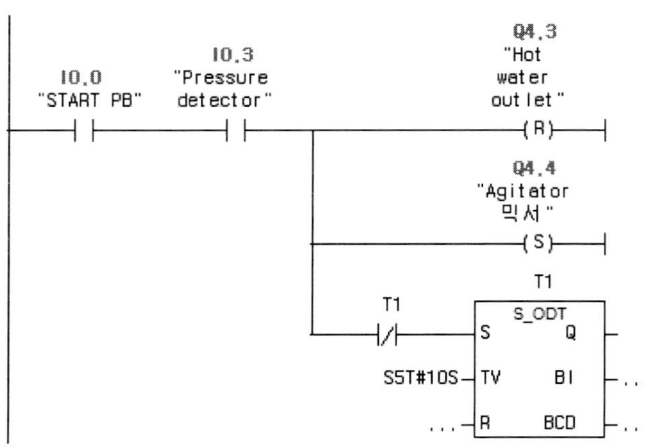

⊟ **Network 6** : Title:

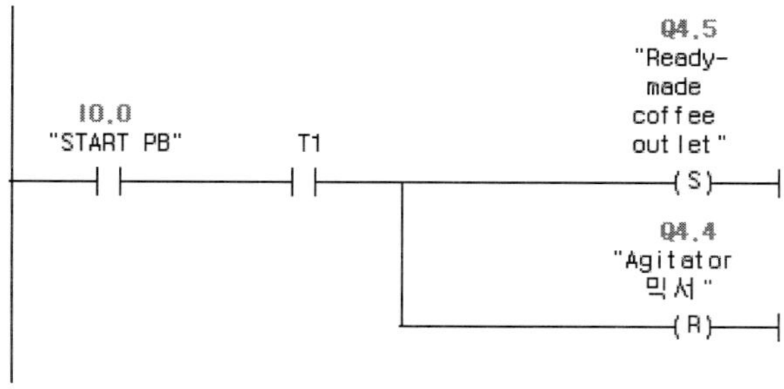

⊟ **Network 7** : Title:

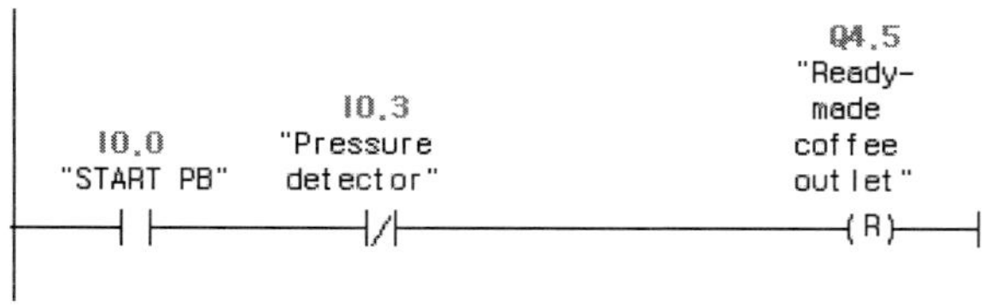

⊟ **Network 8** : Title:

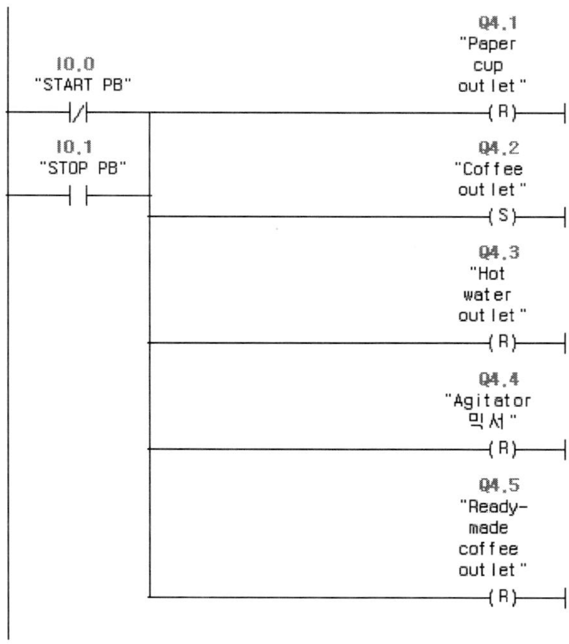

Program Description

- 네트워크 1 :
  시스템 켜짐/꺼짐 스위치(I0.0)가 ON이면 시스템 ON(Q0.0) 램프가 켜진다.

- 네트워크 2 :
  시스템이 켜져 있고 동전이 감지되면 종이컵 배출구(Q0.1)와 커피 배출구(Q0.2)가 켜진다.

- 네트워크 3 :
  두 출력(종이컵 배출구와 커피 배출구)이 모두 ON일 때 온수 배출 타이머가 켜지고 타이머가 시작된다.

- 네트워크 4 :
  온수 배출구(Q0.3)는 주어진 시간 후에 시작되고 두 출력(종이컵 배출구 및 커피 배출구)이 꺼진다.

- 네트워크 5 :
  압력(I0.3)이 감지되면 교반기(Q0.5)와 커피 ON 지연 타이머가 시작된다.

- 네트워크 6 :
  일정 시간이 지나면 기성품 커피 배출 밸브(Q0.5)가 켜진다.

- 네트워크 7 :
  압력이 감지되지 않으면(I0.3) 기성품 커피 배출구(Q0.5)가 꺼진다.

- 네트워크 8 :
  시스템이 꺼져 있거나 E-stop(비상 정지)을 누르면 모든 출력이 재설정되어야 한다.

참고
위의 응용 프로그램은 실제 응용 프로그램과 다를 수 있다. 이 예는 단지 설명을 위한 것이다. 차, 주스, 믹서 등과 같은 다른 유사한 응용 프로그램에서 약간의 수정으로 이 개념을 사용할 수 있다.

이 예에서 고려된 모든 매개변수는 설명을 위한 것일 뿐이며 실제 애플리케이션에서는 매개변수가 다를 수 있다. 또한 모든 인터록은 애플리케이션에서 고려되지 않았다.

Application

11 Controls Conveyors On and OFF Sequence

컨베이어 ON 시퀀스와 OFF 시퀀스를 제어하기 위한 PLC 프로그램의 예이다.

Problem Description

시스템에는 3개의 벨트 컨베이어가 있다. ON 시퀀스와 OFF 시퀀스 모두에서 컨베이어 시퀀스를 제어해야 한다.

Problem Diagram

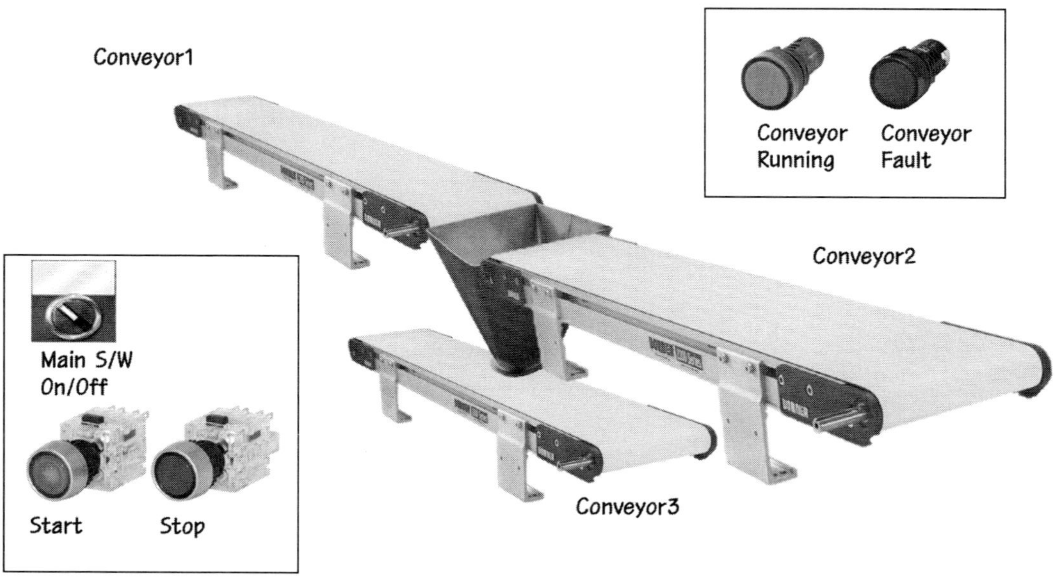

Problem Solution

- 컨베이어 벨트 1 또는 컨베이어 벨트 2는 해당 START 푸시 버튼으로 시작할 수 있으며 해당 STOP 푸시 버튼으로 중지할 수 있다.
- 컨베이어 벨트 3은 컨베이어 벨트 1 또는 컨베이어 벨트 2가 운송 중일 때 항상 운송해야 한다.
- OFF 푸시 버튼을 누르면 벨트 1 또는 벨트 2가 20초 동안 계속 작동한다. 그리고 벨트 3을 60초 동안 눌러 벨트의 재료를 제거한 다음 멈춘다.
- 세 개의 벨트 모두에 대한 벨트 상태 모니터링을 위한 모니터링 신호로 10Hz(0.1초 주기)로 동작하는 램프가 있다. 벨트 중 하나에 결함이 있으면 전체 벨트가 즉시 꺼진다.
- 그리고 이전에 작동 중인 벨트의 OFF 표시는 5HZ 주파수로 깜박이는 램프가 있다.

List of inputs/outputs

Digital Input	Description		Digital Output	Description
I0.0	Belt1_Start PBS		Q4.0	Conveyor_belt 1
I0.1	Belt1_Stop PBS		Q4.1	Conveyor_belt 2
I0.2	Belt2_Start PBS		Q4.2	Conveyor_belt 3
I0.3	Belt2_Stop PBS		Q4.3	Belts running Lamp
I1.0	Belt1_고장 감지		Q4.4	Fault indication
I1.1	Belt2_고장 감지		Q4.5	-
I1.1	Belt3_고장 감지		Q4.6	Fan 3 ON Indication
			Q4.7	Main supply ON indication

Memory Bit	Description			
M0.0	Cycle ON			
M100.1	5HZ clock pulse			
M100.0	10HZ clock pulse			

PLC Ladder diagram

OB1 : "Main Program Sweep (Cycle)"

Controls Conveyors ON and OFF Sequence Application

⊟ **Network 1** : Title:

⊟ **Network 2** : Title:

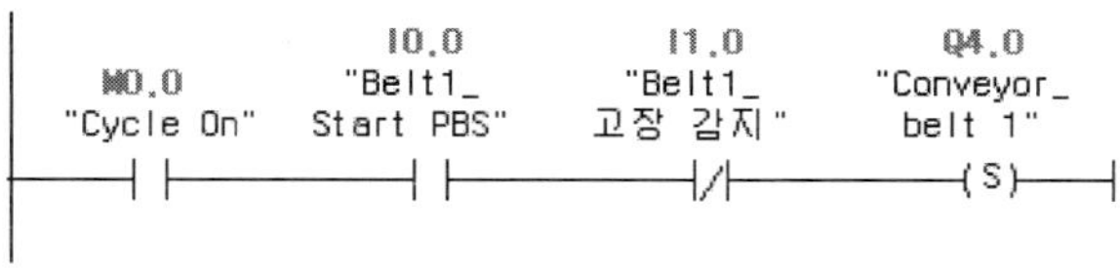

⊟ **Network 3** : Title:

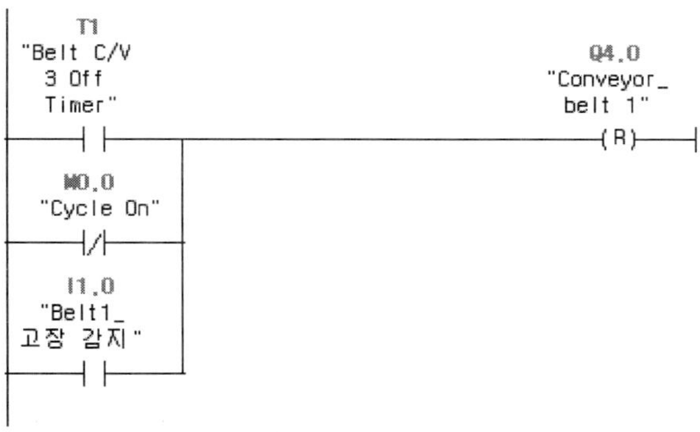

⊟ **Network 4** : Title:

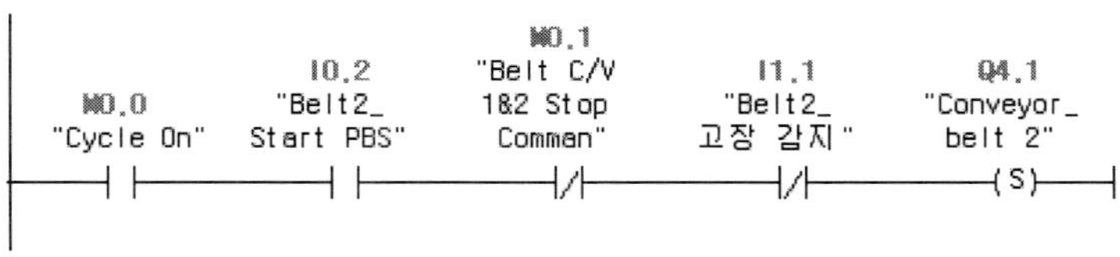

⊟ **Network 5** : Title:

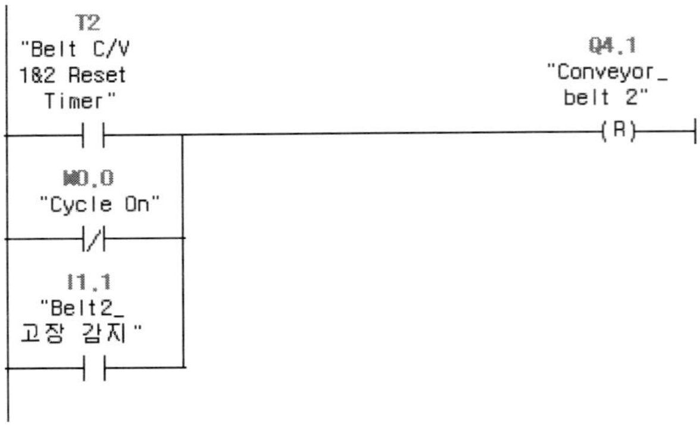

⊟ **Network 6** : Title:

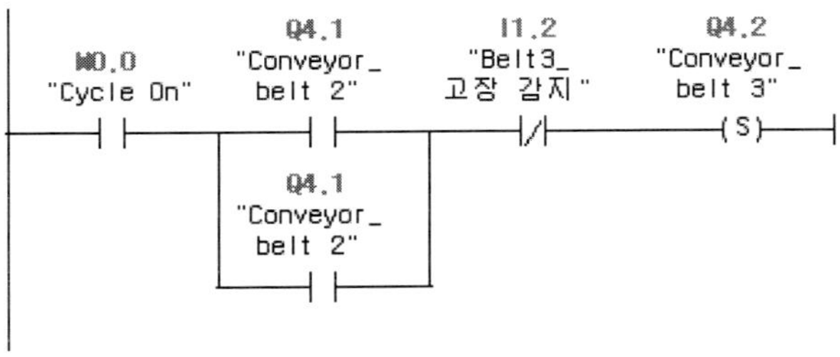

⊟ **Network 7** : Title:

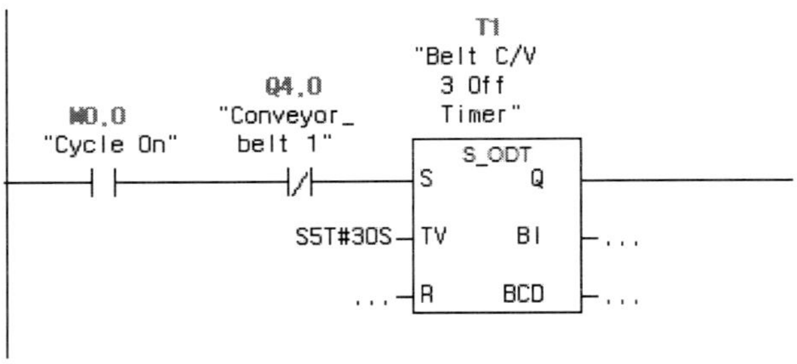

⊟ **Network 8** : Title:

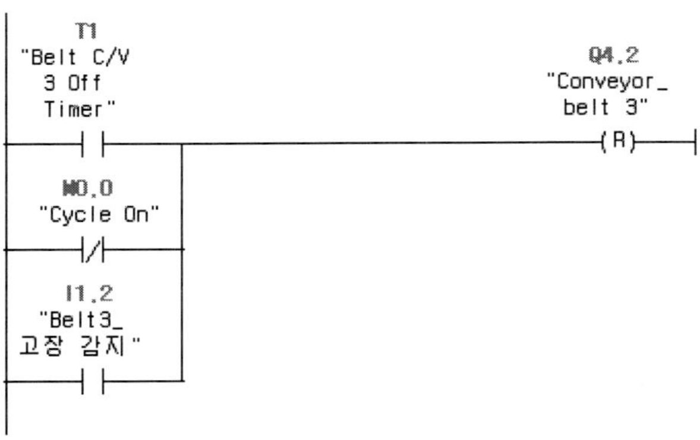

⊟ **Network 9** : Title:

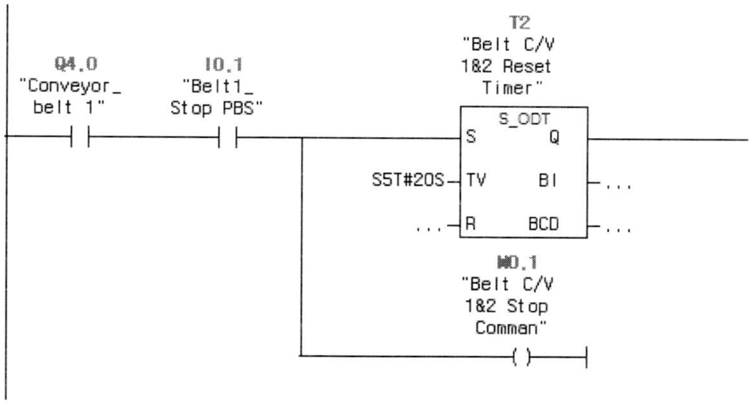

⊟ **Network 10** : Title:

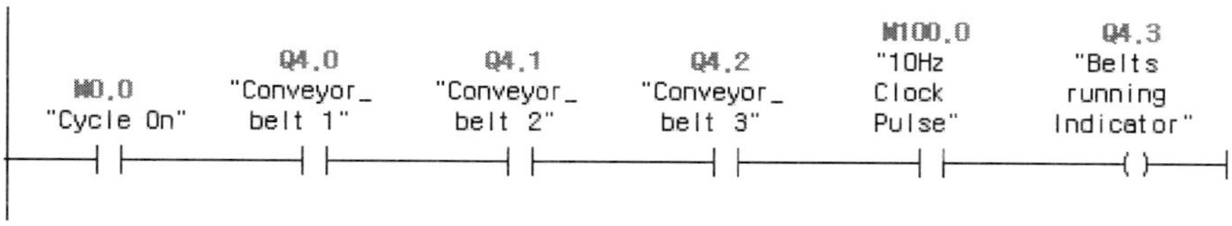

⊟ **Network 11** : Title:

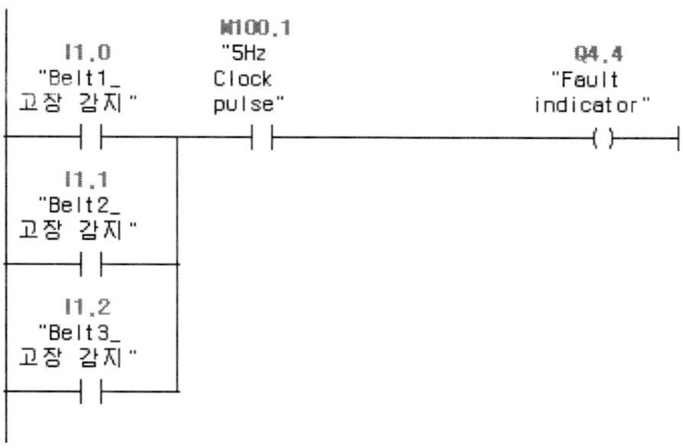

Program Description

- 네트워크 1 :
  시스템 ON 스위치(I2.0)를 누르면 사이클 ON(M0.0) 비트가 ON 된다.

- 네트워크 2 :
  벨트 1 START PB(I0.0)를 누르면 컨베이어 벨트 1(Q4.0)이 켜진다.

• 네트워크 3 :

컨베이어 벨트 1 STOP 버튼(I0.1)을 누르면 타이머가 시간 카운트를 시작하고 20초 후에 타이머가 컨베이어 벨트 1(Q4.0)을 멈춘다. 컨베이어 벨트 1에 오류가 발생하면 벨트 1이 정지되어야 한다.

• 네트워크 4 :

벨트 2 START PB(I0.2)를 누르면 컨베이어 벨트 2(Q4.1)가 켜진다.

• 네트워크 5 :

컨베이어 벨트 2 STOP 버튼(I0.3)을 누르면 타이머가 시간 계산을 시작하고 20초 후에 타이머가 컨베이어 벨트 2(Q4.1)를 멈춘다. 컨베이어 벨트 2에 오류가 발생하면 벨트 2가 정지되어야 한다.

• 네트워크 6 :

컨베이어 벨트 1(Q4.0) 또는 컨베이어 벨트 2(Q4.1)가 켜져 있고 컨베이어 벨트 3(Q4.2)이 켜져 있다. 컨베이어 벨트 3에 이상이 발생하면 STOP이어야 한다.

• 네트워크 7 :

두 컨베이어가 모두 꺼져 있으면 컨베이어 3 꺼짐 타이머가 실행된다.

• 네트워크 8 :

컨베이어 벨트 3 타이머가 실행되면 30초 후에 컨베이어 벨트 3(Q4.2)이 중지된다.

• 네트워크 9 :

컨베이어 벨트 1 STOP PB(I0.1) 또는 컨베이어 벨트 2 STOP PB(I0.3)를 누르면 컨베이어 1&2 리셋 타이머가 실행된다.

• 네트워크 10 :

3개의 컨베이어가 정상 상태로 작동 중이면 벨트 작동 표시 램프(Q4.3)가 10HZ 주파수에서 깜박인다.

• 네트워크 11 :

3개의 벨트 중 컨베이어 벨트에 결함이 있는 경우 5HZ 주파수에서 결함 표시 램프(Q4.7)가 깜박이기 시작한다.

참고

위의 응용 프로그램은 실제 응용 프로그램과 다를 수 있다. 이 예는 단지 설명을 위한 것이다. 이것은 산업에서 컨베이어 ON 및 컨베이어 OFF 시퀀스의 간단한 개념이며 다른 예에서도 이 개념을 사용할 수 있다.

예에서 고려된 모든 매개변수는 설명을 위한 것이며 실제 적용에서는 매개변수가 다를 수 있다. 또한 모든 인터록은 애플리케이션에서 고려되지 않았다.

Application

12 Count and Pack Object from Conveyor

컨베이어에서 물체를 계수하고 포장하는 PLC 프로그램의 예이다.

Problem Description

물체가 컨베이어에서 움직이고 있다.

빈 상자에 다섯 개의 물건을 포장해야 한다. 빈 상자가 채워지면, 컨베이어 벨트를 통해 창고로 운반된다. 이 자동 사이클을 래더 언어를 사용하여 PLC에서 구현한다.

Problem Diagram

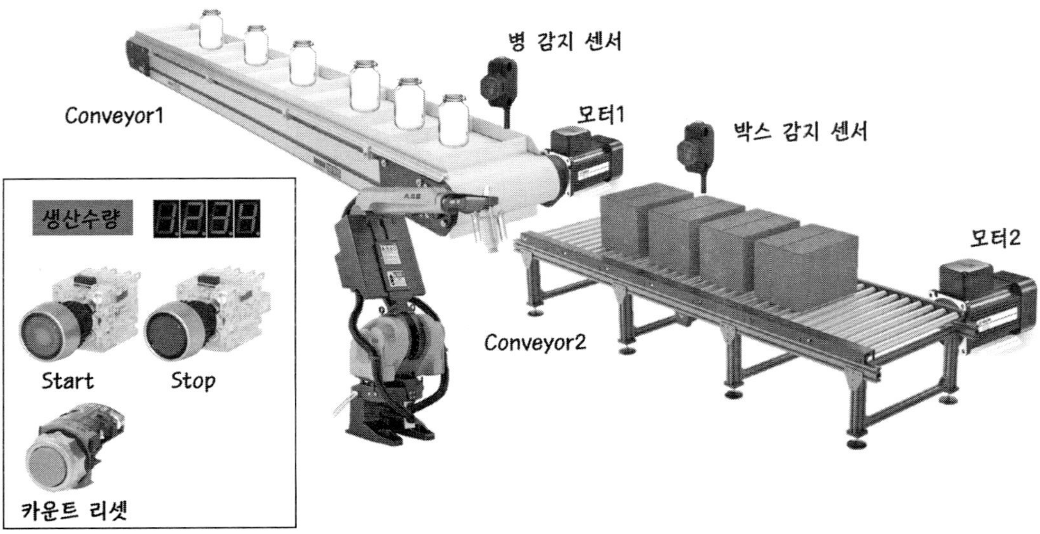

Problem Solution

- 대부분 유도 및 근접 센서는 물체를 감지하는데 사용된다. 여기에 물체 감지 및 빈 상자 감지를 위한 근접 센서를 장착한다.
- 유도 센서는 주로 금속 물체를 감지하는데 사용되며 근접 센서는 금속 물체 및 기타 물체를 감지하는 데 사용된다.
- 여기서 하나의 근접 센서는 물체 감지용이고 다른 하나는 상자 감지용이다. 물체는 컨베이어 1에서 움직이고 상자는 컨베이어 2에서 움직이고 있다.
- 이 응용 프로그램에 대한 자동 주기를 PLC에 작성한다. 따라서 컨베이어 2에서 빈 상자가 감지되면 컨베이어 1이 자동으로 켜진다.
- 상자에 5개의 물체가 채워지면 컨베이어 벨트 2가 자동으로 시작된다.

참고

여기에서는 계산 및 포장 적용을 위한 간단한 적용을 위해 근접 센서를 고려했다. 근접 센서는 물체를 감지하고 카운터는 총 물체를 계산한다.

List of inputs/outputs

Digital Input	Description		Digital Output	Description
I0.0	Start PBS		Q4.0	Cycle ON
I0.1	Stop PBS		Q4.1	Conveyor belt 1
I0.2	Part 감지 근접센서		Q4.2	Conveyor belt 2
I0.3	Box 감지 근접센서		Q4.3	
I0.4	Counter reset PB		Q4.4	

Memory Bit	Description			
M0.2	Relay coil			
MW10	Total objects			

PLC Ladder diagram

OB1 : "Main Program Sweep (Cycle)"

Count and Pack Objects from Conveyor Application

⊟ **Network 1** : Title:

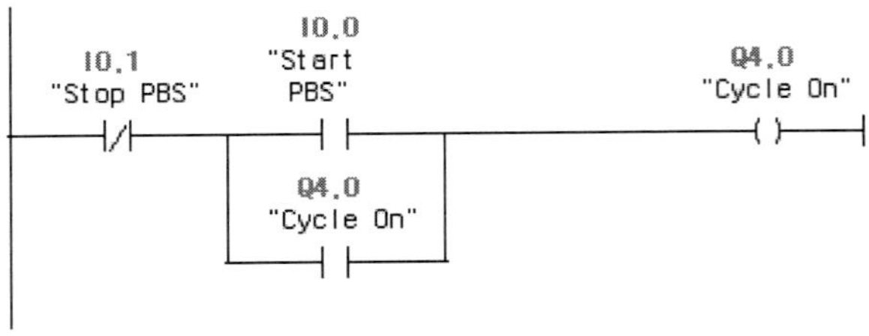

⊟ **Network 2** : Title:

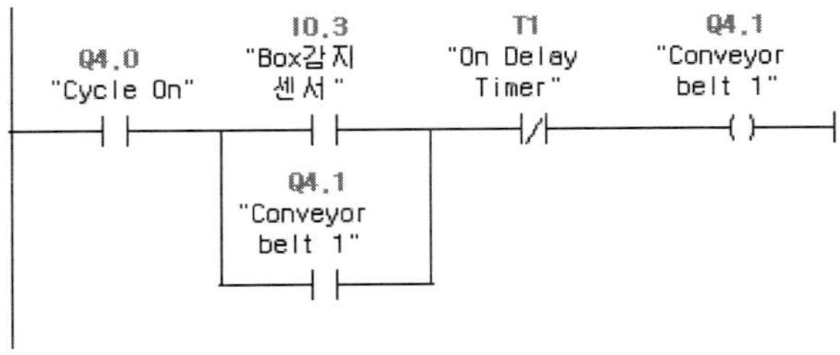

⊟ **Network 3** : Title:

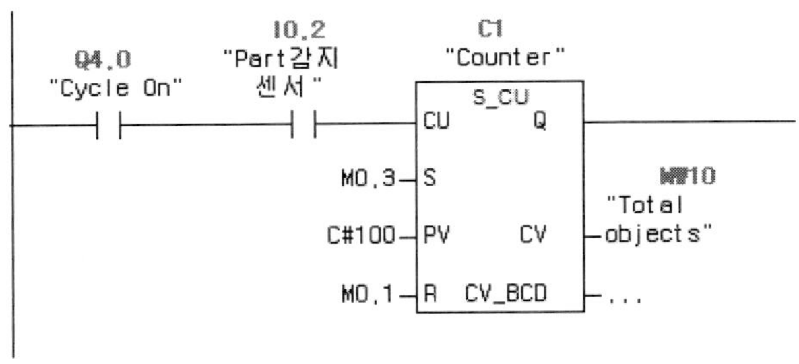

⊟ **Network 4** : Title:

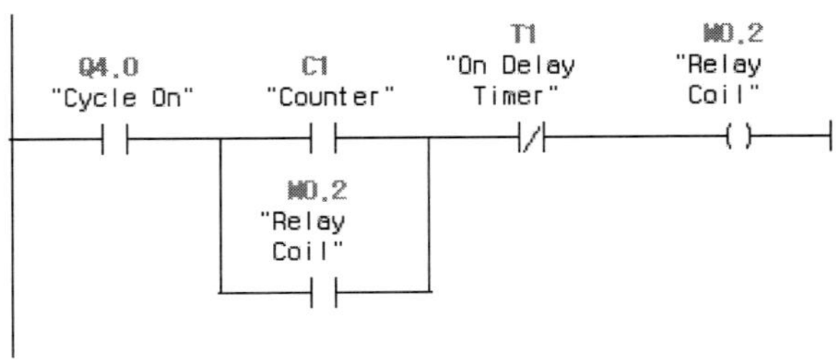

⊟ **Network 5** : Title:

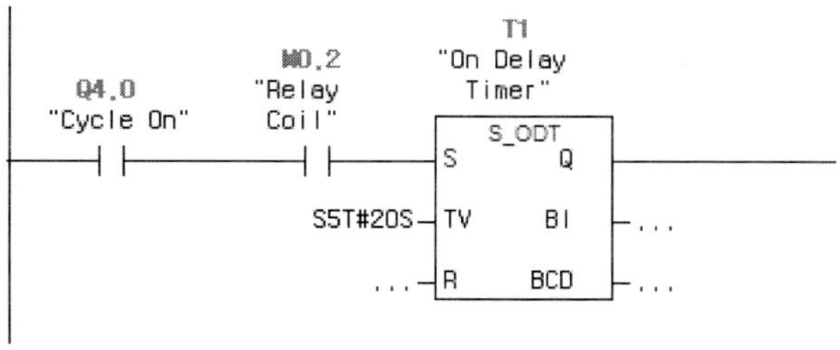

⊟ **Network 6** : Title:

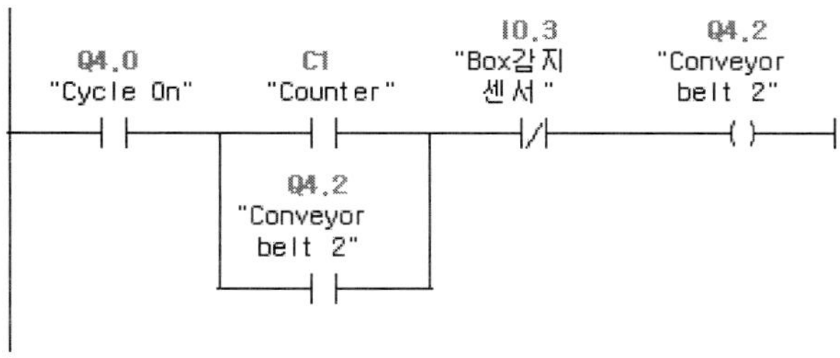

Program Description

- 네트워크 1:
  첫 번째 네트워크에서는 사이클 ON을 위해 래칭 회로를 사용했다. 여기서 START PB(I0.0)를 사용하여 사이클을 시작하고 STOP PB(I0.1)를 사용하여 사이클을 중지한다.

- 네트워크 2:
  여기에서 빈 상자가 감지되고(I0.3) 사이클이 켜질 때 컨베이어 1(Q0.0)이 켜진다.

- 네트워크 3:
  카운터는 컨베이어 1에서 움직이는 물체를 계산하는 데 사용된다. 물체가 컨베이어 1(Q0.0)에서 움직이고 있으며 장착된 근접 센서(I0.2)가 물체를 감지한다. 이제 카운터는 증분 방식으로 계산된다. 계산된 총 개체는 메모리 워드 또는 레지스터(MW10)에 저장된다.

- 네트워크 4:
  카운터는 컨베이어 1에서 움직이는 물체를 계산하는 데 사용된다. 물체가 컨베이어 1(Q0.0)에서 움직이고 있으며 장착된 근접 센서(I0.2)가 물체를 감지한다. 이제 카운터는 증분 방식으로 계산된다. 계산된 총 개체는 메모리 워드 또는 레지스터(MW10)에 저장된다.

• 네트워크 5 :

5개의 상자가 상자에 완전히 포장되면 카운터 출력이 켜지고 논리 릴레이 코일(M0.2)에 따라 타이머 작동을 위해 래치된다. 릴레이 코일(M02.)이 활성화되면 타이머 명령이 실행된다. 상자에 5개의 물체가 채워져 있거나 카운터 출력이 켜져 있고 빈 상자가 감지되지 않으면 컨베이어 벨트 2(Q0.2)가 활성화된다. 컨베이어 1에서 물체가 움직일 때 카운터는 물체를 계산한다. 상자에 세 개의 물건을 포장해야 한다. 따라서 상자에 5개의 물체가 채워지면 타이머가 컨베이어 벨트 1을 중지하고 컨베이어 벨트 2가 자동으로 시작된다.

여기서는 단순성을 위해 모든 인터록을 고려하지 않았다. 우리는 타이머 기반 동기화를 사용했기 때문에 벨트 동기화를 가정한다.

참고

위의 응용 프로그램은 실제 응용 프로그램과 다를 수 있다. 이 예는 단지 설명을 위한 것이다. 이것은 계산 및 포장 응용 프로그램의 간단한 개념이다. 이 개념을 사용하여 컨베이어에서 움직이는 물체를 계산하고 자동으로 포장할 수 있다.

예에서 고려된 모든 매개변수는 설명을 위한 것이며 실제 적용에서는 매개변수가 다를 수 있다. 또한 모든 인터록은 애플리케이션에서 고려되지 않았다.

Application

13 Stamping Operation

스탬핑 작업을 위한 PLC 프로그램의 예이다.

Problem Description

부품이 위치 1의 컨베이어에 배치되고 사이클 시작 버튼을 누르면 위치 2로 이동한다. 위치 2에 도달한 후 스탬핑 공정을 위해 정지한다. 스탬핑 공정 후 부품은 위치 3으로 이동하고 여기에서 수동으로 컨베이어에서 제거된다. 이 과정을 위한 PLC 프로그램을 래더 다이어그램 언어를 사용하여 작성한다.

Problem Diagram

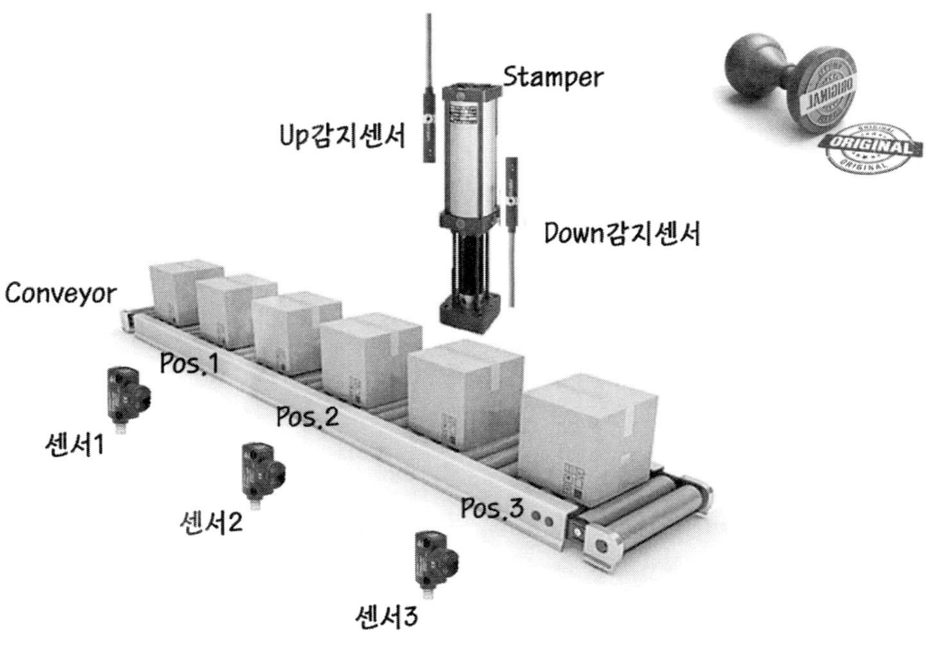

Problem Solution

- 여기에서 부품을 한 위치에서 다른 위치로 이동하는 하나의 컨베이어 시스템을 고려한다.
- 3개의 제한 스위치는 컨베이어에서 부품의 위치를 감지하는 데 사용된다. 위치 1, 2, 3의 경우 각각 LS1, LS2 및 LS3으로 표시된다.
- Reversible 모터는 역방향용 UP_motor 코일과 정방향용 DN_coil용으로 사용된다.
- LSDN 및 LSUP 제한 스위치는 스탬퍼 암의 아래 및 위로 위치를 감지하는데 사용된다.

List of inputs/outputs

Digital Input	Description		Digital Output	Description
I0.0	Start PBS		Q4.0	UP_motor
I0.1	Stop PBS		Q4.1	DN_motor
I0.2	Limit switch _ position 1		Q4.2	Conveyor motor
I0.3	Limit switch _ position 2			
I0.4	Limit switch _ position 3			
I0.5	Limit switch upper position			
I0.6	Limit switch down position			

Memory Bit	Description			
M0.0	Relay coil_1			
M0.1	Relay coil_2			
M0.2	Relay coil_3			
M0.3	Relay coil_4			
M0.4	Relay coil_5			

PLC Ladder diagram

Stamping Operation Application

⊟ **Network 1** : Title:

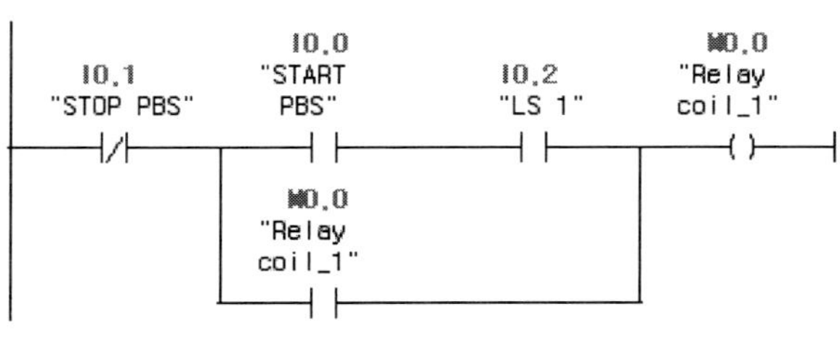

⊟ **Network 2** : Title:

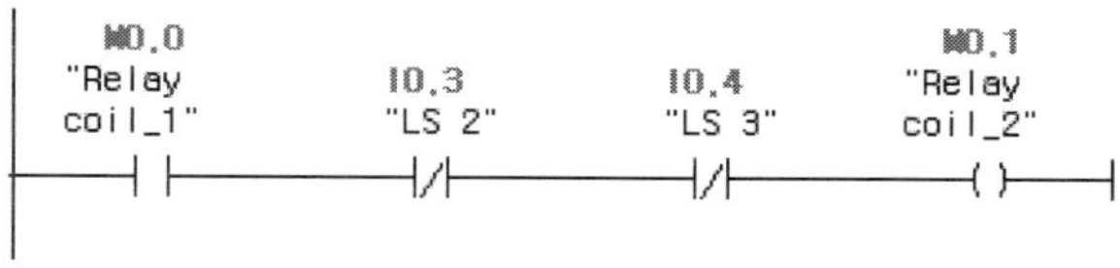

⊟ **Network 3** : Title:

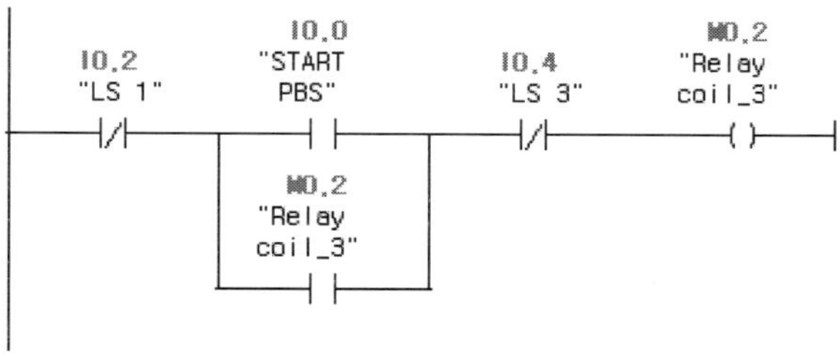

⊟ **Network 4** : Title:

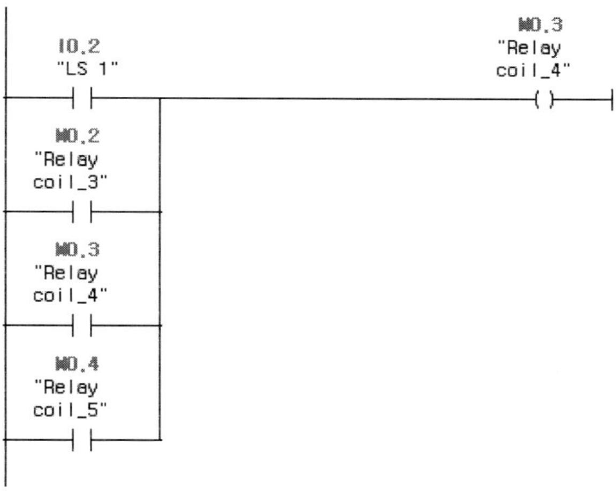

⊟ **Network 5** : Title:

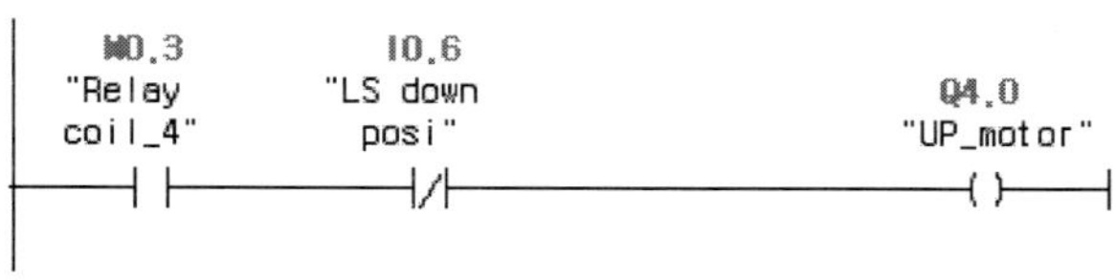

⊟ **Network 6** : Title:

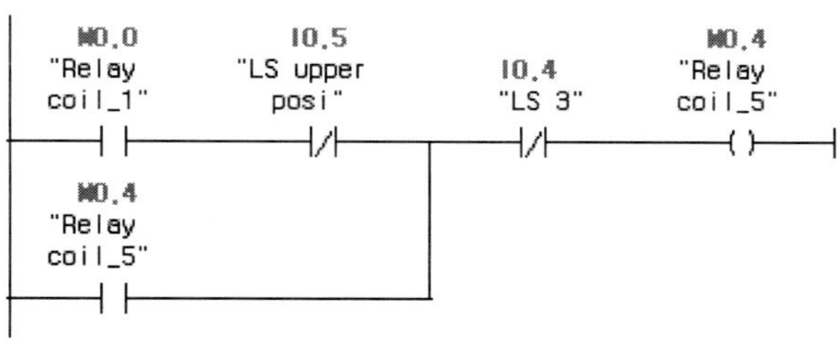

⊟ **Network 7** : Title:

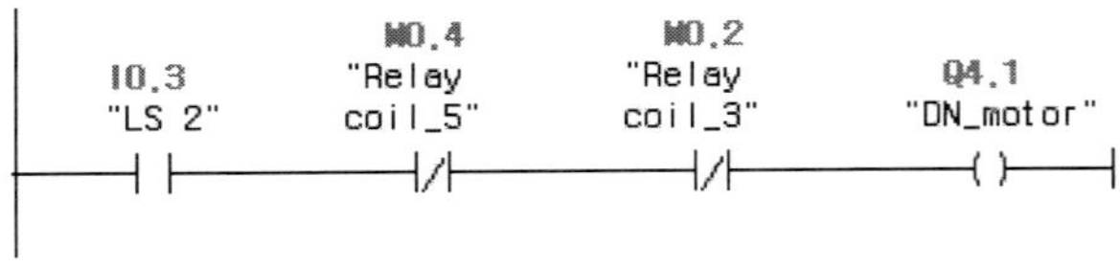

⊟ **Network 8** : Title:

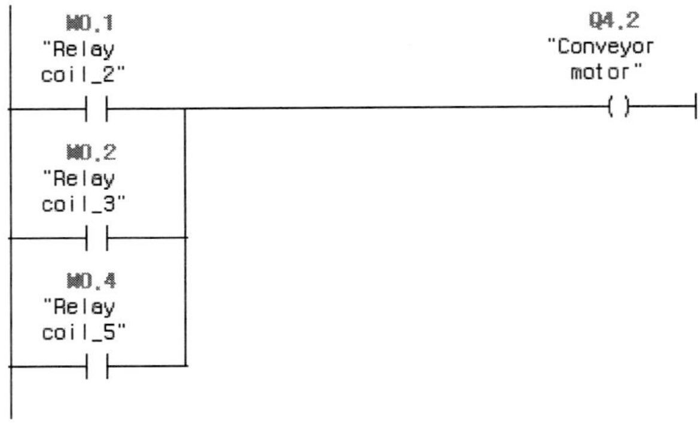

Program Description

- 네트워크 1 :

  LS1(I0.2)이 감지되고 START PB가 눌러지면(I0.0) 내부 릴레이 코일이 ON 된다. 여기에서 사이클은 홈 위치에서 시작되며 여기에서 LS1 감지가 홈 위치라고 가정한다.

- 네트워크 2 :

  LS2(I0.3)와 LS3(I0.4)가 모두 감지되지 않으면 릴레이 코일 1(M0.0)이 켜진다.

- 네트워크 3 :

  LS 1(I0.2)이 감지되지 않고 START 버튼(I0.0)을 누르면 릴레이 코일 2(M0.1)가 ON 된다.

- 네트워크 4 :

  LS1(I0.2), 릴레이 코일 2(M0.2) 또는 릴레이 코일 4(M0.4)에서 누군가가 감지되면 릴레이 코일 3(M0.3)이 래치된다.

- 네트워크 5 :

  릴레이 코일 3(M0.4)이 켜져 있고 LSUP(I0.5)가 감지되지 않으면 모터가 역회전을 시작한다.(스탬핑 암이 위쪽 방향으로 이동).

- 네트워크 6 :

  릴레이 코일 4(M0.4)는 LSDN(I0.6) 및 LS 3(I0.4)이 감지되지 않을 때 시작된다.

- 네트워크 7 :

  LS 2(I0.3)가 감지되면 스탬핑 암이 앞으로 움직이기 시작하도록 스탬핑 프로세스가 시작되어야 한다(Q4.2).

- 네트워크 8 :

  릴레이 1, 2 또는 3이 감지되면 컨베이어 모터(Q4.0)가 ON 상태를 유지한다.
  여기에서 UP 모터 출력은 스탬핑 암이 역방향으로 이동한다는 의미이고 DN 모터 출력은 스탬핑 암이 앞으로 이동한다는 의미임을 고려한다.
  릴레이 코일, 1, 2, 3, 4, 5는 논리적 조건으로 간주된다.

참고

위의 응용 프로그램은 실제 응용 프로그램과 다를 수 있다. 이 예는 단지 설명을 위한 것이다. 이것은 산업에서 부품 스탬핑의 간단한 개념이며 다른 예에서도 이 개념을 사용할 수 있다.

예에서 고려된 모든 매개변수는 설명을 위한 것이며 실제 적용에서는 매개변수가 다를 수 있다. 또한 모든 인터록은 애플리케이션에서 고려되지 않았다.

Application

14 Alarm Indication in Process Control

공정제어시 알람표시를 위한 PLC 프로그램의 예이다.

공정 제어의 알람 표시

많은 산업 분야에는 많은 작업을 자동으로 수행하는 많은 시스템이나 프로세스에 사용되는 많은 센서와 구성 요소가 있다.
때때로 작업자는 육안 관찰로 기계 또는 시스템의 문제를 식별하지 못할 수 있다. 또한 때로는 기계의 문제로 인해 기계가 작동을 멈출 가능성이 있다.

Problem Diagram

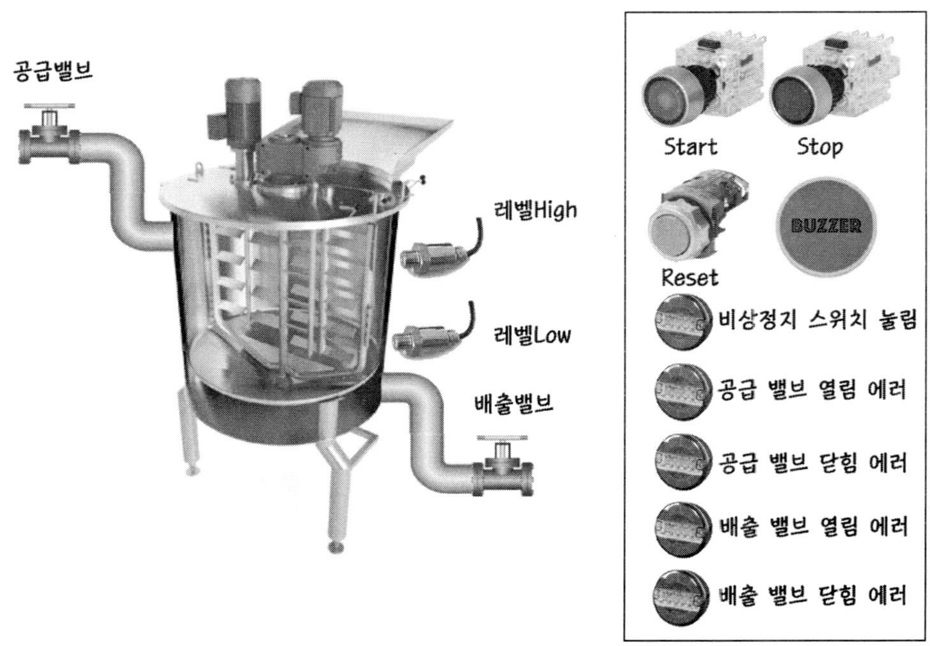

Problem Solution

- 시스템이나 프로세스에 알람을 추가하여 이 문제를 해결할 수 있다. 작업자에게 경보가 추가되어 해당 기계/공정이 한계 값을 거의 초과하거나 이미 한계를 초과했음을 모니터링한다.
- 경보는 표시기 또는 경적과 패널의 다양한 색상 표시등으로 작업자에게 표시된다.(예를 들어 녹색 표시등은 정상을 의미하고 노란색은 비정상을 의미하며 빨간색은 불량을 의미한다.)
- 알람의 목적은 자동화를 사용하여 작업자가 프로세스를 모니터링 및 제어할 때 도움을 주고 플랜트의 비정상적인 상황에 대해 경고하는 것이다.
- 인입/입력 프로세스 신호를 지속적으로 모니터링하고 주어진 신호의 값이 비정상 상태로 이동하면 시각 및/또는 청각 경보를 통해 작업자에게 상황을 알린다.
- 패널 보드의 표시 램프, SCADA, HMI 등과 같은 다양한 방식으로 시스템에 대한 알람을 구성할 수 있다.
- 문제 토론을 위해 하나의 간단한 시스템을 고려하고 시스템에 대한 경보를 구성했다. 예를 들어 하나의 충진 및 배출 프로세스를 고려하고 이 시스템에서 몇 가지 경보를 고려하려고 한다. 패널 보드의 램프를 사용하여 경보를 표시한다.

예를 들어, 시스템에 대한 다음 경보를 고려해 보자.

- 비상 정지 눌림
- 피드 밸브 열림 오류
- 공급 밸브 닫기 오류
- 토출 밸브 열림 오류
- 토출 밸브 닫기 오류

여기서는 모두 오류이므로 위 그림과 같이 모든 빨간색 표시 램프를 사용한다.

List of inputs/outputs

Digital Input	Description		Digital Output	Description
I0.0	Start PBS		Q4.0	Cycle ON
I0.1	Stop PBS		Q4.1	Feed valve
I0.2	Low Level Switch, LL		Q4.2	Disc valve
I0.3	High Level Switch, LH		Q4.3	BUZZER
I0.4	Feed VLV open LS		Q4.4	Emergency STOP Lamp
I0.5	Feed VLV close LS		Q4.5	Feed VLV open error Lamp
I0.6	Disc. VLV open LS		Q4.6	Feed VLV close error Lamp
I0.7	Disc. VLV close LS		Q4.7	Disc VLV open error Lamp
I1.0	Emergency STOP		Q5.0	Disc VLV close error Lamp
I1.1	RESET PBS			

PLC Ladder diagram

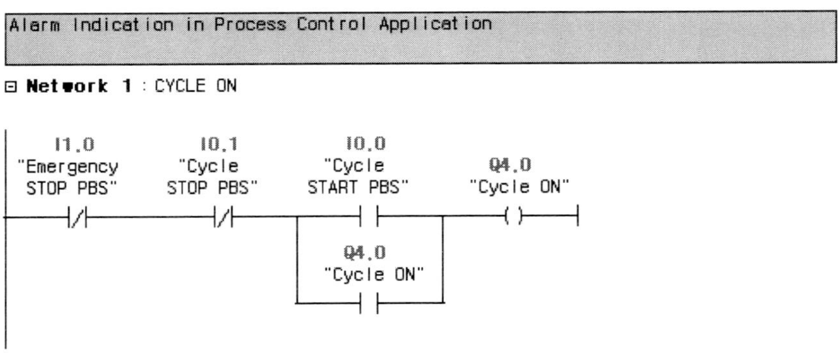

⊟ **Network 2** : FEEDING VALVE ON

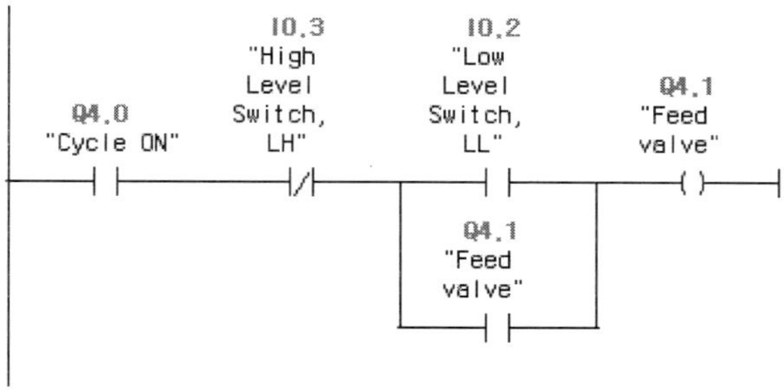

⊟ **Network 3** : DISCHARGING VALVE ON

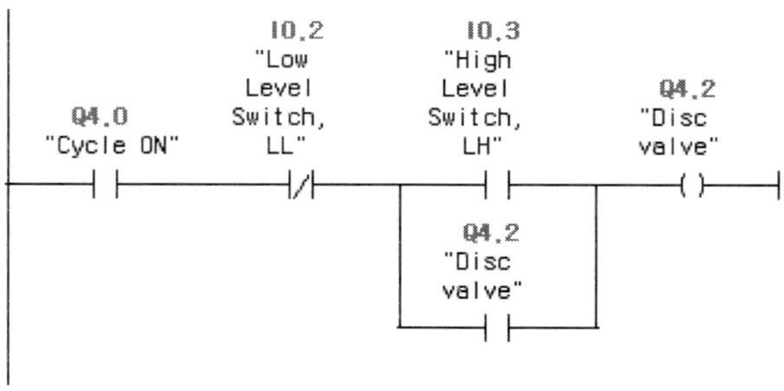

⊟ **Network 4** : ALARM INDICATING LAMP_EMERGENCY STOP

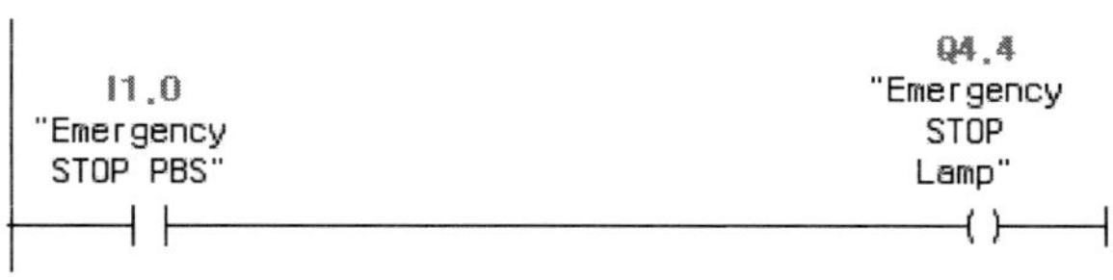

⊟ **Network 5** : ALARM INDICATING LAMP_FEEDING VALVE ERROR

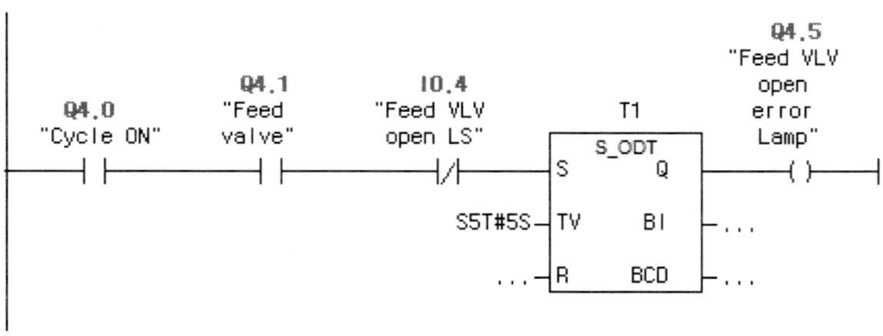

⊟ **Network 6** : ALARM INDICATING LAMP_FEEDING VALVE CLOSE ERROR

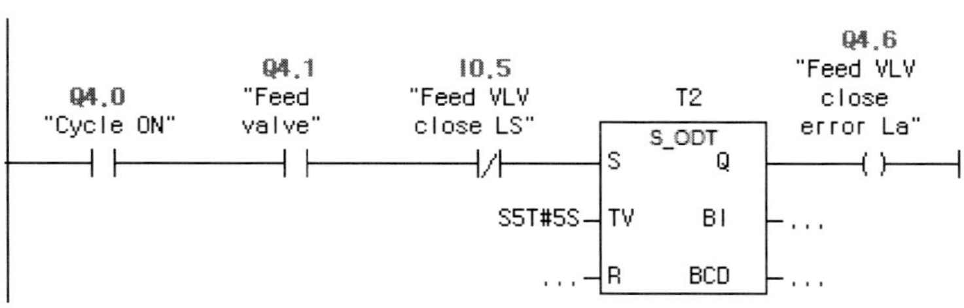

⊟ **Network 7** : ALARM INDICATING LAMP_DISCHARGING VALVE OPEN ERROR

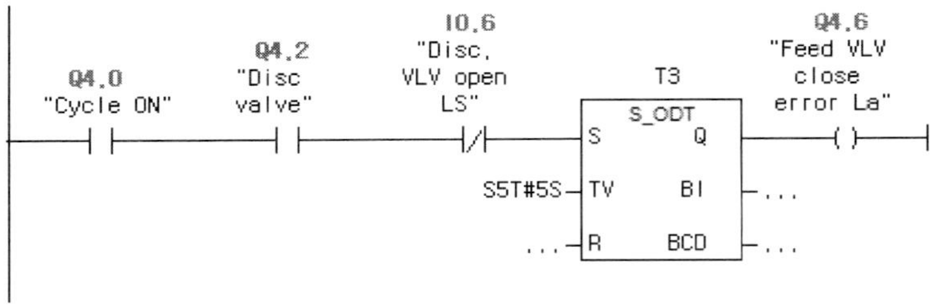

⊟ **Network 8** : ALARM INDICATING LAMP_DISCHARGING CLOSE ERROR

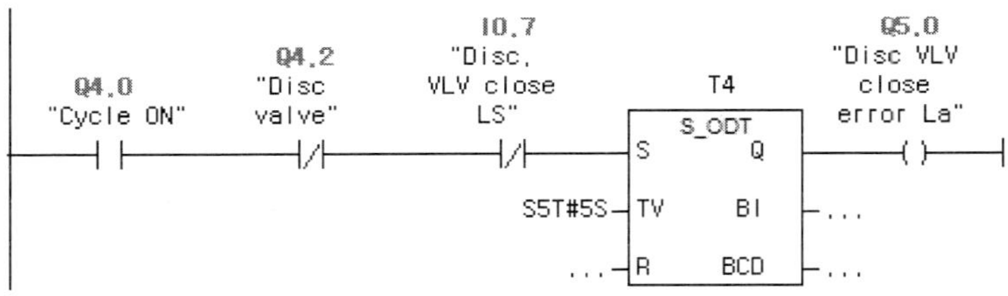

⊟ **Network 9** : BUZZER ON

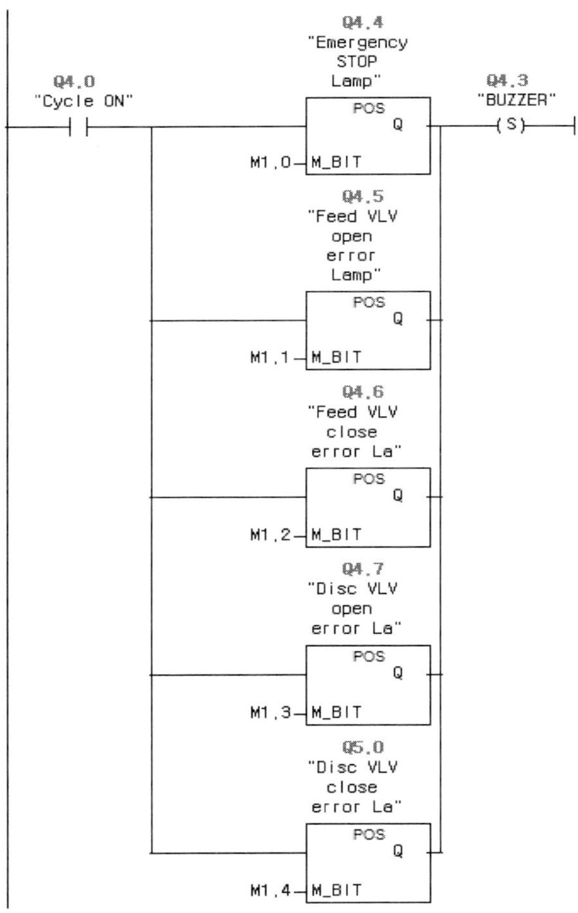

⊟ **Network 10** : BUZZER RESET

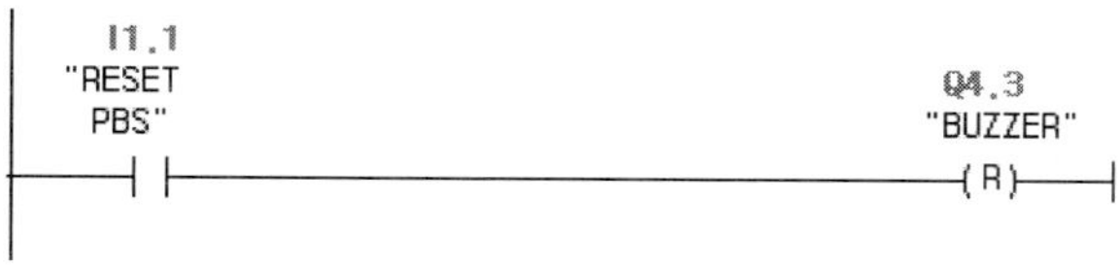

Program Description

- 네트워크 1:

  네트워크 1에서는 사이클 ON(Q4.0) 출력에 래칭 회로를 사용했다. 사이클 START PB(I0.0)를 눌러 시작하고 STOP PB(I0.1)를 눌러 STOP할 수 있다. 사이클이 시작되면 시스템은 탱크의 수위를 확인한다. 탱크 수위가 낮으면 공급 프로세스가 시작되고 탱크 수위가 높으면 배출 사이클이 시작된다.

- 네트워크 2:

  탱크가 낮은 레벨에 도달하면 LL(I0.2)이 활성화되고 공급 주기가 켜진다. 여기서 LH(I0.3)의 NC 접점을 취했으므로 PLC가 하이 레벨을 감지하면 공급 사이클을 중지한다.

- 네트워크 3:

  탱크가 높은 레벨에 도달하면 LH(I0.3)가 활성화되고 배출 주기가 켜진다.
  여기서 LL(I0.2)의 NC 접점을 취했으므로 PLC가 로우 레벨을 감지하면 방전 사이클을 중지한다.

- 네트워크 4:

  시스템이 비상 정지(I1.0) 입력을 수신하면 비상 정지 누름 출력(Q4.4)이 활성화되고 경보 표시가 작업자에게 제공된다.

- 네트워크 5:

  이 네트워크에서 우리는 Feed VLV 개방 오류 경보(Q4.5)를 구성했다. 공급 밸브가 ON이고 Feed VLV 개방 LS(I0.4)가 감지되지 않으면 타이머가 시작되고 5초 후에 Feed VLV 개방 오류 경보가 켜진다.

- 네트워크 6:

  이 네트워크에서 우리는 Feed VLV CLOSE 오류 경보(Q4.6)를 구성했다. 공급 밸브가 CLOSE이고 Feed VLV CLOSE LS(I0.5)가 감지되지 않으면 타이머가 시작되고 5초 후에 Feed VLV CLOSE 오류 경보가 켜진다.

- 네트워크 7:

  이 네트워크에서 디스크 VLV OPEN 오류 알람(Q4.7)을 구성했다. 디스크 밸브가 켜져 있고 디스크 VLV OPEN LS(I0.6)가 감지되지 않으면 타이머가 시작되고 5초 후에 디스크 VLV OPEN 오류 알람이 켜진다.

- 네트워크 8:

  이 네트워크에서 디스크 VLV CLOSE 오류 알람(Q5.0)을 구성했다. 디스크 밸브가 CLOSE이고 디스크 VLV CLOSE LS(I0.7)가 감지되지 않으면 타이머가 시작되고 5초 후에 디스크 VLV 닫기 오류 알람이 켜진다(Q5.0).

- 네트워크 9:

  이 네트워크에서는 모든 알람에 대해 BUZZER를 구성했으며 알람이 감지되면 BUZZER(Q4.3)가 활성화되고 RESET(I1.1)을 눌러 RESET할 수 있다.

- 네트워크 10 :

  작업자는 RESET(I1.0)을 눌러 BUZZER를 재설정할 수 있다.

참고

위의 응용 프로그램은 실제 응용 프로그램과 다를 수 있다. 이 예는 단지 설명을 위한 것이다. 이것은 산업에서 부품 스탬핑의 간단한 개념이며 다른 예에서도 이 개념을 사용할 수 있다.

예에서 고려된 모든 매개변수는 설명을 위한 것이며 실제 적용에서는 매개변수가 다를 수 있다. 또한 모든 인터록은 애플리케이션에서 고려되지 않았다.

Application

15 ON DELAY TIMER를 이용한 FLICKER

ON DELAY TIMER를 이용한 FLICKER 회로를 실행하기 위한 PLC 프로그램의 예이다.

Problem Description

ON DELAY TIMER를 이용하여 점멸(FLICKER) 회로를 작성하고 응용할 수 있는 설비동작을 생각해 본다. 응용하여 점멸동작의 시간을 설정할 수 있도록 개선해 보도록 한다.
래더 프로그래밍 언어를 사용하여 PLC 프로그램을 구현한다.

Problem Diagram

Problem Solution

- 점멸회로를 시작, 정지할 수 있는 신호를 작성한다.
- 점멸의 Off시간과 On시간을 설정할 수 있도록 On Delay Timer를 2개 사용한다.
- 점멸동작의 On시간에 Lamp가 점등되도록 프로그램에 램프의 위치를 설정한다.

List of inputs/outputs

Digital Input	Description		Digital Output	Description
I0.0	Start PBS		Q4.0	Lamp
I0.1	Stop PBS			

PLC Ladder diagram

OB1 : "Main Program Sweep (Cycle)"

ON DELAY TIMER를 이용한 FLICKER 회로

⊟ **Network 1** : 점멸회로(FLICKER)의 시작과 정지

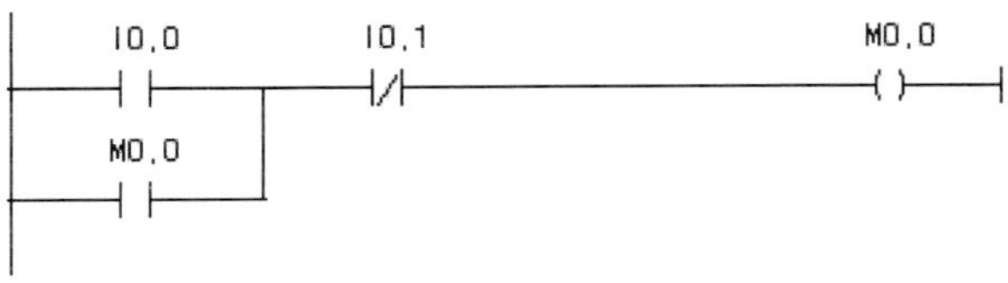

⊟ **Network 2** : 점멸회로의 OFF시간 T0

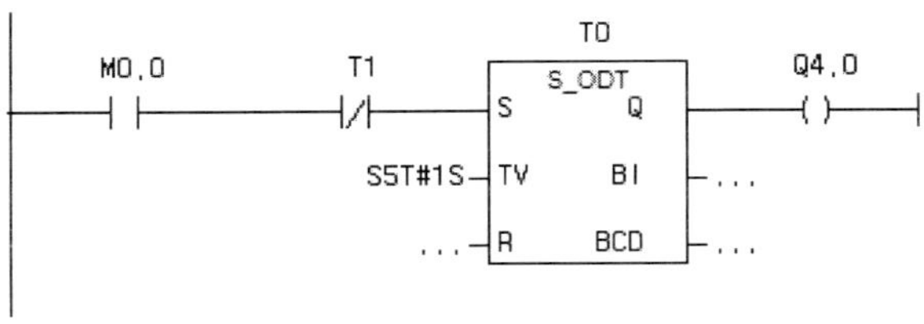

⊟ **Network 3** : 점멸회로의 ON시간 T1

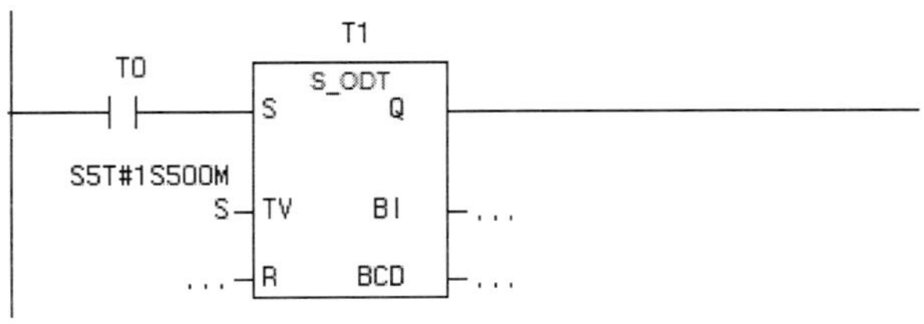

Program Description

- 네트워크 1 :

  점멸회로를 시작하고 정지할 수 있도록 자기유지회로를 작성하였다.
  자기유지되는 접점 출력을 사용하여 타이머를 동작할 수 있도록 한다.

- 네트워크 2 :

  자기유지 출력 신호에 의해 On delay Timer1가 동작할 수 있도록 타이머 입력조건으로 사용한다. 타이머의 출력에 의해 램프가 점등되도록 램프 출력을 연결한다. 두 번째 타이머의 출력에 의해 타이머의 입력은 Off되도록 b접점 형태를 타이머 1 앞에 연결한다.

- 네트워크 3 :

  타이머 1이 타임 업 되어 출력인 On되면 설정한 시간이 경과되면 출력이 발생한다. 이 신호에 의해 타이머 1이 초기화되어 처음부터 다시 시작하게 된다.

Application

16 Fan Control Unit System for Industry

산업용 팬 제어 장치 시스템을 위한 PLC 프로그램의 예이다.

공정 제어의 알람 표시

시스템에는 3개의 팬이 있다. 시스템을 실행하는 동안 2개의 팬에서 3개의 팬이 부족해야 한다. 래더 다이어그램 프로그래밍 언어를 사용하여 PLC에서 팬 제어 장치에 대한 로직을 구현한다.

Problem Diagram

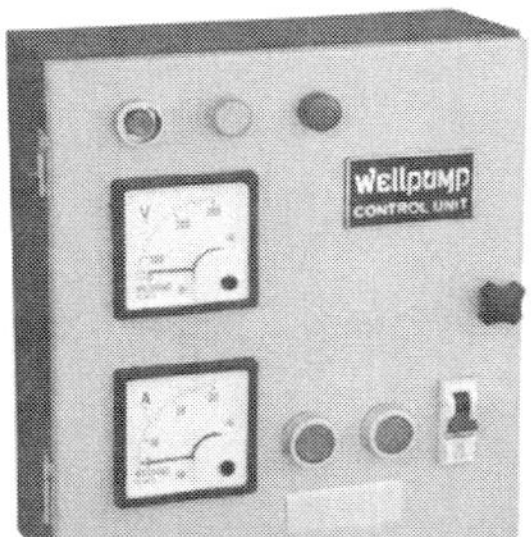

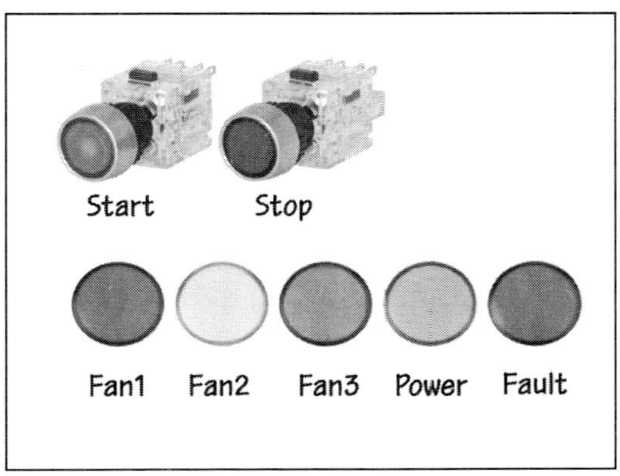

Problem Solution

- 이 시스템에는 3개의 팬(fan1, fan2 및 fan3)이 있다.
- 시스템을 실행하는 동안 3개 중 2개의 팬이 실행 중이어야 한다. 2개의 팬(예: 팬 2 및 팬 3)을 시작하려면 각각에 대해 개별 시작 및 중지 버튼이 제공된다.
- 팬 2와 팬 3이 작동 중이고 그 중 하나에 장애가 발생하면 팬 1이 자동으로 켜져야 한다. 즉, 주어진 시점에 두 개의 팬이 작동해야 한다.
- 2개의 팬에 결함이 있는 경우 시스템으로 유입되는 전원이 자동으로 꺼진다.
- 팬의 'ON' 상태와 주전원의 상태는 해당 LED로 표시되어야 한다. 2개 이상의 팬에 이상이 있을 경우 5Hz의 LED 점멸로 이상 상태로 표시한다.
- 하나의 팬에 결함이 있거나 팬에 결함이 없는 경우 결함 상태 LED에 계속 켜져 있어야 한다.

List of inputs/outputs

Digital Input	Description		Digital Output	Description
I0.0	Start PBS		Q4.0	Fan 1
I0.1	Stop PBS		Q4.1	Fan 2
I1.0	Fan 1 fault		Q4.2	Fan 3
I1.1	Fan 2 fault		Q4.3	BUZZER
I1.2	Fan 3 fault		Q4.4	Fault indication Lamp
I2.0	Main switch		Q4.5	Fan 1 ON indication Lamp
			Q4.6	Fan 2 ON indication Lamp
			Q4.7	Main supply ON indication Lamp

Memory Bit	Description			
M0.0	Cycle ON			
M100.0	5HZ clock pulse			

PLC Ladder diagram

OB1 : "Main Program Sweep (Cycle)"

Fan Control Unit System for Industry Application

⊟ **Network 1** : CYCLE ON

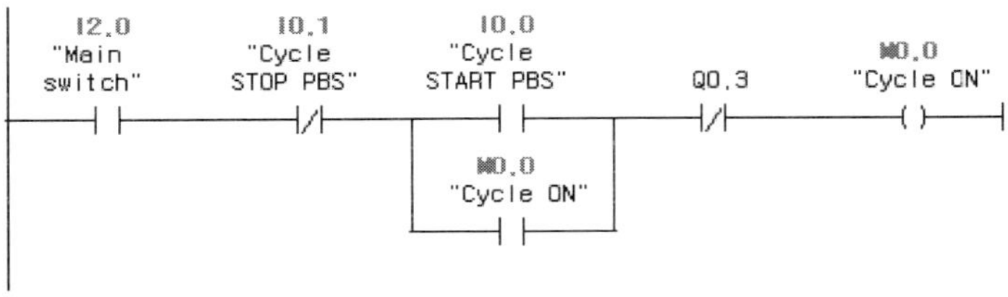

⊟ **Network 2** : FAN2, FAN3 ON

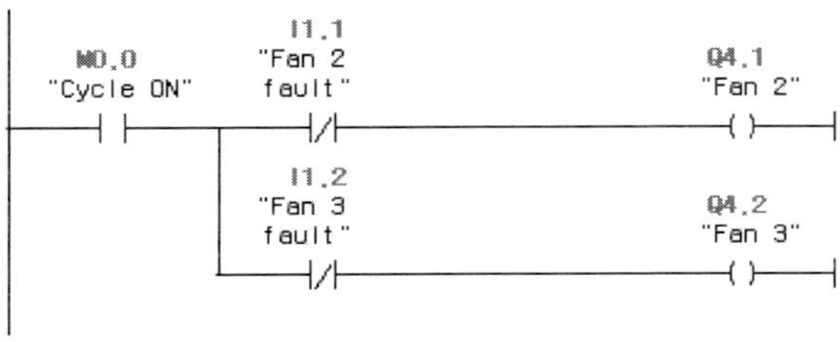

⊟ **Network 3** : FAN1 ON

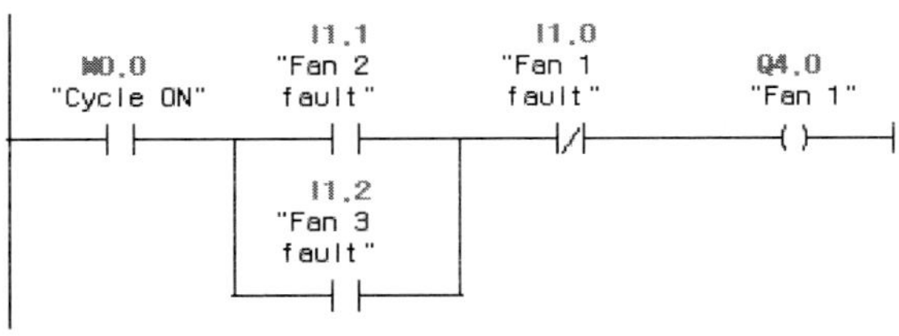

⊟ **Network 4** : FAULT INDICATOR LAMP

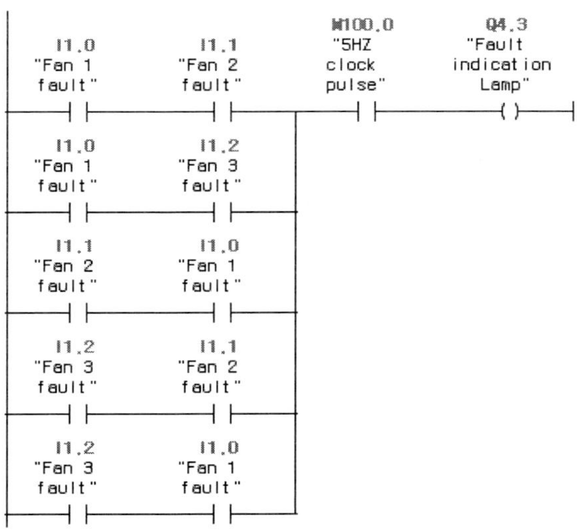

⊟ **Network 5** : FAN INDICATOR LAMP

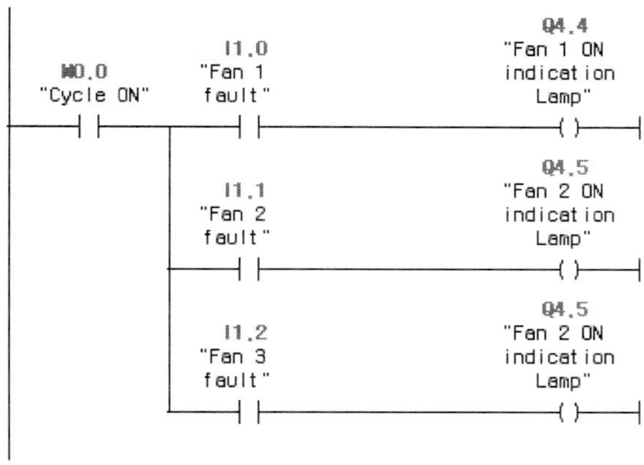

⊟ **Network 6** : MAIN POWER SUPPLY ON INDICATOR LAMP

Program Description

- 네트워크 1 :

  사이클 ON(M0.0) 코일에는 래칭 회로를 사용했다. START PB(I0.0)를 눌러 시작하고 STOP PB(I0.1)를 눌러 중지할 수 있다. 메인 스위치(I2.0)가 켜져 있어야 한다.

- 네트워크 2 :

  사이클이 ON(M0.0)이고 팬 2 및 팬 3 오류가 없으면 팬 2(Q4.1) 및 팬 3(Q4.2)이 켜진다.

- 네트워크 3 :

  팬 2 또는 팬 3에 결함이 있으면 팬 1이 활성화된다(Q4.0).

- 네트워크 4 :

  시스템에서 3개 중 2개 팬에 이상이 있으면 오류 표시 램프(Q4.3)가 5HZ 주파수로 깜박이기 시작한다.

- 네트워크 5 :
  팬 1, 팬 2 및 팬 3에 대한 표시 램프. 오류 신호에 따라 램프가 활성화된다.

- 네트워크 6 :
  주 스위치가 ON(I2.0)되면 주 전원 ON 표시 램프(Q4.7)가 켜진다.

참고

위의 응용 프로그램은 실제 응용 프로그램과 다를 수 있다. 이 예는 단지 설명을 위한 것이다. 이것은 산업에서 부품 스탬핑의 간단한 개념이며 다른 예에서도 이 개념을 사용할 수 있다.

예에서 고려된 모든 매개변수는 설명을 위한 것이며 실제 적용에서는 매개변수가 다를 수 있다. 또한 모든 인터록은 애플리케이션에서 고려되지 않았다.

Application

17 Automatic Bending Machine for Exhaust Pipe

배기관용 자동 절곡기 시스템을 위한 PLC 프로그램의 예이다.

배기관용 자동 절곡기

배기관의 굽힘은 PLC를 사용하여 제어되어야 한다. 파이프와 커넥터 피팅이 모두 없는 경우 굽힘 절차를 시작해서는 안 된다. 부품에 결함이 있거나 없는 경우 표시등으로 표시된다. 래더 다이어그램 프로그래밍 언어를 사용하여 PLC에서 팬 제어 장치에 대한 로직을 구현한다.

Problem Diagram

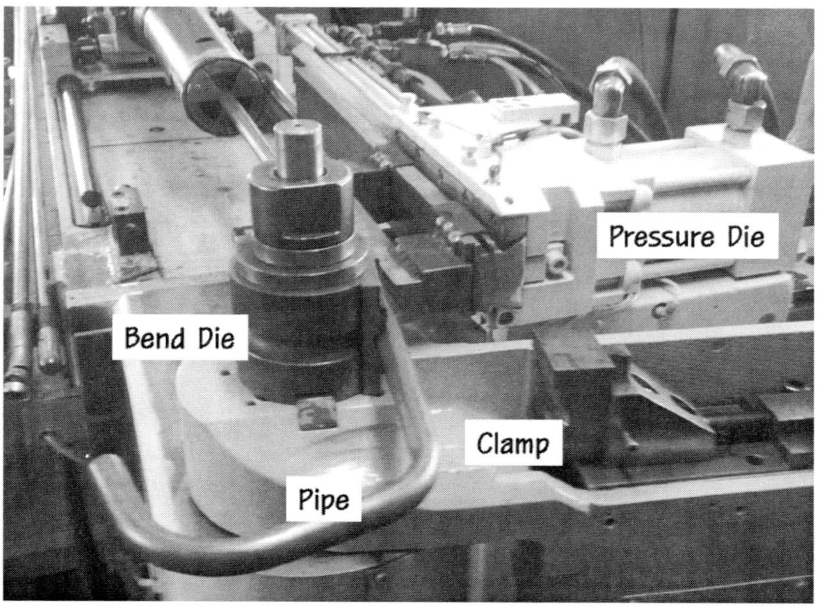

Problem Solution

- 근접 스위치는 파이프가 있는지 여부를 감지하는데 사용된다. 그런 다음 파이프가 솔레노이드 밸브를 통해 제자리에 고정된다.
- 그리고 커넥터 피팅도 함께 있으면 2초 후에 굽힘 과정이 진행된다.
- 5초 동안 파이프가 감지되지 않으면 오류 램프가 켜지고 확인 버튼을 눌러 확인할 수 있다.
- 하나의 팬에 결함이 있거나 팬에 결함이 없는 경우 결함 상태 LED에 계속 켜져 있어야 한다.

List of inputs/outputs

Digital Input	Description		Digital Output	Description
I0.0	Start PBS		Q4.0	Cycle ON
I0.1	Stop PBS		Q4.1	Clamping ON
I0.2	Pipe detect Sensor		Q4.2	Error lamp
I0.3	Connector detect Sensor			
I0.4	Error 확인용 PBS			

PLC Ladder diagram

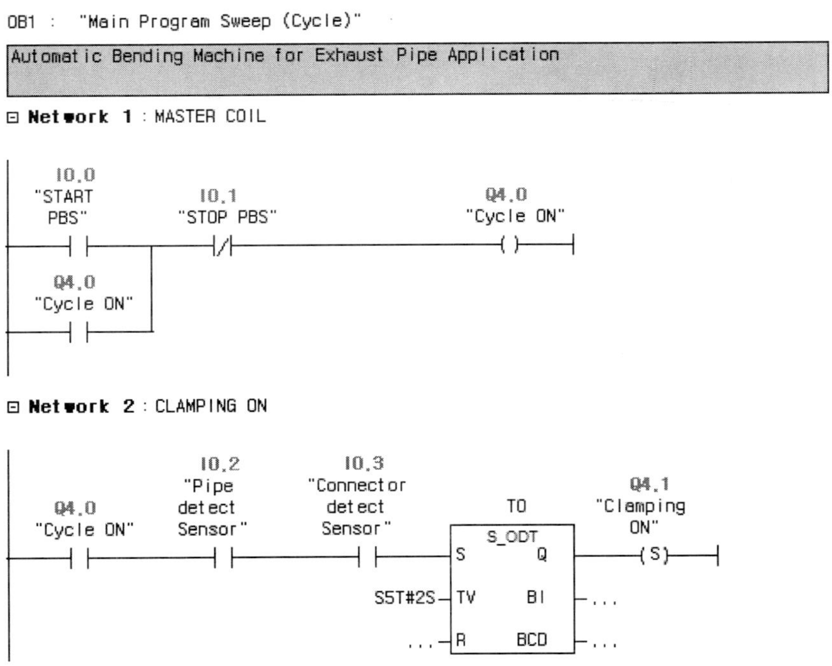

⊟ **Network 3** : CLAMPING OFF

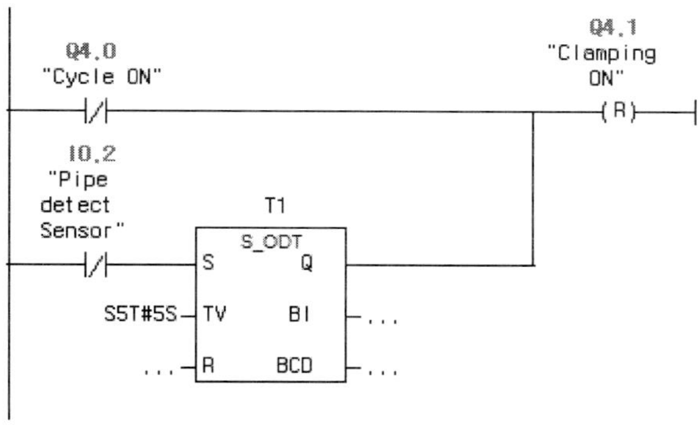

⊟ **Network 4** : ERROR LAMP

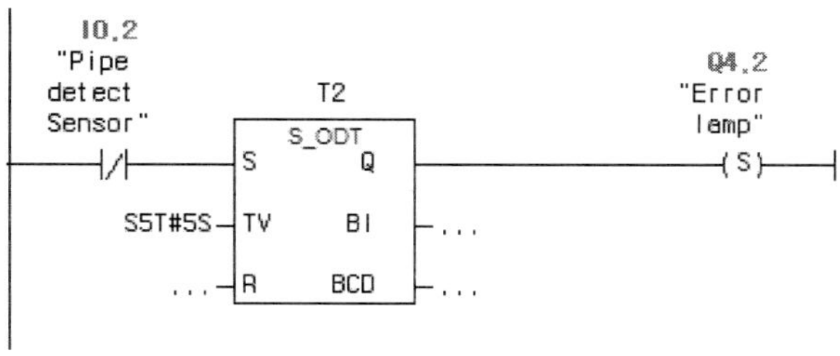

⊟ **Network 5** : ERROR 확인/ERROR LAMP OFF

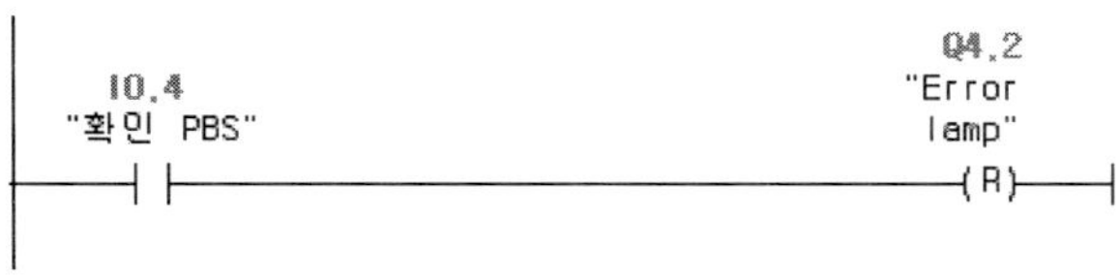

Program Description

- 네트워크 1 :
  메인 사이클은 start PB(I0.0)를 눌러 시작할 수 있다. 그리고 stop PB(I0.1)를 눌러 중지할 수 있다.

- 네트워크 2 :
  배기관 및 커넥터가 감지되면 2초 후에 클램핑 프로세스(Q4.1)가 ON된다.

- 네트워크 3 :
  사이클이 켜져 있지 않거나 파이프가 감지되지 않으면 클램핑(Q4.1)이 꺼진다.

- 네트워크 4 :
  5초 동안 배관이 감지되지 않으면 오류 램프(Q4.2)가 켜진다.

- 네트워크 5 :
  오류 램프(Q4.2)는 확인 PB(I0.4)를 눌러 리셋할 수 있다.

참고

위의 응용 프로그램은 실제 응용 프로그램과 다를 수 있다. 이 예는 단지 설명을 위한 것이다. 이것은 산업에서 배기관 벤딩 머신의 간단한 개념이며 다른 예에서도 이 개념을 사용할 수 있다.

예에서 고려된 모든 매개변수는 설명을 위한 것이며 실제 적용에서는 매개변수가 다를 수 있다. 또한 모든 인터록은 애플리케이션에서 고려되지 않았다.

Application

18 타이머 설정값(TV)의 간접 설정

타이머 설정값(TV)의 간접 설정하여 실행하기 위한 PLC 프로그램의 예이다.

Problem Description

타이머의 설정값을 외부에서 입력할 수 있도록 한다. 타이머의 단위(타임기수)와 BCD로 입력되는 타이머 값을 WOR연산을 하여 타이머 설정값의 형식에 맞도록 입력한다. 래더 프로그래밍 언어를 사용하여 PLC 프로그램을 구현한다.

Problem Diagram

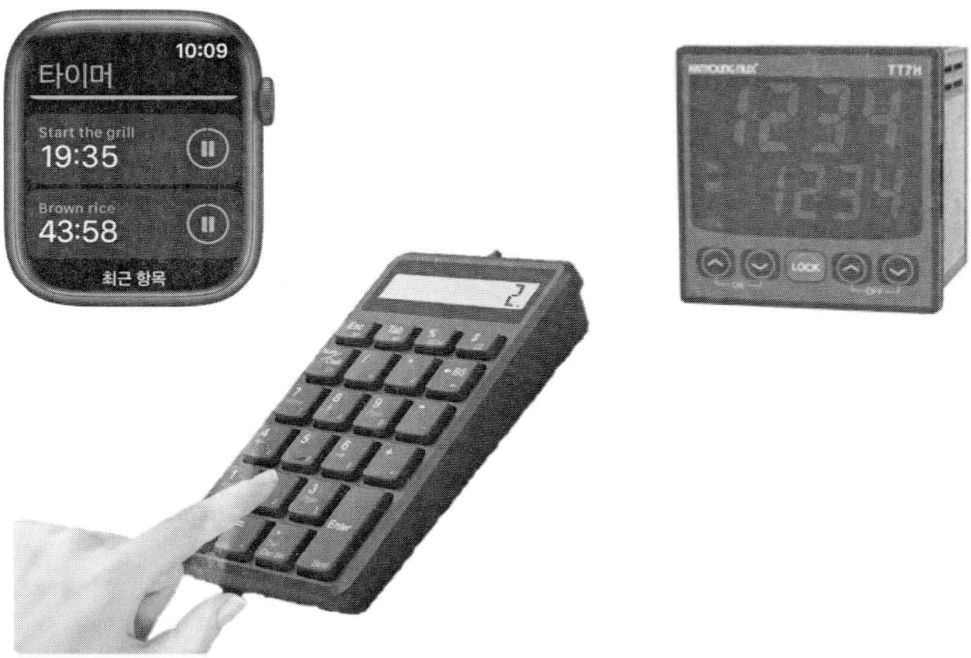

Problem Solution

- 타이머의 설정값에서 시간 단위에 맞는 타임기수를 설정한다.
- BCD로 설정된 타이머 시간 입력값을 형변환 명령어를 사용하여 변경한다.
- 타이머 설정값 형식에 맞도록 타임기수와 타이머 설정값을 하나의 데이터로 변경한다. 이때 WOR연산을 통하여 변경하도록 한다.

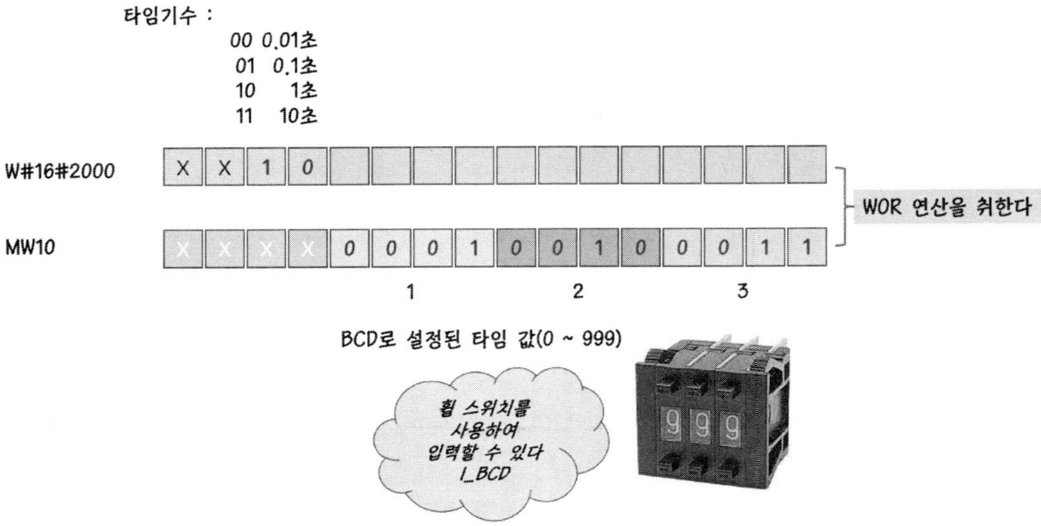

List of inputs/outputs

Digital Input	Description		Digital Output	Description
I0.0	증가용 PBS			
I0.1	감소용 PBS			
I0.2	타이머 설정값 변환 PBS			
I0.3	타이머 시작 PBS			
I0.4	타이머 정지 PBS			

PLC Ladder diagram

OB1 : "Main Program Sweep (Cycle)"

타이머 설정값(TV)의 간접 설정

⊟ **Network 1** : 설정값의 증가_I0.0 스위치를 누른 횟수만큼 증가

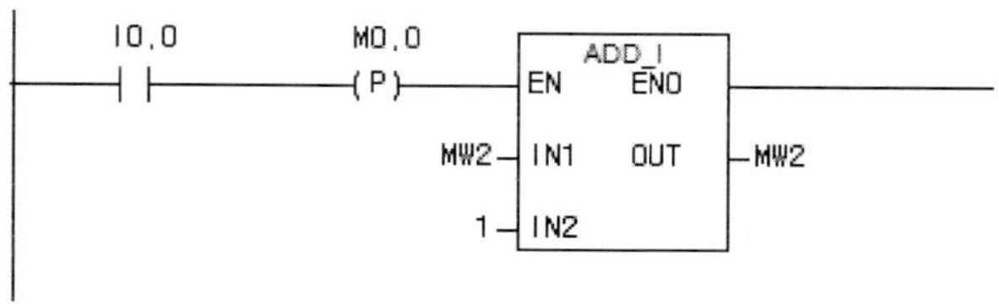

⊟ **Network 2** : 설정값의 증가_I0.0 스위치를 1초 이상 누르면 0.1초에 1씩 증가

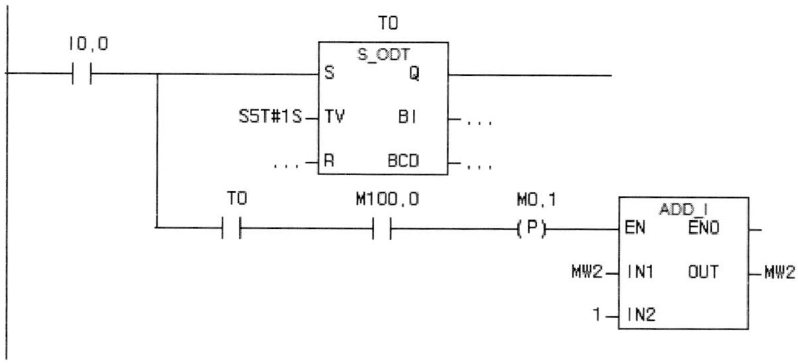

⊟ **Network 3** : 설정값의 감소_I0.1 스위치를 누른 횟수만큼 감소

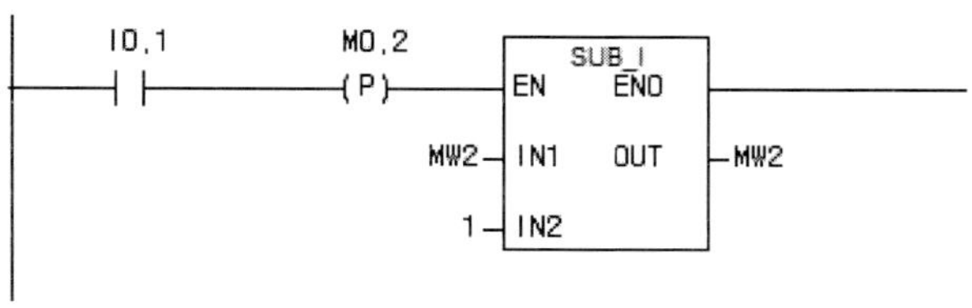

⊟ **Network 4** : 설정값의 감소_I0.1 스위치를 1초 이상 누르면 0.1초에 1씩 감소

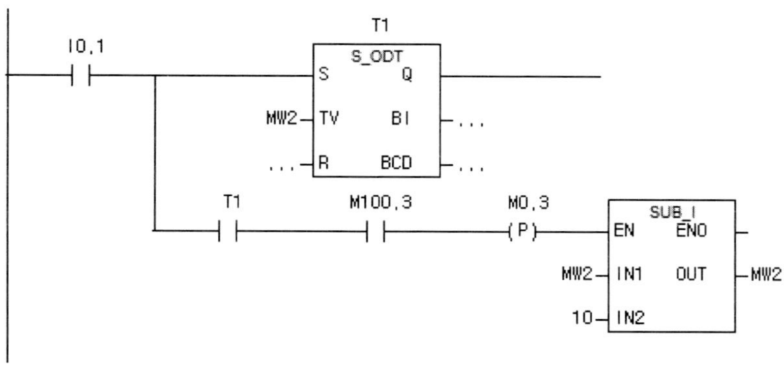

⊟ **Network 5** : 타임 베이스 2(1초단위)와 설정값의 결합_WOR연산

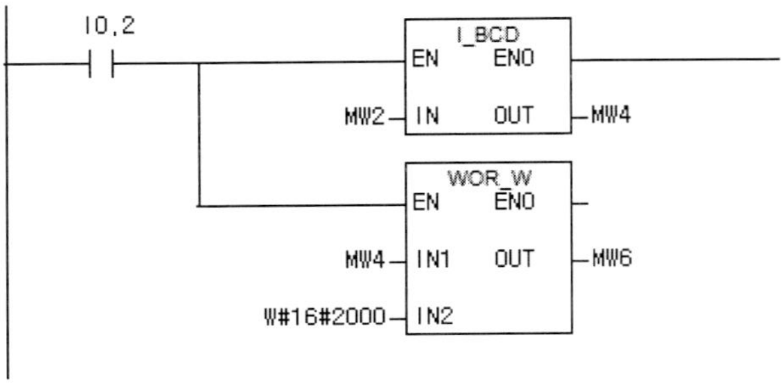

⊟ **Network 6** : 타이머 테스트

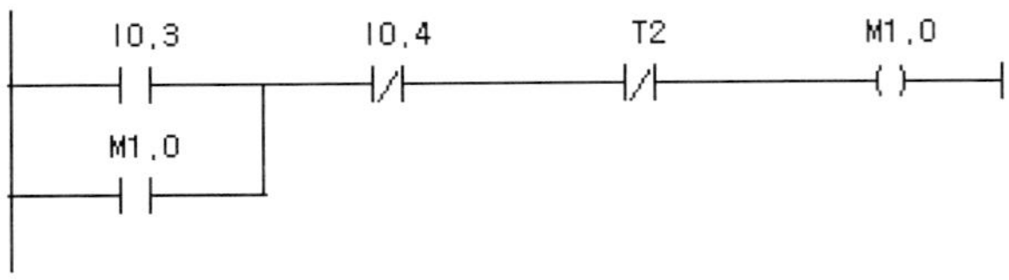

⊟ **Network 7** : Title:

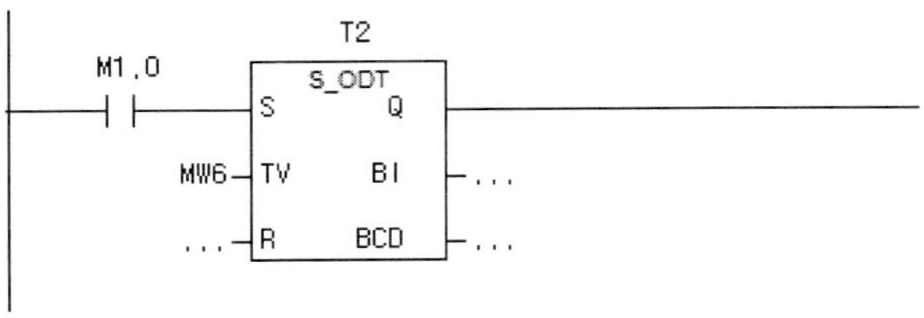

Program Description

• 네트워크 1 :
타이머 설정값의 증가_ 스위치를 누른 횟수만큼 증가 1씩 증가하는 기능

• 네트워크 2 :
타이머 설정값의 증가_스위치를 1초 이상 누르고 있으면 0.1초에 1씩 지속적으로 증가되는 기능

• 네트워크 3 :
타이머 설정값의 감소_ 스위치를 누른 횟수만큼 증가 1씩 감소하는 기능

• 네트워크 4 :
타이머 설정값의 감소_스위치를 1초 이상 누르고 있으면 0.1초에 1씩 지속적으로 감소되는 기능

• 네트워크 5 :
타임 기수(1초 단위)와 타이머 설정값의 결합_WOR연산을 이용하여 하나의 데이터에 저장

• 네트워크 6 :
타이머 테스트를 위해 자기유지 회로를 작성하여 출력접점으로 타이머를 기동, 정지

• 네트워크 7 :
타이머 설정값 시간이 경과되면 타임 업되고 네트워크 6의 자기유지 회로를 자동으로 정지시키는 기능

Application

19 Count the Number of Bottles in Package Carton

포장 판지에 있는 병의 수 카운터 시스템을 위한 PLC 프로그램의 예이다.

포장 판지에 있는 병의 수 카운트

시작 PB를 누르면 상자 감지용 센서가 상자의 존재를 감지할 때까지 상자 컨베이어가 실행되고 병 감지용 센서가 병의 유무를 5회 감지할 때까지 병 컨베이어를 실행한 다음 병 컨베이어가 중지되도록 PLC 프로그램을 작성한다. 그리고 판지 박스 컨베이어는 새로운 판지 박스가 있을 때까지 작동한 다음 정지 PB가 눌러질 때까지 5개의 병을 포장하는 과정을 반복한다.

Problem Diagram

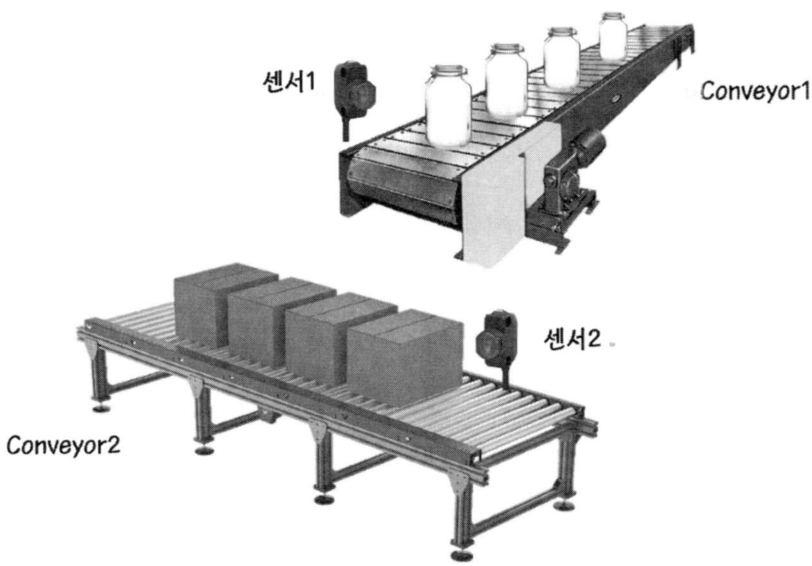

List of inputs/outputs

Digital Input	Description		Digital Output	Description
I0.0	Start PBS		Q4.0	conveyor 01 Motor
I0.1	Stop PBS		Q4.1	conveyor 02 Motor
I0.2	photocell 01 Sensor(1St. c/v)			
I0.3	photocell 02 Sensor(2nd. c/v)			

Memory Bit	Description			
M0.0	start-stop memory			
M1.0	carton full			
MW10	counter-current value			

PLC Ladder diagram

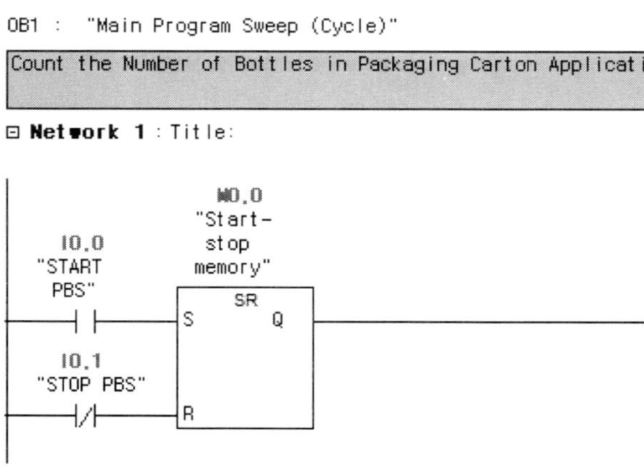

⊟ **Network 2** : Title:

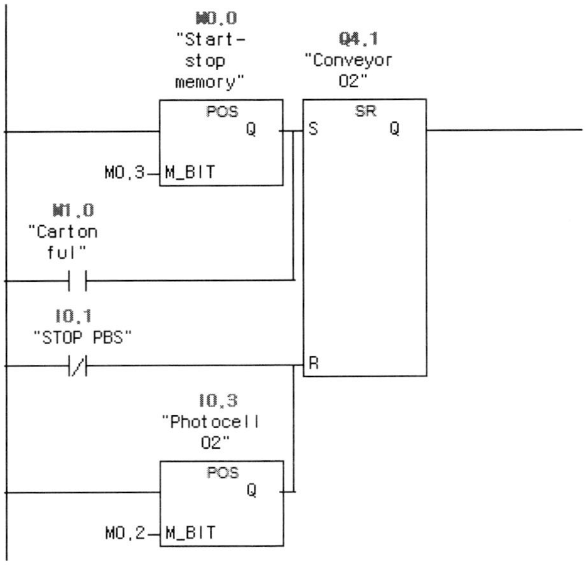

⊟ **Network 3** : Title:

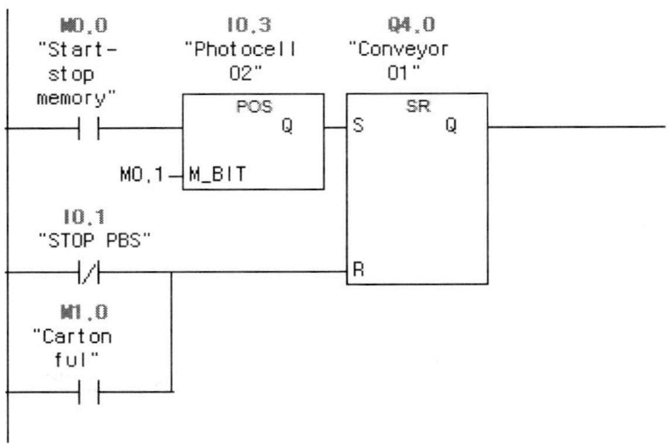

⊟ **Network 4** : Title:

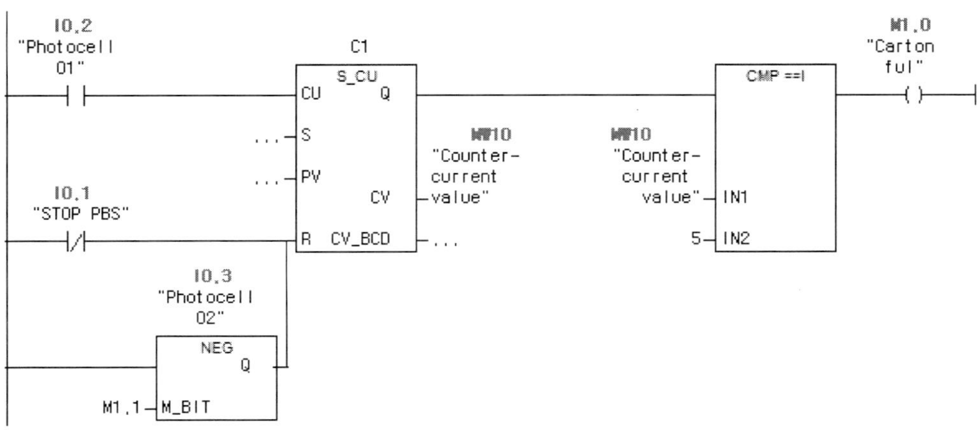

Program Description

- 네트워크 01 :
  시작 PB(I0.0)를 누르면 SR 플립 플롭의 세트 코일에 전원이 공급되고 시작-정지 메모리 비트가 켜진다.
  정지 PB(I0.1)를 누르면 SR 플립 플롭의 리셋 코일에 전원이 공급되고 시작-정지 메모리 비트가 꺼진다.

- 네트워크 02 :
  시작-정지 메모리 비트 포지티브 엣지(Positive Edge)가 감지되거나 상자가 가득 차면 SR 플립플롭의 설정 비트가 활성화되고 컨베이어_02(Q4.1)를 실행한다.
  정지(PB)가 눌려지거나 포토센서_2(I0.3)의 포지티브 엣지(Positive Edge)에 전원이 공급되면 컨베이어_02(Q4.1)가 정지된다.

- 네트워크 03 :
  시작-정지 비트가 켜져 있고 포토센서_02(I0.3)의 포지티브 엣지(Positive Edge)가 감지되면 설정된 비트에 전원이 공급되고 컨베이어 01을 실행한다.
  중지 버튼을 누르거나 상자가 가득 차면 리셋 비트에 전원이 공급되고 컨베이어_01(Q4.0)을 중지한다.

- 네트워크 04 :
  포토센서_01(I0.2)은 카운터 C01의 카운트를 1씩 증가시킨다.
  스톱 PB(I0.1) 또는 포토센서 02의 네가티브 엣지(Negative Edge)는 카운터의 카운트를 0으로 재설정하여 전체 상자가 포토센서_02(I0.3)에서 멀어질 때 카운터가 0으로 재설정되도록 한다.
  카운터의 카운트는 MW10 카운트 메모리로 이동된다.
  카운트 메모리 MW10이 5와 같을 때 상자 전체 비트에 전원이 공급된다.

참고

위의 응용 프로그램은 실제 응용 프로그램과 다를 수 있다. 이 예는 단지 설명을 위한 것이다. 이것은 산업에서 포장 판지에 있는 병의 수 카운팅 머신의 간단한 개념이며 다른 예에서도 이 개념을 사용할 수 있다.

예에서 고려된 모든 매개변수는 설명을 위한 것이며 실제 적용에서는 매개변수가 다를 수 있다. 또한 모든 인터록은 애플리케이션에서 고려되지 않았다.

Application

20 Alarm Acknowledge

알람 인식 로직을 위한 PLC 프로그램의 예이다.

알람 인식 로직

대부분의 산업에서 경보 관리를 위한 표준 절차를 따른다. 산업에서 실행되는 일부 중요한 프로세스는 일부 장비 고장, 제어 불능 프로세스 루프 등으로 인해 오류를 일으킬 수 있다. 일부 측정 변수가 범위를 벗어날 때 오류가 생성될 수 있다. 이는 레벨, 유량, 온도, 압력 또는 기타 원인일 수 있다.

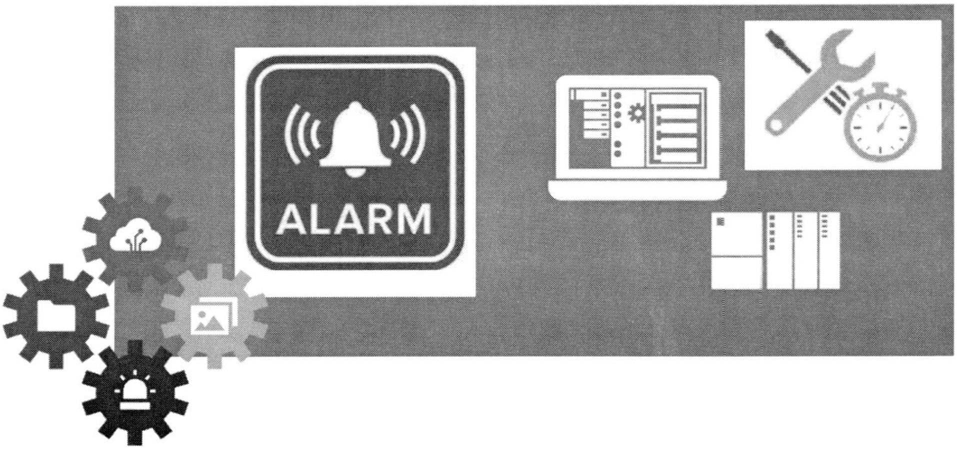

Problem Solution

- 오류(I0.0)가 있는 경우 알람(Q0.0)이 깜박이기 시작해야 한다. 오류 신호가 있을 때 확인 버튼(I0.1)을 누르면 경보가 깜박임에서 고정 모드로 변경되며 이는 여전히 오류가 있음을 의미한다.
- 오류가 사라지면 알람 표시가 꺼진다.

List of inputs/outputs

Digital Input	Description		Digital Output	Description
I0.0	FAULT		Q4.0	ALARM INDICATION
I0.1	ALARM ACKNOWLEDGE			

PLC Ladder diagram

OB1 : "Main Program Sweep (Cycle)"

Alarm Acknowledge Application

⊟ **Network 1** : Title:

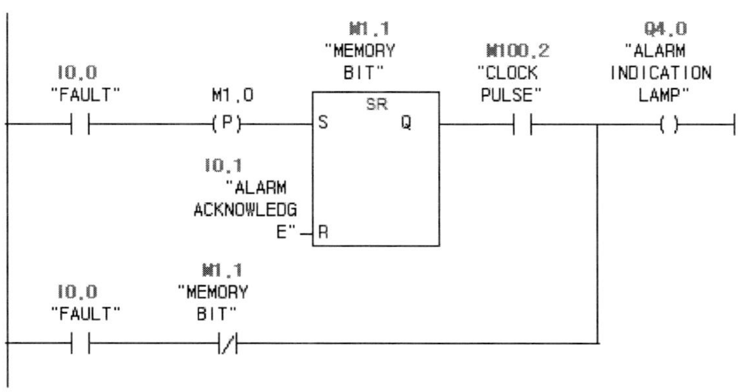

Program Description

- 오류가 발생하면 I0.0이 참이 되어 신호가 포지티브 에지 검출기를 통과하여 사이클이 한 번만 실행되도록 허용한다. 이 신호가 SR 플립플롭으로 이동한 후 설정으로 인해 우선 순위가 더 높으면 신호가 래치된다.
- 이 신호는 클록 펄스(우리의 경우 M10.2)를 통과하여 깜박이는 알람 표시기를 생성한다.
- 참고: 여기에서는 클럭 펄스를 생성하는 데 사용되는 비트 M100.2를 사용했다.

참고

위의 응용 프로그램은 실제 응용 프로그램과 다를 수 있다. 이 예는 단지 설명을 위한 것이다. 이것은 산업에서 알람 인식의 간단한 개념이며 다른 예에서도 이 개념을 사용할 수 있다.

Application

21 Drilling Process

Drilling Process 시스템을 위한 PLC 프로그램의 예이다.

Problem Diagram

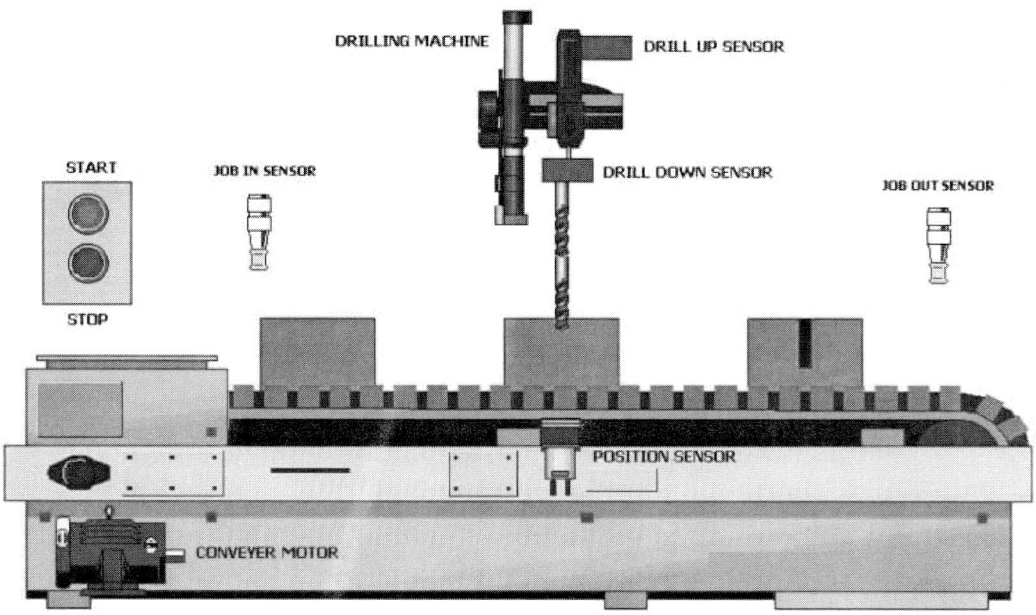

Problem Solution

- 시작 PB는 프로세스를 시작한다.
- 초기에 Job in sensor, Drill up sensor는 ON 상태, Job out 센서는 OFF 상태여야 한다.
- 센서의 작업이 드릴링할 물체를 감지하면 컨베이어 모터를 켜서 물체를 이동시켜야 한다.

• 위치 센서가 물체를 감지하면 컨베이어 모터가 꺼지고 5초 후에 드릴 포워드 모터가 드릴다운 센서가 켜질 때까지 ON되어야 한다. 5초의 Delay 후, Drill Reverse 모터는 Drill Up Sensor가 ON될 때까지 ON 되어야 한다.
• 5초 지연 후, 컨베이어 모터는 잡아웃 센서가 ON될 때까지 작동한다.
• 프로그램은 정지 PB가 눌러질 때까지 계속 실행된다.

List of inputs/outputs

Digital Input	Description		Digital Output	Description
I0.0	Start PBS		Q4.0	Conveyor Motor
I0.1	Stop PBS		Q4.1	Drill Forward Motor
I0.2	JOB IN SENSOR		Q4.3	Drill Reverse Motor
I0.3	JOB OUT SENSOR			
I0.4	Drill Up Sensor			
I0.5	POSITION SENSOR			
I0.6	Drill Down Sensor			

Memory Bit	Description			
M0.0	Start Latch			
M0.1	Memory Bit			

PLC Ladder diagram

OB1 : "Main Program Sweep (Cycle)"

Drilling Process Application

⊟ **Network 1** : Title:

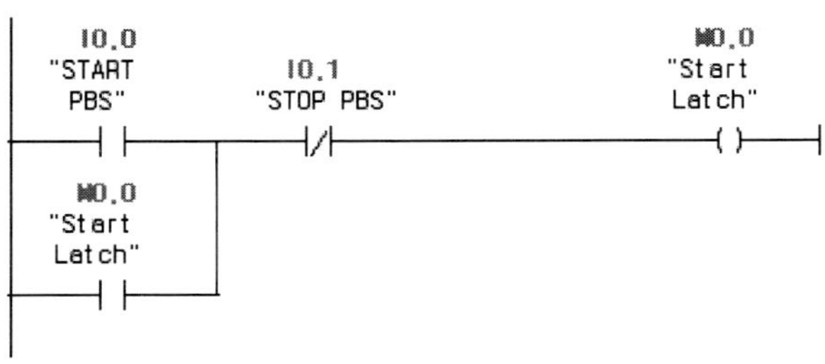

⊟ **Network 2** : Title:

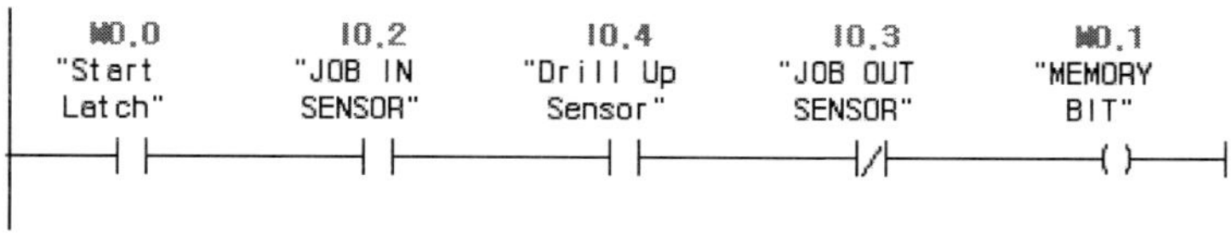

⊟ **Network 3** : Title:

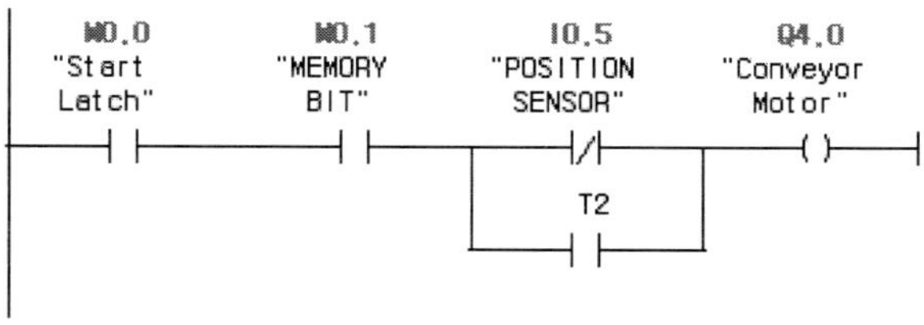

⊟ **Network 4** : Title:

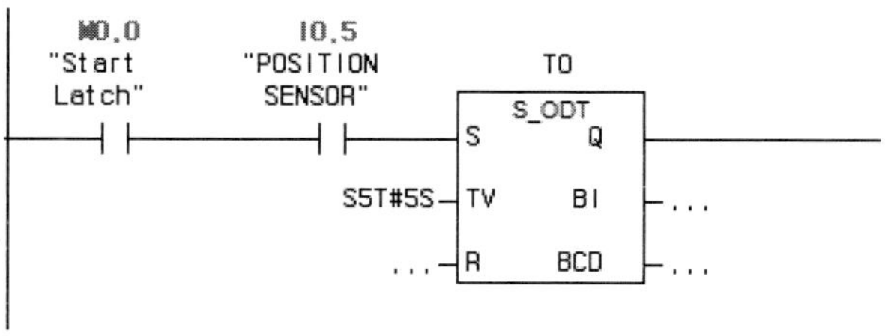

⊟ **Network 5** : Title:

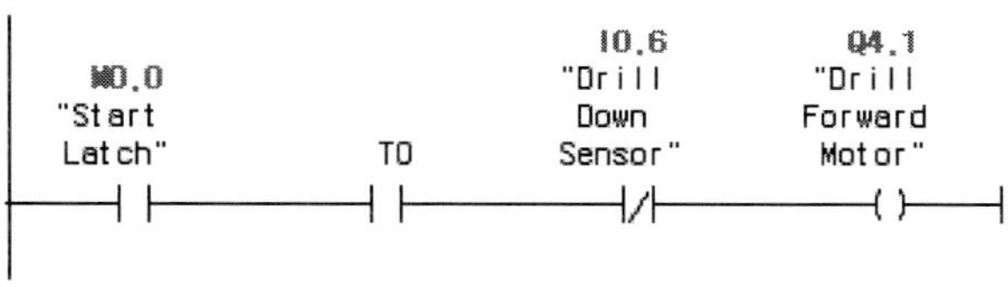

⊟ **Network 6** : Title:

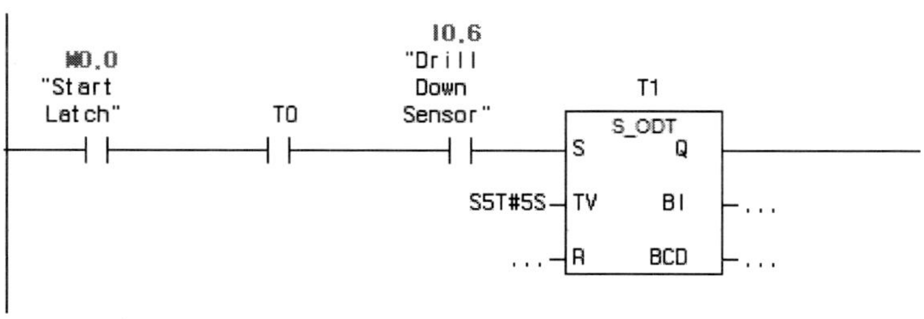

⊟ **Network 7** : Title:

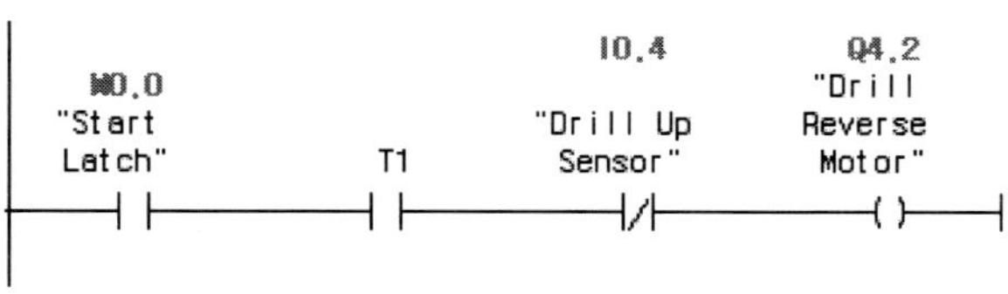

⊟ **Network 8** : Title:

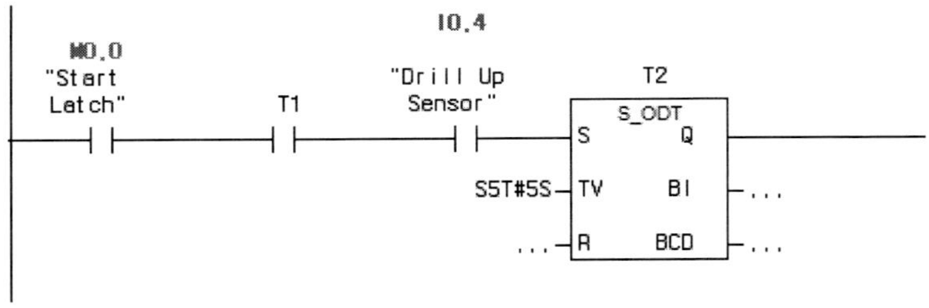

Program Description

- 네트워크 01 :

  마스터 시작 PB(I0.0) 및 중지 PB(I0.1)를 통해 시스템을 작동하기 위한 래칭회로이다.

- 네트워크 02 :

  Job in 센서(I0.2), Drill Up 센서(I0.4) 및 Job Out 센서(I0.3)의 상태를 저장하기 위해 메모리 코일이 사용된다.

- 네트워크 03 :

  모든 센서가 홈 상태에 있을 때 컨베이어 모터(Q4.0)가 켜진다.

- 네트워크 04~05 :

  위치센서(I0.5) ON 시 5초의 시간지연으로 Drill Forward ON(Q4.1), Drill Reverse가 ON(Q4.2)된다.

- 네트워크 06~07 :

  드릴다운 센서(I0.6) ON은 드릴업 센서 (I0.4)가 ON될 때까지 드릴 리버스를 ON으로 하기 위해 5초의 시간 지연을 만든다.

- 네트워크 08 :

  5초 지연 후 컨베이어 모터(Q4.0)는 센서 ON 상태까지 작동한다.

  프로그램은 STOP PB(I0.1)를 누를 때까지 계속 실행된다.

참고

위의 응용 프로그램은 실제 응용 프로그램과 다를 수 있다. 이 예는 단지 설명을 위한 것이다. 이것은 산업에서 Drilling Process 머신의 간단한 개념이며 다른 예에서도 이 개념을 사용할 수 있다.

예에서 고려된 모든 매개변수는 설명을 위한 것이며 실제 적용에서는 매개변수가 다를 수 있다. 또한 모든 인터록은 애플리케이션에서 고려되지 않았다.

Application

22 1초씩 증가되는 시간을 "시", "분", "초"로 표시

1초씩 증가되는 시간을 "시", "분", "초"로 표시하기 위한 PLC 프로그램의 예이다.

Problem Description

1초 클럭펄스를 이용하여 1초마다 1씩 증가되는 데이터를 시간, 분, 초로 표시한다. 래더 프로그래밍 언어를 사용하여 PLC 프로그램을 구현한다.

Problem Diagram

Problem Solution

- 1초에 1씩 증가되는 기능을 구현한다.
- 산술연산의 나눗셈 연산을 이용하여 그 결과가 몫에 해당하는 것을 적용한다.
  나눗셈 연산의 나머지에 해당하는 데이터는 MOD 연산을 이용한다.
- MOD연산을 하기 전에 데이터의 형식을 동일하게 하여 형변환 명령어를 사용한다.

List of inputs/outputs

Digital Input	Description		Digital Output	Description
I0.0	Start PBS			
I0.1	Stop PBS			
I0.2	Data Reset PBS			

PLC Ladder diagram

OB1 : "Main Program Sweep (Cycle)"

1초씩 증가되는 시간을 "시" "분" "초"로 표시

⊟ **Network 1** : 시작과 종료 신호

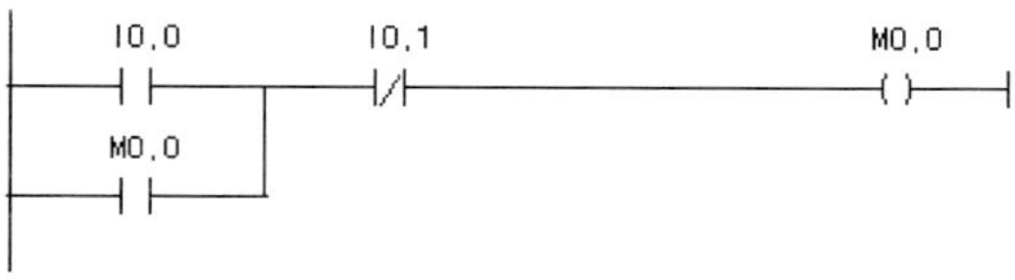

⊟ **Network 2** : 1초 단위로 증가되는 시간을 측정

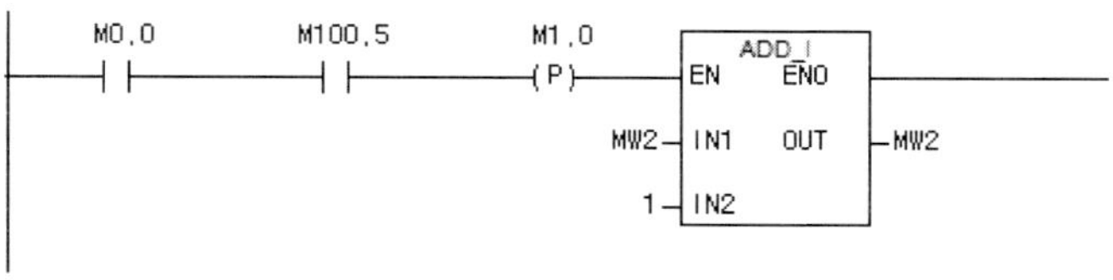

⊟ **Network 3** : "시"를 표시하기 위해 3600으로 나누기 실행

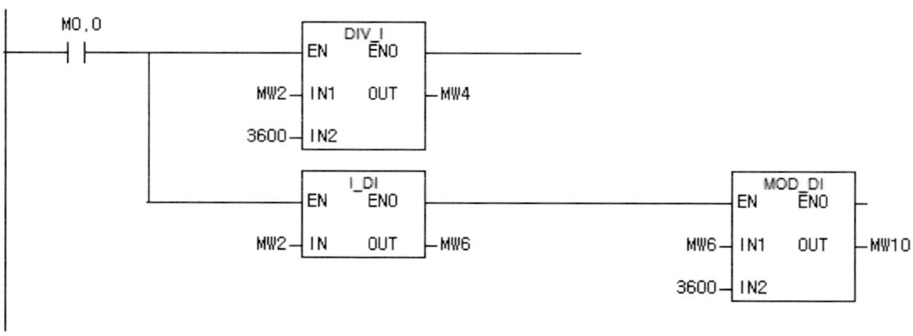

⊟ **Network 4** : 3599까지의 시간을 60으로 나누어 "분"표시 그 나머지는 "초"

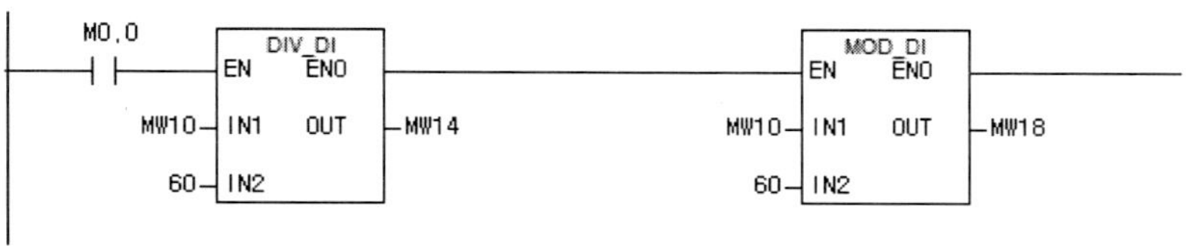

⊟ **Network 5** : 측정된 시간의 초기화

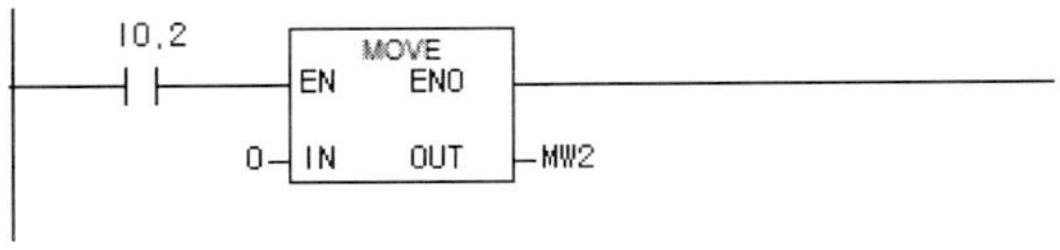

Program Description

- 네트워크 1 :
  변환 연산의 시작과 정지를 하기 위해 자기유지 기능을 사용하였다.

- 네트워크 2 :
  1초 단위로 1씩 증가하는 기능을 구현하기 위해 덧셈 산술연산을 사용하였다. 이때 입력신호를 펄스화 하기 위해 상승엣지 신호를 추가하였다.

- 네트워크 3 :
  1씩 증가되어 저장되는 데이터의 "시간" 표시를 위해서 3600으로 나눗셈 연산을 하였다. 나머지 값에는 "분"과 "초" 데이터가 포함되어 있으므로 나머지 연산을 위해 MOD연산을 실행하였다. 이때 데이터의 크기를 맞추기 위해 형변환 명령어(I_DI)를 사용하였다.

- 네트워크 4 :
  나머지 연산으로 저장된 데이터(최대 3599까지 저장된다.)에서 "분"을 표시하기 위해 60으로 나눗셈 연산을 하였다.
  나머지 값을 구하기 위해 MOD연산을 실행하였다.

- 네트워크 5 :
  1초 단위로 1씩 증가되어 저장되는 데이터의 초기화를 위해 전송명령(MOVE)을 이용하여 0을 써넣는다.

Application

23 비트 쉬프트 명령(SHL_W) 이해를 위한 동작 테스트

비트 쉬프트 명령(SHL_W) 이해를 위한 동작 테스트용 PLC 프로그램의 예이다.

Problem Description

비트 쉬프트 명령을 응용하여 시퀀스 동작을 구현한다. 래더 프로그래밍 언어를 사용하여 PLC 프로그램을 구현한다.

Problem Diagram

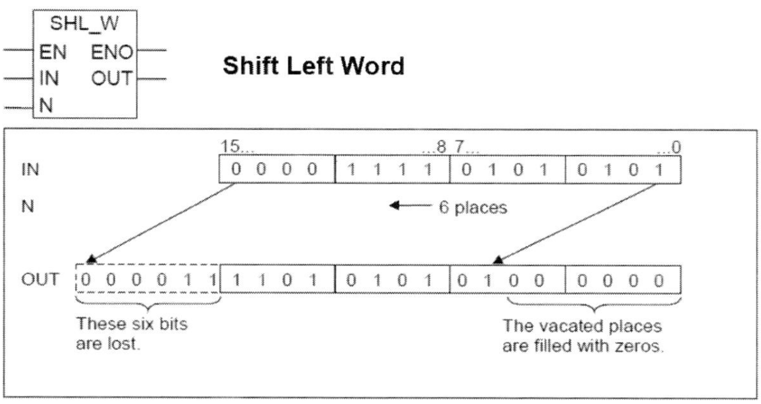

SHL_W(Shift Left Word)는 활성화(EN) 입력에서 논리 "1"에 의해 활성화됩니다.
그만큼 SHL_W 명령어는 입력 IN의 비트 0~15를 왼쪽으로 비트 단위로 이동하는 데 사용됩니다.
비트 16~31은 영향을 받지 않습니다. 입력 N은 이동할 비트 수를 지정합니다.
N이 16보다 크면 명령은 출력 OUT에 "0"을 쓰고 비트를 설정합니다.
상태 워드의 CC 0 및 OV를 "0"으로 설정합니다. N개의 0도 오른쪽에서 다음으로 이동합니다.
비어 있는 비트 위치를 채웁니다. 시프트 명령의 결과는 출력에서 스캔 될 수 있습니다.
CC 0 비트와 OV 비트는 N이 0이 아닌 경우 SHL_W에 의해 "0"으로 설정됩니다.
ENO는 EN과 동일한 신호 상태를 갖습니다.

Problem Solution

- SHL_W(Shift Left Word)는 활성화(EN) 입력에서 논리 "1"에 의해 활성화된다.
- SHL_W 명령어는 입력 IN의 비트 0~15를 왼쪽으로 비트 단위로 이동하는데 사용된다.
- 비트 16~31은 영향을 받지 않는다.
- 입력 N은 이동할 비트 수를 지정한다.
- N이 16보다 크면 명령은 출력 OUT에 "0"을 쓰고 비트를 설정한다.

List of inputs/outputs

Digital Input	Description		Digital Output	Description
I0.0	Start PBS			
I0.1	Shift PBS			

PLC Ladder diagram

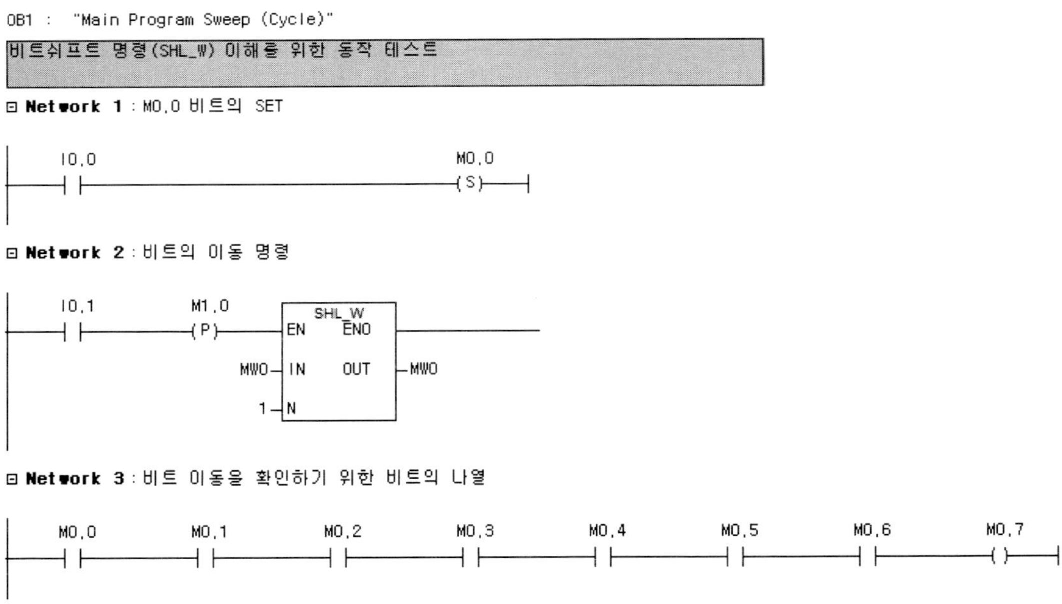

Program Description

- 네트워크 1 :
  비트 이동을 하기 위해 첫 번째 비트 신호를 셋(Set)하여 On한다.

- 네트워크 2 :
  SHL_W명령어의 파라미터인 IN에는 이동할 비트를 Word단위로 지정한다.
  N 파라미터는 이동할 비트의 자리수로 1비트씩 이동할 것이므로 "1"을 설정한다.
  출력인 OUT에는 입력 IN과 동일한 워드 디바이스를 설정한다.

- 네트워크 3 :
  비트의 이동을 확인(모니터링)하기 위한 용도로 M0.0부터 몇 개를 나열하였다.

Application

24 실린더 순차제어_비트 쉬프트 (SHL_W)

실린더의 순차제어를 위한 PLC 프로그램의 예이다.

Problem Description

실린더의 순차 동작을 위한 프로그램으로 동작순서는 A+, B+, C+, C-, B-, A- 순으로 진행한다. 래더 프로그래밍 언어를 사용하여 PLC 프로그램을 구현한다.

Problem Diagram

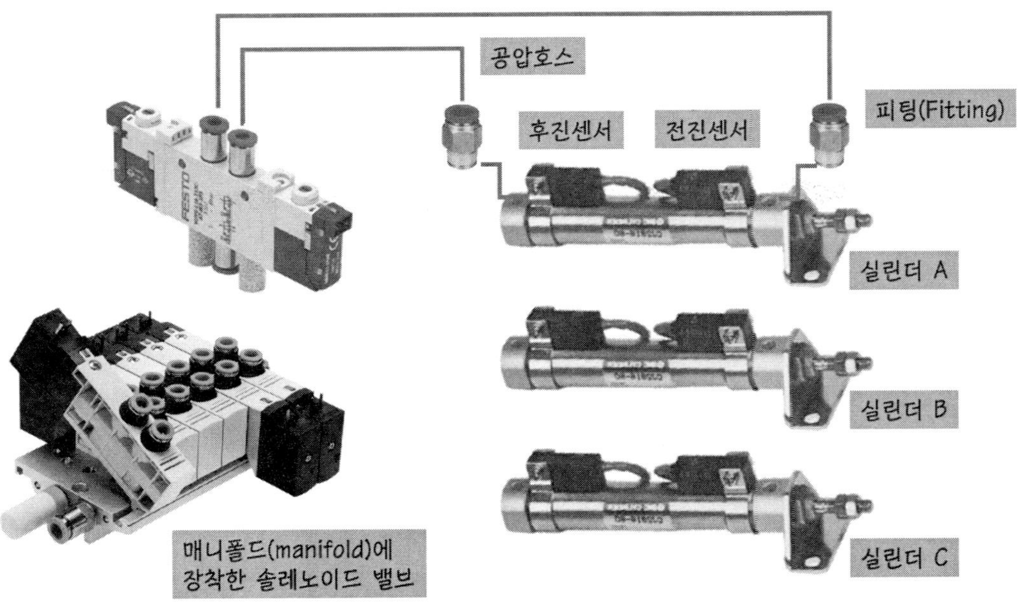

Problem Solution

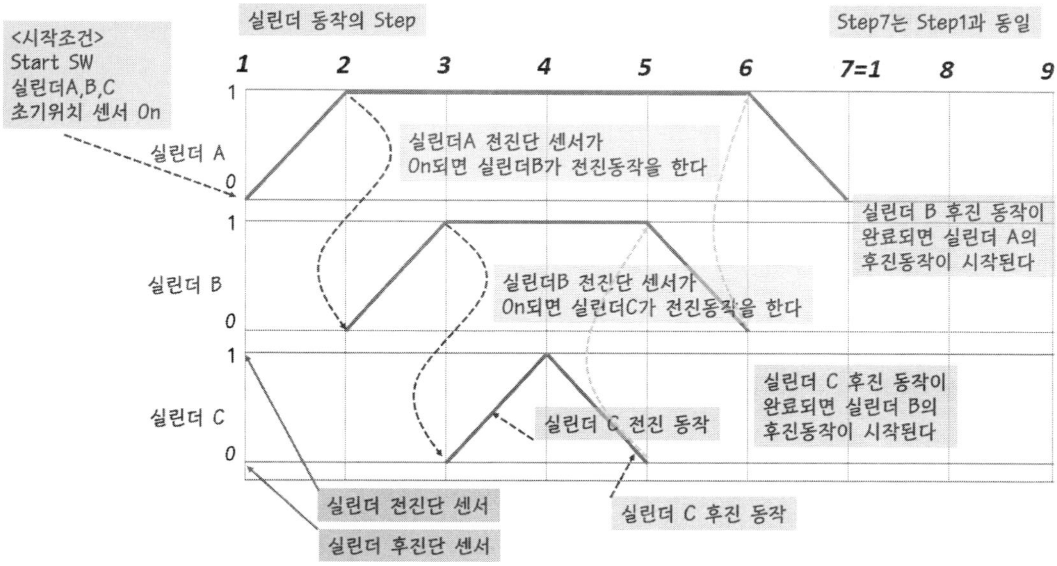

- 실린더의 동작순서 (A+, B+, C+, C-, B-, A-, 동작완료)에 맞게 제어한다.
- 동작완료 신호를 만들고 또 다른 동작의 조건으로 사용한다.
- 실린더의 동작시 각 단계마다 시간 딜레이를 주어 동작의 명확성을 확인해 본다.
  추가 조건으로 일시정지, 비상정지 기능을 추가하여 동작을 확인해 본다.

List of inputs/outputs

Digital Input	Description		Digital Output	Description
I0.0	Start PBS		Q4.0	A+ SOL
I0.1	Stop PBS		Q4.1	A- SOL
I0.2	일시정지 PBS		Q4.2	B+ SOL
I0.3	일시정지 해제 PBS		Q4.3	B- SOL
I0.4	EMG PBS		Q4.4	C+ SOL
I1.0	A 후진단 센서		Q4.5	C- SOL
I1.1	A 전진단 센서			
I1.2	B 후진단 센서			
I1.3	B 전진단 센서			
I1.4	C 후진단 센서			
I1.5	C 전진단 센서			

Memory Bit	Description			
M0.0	A+ Relay			
M0.1	B+ Relay			
M0.2	C+ Relay			
M0.3	C- Relay			
M0.4	B- Relay			
M0.5	A- Relay			
M0.6	동작완료			
M0.7				
M2.0	일시정지 Relay			

PLC Ladder diagram

OB1 : "Main Program Sweep (Cycle)"

복동실린더 제어
A+,B+,C+,C-,B-,A-,동작완료

⊟ **Network 1** : 기동_실린더 초기위치 확인

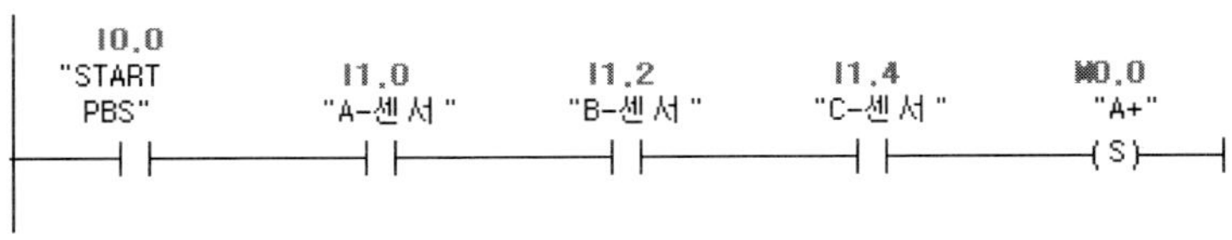

⊟ **Network 2** : 비트 쉬프트(왼쪽)명령을 사용하여 순차동작

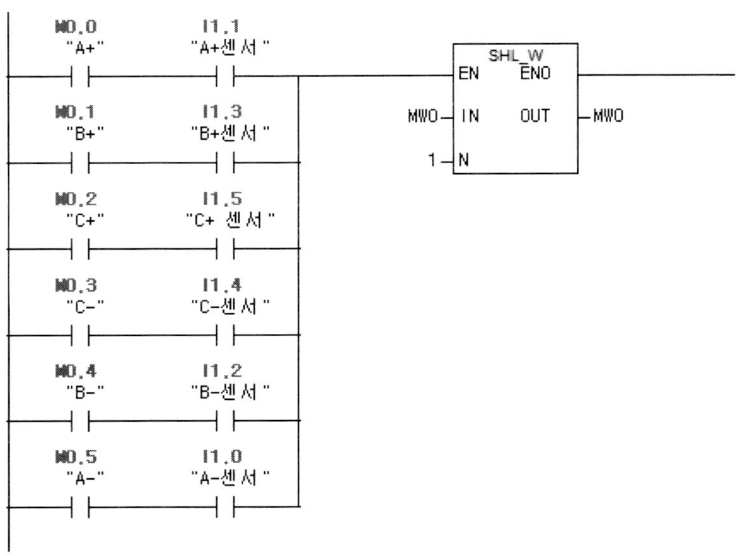

⊟ **Network 3** : 동작완료시 사용한 비트 메모리 초기화// 비상정지

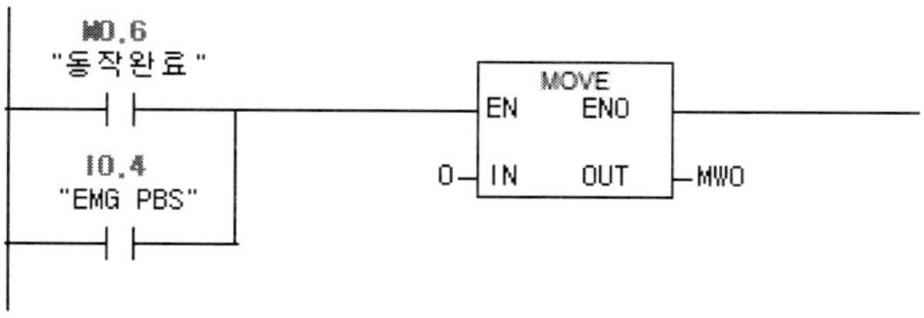

⊟ **Network 4** : 일시 정지

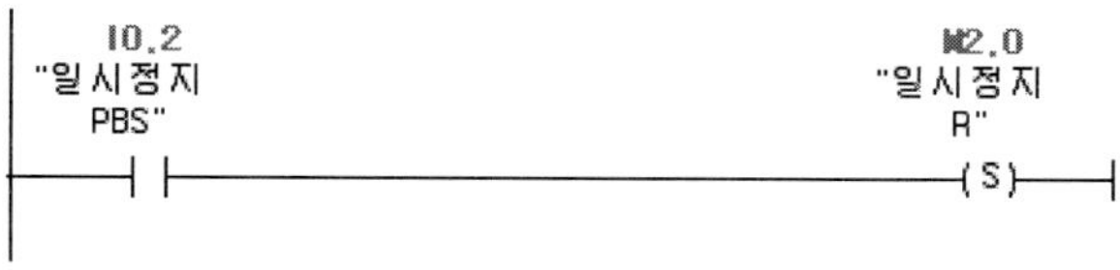

⊟ **Network 5** : 일시 정지 해제

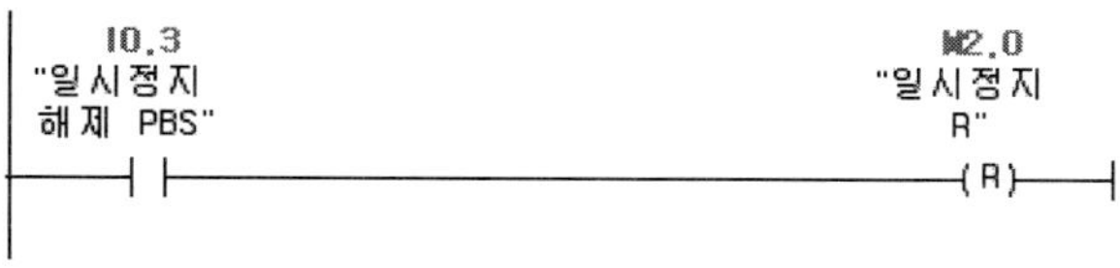

⊟ **Network 6** : 실린더 A+(전진) 출력 연결

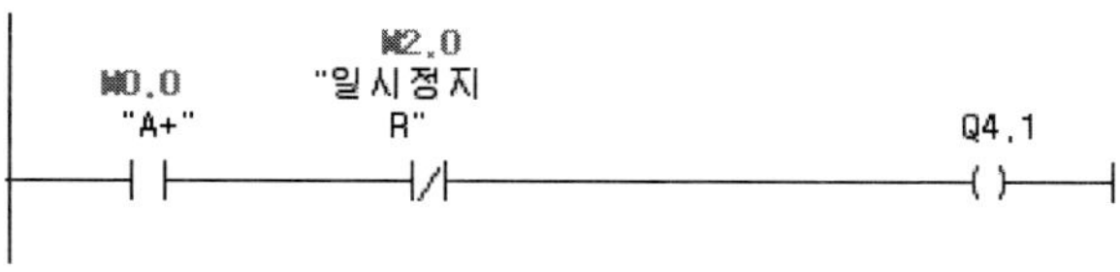

⊟ **Network 7** : 실린더 B+(전진) 출력 연결

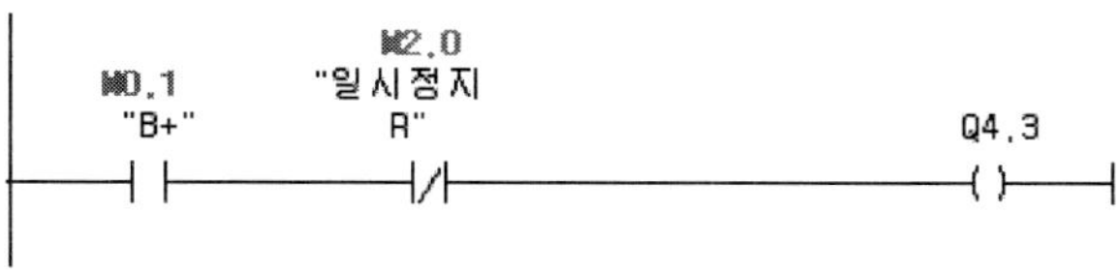

⊟ **Network 8** : 실린더 C+(전진) 출력 연결

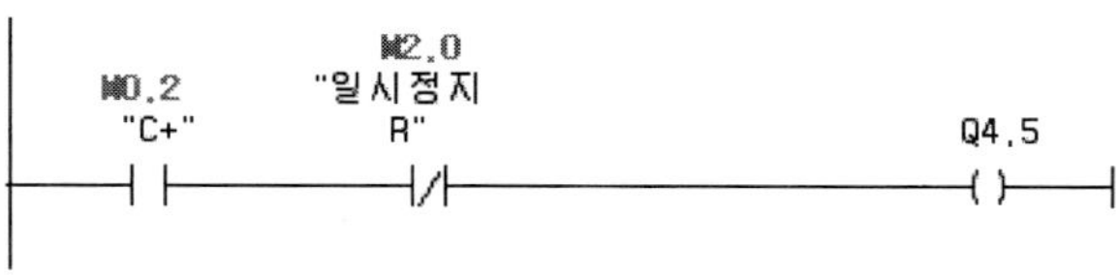

⊟ **Network 9** : 실린더 C-(후진) 출력 연결

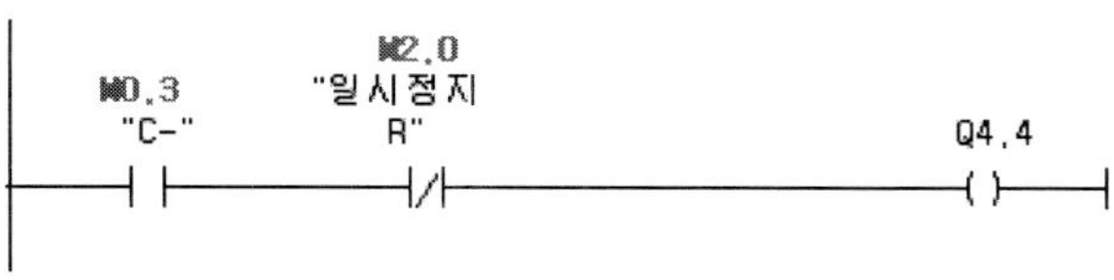

⊟ **Network 10** : 실린더 B-(후진) 출력 연결

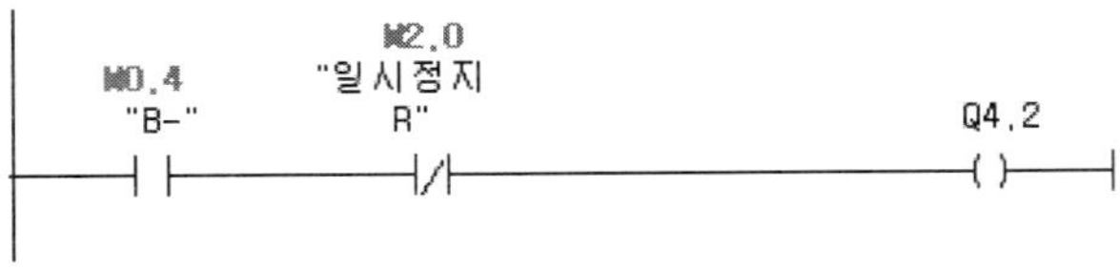

⊟ **Network 11** : 실린더 A-(후진) 출력 연결

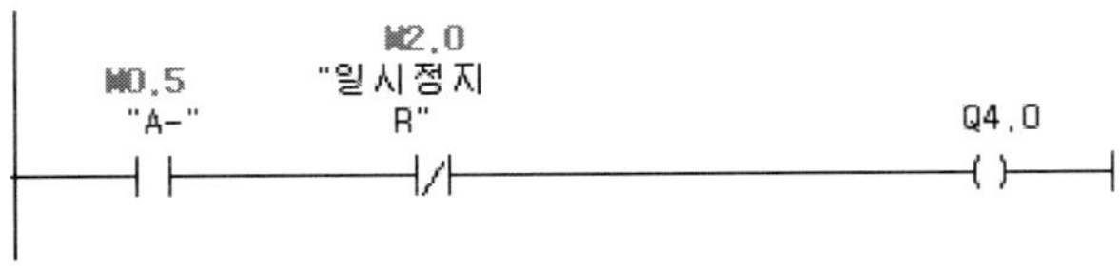

Program Description

- 네트워크 1 :

  START PBS(I0.0)을 On하여 A실린더 전진을 위한 내부 릴레이 M0.0 신호를 Set한다. 이때 실린더 A, B, C의 위치(초기위치)는 모두 후진되어 있는지 실린더 센서(리드스위치)의 조건을 추가한다.

- 네트워크 2 :

  비트 쉬프트 명령(SHL_W)를 사용하여 동작 조건이 만족하는 경우 M0.0부터 1비트씩 이동할 수 있도록 작성한다.

- 네트워크 3 :

  동작완료 신호인 M0.6을 사용하여 실린더 동작에 사용한 M0.0~M0.6을 모두 Off한다. MOVE명령을 사용하여 MW0에 0을 써넣으면 모든 비트(M0.0~M0.7, M1.0~M1.7)가 모두 Off된다.
  그리고 비상정지 스위치(I0.4)를 연결하면 실린더 동작중의 모든 신호 M0.0~M0.6을 모두 Off시키므로 실린더의 동작은 더 이상 진행되지 않고 정지하게 된다.
  (비상정지의 개념의 일부 내용중 제어에 사용되는 모든 신호를 Off하는 것을 적용했다.)

- 네트워크 4~5 :

  실린더 동작의 일시정지 기능을 위해 일시정지 스위치(I0.2)를 On하면 메모리 비트 M2.0을 Set하고 이 신호를 출력 Q4.0~4.5가 동작하지 못하도록 앞단에 b접점으로 추가한다.

이렇게 하면 출력단의 조건이 On상태가 되더라도 이 신호가 출력신호인 Q4.0~4.5에 전달되지 않게 된다.
또한 일시정지 해제 스위치(I0.3)에 의해 메로리 비트 M2.0을 Reset하면 실린더 동작 신호가 출력 Q4.0~4.5에 연결되므로 실린더 동작은 일시정지 신호가 발생된 이후의 동작을 연속해서 실행되도록 할 수 있다.

- 네트워크 6~11 :
  실린더 A, B, C의 동작과 관련된 메모리 비트 신호 M0.0~M0.6를 출력신호 Q4.0~4.5에 맞도록 연결하여 실제 실린더를 동작시키는 솔레노이드 밸브에 신호를 연결한다.

Application

25 실린더의 초기 위치로 이동 (초기화)

실린더의 초기위치 이동(초기화)하기 위한 PLC 프로그램의 예이다.

Problem Description

실린더의 위치를 초기상태(여기에서는 후진된 상태를 초기위치로 정의한다)로 이동시키기 위한 프로그램을 작성한다. 실린더를 모두 동시에 후진시키면 기구적으로 충돌이나 간섭에 의해 고장이나 손상이 생길 수 있으므로 후진시 순서를 지정하여 실행할 수 있도록 한다. 래더 프로그래밍 언어를 사용하여 PLC 프로그램을 구현한다.

Problem Diagram

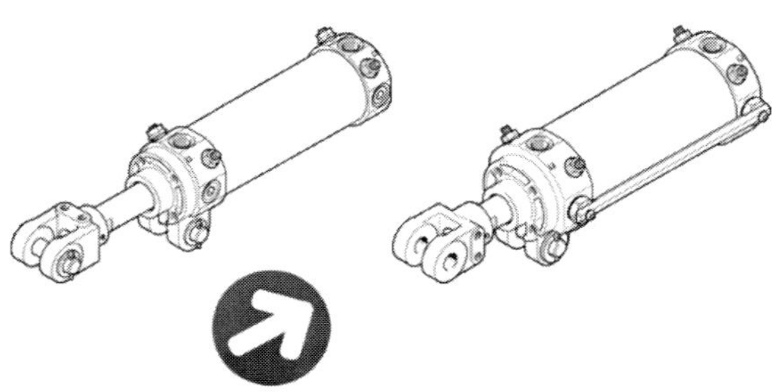

Problem Solution

- 주어진 순서(A-. B-, C-, 동작완료(복동실린더 사용))에 맞도록 실린더가 후진(초기위치로 설정한다.)하도록 한다.
- 실린더 동작시 지연시간을 조정할 수 있도록 타이머를 추가하고 실행한다.
  지연시간을 추가한 경우와 그렇지 않고 동작시킨 경우의 차이점에 대해 알아본다.
- 정지된 상태에 대한 정보를 확인할 수 없으므로 원점복귀 실행 시점에 대한 실린더의 초기조건을 설정할 수 없다는 것을 이해한다.

List of inputs/outputs

Digital Input	Description		Digital Output	Description
I0.0	Start PBS		Q4.0	A+ SOL
I0.1	Stop PBS		Q4.1	A- SOL
I0.2	일시정지 PBS		Q4.2	B+ SOL
I0.3	일시정지 해제 PBS		Q4.3	B- SOL
I0.4	EMG PBS		Q4.4	C+ SOL
I0.5	원점복귀 PBS			
I1.0	A 후진단 센서		Q4.5	C- SOL
I1.1	A 전진단 센서			
I1.2	B 후진단 센서			
I1.3	B 전진단 센서			
I1.4	C 후진단 센서			
I1.5	C 전진단 센서			

PLC Ladder diagram

OB1 : "Main Program Sweep (Cycle)"

실린더의 초기위치 이동 (초기화) 복동실린더 사용예
A-,B-,C-,동작완료

⊟ **Network 1** : 기동_실린더 초기위치 확인

⊟ **Network 2** : 비트 쉬프트(왼쪽)명령을 사용하여 순차동작

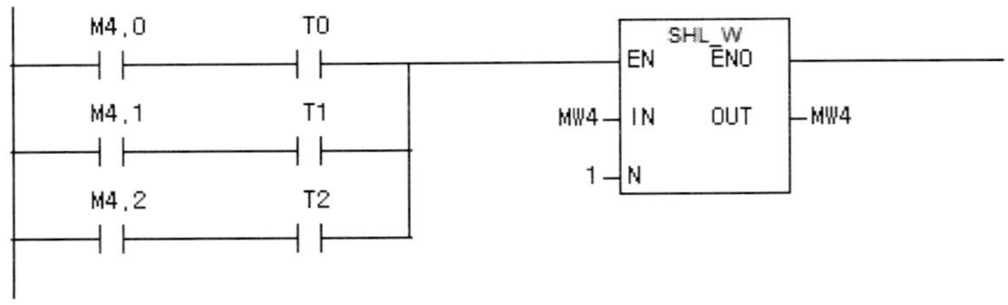

⊟ **Network 3** : A- 동작, 딜레이 타임 1초

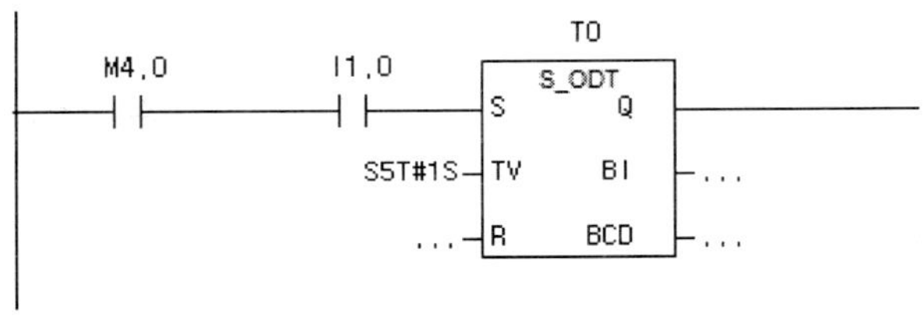

⊟ **Network 4** : B- 동작, 딜레이 타임 1초

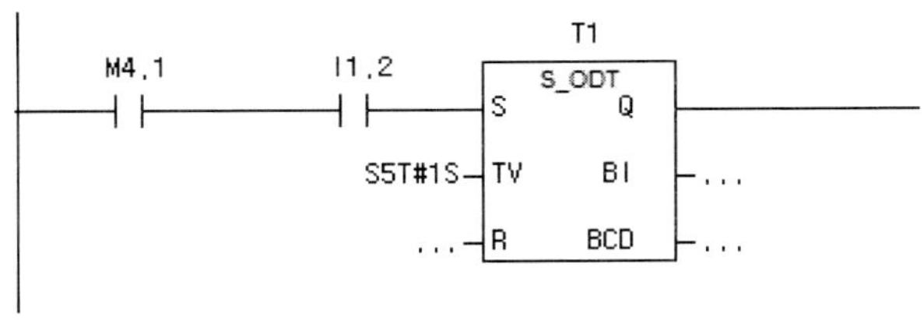

⊟ **Network 5** : C- 동작, 딜레이 타임 1초

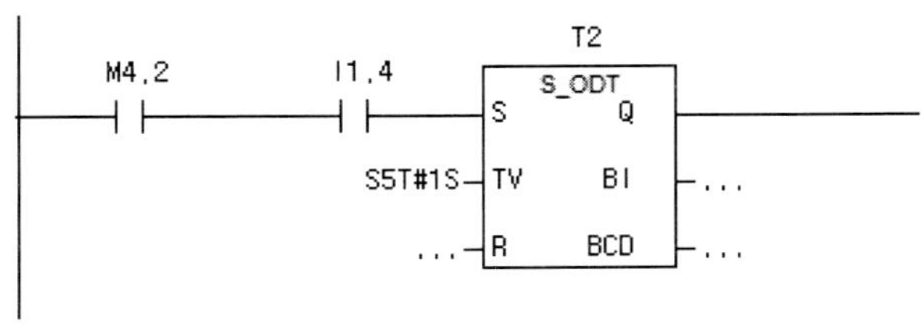

⊟ **Network 6** : 동작완료시 사용한 비트 메모리 초기화// 비상정지

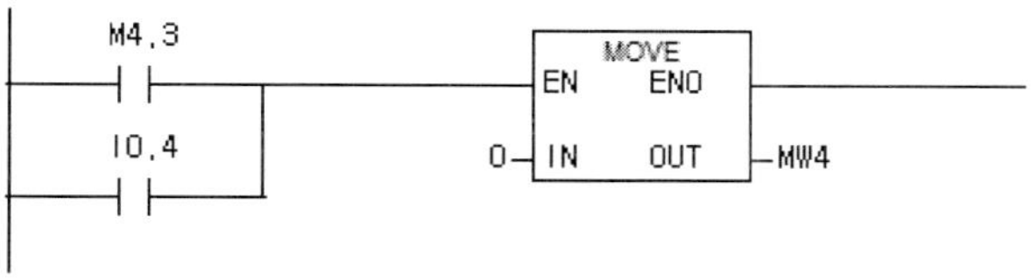

⊟ **Network 7** : 실린더 A+(전진) 출력 연결

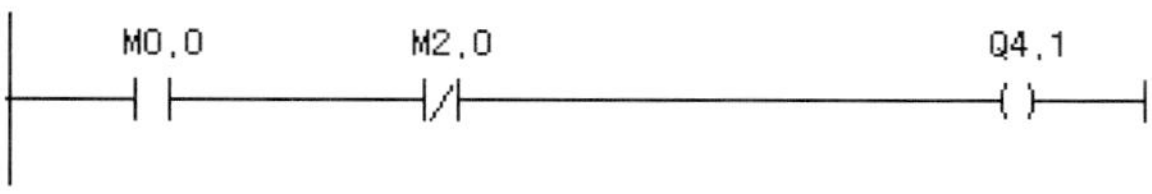

⊟ **Network 8** : 실린더 B+(전진) 출력 연결

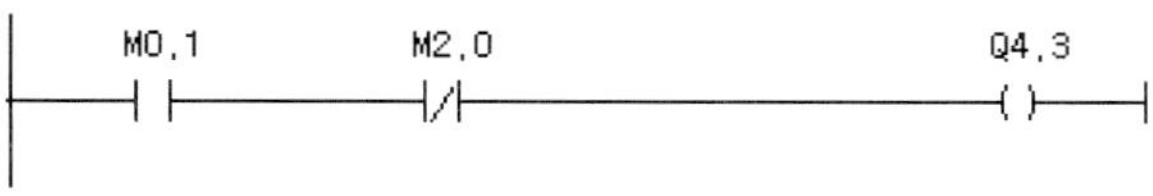

⊟ **Network 9** : 실린더 C+(전진) 출력 연결

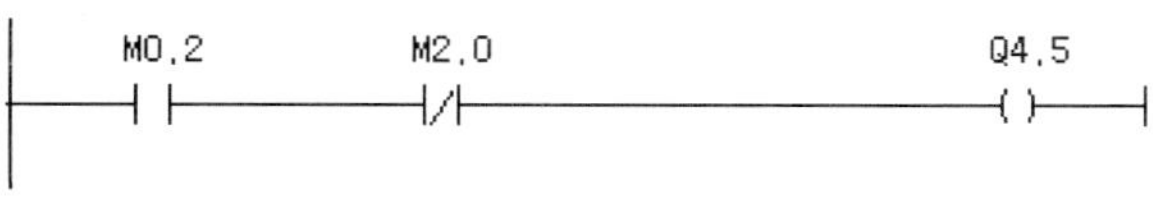

⊟ **Network 10** : 실린더 C-(후진) 출력 연결

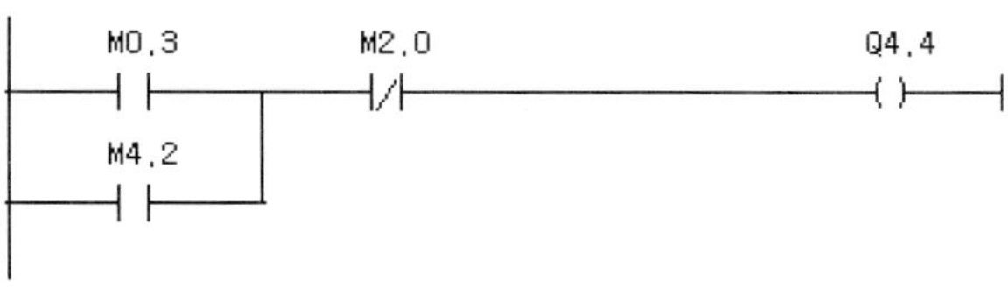

⊟ **Network 11** : 실린더 B-(후진) 출력 연결

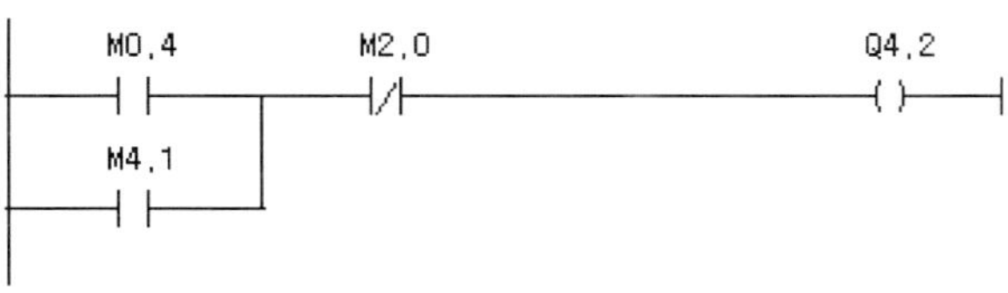

⊟ **Network 12** : 실린더 A-(후진) 출력 연결

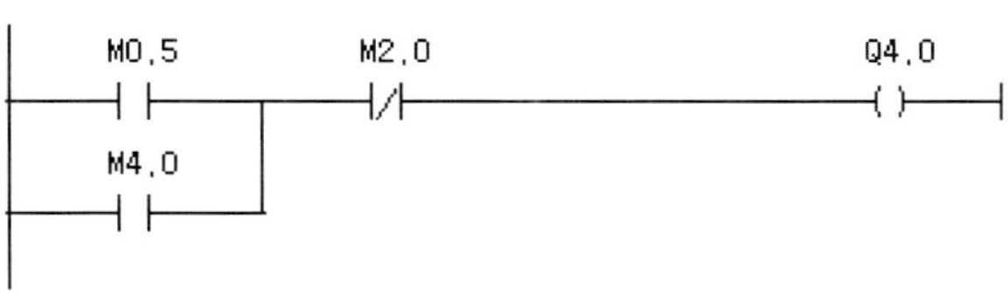

Program Description

- 네트워크 1 :
  실린더 초기위치로 동작하기 위한 기동신호(I0.4)를 On하여 M4.0을 Set한다.
  A후진 기존 출력(Q4.0)에 OR회로를 추가하여 연결한다.
  실행시 실린더의 위치상태를 알 수 없으므로 실린더 위치 조건은 사용할 수 없다.

- 네트워크 2 :
  비트 쉬프트(SHL_W)명령을 사용하여 미리 설정한 실린더 동작순서에 맞게 M4.0부터 1비트씩 이동한다.
  M4.0(A실린더 후진), M4.1(B실린더 후진), M4.2(C실린더 후진)으로 연결한다.

- 네트워크 3~5 :
  M4.0이 On되어 A실린더 후진하면 연결된 실린더 후진 센서(I1.0)가 On된 상태를 확인하고 온 딜레이 타이머를 사용하여 지연시간을 갖는다. 이 타이머 업 신호를 이용하여 네트워크 2에서 비트 쉬프트(SHL_W)명령을 동작시킨다.
  이후 네트워크 4~5도 동일한 내용으로 프로그램 한다.

- 네트워크 6 :
  원점복귀 동작 완료신호 M4.3이 On되면 앞에서 사용한 메모리 비트 M4.0~4.3까지의 모든 신호를 MOVE명령을 사용하여 모두 Off한다.

- 네트워크 7~12 :
  프로그램시 출력한 사용한 메모리 비트 M4.0~4.3까지를 출력 Q와 연결하여 솔레노이드를 동작시켜 실제 실린더 동작이 이루어지도록 한다.
  (앞 실습과제에서 사용한 실린더 전진에 관한 출력접점도 함께 표시하였다.)

Application

26 커피 자동판매기 시뮬레이션

커피 자동판매기 시뮬레이션 이해를 위한 PLC 프로그램의 예이다.

Problem Description

커피 자동판매기의 동작을 이해하고 이를 PLC에서 시뮬레이션할 수 있도록 래더 프로그래밍 언어를 사용하여 PLC 프로그램을 구현한다.

Problem Diagram

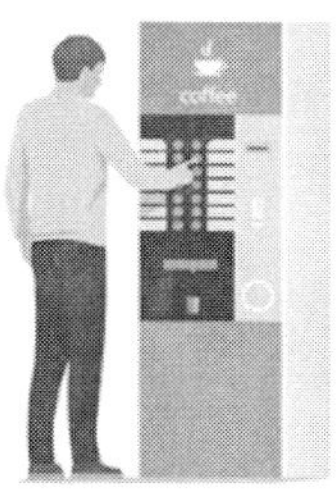

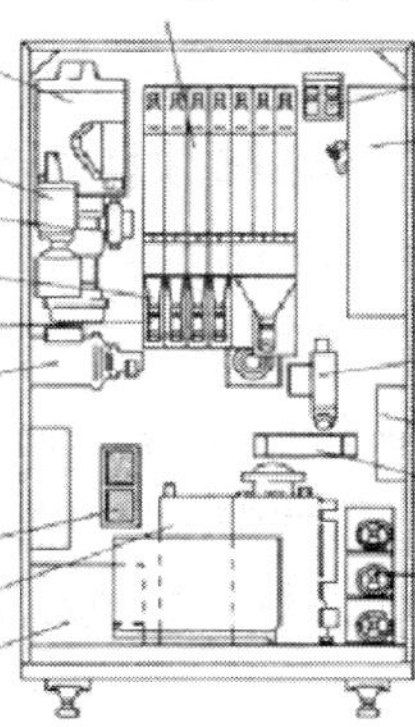

Problem Solution

- 프로그램은 동전투입, 제품선택, 재료투입, 제품잔량, 알람표시 등으로 구성한다.
- 각 동작의 순서를 정의하고 조건을 설정한다.
  동전투입은 사용할 수 있는 500원, 100원, 50원으로 정하고 투입시 금액, 제품이 선택되면 표시되는 잔액이 표시될 수 있어야 한다.
  투입된 금액에서 선택할 수 있는 커피의 종류는 블랙커피, 설탕커피, 밀크커피의 3종류이다.
  재료투입 순서는 컵 → 물 → 커피 → 설탕 → 크림 순이다.
  (제품선택에 따라 설탕, 크림 재료의 투입은 선택적이 된다.)
  제품잔량은 지정할 수 있어야 하며 일정량이 되면 제품을 공급할 수 없다.
  제품잔량에 따라 알람이 표시된다.

List of inputs/outputs

Digital Input	Description		Digital Output	Description
I0.0	동전투입 50원		Q4.0	밀크커피 선택 가능 램프
I0.1	동전투입 100원		Q4.1	설탕커피 선택 가능 램프
I0.2	동전투입 500원		Q4.2	블랙커피 선택 가능 램프
I0.3	블랙커피 선택		Q4.3	컵 배출
I0.4	설탕커피 선택		Q4.4	물 배출
I0.5	밀크커피 선택		Q4.5	커피 배출
I0.6	컵 배출완료 감지센서		Q4.6	설탕 배출
			Q4.7	크림 배출
I2.0	커피보충 스위치		Q5.0	재료잔량 부족 램프
I2.1	설탕보충 스위치		Q5.1	컵 꺼내는 곳 램프
I2.2	크림보충 스위치			
I2.3	컵보충 스위치		QW6	투입금액/잔액표시(7세그먼트)

PLC Ladder diagram

OB1 : "Main Program Sweep (Cycle)"

커피 자동판매기 시뮬레이션

⊟ **Network 1** : 동전투입_50원_MW10

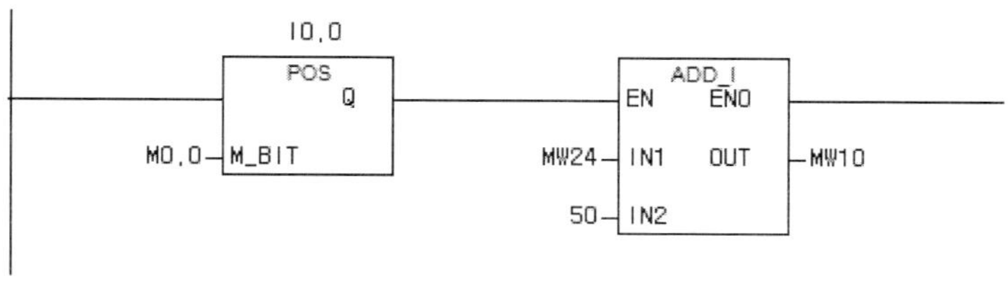

⊟ **Network 2** : 동전투입_100원_MW12

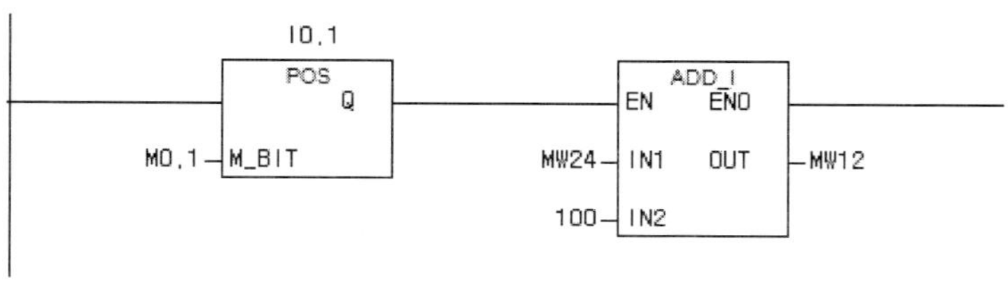

⊟ **Network 3** : 동전투입_500원_MW14

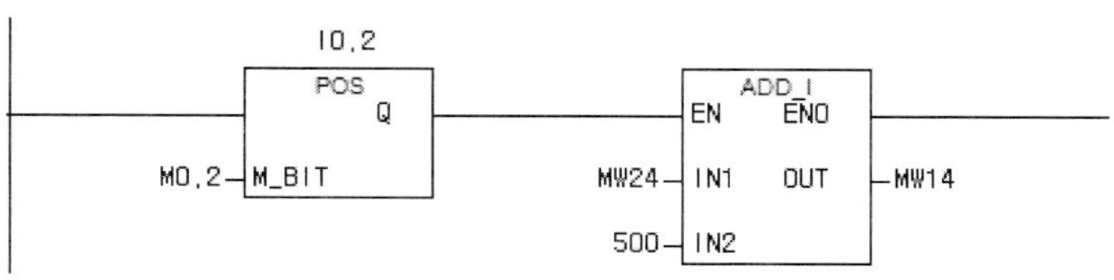

⊟ **Network 4** : 투입한 총 금액_MW24

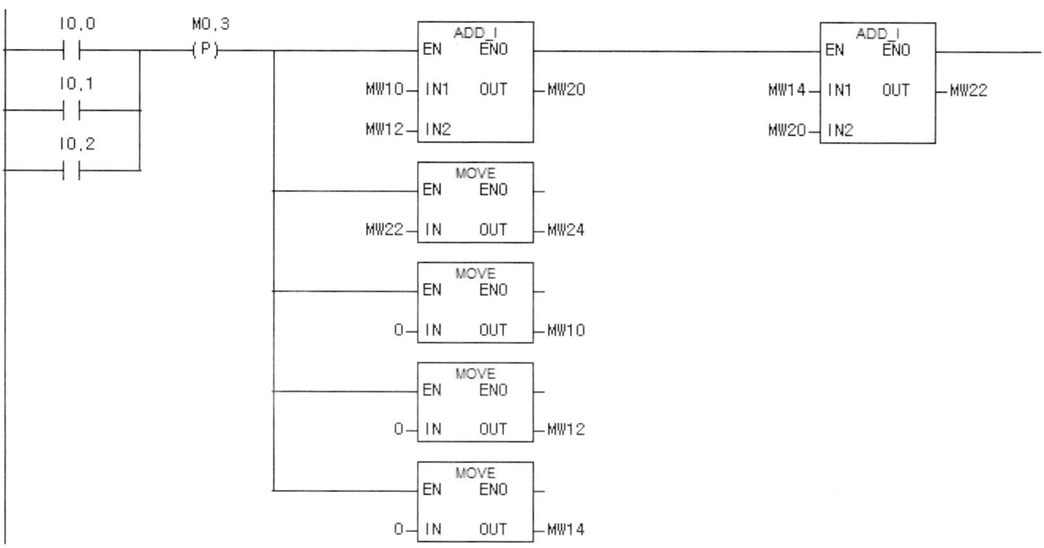

⊟ **Network 5** : 제품선택_블랙300 가능

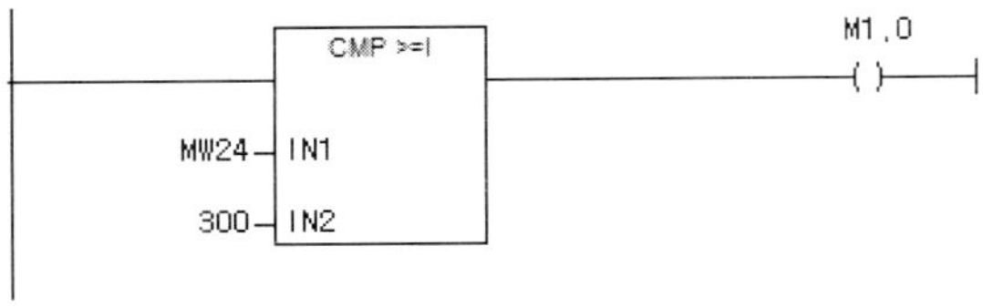

⊟ **Network 6** : 제품선택_블랙300, 설탕커피350 가능

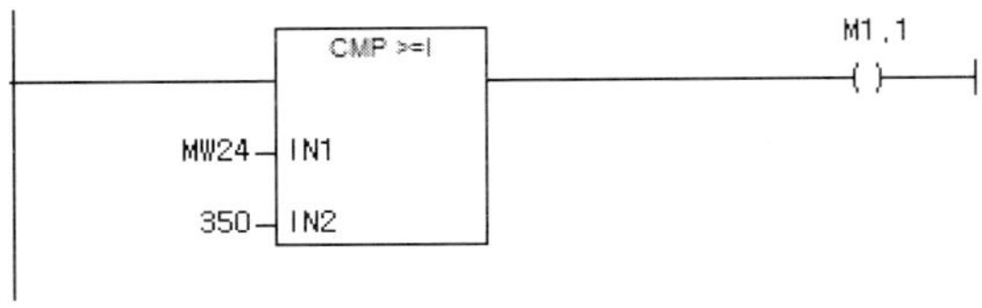

⊟ **Network 7** : 제품선택_블랙300, 설탕커피350,밀크커피400 가능

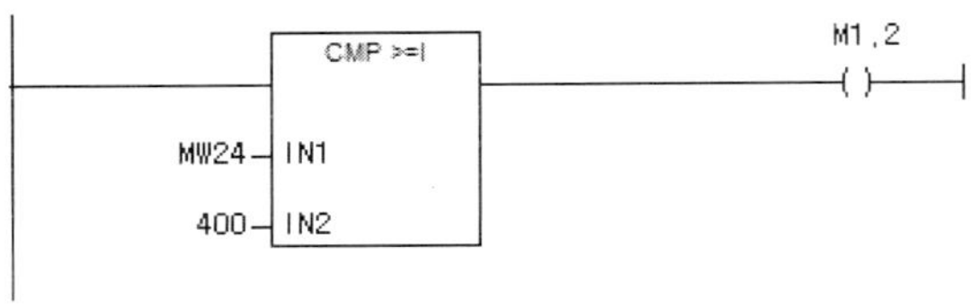

⊟ **Network 8** : 투입금액 부족

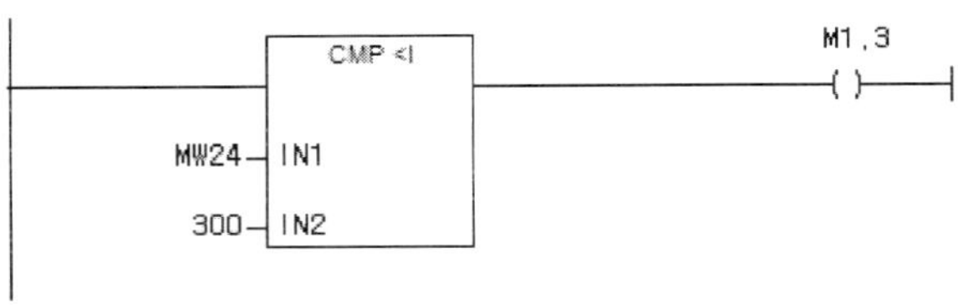

⊟ **Network 9** : 밀크커피 선택 가능 램프

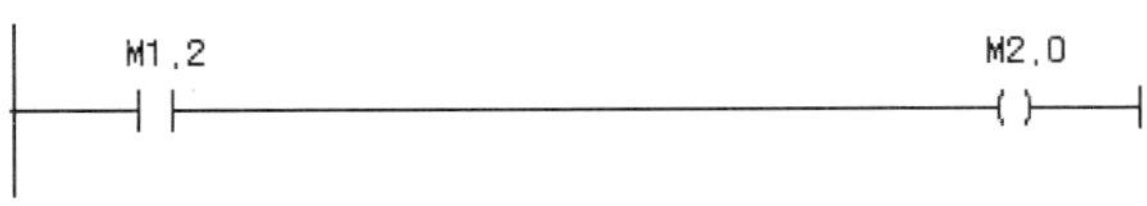

⊟ **Network 10** : 설탕커피 선택 가능 램프

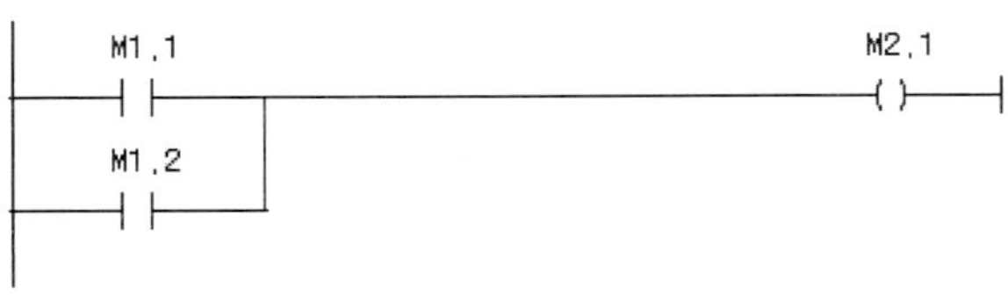

⊟ **Network 11** : 블랙커피 선택 가능 램프

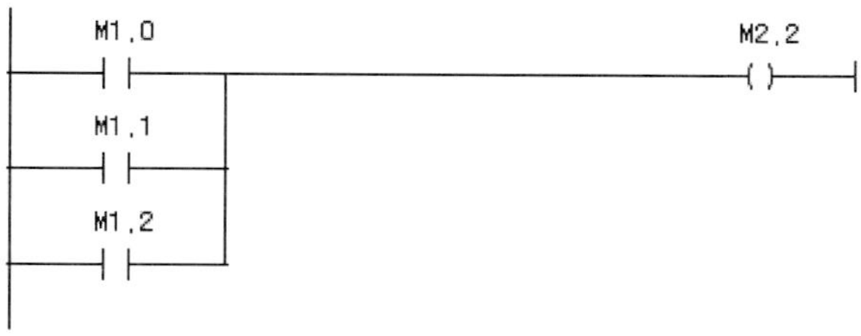

⊟ **Network 12** : 블랙커피 선택

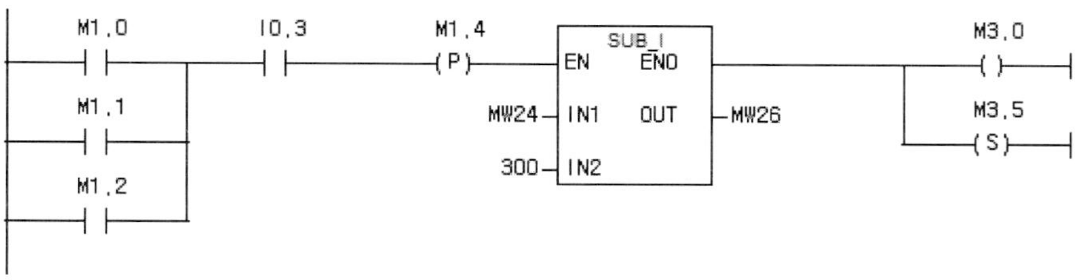

⊟ **Network 13** : 설탕커피 선택

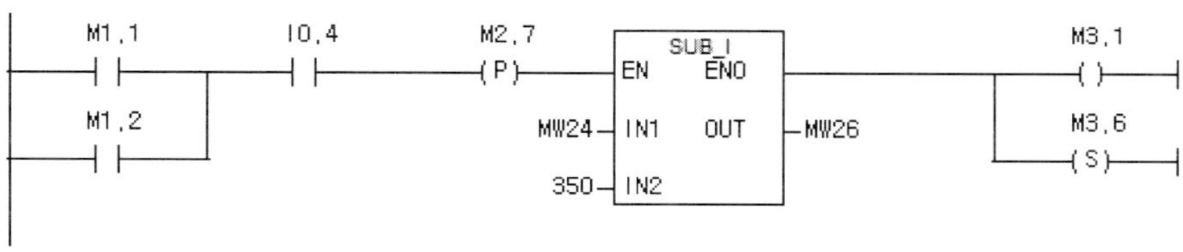

⊟ **Network 14** : 밀크커피 선택

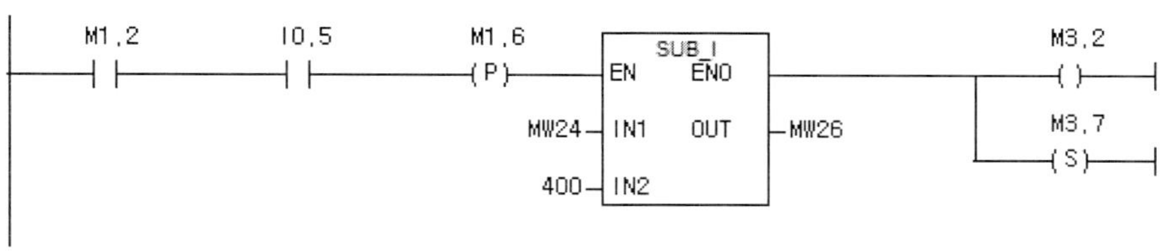

⊟ **Network 15** : Title:

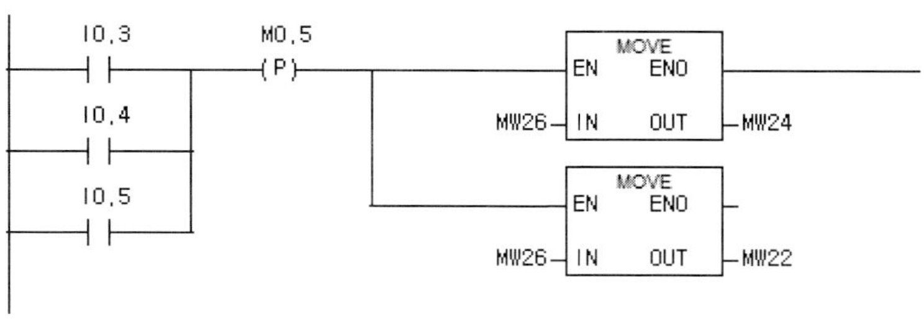

⊟ **Network 16** : 컵_물_커피_설탕_크림 배출 동작 순차 제어

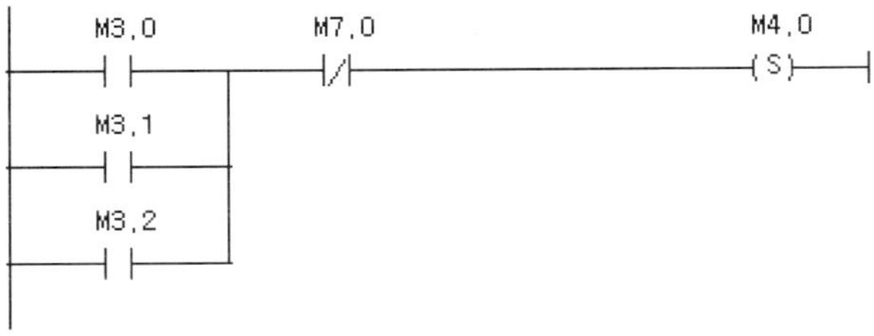

⊟ **Network 17** : 블랙커피 선택의 경우

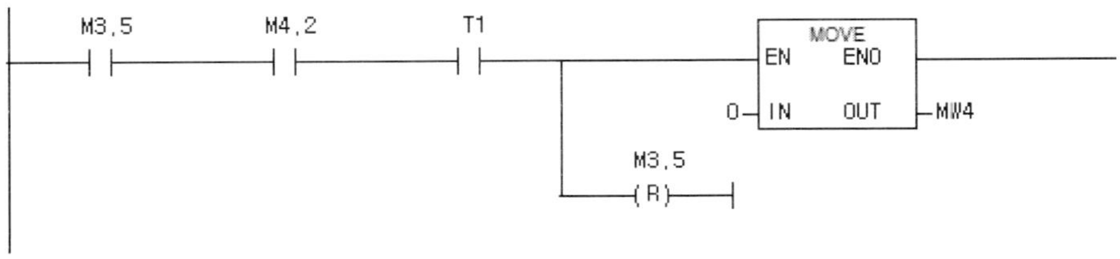

⊟ **Network 18** : 설탕커피 선택의 경우

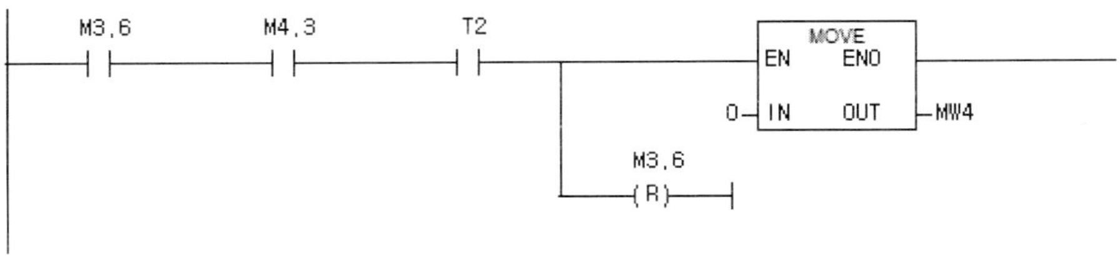

⊟ **Network 19** : M4.0_컵, M4.1_물, M4.2_커피,M4.3_설탕,M4.4_크림 배출, M4.5_완료

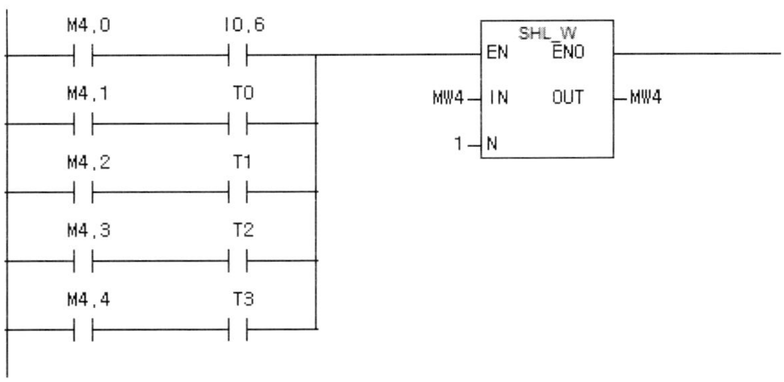

⊟ **Network 20** : 밀크커피 선택의 경우

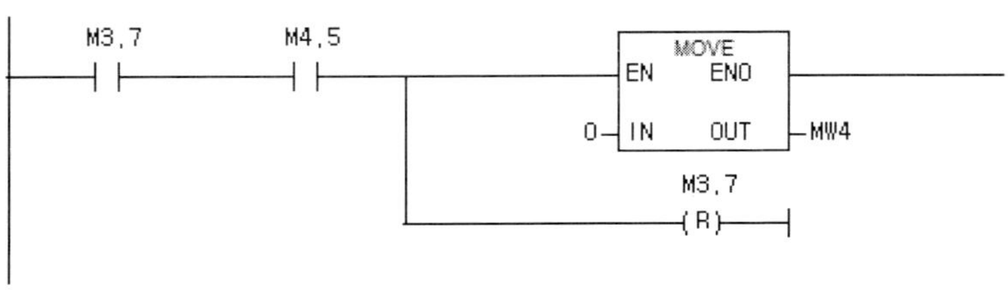

⊟ **Network 21** : 물 투입

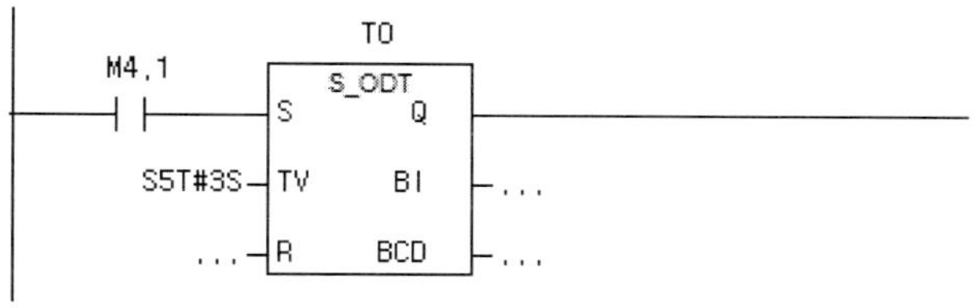

⊟ **Network 22** : 커피 투입

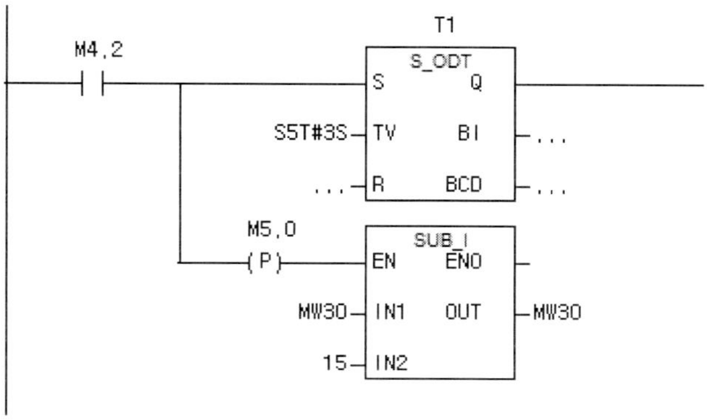

⊟ **Network 23** : 설탕 투입

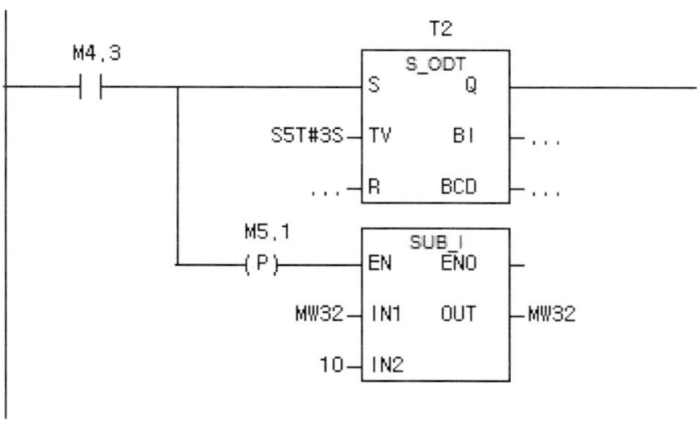

⊟ **Network 24** : 밀크 투입

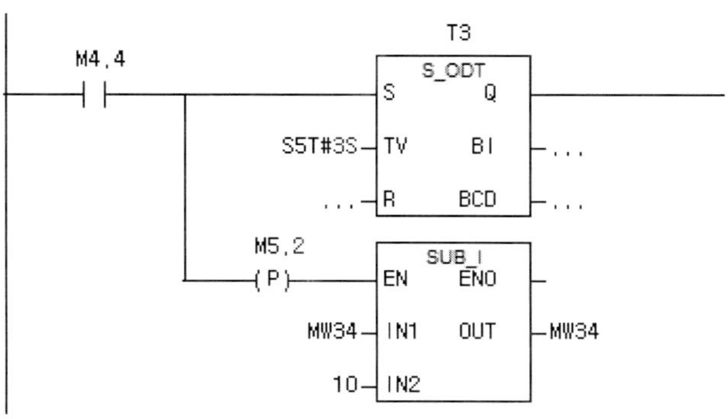

⊟ **Network 25** : 커피 보충 MAX 500

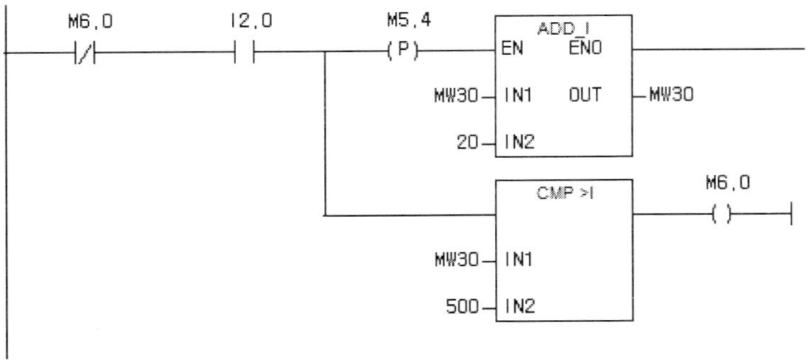

⊟ **Network 26** : 설탕 보충 MAX 400

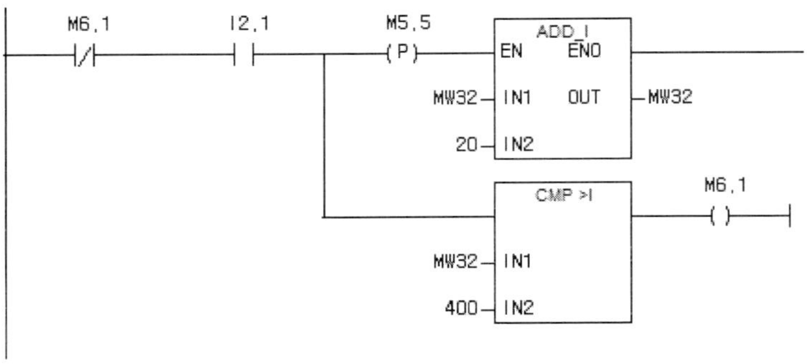

⊟ **Network 27** : 크림 보충 MAX 400

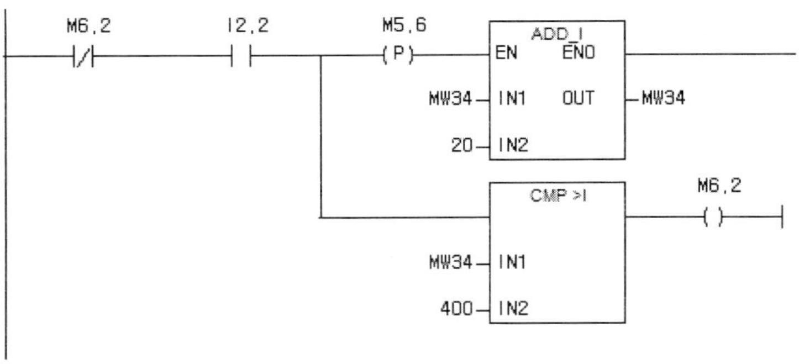

⊟ **Network 28** : 컵 보충 max 100

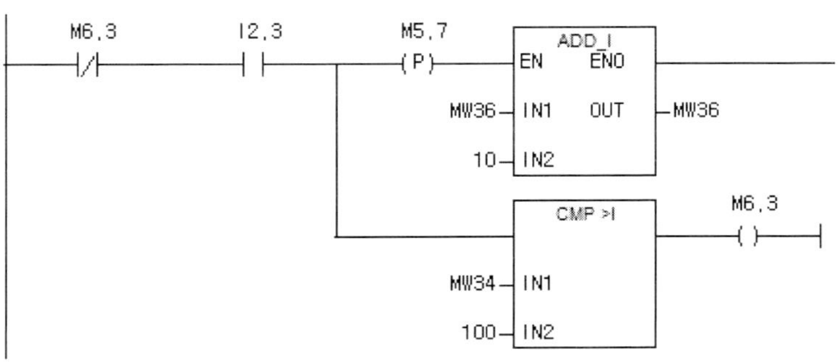

⊟ **Network 29** : 커피 잔량 부족 경보

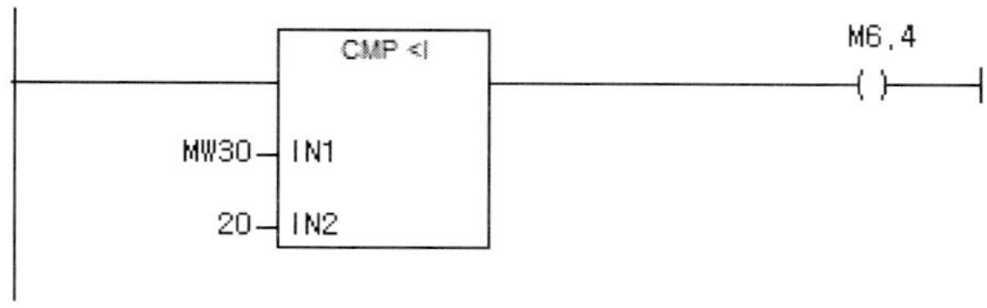

⊟ **Network 30** : 설탕 잔량 부족 경보

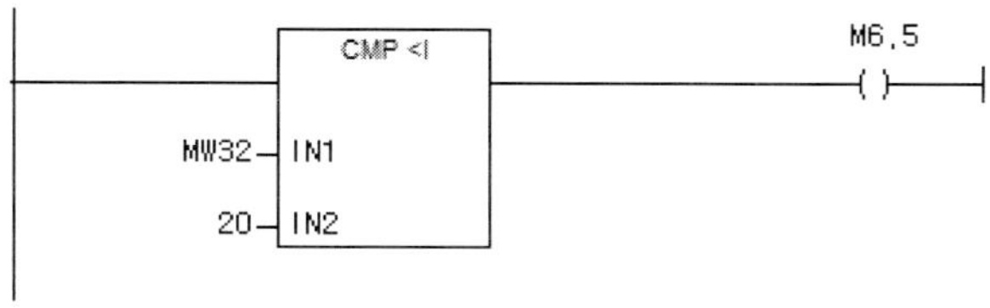

⊟ **Network 31** : 크림 잔량 부족 경보

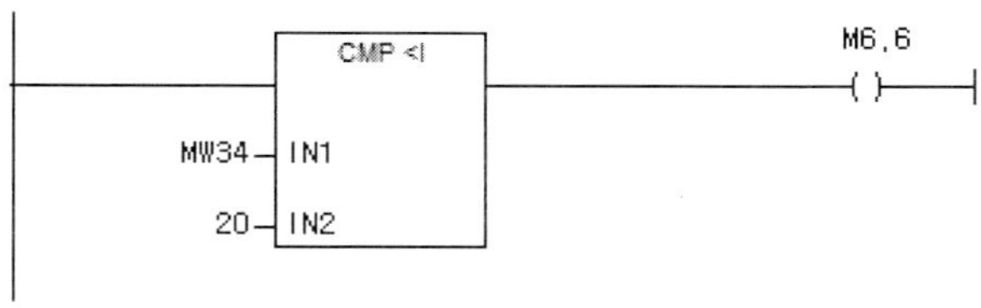

⊟ **Network 32** : 컵 잔량 부족 경보

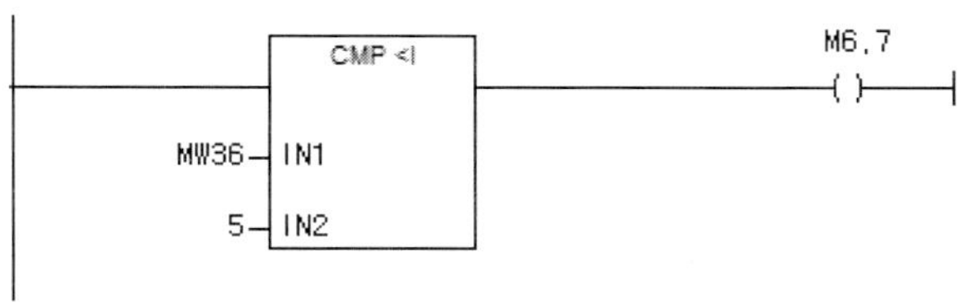

⊟ **Network 33** : 재료 잔량 부족 램프 점등

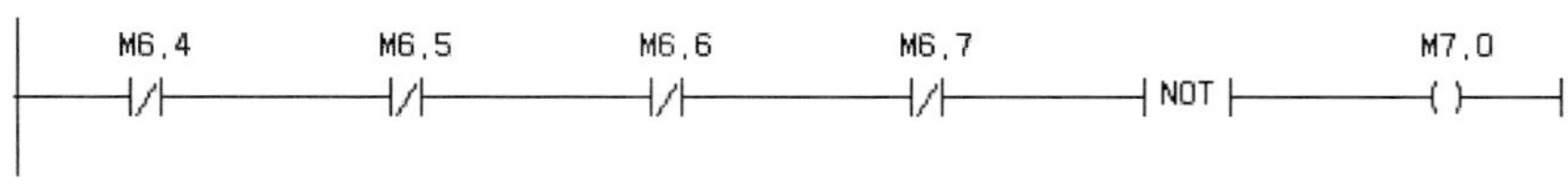

⊟ **Network 34** : 밀크커피 선택 가능 램프

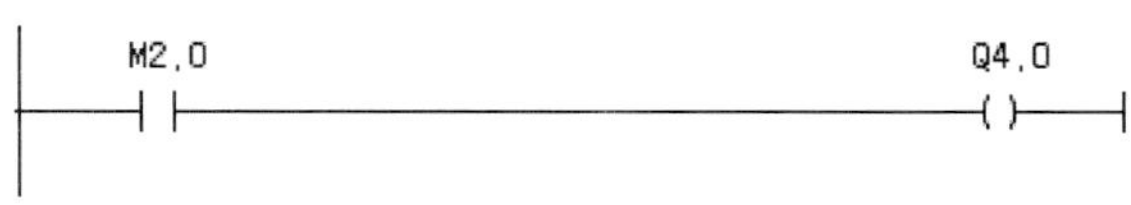

⊟ **Network 35** : 설탕커피 선택 가능 램프

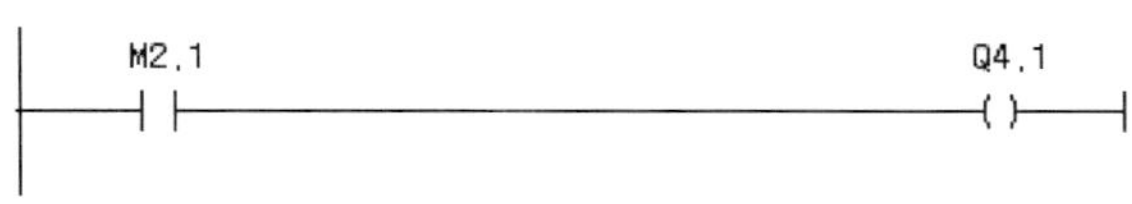

⊟ **Network 36** : 블랙커피 선택 가능 램프

⊟ **Network 37** : 컵 배출

⊟ **Network 38** : 물 배출

⊟ **Network 39** : 커피 배출

⊟ **Network 40** : 설탕 배출

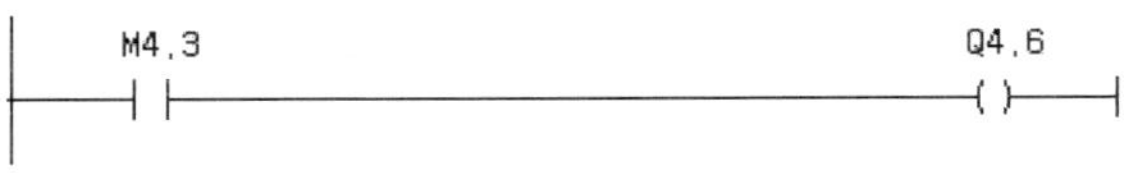

⊟ **Network 41** : 크림 배출

⊟ **Network 42** : 재료 잔량 부족 램프

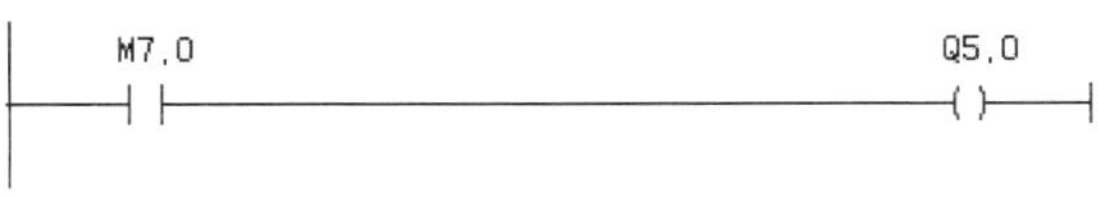

⊟ **Network 43** : 컵 꺼내는 곳 램프(동작중 램프 ON)

⊟ **Network 44** : Title:

⊟ **Network 45** : 투입금액/ 잔액 표시 (7세그먼트 사용시)

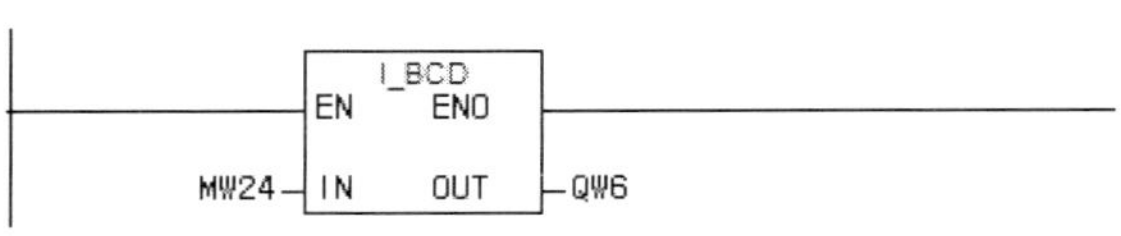

Program Description

- 네트워크 1 :
  동전투입 50원 투입된 금액은 덧셈연산을 하여 MW10에 저장

- 네트워크 2 :
  동전투입 100원 투입된 금액은 덧셈연산을 하여 MW12에 저장

- 네트워크 3 :
  동전투입 500원 투입된 금액은 덧셈연산을 하여 MW14에 저장

- 네트워크 4 :
  투입된 총 금액 MW22에 저장

- 네트워크 5 :
  제품선택_ 블랙 300원 가능

- 네트워크 6 :
  제품선택_ 블랙 300원, 설탕커피 350원 가능

- 네트워크 7 :
  제품선택_ 블랙 300원, 설탕커피3 50원, 크림커피 400원 가능

- 네트워크 8 :
  투입금액 부족

- 네트워크 9 :
  밀크커피 선택 가능 램프

- 네트워크 10 :
  설탕커피 선택 가능 램프

- 네트워크 11 :
  블랙커피 선택 가능 램프

- 네트워크 12 :
  블랙커피 선택

- 네트워크 13 :
  설탕커피 선택

- 네트워크 14 :
  밀크커피 선택

- 네트워크 15 :
  커피 선택 후 투입 총 금액/ 잔액 계산 후 저장
  각 커피의 가격을 총 투입금액에서 감액하여 MW26에 저장하고 이 금액을 투입금액 MW22/ 잔액 MW24에 저장한다.

- 네트워크 16 :
  컵 → 물 → 커피 → 설탕 → 크림 배출 동작의 순차제어 시작신호

- 네트워크 17 :
  블랙커피 선택의 경우/ 설탕, 밀크 투입과정을 건너뛰고 작업완료 신호로 이동

- 네트워크 18 :
  설탕커피 선택의 경우/ 밀크 투입과정을 건너뛰고 작업완료 신호로 이동
  ※ 네트워크 17, 18은 프로그램 실행상 네트워크 19위로 이동하였음.

- 네트워크 19 :
  컵(M4.0), 물(M4.1), 커피(M4.2), 설탕(M4.3), 크림(M4.4)배출, M4.5 동작 완료

- 네트워크 20 :
  밀크커피 선택의 경우

- 네트워크 21 :
  물 투입

- 네트워크 22 :
  커피 투입

- 네트워크 23 :
  설탕 투입

- 네트워크 24 :
  밀크 투입

- 네트워크 25 :
  커피 보충 최대 500까지 설정 가능 / 비교연산 명령을 사용하여 무한 투입을 제한

- 네트워크 26 :
  설탕 보충 최대 400까지 설정 가능 / 비교연산 명령을 사용하여 무한 투입을 제한

- 네트워크 27 :
  크림 보충 최대 400까지 설정 가능 / 비교연산 명령을 사용하여 무한 투입을 제한

- 네트워크 28 :
  컵 보충 최대 100까지 설정 가능 / 비교연산 명령을 사용하여 무한 투입을 제한

- 네트워크 29 :
  커피 잔량 부족 경보

- 네트워크 30 :
  설탕 잔량 부족 경보

- 네트워크 31 :
  크림 잔량 부족 경보

- 네트워크 32 :
  컵 잔량 부족 경보

- 네트워크 33 :
  재료 잔량 부족 램프 /출력신호를 네트워크 16 제품배출과정의 조건으로 사용하였음.
  (재료 잔량 부족시 제품 선택이 되지 않도록 프로그램을 추가하는 것을 고려해 보기 바람.)

- 네트워크 34 :
  밀크 커피 선택 가능 램프

- 네트워크 35 :
  설탕 커피 선택 가능 램프

- 네트워크 36 :
  블랙 커피 선택 가능 램프

- 네트워크 37 :
  컵 배출

- 네트워크 38 :
  물 배출

- 네트워크 39 :
  커피 배출

- 네트워크 40 :
  설탕 배출

- 네트워크 41 :
  크림 배출

- 네트워크 42 :
  재료 잔량 부족 램프

- 네트워크 43~44 :
  컵 꺼내는 곳 램프(동작 중 램프)

- 네트워크 45 :
  투입금액/ 잔액 표시 (7세그먼트 사용시)

Siemens S7 300
Programming 완전정복

1판 1쇄 2022년 4월 25일

저 자 김학철
발행인 송광헌
발행처 복두출판사
주 소 서울특별시 영등포구 경인로 82길 3-4
센터플러스 807호
(우) 07371
전 화 02-2164-2580
FAX 02-2164-2584
등 록 1993. 11. 22. 제 10-902 호

정가 : 30,000원

ISBN : 979-11-6675-160-8 93560

한국과학기술출판협회 회원사